KB145559

연필

연필

가장 작고 사소한 도구지만 가장 넓은 세계를 만들어낸

초판 1쇄 발행 2020년 7월 17일
초판 3쇄 발행 2023년 1월 10일

지은이 헨리 페트로스키
옮긴이 홍성림
펴낸이 이영선
책임편집 차소영

편집 이일규 김선정 김문정 김종훈 이민재 김영아 이현정 차소영
디자인 김회량 위수연
독자본부 김일신 정혜영 김연수 김민수 박정래 손미경 김동욱

펴낸곳 서해문집 | 출판등록 1989년 3월 16일(제406-2005-000047호)
주소 경기도 파주시 광인사길 217(파주출판도시)
전화 (031)955-7470 | 팩스 (031)955-7469
홈페이지 www.booksea.co.kr | 이메일 shmj21@hanmail.net

ISBN 978-89-7483-977-2 03900

이 도서의 국립중앙도서관 출판예정도서목록(CIP)은 서지정보유통지원시스템 홈페이지(http://seoji.nl.go.kr)와 국가자료공동목록시스템(http://www.nl.go.kr/kolisnet)에서 이용하실 수 있습니다.(CIP제어번호: CIP2020022861)

본문에 사용된 이미지들 중 저작권자와 접촉하지 못한 것이 있습니다. 추후 저작권자와 연락이 닿는 대로 적법한 절차를 밟겠습니다.

가장 작고 사소한 도구지만
가장 넓은 세계를 만들어낸

연필

헨리 페트로스키 지음
홍성림 옮김

서해문집

서문

모든 인공물은 이미 그 존재 자체만으로도 공학의 덕을 보고 있으므로, 공학은 인류 문명에 필수적인 것이다. 첨단 기술로 만들어진 인공물이 과학적인 현대 공학의 산물이듯이, 가장 흔하고 오래된 인공물일지라도 그것은 원시 공학의 산물이다. 그런데 지금의 눈부신 현대 공학은 고대 이후로 크게 발전한 것임에도 불구하고 그 선조 격인 원시 공학과 한 가문으로서 닮은 점이 있다. 오늘날의 공학을 불과 100년 전의 공학과 비교해보더라도, 현대 공학이 훨씬 더 정밀하며 수학적이고 과학적이기는 하지만, 그 오랜 세월 동안의 공학이 공통적으로 일관되게 지니고 있던 본질은 여전히 존재하고 있다. 현대 공학자들과 고대 공학자들은—이를테면 그들을 건축공학자라 하든 아니면 대목大木이나 장인이라 하든 상관없이—서로 통하는 얘기가 많이 있을 것이며, 각자 배울 점도 많을 것이다.

이러한 통시성通時性은 모든 공학에 한결같이 내재되어 있는 본질적인 특질, 전통적인 교육과는 무관한 특질에서 비롯된 것이다. 공학에 내재된 이 같은 공통적인 요소들은 자기 자신이나, 자신들이 지금 하고 있는 일이 나중에 뭐라고 불릴지 전혀 개의치 않았던 사람들이 왜, 그리고 어떻게 그러한 원시 공학이나 현대 공학을 이룩해왔는지를 설명해준다. 실제로, 전혀 공학자로 여겨지지 않는 이들, 이를테면 정치 철학자 토머스 페인Thomas Paine이나 철학 저술가 헨리 데이비드 소로Henry David Thoreau 같은 이들이 마치 공학자인 것처럼 활동했고, 그들 자신이 살았던 시대에 실질적인 공헌도 했다. 이 같은 이유로 나는 오늘날 누구든 최신 첨단 기술에 공헌하는 것까지는 아니더라도 그 본질만은 이해할 수 있으리라고 믿는다. 난해한 전문용어, 수학, 과학, 공학의 전문성 이면에는 우리가 쉽게 이해할 수 있고, 숨 쉬는 공기처럼 늘 접할 수 있는 이치를 활용한 방법이 분명 있을 것이다. 전통적인 공학 교육을 받지 않은 기업 경영자들이 기술적인 문제에 관련된 중요한 사안에 결정권을 행사하고 있는 현실에 비춰 보면 이러한 방법의 존재는 당연한 것이라 여겨진다. 그렇다고 전문적인 공학자가 필요 없다는 말은 아니다. 공학자들의 방법을 이해하는 것과 점차 복잡해지고 국제화되는 기술의 구체적인 면을 공학에 적용하여 그 결과를 보고서 한 장에 응축시키는 능력은 별개이기 때문이다.

과거와 현재의 공학이 그 얼개에 있어서 공통적인 특질을 지니고 있고, 아울러 공학과 공학자들의 방법이 지금까지 제작된 모든 인공물에 구현되어 있기 때문에, 어떤 것이든 한 가지 사물을 통해서도 그 방법을 이해할 수 있다. 예를 들어 교량橋梁에 매료된 사람이 있다고 하자. 교량 하나에만 집중한 그는, 지난 시대에 만들어진 이 세상의 모든 경이로운 인공물을 산만하고도 피상적으로 살펴본 사람보다 다양한 공학 분야(화학공학, 전기공학, 기계공학, 핵공학 등)에 대해 훨씬 더 많은 것을 배울 수 있다. 하지만 한 가지에 초점을 두는 탐구가 꼭 기술적인 면에 치우칠 필요는 없다. 통찰력 있게 공학의 진수를 건져 올리려면 탐구 대상을 사회적 · 문화적 · 정치적 · 기술적 맥락 속에 적절히 배치할 필요는 있다. 문명에서 공학이 맡았던 역할과 공학의 본질을 찾아낸다는 것은 하천 위에 가로놓여 있는 썩은 통나무 다리가 해협 위의 썩지 않는 현수교로 변화해가는 오랜 진보 과정을 다각적으로 주의 깊게 관찰한다는 뜻이기도 하다. 공학적 과정을 거치지 않은 인공물이 존재하지 않듯이, 공학 또한 사회의 다른 부문으로부터 자유롭지 못하다.

이 책에서 나는 평범한 연필의 역사와 상징성을 통해 공학에 접근하고자 했다. 어디에나 있고 믿을 수 없을 만큼 단순한 이 물건은 우리 누구든 손에 쥐어볼 수 있고, 한번 써볼 수도 있고, 그것에 대해 감탄할 수도 있다. 연필은 (공학 자체가 그러하듯이) 우리의 전반적인 문화와 경험 안에서 거의 눈에 띄지 않을 만큼 친숙한 물건이며, 아무 생각 없이 집었다가 치워버리기도 하는 평범한 물건이다. 연필은 없어서는 안 될 물건인데도, 어쩌면 없어서는 안 될 물건이기 때문에 연필의 기능은 논의 대상이 되지 못하고 또 연필을 어떻게 이용해왔는지도 기록으로 남겨지지 않았는지 모른다. 우리는 어린 시절부터 이미 연필이 무엇인지, 그것을 어떻게 사용하는지 안다. 하지만 연필이 어디서 유래했는지, 어떻게 만들어졌는지는 알지 못한다. 과연 오늘날의 연필이 200년 전의 연필과 같은 모습일까? 미국 연필이 러시아제나 일제보다 좋을까?

연필에 대한 고찰은 곧 공학에 대한 고찰이며, 연필에 대한 탐구는 바로 공학에 대한 탐구이다. 공학의 역사를 단순히 연필이나 교량, 기계에 대한 흥미진진한 옛이야기 모음으로서가 아니라 정치 · 사회 · 문화적 맥락에서 고찰하고 탐구하면 오늘날의 공학 및 무역에 매우 적절하고도 유익한 정보를 준다는 사실이 이를 분명히 보여준다. 연필의 역사에서 국제적 갈등이라든지 무역, 국가 간 경쟁 등이 역할한 바는 석유, 자동차, 강철, 원자력 등 현대 국제 산업에도 귀중한 교훈이 될 것이다. 오늘날 모든 문명적 인공물이든 엔지니어링과 마케팅이 불가분하게 얽혀 있듯이, 연필의 엔지니어링과 마케팅 또한 서로 떼어놓을 수 없게 연결되어 있기 때문이다.

물론 책 또한 하나의 인공물이다. 따라서 저자는 책을 만들어내는 과정에서 다른 이들에게 많은 빚을 지게 된다. 나 역시 많은 이로부터 도움과 격려를 받았다. 듀크대의 안식년 제공, '국민인문과학기금'과 '국립인문과학센터'의 연구비 지원 덕분에 집필에 전념할 수 있었다. 도움을 주신 많은 사서분, 특히 듀크대 공학도서관의 에릭 스미스 씨에게 감사드린다. 동생 윌리엄 페트로스키는 귀중한 정보며 자료를 끊임없이 제공해주었다. 하지만 이 책이 결국 완성될 수 있었던 것은 아들 스티븐과 딸 캐런, 그리고 다른 누구보다도 아내 캐서린의 한없는 인내와 격려 덕분이었다.

차례

일러두기

- 본문에서 옮긴이가 부연 설명한 내용은 대괄호로 표시했으며, 본문 각주는 모두 옮긴이주다.
- 단행본 · 잡지 · 신문 등은《 》로, 논문 · 영화 · 텔레비전 프로그램 등은〈 〉로 표시했다.

I

우리가 잊고 사는 것들

헨리 데이비드 소로는 메인주 숲maine woods으로 12일간 여행을 떠나면서 꼭 챙겨 가야 할 물건들을 쭉 적어보았다. 이 목록을 보면, 일단 필요하다고 생각되는 것은 몽땅 가져갈 생각이었던 듯하다. 그는 인도 고무로 만든 배낭에 챙겨 넣어야 하는 것에 옷핀, 바늘, 실은 물론이고 심지어는 넉넉한 텐트 크기까지도 적어놓았다("가로 183센티미터, 세로 210센티미터, 가운데 높이는 120센티미터가 적당함"). 불을 피우거나 빨래를 해야 할 때 적잖이 안심하고 싶었던지 "성냥(조끼 주머니 속의 유리병에도 몇 개 준비하고), 빨랫비누 2개"를 써놓는가 하면 날짜 지난 신문지 매수(세 장에서 네 장, 잡동사니를 청소하는 데 쓰면 된다)에서부터 질긴 끈의 길이(6미터), 자기가 덮을 담요의 길이(2미터), 부드러운 빵의 양(13킬로그램!)까지도 명시해놓았다. 이뿐만이 아니다. 소로는 가져가지 말아야 할 것도 적어놓았다. "수렵가로서 가는 것이 아니므로 총은 가져갈 필요가 없다."

사실 소로는 수렵가라고도 할 수 있다. 그러나 그는 (총이 필요치 않은) 곤충이나 식물을 채집했고, 그것들은 손쉽게 배낭에 넣어 올 수 있었다. 소로는 관찰자로서도 숲속을 여행했다. 그는 크고 작은 온갖 것을 관찰했고, 자신과 취미가 같은 사람들에게 새를 관찰할 때에는 작은 쌍안경을, 더 작은 대상을 관찰할 때에는 포켓 현미경을 가져가라고 조언했다. 너무 커서 배낭에 넣어 올 수 없는 것들은 실제 크기를 측정해야 하니 줄자도 있어야 한다고 귀띔해주었다. 무엇이든 측정하고, 메모하고, 목록을 작성하는 데 유별났던 그는 다른 여행자들에게 문명세계로 편지를 보내려면 종이와 우표도 잊지 말 것을 상기시켰다.

그렇지만 소로 자신은 줄곧 챙겨 다니면서도 다른 사람들에게 일러줄 때는 빠뜨린 물건이 하나 있었다. 이것 없이는 쏜살같이 달아나는 동물이나 뿌리째 뽑아 가져가기에는 너무 큰 식물을 스케치할 수 없다. 이것 없이는 나뭇잎을 눌러놓는 식물 채집용 압지나 풍뎅이를 잡아넣은 곤충 채집통에 라벨을 써 붙일 수도 없다. 이것 없이는 힘들여 잰 치수를 적어놓을 수도 없고, 기껏 챙겨 온 종이에 편지를 써서 집으로 부칠 수도 없다. 물론 목록을 작성할 수도 없다. 연필이 없다면, 소로는 메인주 숲속에서 길을 잃었을지도 모른다.

친구인 랠프 월도 에머슨Ralph Waldo Emerson의 말에 따르면, 소로는 "주머니 속에 늘 수첩과 연필을 가지고 다녔다." 그렇다면 1840년대 미국에서 가장 질 좋은 흑연 연필을 만들기 위해 자기 아버지와 함께 열심히 일한 소로가 여행을 떠날 때 작성한 꼭 챙겨 갈 물건 목록에서 왜 이것 하나만은 소홀히 했을까? 목록을 작성할 때마다 써왔을 그것을 특별히 언급해야 할 대상으로 생각지 않았던 것은 아마도 너무나 가까이 있었고, 일상생활에서 늘 접하는 도구로 너무나 익숙했으며, 생계의 일부로서 그에게는 너무나 필수적인 것이었기 때문일 터다.

연필을 소홀히 여긴 사람이 소로 한 사람만은 아닌 것 같다. 영국 런던에는 목수들이 쓰던 옛 연장을 전문으로 취급하는 가게가 있다.

바닥부터 천장까지 온통 연장으로 가득하고, 바깥 보도에 놓인 바구니도 연장으로 넘쳐난다. 지난 세기에 쓰였던 톱이란 톱은 죄다 있는 것 같은 이 가게는 꺾쇠로 가득한 선반에서부터 끌이 담긴 통, 수준기 [수평을 잡을 때 쓰는 기구] 더미, 줄줄이 놓여 있는 대패 등 목수들이 쓰는 온갖 연장, 아니면 그들이 쓸 법한 것이면 모조리 갖추고 있다. 하지만 이 가게에도 없는 것이 하나 있다. 예술가 및 공학자용 제도 연필과 함께 소로앤드컴퍼니Thoreau & Company의 광고 품목에 들어 있던 것, 바로 옛 목수들의 연필이다. 목수가 작업할 물건을 스케치하고, 필요한 자재의 양을 계산하고, 목재에 절단할 위치를 표시하며, 드릴로 구멍 뚫을 위치를 잡아놓고, 대패질할 목재 가장자리 면을 선으로 긋는 데 꼭 필요한 이 연장만은 어디서도 찾아볼 수가 없다. 점원에게 연필은 어디에 진열되어 있는지 물었더니, 없다는 대답이 돌아온다. 이따금 연장통에서 연필을 발견할 때도 있기는 하지만 보통 톱밥과 함께 버린다고 했다.

미국의 한 골동품 상점은 골동품과 함께 오래된 과학 기자재나 공학 도구들을 취급하는데, 광을 낸 청동 현미경에서부터 망원경, 수준기, 저울, 자 등 엄청나게 많은 물건이 진열되어 있다. 의사, 항해사, 측량기사, 제도공, 기술자들이 쓰던 정밀 기구들도 있다. 이 골동품 상점은 옛 장신구나 은식기 같은 것 말고도 또 다른 소장품이 있는데, 바로 (소금 그릇 뒤에 놓여 있는) 오래된 샤프펜슬들이다. 아마도 쓰임새보다는 금속 틀과 진기함 때문에 수집된 것 같다. 날씬하고 화려한 금색 틀 안에 펜과 연필이 결합되어 있는 빅토리아 시대의 맵시 있는 물건, 5센티미터도 안 되는 작고 수수한 청동 튜브에서 접혀 들어갔던 부분이 나오면 길이가 2배 정도 늘어나는 샤프펜슬, 작고 탄탄한 은색 틀 안에 검정, 빨강, 파랑의 3색 심이 들어 있어서 밀어 올린 심 색깔로 쓸 수 있는 것, 묵직한 은색 틀 안에 질 좋은 노란색 연필심이 1센티미터가량 뾰족하게 깎여 들어 있는 것 등이 진열되어 있다. 점원은 이런 수집품들의 특징을 자랑스럽게 보여주고 싶어할 것이다. 하지만 제도공이 썼을 법한 평범한 나무 연필이 있느냐고 물어본다면, 그 점원은 19세기 연필과 다른 연필의 차이점이 무엇인지도 구별하지 못한다고 말할 것이다.

골동품을 판매하는 상점만이 아니다. 표면상으로나마 옛것을 보존하고 전시하는 박물관들에서도 연필처럼 필수불가결한 역할을 하는 단순한 대상에 대해서는 그저 무시하거나 잊었다고밖에 생각할 수가 없다. 최근 스미스소니언 협회의 미국국립역사박물관National Museum of American History에서는 '혁명 이후: 미국의 일상생활 1780~1800'이라는 주제로 전시를 열었다. 전시물 가운데에는 장식장 제작자, 의자 제조인, 목수, 가구장이, 조선공, 통 제조인, 수레 목수, 그 밖의 여러 장인이 당시 썼던 수공업 연장들이 있었다. 연장뿐만 아니라 제작 과정도 전시됐는데, 그중 몇몇은 작업 공간에 흩어져 있는 대팻밥까지도 그대로 보여주고 있어 전시객들은 실제 작업 공간을 보는 듯했을 것이다. 그러나 이곳에서도 연필은 볼 수 없었다.

초기 미국 장인들은 무언가를 표시하기 위해 날카롭게 끝을 벼린 금속 선침線針을 사용했지만, 연필 또한 아주 유용하게 썼을 것은 틀림없는 사실이다. 미국 독립 전쟁 직후 미국 내에 자국 연필산업이 존재하지는 않았지만, 그것이 곧 연필을 구할 수 없었다는 말은 아니다. 1774년 영국의 한 아버지는 (당시 아직 식민지였던) 미국에 가 있는 딸에게 "제일 좋은 미들턴Middleton 연필 1다스"를 보낸다고 편지에 썼다.

미국 독립 전쟁 뒤인 18세기 말에 미들턴 같은 영국제 연필은 미국 내 비교적 큰 도시에서 정기적으로 광고를 하기도 했다. 수입 연필이든 아니면 부러진 심 조각들을 재활용해 직접 만든 연필이든, 연필은 특히 목공 일을 하는 장인들에게는 자랑스러운 소유물이었다. 목수, 가구장이, 장식장을 만들던 장인들은 흑연을 끼워 쓸 수 있도록 나무를 편리하고 유용하게 가공하는 수공 기술을 갖고 있었다. 초기 미국 목공 장인들은 유럽제 연필을 알고 있었고, 동경했으며, 소유하려 했을 뿐만 아니라, 200년 뒤 스미스소니언 박물관에 전시된 다른 연장들에 대해 그러했듯이 소중히 여겼다.

레오나르도 다빈치의 연필

연필을 빠뜨리는 이러한 사례들이 흥미로운 것은 사람들이 나무 연필을 인간이 발명한 인공물로서는 별것 아니라고 치부한다는 사실을 말해주기 때문이 아니다. 평범한 물건들이나 공정을 고유의 지속적인 가치나 특별한 가치가 없는 것처럼 여기는 우리의 인식과 태도에 대해 말해주기 때문이다. 사람들은 대개 연필과 같은 물건을 대수롭지 않게 여기며, 그런 태도를 당연시하는 경향이 있다. 연필은 너무 흔하고, 값싸고, 우리가 일상적으로 내뱉는 말만큼이나 익숙하기 때문이다.

그렇지만 연필을 그렇게 당연한 것으로 여겨서는 안 된다. 연필은 펜만큼이나 강력한 은유이며, 깃발만큼이나 풍부한 상징성을 지녔다고 말할 수 있다. 예술가들은 오랜 세월 동안 연필을 그들 작업에 필수적인 도구로서 아꼈으며, 심지어는 이 드로잉 도구에 일체감을 느끼기도 했다. 미국 화가 앤드루 와이어스Andrew Wyeth는 자기 연필을 펜싱 검인 '플뢰레'로 묘사했으며, 프랑스 화가 툴루즈 로트레크Toulouse-Lautrec는 자기를 가리켜 "나는 연필이다"라고 했다. 모스크바 태생으로 파리에서 일러스트레이터 겸 풍자만화가로 활동한 에마뉘엘 푸아레Emmanuel Poiré는 연필을 뜻하는 러시아어 '카란다시karandash'를 필명으로 썼다. 후에 스위스 연필회사 'Caran d'Ache'는 이 필명에서 이름을 따왔고, 푸아레의 우아한 사인은 지금도 이 회사의 로고로 쓰이고 있다[현재는 바뀌었다].

연필은 뭔가 끄적거리는 이들의 도구이자, 사색과 창작의 받침인 동시에 어린이들의 장난감이며, 즉흥성과 미완성의 상징이다. 하지만 연필은 사상가나 기획자, 문서 기안자, 건축가, 공학자들이 매일 쓰는 도구이기도 하다. 연필은 지울 수 있고, 수정할 수 있고, 문서에서 말소할 수도 있으며, 잉크로 덧칠할 수도 있다. 반면 책이나 기획서, 계약서 등에 쓰인 잉크는 최종적인 것을 의미하며, 연필로 작성한 초안이나 밑그림을 대체한다. 만일 옛 연필 작업이 수집가들의 흥미를 끈다면, 그것은 그 위에 잉크로 쓰거나 그려서 영구히 남은 것들과 관련이 있을 것이다. 창작을 할 때 잉크는 연필심과 달리 부드럽게 흘러 구석진 곳과 빈틈을 메워준다. 잉크가 아이디어를 여러 사람 앞에 드러낼 때 쓰는 화장품과 같은 것이라면, 연필심은 매끈하지 못한 실체다.

우리에게 익숙한 인용구들로 엮인 책을 아무것이나 펼쳐보면, 연필을 언급한 문장이 하나 정도 있다면 펜을 격찬한 문구는 수십 개에 달한다. 하지만 전통적인 격언이 "펜은 칼보다 강하다"라고 말한다면 연필은 칼과 펜을 더 잘 만들 수 있는 유일한 무기이다. "모든 것은 연필에서 시작된다"고들 말하듯이, 실제로 연필은 설계자들이 선호하는 도구다. 설계 과정에 관한 한 최근 연구 결과에 따르면, 공학자들은 작업 과정을 펜으로 기록해달라는 요구를 받을 때 멈칫하게 된다. 연구자들은 연구 대상이 첫 단추를 잘못 끼운 부분을 지우거나 작업 기록을 고치지 않기를 바라는 반면, 공학자들은 새로운 교량 디자인이나 좀 더 나은 쥐덫 디자인 따위에 대해 설명해야 할 때 손에 연필이 없으면 무언가 불편하고 부자연스럽게 느낀다.

레오나르도 다빈치의 노트를 보면 그는 주위 모든 것을 개선하는 데 관심을 기울였던 것 같다. 그는 새 발명품에 관한 아이디어를 기록해놓고자 할 때, 아니면 그 시대의 공학 기술을 기록해놓고자 할 때 그림을 그렸다. 자연적 사실이나 인공물 혹은 자신이 관찰한 다양한 현상을 기록해놓고자 할 때에도 그림을 이용했다. 심지어는 무언가를 그리고 있는 자기 손까지도 스케치했는데, 잘 알려져 있다시피 이 천재는 왼손잡이였기 때문에 이 스케치에 등장하는 손은 응당 왼손이리라 여겨졌다. 하지만 그가 왼손잡이라는 사실은 반대로, 이 스케치가 거울을 보고 그린 것이라는 주장에 근거를 마련해주기도 한다. 그런가 하면 다빈치는 본래 오른손잡이였는데 사고로 오른손이 불구가 되자 어쩔 수 없이 왼손을 쓸 수밖에 없었다는 주장도 있다. 따라서 이 스케치는 다빈치가 온전히 사용할 수 있는 왼손으로 거울에 비친, 불구가 된 자기 오른손을 그린 게 분명하다는 것이다. 스케치 속 가운뎃손가락이 짧고 휘어져 있다는 점이 이러한 견해를 뒷받침해준다.

다빈치의 손에 쥐어져 있는 드로잉 도구가 정확히 무엇인지에 대해서는 해석이 구구하지만, 로마 시대부터 '연필'로 알려져온 작은 붓일 가능성이 가장 커 보인다. 다빈치가 살았던 시기(1452~1519)에는 오늘날 우리가 알고 있는 흑연심 연필이 존재하지 않았을 것이다. 그가 남긴 몇몇 스케치는 금속 선침으로 그린 것이다. 하지만 끝이 뾰족하고 가는 은 막대나 합금 막대를 쓸 때는 희미한 자국도 잘 보이도록 특별히 코팅된 종이 위에 그려야 한다. 몇몇 드로잉은 먼저 금속 선침으로 윤곽선을 그린 다음 펜이나 끝이 가느다란 붓에 잉크를 묻혀 덧그린 것이다. 이것이 다빈치가 알았던 유일한 연필이었다.

그런데 그렇게 복잡한 도구를 쓴 다빈치의 노트는 안타깝게도 거의 남아 있지 않다. 노트 주인이 이를 하나도 책으로 묶어 내지 않았던 것이다. 다빈치 사후 서른 권이 넘는 노트가 거의 다 망각 속으로 사라져 갔다. 레오나르도 다빈치는 친구이자 제자인 프란체스코 멜치Francesco Melzi에게 자기 노트 전부를 건네주며 이같이 당부했다. "내가 인류에게 남기는 이 유익한 것들이 사라지지 않게 하기 위해 나는 적절한 인쇄 방법을 마련해놓는다. 자네에게 간절히 비노니 후계자여, 탐욕이 너를 유혹하여 이것들이 인쇄되지 않은 채 그대로 남겨져서는 안…" 그러나 문장은 끝맺어지지 않은 것으로 보이며, 그가 희망했던 적절한 인쇄는 훨씬 더 오랜 세월이 지난 뒤에야 이루어졌다. 멜치는 노트를 50년 가까이 세상에 내놓지 않았다. 1551년 노트 중 그림에 관한 논문이 발췌되어 인쇄된 것을 제외하면, 레오나르도 다빈치의 노트가 출판된 것은 1880년에 이르러서다. 이때는 이미 노트에 기록된 발명품들이 전부 다른 사람에 의해 발명됐거나 시대에 뒤처진 것이 된 다음이었다.

왜 연필을 선택했는가

역사적으로 볼 때 공학자들은 도면을 그릴 때 영구적이지 않은 도구를 쓰는 경향이 있다. 다빈치는 자기 노트의 공학적이고 예술적인 탁월함을 통해 완전히 잊히는 것을 피할 수 있었지만, 공학자들은 자기 작품이 망각되는 불운을 겪었다. 이 같은 이유로 우리는 여러 세기에 걸쳐 이룩된 독창적이고 성공적인 '공학적' 성취에 관한 지식보다 우주에 대한 편협한 이론이나 몽상가들의 비현실적인 이상향에 대한 이론을 더 많이 알고 있는 형편이다. 공학적 성취에 대해 아는 것이 드문 현실은 부분적으로 다빈치 시대 훨씬 이전부터 공학자들이 사색과 설계에 글보다는 그림을 애용했던 데서 기인한다. 도면과 드로잉은 학문 대상이 아니었기 때문이다. 하지만 미국 역사학자 린 화이트 주니어Lynn White, Jr.는 글로 남겨진 기록 외의 것들도 눈여겨보아야 할 필요가 있음을 감지하고 있었다. 그는 인류 문명사에서 말등자[발을 얹는 마구] 같은 인공물들이 수행했던 역할에 대해 쓴 탁월한 연구서 서문에 다음과 같이 언급했다.

> 역사가들이 인류의 역사에 대해 글을 쓰고자 한다면, 그 역사가 단순히 우리처럼 무엇이든 글로 남기는 습관을 지닌 극소수 특별한 부류의 시각에 의해 조명되는 성질의 것이 아니라면, 역사가들은 기록된 것들에 대해 새로운 시각을 가지고 새로운 질문을 던져야 할 것이다. 또한 오늘날의 저서들에서 전혀 밝히지 못한 해답들을 제시하고자 할 때에는 도상학圖像學적 자료, 언어학적 자료와 같은 모든 자료를 이용해야 한다.

단순한 공학적 실현은 대체로 인류 문명사 속에서 잘 드러나지 않고 기록으로도 남지 않는 측면이 있다. 우리가 현재 연장, 구조물 혹은 기계로 알고 있는 모든 인공물은 이전 시대에서 비롯된 것이 명백한

데도 우리는 그것들을 문화적 발달이라는 맥락 속에 흩어져 있는 개별적인 조각으로 보려 한다. 그러한 인공물들이 신중한 발명에서 비롯됐으며, 그것이 발전하고 '완성'되는 데 공학이 기여했다는 사실을 아는 사람은 드물다. 이런 해석은 궁극적으로 우리 옛 조상들의 사고 과정에 관한 가정에 의존할 수밖에 없기 때문에 더욱 그러하다. 우리 선조들은 정말 공학이라고 부를 만한 행위를 한 걸까? 아니면 하천에 우연히 배열된 돌이나 쓰러진 나무가 꼭 일부러 놓은 다리처럼 보이듯이 자연적인 우연과 행복하게 조우한 결과에 불과한 걸까? 우리는 늘 환경의 희생자에 지나지 않았을까? 아니면 태초부터 의식적인 발명가나 공학자였을까?

고대 로마의 공학사工學史를 밝히는 데 중요한 자료인 《건축십서 De architectura》의 저자 마르쿠스 비트루비우스Marcus Vitruvius는 우리 인류의 창조력은 본능적인 것이라고 주장한다. 그러나 비트루비우스는 문명 발전이 타고난 자질 하나에 의존했다고는 생각지 않았다. 그는 이미 2,000년 전에 건축이나 공학의 필수적인 전제 조건 중 하나로 교육에 이어 연필—레오나르도가 사용했던 끝이 뾰족한 붓을 말한다—을 사용하는 능력을 꼽았다. 드로잉은 공학 발전에 필수적인 것이었다.

초기 공학자들은 자기 작업에 대해 (어떤 것이든 간에) 충분한 기록을 남기지는 않았던 것 같다. 2,000년이라는 장구한 역사를 지닌 《건축십서》는 현존하는 공학 문헌 가운데 가장 오래된 것으로 여겨진다. 그렇지만 《건축십서》는 (엄밀히 따지자면) 건축의 미학에 관한 책이기도 하며, 바로 그 때문에 지금까지 전해질 수 있었던 것으로 보인다. 한 사학자는 비트루비우스에 대해 많은 것을 시사하는 다음과 같은 말을 한

적이 있다. "그는 형편없는 라틴어 실력으로 기록했다. 하지만 자기 할 일인 기록 하나만은 아주 잘 해냈다." 다른 한 그리스 · 로마 연구자는 "비트루비우스는 작문에 서툰 이들이 갖는 특징을 모조리 갖고 있었다. 그에게 글을 쓰는 것은 몹시 고통스러운 일이었을 것이다"라고 말했다. 비트루비우스가 자신의 집필 능력을 과대평가했든 아니면 펜으로 글 쓰는 일을 연필로 끄적거리는 것만큼이나 중요하지 않게 여겼든 간에 비트루비우스 시대부터 현재까지 공학에 관한 글은 시에 비해 적을뿐더러 있다 해도 인공물에 관한 상세한 설명이나 인공물을 모방하는 방법에 대한 지루한 산문적 서술, 혹은 인공물을 제작하는 기술적인 '일'에 초점을 맞춘 것이 대부분이다. 어쨌든 옛 공학자들이 새롭고 개선된 인공물에 대한 아이디어를 짜내느라 "모방하는 것으로 갈고닦은 자신의 타고난 재능"을 이용한 방식에 대해 명료하게 밝혀놓거나 문학적인 형태로 기록한 자료는 극히 드물다.

그렇지만 (일반적으로 공학적 방법이라 일컬어지는) 공학적 절차와 과정은 그것이 글로 기록됐든 그렇지 않든 간에 실제로는 비트루비우스 시대보다 더 오랜 연원을 갖고 있으며, 이는 문명 자체만큼이나 오래된 것이다. 그리고 오늘날까지도 가장 본질적인 특징은 변하지 않은 채 우리에게 대물림되고 있다. 관습적이고 전문적인 의미의 공학은 100년 혹은 200년 남짓한 역사를 갖고 있지만, 인간 행위로서의 공학은 사실상 변치 않고 영속적인 것이다.

비트루비우스는 공학이 응용과학이라는 신화를 널리 퍼뜨렸다. 하지만 공학에는 과학과 달리 놀랄 만한 상상력이 내재해 있는데, 이 상상력은 그림이나 인공물을 통해 구현되는 것이지 글로서는 구현할 수 없었다. 또한 인공물이라는 존재 자체가 그림을 필요 없게 만듦으로써 그림이 사라졌듯이, 인공물은 심미적인 대상으로서가 아니라 사용 목적에 맞게 디자인되는 것이었으므로 쓸모없는 부분들은 자연스럽게 사라졌다. 모든 인공물에는 기술적 방법론이 구현되어 있지만 그중에서도 특히 연구하기에 적절한 대상이 바로 연필이다. 연필이 공학을 상징하는 물건이기 때문만은 아니다. 경이로운 독창성과 정교함, 보편성을 지닌 이 인공물이 발전해나가는 과정은 일반적인 공학 발전 과정의 패러다임을 잘 보여주기 때문이다.

연필은 역사에 대한 새로운 질문이다

공학자들이 늘 존재했듯이 철학자들도 언제나 있었다. 철학자들이 만든 인공물은 물론 그들의 글이다. 철학적인 문제에 관한 글들이 훼손되지 않고 고스란히 전해졌다는 사실은, 실용적인 문제는 덜 중요한 것이라고 치부하는 손쉬운 결론으로 자주 이어지곤 한다. 실용적인 문제가 덜 중요한 것은 아니다. 하지만 르네상스 말기까지도 "손과 입을 통해 전해지는 기계적이고 엄밀하지 않은 기술에 대한 사회적 홀대가 모든 지적 · 직업적 활동에" 상당한 영향을 끼쳤다. 이런 현상은 오늘날에까지 그대로 이어져 필기도구에서부터 선박에 이르기까지 모든 기술을 (비록 느린 속도일지라도) 발전시키는 데 기여했던 장인들, 기술자들은 무학자거나 "십중팔구는 문맹이었다." 만약 레오나르도 다빈치의 노트가 없었다면, 고전 문헌 연구자들이 인공물들에 구현되어 있는 시와 역사를 과연 '읽을' 수 있었겠는가? 다빈치와 같이 이른바 '예술가 겸 공학자'라 불린 이들이 등장함에 따라 기술적인 문제들은 점차 많은 양이 기록되기 시작했다. 하지만 이런 기록들은 많은 경우 다른 예술가 겸 공학자들 사이에 공책 아니면 필사본 형태로 배포됐다.

연필산업과 연필 제조 기술이 어디서 연원했는지는 분명치 않고, 장인들의 기록을 남기지 않는 전통 때문에 간헐적으로 발전해왔다. 이러한 전통 속에서 많은 일반적인 물건의 본래 크기며 형태가 사라져 버렸지만, 비교적 최근에 탄생해 역사가 짧은 현대 연필은 손가락으로 쥐고 돌릴 수도 있고 누구나 머릿속에 곧 떠올릴 수 있는 손쉬운 물건이 됐다. 이렇게 연필을 쥐고 돌리거나 머릿속에 떠올릴 때면 우리는 흔하다거나 값이 싸다거나 하는 모든 특징에도 불구하고 연필이 엄청나게 복잡하고 섬세한 생산물이라는 사실을 깨닫게 된다. 따라서 공학 및 공학자의 본질적인 속성을 밝히고, 나아가 현대 산업의 본질을 밝히는 데에는 연필과 그것이 진화한 이야기에서 배워야 할 점이 아주 많다. 지난 수 세기 동안 연필 제조자와 연필 제조업체가 직면했던 문제점들은 오늘날 국제 기술 시장에도 시사하는 바가 있다. 소크라테스식 문답법을 응용한다면, 연필은 우리가 전혀 생각해보지 못했던 것들에 대해 구체적으로 생각할 수 있게 해줄 것이다.

연필이 해마다 수십억 개씩 생산되어 단돈 몇 푼에 팔리는 20세기 후반[이 책은 1989년에 처음 출간됐다]을 살아가는 우리는 연필이 한때 매우 경이로우면서도 소중한 물건이었다는 사실을 쉽게 잊어버리곤 한다. 1822년에 쓰인 한 에티오피아 여행기에 따르면, 수단 지방의 어떤 흑인은 "세상의 창조주이며, 우리에게 가느다란 나무토막 가운데에 잉크를 집어넣는 재주를 가르쳐주신 신을 찬미하라"라고 기도했다. 1세기 뒤 바다 건너에서도 연필은 여전히 경이로움을 불러일으키는 물건이었다. 하지만 이 인공물을 만드는 것은 더 이상 "가느다란 나무토막 가운데에 잉크를 집어넣는" 수준이 아니었다. 20세기 초 연필 생산 공정을 담당했던 이의 설명을 빌리자면, 연필을 만들기 위해서는 수백 가지 염료, 셸락shellac*을 비롯한 수많은 수지류樹脂類, 전 세계 곳곳에서 나는 온갖 점토의 특성에 대해 잘 알아야 함은 물론이거니와 다양한 흑연의 질에서부터 갖가지 알코올과 기타 용액들, 수백여 종에 달하는 천연 및 인공 착색제, 수많은 목재에 대해서도 잘 알아야 했다. 뿐만 아니라 고무, 아교, 인쇄용 잉크 등에 대한 전반적인 지식을 갖춰야 했고, 온갖 왁스며 도료에 대해서도 꿰고 있어야 했다. 그런 기초 위에 다양한 건조 장비, 주입 처리 장치, 고온 용광로, 연마기 등을 사용할 줄 알아야 했고 다양한 압출 성형 처리와 혼합 처리 방식에도 능숙해야 했다.

> 18년간 연필산업에 종사한 내 경력을 되돌아보면, 나 스스로도 그 다양한 측면과 수많은 분야의 업무, 숙련된 조수들을 키우는 데 드는 어려움에 말문이 막힌다. 여기에 기계를 사용하는 데 필요한 엄청난 정밀함, 실용 화학에 대한 광범위한 지식, 국제 시장에서 경쟁하는 데 필수적인 적절한 원료 공급원에 대한 전문 지식에 이르면 기가 막힐 정도다.

이 말은 현대 연필 생산에 관련된 공학의 다양한 측면을 탁월하게 요약해준다. '실용 화학'이란 물론 오늘날의 화학공학을 말하는 것이다. 여기에 연필심 끝이 뾰족하게 갈리지만 잘 부러지지는 않을 만큼

* 천연수지의 일종으로, 인도 · 미얀마 등에 서식하는 랙lac 벌레가 분비하는 진을 정제 · 표백해서 만든다. 니스, 접착제, 절연재, 레코드 등의 원료로 쓰인다.

단단하면서도 부드럽게 써지는 훌륭한 연필을 만들기 위해서는 기계공학, 재료공학, 구조공학, 심지어는 전기공학에 관한 다양한 전문 지식이 필요하다. 이렇게 방대한 전문 지식의 산물을 소비자들은 단지 원료비의 몇 분의 1만으로도 살 수 있는 것이다. 공학자란 흔히 남들이 2달러 들여 만들 수 있는 것을 1달러로 만들 수 있는 사람이라고들 하지만, 대량생산되는 연필의 경우에는 그 경제적 이익이 훨씬 더 크다. 1950년대에 어떤 '자급자족광'이 스스로 연필 1자루를 만든다면 약 50달러를 들여야 한다고 추정된 바 있다.

18세기 말 장인의 작업대 전시에 연필을 포함시키는 데에는 소홀히 했지만, 그 이전 전시인 '국가 중의 국가'에서는 스미스소니언 협회 측도 "평범한 나무 연필을 만드는 과정에서 대량생산의 모든 주요 원리를 엿볼 수 있다"고 인정하면서 1975년 테네시주에 있던 연필 제조 기계를 전시했다. 현재 스미스소니언이 가장 최근에 마련한 상설전시인 '물건의 세계'에서는 어떻게 '재료'들이 하나의 '물건'으로 변모하는지를 보여주고 있는데, 여기에 연필 재료들이 연필로 만들어지는 과정이 예시로 놓였다. 이는 연필과 같은 공학적 인공물들이 좀 더 포괄적이고 일반적인 문화에 영향을 주고 또 그로부터 영향을 받았다는 중요한 사실을 보여주는 적합한 사례다. 그럼에도 이러한 공학적 인공물이 없었다면 우리가 소중히 여기는 예술이나 문학이 지금과는 전혀 다른 모습일 것이라는 사실을 무시하는 지적 풍토가 여전히 존재하고 있다.

매사추세츠주 동부에 자리한 도시 콩코드Concord의 공립도서관에는 소로의 저서 《월든Walden》*의 여러 가지 판본과 함께 그가 살았던 시대, 그의 사상, 저서에 관한 책들이 꽂혀 있는 서가가 있다. 이 '소로 시대'에 관한 책들과 소장품 목록에는 1,000가지 이상의 항목이 적혀 있는데, 특별히 소로만을 다룬 이 목록에 연필 제조자인 동시에 연필 제조기계 공학자로서의 소로에 관한 것은 하나도 없다. '소로의 오두막 주변에서 주운 못' 같은 자잘한 것까지 적어놓았으면서도 연필에 관한 것은 단 하나도 없는 것이다. 다만 '소로앤드컴퍼니'라는 연필 상표(물론 잉크로 인쇄되어 있다)가 소로 가족의 소득원이었다는 사실에 비춰 소로가 한 일을 짐작해볼 수 있을 뿐이다. 연필 제조 공학자로서의 소로에 대해 알려면 이곳 도서관장이 기억하는 좀 더 광범위한 저작물들 가운데 극히 희귀한 참고 자료들에서 추론해낼 수밖에 없다. 현재 이 도서관의 소로 관련 도서 진열대에는 연필 몇 자루가 책과 문학적인 자료 사이에 놓여 있다. 그런데 그 연필들이 어떻게 만들어졌는지 밝히는 것이 소로의 문학작품이 어떻게 쓰였는지 밝히는 것보다 훨씬 어렵다.

소로의 연필 제조가 다른 성취에 견주어 거의 언급된 적이 없다는 사실이 이러한 상황에 대한 변명이 될 수 있겠지만, 우리 문화에 보편적으로 존재하는 공학 무시에 대해서는 변명의 여지가 없다. 과학적 방식과 대등한 것으로서의 공학적 작업 과정에 대한 개괄이나 거기에 대한 영감—아르키메데스가 "유레카(알았다)!"라고 외쳤을 때 느꼈을 바로 그 영감—을 기록해놓은 것을 발견하기란 매우 힘들다. 위대한 공학자들은 그런 것을 잉크로 명확하게 기록하여 남기는 경우가 거의 없었다. 그들은 그러한 개괄이나 영감을 연필로 스케치해놓았다가 기술적 구조물이나 기계 형태로 구체화하기만 했다. 기술적 수준은 꾸

* 콩코드시 근처에 있는 연못 이름. 소로는 이곳에 오두막을 짓고 자급자족 생활을 2년쯤 했는데 당시 경험을 쓴 산문집이다.

준히 진보했지만, 옛 공학자들이나 비트루비우스의 책에 기록된 공학자들이 하던 행위와 오늘날의 공학자들이 여전히 하고 있는 행위 사이에는 깊고도 근본적인 유사성이 있다. 그리고 바로 그것이 때로는 '공학적 방법'이라고 불리는 창조적 과정의 영원한 특징으로 우리 모두에게 내재하는 것이다. 그러한 특징은 단순한 사람의 정신세계에나 섬세한 사람의 정신세계에나 본질상 같은 방법으로 공존하는 묘한 속성을 지녔으며, 공학이 언제나 단순한 수학적 이론과 물리적 원리의 응용 이상이라는 사실을 설명해주는 중요한 근거가 된다. 이제 그토록 오랜 세월 동안 공학자들이 자기 노트에 연필로 스케치만 해오던 것을 책으로 펴낼 때가 되었다. 연필의 역사는 우리에게 공학에 대해 더 많은 것을 배울 기회를 기꺼이 제공해줄 것이다.

2

연필의 조상을 찾아서

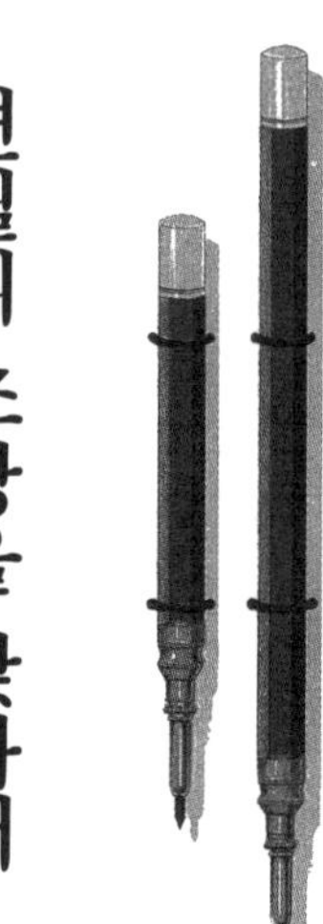

연필pencil이라는 이름은 페니실룸penicillum이라고 알려져 있던 그리스 로마 시대의 붓과 닮아 붙여진 이름이다. 끝이 가느다란 이 도구는 짐승의 털을 가지런히 다듬어 속이 빈 갈대 속에 끼운 것이다. 흑연심이 가운데에 끼워져 있는 현대 연필과 모양새가 흡사하다. 페니실룸은 일반적인 붓을 가리키는 라틴어 페니쿨루스peniculus의 작은 형태를 나타내는 말이며, 페니쿨루스는 꼬리를 뜻하는 라틴어 페니스penis의 작은 형태를 이르는 말이다. 이 페니스라는 단어가 가느다란 붓을 뜻하는 페니실룸의 어원이 된 것은 그 모양이 짐승의 꼬리와 아주 닮았기 때문이다. 따라서 '연필'을 말 그대로 풀이하면, 글을 쓰거나 가느다란 선을 그리는 데 쓰는 '작은 꼬리'가 된다.

'연필'의 어원을 연구하다 보면 시대착오적이고 외설적이며 성차별적인 해석이 더해질 가능성이 농후하다. 하지만 이 연필 조상의 프로이트적 요소보다 기능적 요소에 주목하면 훨씬 더 흥미진진해진다. 인공물의 이름은 확실히 상징적이고 잠재적인 의식에서 비롯되는 경향이 있다. 하지만 인공물 자체가 이름에서 생겨나는 것은 아니다. 오히려 연필이 오늘날과 같이 '펜슬pencil'이라 불리는 것은 (모든 기술적인 물건이 그러하듯이) 분명 비언어적인 사고의 산물이기 때문이다. 모든 물건은 먼저 만들어진 다음에야 이름이 붙여지는데 이는 어떤 물건이든 적어도 마음의 도면 위에 설계되거나 디자인된 다음에야 만들어질 수 있는 것과 마찬가지 이치이다.

'공학과 기술의 역사를 연구하기 위한 뉴커먼회' 전前 회장 디킨슨H. W. Dickinson은 청소 도구인 비broom와 연필의 조상 간 어원학적 · 기능적 연관관계를, 이 평범한 두 물건을 만드는 방법의 끊임없는 변천과정을 통해 밝혀냈다. 그는 솔brush에 대한 필요성을 유목이나 수렵생활과는 대비되는 농경생활에 결부지었는데, 따라서 가장 초기의 솔은 7,000여 년 전으로 거슬러 올라간다. 디킨슨은 솔처럼 흔하고 보편적인 물건들을 일컫는 단어는 "수 세기 동안 사용되면서 인류의 상상력이 응축되어온 화석 언어"라는 데 동의했고, 솔처럼 생긴 것들을 일컫는 최초의 영어 단어가 마당비를 뜻하는 besom이라는 사실을 발견했다. besom은 아주 먼 옛날 서기 1000년경에는 굵은 가지, 잔가지, 가지, 끈, 새순 등을 통틀어서 일컫는 말이었다. 양골담초broom로 비besom를 만들기 시작하자 'broom'이라는 단어는 모든 종류의 비를 뜻하는 비유로 쓰이게 되었다. 초기의 비는 사용하려면 허리를 굽혀야 했는데, 복합어 '빗자루broomstick'는 비에 긴 손잡이가 덧붙여졌음을 보여준다.

어원학적으로 '잔가지'를 뜻하는 단어인 솔brush은 무언가를 쓸어내고, 먼지를 털고, 깨끗이 닦고, 문질러 광을 내고, 칠을 하고, 글을 쓰는 데 사용되는 모든 종류의 도구를 일컫는 포괄적인 단어가 되었다. 연필을 비롯한 이들 솔은 어원학적으로 그러하듯이 기술적인 연속성이 있다. 글을 쓰는 데 사용하는 붓brush의 크기에서 그 발달 과정을 볼 수 있을 정도다. 이집트 제18왕조 시기(기원전 1500년경)의 것으로 현재까지 남아 있는 붓 연필pencil brush들의 길이는 15센티미터에서 23센티미터까지 아주 다양한데, 대략 18센티미터 정도가 표준이 되었다.

문명만큼이나 오래된 특정 행위의 현대적 명칭인 '공학engineering'은 어원학적 의미라는 극히 한정된 영역에만 초점을 맞춰 쉽게 이해할 수 있는 대상이 아니다. 비록 고대에 공학이 말로 꼭 집어 설명하기 어려운 활동이거나 아니면 건축architecture이라 불리는 정도였다 하더라도, 지금 이 순간 이 페이지에 줄을 긋고 있을지도 모를 이름 없는 연필이 있듯이, 공학이 직업의 한 형태로 존재하지 않았다고는 말할 수 없다. 18~19세기 들어서야 공학자들은 매우 공식적이고 강력하게 성장한 공학의 군사 전통으로부터 분리하기 위해 자신들을 '민간' 공학자라 칭하기는 했지만, 공학의 민간적 뿌리는 적어도 군대만큼이나 오래된 것이다. 그리스 로마 시대의 저술가들이 공학을 주제로 쓴 글들에 남은 흔적을 보면, 고대 그리스어의 'techne'라는 말과 고대 라틴어의 'architectura'라는 말에는 오늘날 우리가 '공학'이라고 부르는 것이 분명히 포함되어 있었다.

민족, 직업, 인공물 등 모든 것에는 새파란 순을 계속해서 키워온 뿌리가 있다. 사실상 모든 일반적인 물건이 그런 뿌리를 지닐 수 있기에 현대 연필의 조상을 골동품 속에서도 찾아볼 수 있는 것이다. 그리스 로마 시대 사람들은 납으로 파피루스에 자국을 남길 수 있다는 사실을 분명히 알고 있었고, 그보다 더 옛 사람들 역시 숯이나 불에 타고 남은 나무 막대기 끝으로 동굴 벽에 그림을 그릴 수 있다는 사실을 잘 알고 있었다.

인간이나 책은 자기 자신의 이야기를 할 수 있지만 비문학적인 인공물들은 그렇지 못하다. 따라서 선사시대나 고대로부터 내려오는 이러저러한 물건의 존재와 그것들을 만드는 방식에 관련된 공학의 역사는 매우 불확실하며, 애매한 문헌에서 발췌한 일부로 전체 의미를 설명하는 것만큼이나 난해하다. 하지만 수많은 부정할 수 없는 증거, 예컨대 1970년대 미국에서 열린 '투탕카멘 왕의 보물' 전시는 그렇게 아름답고 정교한 보물들을 만들어내기 위해, 또 그러한 보물들이 매장되어 있던 무덤을 축조하기 위해서는 높은 수준의 장인 기술이나 공학이 존재했을 거라는 사실을 확증해준다. 이미 3,000여 년 전에 그 정도 수준에 도달했다면, 오늘날 우리의 기술적 노하우와 성취의 뿌리는 수백 세대 이전과 맞닿아 있음이 분명하다.

고대에도 오늘날처럼 전문화가 이미 보편적이었다는 사실은 문헌에 기록된 공학의 역사가 그토록 희귀한 이유를 부분적이나마 설명해준다. 고대 공학자들—물론 당시에는 장인이나 미술가, 건축가, 아니면 목수라고 불렀겠지만—가운데 가장 능력 있고 가장 논리 정연한 이조차 자신이 무얼 하는지, 어떻게 하는지에 대해 말할 시간이나 마음이 없었으며, 그럴 필요성도 느끼지 못했던 것이 틀림없다. 이는 오늘날 최고로 손꼽히는 공학자들 중 일부도 마찬가지다.

납과 솔의 정략결혼으로 탄생하다

연필은 가볍고 연한 자국을 남기는 납 첨필stylus과 가느다랗고 진하게 써지는 붓 연필의 특성을 묶어 하나에 구현시킴으로써 이들 두 필기구를 대체했다. 이 연鉛필lead pencil[lead는 납을 뜻한다]을 만드는 데에는 수십 가지 재료가 들어감에도 불구하고, 그중에서도 가장 소량으로 쓰이는 물질에서 그 이름이 유래했다. 오늘날 연필에 들어가는 연필심은 흑연, 점토에 다른 성분들을 넣어 만든 것이다. 심지어 연필 표면에 칠하는 페인트에조차 (1970년대 초에 떠들썩했던 탓에) 납 성분이 전혀 없다. 따라서 전설적인《뉴요커The New Yorker》편집장이었던 해럴드 로스Harold Ross처럼 연필 끝을 잘근잘근 씹는다 해도 납 중독에 걸릴 염려는 없다. 해럴드 로스의 사환으로 일했던 소년은 이렇게 회상한다. "로스 씨는 연필을 먹었습니다. 그분이 연필을 먹었다고 생각하는 건, 그분 사무실에는 다른 사람이라고는 없는데 아침에 보면 연필에 씹고 깨문, 먹은 것 같은 자국이 있었기 때문입니다."

먹을 수 있는 것이든 없는 것이든 평범한 물건들은 많은 경우 맨 처음 그 물건을 만들 때 쓴 재료에서 이름을 따오곤 한다. 때문에 요즘에는 석유에서 추출한 물질로 지우개eraser를 만드는데도 영국인들은 여전히 고무rubber라고 부르는 것이다. 이뿐만이 아니다. 우리는 스티로폼으로 만들었는데도 '종이 접시paper plate'에 음식을 담았다고 말하고, 알루미늄 캔인데도 '양철 깡통tin can'을 따서 마신다고 말하며, 스테인리스 스틸인데도 '은식기silverware'*를 식탁에 준비한다고 말하고, 플라스틱인데도 '유리 안경glass'를 쓰고 다닌다고 말하며, 티타늄이나 전혀 다른 물질로 만들었음에도 '아이언iron' 골프채나 '우드wood' 골프채를 휘두른다고 말한다.

사람들이 어떤 물건을 그것이 처음 만들어질 때 사용된 재료에서 따온 이름으로 계속 부른다는 사실은 천재적인 물건과 그 재료 사이에 존재하는 아주 긴밀한 관계를 보여준다. 이 관계는 더 발전할 수도

* 영어에서 포크, 나이프, 스푼 등 식탁용 식기를 통칭하는 말이다.

있는데, 인공물과 재료는 (적어도 그 인공물이 처음 만들어질 때에는) 마치 서로가 서로를 위해 존재하는 것처럼 여겨지기 때문이다. 실제로는 다른 재료를 쓸 수 있음에도 불구하고 적절한 재료를 발견했다는 흥분에 빠져 그런 가능성을 생각조차 못 하기도 한다. 인공물의 형태가 절대적으로 기능성을 추구해야 하는 것은 아니지만 재료는 기능을 고려하지 않을 수 없다. 그렇지 않을 방도가 있겠는가? 어떤 물건이 적절히 쓰이기 위해서는 적절한 비례, 적절한 무게, 적절한 강도, 적절한 경도에 더불어 제 기능을 수행하는 데 필요한 모든 질적 수준을 지녀야 하며, 이 모든 질적 수준은 재료가 어떤 속성을 가졌는지에 따라 달라진다. 연필심에 적당한 재료를 찾아내는 것은 진리를 발견하는 것만큼이나 어려울 수 있다.

광택 없는 검은색 페인트를 칠한 공깃돌만 한 구체가 가득 들어 있는 상자가 눈앞에 있다고 상상해보자. 상자에 담긴 구체들은 쇠, 나무, 납, 돌, 플라스틱, 고무, 유리, 스티로폼, 모래, 흑연, 주석 등 각기 다른 재료로 만들어졌는데 이를 육안으로는 구분할 수 없고, 기름, 물, 니트로글리세린 같은 액체가 채워진 구체도 있다고 치자. 물론 액체의 밀도가 서로 다르기 때문에 각각의 구체를 무게 달아보면 내용물이 다르다는 사실을 알 수 있다. 또 구체의 경도가 서로 다르기 때문에 눌러보면 다른 구체와의 차이를 좀 더 확연히 알 수 있다. 탄성 역시 제각기 다를 것이므로 마룻바닥에 튕겨보면 튀어오르는 정도가 다를 것이다. 하지만 똑같이 검게 칠해진 페인트를 벗겨내지 않는 한 어떤 구체가 대체 어떤 물질로 만들어졌는지는 알 수 없고, 구 안에 어떤 액체가 들어 있는지 알기 위해서는 무게를 달아보고, 눌러보고, 튕겨보는 등 몇 가지 창의적인 방법을 동원해야 한다. 그런데 구체 안에 든 액체 중에 니트로글리세린*이 있다는 말을 듣거나 혹시 그런 게 있을지도 모른다는 의구심이 생기거나 아니면 우연히 니트로글리세린이 든 구체를 하나 발견한 뒤라면, 우리는 무게를 달아본다거나 눌러본다거나 튕겨본다거나 하는 위험한 행동은 꺼리게 될 것이다. 하지만 우리에게 모험적인 면이 있으면서도 신중함이 있다면, 거기에 운까지 따라주어서 구체들이 폭발하게 만들지 않고도 녹이거나 깨거나 다른 모양으로 변형하는 게 가능하다면 우리는 그것으로 무언가 유용한 물건을 만들어낼 수도 있다.

만약 상자 속에 든 구체들을 갖고 필기도구를 만들어야 한다는 요구를 받는다면, 아마 우리 중 일부는 미친 짓이나 짓궂은 장난이라고 무시해버릴 것이며, 일부는 참을성 없이 구체 중 하나를 콘크리트 바닥에 던져 폭사하게 될지도 모른다. 또 몇몇은 구체를 신중하고 꼼꼼하게 다루기 위해 고심하면서 시간을 가져볼 것이다. 그렇게 함으로써 나무로 만든 구체는 필기도구로 쓸 수 없는 반면 납으로 만든 구체는 손에 쥐기에 딱 알맞은 크기이고, 쓰기에 너무 무겁지도 않으며, 종이나 양피지에 대고 누르면서 그어대도 부러지지 않을 만큼은 강도가 있고, 변형될 정도로 무르지도 않으며, 종이나 양피지 표면을 찢지 않을 정도로 적당히 부드러우며, 마지막으로 종이나 양피지에 선명한 선을 그을 수 있다는 가장 중요한 속성을 알아낼 수도 있다. 납이 필기도구로서 놀랄 만큼 유용하다는 사실을 알게 되었기 때문에 우리는 적당한 재료를 찾아내는 조사를 그만두어도 되며, 상자 안에 든 다른 구체들은 납 조각만큼 필요조건을 충족시키기 어렵다는 생각에 한쪽으

* 니트로글리세린은 강력한 폭발성을 지닌 물질로, 다이너마이트의 주요 성분이다.

로 치워버릴 것이다.

하지만 납 구체가 그렇게 훌륭한 재료가 될 수 있다면, 다른 액체가 채워져 있고 다른 물질로 만들어진 구체가 더 좋은 재료일 수 있지 않을까 하는 추측도 해봄 직하다. 구체들을 가지고 계속 실험해본다면 마침내 흑연을 마주칠 테고, 흑연이 얼마나 진한 자국을 남기는가를 알고는 놀랄 것이며, 두말할 필요도 없이 흑연은 납을 대신하게 될 것이다. 반면 상자 안에 흑연 구체가 없다면, 무한한 인내심을 가졌다 해도 납보다 나은 재료를 찾아내지는 못할 것이다. 하지만 상자 속이 아니더라도 어딘가에 더 적합한 재료가 있을 거라는 추측을 해볼 수는 있다. 간단히 말해서, 특정한 목적이 있는 실험을 했을 때 어떤 사람은 거기에 걸맞은 결과물을 찾아내거나 발명할 수 있다면 어떤 사람은 우연히 맞닥뜨린 것에 만족하며, 또 다른 사람은 적합한 재료가 있을 거라는 추측뿐만 아니라 실제로도 있을 거라는 믿음으로 끈질기게 찾아다닌다.

고대인들에게 필기도구를 만들어내는 데 유용한 구체들이 든 상자 같은 건 없었겠지만, 어쨌거나 그들이 당시로서는 적당한 크기와 모양을 갖춘 적절한 재료와 우연히 마주친 것 또한 사실이다. 따라서 당시 가장 이상적인 재료였던 납(화학 원소명은 라틴어 plumbum)이 그것을 재료 삼아 만든 가장 이상적인 필기도구인 연필에 이름 붙여졌다. '연필lead pencil'이라는 이름을 추적해나가다 보면 화학 원소 plumbum을 마주하게 되며, 다른 한편 이 이름은 글 쓰는 데 사용되는 솔인 penicillum에서 유래한 것이다. 정확히 말해서 현대 연필은 이 두 가지 물건, 즉 납과 솔의 결혼으로 생겨난 후손이다. 이 같은 결혼은 하늘이 아니라 이 땅 위에서, 땅의 물질에 의해 맺어진 것이며, 이들 물질은 독자적인 사고를 가진 장인, 발명가, 공학자들의 정신과 손을 거쳐 태어난 것이다. 이 결혼은 우연인 동시에 편리함을 추구한 정략결혼이었다.

에디슨의 몽당연필

이전 것보다 더 좋은 디자인의 솥, 쟁기, 가옥, 칼 등이 어떻게 발전해왔는지를 분명히 알아내기는 어렵다. 디자인 발전 과정은 기껏해야 대략적인 연필 스케치로만 남아 있을 뿐이며, 펜으로 필사한 것이 있다 한들 극히 드물기 때문이다. 이는 공학의 과정이자 산물인 기술적 인공물과 아이디어들이 문학적 · 철학적 · 과학적 이론 및 창작과는 매우 다른 탓에 빚어진 결과다. 문학, 철학, 과학 등 문명적 활동에서는 과거를 보존하는 것 자체가 근원적인 목적이 될 수 있다. 정형화된 사유 체계인 고전은 완성된 총체로서 소중히 여겨졌다. 그런 고전들은 필사를 통해 전해져 나중에는 인쇄, 번역됐으며, 근대에 걸쳐 계속 언급됐다. 고전이 사실적인 면에서나 이론적인 면에서 좀 더 정교한 것에 의해 대체될지라도, 우리는 고전을 변형시킴으로써 아니면 그로부터 영감을 얻음으로써 오늘날에도 여전히 유용함을 얻을 수 있는 사유 모델로 간주한다. 때로 고전은 수사법이거나 차용된 논리 형식이기도 하지만, 바로 이 점이 고전의 힘이기도 하다. 마찬가지로 기술의 수사법이라고 부를 수 있는 공학적 방법론 또한 오랫동안 새로운 것으로 대체되어온 공학적 성취의 역사를 보존하고 있다는 합리적 근거가 될 수 있다. 기록으로 남겨지지 않은 '과거의 방법론'을 재발견하는 것이 불가능하지야 않겠지만 매우 어려운 작업인 것만은 사실이다. 그렇지만 우리는 비록 기록물은 아니더라도 차선의 것을 보존하기 시작했다. 바로 그러한 방법론에 의해 제작된 인공물 자체를.

기술적 산물인 인공물들은 (왕의 부장품이 아닌 바에야) 어떤 진보를 통해 개선되고 나면 대개 구닥다리 취급을 받았다. 따라서 그런 것들을 보존하거나 계속 만들어야 할 이유 같은 건 누구도 생각하지 않았다. 옛 쟁기(혹은 그것을 만드는 방법)는 새로운 재료를 쓴 발전된 형태의 새 쟁기가 개발되거나 확보됨에 따라 더 이상 사용되지 않았다. 마찬가지로 이전에 존재했던 연장이나 건축 방식은 새로운 기술을 배우기에는 너무 늙어버린 장인들과 함께 사라졌을 것이며, 아직 버려지지 않은 낡은 칼 같은 것은 더 단단하고 새로운 칼에 의해 부러졌을 것이다. 이러한 기술적 산물들을 소장하고 관리하는 박물관 큐레이터나 산업 고고학자, 기술 사학자 같은 직업은 과거의 기술적 산물들도 지적이거나 문화적인 가치를 가지며, 플라톤의 사상이나 셰익스피어의 작품처럼 다른 무엇과도 바꿀 수 없는 교훈을 지니고 있다는 인식과 함께 새로이 생겨났다.

인공물들은 공학의 산물로서 다른 인공물들을 대체한다. 목재나 석재, 철, 아니면 다른 어떤 재료로 만들어지든, 단일 재료로 만들어지든 아니면 혼합물이든, 그런 인공물들로 표현되는 기술적 수사修辭는 역사의 상수나 다름없다. 하지만 실질적인 공학 과정은 오직 인공물 자체에 녹아들어 있어 정확히 파악하기 힘들며, 바로 그 때문에 공학 과정 자체를 말이나 글로 표현하기 어려워 보인다. 그럼에도 불구하고 인공물의 지속적인 변천과 진보를 관찰함으로써 우리는 오늘날의 기술적 환경 이면에 존재하는 것들을 파악할 수 있다.

비록 인공물의 흐름이 세월과 함께 극적인 변화를 겪은 것처럼 보일 수 있으나 넓게 보면 그 진보 과정은 대단히 느리면서도 신중하다. 기술 발전은 새로운 개념, 새로운 크기, 새로운 재료 등 세 가지 큰 부류 중 하나에 속한다. 사실 혁명적인 기술 혁신은 이 세 가지 범주 중 두세 가지 안에서 동시에 새로워지는 형식을 취하는 경향이 있다. 이 같은 사례에 대해 말하는 것이 의미가 있다면 최초의 침대 발명을 예로 들어보자. 우선 '침대'라는 개념이 발명되었을 것이고, 다음에는 의식적으로든 무의식적으로든 그 크기에 대한 결정이 이루어졌을 것이며, 마지막으로는 침대를 만들 재료에 대한 선택이 뒤따랐을 것이다. 최초의 침대가 만들어지고 나면 그 크기는 적당한지, 다른 목재가 매트리스 하중을 좀 더 잘 견뎌내는 건 아닌지, 매트리스를 지탱하는 살이 경제적인 방식으로 배열되어 있는지 등에 대해 이러저러한 의문을 갖게 될 것이다.

최초로 필기도구를 발명하는 데에는 우선 누군가가 의도적으로 또 반복적으로 어떤 물건을 가지고 표시를 할 수 있다는 개념이나 인식이 있어야 한다. 다음에는 그렇게 표시할 수 있는 재료를 찾아내야 하며, 그 재료를 발견된 덩어리 형태 그대로 사용할 것인지 아니면 좀 더 쓰기 편리한 크기와 형태로 가공할 것인지를 결정해야 한다. 이처럼 재료를 발견해 결정하고 나면 잇따라 도구 크기의 변화나 종이 같은 재료의 변화를 포함하여 후속적인 개념 발전이 이루어지게 된다. 크기 등과 같이 전자에 언급한 변화가 인공물에 최적화된 크기나 최대 크기를 모색하는 것 혹은 인공물의 수적 증가와 관련이 있다면, 후자에 언급한 재료의 변화는 경제적 이점, 인공물이 발휘하는 효과나 기능의 개량과 관련이 있다. 공학자들이 이 모든 기술 혁신에 관해 한꺼번에 언급하는 일은 좀처럼 드물다.

공학적 기획은 일괄적인 기술 혁신이 아니다. 재료 선택은 기술적인 필요성보다는 미학적인 선호나 지위에 대한 막연한 생각에 따라 정해지는 등 종종 독단적으로 이루어질 수 있다. 하지만 아이디어를 떠올리고 그것을 잘못된 재료로 구현하려 시도하는 것은 대개 처참한 결과로 이어질 수 있다. 예를 들면 나무로 만든 뗏목은 훌륭하게 제 기능을 발휘하지만 돌로 만든 뗏목은 그렇지 못하며, 같은 나무일지라도 어떤 나무는 다른 나무보다 훨씬 더 나은 기능을 발휘한다. 전구를 발명한 토머스 에디슨은 모든 물질에 백열전구 필라멘트로 쓰일 가능성이 있는 것은 아님을 분명히 알고 있었다. 하지만 적합한 특질을 지닌 재료를 찾아내기만 한다면 자신의 아이디어가 원리상 실현 가능하다는 것을 기술자적인 직감으로 이미 확신하고 있었다. 에디슨은 적절한 재료를 찾아낼 때까지 수많은 재료로 실험을 했다. 지루하게 반복되는 실험이 절망스럽지 않느냐는 질문을 받을 때면 그는 이렇게 대답했다고 한다. "그렇지 않다. 실패한 모든 필라멘트는 무언가를 가르쳐주는데, 그것은 더 이상 고려해볼 가치가 없는 재료가 하나 더 늘었다는 점이다." 멘로 파크Menlo Park에서 에디슨과 공동 작업을 했던 찰스 배출러Charles Batchelor는 실패한 실험 중 하나에 대해 다음과 같이 술회했다. "연필 같은 것에 쓰이는 석묵이나 흑연으로 필라멘트를 만들었는데, 그것들은 우리가 쓰기에는 너무 많은 불순물이 섞여 있었다. 필라멘트는 부풀어 오르는 듯하다가 가스가 생기고 불꽃이 일어서 전구를 폭발시키고 말았다."

배출러는 연필심에 불순물이 너무 많다고 생각했지만, 에디슨은 자기 관심사와는 별 상관없는 다른 이유에서 연필을 소중히 여겼다. 에디슨은 "유달리 몽당연필을 좋아하여 연필 공장에 짧은 연필을 만들어달라고 부탁할 정도였다." 에디슨은 필라멘트 재료를 결정할 때처럼 시행착오를 거쳐 마음에 드는 연필을 결정했을 것이다. 하지만 자기 마음에 드는 것을 일단 찾아내면 더 이상 한눈팔지 않았다. 한 번에 1,000여 자루나 되는 연필을 주문해 썼던 에디슨은 조끼 주머니에 늘 이 몽당연필을 넣어 다녔는데, 심이 매우 부드러워 다른 연필에 비해 진하게 써졌으며, 길이는 겨우 3인치(7.6센티미터)였다. 그는 주문한 연필이 마음에 들지 않아 이글 연필사Eagle Pencil Company에 항의 편지를 보낸 적도 있다. "이번 연필은 너무 짧아서 주머니 안감에 휘감기거나 구석에 끼어버립니다."

물론 연필에 대한 에디슨의 기호는 그가 만든 필라멘트만큼 사람들 입에 자주 오르내리지 않는다. 하지만 연필의 역사에는 분명 기억할 만한 실험들이 있었다. 예를 들면 연필심으로 쓰이는 흑연의 공급량이 점차 줄어들자 흑연을 대체할 재료며 그 재료를 가공 처리할 방법을 찾는 실험이 수백 년에 걸쳐 전 세계에서 이루어졌다. 그런데 이런 실험이 일단 성공하고 나면, 또 연필이나 전구 같은 인공물들이 어느 정도 발전된 형태로 나아가면, 인공물과 그 재료는 마치 서로를 위해 존재하는 것처럼 보인다. 에디슨의 몽당연필이나 사각형 전구처럼 참신한 물건들이 생산되는 것은 기술적 진보 과정이다.

그러나 이미 완벽하게 발전된 인공물의 재료를 다른 재료로 대체하여 최악의 재앙을 초래할 수도 있는데, 얼마 전 미국이 수입한 수백만 개의 저질 강철 볼트에서 그 예를 찾아볼 수 있다. 아니면 완전히 코미디 같은 결과물이 나오기도 한다. 이는 아들이 런던의 익살품 상점gag shop에서 사 온 연필로 글씨를 쓰려 했던 내 경험을 예로 들 수 있다. 그 연필은 보통 연필과 다르지 않은 모양새에 이미 서너 번 정도 깎아 쓴 것처럼 보였다. 그런데 도무지 글씨가 써지지가 않았다. 나는 몇 번 실패한 끝에 연필심 부분이 고무임을 깨달았을 때에야 연필에 낯선 상품명 '극기 훈련'이 붙어 있는 것을 보았고, 내가 한 방 먹었음을 알게 됐다.

3

연필이 없었을 땐 무엇으로 썼을까

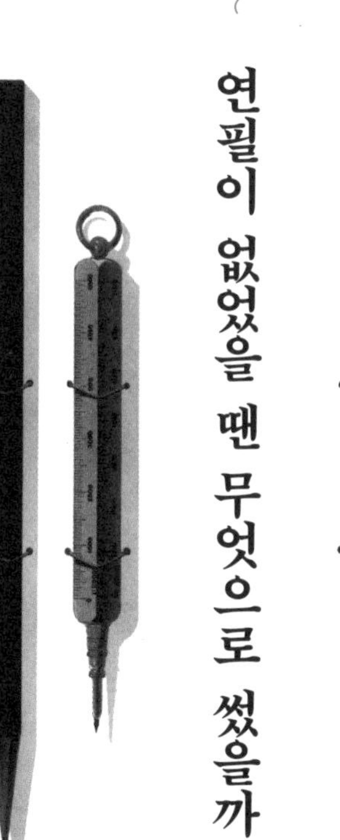

그런대로 훌륭한 선을 그릴 수 있었던 납덩어리가 어떻게 지금의 연필로 변모하게 되었을까? 둥근 바윗덩어리가 어떻게 굴러가는 바퀴로 진화하게 되었을까? 날고 싶다는 꿈을 어떻게 날아다니는 기계로 구현할 수 있었을까? 아이디어를 현실화하거나 인공물을 좀 더 나은 것으로 발전시키는 요소가 바로 오늘날 우리가 공학적 방법이라고 인식하는 것이다. 공학적 방법은 공학 그 자체와 마찬가지로 호모 사피엔스, 아니면 적어도 호모 파베르Homo faber[도구를 만들고 사용할 줄 아는 인류]와 비슷한 연보를 지니고 있다. 공학적 방법들을 분명히 정의하는 것은, 그 고유한 응용 방식들이 제각기 독특한 탓에 인류 개개인을 규명하는 것만큼이나 어려운 일이다. 그러나 발명 및 인공물이 제각기 독특함을 갖추고 있더라도 날카로운 첨필이 연필로 발전하고, 스케치가 궁전으로 모습을 드러내며, 화살이 로켓으로 발전해가는 방식 사이에는 분명히 어떤 유사점이 있다. 이러한 관찰 자체는 성경 전도서가 최초로 기록한 바—"이미 있던 것이 후에 다시 있겠고, 이미 한 일을 후에 다시 할지라, 해 아래에 새것은 없나니"—만큼이나 오래된 것이다. 그렇지만 이런 관찰을 전도서가 처음으로 한 것은 아니다.

문명과 연원을 같이하는 오래된 물건들은 다른 분야와 관련이 있을 수 있지만, 전적으로 해당 분야에 속한다고는 말할 수 없다. 약용 물질은 의약보다 먼저이고, 믿음은 종교보다, 갈등은 법률보다, 인공물은 전통 공학보다 앞선다. 공학의 본질은 의약, 종교, 법률 등 인간의 노력이 집대성된 다른 분야의 것과 마찬가지로 인간 정신의 천명闡明일 뿐이다. 현대 공학자들의 공학과 고대 장인들의 창의적인 방법이 구별되는 점은 갈수록 복잡해지는 인공물과 그 처리 방식에 공학자들이 응용하는 공학적 방법과 함께 자의식, 집중도, 세심한 관찰, 효율, 신중함, 과학성, 성공 가능성에 의한 차이일 따름이다. 누구나 의사가 아니면서도 건강에 대한 개념이 있고 법률가가 아니어도 정의감이 있듯이, 공학자가 아니더라도 설계에 대한 감각은 있게 마련이다. 현대 공학자와 옛 공학자를 구별짓는 것은 공학자들의 본능적인 직관이 아니라 분석하고 종합하는 능력이나 (니트로글리세린의 폭발 가능성을 최대화하거나 최소화하는 기능을 동시에 할 수 있는 등의) 기계 장치가 발전한 데 따른 결과일 뿐이다. 이렇게 해서 필기도구도 만들어내고 쟁기 날을 칼로 벼려내기도 한다. 그러나 현대 생활의 복잡함조차도 완전히 새로운 것은 아니다.

오늘날 개량된 인공물들은 (이전의 인공물들이 고대의 인공물들을 대체했듯이) 과거의 것을 대체하고 있다. 로마 문헌이 우리에게 낯선 것이 아니듯이, 오늘날 건축가든 공학자든 아니면 비전문가든 우리가 일을 처리하는 방식은 로마 시대에서 동떨어진 것이 아니라는 명백한 증거를 키케로Cicero가 제시하고 있다. 그의 막역한 친구이자 조언자인 아티쿠스Atticus가 하루는 시골에 있는 키케로의 집을 방문해 창문이 너무 작다고 흠을 잡으면서, 건축가 키루스Cyrus가 제대로 못 배웠다고 비난했다. 이에 키케로는 그 정도 크기가 정원 감상에 가장 적절하다는 키루스의 설명을 인용한 듯한 편지에 지리학적인 논리 근거며 도면까지 덧붙여 아티쿠스에게 보냈다. 창문 크기가 적당한 논리적 근거를 설명한 뒤에 키케로는 다음과 같이 썼다. "자네가 내 집에 대해 어떤 흠을 더 찾아낸다 해도 그것을 고치는 데 돈이 안 든다면 모를까 그렇지 않다면 자네에게 해명할 만한 그럴듯한 핑계거리를 늘 준비하게 될 걸세."

진보는 느리고 신중하다

이상적인 디자인은 쓸 수 있는 만큼의 비용으로, 즉 돈과 재료만이 아니라 시간, 에너지 등 모든 자원을 동원하여 최선의 인공물을 만들거나 설치하는 데에 있다. 경제적 측면이나 실현 가능성에는 늘 어떤 제약이 따르게 마련이기 때문이다. 공학적 산물은 완벽하다거나 결점이 없을 수는 없다. 대단히 튼튼하고 안전할 뿐만 아니라 인공물의 존재 이유인 제 기능을 적절히 수행할 수 있다 해도 절대적으로 안전한 것은 아니기 때문에 늘 누군가로부터 비판을 받게 되어 있다.

인공물의 결점이 드러나고 그에 대한 개선이 현실적으로 가능할 때, 키케로의 집을 지어준 건축가 같은 공학자들은 개선을 통해 사태에 적절히 대처하거나, 아니면 현재 가지고 있는 예산이나 그보다 약간 웃도는 범위에서 해결한 후 지금 여건에서는 이 정도가 최선이라고 불완전한 인공물을 논리적으로 변호할 수도 있다. 그러나 진정한 공학자는 과도한 비용이나 현재 수준을 뛰어넘는 기술, 혹은 지나치게 많은 시간을 들이지 않고도 실현 가능한 추가적인 개선이라면 등 떠밀리지 않아도 바람직하다고 인식할 것이다. 또한 새로운 재원이 확보되었다거나 새로운 기술 내지 원료가 개발되었다거나 아니면 개선된 디자인에 대한 요구가 아주 급박하지 않아 시간적 여유가 있다면, 성실한 공학자는 비판에 대해 반발하기보다는 긍정적으로 받아들일 것이다. 때로 비판은 아무리 엄청난 비용을 쏟아 부었다 하더라도 그냥 놔둬서는 안 되는 위험에 대한 경고이다. 그 좋은 예가 바로 우주 왕복선 챌린저호다.

사람들은 공학의 역사와 그 실제에 있어 기계, 구조, 장치, 시스템, 방식 등이 점점 대형화되고 복잡해진다고 믿을뿐더러 점점 더 기술 지향적이고 난해하며 위험한 경향을 띤다고 여긴다. 우연히 쓰러진 통나무로 만들었던 원시적인 다리가 철근 콘크리트 다리로 대체된 오늘날, 거대한 다리가 무너지면 텔레비전이며 신문은 그런 사고가 왜 일어났는지 사고 원인을 규명하여 보도하는 것보다 정확히 몇 명이 사망했는지 보도하는 것이 더 쉽다는 사실을 알아차린다. 사고 원인에 대한 초기 보도는 서로 다른 공학자들이 나름의 견해를 피력함에 따라 사람들에게 상반된 이론을 전하게 되며, 전문가들 사이에서도 의견 일치가 이루어지지 않는다. 전문가들 자신이 합의점을 찾지 못하는 사안에 대해 일반 대중(심지어는 언론까지도)이 이해하기를 포기한다고 해서 비난을 받거나 하지는 않는다. 기술적인 문제에 대한 전문가들의 논쟁은 종종 법정에까지 이어지기 때문에 사람들은 차츰 그 사건에 대해 잊어버리거나 애초에 문제시했던 부분이 무엇인지조차 모를 때가 있다. 공학자들의 작업 방식이나 그 결과를 (공학자들 자신을 제외하고는) 그 일에 관련된 이들조차 이해하지 못하는 인습이 점점 강화되고 있다.

그러나 공학의 기본적인 착상이나 기초 원리는 공학자들의 성향이나 생산품만큼 복잡하지는 않다. 위압감을 느낄 정도로 복잡해 보이는 공학적 사례나 문제를 이해하기 위해 단순한 착상이나 원리부터 이해하는 것은 간접적인 시도이다. 가장 초보적이고 난해하지 않은 사례를 통해 공학자와 공학의 본질적인 핵심을 파악할 수 있다면, 규모가 너무 거대하고 생소해서 도대체 그게 무엇인지조차 파악하기 어려운 것에 직면해도 수월하게 그 핵심에 접근할 수 있으며, 그렇게 우리는 그 인공물에 대한 이해를 포기하지 않고 생각해볼 여유를 가질 수 있을 것이다. 공학의 비밀스러운 핵심이라 여겨지는 것들은 평범한 것 속에 있을 수도 있고, 비범한 것 속에 있을 수도 있다. 작은 것 속에 있을 수도 있고, 큰 것 속에 있을 수도 있으며, 간단해 보이는 것에, 또는 어느 모로 보나 복잡한 것 속에 있을 수도 있다. 그런데 가까이에서 좀 더 세심히 관찰해보면 가장 평범하고 작고 단순해 보이는 것에서도 우주왕복선이나 현수교와 마찬가지로 그 나름의 복잡함과 경이로움을 발견할 수 있다. 대부분의 인공물들은 공학의 경이로운 측면과 예술, 사업, 그 밖의 모든 문화적 양상과 공학 간의 관계를 밝히는 데 큰 도움이 된다.

그런 의미에서 연필의 발전을 보여주는 실례들은 다른 공학적 인공물들을 이해하는 데 패러다임 역할을 해줄 것이다. 납이나 숯덩이는 분명 원시적인 연필로 사용되기도 했으나 다분히 불만을 샀을 것이다. 납이나 숯덩이를 쥐고 오랫동안 글을 쓰거나 그림을 그리면 손가락에 쥐가 날 수 있다. 그러면 필체나 선이 뒤틀릴 수 있고, 결국 글 쓰는 사람의 마음까지도 흐트러져버릴 것이다. 비교적 크기가 큰 덩어리로 글을 쓰거나 그림을 그리는 사람은 덩어리에 시야가 가려 자기가 쓰거나 그리고 있는 것을 잘 보지 못한다. 따라서 아무리 잘해도 매끈하고 섬세한 글씨나 그림이 나오지 않는다. 게다가 납덩어리로 그린 선이 흡족할 만큼 진하지 않다면 숯덩이로 그린 선은 너무 짙어서 손에 묻어나는 것은 물론이고 양피지나 종이 위에서 쉽게 뭉개지고 만다. 아마 옛 사람들도 지금 우리처럼 늘상 투덜댔을 것이고, 필기도구의 그런 못마땅함에 대해 누군가는 분명 이렇게 한마디 했을 것이다. "누가 숯이나 납덩어리보다 나은 것 좀 만들 수 없나?"

살인 무기라 철필은 사용을 금한다

근세에 이르기까지 글을 쓴다는 행위에는 많은 번잡함과 불편이 따랐다. 갈대 펜은 이미 고대에서부터, 깃펜은 지난 수천 년간 사용돼왔는데, 이 둘 모두 끝에 촉을 만들어야 하며 계속 잉크를 찍어가면서 써야 했다. 어쩌다 실수로 잉크 방울을 흘리거나 하면 여태까지 애써 쓴 것을 망칠 염려도 있었다. 깃펜을 사용하기 위해서는 잉크는 물론 펜 끝을 뾰족한 촉 모양으로 깎는 칼, 잉크를 말리기 위해서나 잉크가 번지는 것을 막기 위해 글씨 위에 뿌리는 파우더도 필요했다. 알브레히트 뒤러Albrecht Dürer가 그린 깃펜을 든 〈서재에 있는 성 히에로니무스〉나 갈대 펜을 든 〈에라스무스의 초상화〉를 보면 그들은 잉크병을 가까운 평평한 곳에 둔 채 혹은 손에 쥔 채 비스듬한 작업대에 대고 글을 쓰고 있다.

파피루스나 양피지, 송아지피지vellum 위에 펜과 잉크로 쓰는 필기 방식을 간편하게 대체하는 방편으로 밀랍 서판 위에 금속제 철필style로

알브레히트 뒤러, 〈서재에 있는 성 히에로니무스〉(1514) 부분 확대.

알브레히트 뒤러,
〈에라스무스의 초상화〉(1526).

필기하는 방식이 오랫동안 이용되었다. 나무토막을 뜻하는 라틴어 '코덱스codex'는 밀랍을 입힌 나무판자 서판을 일컬었는데, 이 서판은 후에 '책'으로 발전했다. 이 서판의 단단한 밑판(나중에는 상아로 만들어지기도 했다)은 철필이나 첨필의 예리한 끝으로 글을 새길 수 있게 표면에 밀랍을 입혔다. 첨필 반대쪽 끝은 으레 납작한 모양 혹은 왁스를 부드럽게 문지를 수 있는 모양으로 만들어졌는데, 이는 교정을 하거나 서판을 다시 사용하는 등 지우개 구실을 하기 위함이었다.

일부 학자들은 제프리 초서Geoffrey Chaucer[15세기 영국 시인]가 이런 밀랍 서판에 《켄터베리 이야기The Canterbury Tales》와 같은 작품의 초고를 썼을 것이며, 최종 원고만 양피지나 파피루스에 잉크로 썼을 것이라 간주한다. 초서의 《소환된 사람의 이야기The Summoner's Tale》에는 동료들에게 한 약속을 지킬 의사가 전혀 없는 사악한 수도사 이야기가 나오는데, 밀랍 서판에 쓴 글은 쉽게 지워질 수 있다는 사실을 상기시켜 주는 대목이 있다.

> 그의 친구는 뿔로 끝을 장식한 지팡이와 상아판 위에 밀랍을 입힌 서판과 보기 좋게 윤이 나는 철필을 늘 가지고 다녔다. 그 친구는 언제나 즉석에서 이름을 서판에 적었다. … 친구가 문밖으로 나가자마자 수도사는 친구가 전부터 서판에 적어놓았던 이름들을 하나씩 문질러 모두 지워버렸다.

토머스 애슬Thomas Astle은 1784년《필기의 기원과 발전The Origin and Progress of Writing》 초판을 펴냈는데, 신약성서 가운데 초기 사도서가 첩지도서table book라고도 불리는, 여러 장의 나무판을 끈으로 겹쳐 묶고 밀랍으로 그 끈을 봉인시킨 서판 묶음에 기록된 과정을 서술하고 있다. '편지를 깨서 개봉한다'는 표현은 아마도 이 밀랍 봉인을 부수어 깬 다음에야 사도서를 읽을 수 있었다는 사실에서 유래한 듯하다. 애슬은 이 연구서에서 그가 살았던 18세기 말 당시에 "흑연 연필로 적어 쓰는" 상아로 만든 수첩이 메모첩으로 사용되었다는 사실까지 밝히고 있다. 원래 애슬이 쓴 논문의 주제는 당시 '문서학diplomatic science'이라 불리던 분야에 관한 것이었다. 문서학이란 중요한 기록 문서들, 특히 논쟁 중에 있는 문서들의 연대와 진위 여부를 가리는 학문이었다. 따라서 애슬이 몇몇 폭력적인 이야기를 여담으로 끼워 넣은 것은 별로 놀랄 만한 일이 아니다. 그는 상아나 나무로 만든 서판의 크기와 무게에 대한 자기 관점을 이렇게 표현했다. "플라우투스에 있는 한 학교에서 7살배기 소년이 서판으로 선생님 머리를 깨뜨렸다는 말을 들었다."

애슬은 끝이 뾰족한 "철필은 위험천만한 무기라서 로마에서는 사용이 금지됐으며, 대신 상아로 만든 대용품을 사용했다"고 주장한다. 또한 라틴어로 푸길라레스pugillares라 하는 서판과 짝을 이루어 사용되던 철필이 폭력에 쓰인 이야기도 언급하는데, 아마도 그런 서판 가운데 아주 작은 것은 한 손에 펼쳐 든 채 다른 한 손은 철필로 밀랍 표면에 글씨를 새길 수 있었기 때문에 그런 끔찍한 일도 가능했을 것이다. 애슬은 원로원 회의에서 카시우스Cassius의 팔을 찌르는 데 철필을 이용한 카이사르Caesar 이야기, 철필로 원로원 의원들을 학살하도록 부추긴 칼리굴라Caligula 이야기, 자기 학생들에게 고문 받다가 결국 그들의 푸길라레스와 철필에 죽음을 맞은 카시아누스Cassianus 이야기 등을 펼쳐놓는다.

중세에 쓰이던 필기구. 철 말고도 놋쇠, 뼈 등으로도 만들어졌다.

반면 평화로운 목적에 쓰였던 철필이나 철심은 오랜 세월 동안 여러 가지 표면 위에 희미한 자국을 남길 수 있는 도구로 인식됐다. 하지만 이것들이 사용된 것은 중세다. 특히 쉽게 읽을 수 있는 목록이 필요했던 상인들이나 다른 사람들은 글씨가 눈에 잘 띄도록 분필 가루 같은 특별한 첨가물로 코팅한 필기면에 철필로 글을 썼다. 펜과 잉크의 대체품이 계속해서 나오는 가운데, 석판에 석필slate pencil이나 분필chalk로 필기하는 방식은 제3세계 국가의 낙후된 학교에서 여전히 쓰이고 있을 것이다. 미국에서도 19세기 후반까지는 석필이 판매됐다. 그중 정교하게 홈을 파 장식한 몇몇 석필은 상쾌한 디자인과 당시로서는 드물었던 매력적인 회색빛을 띠고 있어 여전히 보관되고 있다. 석필을 뾰족하게 갈 때에는 떠올리기조차 싫은 소리가 나는데도 불구하고 골동품상들은 당시 제작된 나무 연필은 버릴망정 이 석필은 골동 소품으로 취급하고 있다.

필기도구가 절대적으로 부족했기 때문에 비정상적인 필기 수단에 의존해 자신의 생각을 기록한 이들도 많다. 이를테면 스코틀랜드 시인 로버트 번스Robert Burns는 다이아몬드 반지로 창유리를 긁어내면서 시 몇 편을 썼다고 한다. 이런 짓을 좋아하지 않았던 호텔 주인들이 있었던 반면, 인기 있는 시인을 환대한 주인들도 있었다. 스털링에 있는 한 호텔은 번스가 이 호텔 창문에 시를 새겼다는 사실을 자랑스러이 여겨, 시인이 영감을 얻곤 했다는 방에 '로버트 번스 스위트룸'이라는 이름을 붙여 지금까지도 보존하고 있다.

구식 연필의 흔적

비록 시간이 흘러 연필심에 쓰이는 흑연이 발견되고, 그것의 화학적 성분이 다이아몬드와 같다는 것이 밝혀져 그 못지않은 가치를 인정받고, 마땅치 않은 필기도구를 대신하게 되겠지만, 지난 수세기 동안 반지만큼 갖고 다니기 편하면서도 다이아몬드처럼 비싸지 않은 필기도구는 글을 쓰는 많은 사람에게 꿈일 뿐이었다. 이 꿈은 액체 잉크가 필요치 않을 뿐만 아니라 필기 자국이 비교적 선명하게 남으면서도 뭉개지거나 번지지 않고, 밀랍 서판이나 석판, 창유리보다 훨씬 휴대하기 편한, 별다른 처리를 거치지 않은 종이 위에 지울 수 있는 표시를 남기는 발명품에 의해 마침내 현실적인 해답을 찾았다.

어떤 인공물의 결점을 분명히 밝히는 것은 많은 경우 결점을 보완해 새롭고 개선된 인공물을 만들 수 있음을 의미한다. 납덩어리가 손에 쥐기 불편하다면 편하게끔 모양을 새로이 만들어야 한다. 혹은 납덩어리가 시야를 가려 쓰는 내용이 잘 보이지 않는다면 크기를 좀 더 작게 만들어야 한다. 그런데 필기도구를 계속 작게 만들려고 애쓰다 보면 그것을 쥔 손에 쥐가 날 염려가 있다. 따라서 덩어리를 부숴 필기를 하는 끝부분은 작게, 나머지 부분은 너무 가늘지 않아 손에 쥐기 편하게 만들어야 할 것이다. 장인은 이처럼 단순한 공학적 관찰을 통해 섬세한 글씨를 쓰거나 그림을 그릴 수 있도록 납덩어리를 첨필 모양의 플러밋plummet* 으로 만들 수도 있고, 웬만해서는 실수하지 않고 선을 그을 수 있도록 원반 모양의 플럼범plumbum** 으로 만들 수도 있다. 이 같은 변형은 비용도 거의 들지 않는 것이기 때문에 현대 연필의 조상 격인 필기구를 만들거나 파는 사람이라면 거스르기 어려웠을 것이다. 결점에 대처하지 않는다면 좀 더 개선된 제품을 가지고 시장을 공략하는 경쟁자에게 지고 마는 자유 시장 경제 체제에서는 더더욱 이런 변화를 거부할 방법이 없다.

* 납을 연필처럼 손에 쥐기 좋고 가늘게 써지도록 주물로 날씬하게 만든 것. 오늘날에는 수직을 재는 납추를 가리킨다.

** 납을 납작한 원반 형태로 만들고 그 둘레에 날카롭게 날을 세워 가는 선을 그을 수 있게 한 것.

물론 납은 어디까지나 납일 뿐이어서 단순히 모양만 바꾼다고 해서 자국이 눈에 띄게 진해지는 것은 아니다. 좀 더 진한 자국을 남기게 하려면 납을 녹여 다른 재료와 섞어야 하는데, 그런 변화는 연구 개발 실험이 병행되어야 하며(비록 이 경우는 아주 원시적인 사례로 보이지만), 예상치를 벗어난 비용을 쓰고서도 성과가 전혀 없을 수 있어 얼마간 모험이 따르는 법이다. 따라서 순수한 금속 납보다 더 좋은 재료로 알려진 것이 없었던 고대에 첨필 장인들은 손님들에게 잘 부스러지는 숯을 쓰지 않는 한, 돈을 더 들여야만 더 진한 필기구를 만들 수 있다고 응수했을 것이다. 어쩌면 당시 공학자들은 납의 결점을 상쇄할 만한 이점으로 납 자국이 빵 부스러기로도 쉽게 지워진다는 점을 비판자들에게 상기시켰을지도 모른다.

이런 이유로, 첨필은 금속 자국의 선명도를 개선하는 것보다 훨씬 쉬웠던 납덩어리 형태를 개선하는 쪽으로 발전했을 것이다. 하지만 세월이 흐르면서 사색과 개선, 연구, 운 좋게 맞아떨어진 발견—주석, 비스무트bismuth,* 수은 등 다른 금속이 첨가된 납 합금이 개발됐다—을 통해 더 진한 자국을 남길 수 있었을 것이다. 여기에 부수적으로 더 오래가고 종이를 덜 긁는 심도 만들어졌을 것이다. 20세기 초 독일 수도사 테오필루스Theophilus는 나무판자에 대고 디자인을 할 때 컴퍼스와 함께 자주 사용되는 납 주석 합금 첨필에 관한 글을 쓴 바 있다. 이 첨필에는 납과 주석이 2대 1 비율로 섞여 있는데, 그 형태가 어떻든 정확한 금속 성분이 무엇이든 간에 플러밋이라 불렸다. 그러나 시릴 스탠리 스미스Cyril Stanley Smith[영국 금속공학자 · 과학사가]가 말했

* 한국어로 '창연蒼鉛'(푸른 납)이라고도 하는 비스무트는 납과 성질이 비슷해 납 대체재로 쓰이기도 한다.

듯이, 테오필루스는 "자신의 경험을 바탕으로 어떤 기술 분야의 상세한 세부사항에 대한 접근을 글로 기록한 역사상 최초의 인물"일 뿐이며, 도대체 그 기록 이전에도 얼마나 오랫동안 합금 플러밋이 쓰였는지는 알 수 없다.

납으로 만든 필기도구는 다른 금속이 섞인 합금이라 할지라도 글을 쓸 때 전반적으로 펜과 잉크보다는 못했다. 그러나 중세까지도 납은 파피루스, 양피지, 종이 위에 줄과 여백을 표시하는 데 쓰였으며 좀 더 편한 방법으로 똑바로 줄을 맞춰 글을 쓰고 행간에 여백이 일정한 간격으로 유지되도록 할 수 있었다. 이러한 관행은 무슨 이유에선지 15세기 초에 이르면 어느새 덜 일반적인 것이 되어버렸고, 그 시기 이후에는 비뚤비뚤하고 줄이 애매한 원고들이 많아졌다. 그러나 그렇다고 해서 이러한 관행이 완전히 사라진 것은 아니다.

17세기에 교장선생님이었던 에드워드 코커Edward Cocker가 쓴 여러 저서 가운데에는 상업적 응용을 목적으로 한 최초의 영문판 대수 책이 있다. 이 책은 너무나 많은 사람이 읽어서 '코커에 의하면'이라는 표현은 그만큼 정확하다는 뜻으로 인용되었다. 하지만 독자들을 일깨우고자 쓰인 이 저서들이 전부 계산법에 관한 것은 아니다. 《펜을 다루고 사용하는 법How to manage and use the Pen》이라는 책에서 그는 필기법에 대해 설명한다. "써야 할 저서가 있거나 종이에 글을 써야 한다면 '흑연 펜black-lead Pen'이나 컴퍼스로 종이 위에 똑바른 선을 그어놓아야 한다."

종이 위에 평행하는 희미한 두 선을 그을 수 있는 컴퍼스나 디바이더를 이용하면 필기하는 "모든 글씨의 윗부분과 아랫부분이 일정하게 유지되도록 하는" 보조선을 그을 수 있다. 하지만 코커가 책을 썼던 당시는 흑연 펜이 플러밋을 대체한 지 얼마 안 된 시점이었기에 이 새로운 기구를 칭하는 연필이라는 이름은 아직 완전히 자리를 잡지 못했다. 흑연 펜 글씨는 플러밋으로 쓴 것보다 훨씬 진했는데, 이 새로운 필기구에 연필이 아닌 펜이라는 이름이 붙여진 것도 다름 아닌 흑연의 진한 색이 잉크색을 연상케 했기 때문이었다. 16세기에 쓰인 한 습자 교본을 보면, 흑연 펜으로 진한 선을 그을 수 있음에도 불구하고 보조선이 너무 검어 보이지 않게 하기 위해 주석 첨필이나 펜나이프로 그은 평행선처럼 흐릿하게 보이도록 흑연 펜을 살살 눌러 사용해야 한다는 생각이 지배적이었음을 알 수 있다. 보조선을 긋는 관행이 아예 사라지지는 않았으며, 이 흑연 펜이 플러밋이나 다른 원시적인 필기도구를 모두 대체하는 데에는 오랜 시간이 걸렸다.

구식 연필은 사실상 사라져버렸지만, 보조선 역할을 하는 희미한 선을 긋는 관습은 여전히 남아 있다. 19세기에는 나무 연필과 플러밋이 공존했다. 1820년대 뉴욕주에 산 한 작가는 다음과 같이 회고했다. "습자 책을 쓸 때에는 거위 깃펜을, 보조선을 긋는 데에는 플러밋을 사용했다. 연필은 일반화되어 있기는 했지만 학교에서는 별 필요가 없었다." 플러밋은 집에서도 많이 만들어 썼다. 어린 소년들은 소나무 목판으로 만든 거푸집에 녹인 납을 부어 손도끼 모양이나 인디언 도끼 모양의 플러밋을 찍어내곤 했다. 소년들은 이렇게 만든 플러밋을 주머니 속에 넣어 다녔는데, 날카로운 도끼날 부분은 습자를 할 때 언제라도 보조선을 그릴 준비가 되어 있는 셈이었다. 손도끼나 인디언 도끼 모양은 소년들에게 매력적이라는 점 말고도 납을 날카롭게 만든다는 탁월한 장점이 있었다. 도끼 아랫부분은 선을 긋기 위해 누르는 힘에 쉽게 휘어지지만, 납작한 형태는 도끼날을 유지하는 데 유리하다. 옛 사람들 역시 이 사실을 알고 있었다. '플럼범'이라 불렸던, 보조선을 긋는 데 사용된 플러밋이 가장자리에는 날카롭게 날을 세우고 납작한 원반 모양을 한 이유가 여기에 있다. 로마 사람들은 이런 원반을 '프로덕탈 productal'이라고도 불렀는데, 무언가를 미리 그린다는 뜻이었다. 그리스 사람들은 옆으로 쓴다는 뜻에서 '파라그라포스paragraphos'라고 불렀다. 여기서 단락을 뜻하는 영어 단어 '패러그래프paragraph'가 유래했다.

피라미드에서 발굴된 흑연 조각들

20세기 후반인 현재 미국에서 플러밋은 사라졌을지언정 학교 책상에는 아직 잉크병이 붙어 있고, 팔머Edward Palmer[영국의 음성학자이자 어학 교수법 연구자]식 습자 교육이 실시되고 있다. 학생들은 잉크에 펜촉을 담가보기를 바라기도 전에 연필과 자를 써서 습자 책에 보조선부터 그어야 했다. 얼마 전까지만 해도 기계 제도학 수강생들의 학과목 중에는 단단하고 날카로운 연필로 블록체block letter[굵기가 일정하고 장식획이 없는 글씨] 지침에 따라 윤곽선을 보일락 말락 하게 그리는 법을 배우는 시간이 따로 있었다. 심지어는 보조선이 따로 없는 요즘 노트에도 괘선이 그어진 종이가 낱장으로 끼워져 있다. 이 용지는 펜에 눌린 자국이 비어 있는 뒷장에까지 배어 나오지 않도록 하는 데 쓰일 뿐만 아니라 글의 줄 간격을 일정하게 유지할 수 있도록 해주는 보조 괘선 역할도 한다. 1540년에 출판된 한 이탈리아 습자 교본에는 "검은 괘선이 그어져 있는 용지를 '은선지隱線紙' 또는 '비침 종이show-through'라고 한다"고 쓰여 있다. 이 용지는 글씨를 처음 배우는 사람이 보조선 없이도 똑바르고 자신감 있게 쓸 수 있을 때까지 손을 익히는

이탈리아 폼페이에서 발견된 프레스코화로, 1세기에 그려진 것으로 추정된다. 그림 속 여자는 밀랍 서판과 철필을, 남자는 파피루스 종이를 들고 있다.

데 쓰였던 것이다.

관습이 천천히 바뀐다고 해서 하드웨어를 개선하는 것까지 새롭고 더 훌륭한 재료가 발견될 때를 기다리며 지체시킬 이유는 없다. 흑연이 진한 자국을 남기는 물질로 알려지기 훨씬 이전부터, 플러밋은 학생들의 변덕스러운 기호나 상상에 따라서가 아니라 실질적인 불편함, 예견된 불만에 대응하여 변화했다. 일부 첨필은 가느다란 막대에 한쪽 끝은 글을 쓸 수 있도록 뾰족하고 반대쪽 끝은 보조 괘선을 긋기 편리하도록 납작한 모양인데, 이런 첨필을 사용하면 보조 괘선을 긋기 위한 플럼범이나 프로덕탈, 파라그라포스 등이 따로 필요치 않다. 이러한 개선은 납작한 한쪽 끝으로 글씨를 지우는 밀랍 서판용 첨필waxtablet stylus에서 아이디어를 빌려온 것일 수도 있고, 아니면 수도사들이 글을 쓰다 말고 필기용 납 조각을 내려놓은 다음 줄 긋는 납 조각을 다시 집어 들어야 하므로 불편하다는 불평을 해댔기 때문에 이루어진 것일 수도 있다. 어쩌면 그렇게 양쪽 끝을 동시에 사용하는 것이 가장 경제적인 재료 이용법이기 때문에 생겨난 방법일 수도 있다. 20세기 공학 제도 교재도 이러한 이유에서 연필의 양쪽 심을 다른 용도로 사용할 수 있게 서로 다르게 깎아서 쓸 것을 학생들에게 가르치고 있다.

모양이야 어떻든 간에 순수한 납으로 만들어진 첨필이 합금 첨필로 개선되면서 여러 첨필 제조업자는 이물질 혼합 정도가 다른 첨필을 만들었음이 틀림없는데, 이는 업자마다 사용할 수 있는 현지 재료의 질이며 양이 달랐기 때문일 것이다. 이에 따라 문필가나 예술가들은 이 첨필이 저 첨필에 비해 어떤 점이 좋다는 둥 어떤 점이 나쁘다는 둥 계속 불평을 늘어놓거나 언쟁을 벌였을 것이다. 그러나 크게 보면, 첨필은 고대에서부터 현대 연필을 구경조차 해보지 못한 사람들에게는 이만하면 됐다 할 만치 훌륭한 자국을 남길 수 있고 쥐기에도 편한 형태로 끊임없이 진보했다고 할 수 있다. 따라서 첨필 자국이 완벽한 정도로 개선된 뒤에는 부수적인 문제들에 초점이 맞춰졌다. 이리하여 첨필의 금속을 맨손으로 만지면 손가락이 더러워지는 불편을 적은 비용으로 해결하기 위해 손가락이 닿는 부분에 종이를 두른 제품이 나왔다. 납이 잘 묻어난다는 사실은 이미 고대 로마에 대大 플리니우스Pliny the Elder의 저서 《자연사Natural History》 중 귀금속을 다룬 부분에 나올 만큼이나 오래된 고충이었다. 그는 금이 인기 있는 이유에 대해 쓰면서 "금의 가치가 높은 좀 더 중요한 이유는 거의 닳지 않는다는 점이다. 이에 반해 은, 구리, 납은 선이 그어질 정도로 잘 닳을뿐더러 잘 묻어나 손이 더러워진다"고 밝힌다. 종이로 둘러싸 손을 더럽히지 않는 금속 납 연필은 18세기까지 매우 널리 쓰인 필기도구였으며, 20세기 초까지도 남아 있었다.

이집트에서는 기원전 1400년경까지 거슬러 올라가는 흑연 조각 5개가 발굴됐는데, 불순물이 섞여 있던 이 흑연 조각들은 무언가를 쓰거나 그리는 도구보다는 안료로서 이용됐던 것 같다. 비교적 현대에 가까운 서기 1400년경에 쓰인 흑연에 관한 기록도 있다. 이는 절연이 되면서 질 낮은 유럽산 흑연의 특징에 관한 것으로 보인다. 액체가 아니면서도 별도로 처리가 된 필기용 서판이나 종이를 필요로 하지 않는 필기도구로서 선호된 납 합금을 결국 흑연이 대체하게 된 이유는 생각보다 단순하다. 16세기 중엽에 질 좋은 흑연이 풍부하게 매장되어 있을 뿐만 아니라 채광하기도 쉬운 광산이 발견되었기 때문이다. 이 광물의 진정한 화학적 특성이 밝혀져 적절한 이름이 붙여진 것은 몇 세기가 더 흐른 뒤의 일이지만, 글씨를 쓸 수 있다는 그 두드러진 성질만은 잉글랜드 동북부에 자리한 컴벌랜드Cumberland의 한 마을인 케즈윅Keswick 부근에서 발견된 직후 세상에 널리 알려졌다. 그렇지만 정작 흑연의 발견 자체는 기록으로 남겨지지 않은 것 같다. 그 흔적만이 학문, 공학, 예술, 그리고 모든 문명에 선명하게 남아 있다.

4

연필의 역사

우리에게 익숙한 나무 연필의 근세 역사는 적어도 400년 전으로 거슬러 올라간다. 독일계 스위스인 내과 의사이자 자연학자인 콘라트 게스너Konrad Gesner가 1565년 취리히에서 발간한 화석에 관한 책에 현대 연필의 시조라고 분명히 단언할 수 있는 연필에 관한 서술이 등장하기 때문이다. 당시 학술 논문들이 으레 그러했듯이 라틴어로 쓰인 이 책은 'De Rerum Fossilium Lapidum et Gemmarum Maxime, Figuris et Similitudinibus Liber'라는 길고도 현학적인 제목을 달고 있는데, 이는 '돌과 암석에 새겨진 화석의 모양과 형태에 관한 연구'라는 뜻이다. 자연사에 관한 현대 논문과는 달리 이 책에는 삽화가 쓰였는데, 이 삽화 가운데 화석으로 보이지 않는 것이 하나 끼어 있다. 게스너는 새로운 종류의 첨필 내지 필기도구와 그 심의 재료로 쓰이는 광물을 함께 그려놓았다. 앞에서 누누이 말했듯이 공학이나 발명에 관해 기록으로 남겨진 바가 거의 없다는 점을 감안한다면, 우리가 연필 자체에 대해서나 연필의 조상, 혹은 연필을 만든 사람에 대해서보다도 연필을 처음 사용한 사람에 대해 훨씬 더 많은 것을 안다는 사실은 놀랍지 않다.

콘라트 게스너(1516~1565).

콘라트 게스너는 1516년 스위스 취리히에서 태어났다. 그는 어릴 적부터 무척 조숙했는데, 게스너의 아버지는 약초를 재배하는 친척 집에 아들을 보내 학교에 다니게 했다. 게스너는 학교에서 그리스어와 라틴어를 배워 스물한 살에는 그리스-라틴어 사전을 만들 정도였다. 그는 자신의 뛰어난 그리스어 실력으로 의약을 연구해 많은 돈을 벌어들였을 뿐만 아니라 개업의가 된 이후에도 아리스토텔레스 학파의 물리학에 관해 강의를 했다. 이렇듯 무한한 호기심에 비추어 보면, 게스너가 화석뿐만 아니라 새로운 필기도구에 대해 진지한 흥미를 가진 것은 너무나도 자연스러운 일이었다. 그는 분야를 가리지 않는 다독가였으며, 그에 걸맞게 광범위한 분야의 저술가이자 편집자였다. 게스너는 자기 이름으로 무려 70여 권의 책을 펴냈는데, 이는 그에게 '서지학의 아버지'에서부터 '독일의 플리니우스'를 거쳐 '동물학의 아버지'에 이르기까지 다양한 별명을 붙여주었다. '손에 펜을 쥐고 산 사람'이라는 별명도 있었는데, 이는 그가 연필을 쥐기 전까지만 헤아려야 맞는 말이다. 게스너는 (앞서 언급한) 연필 삽화가 있는 책이 발간된 1565년에 페스트로 사망했다.

우유의 효능을 다룬 의학 소책자, 당시까지 알려져 있던 130여 개의 언어를 설명한 책, 목판화가 크게 실린 동식물에 관한 연구서, 1,800여 개 항목을 다룬 서적 목록, 기록으로 남겨진 전 세계 학문에 관해 조사 수록한 백과사전적인 책 등 게스너는 정말이지 다양한 저서를 남겼다.

최초로 알려진 흑연 연필 삽화로, 1565년 게스너가 쓴 화석에 관한 책에 실린 것이다. 연필 아래에 있는 화석이 바로 흑연 덩어리이다.

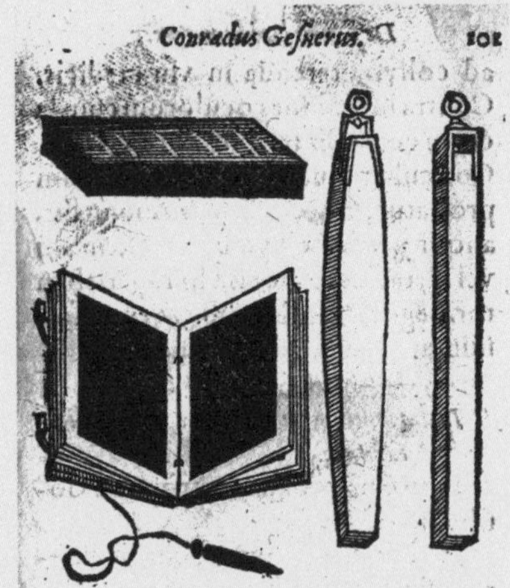

휴대용 메모 수첩에 첨필이 매달려 있다. 매달아두고 쓰는 필기구는 요즘도 은행이나 우체국에서 흔히 볼 수 있다.

물론 게스너가 살았던 16세기에도 뚜렷한 공학 관련 저술은 보이지 않는다. 하지만 평생 읽고 쓰는 일에만 매달려온 사람에게는 새롭고 편리한 필기도구를 만난 사건이 산에서 새로운 식물을 발견하는 것만큼이나 흥분되는 일이었을 것이다.

게스너의 책에 등장하는 필기도구는 나무로 만든 관 속에 심을 집어넣은 것처럼 보이는데, 오늘날의 연필로 치면 지우개가 붙어 있을 자리인 끝부분에는 장식적인 마디가 달려 있다. 게스너의 또 다른 삽화를 보면, 그가 '푸길라레스'라고 지칭한 서판에 끈으로 철필을 연결해 묶은 게 있는데 아마 끝의 장식 마디를 이용해 묶을 수 있었을 것이다. 끝에 마디나 고리가 달린 연필은 꽤 오래전부터 있었는데, 이러한 관습은 오늘날에까지 이어져 가령 투표할 때 쓰는 기표용 연필에서 그 흔적을 찾아볼 수 있다. 빅토리아 시대에는 나무 연필을 끼울 수 있는 금이나 은제 홀더가 쓰였다. 이는 심은 물론 연필 몸체를 보호하기 위한 것이기도 했는데, 끄트머리에는 체인을 연결할 수 있는 고리가 달려 있었다. 현장 작업자들이나 메모를 하는 사람들은 흔히 이 고리에 끈을 묶어 책상이나 메모용 클립보드에 매달아놓고 사용하곤 했다. '잉크가 나오는 연필'로 묘사되는 현대 볼펜을 책상에 부착해놓고 쓰는 모습은 지금도 은행이나 우체국에서 흔히 볼 수 있는 풍경이다.

그런데 게스너가 실로 경탄한 것은 이미 흔한 연필 끝부분이 아니라 바로 나무 관에 삽입된 요긴한 부분, 곧 글을 쓸 수 있게 해주는 물질이었다. 게스너는 특별한 처리 과정을 거치지 않은 종이 같은 표면에도 글을 쓰거나 그림을 그릴 수 있는 이 필기구에 대해 다음과 같이 서술했다.

> 아래에 그려진 첨필은 필기할 때 쓰는 것인데, 납(어떤 사람들은 '영국 안티몬English antimony'*이라고도 부른다)을 갈아서 뾰족한 심을 만든 뒤에 이것을 나무 손잡이에 끼워 넣은 것이다.

연필이 오늘날 어디서나 흔히 볼 수 있는 물건인 만큼 스케치나 공학, 건축 제도에 관한 요즘 책에서도 준비 도구 중 하나로 연필이 그려져 있는 것을 쉽게 찾아볼 수 있다. 그러나 그런 책에서도 흑연 덩어리를 삽화로 보여주는 경우는 없다. 설령 있다 한들 연필 재료가 어디서 왔는지를 서술하는 정도에 그친다. 게스너가 연필 자체보다 연필심에 대해 설명한 이유는 아마도 그 물질의 쓰임새에 감탄했기 때문일 것이다. 자신의 책에 새로운 동식물을 목판화로 그려 넣는 일에 익숙했던 그로서는 새로운 필기도구와 광물을 삽화로 남기는 것이 너무나 당연한 일이었을 것이다. 게스너가 그린 삽화가 정확히 무엇인지 알려면 약간의 고증이 필요하겠지만, 정말 경탄한 것이 첨필의 심을 만드는 데 쓰인 물질이라는 판단이 맞다면 게스너가 그린 삽화 아랫부분에 있는 설명되지 않은 대상은 '영국 안티몬' 덩어리가 틀림없다.

게스너가 그린 첨필은 겉보기에 오늘날의 샤프펜슬을 닮았지만, 실은 샤프펜슬보다 훨씬 원시적인 것이었다. 이 첨필은 심 원료를 가늘게 켜거나 갈아서 딱 맞는 관 속에 집어넣은 다음, 이 관을 다시 좀 더 큰 관 속에 끼워서 만든 것으로 보이는데, 이런 방법은 짐승의 털로 심을 만든 붓 연필과 별다를 바 없는 것이었다. 만일 이런 방법으로 만들지 않았다면 세로로 쪼갠 나무 관으로 흑연심을 둘러싸듯 포갠 뒤 떨

* 청색을 띠는 백색 금속으로, 흔히 합금을 만드는 데 쓰인다.

어지지 않도록 고리로 조이는 방법을 썼을 가능성도 있다. 두 가지 방법 모두 끝이 뾰족한 심을 관 속에 간단히 고정시킬 수 있다. 한쪽 끝이 점점 가늘어지는 관을 똑같이 생긴 좀 더 큰 관에 꼭 맞도록 만든 연결 장치 또는 두 물체를 조임 장치로 꽉 조여 연결한 장치는 오늘날에도 쉽게 볼 수 있다. 전자와 같은 장치는 삼각대 다리를 만드는 데 쓰이며, 후자는 전기 드릴 날의 연결 부위나 샤프펜슬의 연필심을 물었다가 내미는 클러치 부분에서 찾아볼 수 있다. 손가락을 집어넣었다가 빼려고 하면 손가락이 꽉 물리게 되는 중국식 손가락 덫에서 아이디어를 따온 이 클러치 장치는 밀어 넣을 때는 괜찮다가 뺄 때는 조여지는 일종의 연결 장치이다. 구식 펜대는 펜촉을 세게 끼우면 고정되는데, 이 또한 위에서 말한 연결 장치의 또 다른 변형이며 기본적인 아이디어는 같다.

심을 고정시키는 기계 장치가 어떤 식이든 간에 게스너의 삽화에 등장하는 필기도구는 납 조각으로 만든 첨필이나 종이를 두른 합금 첨필을 획기적으로 개선한 것이었다. 오늘날 우리는 훨씬 진한 선을 그을 수 있을 뿐만 아니라 깔끔하고 간편하며 여러모로 편리한 연필을 어디서나 구해 쓸 수 있다. 이런 연필은 여행자의 스케치북이나 암벽 등반가의 메모장에 연결해 쓸 수도 있고, 쓰임새에 따라 다양한 형태와 굵기의 심을 갖추고 있다. 심지어 어떤 연필심은 손가락으로 집기 힘들 정도로 가늘다. 이처럼 경이로운 심을 만드는 데 쓰이는 새로운 물질이 공급이 달린다거나, 값이 오른다거나, 적은 양밖에 사용할 수 없게 된다면 제조업자에게는 아주 심각한 일일 것이다. 실제로 가끔 그런 일이 있었다.

형태로 보나 기능으로 보나 게스너가 묘사한 경이로운 물질은 우리가 오늘날 연필이라고 부르는 것임이 분명하다. 게스너는 이 연필을 아주 진귀한 것으로 다루었는데, 이 물건이 적어도 그에게는 '일종의 납(어떤 사람들은 영국 안티몬이라고 불렀지만)'에서 혁신적으로 개량된 새로운 필기도구였기 때문이다. 이 연필심은 일반적인 종이 위에도 선명한 자국을 남기기 때문에 박물학자들이 현장에서 화석이나 동식물 혹은 여러 가지 자연 현상을 기록하는 데에 안성맞춤이었을 것이다. 연필은 뾰족한 금속 촉으로 긁어서 쓰는 푸길라레스나 다루기 성가시고 잘못하면 지저분해지는 펜과 잉크병, 여기에 수반되는 기타 부수 장비를 들고 다니는 수고를 덜어주었다.

흑연의 기원을 찾아서

게스너의 삽화는 현대적인 연필을 그린 최초의 것으로 여겨진다. 그러나 그의 책이 현대적인 연필을 언급한 첫 번째 책은 아니다. 게스너의 책이 출판되기 1년 전인 1564년, 요한 마테시우스Jahann Mathesius는 당시로서는 아주 새로운 필기 방법을 알게 되자 이렇게 썼다. "예전에는 다들 은필銀筆로 글을 썼다. … 지금은 제련하지 않은 새로운 광물로 종이 위에 글을 쓴다." 하지만 심의 재료를 밝히지 않은 이 글을 게스너의 삽화에 버금가는 것으로 보기에는 설명이 너무나 부족했고, 따라서 이 글도, 글쓴이도 게스너의 삽화가 그러했던 것과 같은 식으로 기억되지 못했다. 또한 마테시우스나 게스너나 연필이 언제 처음 등장했는지는 정확히 설명하지 못하는데, 그들로서는 당시 이미 사용되고 있던 물건을 기록했기 때문이다.

게스너의 삽화는 1648년에 발행된 어떤 책에 좀 더 크게 실려 있다.

16세기 박물학자 율리스 알드로반디Ulisse Aldrovandi 사후에 출판된 백과사전《금속 박물관Musaeum Metallicum》이 그것이다. "게스너의 저서보다 완성도가 높지만 편집은 다소 떨어진다"는 평을 받는 이 책 역시 라틴어로 쓰였는데, 알드로반디는 연필의 핵심적인 재료를 영국 안티몬stimmi Anglicanum이 아닌 '연석鉛石, lapis plumbarius'*이라 불렀다. 비록 연필심 재료야 17세기 중반까지 여러 가지 이름으로 불렸지만, 책에 연필 삽화를 수록한 것을 보면 당시에도 여전히 그 효용이 놀랍게 여겨졌음을 알 수 있다.

흑연심 연필이 등장한 뒤 이에 대해 기록한 여러 문헌이 남아 있긴 하나, 이들 문헌에 흑연심 연필이 언제 처음 출현했는지는 드러나 있지 않다. 물론 흑연심 연필에 대한 언급이 없다고 해서 그것이 존재하지 않았다는 뜻은 아니다. 그렇지만 흑연심 연필에 대해 침묵한 몇몇 책들로부터 당시 흑연심 연필이 흔히 볼 수 있는 것은 아니었다는 암시를 얻을 수는 있다. 예컨대 이탈리아 습자 교사였던 조밤바티스타 팔라티노Giovambattista Palatino가 1540년에 펴낸 책에는 그가 "달필가라면 반드시 가지고 있어야 하는 필기도구 일습"이라고 생각했던 도구들에 대한 설명과 삽화가 실려 있는데, 여기에는 펜 글씨를 연습할 윤곽선을 긋는 데 필요한 금속 첨필과 컴퍼스가 포함되어 있다. 하지만 삽화 어디에서도 팔라티노가 흑연(어떤 명칭으로 불렸든 간에)이나 흑연심 연필에 대해 조금이라도 알고 있었다는 흔적은 찾아볼 수 없다. 따라서 1540년 이탈리아에서는 흑연심 연필에 관해서도 그 심의 재료가 되는 물질에 관해서도 전혀 알려진 바가 없었음을 어느 정도 확신을

* 라틴어로 lapis는 돌을, plumbarius는 납을 뜻한다.

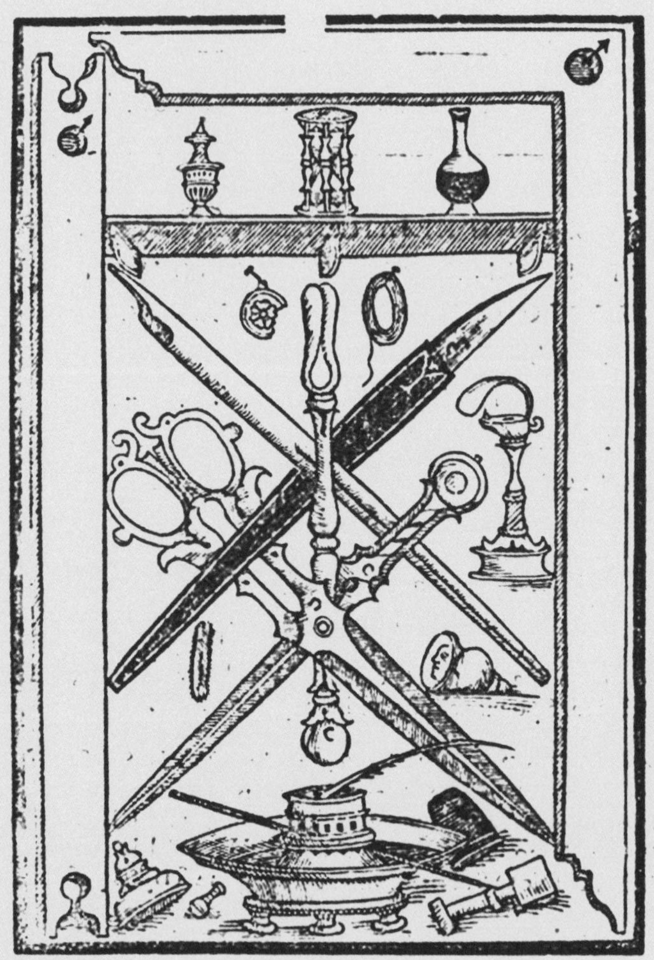

“달필가라면 반드시 가지고 있어야 할 필기도구 일습”을 보여주는 삽화. 흑연심 연필은 보이지 않는다.

갖고 주장할 수 있다.

기술적인 면에서 획기적인 분수령을 이룬 많은 인공물에 대한 기록들이 그러하듯이, 흑연심 연필이 언제 어디서 최초로 만들어져서 사용되었는지에 관한 정확한 기록 역시 없는 듯하다. 흑연이 발견된 연대 역시 증거 자료가 없기 때문에 이르게는 1500년에서 늦게는 게스너의 책이 발간된 1565년까지 다양하게 추정된다. 몇 안 되는 증거들이 연필심 재료가 되는 물질인 "제련하지 않은 새로운 광물" 또는 "영국 안티몬"이 1560년대 초 어느 시점에 컴벌랜드에서 채굴되었음을 알려주고 있지만, 18세기 말엽 존 베크만John Beckmann은 자신의 저서《발명과 발견의 역사History of Inventions and Discoveries》에 "양질의 플룸바고 산지로 유명한 컴벌랜드 광산이 언제 발견되었는지는 알 수 없다"고 썼다. 라틴어 단어인 플룸바고plumbago는 '납 같은 역할을 한다'는 뜻이며, 신기한 연필심을 일컫는 수많은 이름 중 하나이기도 하다. 베크만은 이 물질이 "'검은 납black lead', '켈로kellow'나 '킬로killow', '워드wad'나 '워트wadt'라 불린다"고 썼는데, "이들 단어는 검다는 의미를 내포하고 있다."

이 물질이 기능적으로 적절하면서 과학적으로 정확한 명칭이라 할 수 있는 '흑연graphite'으로 불리기 전까지는 '검은 카우크black-cowke', '키시kish', '검은 크레용crayon noir' 등 여러 가지 이름으로 불렸다. 여러 다른 물질을 대체할 만한 어떤 물질 하나에 그 이름들을 모두 붙이는 식과 같다. 흑연이라는 이름은 1779년 셸레K. W. Scheele가 이 물질의 정확한 화학적 성분을 최종적으로 규명한 지 꼭 10년이라는 세월이 더 흐른 뒤에 베르너A. G. Werner가 제안한 것으로, '쓰다'를 뜻하는 그리스어 '그래파인graphein'에서 따왔다. 베크만의 설명에서도 일부 언급됐듯이, 흑연을 이른 초기 명칭들은 도대체 어떤 물질인지 영 가늠하기 힘든 것에서부터 선명한 설명적 의미를 담은 것까지 다양했다. 이 새로운 물질이 컴벌랜드 언덕에서 발견될 당시인 16세기에 현지에서 붙여진 토착 명칭은 망간토라는 뜻의 'wad' 또는 'wadd'였다. 이 단어는 또한 흑연심 연필을 일컫는 이름으로도 사용되어서, 흑연 광산 인근에서는 20세기에 접어들어서도 연필을 '망간 연필wad pencil'이라 불렀다. wadd는 1667년까지 '검은 도구'라는 뜻의 라틴어 '니그리카 파브릴리스nigrica fabrilis'라 불리기도 했는데, 그때까지도 통일된 라틴어 명칭이 없었기 때문이다. 영국 학술원 회보인《철학 회보Philosophical Transactions》 1698년 5월호에 실린 〈'검은 납'으로 통칭되는 물질에 관한 연구 소견Some Observations Concerning the Substance Commonly Called, Black Lead〉이라는 짧은 논문에는 위에서 말한 몇 가지 이름들이 언급되어 있는데, 이는 흑연이 발견된 지 1세기가 넘은 당시에도 여전히 흑연의 본질이 다 밝혀지지 않았음을 보여준다.

> 우리가 '검은 납Black lead'이라고 부르는 이 광물질은—따지고 보면 우리가 '흰 납White lead'인 주석과 반대된다고 생각하는 납 자체의 색깔도 검은색이기는 하지만—컴벌랜드와 케즈윅에서만 발견되는데, 현지에서는 워트 혹은 켈로라 부른다. … 이 물질은 사실 금속 성질이 하나도 없어서 용융성은 전혀 없고, 연성도 거의 없다. 그렇다고 암석에 속한다고 보기도 어렵다. 경도가 낮기 때문이다. 따라서 이 물질은 (물에 용해되지는 않지만) 토사류로 분류하는 게 좋을 것 같다.

흑연을 어떻게 분류해야 할지가 분명치 않았기 때문에 이 논문의 저자는 혼란스러움을 해결하지 못한 채 잠정적으로 다음과 같은 결론을 내렸다. "이 물질에 붙일 수 있는 가장 적절한 명칭은 아마도 '검은 황토Black Ochre'일 것 같다."

하지만 흑연wadd은 황토보다는 금속성인 납에 훨씬 가까운 역할을 했기 때문에 결국에는 납을 뜻하는 라틴어 단어 '플룸바고'로 널리 알려졌다. 진짜 금속 납보다 더 검고 선명한 자국을 남기는 물질에 영어로 '검은 납'이라는 이름을 붙이는 것은 자연스러운 일이었다. 그런데 광택이 나는 이 새로운 광물 자체의 빛깔은 그 자국만큼 진하지 않다. 독일에서는 이 검은 납을 '블라이바이스Bleiweiss'라 하는데, 직역하면 '흰 납'이라는 뜻이다. 이런 착오는 흑연이 발견된 초기에 "흰 납이라고 불리는 주석과 비슷한 광택을 지닌 금속으로 오해"한 데서 기인한 것이다. 물론 오늘날 '흰 납白鉛'은 탄화납이 포함된 유독성 페인트 염료를 일컫는 말이다. 흑연이 무슨 이름으로 불렸든 간에 그 발견 및 사용은 '고문서학'상의 학문적 관심 대상을 뛰어넘는 문제다. 적어도 베크만의 말에 의하면 그렇다.

> 필기에 흑연을 이용한 것이 얼마나 오래된 일인가를 확정짓는 작업은 고문서학에서 아주 중요한 의미가 있다. 흑연을 처음 사용한 연대가 밝혀져야만 흑연으로 그린 그림 혹은 필체 유지 보조괘선을 그었거나 글을 쓴 고문서의 연대가 밝혀지기 때문이다. 내가 이 물질에 대해 극히 미미하게나마 아는 바를 굳이 밝히는 이유는 다른 이들이 좀 더 자세한 사항을 알아내도록 동기를 유발하기 위해서다.

플룸바고 혹은 몰리바다이나molybadaena라 불리는 이 물질을 재료로 하여 만든 연필에 관해 몇 자 적어보겠다. 플룸바고나 몰리바다이나 같은 명칭 간의 명백한 차이점이야 신진 광물학자들이 밝혀주겠지만, 연필심 재료로 쓰이는 이 광물을 광물학자들은 라이스블리reissbley, 플룸바고, 그래파이트 등으로 부른다. 플룸바고에는 납이 전혀 들어 있지 않으며, 라이스블리나 블라이스티프bleystif라는 명칭 역시 이 물질이 종이 위에 납과 비슷한 색의 자취를 남긴다는 사실 이외에는 적당한 근거가 없다. 이 자국은 오래 유지되며 쉽게 지워지지 않는다. 그러나 지우려고 마음만 먹으면 깨끗하게 지울 수 있다. 따라서 '검은 납'은 다른 어떤 유색 토양이나 목탄보다, 특히 잉크보다 훨씬 더 편리하고 빠르게 필기할 수 있는 도구다.

베크만의 이러한 진취적인 학문적 자세가 다른 사람들로 하여금 좀 더 자세한 연구를 하도록 유인하는 역할을 했을 가능성이야 있겠지만, 드러난 사실에 비추어 보자면 새로운 사실이나 정보 수집에 많은 진전이 있었던 것 같지는 않다. 적어도 베크만 이후 200년 동안은 흑연에 관해 새로이 밝혀진 바가 별로 없다. 20세기 초 쇠네만C. T. Schönemann이라는 사람이 독일의 어느 도서관에 소장된 성경 필사본(11세기 혹은 12세기 것으로 추정된다)의 괘선이 연필로 그어졌다고 주장함에 따라, 최초의 연필 사용 시기를 놓고 독일과 영국 사이에 논쟁이 붙었다. 첨단 현미경을 이용해 영국 박물관들에 소장되어 있는 자료들에 나타난 연필 자국을 연구한 미첼C. A. Mitchell은 17세기 이전 자료에서는 연필 자국을 볼 수 없다며 쇠네만의 주장에 반박했다. 미첼은 이 같은 주장을 폄으로써 컴벌랜드에서 순수 흑연 광산이 발견된 시기가 흑연이 최초로 발견된 연대라는 설을 지켜냈다.

영국 연필 제조업의 중심지이자 유럽 전역의 초기 연필 공장들에게 원료를 제공한 원산지인 컴벌랜드에 관한 역사책들 가운데에는 몰리 르페브르Molly Lefebure가 쓴《컴벌랜드의 유산Cumberland Heritage》이라는 책이 있다. 이 책 서문에 르페브르는 연필 제조에 핵심적인 원재료의 기원을 찾아 그 옛날 목동들이나 넘나들었을 법한 이 산 저 산을 헤매고 다니던 때의 고충을 다음과 같이 토로했다.

> 흑연wadd에 대한 역사적 기록들은 매우 단편적이고, 대개는 케즈윅의 유명한 연필산업에 대한 기록들처럼 믿기 어려운 것들이었다. 예부터 흑연 탄갱이 있었던 시톨러 산Seatoller Fell[바다 종지기 산이라는 뜻이다]은 정말 이름대로 생겼는지 보려 해도 안개에 가려져 있었다. 산 정상은 멀리서 보면 안개 위로 희미하게 드러나 보이는 페루 산 정상처럼 아득한 바위 같으나 다가가서 보면 겨우 몇 피트짜리 돌덩어리로 작아진다. 그린란드에서는 흑연이 300여 년 동안 상업 거래 물품으로 확고하게 자리 잡고 있었는데, 이 사실이야말로 입증하기가 하늘의 별 따기만큼이나 힘들다. 흑연의 역사를 파고들면서 꼭 이상한 나라의 앨리스처럼 미궁 속으로 빠져드는 것만 같았다. 흑연에 가까이 가면 갈수록 흑연은 더 멀리 달아나버린다.

이 책에서 '흑연을 찾아서'라는 장을 보면 르페브르는 이 물질의 발견과 초창기 채굴에 대한 역사를 학술적으로 조사하면서 겪었던 난감한 상황을 다음과 같이 솔직하게 적고 있다.

> 흑연을 연구하면서 알게 된 사실은, 많은 전문가가 이전 연구자들의 말을 단순히 반복 서술하고 있다는 것이었다. 즉, 연구자들은 용광로에서 제련하고 남은 찌꺼기를 파내려가듯 때로는 그 속에 중대한 오류가 있음에도 불구하고 반복 사용했던 과거의 내용을 그대로 받아들여 연구를 진행한다.
>
> 전설에 따르면, 돌풍이 불고 난 뒤 뿌리째 뽑힌 어느 물푸레나무(참나무라는 설도 있다) 밑동에서 어느 목동이 흑연이라는 물질을 최초로 발견했다고 한다. 그 발견 연대는 알려져 있지 않다. 이 물질이 처음 발견되었을 당시에는 지역 사람들이 자기 양羊을 표시하는 정도로만 쓴 것 같다(전설은 계속 이어진다).

최초의 흑연 광산이 어떻게 컴벌랜드의 보로데일Borrowdale 영지에서 발견되었는가에 관한 또 다른 가설은 르페브르의 책처럼 학문적 연구 과정에서 나온 것이 아니지만, 이야기 자체는 그럴듯하다. 클래런스 플레밍Clarence Fleming이 쓴 에세이 〈연필The Pencil〉은 본래 코이누르 연필사Koh-I-Noor Pencil Company가 1936년에 소책자 형태로 발간한 것인데, 이런 구절로 시작하고 있다.

> 폭풍우에 거대한 참나무가 뿌리째 뽑힌 사건은 영국 보로데일에 있는 유명한 흑연 광산의 발견으로 이어졌다고들 한다. 이는 엘리자베스 여왕 시대인 1565년에 일어났다. 등산을 하다 쓰러진 나무뿌리에 붙어 있는 이상한 검은 물질을 발견한 행인이 이를 마을

에 알렸더니 곧 이 신기한 광물에 대한 흥미로운 논의가 일었다.

여기서 흑연을 발견한 해인 1565년은 앞서 말한 콘라트 게스너의 책이 발간된 해이다. 또한 루이스 멈퍼드Lewis Mumford도 유명한 저서 《기술과 문명Technics and Civilization》의 부록에 실린 발명품 목록에 흑연심 연필이 등장한 시기를 1565년이라고 명기함으로써 게스너의 기록을 따랐다. 그런데 이러한 사실은 이 박물학자 혼자만의 주장이 아니다. 더 분명한 사실은 흑연이 박물학자나 예술가들 사이에서 널리 사용되었으며, 호평받았다는 점이다. 일례로 1586년 영국의 골동품 연구자이자 역사가인 윌리엄 캠던William Camden은 보로데일에 관해서 "이 지역 화가들은 선을 긋거나 명암을 표현할 때 '검은 납'이라고 불리는 광물을 사용하는데, 이 광물은 토사류나 광택이 나는 암석 형태로 풍부하게 채굴되고 있다"라고 썼다.

흑연에 대한 오해와 이해

엘리자베스 여왕은 새로운 산업을 적극 장려했는데, 컴벌랜드를 포함한 영국 여러 지역에서 광산을 개발하고 광물을 제련하기 위해 경험 있는 독일인의 지원을 요청하기도 했다. 실제로 독일인들은 1560년대 말엽까지 케즈윅과 그 주변 지역에서 광산 개발에 관여했다. 영국 흑연은 이들을 통해 대륙으로 진출하는 길을 찾았을 가능성이 매우 높다. 또한 독일인들은 영국에서 새로운 광물을 갑작스럽게 접한 탓에 각각 주석과 흑연을 뜻하는 '흰 납white lead'과 '검은 납black lead'을 혼동한 채로 받아들였거나, 흑연을 [흰 납이라는 뜻의] '블라이바이스'로 부를 만한 나름의 근거를 찾았을지도 모른다. 그렇지만 흑연이 정확히 언제 발견됐는지 알 수 없듯이, 독일에서 흑연이 어쩌다 블라이바이스로 불리게 됐는지 구체적인 이유는 알 수 없을 것이다. 플랑드르 상인들과 이탈리아 예술가들 또한 영국 흑연을 유럽에 소개하는 데 기여한 이들이다. 이탈리아에서는 흑연을 '플랑드르석Flemish Stone' 또는 '플란더스석Flanders Stone'이라고 불렀다. 흑연이 벨기에, 네덜란드를 거쳐 남유럽에 전해졌기 때문인데, 중계지 지명에서 이름을 따온 것이다. 전해진 경로가 어떻든 간에 16세기 말에 이르러 흑연이라는 광물은 유럽 전역에 널리 소개되었다. 1599년 이탈리아 자연사학자 페란테 임페란티Ferrante Imperanti는 흑연에 관해 다음과 같이 기술했다. "그림을 그릴 때 흑연은 펜과 잉크보다 훨씬 편하다. 표시가 흰 바탕 위에서 잘 보일 뿐만 아니라 고유한 광택 덕분에 검은 바탕 위에서도 보이기 때문이다. 또한 연필 표시는 오래 보존할 수 있고, 쉽게 지울 수 있으며, 먼저 연필로 그린 다음 펜으로 되짚어가며 따라 그릴 수도 있는 데 반해 납이나 목탄은 그렇지 못하다."

이미 수십 년 전에 게스너가 분명히 말했듯이, 비단 예술가들만이 흑연 사용을 선호했던 것은 아니다. 글을 쓰거나 그림을 그릴 때 흑연을 쥐기 편하게 만드는 다양한 방법이 속속 개발됐다. 손을 더럽히지 않기 위해 금속 납을 종이로 싸서 사용했던 것처럼, 광산에서 막 채굴한 듯 투박한 흑연 조각을 양가죽으로 싸매 쓰는가 하면 바늘이나 콩깍지처럼 기름하게 생긴 흑연 원광原鑛은 끈이나 종이로 감아 사용했다. 막대처럼 가느다란 흑연 조각은 속이 빈 나뭇가지나 갈대에 끼워 쓰기도 했다. 오늘날 우리가 포장지로 싸인 사각 혹은 원반 모양 사탕을 나선 모양으로 뜯어나가면서 하나씩 빼먹듯이, 여러 개의 흑연 조각을 밀짚 안에 넣고 줄로 감은 다음 심처럼 튀어나온 부분이 닳으면 줄을 끌러 밀짚을 벗겨가면서 사용하기도 했다. 덩굴 가지처럼 속이 빈 천연 케이스도 분명 낯설지 않았을 것이다. 20세기에 접어들어서도 컴벌랜드나 더럼주州 일부 지역에서는 연필을 '덩굴'이라 불렀다.

17세기까지 보로데일 흑연은 광범위한 지역으로 수출되었다. 독일에서 흑연은 안티몬을 녹여 혼합한 물질로 여겨졌는데, 또 한편으로는 [납과 비슷한 성질을 가진 금속인] 비스무트로도 알려졌다. 보로데일에서 채굴되는 흑연의 진짜 화학적 성분을 이해하려면 아직 200여 년이나 남아 있던 1602년에, 이탈리아 생물학자이자 혁신적인 식물학자였던 안드레아 체살피노Andrea Cesalpino는 흑연에 관해 아래와 같은 글을 썼다. 이 글을 보면 흑연이 여전히 엉뚱한 이름으로 불리고 있었다는 사실을 알 수 있는데, 체살피노는 "화가들이나 제도공들을 위해" 뾰족한 연필을 만든 곳과 흑연 원산지를 혼동하고 있음이 분명하다.

> 나는 이 '몰리브데눔molybdenum'이 납처럼 검은색 광택이 나기는 하지만 암석에 속한다고 생각한다. 너무 매끈해서 꼭 일부러 광을 낸 것 같다. 손으로 만지면 납처럼 반짝이는 잿빛 얼룩이 묻어난다. 화가들은 작고 가느다란 막대 형태의 이 광물을 관 속에 넣어 사용한다. 이 물질의 원산지는 벨기에다. … 어떤 사람들은 독일이라고 하며, 그곳에서는 이 광물을 비스무트라 부른다고 한다.

1610년에 런던 거리에서 흑연을 파는 것은 요즘 문방구에서 연필을 파는 것처럼 일상적인 일이었다. 예술가들이나 보통 사람들은 이 흑연을 나무로 만든 연필 케이스에 넣어 사용했는데, 현장에서 기록을 해야 하는 사람들은 종이나 줄로 감아 쓰거나 밀짚에 끼워 사용했다. 1612년에는 보로데일 흑연의 특징으로 진한 자국을 남길 뿐만 아니라 쉽게 지워진다는 성질이 자주 언급된다. 한 저술가는 인쇄한 책에 메모하는 습관에 대해 언급하면서 다음과 같이 권했다. "흑연으로 메모하면 수시로 고쳐가며 쓸 수 있다. 막 구운 빵 조각으로도 지울 수 있기 때문이다."

보로데일 흑연은 17세기까지 계속 명성을 떨쳐나갔다. 유럽 전역에서 흑연에 대한 수요가 엄청나게 불어났으며, 흑연을 많이 사용하게 됨에 따라 흑연심을 깔끔하고 편리하게 끼워 쓸 수 있는 새로운 방법들이 고안되었다. '연필깍지porte-crayon'라는 프랑스식 이름을 지닌 홀더는 제련하지 않은 흑연 조각이나 석필, 목탄 등을 대에 끼워 꼭 맞는 뚜껑으로 닫아둘 수 있는 도구다. 에셔M. C. Escher의 인상적인 작품 〈그림 그리는 손Drawing Hands〉에는 흑연을 꽂은 금속제 연필깍지를 쥐고 있는 손이 교차되어 있다.

본래 아무런 수식어가 붙지 않는 '크레용crayon'이라는 단어는 그림을 그리거나 글을 쓰는 도구 가운데서도 건성인 종류를 가리키는 프랑스어다. '영국 크레용Crayons d'Angleterre'이라는 단어는 흑연을 다른 필기도구와 구별하여 부르기 위해 프랑스에서 만들어진 말이다.

흑연 사용이 점차 일반화되고, 컴벌랜드 광산에서 채굴되는 흑연의 인기와 명성이 높아지자 이를 훔쳐 팔면 금방 큰돈을 벌 수 있다는 소문이 퍼져나갔다. 흑연은 보호해야 할 전략적 자원이 됐다. 영국은 흑연 재고를 목적한 만큼 확보하고 나면 보로데일 광구를 몇 년간 폐쇄하곤 했다. 심지어는 흑연을 채굴할 수 없도록 갱구를 물로 채워놓기도 했는데, 이렇게까지 단속한 까닭은 5~6년에 한 번씩, 그것도 약 6

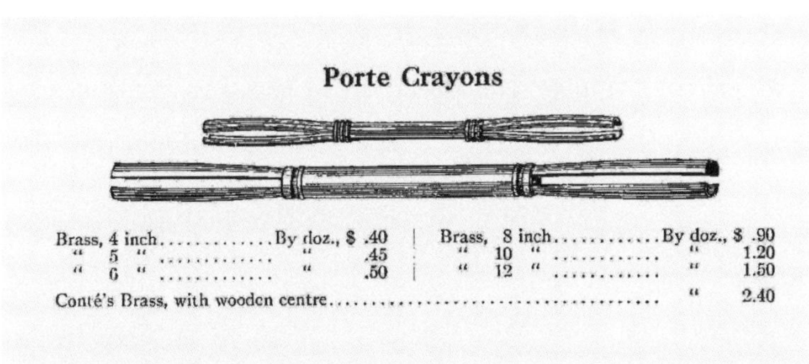

Porte Crayons

Brass, 4 inch	By doz., $ .40	Brass, 8 inch	By doz., $ .90
" 5 "	" .45	" 10 "	" 1.20
" 6 "	" .50	" 12 "	" 1.50
Conté's Brass, with wooden centre	" 2.40		

1914년 예술가용 도구 카탈로그Priced catalogue of artists' materials에 실린 연필깍지 삽화. 황동brass으로 만들어졌으며, 가운데 부분은 나무로 이루어졌음을 알 수 있다.

주 정도만 집중적으로 채광해도 한동안 필요한 양을 충분히 채울 수 있었기 때문이다. 보로데일 광산은 1678년에 매장량이 거의 바닥났다고 해서 폐광되었는데, 1710년에 여기서 새로운 광맥이 발견됐다. 한데 광산을 다시 열고 보니 폐광되었던 기간에도 좀도둑들이 많이 도굴해 갔다는 사실이 밝혀졌다. 18세기 말경에 이르면 매장량이 다시금 줄어들어 1791년에는 질이 한참 떨어지는 흑연을, 그것도 겨우 5톤밖에 채광하지 못했다.

흑연이 언제부터 이 광산에서 몰래 빼돌려져 무더기로 밀매되기 시작했는지는 알 수 없지만, 영국 정부가 물샐틈없는 보안 조치와 법적 대책을 마련할 정도로 밀매 규모가 점점 불어난 것만은 틀림없다. 흑연이 폭탄, 탄환, 포환 등 군사적인 용도나 연필심 이외의 다른 목적에 활용된 것은 영국 하원이 '흑연광 도굴 및 절도의 효과적 방지를 위한 법률'을 상정하게 만든 또 다른 충분한 이유가 되었다. 흑연 광산 및 갱에 무단으로 침입하거나 흑연을 조금이라도 훔치는 행위를 중죄로 규정한 이 법안은 세 차례의 안건 심의를 거쳐 위원회에서 심사숙고된 다음, 1752년 3월 26일 상원에서 통과되어 법률로 제정되었다. 이날 화려한 성장을 한 채 보좌에 앉아 있던 조지 2세는 곁에 예복을 입은 컴벌랜드 공작을 거느리고서 "왕국은 이를 원한다Le Roy le veult"고 선포했다.

5

어떻게 연필 속에 심을 넣었을까

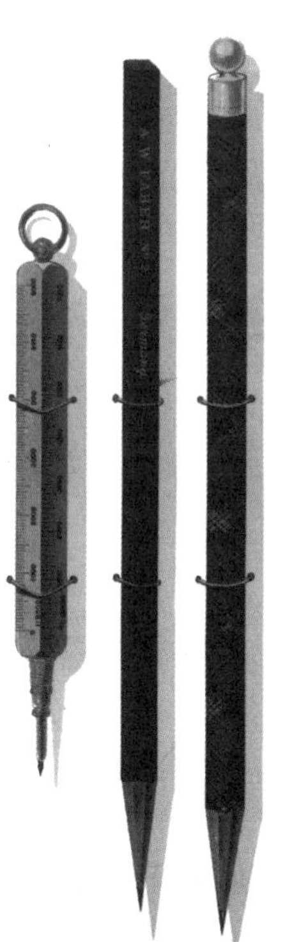

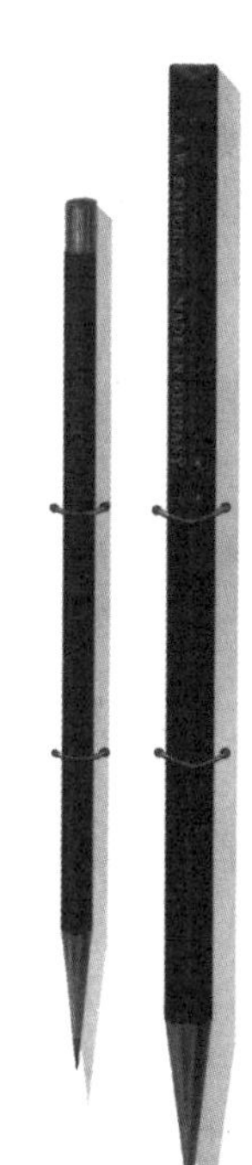

연필의 역사는 처음 기록될 때부터 생략과 각색으로 가득 차 있었다. 이는 아마도 불가피한 일이었을 것이다. 역사란 본래 구전에서부터 시작되는 것이며, 이야기꾼들이란 자신이 가장 재미있다고 생각하는 부분만 골라 가장 재미난 방식으로 전달하려 들기 때문이다. 이 말은 이야기를 전하는 이가 일부러 와전시켰다는 뜻이 아니다. 다만 이야기를 전하는 사람은 이야기하려는 내용과 말을 주관적으로 선택했을 것이 틀림없으며, 틀렸다고 생각되는 내용이라면 가차 없이 버렸을 뿐만 아니라, 당시로서는 꼭 이야기할 필요가 없거나 중요치 않다고 여긴 부분, 혹은 대다수 사람들 사이에 회자될 내용이 아니라면 얼마든지 생략할 수 있었을 것이다. 글 쓰는 것 또한 이야기나 마찬가지다. 대부분의 저술가들은 트루먼 커포티Truman Capote가 원고 각색에 관해 "나는 연필보다는 차라리 가위를 믿는다"고 암묵적으로 표현한 말의 본뜻을 분명 깨닫고 있었을 것이다. 블라디미르 나보코프Vladimir Nabokov도 표현은 다르지만 커포티와 같은 생각을 말했다. "나는 내가 발표한 모든 글을 한 글자도 빼놓지 않고 다 적어놓았다. 내 연필은 지우개보다 생명력이 길다."

그런데 연필로 쓴 글이 그렇게 많음에도 불구하고 연필 자체에 대한 기록은 거의 없다. 펜에 대해 쓴 글 중에서 연필에 관한 내용이 있는 것을 본 적이 있는가? 과학을 주제로 한 글 중에서 공학에 관한 내용이 들어 있는 것을 본 적이 있는가? 성당에 대해 쓴 글 중에서 공장에 관한 내용이 들어 있는 것을 본 적이 있는가? 하지만 세상에 좀처럼 알려지지 않은 것들이라고 해서 문명사와 관련되지 않는다고 말할 수는 없다. 독일의 어느 연필회사는 자사 제품에 관한 글에서 다음과 같이 기술했다. "예술과 과학의 확산에 이것처럼 기여한 물건도 없으며, 전 세계적으로 이렇게 일상화되어 있고, 날마다 그 이름이 불리는 물건도 드물 것이다. 연필에 너무 익숙해져 있기에 우리는 연필을 무관심하게 대하는 것 같다." 그러나 이러한 지적은 역사적 조망이라기보다는 자기 정당화 같은 내용으로 이어진다. "대부분의 상품들이 존재 근거를 기계적인 기술에 두고 있다고 가정한다면, 연필은 완벽한 현대 기술의 산물이다."

17세기에 이르기까지 오랜 세월에 걸쳐 더디게 발전해온 연필은 공학 발전의 역사와 궤를 같이한다. 산업혁명 이전까지 성취된 공학적 업적들은 표면적으로 보면 고대의 것들을 변형한 것에 불과했다. 장엄한 고딕 양식 사원들이 세워지고 있었음에도 불구하고 로마 시대의 아치 양식이 석조 교량의 표준 양식으로 남아 있었다. 스톤헨지와 피라미드가 뛰어난 역학 기술을 입증하는 기념비적 축조물로서 수천 년을 버티고 있었지만, 다른 한편에서 갈릴레오는 옛 소요학파 철학자들이 완벽한 해답을 찾지 못했던 의문들을 새롭게 제기했다. 17세기 말경에는 갈릴레오와 뉴턴이 현대 과학 기술의 초석을 마련했을 뿐만 아니라 연필 또한 그 현대적인 형태를 갖추었다. 과학과 기술이 진보하는 데 연필이 꼭 필요하지 않았을 수도 있지만, 연필의 발전은 점차 과학화되어가는 공학적 실천 방식에서 많은 덕을 보았다. 그러나 그렇게 덕을 보게 되는 일은 그 당장이 아니라 18세기 말이나 되어서야 가능했다.

현대 연필처럼 평범하고도 단순해 보이는 인공물이 고대 첨필로부터 발전해오는 데 그렇게 오랜 세월이 걸린 건 몇 가지 이유가 있다. 첨필의 흠을 찾아내기는 쉽다. 하지만 첨필을 만들었던 고대 장인이나 수공업자들로서는 비용을 많이 들이지 않고도 첨필을 개선할 수 있는 방법이 그리 확실하지 않았다. 필기도구에 가장 적절한 재료가 발견되기 전까지, 합금을 이용한 첨필을 개선한다는 것은 정말이지 지지부진한 일이었다. 첨필이라는 이 초보적인 필기도구는 특정 용도를 위해, 특정한 형태로 개선되는 식의 점진적인 변형만을 거쳤을 뿐이다. 그 시절에는 화학적 원리를 거의 원시적이고도 비과학적으로 이해했기 때문에, 연필 재료에 근본적인 변혁을 일으킬 만한 제대로 된 공학적 실천을 할 수 있는 이론적 근거들이 거의 전무한 형편이었다. 오늘날에도 인공물의 개선은 실험과 시행착오를 통해 많은 성과를 거두고 있긴 하지만, 실험에 적절한 재료나 방법이 준비되어 있지 않다면 실험을 해볼 기회조차 얻을 수 없는 노릇이다.

하지만 일단 컴벌랜드에서 흑연이 발견되자 연필의 발전은 가속화되었다. 비록 흑연의 본질적인 화학적 속성이 알려지지는 않았을지라도 16~17세기 연필 제조자들과 사용자들은 글을 쓰고 그림을 그리는 데에 더할 나위 없이 이상적인 이 재료를 가장 편리하고 효과적으로 이용할 방법을 찾는 데 온 신경을 집중했다. 보로데일 광산에서 흑연이 덩어리 형태로 발견된 이래, 덩어리로부터 연필심 모양을 고안해내고 이것을 홀더에 끼우는 방법을 강구하는 데 모든 노력을 기울였다. 이렇게 해서 만들어진 제품이 알려지고 그 수요가 늘어나자 자연스럽게 연필 제조업자와 판매인이 몇 곱절로 늘어났고 경쟁도 치열해졌다.

경쟁이 가중됨에 따라 서로 대조하고 비교해볼 수 있는 여러 형태의 연필이 등장하자 연필 제조업자만이 아니라 소비자들 역시 연필에서 쉽게 흠을 찾아낼 수 있었다. 연필을 가장 자주 쓰는 이들 즉 예술가들과 장인들이 좋은 연필을 좀 더 잘 구별하게 됨에 따라, 비용이 크게 들지 않는 선에서 가능한 해결책들이 나오거나 개선되었다. 이런 역동적인 과정은 자생적으로 또 자기 조절적인 방식으로 이루어졌으며, 좀 더 질 좋은 연필이나 값싼 연필이 등장함으로써 일단락되었다. 모든 현대적인 공학의 발전 또한 이와 유사한 과정을 거쳐왔다. 그렇지만 상상력과 창조력, 기예와 기능, 수요와 공급, 불만과 경제성 등에 상응한 초창기 연필의 발전 과정은 전적으로 기술자들과 장인들의 몫이었다. 이상적인 재료를 쉽게 확보할 수 있는 동안에는 연필 제조 장인들의 전통으로부터 이상적인 연필이 서서히 모습을 드러내리라는 기대가 있었다.

역사학자는 아니지만 연필 제조자들과 기술자들도 그들의 생산 과정과 생산품에 대해 뭔가 기록을 남기려고 했을 수도 있다. 그렇지만 기술된 역사는 거의 없다. 적어도 짜임새 있고 기억할 가치가 있는 믿을 만하고 객관적인 역사는 아니었다. 현대 공학의 초창기부터 19세기까지의 기록 가운데 우리에게 연필 제조에 관한 내용이라고 전해진 것들은 대부분 지우개질을 가까스로 면한 기록이나 가위질당하고 남은 자투리 정도다. 물론 이렇게 된 이유 중 하나는 산업혁명 시기 공학자들이 (초기 연필 제조자들이 그러했듯이) 학자가 아닌 장인이었기 때문이다. 그들은 자신이 생각했던 것이나 연필로 구상했던 것이 일단 인공물 형태로 구현되고 나면 그것을 가능케 했던 구상을 더 이상 중요하게 여기지 않았다. 가위나 지우개가 이를 비유적으로 보여주는 사물이었을 것이다. 그러나 사실 연필이야말로 어떤 것을 구상하고 새로운 물건을 만듦으로써 과거의 것들을 대체하고 기억 저편으로 밀어 넣는 지우개나 가위 역할을 했다. 옛 가구들의 밑바닥을 살펴보면 그것을 만든 장인들이 연필로 계산을 하고 밑그림을 그린 흔적을 많이 발견할 수 있다. 하지만 연필로 쓴 내용은 대개 완전하지 않고 생략된 부분이 많아 수수께끼 같다. 기술자나 공학자들이 거대한 구조물이나 기계, 문화유산으로 남긴 가구 등에 남아 있는 연필 작업 흔적은 설혹 완벽하게 보존되어 자세히 살펴볼 수 있는 상태일지라도 우리 눈에는 보이지 않는 것이나 진배없다.

기록되지 않은 것의 역사

비단 연필의 발명 및 발달 과정만이 기록에 남아 있지 않은 건 아니다. 17세기에 걸쳐 보로데일 흑연의 이용이 점차 늘어났음에도 불구하고 글을 쓰고 그림을 그리기 위해 흑연을 정확히 어떻게 보조물에 끼워 썼는지 혹은 그런 보조물을 뭐라고 불렀는지 따위가 기록된 자료는 거의 없다. 단지 많은 추측이 필요한 연구 과제로 남아 있을 뿐이다. 완벽하지는 않지만 그럼에도 우리가 간과한 문헌이 있기는 하다. 벤 존슨Ben Jonson의 희곡 《에피코이네Epicoene》(1609)에는 등장인물 중 한 사람이 다른 사람의 수학용 도구 상자 속에 든 내용물을 서술하는 장면이 나온다. "그 사람의 자, 컴퍼스, 황동 펜, 그리고 지도를 그리는 데 쓰는 흑연." 같은 17세기에, 하지만 《에피코이네》보다는 조금 늦게 등장한 문헌이 몇 종류 더 있다. 1644년 영국의 일기작가 존 이블린John Evelyn은 '흑연 펜'을 그림 그리는 데 썼다는 기록을 남겼다. 1668년에는 《펜과 연필의 장점The Excellency of the Pen and Pencil》이라는 "그림을 그릴 때 필요한 도구들"이 언급되는데, 이 가운데에 '흑연 펜'도 끼어 있다. 그런데 펜이 글을 쓰는 데나 그림 그리는 데나 두루 이용된 반면 연필은 대개 그림을 그리거나 메모, 구상을 할 때 사용됐다고 한다. 예술가나 저술가들 중 몇몇은 연필로 펜 보조선을 긋거나 책 여백에 메모를 했는데, 이런 메모는 나중에 그것을 읽은 이들에게 발견되곤 했다.

혼란스럽게도 연필을 구성하는 요소 가운데 표시를 남길 수 있는 재료가 19세기에 접어들어서까지 여러 이름으로 불렸기 때문에 연필의 역사에 접근하기는 쉽지 않다. 심지어 무엇을 펜이라 하고 무엇을 연필이라 했는지조차 정확한 판단을 내리기가 어렵다. 연필을 가리키는 단어가 다양하고 혼란스러운 것은 비단 영어만이 아니다. 미술사학자 조셉 메더Joseph Meder는 자신의 저서 《드로잉 정복The Mastery of Drawing》 첫 장에서 흑연을 일컫는 다양한 명칭을 열거한다. "흑연은 독일어로는 Bleistift, Blay-Erst, Wasserbley, Blei, Bleifeder, Englisch Bleyweiss, Reissbley 등으로, 이탈리아어로는 Grafio piombino, Lapis piombino, 네덜란드어로는 Potlot, Potloykens, 프랑스어로는 Mine de plomb d'Angleterre, Crayon de Mine de plomb, Crayon de mine, Crayon, 영어로는 Black-lead Pencil, Plumbago라고 불렸다."

이어 메더는 다음과 같은 사실에 한탄한다. "카탈로그나 사전, 그 밖의 예술 서적들에서 '납' 연필만큼이나 잘못 이해되고 엉터리로 설명된 화구畫具도 없을 것이다." 메더는 글을 쓰는 도구보다는 그림을 그리는 도구로서 연필에 관심이 있긴 했지만, 그 또한 납이나 납 합금으로 만든 연필과 원고를 쓰는 데 사용하는 진짜 흑연 연필을 구별하는 데 혼란을 느꼈다. 하지만 그런 혼란은 결코 놀라운 일이 아니다. 현미경과 화학적 방법을 이용해 금속심으로 그은 선과 흑연심으로 그은 선을 과학적으로 구별해내는 미첼의 방법은 20세기 들어서야 등장한 것이기 때문이다. 미첼의 연구에 따르면, 측면광을 이용하여 현미경으로 들여다보면 납이나 납 합금으로 그은 선에서는 독특한 광택이 나며 군데군데 색이 칠해지지 않고 빈틈이 있는 찰흔이 보이는 데 반해, 흑연으로 그은 선에는 검은 색소가 빈틈없이 채워져 있어 찰흔이 보이지 않았다. 이러한 정밀 조사를 통해 흑연의 유형 및 혼합물 정도를 판별할 수 있어, 글을 쓰거나 그림을 그리는 데 사용했으리라 추정되는 연필을 실제로 확인할 수 있을 뿐만 아니라 그 연대까지도 추정할 수 있다. 미첼은 노트에 흑연이 쓰인 것이 1630년대부터라는 사실을 알아냈지만, 그가 개발한 이런 분석 방법으로도 밝히지 못한 것이 있었으니 바로 흑연을 어떻게 끼워서 사용했는가 하는 문제다.

흑연을 발견하고 또 초창기 연필에 흑연을 이용하게 된 정황이야 어떻든 간에 (앞서 게스너의 삽화에서 봤듯이) 흑연 조각을 막대 끝에 꽂아서 쓴 방법은 짐승의 털을 붓대에 끼워서 쓴 옛 방법과 매우 흡사하다. 더욱이 '연필pencil'은 애초에 끝이 가느다랗고 뾰족한 형태의 붓을 의미하는 단어였기 때문에, 이 명칭이 게스너의 삽화에 등장하는 필기도구를 부르던 이름인 '첨필'을 대체하게 된 것은 너무나 자연스러운 일이었다. 그러나 게스너가 그렸던 것으로부터 너무 흔해서 거의 눈에 띄지도 않고 무시당하는 오늘날의 연필로 발전하기까지는 그 이름과 제조 방법에서 매우 길고도 고된 과정을 거쳤다. 1771년에 '예술과 과학 사전'이라는 부제목을 단 《브리태니커 백과사전》은 '연필' 항목에서조차 흑연 필기구를 완전히 무시하고 있었다. 이 항목 전체를 소개하면 다음과 같다.

> 연필pencil: 화가들이 채색을 하기 전에 윤곽을 그리는 도구. 여러 재료로 만든 다양한 종류가 있다. 굵은 종류는 멧돼지 털로 만드는데, 털의 굵은 쪽 끝을 용도에 따라 크거나 작은 막대 끝에 묶어서 사용했다. 큰 것은 붓이라고 불렀다. 가느다란 종류는 낙타, 오소리, 다람쥐의 털이나 백조의 가슴 쪽 깃털로 만들었다. 이런 종류의 털들은 밑부분을 질긴 끈으로 묶은 다음 속이 빈 큰 깃털대에 꽂아서 썼다.

'연필'이라는 단어에 이를 뛰어넘는 의미가 있다는 사실을 표제어 항목에서 언급하지 않은 것은 ('펜' 항목이 없는 것과 더불어) 잘 이해가 가지 않는 부분이다. 흑연을 일컫는 다른 명칭인 '워드wadd' 역시 당시 포환을 만드는 데 아주 유용하게 이용됐음에도 《브리태니커 백과사전》에는 "탄환이 총신 밖으로 빠져나오지 않도록 총구 안을 막는 데 쓰이는 종이뭉치"라고만 설명되어 있는 걸 보면, 고어古語의 방언적 성격은 표제어 항목에서 생략되는 구실이 되었던 것 같다. 그렇다고는 해도 이것이 '플룸바고plumbago'에 "식물학 용어. 갯질경잇과 식물을 일컫는다"라는 단 한 가지 뜻만 소개해놓은 데 대한 충분한 이유가 되지는 못한다. 점차 일반화되고 있던 필기구나 화구들이 무시받는 만큼, 군사적 목적 이외에도 그 중요성이 커져가고 있던 공학 역시 소홀히 취급됐다. 당시 《브리태니커 백과사전》을 찾아보면 공학자는 "군 기술 관련 용어. 군 기술 분야에 능통하거나 전문적인 사람"이라고만 설명되어 있다.

'연필'이라는 단어는 19세기에 이르기까지 예술가들의 붓을 가리키는 데 쓰였고 이는 오늘날까지도 이어지고 있다. 선구적인 사진가 폭스 탤벗Fox Talbot이 자신의 초기 작품 활동을 "자연이라는 연필"*이라 부른 것도 이러한 맥락에서였다. 오늘날의 사전들도 여전히 '연필'에 대한 뜻풀이에서 시대적으로 볼 때 가장 먼저 생긴 의미인 "화가들이 채색할 윤곽선을 그리는 데 이용한 털로 만든 붓"이라고 서술하고 있다. 모든 혁신적인 인공물이 그러하듯이 흑연심 연필 역시 오랜 세월 동안 물리적인 형태는 말할 것도 없고 명칭에 있어서도 많은 변천을 겪었다. 그러한 과정은 대개 기록으로 남지 않았을뿐더러 연필을 만든 사람이나 특정 부류의 사용자가 아니면 그런 변천을 느끼지도 못했다.

흑연심으로 만든 필기도구가 어떻게 불렸든 간에 이미 17세기에 독일 뉘른베르크의 바이에른 지역에는 연필 제조업자를 비롯해 보로데일 흑연을 가공하지 않고 있는 그대로 판매하는 상인들이 엄연히 존재하고 있었다. 그러나 이들이 정말 최초의 연필 생산자였는지 아니면 컴벌랜드 연필회사Cumberland Pencil Company가 주장하듯이 '최초의 연필 생산'이라는 영예는 이 바이에른 지역보다 보로데일 광산에 더 가까이 있는 영국의 케즈윅으로 돌아가야 하는지는 확실히 알 수 없다. 한 저술가에 따르면 영국 현지에서는 이미 엘리자베스 여왕 시절에 케즈윅에서 연필이 만들어졌다는 말이 전해 내려온다고 한다. 재료를

* 《자연이라는 연필The Pencil of Nature》은 1844년에 폭스 탤벗이 출간한 사진집 제목이기도 한데, 이 책은 상업적인 목적으로 출간된 최초의 사진집으로 알려져 있다.

손쉽게 조달할 수 있었던 환경을 고려하면 일리 있는 설이다. 그렇다고 판매되던 연필이 모두 완벽하게 조립 가공된 완제품 연필이었다는 뜻은 아니다. 1714년 런던의 브로드시트broadsheet[뉴스나 광고가 실린 단면 인쇄물]에는 흑연 행상들이 외치고 다닌 내용이 실려 있는데, 이를 통해 1714년까지도 적절한 홀더에 끼워 사용할 수 있는 흑연 덩어리를 팔았다는 사실을 확인할 수 있다.

> 석필 사요, 석필 사.
> 석필을 쓰는 게 이득입니다.
> 빨간색 석필, 매끄러운 석필,
> 검은 납 있습니다.

흑연 조각은 가공되지 않은 채 곧장 런던 사람들에게 팔리기도 했지만, 줄로 감거나 연필깍지에 흑연을 끼운 것 혹은 나무 연필 역시 17세기 말 이전에 살 수 있었다. 가내 수공업으로 만들어진 초창기 연필이 어떤 모습이었는가는 정확하지 않다. 하지만 17세기 말에 이르러서 명칭은 물론 기구 자체도 현대적인 면모를 갖추기 시작한다. 1683년 존 피터스 경Sir John Pettus은 야금학에 관한 저서에서 '납' 항목에 대해 다음과 같이 설명하고 있다.

> 뿐만 아니라 '납mineral lead'도 있다. 우리는 이 광물을 '검은 납'이라고 부른다. '안티몬'과 비슷하기는 하지만 그만큼 광택이 진하거나 단단하지는 않다. 이런 광물이 채굴되는 영국 광산을 한 군데 알고 있다. 매장량이 풍부해 영국뿐만 아니라 다른 나라에까지

> 충분히 공급할 수 있다. 컴벌랜드에 있는 이 광산은 7년에 한 번 채굴에 들어간다(판매량 이상으로 채굴하지 않기 위해 그렇게 하는 것 같다). 이 물질은 예술가와 의사를 비롯해 여러 부류의 사람들이 애용하는데, 특히 금속 제품과 함께 쓰면 좋다. 최근에는 전나무나 삼나무로 둘레를 싸 '마른 연필dry pencil'이라는 이름으로 팔고 있다. 잉크를 찍어 쓰는 '펜'보다 훨씬 편리해서 좋다.

17세기 말 즈음에는 나무로 흑연심 둘레를 싼 나무 자루 연필이 분명한 형태를 갖추게 되었다. 이 연필은 필요한 사람이 재료를 구해 만들어 쓰는 물건이 아니라 공장에서 생산되어 판매되는 상품이었고, 흑연이 그 핵심 재료였음은 너무도 자명한 일이었다. 피터스 경은 또한 위 글을 썼던 당시에 흑연이 화가, 의사, 저술가 등 적어도 세 부류의 각기 다른 이용 집단이 있었음을 명백하게 밝히고 있다. 화가들은 목탄 대신 흑연을 썼는데, 주로 기초적인 스케치에 사용했다. 이렇게 스케치한 선은 나중에 지우거나 잉크로 따라 그리거나 아니면 채색으로 덮었다. 의사나 환자를 치료하는 이들은 흑연을 의약용으로도 썼다. (대 플리니우스의 《자연사》에서 폭넓게 다뤄지는 데서 보듯이) 광물질이나 광물질 혼합물은 예부터 의약용으로 사용돼왔다. 토머스 로빈슨Thomas Robinson은 1704년 〈웨스트 모어랜드와 컴벌랜드의 자연사에 관한 소고Essay Towards a Natural History of Westmorland and Cumberland〉에서 흑연의 부차적 이용 사례에 대해 보다 상세히 기술하고 있다.

> 흑연은 의약과 공학 두 분야에서 쓰인다. 흑연은 현재 담석 치료제로 이용되고 있다. 특히 요도 질환인 요로결석, 요로 담석증, 배

뇨 곤란 등의 통증을 완화해준다. 이처럼 치료용으로 혹은 그와 유사한 용도로 약제사나 의사들이 흑연을 많이 구입한다. … 시골 사람들은 6펜스어치 정도의 흑연을 굵은 가루로 빻은 다음 백포도주나 맥주에 타 마시는데, 이는 이뇨, 발한, 구토 등을 일으켜 효과를 나타낸다.

흑연이 처음 발견됐을 때 현지 사람들은 이를 자신이 소유한 양의 수를 표시하는 데에만 썼다. 그러나 지금은 흙 또는 점토로 만든 그릇이나 용광로를 단단하고 매끄럽게 만드는 데 사용된다. 흑연은 권총처럼 마찰할 때 고온이 발생하는 무기들이 열에 견딜 수 있게 해줄 뿐만 아니라 엷은 검은색을 띠게 해주는데, 이는 녹스는 것을 방지해준다.

20세기를 살아가는 요즘 사람들조차 (연필에는 납이 전혀 들어 있지 않음에도) 납 중독을 염려하는 등 잘못된 인식을 가져 '무연 연필'이라 광고할 지경인데, 당시 사람들은 납 중독을 우려하기는커녕 병을 치유하는 힘을 지녔다고 믿었으니 아이러니한 대비가 아닐 수 없다. 로빈슨에 따르면 네덜란드가 염료를 만든다는 구실로 "흑연을 비싼 값에 사들였다"는데, 베크만은 그러한 구실은 위장일 뿐 실은 "연필을 만드는 데 쓰려고 조달한 것 같다"고 생각했다. 네덜란드가 흑연을 산 것이 책략이든 아니든 간에 흑연을 의약용이나 직물용으로 이용한 사례는 공학적 사례에 비하면 연필의 역사를 밝히는 데 별로 도움이 되지 않는다. 용광로를 단단하면서도 매끄럽게 만들어주었던 흑연은 산업혁명 동안에 철과 강철 생산이 점점 증가함에 따라 산업적 응용이라는 측면에서 그 중요성을 더해갔다. 유명한 연필회사인 조셉 딕슨 용광로 회사Joseph Dixon Crusible Company의 이름은 흑연이 금속을 녹이는 용광로와 아이디어를 창조해내는 연필에 공통적으로 들어가는 핵심 재료라는 사실을 다시금 일깨워준다.

그러나 17세기 말을 되돌아볼 때 피터스 경이 당시로서는 "최신"이며, "잉크를 찍어서 쓰는 펜보다 훨씬 편리해서" 좋은 "신기한" 것이라고 꼭 집어 얘기한 장점들은 흑연의 세 번째 용도일 뿐이었다. 바로 그 "신기한" 나무 자루가 17세기 이전 100년 동안 발전해온 것임은 의심할 필요조차 없다. 게스너가 연필이 현장에서 스케치하기에 더할 나위 없이 좋은 필기도구라고 생각했듯이, 다른 이들 또한 '스페인 납 펜pens of Spanish lead'이 아주 유용한 도구라고 여겼다. 특히 말 위에서 안장에 앉은 채로 메모하고 싶을 때면 거추장스럽게 출렁거리는 잉크병을 가지고 다닐 필요가 없어 아주 훌륭한 발명품이라고 생각했을 것이다. 그런데 이 '스페인 납'이라는 16세기 용어가 섬나라인 영국 밖의 대륙에도 흑연 산지가 있었다는 말인지, 아니면 영국 이외의 또 다른 연필 생산지를 가리키는 말인지에 대해서는 확인할 수 있는 기록이 없는 듯하다.

흑연 조각을 관에 삽입해서 쓰던 초창기 연필이 잉크를 찍어서 쓰는 펜보다 훨씬 편하기는 했지만, 단점 또한 분명히 있었다. 흑연을 자루나 홀더에 어떻게 끼워 쓰는지에 따라 흑연심이 헐겁거나 자루 속으로 다시 기어들어가거나 아니면 아예 빠져버리는 불상사가 종종 일어나곤 했다(이런 황당함은 오늘날 싸구려 연필이나 고장 난 샤프펜슬에서 경험할 수 있다). 혹은 흑연심이 너무 굵어 가는 선을 그리지 못할 때도 있었다. 하지만 연필이라는 새로운 발명품에 설사 이런 결점이 있었다 하더라도, 당시 사람들이 연필을 두고 내린 호평이 눈에 띄게 줄어드는 일은 없었다. 어떤 결점이 있든 연필 필기 자국은 금속 납에 비하면 엄청나게 개선된 것이었기 때문에 당시로서는 최고의 필기도구로 인정받았다. 20세기 후반 공학적 기계장치의 메커니즘을 지배하고 있는 키케로의 합리주의는 이미 16세기 중반에 게스너가 경탄했던 연필의 메커니즘까지 장악하고 있었다. 사람들은 좀 더 나은 쥐덫을 선호하는 법이지만, 그렇다고 해서 지금 쓰고 있는 쥐덫의 가치를 무시하지는 않는다.

흑연 덩어리로 몇 자루나 만들 수 있을까

기술이라는 것이 언제나 전자시대처럼 급속도로 발전하는 것은 아니지만, 1565년경 게스너 같은 자연학자들이 격찬해 마지않았던 연필은 17세기 말에 이르기까지 눈부신 속도로 변모했다. 이전 모델들의 결점을 집중적으로 개선한 신제품은 "어떻게 그런 원시적인 연필을 썼을까" 하는 한탄이 절로 나오게 만들 정도였다. 최초의 흑연 연필은 분명 경이로운 것이었지만, 연필을 처음 써보는 사람들에게는 흑연 덩어리를 가늘고 얇게 잘라내는 일이 결코 쉽지 않았다.

그런데 이 새로운 연필은 가는 흑연 조각을 소나무나 삼나무 자루 속에 아교로 붙여 넣고 단단하게 고정시킨 것으로, 칼로 나무 자루를 깎아서 썼다. (예술가나 저술가들은 깃펜이나 갈대 펜을 펜나이프로 깎아 쓰는 일에 아주 익숙했기 때문에 이처럼 연필을 뾰족하게 깎아서 쓰는 게 새로울 것도, 특별히 불편할 것도 없었다) 나무로 자루를 만들게 되면서 세밀한 글자나 선을 그어야 할 때는 끝을 충분히 가늘게 깎아서 쓸 수 있었다.

케즈윅 현지에 전해 내려오는 이야기에 따르면, 가느다란 흑연 막

네덜란드 화가 헤릿 다우Gerrit Dou가 그린 〈깃펜을 깎는 학자A Scholar Sharpening his Quill〉, 1633.

대를 나무에 끼워 넣어 쓰는 아이디어를 처음 생각해낸 건 어느 소목장이었다고 한다. 이는 곧 어느 성직자의 눈에 들었고, 그는 이 나무 자루 연필을 친구들에게 나누어 주었다. 그리하여 이 새로운 발명품이 세상에 퍼져나갔다고 한다. 한편으로는 영국이 아닌 독일 뉘른베르크에서 직사각형의 흑연심을 나무 자루 속에 아교로 고정시키는 기술이 개발됐다는 설도 있다. 개발 초기에 이 기술은 "목수 길드에서 독점했다"고 하는데, 1662년 프리드리히 슈테틀러Friedrich Staedtler가 전문가, 곧 '연필 제조 기술자'로 그 정체성을 확립하였다. 위에서 말한 아이디어가 누구로부터 나왔든 간에 그 아이디어를 실제로 구현하는 것은 소목장의 세밀한 재주가 있어야만 가능했다. 조그만 나무를 마르고 접합하는 능력이나 울퉁불퉁한 흑연 덩어리를 켜거나 잘라서 작은 막대 형태로 만들어내는 능력이 아이디어를 현실화하는 데 필수적이었기 때문이다. 19세기 초 기능에 관한 규정은 소목小木 기능을 대목大木 기능과 명확하게 구별하고 있다. 이 규정에는 소목 기능이 "나무를 다루는 기능, 또는 큰 구조물의 특정 부분을 장식하기 위해 여러 형태의 목재 조각을 접합하는" 작업을 주로 하며, 프랑스어로는 '목공menuiserie' 혹은 '규모가 작은 작업'이라 한다고 명시되어 있다. 그런데 흑연을 길고 작은 나무 속에 끼워 맞추는 작업은, 이 일을 처음 시도한 창의적인 소목장 이외의 다른 이들에게는 상상조차 힘든 일이었다. 오늘날 나무로 감싼 연필을 흔하게 보며 성장한 우리조차 '도대체 어떻게 연필 속에 심을 넣었을까?' 하는 의문을 가질 수 있다.

애초에 나무 자루 연필을 만들었던 과정을 머릿속으로 복원해보면 다음과 같을 것이다. 우선 광산에서 가져온 순수한 흑연 덩어리를 대강 직사각형의 얇은 판자 모양으로 잘라낸다. 두께 3.2밀리미터, 폭 6.5

밀리미터가 바람직하며 길이는 길수록 좋다(이 흑연 판자 가장자리에는 광산에서 채굴했을 때 모습 그대로 불규칙한 모양이 남아 있을 수도 있다). 나무판자의 치수는 완성된 연필의 치수와 근사하게 폭 13밀리미터, 두께 9.5밀리미터, 길이는 15~18센티미터 정도로 잡고, 톱으로 이 나무판자 위에 흑연 판자 두께와 같은 폭의 홈을 길이 방향으로 켜놓는다. 흑연 판자의 가장 곧고 길게 뻗은 가장자리를 아교에 담갔다 꺼낸 다음 나무의 홈 한쪽 끝에 판자 끝을 맞춰 끼워 넣는다. 홈 밖으로 튀어나온 흑연 판자는 톱으로 잘라낸다. 톱으로 자르는 것보다 더 그럴싸한 방법은 유리를 자르듯 금을 그은 다음 홈 밖으로 튀어나온 부분만을 쳐서 깨트리는 방법이다. 흑연이 홈 길이를 다 채우지 못하면 두 번째 흑연 판자를 첫 번째 삽입된 것에 잇대어 끼워 넣는다. 그리고 홈 밖으로 돌출된 부분을 똑같은 방법으로 잘라내거나 부숴버린다. 흑연이 나무 자루의 홈을 끝까지 다 채울 때까지 이 과정을 반복한다. 그러고 나서 나무판자 표면과 노출된 흑연 표면이 평평해지도록 대패질을 한다. 대패질한 표면에 아교를 바른다. 그 위에 두께 6.5밀리미터, 폭 13밀리미터짜리의 또 다른 나무판자를 꼭 맞춰 덮는다. 아교가 마르면 사각형으로 조립된 연필을 그대로 사용하거나 쥐기에 편리한 형태로 마무리 작업을 한 다음 사용한다. 초기의 나무 자루 연필은 사각심을 팔각 나무 자루로 둘러싼 형태였으리라 생각된다. 그러나 훌륭한 소목장이라면 이 초창기 연필을 육각형이나 원형, 아니면 다른 모양으로 쉽게 변형시킬 수 있었을 것이다.

이처럼 천연 흑연을 나무 자루에 삽입하는 방식은 보로데일 흑연이 점점 귀해지고 있던 당시 상황에 비추어 보면 가치 있는 발전이었다. 작은 흑연 조각으로도 많은 연필을 생산할 수 있는 효율적인 방법을 제공해주었기 때문이다. 하지만 톱으로 켜고 대패로 밀어내는 모든 과정에서 쓸모없는 흑연 부스러기와 가루를 너무 많이 남겼다. 보로데일 광산이 고갈되지 않는 무한한 공급원일 수 없을뿐더러 이 광산만큼 양질의 흑연이 매장된 광산은 아직 발견되지 않았다는 사실이 점차 부각되기 시작했다. 흑연 광산 생산량은 도굴이 처벌받아 마땅한 중죄로 규정된 뒤부터 엄격히 통제되었다. 그럼에도 흑연은 위험을 무릅쓰고 훔칠 만한 가치가 있었던데다 팔기도 쉬웠기 때문에 이런 불법적인 반출을 막기 위해 광부들은 광산 밖으로 나올 때면 몸수색을 받았다. "흑연을 한입 가득 물고 나오면 하루치 일당"이라는 말이 나돌 정도였다.

흑연은 연필 형태로 만들어진 게 아니면 영국 밖으로의 수출이 금지되었다. 이러한 조치가 영국의 연필 제조업체들에게 커다란 이득이 된 것은 두말할 나위도 없다. 당시 흑연은 무장 경비 아래 런던으로 실려 간 다음 경매를 통해 판매됐음에도 불구하고 영국의 연필 제조업체들은 대부분 보로데일 광산에서 반경 16킬로미터 안쪽인 케즈윅이나 그 주변에 몰려 있었다.

유럽 대륙의 다른 연필 제조업체들은 보로데일 흑연 없이도 연필심을 만들 대체 방안을 찾을 수밖에 없었다. 흑연 덩어리를 잘라 연필심을 만드는 방법은 사실 낭비가 심했다. 원료가 풍부하다면 크게 문제될 것이 없었지만, 아무리 비싼 값을 줘도 영국산 흑연을 확보하기는 점점 어려워지는데다 유럽산 흑연은 질에서나 순도에서나 보로데일 흑연에 훨씬 못 미쳤다. 따라서 대륙의 연필 제조업체들은 연필심을 만드는 대체 방안을 찾고자 연구 개발에 몰두할 수밖에 없었다.

1726년 보로데일 흑연을 보호해야 할 필요성이 제기되자 아주 작은 흑연 부스러기나 질이 떨어지는 흑연 조각들을 뭉쳐 재활용하는 방안이 강구되기 시작했다. 베를린의 한 연필 제조 기술자가 자신의 작업 과정을 설명한 글에 이러한 재활용 방법이 잘 묘사되어 있다.

> 심 재단사는 흑연을 절구에 빻은 다음 두세 번 채질을 하여 모래 같은 토사류를 걸러낸다. 용광로에 흑연 450그램을 넣고 유황 110그램이나 225그램 정도를 첨가하여 용해시킨 다음 완전히 혼합한다. 다 혼합되면 용광로에서 꺼내 적당히 식힌 다음, 마르기 전에 널빤지 위에서 밀가루 반죽을 하듯 반죽한다. 다음 작업에 들어가기 전에 이 반죽을 완전히 식혀야 한다. 다 식고 나면 가는 톱으로 판자 모양으로 잘라낸 다음, 이 판자를 다시 원하는 크기의 사각형으로 자른다. 이렇게 자른 나무에 홈대패나 빨갛게 달군 쇠 연장을 이용해 홈을 낸다. 심을 아교로 홈에 붙여 넣은 다음 또 다른 나무판자에도 아교를 발라 그 위에 덮으면 연필이 완성된다. 심이 보이는 한쪽 끝은 줄로 갈아 깔끔하고 뾰족하게 심을 만들어놓는다. 마지막으로 연필 표면 전체를 유리로 세심하게 문질러 마무리한다. 연필 기술자들이 이윤을 남기기 위해서는 짧은 시간 안에 많은 양을 생산해야 한다. 연필 1다스에 겨우 8그로셴밖에 못 받기 때문이다.

"심이 보이는 한쪽 끝"이라는 표현은 다른 한쪽 끝에 심이 들어 있지 않다는 사실을 함축하므로, 18세기 연필은 오늘날의 연필과 달리 심이 꼭 나무 자루 끝까지 다 들어 있지는 않았다는 사실을 알 수 있다. 이는 연필 사용자에게 실질적인 불편을 주지 않고도 흑연을 아낄 수 있는 제조 방법이었다. 연필을 계속 깎거나 줄로 갈아서 몽당연필이 되면 손에 쥐기가 힘들어 심이 들어 있지 않은 쪽을 버리고 새 연필을 찾게 되기 때문이다. 이러한 연필 제조법이 19세기까지 이어졌다는 사실은 제인 오스틴Jane Austin의 소설 《에마Emma》의 한 구절에서도 알 수 있다. 해리엇은 비밀스러운 보물들, 자신이 흠모하는 남자와 관련이 있는 물건들을 에마에게 보여준다. 첫 번째로 보여주는 물건은 반창고다. 남자가 에마의 펜나이프를 빌려 쓰다 베인 손가락을 치료하고 남은 부분을 해리엇이 보관해둔 것이었다. 이어 해리엇은 "다 쓰고 그루터기만 남은 낡은 몽당연필(심이 들어 있지 않은 부분)"을 보여준다. 이는 쓰다 남은 반창고 조각보다 더 귀한 보물이었다. 이 몽당연필이야말로 남자가 늘 갖고 다니면서 쓰던 물건이기 때문이다. 남자는 이 연필로 가문비나무 술 숙성에 관해 메모하려 했지만, "연필을 꺼내보니 심이 거의 남아 있지 않았다. 연필을 깎자 심이 곧 사라져버렸다." 에마는 그에게 다른 연필을 빌려주었고, 소중한 몽당연필은 "쓸모없는 것이 되어 탁자 위에 버려졌다." 해리엇은 이 보물들을 모조리 태워버리고 싶어하는데, 에마는 둘 중 심 없는 몽당연필이야말로 쓸모없는 물건이라는 사실을 확인시켜준다. "낡은 연필 토막이야 버려도 상관없지만 반창고는 아직 쓸 수 있잖아."

20세기에 접어들어서는 연필 자루에 쓰이는 이상적인 목재를 구하기가 힘들어지지만, 200년 전만 해도 연필 제조에서 경제성의 초점은 나무가 아닌 흑연에 있었다. 유럽 대륙산 흑연에는 불순물이 너무 많아 그대로 쓰면 종이가 긁히거나 찢어졌다. 따라서 대륙산 흑연은 우선 분쇄하여 불순물을 제거해야 했다. 공급량을 최대한 늘리기 위해 흑연 부스러기나 가루를 이용하는 공정에서 수지, 셸락[천연수지], 밀랍, 부레풀isinglass* 같은 고형제를 유황과 함께 혼합했는데, 이렇게 가공 처리된 흑연심은 뾰족하게 갈기도 힘들고 잘 부러지는 단점이 있었다. 더욱이 필기 자국도 순수한 흑연에 못 미쳤다. 그래서 주석, 은, 아연, 비스무트, 안티몬, 수은 등을 다양한 비율로 합금한 금속 납이 다시 등장하기도 했다. 이런 납 합금 필기도구를 만들어내려는 노력이 실효를 거뒀다고 해도 보로데일 흑연에 비하면 그저 그런 정도의 성공이었을 것이다. 어쨌든 흑연심 연필은 질이 좋든 나쁘든 간에 필기구 시장에서 입지를 확고하게 다져나갔다.

1777년부터 1784년 사이에 계속 발간된《브리태니커 백과사전》제2판은 'pencil'이 화가들이 사용하는 붓이라는 1판 내용을 고스란히 반복하고 있는데, 기껏해야 "좋은 붓은 입술로 빨았을 때 술이 뾰족하게 모인다"는 설명만 덧붙였을 뿐이다. 하지만 pencil이라는 단어에 새롭게 추가된 의미에 대해서는 다음과 같이 길게 설명하고 있다.

> 또한 'pencil'은 기다란 흑연 조각으로 만든, 글씨를 쓰거나 그림을 그리는 도구를 의미하기도 한다. 긴 흑연 조각을 홈이 패인 길고 가는 삼나무 막대에 끼워 넣은 다음 그 위에 다른 삼나무 조각을 아교로 붙인다. 대패로 둘레를 다듬고 쓰기 좋게 한쪽 끝을 뾰족하게 깎는다.
>
> 미세한 분말 상태의 흑연을 유황과 함께 녹인 다음 골고루 섞는다. … 이 혼합물은 틀에 부을 수 있을 만한 액체 상태를 유지하고 있지만, 그냥 보기엔 입자가 굵은 순수한 흑연 같다.

* 물고기 부레의 막 조직으로 만든 일종의 젤라틴. 포도주나 맥주를 만들 때 침전물을 걷어내는 용도로도 쓰이지만, 접착제 용도로도 쓰인다.

독일에서는 연필을 이런 원리로 만든다고 한다. 우리에게 연필을 팔러 다니는 행상들이 취급하는 연필들도 이런 방식으로 만든 것이다. 이 연필의 심을 촛불이나 달궈진 쇠에 대면 푸른색 불꽃을 내며 녹거나 물렁물렁해지면서 황을 태울 때 나는 지독한 냄새를 풍기기 때문에 어떤 물질이 섞여 있는지 알 수 있다. 순수한 흑연은 그 정도 열에 냄새나 연기가 나지 않으며 모양이 변하지도 않는다. 첨가물이 혼합된 재료로 만든 연필은 질이 매우 떨어진다. 심은 지나치게 딱딱하고, 잘 부러지며, 종이나 나무 위에 잘 써지지도 않고, 오히려 종이를 찢어버리거나 긁힌 자국만 남긴다.

진품 영국 연필은 순수한 흑연으로만 만든다. 흑연심을 가늘게 자른 나무 막대의 홈에 끼운 다음 그 위에 또 다른 막대를 아교로 붙이는데, 삼나무처럼 연해서 잘 깎을 수 있는 나무를 골라서 쓴다. 손에 쥐기 어려울 정도로 남는 그루터기 부분에는 심을 넣지 않는다. 이렇게 하면 귀한 흑연의 낭비를 막을 수 있다. 그러나 영국제 연필 가운데에도 간혹 완벽하지 않다거나 불편한 점이 있다거나 연필 앞쪽에만 질 좋은 심을 넣은 불량품이 있어, 처음부터 끝까지 고르게 필기할 수 없는 경우도 있다. 하지만 어쨌든 사람들은 영국산 연필을 다른 것들보다 훨씬 더 선호한다. 악덕 연필업자들이 나무 자루 속에 나쁜 심을 넣어 만든 불량품을 피하기 위해 어떤 사람들은 순수하고 질 좋은 흑연을 직접 구해다가 '연필깍지'에 끼워 쓰기도 한다. 이것이야말로 흑연의 장점을 고스란히 살려 쓸 수 있는 가장 확실하고 안전한 방법이다.

이 글이 《브리태니커 백과사전》 제2판에 수록된 것이라는 점으로 미루어 볼 때 여기서 언급된 것이 1770년대 연필 제조업 상황임을 추측할 수 있다. 이 글은 연필 재료와 제조 과정을 나름대로 구체적으로 설명하고 있긴 하지만, 아무런 사전 경험 없이 질 떨어지는 흑연으로 연필을 만들려는 사람에게까지 충분히 도움을 줄 만큼 상세한 내용은 못 된다. 이를테면 흑연과 다른 물질을 혼합하는 비율 따위에 관해서는 정확하게 언급하지 않았다. 하긴 오늘날의 용어 해설에 사업 비밀에 관한 내용은 어디에도 없듯이 당시 백과사전에 작업 비밀이 언급되지 않는 것은 너무도 당연한 일이다.

그러나《브리태니커 백과사전》은 당시 연필이 갖고 있던 단점에 대해서는 명백히 밝히고 있다. 사실《브리태니커 백과사전》의 설명은 당시 연필의 결점 목록이라고 해도 과언이 아닌데, 연필을 만드는 사람이든 쓰는 사람이든 이 글을 읽으면 연필을 생산하거나 구입할 때 판단할 근거를 얻을 수 있었을 것이다. 이 사전에 언급된 연필에 대한 불만은 당시 양심적인 생산자나 비양심적인 생산자 모두가 익히 알고 있는 사항이었다. 하지만 양심적인 생산자라면 그런 불만을 어떻게든 능동적으로 해소하고자 애썼을 것이다. 우선 더 나은 연필을 만들어낼 수 없는 이유를 솔직히 밝혔을 것이고, 두 번째로는 비용이 너무 많이 들어 아무도 연필을 사지 않는 상황이 벌어지지 않는 선에서 연필의 질을 높였을 것이다.

나무 자루 연필 제조는 처음엔 목공 일이나 가구 공예의 부수적인 일로 출발했지만 흑연처럼 "상품 가치가 높은" 물질이 점차 고갈되고 있다는 사실이 감지되자, 연필 제조업은 단순한 목공 일에서 분리되어 새로운 전문 분야로 부상했다. 앞서 말한 베를린의 연필 제조 기술자는 연필심을 재단하는 작업과 나무 자루를 만드는 작업을 명확히 구분해서 설명하고 있다. 18세기 말 연필 제조업은 가구 공예와 분리된 독립적인 산업으로 간주되었으며, 첨단 기술과 단순 노동 사이의 분업이 이루어져 생산되는 제품으로 점차 발전해갔다. 가내 수공업에서 출발한 연필산업은 길드, 정부, 해외 경쟁사와의 경쟁에 수반되는 모든 난관에도 불구하고 광범위한 상업적 성공을 거두었다. 과거 연필 장인들은 1주일 동안 생산한 물량을 바구니에 담아 장에 내다 팔곤 했다. 그러나 18세기 말에 접어들면서 연필 생산 또한 많은 근대 산업과 마찬가지로 완전히 탈바꿈하여 산업으로서의 면모를 드러내기 시작한다.

6

더 좋은 연필은 발견인가 발명인가

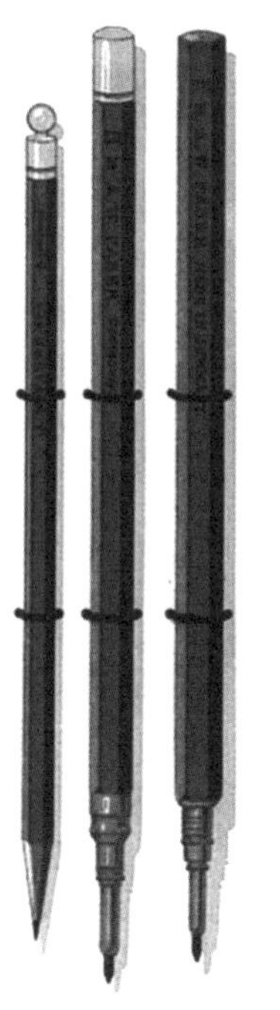

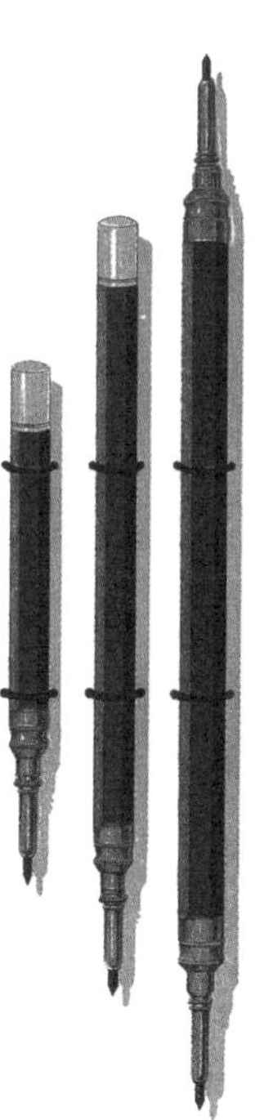

오늘날 우리는 연필을 단지 나무 속에 흑연심을 정교하게 집어넣은 물건쯤으로 여기지만, 사실 이 조그만 연필 1자루에는 여러 가지 재료를 사용한 정확한 공정이 수반되어 있다. 연필은 가장 현대적이고 범세계적인 정치 · 경제 · 기술 체제에 의존하고 있는 제품이다. 예컨대 20세기 말 미국산 연필 1자루에 들어 있는 흑연을 살펴보자. 이는 스리랑카산 흑연과 멕시코산 흑연, 미시시피산 점토, 극동산 수지, 펜실베이니아의 물을 독창적으로 혼합한 것이다. 연필 자루에는 캘리포니아산 연필향나무를 가장 많이 쓰고, 꽁무니의 금속 테두리로는 미국 서부산 황동이나 알루미늄이 적합하며, 지우개는 남미산 고무에 이탈리아산 경석을 혼합한 것이다.

국제 정세 변화로 인해 외국산 원료를 조달하는 데 애를 먹기도 했지만 연필 제조업체들은 대개 원료를 찾는 데 기발한 능력을 발휘하는 편이었다. 어떤 업체는 원료 부족을 예상해 흑연 재고를 비축해놓거나 새로 발견된 광산의 전체 매장량에 대한 독점권을 확보해놓는가 하면 삼나무 섬을 통째로 사거나 삼림 전체를 연필 재료가 되는 나무로 조림하기도 했다. 하지만 원료 공급이 무한정 보장된다 해도 연필을 지속적으로 싼값에 공급할 수 있는 가공 조립 공정을 개발하는 것은 그렇게 쉬운 일이 아니었다. 나라 안팎에서 경쟁자들의 위협이 계속됐기 때문이다. 연필이든 자동차든 컴퓨터든 모든 현대적 상품 생산에서는 재료의 치밀한 이용이 가장 핵심적인 문제다. 재료 이용은 수요와 공급에 따라 늘 변하므로 요즘도 새삼스러운 일은 아니다.

18세기 말로 접어들면서 연필 제조 기술은 다른 많은 기술이 그러했듯이 영국식과 대륙식으로 양극화되었다. 이 두 기술 사이의 차이는 대개 흑연의 확보량과 질에서 오는 것이었다. 흑연은 채굴하기 쉬운 광물이어서 순도 높고 매장량이 풍부한 흑연 광산만 발견되면 별 문제 없이 모든 수요를 충족시킬 수 있었다.《퍼텐시스 백과사전》1816년 판의 '보로데일' 항목을 보면 더웬트워터Derwentwater[보로데일 근처에 위치한 호수 이름이다] 계곡에서 "전 세계에 공급할 수 있을 만큼 발견"된 광물이 바로 흑연이었다.

보로데일에 있는 광산에서 채굴된 흑연만으로 전 세계 물량을 감당해야 했던 19세기 초까지는 어쨌든 이곳 보로데일이 연필 핵심 재료의 유일한 공급원이었다.《퍼텐시스 백과사전》의 다른 항목을 보면 이런 사실이 간결하게 서술되어 있다.

> 흑연은 독일, 프랑스, 스페인, 희망봉, 미국 등 여러 곳에서 발견된다. 하지만 대개 그 양이 적고 질은 천차만별이다. 가장 질 좋은 흑연, 연필을 만들기에 가장 적합한 흑연은 컴벌랜드의 보로데일에서 채굴된다. 이곳의 매장량은 영국뿐만 아니라 유럽 대륙 전체에 공급할 수 있을 정도로 풍부하다.

영국이 1800년을 전후한 수십 년 동안 보로데일 흑연의 수출과 금수禁輸 사이를 오락가락하는 정책을 펼쳤던 이유 중 하나는 이 지역에서 옛 광맥의 고갈과 새 광맥의 발견이 교차했기 때문이다. 위 글은 보로데일 흑연이 다른 어느 것보다 탁월했기 때문에 국제 시장에서 더 높은 가격에 거래됐다는 사실을 설명해주며, 어떻게 흑연 공급에 갑작스러운 변동이 일어날 수 있었는지에 대해서도 실마리를 제공해준다. 다음은 탐험가 마젤란Magellan의 글로, 여러 나라에서 생산된 흑연의 질에 대해 언급하고 있다.

> 나는 여러 나라에서 생산된 다양한 종류의 흑연을 보았다. 그러나 다른 나라에서 생산되는 흑연은 재질이 거칠고 순도가 낮아 보로데일산과는 비교도 되지 않는다. 간혹 황철광 같은 철광석 입자가 섞인 것도 있긴 하지만 말이다. … 그런데 불과 몇 년 전에 보로데일 광산이 거의 고갈된 것으로 보였을 때, 한 노련한 광부의 지시에 따라 바로 아래 지층을 몇 미터쯤 더 파 들어가자 광산주를 비롯한 모든 사람에게 커다란 기쁨을 선사할 최상의 흑연이 매장된 매우 두텁고 풍부한 광맥이 발견됐다. 사실 이 광부는 이미 오래 전부터 그런 이야기를 했으나 사람들이 무시했었다.

흑연 공급량이 들쭉날쭉하는 와중에도, 최고의 품질을 자랑하는 영국산 연필은 순수한 보로데일산 흑연 공급이 보장되는 동안에는 계속 만들어졌다. 하지만 이 광산에서 흑연 절도가 빈번하게 일어나자 단호한 조처가 필요해졌다. 베크만이 서술한 흑연의 역사(1846년에 개정됐다)를 보면 다음과 같은 내용이 있다.

요즘에는 아예 건물을 지어 이 보물을 철통같이 지킨다. 이 단층 건물은 4개의 방으로 이루어져 있다. 그중 한 방의 바로 아래가 광산 입구인데, 입구로 통하는 문은 바닥에 들창처럼 내 간수했다. 광부들은 오직 이 문을 통해서만 광산 내부로 들어갈 수 있다. 드레싱룸이라고도 불렸던 이 건물에 들어서면 광부들은 평상복을 작업복으로 갈아입는다. 이들은 건물 밖으로 나가도 된다는 허락을 받을 때까지는 계속해서 감독관의 감시를 받는다. 4개의 방 가운데 가장 안쪽 방에서는 두 사람이 큰 탁자에 앉아 흑연을 분류하고 손질하는 작업을 하는데, 이 작업을 하는 동안에는 문을 잠가놓는다. 바로 옆방에서는 실탄이 장전된 나팔총[17~18세기의 총부리가 넓은 단총] 2자루로 무장한 감독관이 이들을 감시한다. 몇 년 동안은 연간 6주의 채굴 기간 동안 흑연 생산량이 3만~4만 파운드에 이르렀다고 한다.

콩테가 개발한 프랑스식 연필

당시 이미 정체되어 있었던 영국의 연필 제조업체들은 이 같은 보호 조치로 다른 경쟁 상대가 없어져서인지 좀 더 간편하게 만들겠다든지 하는 개발 의지가 거의 없었던 것 같다. 사실 보로데일 흑연이 빠르게 고갈되어가고 있음이 분명해진 19세기 중반 전까지, 케즈윅 부근의 연필 생산업자들로서는 굳이 생산 공정을 바꿔야 할 이유가 없었다. 반면 유럽 대륙 쪽에서는 보로데일 흑연이 고갈되기 훨씬 전부터 공급 물량이 늘 불확실했을뿐더러 다른 지역 흑연은 질이 확연히 나빴기 때문에 연필심을 만드는 혁신적인 공정(오늘날까지도 이용되고 있는)이 일찍부터 개발될 수밖에 없었다. 이러한 기술 혁신이 진행 중이었던 건 사실이지만, 아직 장인들의 수공업 생산 수준에 머물러 있던 영국 및 독일의 연필산업이 주도해서 이루어진 게 아니었다. 그보다는 기술 외적인 여건, 즉 양질의 흑연에 대한 수요 및 공급에 영향을 미치는 경제적 압력을 비롯한 사회 · 정치적 환경이 핵심이었다. 필요는 발명을 낳았다. 하지만 기술적인 개발과 더불어 그 시대에 일어날 수 있었던 우연 또한 성공적인 혁신을 가능케 한 요소였다.

연필 생산에 있어서는 1790년대가 그랬다. 당시 프랑스에서는 보로데일산 흑연을 구할 수 없었다. 1793년, 영국과 프랑스를 포함한 유럽 여러 국가에서 전쟁이 일어났다.* 프랑스는 질 좋은 영국산 흑연은 물론 흑연 부스러기에 유황과 아교를 섞어 만든, 질은 나쁘지만 그런대로 쓸 만했던 독일산 연필조차 구할 수 없었다. 전쟁, 혁명, 교육, 하루하루의 생업 등 모든 일이 연필 없이는 불가능했다. 프랑스 전쟁장관 라자르 카르노Lazare Carnot는 국내에서 연필을 생산할 방안을 모색했다. 당시 39살이었던 니콜라스 자크 콩테Nicolas-Jacques Conté는 공학자이자 발명가였다. 과학계 인물 초상을 그리는 화가로서도 활동했지만, 혁명 이후 화가의 길을 포기했다. 1790년대 초 콩테는 이미 여러 분야에서 확고한 명성을 쌓고 있었다. 당시 에콜 폴리테크니크École polytechnique** 교장이었던 가스파르 몽주Gaspard Monge는 콩테에 대해 이렇게 말했다. "머릿속에는 모든 과학이 들어 있고, 손에는 모든 기술

* 1793년 프랑스 혁명이 일어나 왕정이 무너지고 공화국이 세워지자 이에 반발한 프로이센, 오스트리아, 영국 등이 대불동맹을 맺고 전쟁에 나섰다.

** 1794년 라자르 카르노와 가스파르 몽주가 설립한 학교로, 프랑스 국가 엘리트 교육기관인 그랑제콜grandes écoles 중 하나다.

이 들려 있다." 카르노 장관이 보로데일 흑연을 대체할 연필심 개발 임무를 콩테 같은 인물에게 맡긴 것은 너무도 당연한 일이었다. 하지만 콩테에게 갑작스럽게 떨어진 연구 개발 프로젝트에 관한 동화 같은 이야기로는 사실을 풀어내기가 어렵다. 당시 콩테는 풍선 기구를 군사 작전용으로 이용하는 연구를 하고 있었다. 그는 수소로 이 기구 실험을 하던 중 폭발 사고로 왼쪽 눈에 부상을 입었다. 흑연을 가지고 하는 실험이 이보다 훨씬 덜 위험한 일이었던 것만은 분명하다. 추측건대 콩테는 1794년 어느 날 며칠만에 이 실험에 성공한 것 같다. 그리고 1년도 채 되지 않은 1795년에 새롭게 개발한 연필심 제조 공법으로 특허를 받았다.

니콜라스 자크 콩테(1755~1805).

콩테는 쇠를 녹이는 데 필요한 용광로 제작에도 관여했었기 때문에 흑연의 속성을 잘 알고 있었고, 그 덕분에 혁신적인 연필심 개발에 손쉽게 성공한 것 같다. 콩테의 새로운 연필심 제조 공법은 다음과 같은 과정으로 이루어진다. 우선 불순물을 제거한 고운 흑연 분말을 도자기용 점토와 섞어 물로 반죽한다. 이 반죽을 축축할 때 직사각형 틀에 꾹꾹 눌러 넣는다. 흑연 반죽이 완전히 마르면 틀에서 꺼낸 다음 숯으로 싸 도자기 상자에 넣어 봉한 뒤 고온에 굽는다. 점토를 섞어 사기질이 포함된 흑연심은 대패질을 하면 부스러지기 쉬우므로 순수한 흑연심으로 만들 때와는 다른 방법으로 나무 자루에 끼워 넣어야 한다. 이 새로운 삽입 방법은 전에 독일 연필 기술자가 유황 섞인 흑연심을 나무 자루에 끼워 넣던 방법을 약간 변형시킨 것이었다. 연필심 두께의 2배 정도 되는 깊이로 홈을 판 사각 나무 자루에 미리 잘라놓은 콩테 연필심을 넣는다. 그런 다음 홈에 꼭 맞는 나뭇조각을 깎아 아교를 칠한 후 심 위에 끼워 접착시킨다. 마지막으로 연필 겉면을 원하는 모양으로 다듬어 완성시킨다. 이 같은 프랑스식 공법으로 만들어진 연필은 예술가들이 애용하는 '콩테 크레용'이라는 이름으로 알려지기 시작했다.

이러한 콩테식 제조 공법은 1790년대 초 베니스 기술자인 요제프 하르트무트Josef Hardtmuth가 독자적으로 개발한 것이라는 주장도 있지만, 여기서 말하는 1790년대 초라는 시기는 하르트무트가 연필 공장을 설립한 때일 뿐이다. 하르트무트 자신도 콩테가 새로운 공법의 특허를 받은 지 3년 뒤인 1798년에 이 공법을 독자적으로 개발했다고 주장한다. 그러나 다른 자료들에 따르면, 콩테의 사위인 아르눌 윙블로Arnould Humblot가 뒤늦게 이 새로운 공법을 도입하기 전까지 베니스에서 새로운 공법이 활용된 적은 없었다고 한다. 아르눌 윙블로는 콩테의 초기 공법을 몇 차례 개선하기도 했는데, 나중에는 파리에 있는 연필 공장의 최고 책임자가 됐다.

그 방법이나 시기야 어찌 됐든 이 새로운 공법이 완성되자 유럽 대륙의 모든 연필 제조업자는 양질의 영국산 흑연에만 의존하던 상황에서 해방되었다. 이 공법은 처음에 프랑스와 오스트리아에서만 사용되다가 곧 독일 바이에른주 파사우Passau에 있는 국영 연필 공장에서 이용됐으며, 19세기 중반에는 세계적으로 널리 퍼져 오늘날까지도 연필심 제조의 기본 공법으로 남아 있다. 보로데일 광산이 있는 영국에서조차 19세기 초에 콩테의 공법을 부분적으로 도입했던 것 같다. 그렇지만 영국의 전통적인 연필 제조법이 콩테 공법으로 완전히 대체된 것은 보로데일 광산이 마침내 고갈된 뒤였다. 어떤 이들은 이때가 1869년이라고 말하는데, 보로데일 광산의 발견 시기를 정확히 못 박을 수 없듯이 그 폐광 일시도 정확히 알 수 없다.

유럽 연필 생산자들은 콩테식 공법 덕분에 보로데일 흑연의 공급 감소에 구애를 받지 않기는 했지만 다들 이 새로운 연필심이 영국산 흑연만큼 잘 써진다고는 생각하지 않았다. 그렇지만 최고의 연필이냐 아니면 아예 가지지도 못하느냐 사이에서, 혹은 엄청나게 비싼 연필이냐 아니면 헐값의 연필이냐 사이에서 타협점은 생긴 셈이었다. 무엇보다도 콩테 연필은 유황 연필에 비해 품질이 훨씬 좋았고, 점토와 흑연의 배합 비율에 따라 진하기가 다양한 심을 만들 수 있었고, 게다가 1자루를 다 쓸 때까지 진하기가 균일하다는 장점이 있었다. 양질의 보로데일산 흑연으로 만든 영국제 연필도 이러한 균질성은 없었다.

뉴턴적 패러다임과 에디슨적 패러다임

콩테가 개발한 공법이 순수한 흑연만 가지고 만드는 본래의 연필 제조법과 뚜렷이 구별되는 것은 그 자체가 의도적 혁신이기 때문이다. 사실 이러한 시도는 연필 개발 초기 단계에서는 이야기될 수 없는 것이었다. 순도가 높고 질이 좋은 보로데일 흑연이 폭풍우에 뿌리 뽑힌 나무 밑에서 어떻게 우연히 발견됐으며, 이 신기하고 단단한 돌덩어리가 어떻게 양의 수를 표시하는 도구로 쓰이게 되었는가에 대해 전해 내려오는 이야기는 어떤 '의도'에 관한 것이 아니다. 단지 은혜로운 땅이 기꺼이 제공해준 선물을 손대지 않고 있는 그대로 받아들이는 '수용'에 관한 이야기다. 흑연 발견에 관한 이야기가 있는 그대로의 진실이든 아니든 간에 이 이야기가 입에서 입으로 전해지거나 글로 기록된 연필산업의 역사에 들어 있다는 사실은, 흑연심 연필이 있는 그대로의 사물을 수동적으로 수용하는 풍토에 순응한 것이지 최상의 질을 지닌 필기도구를 능동적으로 탐구해나간 것은 아님을 시사한다.

찾아낸 것이든 아니든 간에 보로데일 광산에서 생산된 흑연은 그 독보적인 질이 모든 사람에 의해 확연히 입증됨에 따라 점점 더 중요해지고 가치가 높아졌다. 보로데일 흑연이 질이 좋다는 점은 종이 위에 납보다 훨씬 훌륭한 표시를 남길 수 있을 뿐만 아니라, 뾰족하게 만들어 쓰기에 편리하도록 가느다란 막대나 회초리 같은 모양으로 만들 수도 있고, 글씨를 쓰거나 그림을 그리기 위해 눌러 써도 부러지지 않을 만큼 단단하다는 데 있다. 분명 근대적인 흑연심 연필의 연원은 보로데일에서 흑연이 발견된 시점까지 거슬러 올라간다. 하지만 이집트 피라미드에서도 (비록 질이 좀 떨어지는 것이기는 하나) 흑연 조각이 발굴됐다는 사실은 많은 사람에게 의구심을 불러일으킨다. 16세기 이전에 흑연이 있었는데 왜 16세기 중엽 이전까지는 그것을 필기도구로 쓰지 않았을까? 사실 흑연이 본격적인 연필 재료로 쓰이기 훨씬 이전에 파사우 부근에서 발견됐다는 설이 있다. 그리고 그때에도 흑연이 선명한 자국을 남긴다는 걸 발견한 사람들이 분명 있었을 것이다. '플룸바고'라는 이름을 이곳에서 처음 쓰기 시작했다는 사실에서도 이를 분명히 알 수 있다. 그러나 이 흑연이 글씨를 쓰거나 하는 필기도구로 이용되지 않은 것은 양 자체가 매우 적었으며, 손으로 쓰기 좋게 막대 모양으로 만들 수 있는 순도 높은 덩어리가 드물었기 때문일 것이다. 따라서 그저 그 지역에서만 나는 진기한 광물 정도로만 여겼던 것 같다. 사실 당시에는 파사우에서 채굴한 흑연을 글을 쓰거나 그림을 그리기에 알맞게끔 정제하고 재구성하려는 의도적인 노력이 전혀 없었다. 적어도 의미 있는 중요한 시도는 없었던 것이다.

어느 시대, 어느 곳에서도 이룩하지 못했던 큰 성공을 콩테가 1794년 프랑스에서 해낼 수 있었던 원동력은 과연 무엇이었을까? 과학혁명 기간 동안에는 물론 지적인 시추試錐가 활발하게 이루어졌다. 그렇지만 물질적인 연구와 형이상학적 연구 사이를 뛰어넘는 주장은 거의 없었다. 어느 시추자가 자신의 노력을 여러 갈래로 나눠 여러 개의 시추공을 통해 미지의 산속으로 파고드는 경우도 있었지만, 그렇게 해도 탐구하고자 하는 대상의 내면세계에는 거의 도달하지 못했다. 그럼에도 가끔은 그 두더지굴 같은 시추공을 통해서 산 전체를 추론해내려는 시도가 있었다. 위대한 물리학자이며 구체적 차원에 대한 관심이 많았던 뉴턴조차도 협소한 자신의 '시추공'을 초월하는 시야를 언제나 유지할 수는 없었다. 그러나 뉴턴은 자신을 '광부'로 생각하지는 않았다. 그는 자기 인생을 해변가를 거니는 일에 비유했다. 거기서 이따금 더욱더 예쁜 조개껍데기를 찾아 줍는 걸 무척이나 기뻐했으며, 때로는 "진리의 대양이 전혀 밝혀지지 않은 채 내 앞에 놓여 있다"는 사실 때문에 무척 슬퍼하기도 했다. 뉴턴은 '시추'를 하면서도 연필 같은 것을 만들 재료를 찾기보다는 오히려 형이상학적인 '현자의 돌philosopher's stone'[*]을 찾았다. 그의 서재에는 놀라우리만큼 다양한 분야의 장서들이 꽂혀 있었다. 의학이나 수학 분야의 책들도 있었지만 특별히 책갈피를 끼워 표시해둔 책은 없었던 것 같다. 비록 그가 실제적인 것에 관

* 비금속을 황금으로 바꿔주는 힘이 있다고 해서 연금술사들이 찾아 헤맸던 돌.

심을 가지고 있었다고 해도 뉴턴은 본질적으로 공학자는 아니었다. 또한 뉴턴의 어깨를 딛고 일어선 수많은 사람 중에 공학자로서의 성향을 지닌 이는 거의 없었던 것 같다.

위대한 학자들로 이루어진 피라미드에서 위대한 학자들의 어깨를 딛고 우뚝 서서 진리를 추구하는 사람의 이상형이자 아래쪽에 자리잡은 사람보다 좀 더 멀리 볼 수 있었던 뉴턴적인 패러다임은 객관적이며 지평선 바로 너머로 완전하게 형성된 진리의 패러다임이다. 이는 다른 사람들은 조금이라도 더 높은 시야에 도달해야만 볼 수 있는 진리다. 이러한 패러다임을 완성하는 일은 지평선을 새롭게 정의하는 것이며, 그 정의를 내리고 나면 이번에는 자기 어깨를 후세에 발판으로 내주게 된다. 이러한 이상은 뉴턴이 말한 해변에 대한 은유와 일치한다. 그 해변에는 정신적인 활동의 대상이 객관적인 것으로 미리 제시되어 있으며, 이미 그곳에 존재하면서 발견되기만을 기다리고 있다. 이 해변의 은유는 하나의 조개껍데기(이론)가 다른 것보다 더 예쁠(더 정교할) 수도 있으며, 조개껍데기를 찾는 사람은 더 예쁜 것을 찾게 되면 그 이전 것은 덜 좋아하게 된다는 사실을 인정한다. 그러나 해변의 은유가 갖는 진정한 의미는 이렇다. 진리 자체는 대양 속에 들어 있으며, 그것들이 해변으로 밀려와 새로운 진리 추구자에게 발견되는 것은 단지 시간에 달려 있다는 것이다.

연필이 운동이나 중력 같은 형이상학적인 이론을 체계화하는 데에 도움이 되긴 하지만, 그 형이상학적인 이론만 가지고 연필을 만들 수는 없다. 만약 진리 추구자가 더 예쁜 조개껍데기를 찾기 위해 백사장을 발로 툭툭 헤집다가 발에 차인 모래들이 '검은 돌'을 덮어버렸다면 그 소중한 흑연은 발견되지 못했을 것이다. 다시 말해 뉴턴적인 사색이 근대 공학의 과학적 토대에 기여한 것은 사실이지만, 조개껍데기를 찾는 이들에게 걸맞은 관심 대상이 되기에 아무래도 거리가 먼 인공물들을 완성시키는 일에는 그 같은 사색이 아무런 소용도 없다.

플룸바고는 자기 고향에서 바닷가의 조개껍데기나 수평선 위로 떠오르는 태양처럼 아름다운 것으로 여겨진 적이 한 번도 없었을 것이다. 흑연이 사람들의 관심 대상이 되고 가치 있는 물건으로 여겨진 것은 훌륭한 연필이나 용광로, 혹은 포환이 될 수 있다는 잠재력이 명백히 밝혀진 때부터였다. 이는 검은 토양이 농부들에게는 자양분이 많아 수확을 거두는 데 최적의 것이지만 다른 사람에게는 단지 더러운 흙에 불과한 것과 마찬가지다.

현대 연필의 등장은 아마 순도 높은 흑연의 우연한 발견이 없었다면 불가능했을 것이다. 하지만 연필이라는 물건에 대한 아이디어는 그것을 현실화할 수 있는 적당한 특질의 재료가 발견되기 이전에도 존재했을 것이다. 유인 비행이 현실화되기 훨씬 이전부터 인류의 꿈이었듯이 말이다. 심지어 사람들은 양질의 흑연을 더 이상 채굴할 수 없다는 사실을 알게 되자 대체 물질로 연필을 만들 가능성을 따져보기 시작했다. 글을 쓰거나 그림을 그리는 데 납 합금을 사용했다는 사실은 잉크와 펜을 대체할 필기도구를 의도적으로 개발하는 행위가 있었음을 말해준다. 하지만 그런 개발 작업이 오늘날 우리가 상상하듯이 열성적으로 진행된 건 아닐 것이다. 뉴턴이 마침내 완벽하게 구체화한 뉴턴적인 패러다임이 16세기를 넘어 17세기의 거의 전 기간을 지배했기 때문이다.

그러나 플룸바고가 흑연graphite으로 알려진 뒤인 18세기에 접어들어서는 근대 화학의 기초가 확립되어 이 물질의 궁극적인 화학적 성분이 탄소라는 사실을 정확하게 규명해냈다. 또한 연필의 개념과 그 필요성이 확고하게 정립되었다. 이즈음부터 이론적인 과학자들과는 대조적으로 현실적인 공학자들 사이에서는 실용적인 패러다임이 통용되기 시작했다. 이러한 분위기 속에서 콩테 같은 공학자가 순도는 높지만 이미 확보하기 어려워진 보로데일 흑연을 대체할 재료를 만들어낸 것은 충분히 있을 법한 일이었다. 당시 순도가 낮은 흑연은 별로 쓸데가 없었는데, 흑연 부스러기와 유황을 밀랍으로 혼합해 연필심으로 쓰는 조악한 방법을 이용했다. 바로 이 같은 상황이 콩테로 하여금 (그때까지 간과되어온) 연필 만드는 방법을 땅속이 아니라 마음속에서 찾아내게 하는 자극이 되었다. 콩테가 행한 작업 방식은 비뉴턴적인 패러다임에 딱 들어맞는 것으로, 에디슨이 그 완벽한 전형을 보여준다. 에디슨은 마음속에 번뜩인 아이디어를 현실화하기 위해 필라멘트에 적당한 재료를 찾아낼 때까지 수많은 재료를 가지고 실험했다. 에디슨이 터지기 쉬운 백열전구라는 '인공물'을 해변에 떠밀려 온 조개껍데기를 줍듯이 발견할 수 있으리라고 기대하지 않았음은 분명한 사실이다.

장인들이 없었다면 불가능했다

고대 문명의 기술 진보나 비트루비우스 같은 저술가들이 기록으로 남긴 기계나 엔진 등을 통해, 아니면 후세에 레오나르도의 설계를 보고 느낄 수 있듯이 혁신성, 천재성, 창조성은 언제나 존재하는 것이었다. 그러나 기술과 과학을 결합하여 꿈속에 머물러 있던 인공물을 개발하는 공학에 대한 체계적인 접근 방식이 발전하는 데에는 몇 세기나 걸렸다. 연필 설계가 교량 설계보다 더 쉬워 보일지 모르지만, 사실은 훨씬 어렵고 불확실한 일이라고 할 수도 있다. 다리를 세우는 데 중요한 전제 조건은 일정한 하중을 견딜 수 있을 만큼 튼튼하고 단단해야 한다는 것이다. 또한 다리가 계속 튼튼하고 단단하게 서 있도록 유지 보수하는 비용이 경제적이고 타당해야 한다. 다리의 강도, 내구성 등이 얼마나 유지되어야 그 비용이 상쇄될 수 있는가는, 다시 말해 경제성에 대한 결정은 아이디어로서든 구체적인 인공물로서든 교량의 전 역사를 통해서 이루어진다.

다리와 마찬가지로 연필도 경제성, 강도, 내구성을 지녀야 한다. 그러나 연필에 요구되는 이 같은 조건은 좀 더 민감하며 그것을 수학 문제 풀듯이 계산하기란 더욱 어렵다. 연필심은 강도와 내구성을 지녀야 함은 물론, 종이 위에 짙은 자국을 남길 수 있는 재료로 만들어야 한다. 보로데일 흑연은 우연이기는 하지만 운 좋게도 연필심 모양으로 재단할 수 있을 만큼 큰 덩어리로 채굴되었으며, 강도와 잘 써지는 성질이 절묘한 조화를 이루었다. 그러나 보로데일 흑연 부스러기를 유황과 밀랍으로 고형시킨 것은 그렇지 못했다. 이 심은 부드럽게 써지지도 않았으며 더운 날씨에는 물렁물렁해졌다.

콩테가 연필 제작에 공헌한 바는 갈릴레오와 뉴턴의 자취를 따라 확대되어온 프랑스의 과학 · 기술 사조와 궤적을 같이한다. 이 과학 · 기술 사조로 말미암아 장인 세계에 절대적으로 필요한 새로운 아이디어는 장인 전통 한 가지 원천에만 의존해서는 도저히 나올 수 없다는 것을 깨닫게 되었다. 장인 기술이라는 것이 평범한 것으로 여겨지기도 했지만 거기에는 꼭 필요한 정보도 내포되어 있었다. 장인 기술로 생산한 제품이나 그 공정을 체계적이고도 분석적으로 연구하면 인류에 유익한 일면을 얼마든지 이끌어낼 수 있다. 이 같은 과학 · 기술의 시대 정신은 1751년에 초판이 발행된 드니 디드로Denis Diderot의 기념비적인 저서《백과전서Encyclopédie》에 잘 드러나 있다. 이 책의 '장인 기술' 항목에 기술된 내용은 드니로 자신이 직접 쓴 것인데, 갈릴레오의《두 가지 새로운 과학에 대한 대화Dialogues Concerning Two New Sciences》의 서두를 연상케 한다.

> 장인 기술craft: 이는 손을 사용하는 일종의 전문 기술을 일컫는 용어인데, 똑같은 물건을 계속해서 생산해내는 특정한 직인의 작업에 한정해 쓰인다. 나는 도대체 왜 사람들이 이 용어에 함축되어 있는 의미를 과소평가하는지 이유를 모르겠다. 일상생활에서 꼭 필요한 모든 물건은 이 장인 기술로 만들어진다. 장인의 일터를 자주 방문하는 사람이라면 인간 지능을 입증하는 최고의 증거들이 결합된 유용한 물건들을 곳곳에서 볼 수 있을 것이다. 고대인들은 장인 기술을 창조한 신들을 받들었다. 그러나 그 이후 오랫동안 장인 기술을 완성한 사람들은 진흙탕 속으로 내동댕이쳐졌다. 이처럼 장인을 경멸에 찬 눈으로 보도록 한 것이 이성인지 편견인지 판단하는 일은 균형 있는 지각을 가진 사람들에게 맡기겠다. 시인, 철학자, 웅변가, 성직자, 전사, 영웅 모두는 자신들이 무자비하게 경멸해온 이 장인들이 없었다면 헐벗고 굶주리며 살아야 했을 것이다.

후세 시인들 중 적어도 한 사람만은 장인들이 '각성된 손'으로 창조해낸 물건에 대해 경멸적인 시선을 보내지 않았다. 바로 로렌스D. H.

Lawrence다. 그는 이미 수 세기 전에 만들어진 인공물들에서 그것을 만들었지만 기억에서 잊힌 이들의 따뜻한 체온을 느꼈다. 그러나 로렌스가 활동한 20세기에서 18세기로 되돌아가보면, 당시 사람들이 인공물에서 잊힌 옛 장인들의 온기를 느끼거나 한 것 같지는 않다. 갈릴레오와 마찬가지로 디드로는 기술을 실천하는 사람들 가운데에 배울 만한 점이 많은 일류 장인은 극히 드물다고 생각했다.《백과전서》에 실린 달랑베르Jean d'Alembert의 서문을 보면 18세기에 이를 때까지도 비정상적인 '별종'으로 여겨졌던 이들에 대한 관찰 내용을 엿볼 수 있다. "예술가들은 학자이기도 하다." 그러나 "기계 기술적인 기능을 추구하는 사람들 대부분은 필요에 의해 업을 영위하는 사람들이며, 거의 본능적으로 임한다." 그들 가운데 일부는 "자신의 기계에 대해 아무런 지식도 없이 40년씩이나 그런 일을 해온 사람들이다." 이들이 바로 나중에 공학자가 된 비정상적인 장인들이었다.

장인들이 자신들의 기계에 대해서 다 '알고' 있고, 자기들이 무엇을 위해 기술을 사용하는지 정확히 말할 수 있다 하더라도, 장인 기술 자체는 이론적으로 규명되지 않은 아주 복잡한 것이다. 기술 진보를 촉진시키기 위해서는 맹목적이고 비이론적인 전통 속에 있던 장인 기술을 탐구해야 한다는 인식이 18세기 말에 천천히 확산되었다. 아그리콜라Georgius Agricola*는 16세기 말에 광산 일은 "지저분한 노역" 정도로 여겨졌다고 밝힌 바 있는데, 바로 이런 "지저분한 노역" 가운데에서 혹은 장인 기술 가운데에서 급속한 기술 혁신이 일어날 가능성은 분명히 없었을 것이다. 수많은 장인 중에 학식을 갖추었거나 아니면 학식

* 독일의 광산학자로 광물학, 광산학, 야금학의 아버지로 불린다.

을 갖추고 스스로 도제徒弟가 된 “약간의 사람들”을 빼면 대다수 전형적인 장인들은 교량이나 연필을 특별한 개선 없이 거의 “습관적”으로 만들어왔으며, 광부들 또한 그 이전 광부들이 팠던 곳만 계속해서 팔 뿐이었다. 거꾸로 전형적인 학자나 근대적인 과학자들은 기술 혁신을 열망하면서도 쓸데없이 이론적이거나 이미 도서관에 있는 것들을 본뜨기만 할 뿐이었다. 그러나 (비록 도제일 뿐이라 해도) 공학자들은 호기심 많고 명료한 장인으로서, 실질적이고 경험 많은 과학자로서 자연스럽게 기술 혁신가들이 되었다.

콩테는 갈릴레오적인 사조를 비롯해 실질적인 문제와 이론적인 문제에 두루 관심을 갖고 있었기 때문에 연필심 제조 공정에서 혁명적인 변화를 일궈낼 수 있었다. 그는 예술가들의 도구로 이용됨은 물론 내화성이 강해 용광로나 포탄 제조에도 쓰였던 흑연에 대해 카르노 장관이 접촉하기 전부터 관심을 보였다고 한다. 어쩌면 이러한 관심 때문에 카르노 장관이 일을 의뢰했을지도 모른다. 콩테 이전의 사람들은 용광로 제조와 연필 제조처럼 서로 근접한 장인 기술을 너무 명확히 구분하고 있었기 때문에, 당시 새롭게 등장한 과학적 방법을 응용하여 상호 의존적인 이 두 가지 장인 기술을 발전적으로 개선할 기회를 갖지 못했다. 콩테는 흑연 혼합물을 이용하여 성능이 뛰어난 용광로를 만드는 방법과, 이때 나오는 부산물인 흑연 조각으로 글을 쓸 수 있다는 사실을 이미 잘 알고 있었기 때문에, 흑연 가루와 점토를 가지고 새로운 연필심을 만드는 연구에서 탁월한 성과를 거둘 수 있었다. 콩테가 성공을 거두지 못했다면 아마 그 자신도 실험실에서 불편한 흑연 조각을 들고 일해야 했을 것이다.

실험실은 실로 근대적인 작업장이었다. 근대 공학은 연장을 다루고 물건을 만들면서 익힌 장인들의 경험과 과학적인 방법이 만났을 때에야 비로소 시작되었다고 할 수 있다. 영국과 미국에서 근대 공학은 보다 느린 속도로 확립되어갔지만, 그 정신만은 연구 개발의 토대 위에서 장인 전통을 근대 기술로 전환시키는 데 핵심적인 역할을 했다. 콩테 이후에는 평범한 연필 생산에서부터 기념비적인 교량 건설에 이르기까지 거의 모든 기술에서 이 같은 전환이 이루어졌다.

7

연필 제조법을 보호하라

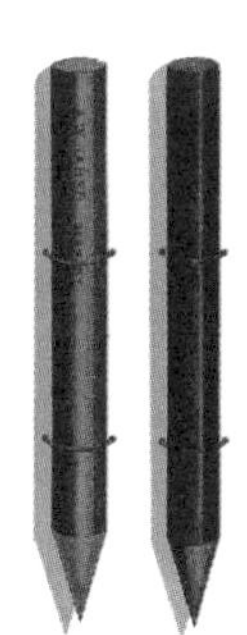

1794년 콩테가 혁명적인 방법을 개발하기 전까지 18세기 동안 연필 제조 공정에서 이루어진 지지부진한 개선은 기껏해야 과학 이전의 원시적인 공학 행위라고 말할 수밖에 없는 것들이었다. 게스너가 그린 연필은 나무 관에 '영국 안티몬'을 끼운 것으로, 이는 고대에 금속 납 조각이나 짐승의 털 다발을 속이 빈 갈대나 잔가지에 꽂아 만들었던 금속 첨필이나 붓을 모방한 것에 불과했다. 인디언 도끼를 만드는 원리가 이미 알려져 있는 상태에서 나무 손잡이 달린 강철 도끼를 개발한 상상력이 기발하다고 말할 수 없듯이, 게스너가 그린 연필이 보여주는 상상력의 발현 또한 선구적인 것이었다고는 할 수 없다.

보로데일 흑연을 좀 더 정교하게 나무 자루 속에 삽입하는 작업이야말로 소목장의 재주에 걸맞은 일이었을 것이다. 대패나 끌 따위를 보면 알 수 있듯이 그들은 오랜 세월 동안 나무 틀이나 손잡이에 쇠로 만든 기구를 끼워 사용해왔다. 17~18세기 소목장들은 나무에 관한 전문적인 지식에 밝아, 가령 어떤 나무가 연필을 만들 때 갈라지거나 쪼개지지 않으면서도 흑연심을 단단히 끼워 넣을 수 있는지 잘 알고 있었다. 이는 결코 우연이 아니었고, 놀라운 일도 아니었다. 초기에 흑연심 연필 자루로 이용되던 목재는 주로 삼나무였는데, 아직까지도 연필 자루로 쓰기에 가장 이상적인 목재로 여겨지고 있다. 경험 많은 소목장들은 여러 나무의 특성을 잘 알고 있었기에 훌륭한 연필을 만들기 위해서는 자루로 쓰일 목재가 어떤 점을 갖추어야 한다는 것까지도 파악하고 있었다. 뿐만 아니라 나뭇조각을 아교로 접착시키는 기술에도 정통했기에 물레를 돌리는 일만큼이나 손쉽게 연필 외양을 만들고 깔끔하게 마무리 손질을 해냈을 것이다. 다시 말해서 당시에 활용할 수 있는 최적의 재료를 이용하여 가장 훌륭하고 편리한 나무 자루 연필을 만드는 데 필요한 모든 기능과 경험을 갖추고 있던 계층은 소목장이었다고 할 수 있다. 그렇지만 소목장이나 목수들도 질 좋은 흑연과 그에 걸맞은 좋은 목재를 확보할 수 없었다면 어떻게 훌륭한 연필을 만들 수 있었겠는가.

톱밥으로 목재를 재생해낸다는 것은 목수들의 오랜 꿈이었다. 하지만 상상력 풍부한 목수 몇몇을 제외하면 그런 상상은 기적이나 간절한 희망이었을 뿐, 언젠가 실현될 수 있는 일로 여긴 사람은 없었을 것이다. 흑연 가루에 유황, 수지 또는 아교를 혼합하여 단단한 흑연 덩어리로 재생해내고, 이 덩어리를 나무 자루에 삽입할 흑연심으로 재단해내는 일은 당시 소목장들의 작업 능력을 넘어서는 일이었다. 소목장들이 평소에 늘 해오던 방식을 뛰어넘는 모험을 한다 해도 그것이 만족할 만한 결과로 이어진다는 보장은 어디에도 없었다. 사실 18세기 마지막 10년까지만 해도 연필은 기술 혁신을 독려하기보다는 오히려 금지하는, 그야말로 질식할 것 같은 장인 전통 속에서 만들어졌다. 연필심을 제조하는 새로운 방법을 개발하는 일은 소목장의 기술 능력을 초월하는 야망과 실험 정신을 요구하는 것이었다.

갑갑한 장인 전통 속에서 기술 혁신이 어떤 식으로 탄생했다가 사장되는지는 연필을 만들기 시작하던 초창기에 독일에서의 제조 공정 개선 사례를 보면 생생하게 알 수 있다. 영국산 흑연은 보로데일에서 발견된 지 얼마 지나지 않아 레이크 디스트릭트Lake District에 살던 한 광부에 의해 1564년 이후 독일에도 전해진 것 같다. 이와 같은 경로로 전파되었는지 아니면 플랑드르 지역 상인들을 통해 전파되었는지는 알 수 없지만, 1660년대에는 흑연심을 나무 자루에 넣어 쓰는 방법도 뉘른베르크에 완전히 자리 잡게 된다. 그런데 당시 세력을 떨치고 있던 길드 체제가 너무나도 엄격하고 완고해서 1662년 프리드리히 슈테틀러가 겪었던 것처럼 기술 혁신이나 경쟁을 장려할 상황은 아니었다.

슈테틀러는 이민 온 철사 제조 장인의 아들이었다. 하지만 30년 전쟁을 둘러싼 혼돈 속에서 아버지의 직업을 이어받지 못한 채 뉘른베르크에서 상점 점원 노릇을 했다. 이후 그는 소목장의 딸과 결혼해 장인에게서 기본적인 기술을 전수받았는데, 당시에는 장인들의 전문 분야가 아주 세분화되어 있었기 때문에 나무 반짇고리나 나무 장난감처럼 크기가 작은 목공예품을 만드는 소목장, 즉 '바이스마허Weißmacher'는 흑연심을 직접 재단하지 못하고 주석(독일에서는 흑연을 이렇게 불렀다) 재단 장인인 '블라이바이스-슈나이더Bleiweiß-Schneider'에게 사다 써야 했다.

그런데 슈테틀러는 자신의 수고를 새로운 목공예품이나 장난감을 만드는 데 분산시키지 않고 오로지 연필을 만드는 데 쓰겠다는 진취적인 생각을 가졌던 것 같다. 그는 장인과 다른 소목장들의 반대를 무릅쓰고 뉘른베르크 시의회에 연필 생산 승인을 신청했다. 그렇지만 이는 직업 심사위원회에서 기각됐는데, 위원회는 흑연심을 나무 자루에 넣는 일은 소목장들의 독점적 권리이기 때문에 더 이상 전문화되는 것을 허가할 수 없다는 입장을 고수했다. 그럼에도 슈테틀러는 고집을 굽히지 않고 첫딸이 태어났을 때 연필 생산자로서 공식적인 신분 증명을 해달라고 졸랐다. 이후 교회에서 발행하는 신분 증명에는 연필 제조 장인이라는 추가 항목이 생겼다. 1675년 슈테틀러를 비롯해 연필 제조 장인이라는 직업을 가진 이들은 뉘른베르크 장인 사회에 확고히 자리 잡았다. 슈테틀러는 (이전에는 거부당했던) 시민권까지 획득할 정도였다. 독립적이고 집요했던 그는 뉘른베르크 소목장들이 하던 전통적인 방식대로만 연필을 만들지는 않았다. 이 젊은 연필 제조 장인은 흑연을 직접 재단하기 시작했고, 결국 자신의 단일 작업장에서 연필을 만드는 모든 공정을 수행하게 됐다. 이러한 작업 행위가 점차 확산됨에 따라 연필 제조는 하나의 직업으로서 공식적인 인정을 받게 됐으며, 1731년에는 연필 제조 장인들만의 독립 길드가 결성됐다.

프리드리히 슈테틀러는 17세기 말 흑연 부스러기를 활용하는 방안으로서 유황을 용해시킨 것과 흑연 분말을 혼합하여 일종의 인조 흑연 같은 것을 만들었던 듯하다. 이는 자투리 흑연을 활용할 수 있을 뿐만 아니라 질 낮은 흑연을 정제하여 좀 더 나은 심을 만드는 방법이 될 수 있었다. 자투리를 활용하든 질 낮은 흑연을 이용하든 어쨌든 이런 방법을 통해 점점 물량 확보가 힘들어지고 있던 수입 흑연에 대한 의존도를 낮출 수 있었다.

슈테틀러의 연필 제조 기술은 자식들에게로, 손자들에게로 전수됐고, 이로써 연필 제조의 왕가가 세워졌다. 다른 연필 제조 가문들도 17세기 말에서 18세기 초 사이에 뉘른베르크에 하나둘 등장하기 시작했다. 뉘른베르크시 루크잠트Rugsamt, 즉 직업 심사위원회의 기록을 보면, 1706년 공식적으로 허가받은 연필 제조 장인들은 두 명을 제외한 모두가 슈테틀러, 에니그, 예거 가문에 속해 있었다. 이들의 가업은 프리드리히 슈테틀러처럼 상상력이 풍부하고 혁신적인 창조 정신을 가진 이들로부터 싹텄으나 애석하게도 가업을 이어받은 후손들은 상상력도 빈곤하고 미래에 대한 예지도 없었던 것 같다. 그들은 세월이 흘러도 똑같은 방식으로만 연필을 만들었으며, 값싸고 품질 좋은 연필을 생산하는 데 필요한 기술 개발을 등한시했다. 연필 생산의 새 시대가 열리기 시작한 19세기까지 업계에서 살아남은 연필 제조 가문들 중 가장 역사가 오래된 곳은 슈테틀러 가였다.

그러나 슈테틀러 가 또한 다른 도태된 가문들처럼 고전을 면치 못했다. 그들이 어려움을 겪은 것은 대개 상당수 무허가 연필 제조업자들의 불공정 행위 때문이었다. 스툄플러Stümpler, 즉 '날림꾼'이라고도 불렸던 이들 무허가 업자는 주로 시 외곽에서 일했기 때문에 시의 법령과 길드의 통제권 밖에 있었다. 날림꾼들은 비싼 재료를 쓰지 않았기에 싼값에 연필을 공급할 수 있었다. 순도 높은 고형 흑연이나 심지어는 저질 접합제로 조잡하게 혼합한 분말 흑연조차 사용하지 않았다. 그들은 겨우 팔아먹을 수 있을 정도로만 만들었으며, 나무 자루에 아주 짧은 연필심을 넣기도 했다. 설령 나무 자루에 연필심을 끝까지 넣더라도 질이 좋은 심은 기껏해야 3센티미터 정도일 뿐, 나머지는 저질 심으로 채워 넣는 식이었다. 더 심한 경우에는 일부 비양심적인 업자들(이들은 가문의 명예나 회사 이름 같은 것은 전혀 신경 쓰지 않았다)이 '요술 그림'과 같은 방법을 악용하여 겉보기에는 심이 들어 있는 연필 같지만 실은 쓸모없는 나무 막대기를 연필인 양 팔곤 했다. 이런 연필은 양쪽 끝에 흑연으로 검은 표시를 해 나무 자루 속에 심이 들어 있는 것처럼 위장했다.

그러자 연필을 거래할 때, 또는 상점 점원과 개별 소비자들이 연필을 사고팔 때 그 연필이 적법한 품질을 지녔다는 것을 확인하기 위해 연필에 등록 상표를 찍는 방법이 개발되었다. 그러나 상표를 통해 최고 품질의 연필을 만드는 업자가 누구인지 알게 된 소비자들이 중간상인을 거치지 않고 연필 제조업자와 직거래를 할까 봐 연필 제조업자들의 상표 표시 관행에 반대하는 목소리가 나오기도 했다.

상표 문제는 차치하더라도, 독일 길드 장인들은 자기네들 사이에서도 서로 보호하기 위해 엄격하게 속박된 규약 속에서 일을 했기 때문에 이런 날림꾼들과 경쟁하기가 점점 더 어려워졌다. 제국의 도시였던 뉘른베르크가 바이에른으로 바뀐 시점인 1806년에 들어서야 비로소 직업 심사위원회가 해체되어 직업 자유화 조치가 취해지자 슈테틀러 가문과 같은 연필 생산업자들의 영역 확장이 허용되었다.

이 무렵에는 프리드리히 슈테틀러의 고손자인 파울루스 슈테틀러 Paulus Staedtler가 가업을 물려받은 상태였다. 그는 자신을 파브리칸트 Fabrikant 즉 제조업자로, 작업장은 공장이라고 불렀다. 파울루스 슈테틀러는 공식적인 연필 제조 장인이었으며, 무허가 연필을 만드는 사람들을 감시하는 현장 감독관 노릇도 했다. 그러나 이러한 시스템이 연필 생산량을 늘렸을지는 몰라도 매우 세분화된 노련한 기술자들을 관리 감독하는 것은 새로운 제품이나 공정을 위한 실험을 부추기는 것과는 아무런 관계가 없었으며, 실제로 어떠한 연구 개발도 이루어지지 않았다. 후손들이 연필 만드는 가업을 이어받고 새로운 왕가가 탄생했다 하더라도, 독일 연필산업은 품질 개량에 별다른 진전을 보이지 않아 잘 부스러지고 잘 긁히는 재생 흑연으로 만든 연필을 넘어서는 것을 만들지 못했다.

전통에서 자유롭지 못한 장인들

가문 간의 혼인은 종종 사업을 튼튼하게 만들기도 했다. 하지만 이러한 혼인 역시 새로운 혈통의 연필을 낳지는 못했다. 뉘른베르크 인근에 자리한 작은 마을 슈타인Stein의 교구 등기부에는 "연필 제조 장인들"과 "흑연 재단 장인들" 간의 혼인에 대한 기록이 남아 있는데, 이들 남녀 모두 연필 생산과 연관이 있음에도 불구하고 이 같은 혼인에서 새로운 연필이 탄생한 적은 한 번도 없었다. 1760년 슈타인에 정착한 장인 카스파어 파버Kaspar Faber는 이듬해 자신의 새로운 사업인 연필 제조업 간판을 내걸었다. 처음에 파버는 집에서 연필을 만들었다. 이렇게 1주일 동안 만든 연필을 뉘른베르크나 퓌르트Fürth[뉘른베르크 북서쪽에 위치한 도시] 같은 인근 도시에 내다 팔았는데, 양이 너무 적어 손바구니에 들고 갈 정도밖에 안 됐다. 1784년 파버가 죽자 아들인 안톤 빌헬름Anton Wilhelm이 가업을 물려받았는데, 그는 여기에 'A. W. Faber'라는 이름을 붙였다. 훗날 전 세계적으로 유명해지는 바로 그 상표다.

프랑스에서 콩테가 흑연 분말과 점토를 혼합해 연필심을 만드는 공정을 개발하자, 18세기 말 독일식으로 만들어진 어떠한 연필보다도 품질이 탁월한 연필이 생산되기 시작했다. 우선 콩테식 공정으로 만든 점토심은 독일의 유황-흑연심과는 감히 비교도 안 될 만큼 필기 질이 좋아 거의 영국산 연필에 필적할 정도였다. 독일 연필은 잘 부스러지거나 긁히는 데 반해 프랑스산 연필은 심이 단단하면서도 부드럽게

1761년 슈타인에 세워진 A. W. 파버사 연필 공장. 애셔 · 애덤스Asher&Adams, 《신대륙의 철도 지도책과 미국 산업의 화보 앨범New Columbian Rail Road Atlas and Pictorial Album of American Industry》(1875)에 실린 삽화.

써졌다. 무엇보다도 프랑스산 연필은 흑연과 점토의 혼합 비율을 달리함으로써 다양한 경도로 생산될 수 있었고, 다 쓸 때까지 그 질이 균질하게 유지되었는데, 이러한 특성이야말로 순수한 영국산 흑연으로 만든 연필에서도 찾아보기 힘든 크나큰 장점이었다.

한편 영국산 흑연을 확보하기가 점점 더 어려워지자 순수한 흑연으로 만든 양질의 독일 연필 생산량도 눈에 띄게 줄어들었다. 점토를 섞어 연필심을 만드는 새로운 기술에 빠르게 대처할 수 없었던 독일 연필산업은 곧 난관에 부딪혔다. 타성에 젖은 독일식 생산 시스템으로 말미암아 콩테의 기술 혁신 이후 사반세기 동안 사태는 더욱 악화되었다.

19세기 초 독일 연필산업이 쇠퇴하게 된 데는 여러 요인 중에서도 수공업 전통과 길드 관행, 여기에 자체 생산 시스템만 고수하던 가문들의 뿌리 깊은 편견이 크게 작용했다. 이렇게 경직된 풍토 속에서 생산 기술 비법에 대한 지나친 집착은 기술의 완성도를 높이고 새롭고도 유익한 발전을 수용하는 데 역효과를 가져왔다. 자기만의 비법을 간직하는 풍토는 아이디어의 자유로운 교환을 저해했으며, 기술사를 연구하는 사람들에게도 기록된 연구 자료를 거의 남겨주지 않았다. 16세기 아그리콜라의 광업에 대한 연구서인《금속론De Re Metallica》을 번역한 미국의 광업 공학자이자 나중에 대통령이 된 허버트 후버Herbert Hoover와 그의 아내 루 헨리 후버Lou Henry Hoover는 옮긴이 서문에 다음과 같이 썼다.

> 금속 기술이 인간 역사에서 차지하는 비중을 생각하면 아그리콜라 시대까지 전해 내려온 그 기록의 양은 경악스러울 만큼 빈곤했다. 금속 기술을 보유한 장인들은 틀림없이 자기 기술을 일종의 사업 자산으로 여겨 철저히 보호했을 것이다. 또한 그런 지식을 지닌 사람들 모두가 내면적으로 문학적인 소양을 지니지 않았기 때문일 수도 있고, 이 시대 이전에 살았던 일단의 저술가들이 산업적인 것을 대상으로 글을 쓰는 데 별 관심이 없었기 때문일 수도 있다.

기록을 하지 않던 관습이 아그리콜라 시대 들어서 갑자기 사라진 것은 아니었으며, 기록되지 않았다는 사실에 놀라움을 금치 못한 것이 후버 부부가 처음도 아니었다. 19세기 초 여러 분야의 수공업, 기술,

직업 등에 대한 비평서를 쓴 토머스 마틴Thomas Martin은 집필 당시 겪었던 자료 수집의 어려움을 3인칭 시점에서 서술해 서문에 실었다. 여기에는 달랑베르가 일찍이 간파했던 장인 제도의 문제점이 그대로 드러나 있다.

> 그는 수공업에 종사하는 사람들 대부분이 자기만의 독특한 공정이나 제조 방법에 관해 이야기하는 것을 매우 꺼린다는 사실을 알게 되었다. 그래서 자료 조사를 하는 동안 자주 안타까움을 느꼈다. 아무리 기꺼이 도움을 주고 싶어하는 기술자라 할지라도 글을 쓰는 습관이나 실제로 글을 써본 경험이 전혀 없었기 때문이다. 그는 기술자들이 생각을 글로 정리해서 전해주기를 바랐지만 그들에게는 그럴 만한 능력이 없거나 아니면 직업상 비밀을 누설했다는 오해를 사지 않으려고 그런 요청을 거절했다. 또한 전문적인 문제를 파고드는 것도 무척 싫어했는데, 이는 전문적인 원리에 대한 자신들의 무지가 들통날까 두려웠거나 자기들 제품의 장점이 특별한 비법에서 나오는 게 아니라는 사실이 드러날까 두려웠기 때문이다.

기술자들이 가진 두려움에 대한 마틴의 지적이 꼭 과장된 것만은 아니다. 증기기관 개발로 명성과 부를 쌓은 제임스 와트James Watt는 한 장의 사업 문서를 일일이 여러 장으로 써서 만드는 일이 짜증나고 시간 낭비라는 생각이 들었지만, "문서의 기밀 유지와 기술자들의 속성, 여기에 와트 자신의 절약 정신 때문에라도 필경사를 고용할 수는 없는 노릇이었다." 이러한 사정은 와트로 하여금 여러 장의 문서를 한꺼번에 베낄 수 있는 방법을 서둘러 개발하게 된 원동력이 됐다. 와트는 특수한 용액에 적신 얇은 종이를 특수 잉크로 쓴 원본에 대고 눌러 베껴내는 방법을 고안해냈다. 1779년에 이 기술을 판매하기 위해 별도의 회사를 설립하고 자신과 동업자들의 이익을 보장하기 위해 "이 기술의 비법과 이에 필요한 용지와 원료, 베껴낼 때 쓰는 누름장치에 대해 1,000명의 예약 구입자를 받는다"고 밝히면서 다음과 같은 단서를 달았다. "단 예약자 전원이 확보되지 않으면 누구에게도 기술을 제공하지 않겠다. 이 기술은 너무 쉬워서 몇 사람에게 누설되고 나면 나머지 사람들을 확보할 수 없기 때문이다."

와트의 복사법은 성공적이었지만, 1806년에 랠프 웨지우드Ralph Wedgewood가 발명한 먹지 사용법에 비하면 상당히 번거로운 것이었다. 하지만 웨지우드 먹지는 깃펜으로 쓸 경우 세게 눌러서 쓸 수 없었으므로 복사가 잘 되지 않았고 그렇다고 연필로 쓰면 문서가 수정될 수도 있었으므로 개발 초기의 먹지는 인쇄용 먹을 흠뻑 묻힌 형태였으며, 사용 방법 역시 희한하게도 오늘날의 먹지 사용법과는 정반대였다. 웨지우드의 방법은 이렇다. 질 좋은 필기 용지를 먹지 밑에 댄 다음 얇은 습자지를 먹지 위에 대고 쓴다. 금속 첨필로 습자지 위에 글을 다 쓰고 나면, 먹지 때문에 필기 용지와 위에 대고 쓴 습자지 뒷면에 먹이 묻어 글씨가 써진다. 이때 습자지가 복사본이 되는 것이다. 습자지 뒷면의 문자는 먹이 묻은 쪽의 좌우가 바뀌어 베껴졌지만, 얇은 이 습자지를 뒤집어서 불빛에 비추면 쉽게 내용을 읽을 수 있다. 1820년대에는 좀 더 현대화된 먹지가 개발되었고, 아닐린aniline 염료가 발명되어 지워지지 않는 연필 생산이 가능해졌다. 이에 따라 지워지지 않는 연필로 원본 문서를 직접 쓰면서 한쪽 면에만 먹이 입혀진 먹지를 이용하여 직접 읽을 수 있는 복사본을 만들어낼 수 있었다.

기밀 유지는 예나 지금이나 같다

사업 서신으로 오가는 내용을 간수하고 사업 기밀을 보호하는 것은 첨단 기술에서 매우 중요하며, 이는 연필산업도 예외가 아니었다. 19세기 말《사이언티픽 아메리칸Scientific American》지는 산업 기자재와 공정에 대한 최신 정보망이었다. 이 저널의 편집진들은 기술자들에게서 어렵게 얻어낸 산업 기밀을 언제든지 독자들에게 폭로할 태세였다. 사실 이 잡지는 당시 공업 및 기술 관련 간행물로부터 거의 모든 공정과 제작 방법을 발췌해 실었기 때문에 발명가들과 '날림꾼'들 사이에서는 오늘날의《리더스 다이제스트Reader's Digest》처럼 읽혔다. 19세기 말 어떤 이가《약업 시대The Pharmaceutical Era》지에 '연필용 흑연'이라는 글을 기고했는데, "무게 비율로 따져 흑연 10에 독일산 담배 파이프용 점토 7 정도를 혼합해 만든 된 반죽을 틀에 붓고" 이를 구워 연필용 흑연을 만들려다 실패한 이야기였다. 이 기고자는 독자들에게 도움을 줄 수 없는 이유로 "성공적인 연필심 제조법은 연필 제조업자들에게 매우 귀중한 사업 비밀이기 때문에 독자들에게 쓸 만한 정보를 제공할 수 없었다"고 밝혔다. 그럼에도 그는 연필심을 만드는 일반적인 방법 세 가지를 설명한다. 첫 번째는 흑연 덩어리를 재단해서 만드는 전통적인 방법이다. 두 번째는 "1795년 콩테가 개발한 방법"임을 밝히면서 설명하는데, 구체적인 사항은 극히 적었다. 이를테면 흑연 분말과 "깨끗이 정제한 점토를 같은 비율 혹은 적절한 비율로 섞은" 것에 물을 더하고 심 모양 틀에 부었다가 이것이 마르면 "다양한 온도로 가열시킨다"는 식이었다. 이는 분명 콩테 공정의 핵심을 담고 있기는 하지만, 몇몇 중요한 세부사항들은 전부 빠져 있었다. 예컨대 흑연 분말은 얼마나 미세해야 하는지, 점토는 어떻게 정제하는지, 물은 얼마나 필요한지, 어떻게 건조시켜야 하는지, 가열 온도는 몇 도가 적당한지 등은 전혀 언급하지 않았던 것이다.

연필심 제조에 관심이 있는 사람이라면 누구나 흑연, 점토, 물에 열을 가해 심을 만들고자 시도해볼 수는 있지만, (《약업 시대》 기고자가 경험했던 것처럼) 그 결과는 전혀 만족스럽지 못했을 것이다. 기고자는 알맞은 재료를 전부 갖추고 있었지만 그것만으로는 충분치 않다. 밀가루, 설탕, 오븐이 있다 해도 밀가루를 체로 치고 물에 개서 굽는 방법이 적절치 않으면 맛있는 케이크를 만들 수 없는 것과 같은 이치다. 심지어 20세기에 접어들어서도 연필심 '요리 비법'은 누구나 쉽게 알아낼 수 있는 것이 아니다. 연필 제조업에 뛰어든 한 미국인은 기존 업체로부터 연필심을 사 오느니 차라리 직접 만들어 쓰겠다고 결정했을 때에야 이런 사정을 깨달았다. 이 신진 기업가는 1920년대 초 업계 사정을 다음과 같이 술회했다.

> 체코슬로바키아에서 유수의 연필심 제조업체들 중 하나를 소유하고 있는 어느 공작부인은 1주일에 두세 번씩 공장에 마련된 밀실에 들어간다. 거기서 그녀는 자기만 알고 있는 공식대로 연필심 재료를 혼합한다. 그녀가 죽고 나면 아들이 그 공식과 사업체를 물려받게 되어 있다. 미국에 있는 연필 공장들 또한 이런 식으로 비밀에 둘러싸여 있는 처지다. 어떤 경우에는 공장 소유주조차 그 공정의 비밀을 알지 못하며, 기껏해야 외국에서 그 공정을 배

워 온 사람들에게 의존할 수밖에 없는 상황이다.

산업적인 공식을 비밀에 부치는 것은 예나 지금이나 다르지 않다. 콩테가 현대적인 연필심 제조 공법을 개발한 시대에도 오늘날처럼 산업 기술은 그 비밀이 철저히 지켜졌으며, 사실 훨씬 전에도 마찬가지였다. 독일의 연필심 제조 기술자가 탁월한 콩테 심에 점토가 혼합된다는 사실을 알아냈다 해도, 그것만으로는 콩테식 연필심을 만드는 데 충분한 지식이 되지 못했다. 만일 그들이 혼인을 통해 전문적인 기술을 전수받지 못했다면, 그들 스스로 종류도 순도도 입자 크기도 다른 흑연과 점토를 가지고 혼합 비율이며 물의 양을 달리하면서 이를 여러 가지 방법과 온도로 굽는 실험을 해 알아낼 수밖에 없었다. 이렇게 수많은 변수가 있는 실험을 하는 것은 엄청나게 많은 시간이 소요됐다. 시간을 절약한답시고 다른 제조업자에게 사업상 비밀인 공식을 묻는 편지를 쓸 수도 없었고, 공업 전문잡지에 조언을 구하는 편지를 쓸 수도 없는 노릇이었다. 가르쳐줄 능력이 있는 이들은 가르쳐주려 하지 않았고, 가르쳐줄 의향이 있는 이들에게는 그럴 만한 구체적이고 확실한 지식이 없었다. 19세기 초 독일 기술자들은 그들 스스로 연구 개발을 할 수밖에 없는 상황이었다. 하지만 그들은 그럴 당위성이나 필요성을 느끼지 않았던 것 같다. 어쩌면 당시로서는 자원을 그런 일에 투자하기가 꺼려졌던 것인지도 모르겠다.

다른 모든 현대 산업과 마찬가지로 연필산업이 콩테 시대나 현재를 막론하고 건재할 수 있었던 것은 연구 개발이라는 든든한 과학 · 기술의 덕택이다. 이 영원한 진리는 1917년《공학자The Engineer》지에 실린 '과학의 덕을 본 산업'이라는 기사에 잘 드러나 있는데, 사실 이 기사는

3분의 1 정도가 연필산업에 관한 내용이었다. "이 산업은 일부 업체에 한정되어 있는데 그들 대부분은 역사가 길다. 구체적인 제조 공법은 베일에 가려져 있지만 재료 선택이나 혼합, 일반적인 재료 처리법 등에서는 화학과학의 덕을, 공정에 들어가는 노동력을 절감시켜주는 기계를 발명하는 데서는 기계과학의 덕을 보고 있다는 사실을 보여주는 증거는 얼마든지 찾아볼 수 있다."

여기서 말하는 화학과학과 기계과학은 바로 오늘날의 화학공학과 기계공학이다. 이 두 공학과 다른 공학적 과학들은 성공적인 연구 개발에 핵심적인 역할을 하는 도구와 수단을 제공해주었을 것이다. 이러한 공학적 과학은 연필산업에 중요한 토대가 되었고, 지금도 전기, 석유, 자동차, 항공, 건축 등의 산업에 중요한 기초다. 콩테가 공학적 · 과학적 방식에 의존하여 새로운 방식의 기술 혁신을 가져온 이래, 연필은 200년 이상 (아직 분화되지 않은) '공학 · 과학' 시대를 거치면서 발전을 거듭해왔다. 물론 이러한 발전은 콩테보다는 덜 유명하지만 독학한 공학자나 과학자들에 의해 이루어졌다. 현대 연필은 당당한 공학적 산물인 것이다.

18세기가 19세기에 자리를 내줄 무렵에 이르러서도 기계 기술은 여전히 갈릴레오 시대 이래 꾸준히 성장해온 새로운 과학과는 대립적인 위치에 있었다. 하지만 콩테와 같은 부류의 사람들은 기본적인 과학 원리로부터 실질적인 문제를 추론해낼 수 있었으며, 결국 거기서 기술 혁신의 아이디어를 도출해냈다. 1771년 스코틀랜드 학술원에 의해 에든버러에서 처음 출간된《브리태니커 백과사전》초판본에는 당시 과학과 기술을 양분했음을 보여주는 내용이 있다. 이 사전은 3,000쪽에 달하는 분량을 세 권으로 나누어 찾아보기 쉽게 알파벳순으로 편집해놓았는데, 기술과 과학을 별도 항목으로 나누어 다음과 같이 기술하고 있다.

> 기술ART: 특정한 행위나 작업을 수행하기 편리하게 해주는 일종의 규칙적인 체계.
>
> 과학SCIENCE: 철학의 한 분야. 자명하고 명백한 원리로부터 정형화된 논증을 통해 연역된 이론을 나타내주는 학문.

《브리태니커 백과사전》은 '공학engineering'을 하나의 독립된 항목으로 정의 내리지는 않았지만, 기술적인 동시에 과학적인 일을 수행하는 집단이 있다는 사실은 분명히 밝혀주고 있다. 비록 그들 대부분이 군사적인 문제와 관련이 있으며 조직화된 전문 직업인으로 존재하지는 않았지만 말이다. 바로 이러한 부류의 사람들을 '공학자engineer'라고 부르게 됐다.

신생 국가였던 19세기 미국에서는 기업가들이 경직된 장인 기술 관습에 방해를 받거나 아니면 길드나 직업 심사위원회로부터 구속받지 않았다. 따라서 당시 미국 연필산업은 일반적인 현대 기술의 역사를 연구하는 데 패러다임 역할을 해줄 것이다. 미국의 개척 정신은 신대륙을 발전시키는 원동력이 되었듯이 연필을 제조하는 데서도 새로운 방식을 개발하는 중추적인 힘이 되었다. 그러나 개척자라는 직업이 따로 존재하는 것도 아니고, 개척 또한 그 경험과 전통의 뿌리가 일천日淺할 수밖에 없는 것이어서 19세기 초 미국 공학은 (다른 나라에서와 마찬가지로) 독학이나 스스로 새로운 방식을 개발해야겠다는 동기에 이끌린 사람들에 의해서만 발전했다.

19세기 초 미국의 연필 개척자들이 추구했던 것은 콩테가 모색했던 것, 독일인들이 마땅히 추구해야 했던 것, 바로 다음과 같은 것이었다. 양질의 흑연 공급이 줄어들어도 생산할 수 있는 양질의 연필, 심이 쉽게 부러지지 않는 연필, 심이 작게 조각나지 않아 필기할 때 흔들리지 않는 연필, 세월이나 열에도 심이 망가지지 않는 연필, 갈라지거나 쪼개지지 않는 나무로 만든 연필, 마지막으로는 가격이 적당해 손쉽게 사 쓸 수 있는 연필이었다. 예나 지금이나 질이 떨어지는 물건에 대해서는 진정한 경제성을 따질 수 없기 때문이다.

8

미국에서의 첫 번째 연필

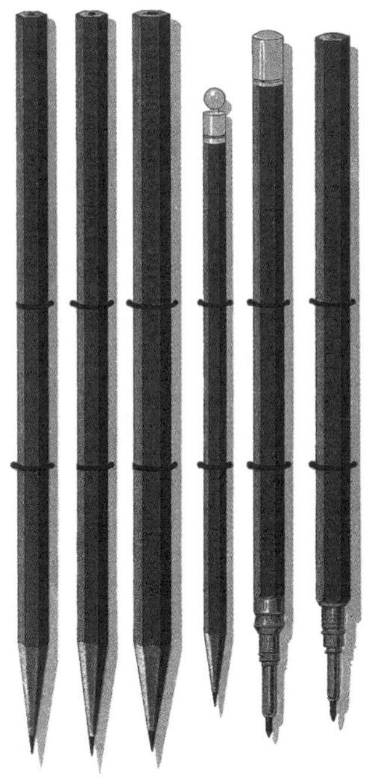

1800년 미국에는 정식 설립된 연필 제조업체가 없었다. 그렇다고 해서 이 신세계에서 흑연심 연필이나 이를 대신할 필기도구가 전혀 사용되지도 만들어지지도 않았다는 말은 아니다. 흑연이 발견되기 훨씬 전부터 종이에 기록을 남기기 위해 납을 사용했던 구세계와 마찬가지로, 미국에서도 19세기까지는 삼나무에 흑연심을 끼워 넣은 외국산 연필 대신 금속심 연필을 사용했다. 어느 자료에 따르면 흑연심 연필의 "가장 강력한 경쟁자"는 19세기 말까지 사용된 '깃털 연필 quill pencil'이었다.

> 깃털 연필은 조악한 물건이다. 공장에서 만든 물건이 아니라는 것은 확실하다. 깃털 연필이 필요한 사람들은 손수 만들어 썼다. 이 연필은 거위 깃털, 납탄, 납탄을 녹이는 국자, 순무로 만드는데, 깃털을 세로로 몇 인치 정도 자른 뒤 한쪽 끝을 순무에 꽂아 똑바로 세워둔다. 납탄은 국자로 녹여 깃털 구멍 속에 붓는다. 자, 이제 이렇게 만든 연필을 쓰기만 하면 된다.

깃털 연필은 "엷고 흐릿한 자국"을 남긴 것이 분명하다. 따라서 이 연필은 일반적으로 "나이 든 교사들이 필사본 책을 만들 때 괘선을 긋는 용도로" 사용됐던 것 같다. 깃털 연필은 흑연을 홀더에 끼운 것과 다를 게 없었다. 신생 미국이 기존의 역사를 되풀이하고 있었듯이, 결국 미국인들이 손수 만들어 쓴 연필이라는 것은 이미 연필이 거쳐온 발전 과정을 반복하는 것이었다.

1800년대 초에 미국 기술자들, 독학 공학자들, 연구자들은 흑연심 연필을 구할 수 있었고 실제로도 쓰고 있었다. 아마 당시 흑연 분말과 고형제를 이용해 만든 다양한 유럽산 연필이 이미 들어와 있었거나, 실물은 없었을지라도 콩테 공정으로 만든 연필에 대한 소문 정도는 접했을 것이다. 더욱이 당시로서는 매우 귀했던 보로데일 흑연이 조각 형태로 상당량 퍼져 있었을 가능성이 매우 높다. 이 조각들은 다 쓴 몽당연필 속에 남아 있던 것이거나 어쩌면 최상품 영국제 연필을 쓰던 중 부러지거나 떨어져 나온 것일지도 모른다. 이처럼 여러 조건이 어우러진 상황은 이 신세계에서 재료 공급이 쉽게 이루어지도록 했고, 동기(혹은 필요성)를 유발했으며, 첫 번째 흑연심 연필이 등장하기를 부추겼다.

호러스 호스머Horace Hosmer는 1830년 매사추세츠주 콩코드에서 태어나 8킬로미터쯤 떨어진 마을 액튼Acton에 살았다. 이곳에서 그는 여러 직업 가운데서 연필 제조 및 판매업을 선택했다. 월트 휘트먼의 시를 읽곤 했던 호스머는 '액튼의 고지식쟁이'라고 불렸는데, 이 별명을 통해 드러나는 개성은 그가 1880년《레플스 일러스트레이티드 뉴스Leffel's Illustrated News》에 기고한 짧은 글에 잘 나타나 있다. 뉴잉글랜드에서 연필을 생산하기 시작한 초기 상황을 묘사한 이 글에서 호스머는 미국 최초로 흑연심 연필을 만든 이는 매사추세츠주의 어느 여학생이라고 주장한다.

> 태초에 한 여자가 있었다. 사람들이 편지에 1800년이라는 날짜를 쓰기 훨씬 전에, 옛 마을 메드포드Medford에는 어린 소녀들을 위한 학교가 있었다. 이 여학생들 가운데에는 매사추세츠주 콩코드에서 온 학생이 한 명 있었다. 그녀는 거기서 스케치, 그림, 자수 등을 배웠다. 이 소녀는 그림 그릴 때 쓰는 보로데일 흑연 조각을 미세한 가루로 만들어 아라비아 고무나 아교 용액에 섞어 활용하는 방법을 알고 있었다. 이렇게 만든 심을 뜨개바늘로 속을 깨끗이 비운 엘더elder(딱총나무) 가지에 끼워 썼다. 내가 아는 한 이것이 미국 최초의 연필 제조였다. 40년 전(1840년) 내가 10살 난 어린 소년이었을 때, 바로 이 소녀가 흑연과 영국산 석필로 위에 말한 것과 똑같은 연필을 만드는 것을 도와준 적이 있다.

구체적이고 자세한 과정에 주의를 기울인 점이나, 호스머와 그 소녀의 개인적 관계로 볼 때 이 이야기가 사실일 가능성은 크다. 하지만 호스머가 성차별주의자로 보이지는 않는데, 콩코드나 그 부근에서 연필 생산 공정 발전에 중요한 역할을 한 많은 남자의 이름은 구체적으로 밝히고 있으면서도 유독 어린 시절에 자신과 함께 연필을 만든 소녀의 이름을 밝히지 않은 점은 아무리 생각해도 이상하다. 어쩌면 그 소녀는 호스머의 친척이었을지도 모른다.

호스머의 이야기와는 약간 다른 주장도 있다. 연필을 대량생산한 최초의 기업이라고 주장하는 조셉 딕슨 용광로 회사의 기술 감독인 찰스 니콜스Charles R. Nichols가 1946년에 밝힌 내용이다.

> 미국 최초의 연필 공장은 이름이 알려지지 않은 어느 여학생에 의해 설립되었다. 이 여학생은 보로데일 광산에서 생산된 흑연 몇 조각을 얻었다. 이를 망치나 돌로 잘게 부숴 만든 가루에 수지를 섞은 다음 속을 파낸 올더alder(오리나무) 가지 속에 집어넣었다. 미국 최초의 이 흑연심 연필은 매사추세츠주 댄버스Danvers에서 만들어졌다. 후에 조셉 웨이드Joseph W. Wade라는 남자가 이 여학생과 동업하여 그 방법으로 많은 연필을 생산했다.

니콜스가 단어 철자를 쓰는 데 부주의했던 것 같기는 하지만, 이 글은 기록된 자료를 보고 쓴 것이 아니라 입에서 입으로 전해진 이야기를 듣고 쓴 것일 수 있다. '엘더elder'와 '올더alder'처럼 철자가 서로 비슷한 단어는 바꿔 쓰기 쉬웠을 것이다. 더욱이 '엘더'는 유럽산 '올더'를 일컫는 말이기도 해서, 실제 생활에서 두 나무를 혼동하고 썼을 가능성이 있다. 불행하게도 두 명의 연필 사학자들이 명확한 증거 자료를 문서로 제시하지 못했기 때문에, 미국 최초의 연필이 엘더 가지로 만들어졌는지 올더 가지로 만들어졌는지, 또 메드포드에서 만들어졌는지 댄버스에서 만들어졌는지 분명히 확인할 수는 없다. 호스머가 당시 일어난 사건에 좀 더 가까이 있었고 글도 그럴듯하며, 최초의 연필 생산자와 함께 작업했다고 주장하는 것을 보면 그의 주장이 옳다는 생각이 들기도 한다. 그런데 이 두 사람뿐만 아니라 한 영국 사학자가 어린 발명가의 성취를 밝히는 다음과 같은 이야기도 있어 우리를 더욱 혼란스럽게 한다.

그녀는 보로데일 흑연 몇 조각을 구해 가루로 만든 다음 수지를 섞어 호랑가시나무 가지 속에 채워 넣었다. 후에 웨이드라는 남자가 그녀와 동업을 하여 많은 연필을 생산했다. 비록 품질은 만족스럽지 못했지만, 영국으로부터 아직 연필을 공급받지 못했던 나라에서는 이것이 일시적으로나마 수요를 충족시켜주었으리라는 것은 의심할 여지가 없다.

필자는 주註에서 이 글이 니콜스의 글을 토대로 했음을 밝히고 있다. 그렇지만 니콜스의 글에서는 나뭇가지로 만든 이 연필의 품질에 대해 가치 판단을 내리지 않으며, 웨이드라는 이름의 남자에 대해 그 이상을 언급하지도 않는다. 더욱이 연필 자루로 사용된 것이 호랑가시나무 가지가 틀림없다면, 이 글은 니콜스의 글을 토대로 삼은 게 아니라는 소리다.

최초의 것들은 소리 없이 사라진다

품질이나 재료야 어떻든 간에 이 세 기록은 미국 최초의 흑연심 연필이 매사추세츠주에 사는 한 소녀의 작품이라는 사실에 대해서는 일치된 견해를 보이고 있다. 그러나 보로데일 광산의 발견이나 최초의 나무 자루 연필의 기원 등 주변 상황이 명확하지 않듯이, 이 소녀의 이름이나 소녀가 개발한 연필의 구체적인 사항들은 정확히 알 수 없다. 마찬가지로 미국 최초의 다리를 누가 세웠는지, 그것이 어디에 세워졌고 또 그것을 만드는 데 어떤 목재가 쓰였는지도 계속 불확실한 채로 남아 있을 것이다. 연필과 교량, 그리고 (장인 기술과 초기 공학의 합작품인) 기타 인공물들의 기원은 역사에 속한다기보다는 오히려 신화에 가깝다. 발명, 개발, 공학과 같은 이름을 지닌 것들은 과거의 것들을 거의 보존하지 않는 속성이 있기 때문이다. 컴퓨터 디스크의 옛 파일이 새 파일에 의해 덮어 씌워지듯이, 구닥다리 아이디어는 새로운 아이디어로 대체된다. 개선된 새 인공물이 만들어지는 데 토대가 된 과거의 인공물들은 버려지거나 심지어는 새것 때문에 완전히 사라져 버린다. 거듭 쓴 양피지에서 맨 처음에 썼던 글씨가 보이지 않듯이, 최초의 아이디어나 인공물의 잔재는 결국 소리 없이 사라져버린다.

어쩌면 가장 처음 떠올린 생각이나 인공물의 진정한 기원에 접근하는 것이 너무나 어렵기 때문에 알고 싶다는 마음이 더 강한 건지도 모른다. 사람들이 미래를 알고 싶어하는 게 자연스러운 일인 것처럼 말이다. 과거의 기술 혁신 과정처럼 이해하기 힘들고 실체가 없는 것의 역사를 통해서도 우리는 미래를 향한 끊임없는 도전 방법을 알아내는 데 어느 정도 판단 근거를 얻을 수 있다. 미국 공학의 초기 역사에 속한 인공물들은 수와 종류가 복잡다단할 뿐만 아니라 그 기원 또한 (연필의 기원이 그러하듯이) 구전된 이야기나 신화에 의존하기 때문에 전체적인 윤곽을 파악하기란 불가능에 가깝다. 차라리 우리 손에 늘 있었고 본질을 파악하기 쉬운 초기 인공물 하나를 통해 이해하는 편이 더 간단하고 가능성이 클 것이다. 시작점이 희미함에도 불구하고 미국에서 연필의 초기 역사는 교량이나 건물의 역사보다는 단순하다고 볼 수 있으며, 따라서 이를 통해 좀 더 큰 구조물이나 보편적인 공학의 역사에 접근할 실마리를 얻을 수 있을 것이다. 비록 연필의 뿌리가 불확실하다 해도 우리는 그러한 모호함 속에도 교훈이 있다는 사실을 배울 수 있다.

뉴잉글랜드에서의 초기 연필 생산에 관한 호러스 호스머의 글은 또 다른 콩코드 사람인 데이비드 허버드David Hubbard에 관한 회상으로 이어진다. "그는 뉴잉글랜드에서 최초로 삼나무 연필을 만든 사람이다. 하지만 이 연필은 별 가치가 없었으며 많이 만들어지지도 않았다." 돌이나 나무, 또는 쇠로 만들어진 많은 '가치 없는' 교량들이 세상에 널리 알려지지 않았듯이, 공학자로 거듭나고 있던 많은 초창기 미국 장인이 설계하고 제작한 '가치 없는' 연필들이 세상에 널리 알려지기를 기대할 수는 없었다. 18세기에 웨일스 석공 윌리엄 에드워즈William Edwards가 천재성과 끈기로 세 차례의 실패를 딛고 마침내 폰티프리드 Pont-y-tu-prydd 다리를 세웠듯이, 우리도 여기저기 흩어져 있는 초기 미국 공학과 연필 제조에 관한 내용을 하나씩 모아보면 차츰 틀을 잡을 수 있을 것이다.

가구 장인에서 연필 생산자로

프랑스에서 현대 공학의 수학적 · 물리학적 토대가 마련되고 있는 동안에도 미국과 영국에서는 이러한 토대가 거의 무시됐다. 낡은 도제 제도가 기술 혁신을 징계하고 창조력을 질식시키고 있었다. 19세기 초에 미국 최초의 연필 생산자 중 한 명이 된 윌리엄 먼로William Munroe의 아들이 쓴 비망록은 이러한 당시 풍토를 생생하게 보여준다. 콩테가 파리에서 특허를 받은 1795년, 17세의 먼로는 매사추세츠주 록스베리Roxbury에서 조합장을 하던 가구 장인의 도제가 되었다. 젊은 먼로에게는 머리를 쓰는 일이 허용되지 않았다. "당시 소년들은 그저 그 나이 또래의 생각을 하는 아이들로 치부될 뿐이었다. 그들의 권리는 의무와 마찬가지로 장인들에 의해 결정됐을 뿐, 거의 아무것도 허용되지 않았다."

그러나 미국과 프랑스에서의 정치적인 혁명에 의해 촉발되었을 산업혁명 정신은 소년 도제들 사이에도 반항심을 싹트게 했다. 올리버 트위스트처럼 소년 먼로는 동료들과 함께 (일요일 아침에만 배급되는 초콜릿을 제외하면) 아침저녁으로 빵과 우유만 주는 배급 방식에 항의했다. 소년들은 그 이상을 요구했고, 이 요구 중 일부는 받아들여졌다. 이를테면 소년들은 이제 매일 아침 초콜릿을 배급받을 수 있었다. 하지만 다른 요구는 묵살됐다. 소년들은 여전히 보스턴에 있는 극장을 1년에 단 한 번 갈 수 있을 따름이었다. 이처럼 가혹하게 억압적인 사회 및 작업장 환경은 기술 혁신을 철저하게 좌절시키기에 딱 좋은 풍토였다.

어린 먼로는 가구 공장에서 일찍이 재능을 보였다. 공장을 떠날 즈음이면 "가장 섬세하고 어려운 작업을 맡을 정도로 공장 안에서 최고의 기술자가 되어 있었다"고 한다. 그러나 그것이 먼로의 행보에 아무런 장애가 없었다는 말은 아니다.

> 도제 생활을 마치기 전에 그는 물건을 만들거나 장식하는 새로운 양식을 생각해낼 때마다 자신의 재능이 억압받는다는 사실을 깨달았다. 작업장 규칙은 엄격했으며 어떠한 변화도 허용되지 않았다. 하지만 한 번은 이 엄격한 규칙을 어겼다. 그는 자기 나름대로 생각한 방식에 따라 규칙에도 없는 물건을 만들었다. 위판을 돌쩌귀로 연결하는 새로운 방식의 책상을 남의 눈에 띄지 않게 은밀히 만든 것이다. 시작은 좋았지만 이는 곧 다른 사람의 눈에 띄어 조합장에게까지 알려졌다. 이내 소동이 일어나 문제가 심각한 수준

에까지 치달았다. 그는 이왕 시작한 작업만은 끝내게 해달라고 사정하여 귀가 닳도록 잔소리를 듣고 나서야 겨우 계속해도 된다는 허락을 받았다. 그러나 나중에는 그가 시도한 새로운 방식이 그 공장의 규칙으로 정해졌다.

하지만 먼로의 투지는 하나의 예외에 불과했다. 도제 제도의 경직성은 막 움트기 시작한 무수한 기술 혁신의 가능성을 질식시켰으며, 제품과 공정에 새로운 개선이 이루어지는 통로를 꽉 틀어막고 있었다. 1873년 한 평자가 쓴 바에 따르면, "질 좋은 강철 펜을 누구보다도 많이 만들었던" 조셉 질럿Joseph Gillott은 자신이 만든 펜을 절대로 쓰지 않았다. "자기 공장에 있는 수많은 기술자와 기계로도 마음에 딱 드는 펜을 만들 수 없었기 때문이다." 장인들이 성취감을 가질 수 없었던 이유는 단 하나였다. "펜 제조 기술자들이 제품의 가장 본질적이고 명백한 문제점을 발견해도 그 오류를 고치지 못하는 맹목적인 전통과 훈련 때문이다."

조합장의 가구 공장에서 도제 과정을 마친 뒤에도 먼로는 보조 장인 신분으로 6개월을 더 머물렀다. 장비를 마련할 충분한 돈을 모으기 위해서였다. 이후에는 몇 년간 시계 장인인 형과 함께 일하면서 나무 시계함을 제작했다. 1805년 먼로는 보스턴의 찰스 강을 가로지르는 교량을 처음 세운 건축가 캡틴 존 스톤Captain John Stone의 딸과 결혼했다. 그는 자신이 만든 물건을 시내에 내다 팔기 위해 장인이 세운 다리를 건너곤 했을 것이다.

1810년 먼로는 자신이 만든 시계함 몇 개를 버지니아주 노퍽Norfolk에서 시계와 교환했다. 이 시계를 팔아 생긴 수익은 옥수수와 밀가루

1874년 조셉 질럿의 펜 공장을 방문한 앨버트 왕세자(1901년 에드워드 7세로 왕위에 오른다) 부부를 묘사한 삽화.

에 투자했다. 먼로는 이런 식으로 물물교환과 되팔기를 거듭한 끝에 마침내 밀댐Mill Dam[*] 근처에 사업장을 마련했다. 이곳에서 그는 정식 가구 장인으로서 생계를 꾸려나가고자 했지만, 이내 사업이 지속될 수 없음을 깨달았다. "내가 팔 수 있는 것보다 더 많은 가구를 만들고 있다는 사실을 알았다. 모든 사업이 기울어갔다. 아무리 잘 버텨도 몇 년 안에 나는 빈털터리가 될 것이다." 영국과 전쟁이 터졌기 때문이었다.[**] 항만 폐쇄 등 이런저런 제약으로 인해 경제 사정은 더욱 악화됐다.

* 먼로가 밀가루를 거래하곤 했던 거리에 자리한 회사 이름인 듯하다.

** 1812년 6월 미국과 영국 사이에 발발한 전쟁을 말한다. 이 전쟁은 1815년 2월에 이르러서야 끝났다.

먼로의 아들에 따르면 항만 폐쇄 등의 급박한 상황 속에서 그때까지 외국에서만 생산되던 필수품에 대한 수요가 급증하리라는 사실을 먼로는 예상했다고 한다. 나아가 먼로는 품귀 물품 때문에 "발명이 장려되고, 그에 따른 반대급부도 커지리라는 것"을 굳게 믿었다고 한다. 그는 처음에는 가구 장인용 직각자를 만들었지만, 이는 "수요가 한정적이고 경쟁하기가 쉬웠다." 그래서 먼로는 다른 제품을 모색했다. 그는 아예 수요가 계속 유지될 뿐만 아니라 경쟁자들이 흉내 내기 힘든 물건을 만들어야겠다고 마음먹었다.

> 흑연심 연필은 비싼 값을 치른다 해도 구하기 힘들다는 사실을 안 아버지는 "흑연심 연필만 만들 수 있다면 경쟁자 걱정도 줄어들고 큰일을 할 수 있을 텐데"라고 혼잣말로 중얼거리곤 했다. 아버지는 당장 연장을 내던지고 이 일에 착수하여 얼마간의 흑연 덩어리를 구입했다. 흑연 덩어리를 망치로 잘게 부순 다음 현탁액[흙탕물 등 고체 입자가 분산되어 있는 액체]으로 만들어 회전통 속에서 미세한 가루만을 분리해냈다. 이것으로 자기만의 실험용 흑연 혼합물을 만든 아버지는 최초의 연필 제작을 시도했다. 그러나 결과는 그다지 희망적이지 않았다.

최초의 실험에서 먼로는 혼합물로 점토를 사용했으며, 오직 아내만 드나들 수 있었던 방에서 콩테의 공정을 습득하려 했다는 기록이 있다. 그렇지만 비망록을 쓴 먼로의 아들은 연필 제조업에 종사하지 않았기 때문에 몇 년이 흘러서까지도 연필심 공정에서 점토가 차지하는 중요성을 잘 알지 못했거나 제대로 평가할 수 없었다. 결국 그는 비망록에 이 점토에 대해서는 언급하지 않았다. 그러나 재료가 무엇이든 간에 먼로는 자신이 만든 연필의 질이 형편없어 낙심했음을 숨기지 않았다. 그는 더 많은 직각자를 만들고 간간이 가구를 만들기도 하면서 겨우 생계를 이어갔지만 연필 제조 실험을 멈추지는 않았다. 비망록은 이렇게 이어진다.

1812년 먼로가 처음 만들었던 연필.

> 아버지는 두세 달 동안 연필심 제조 방법을 찾아내는 데에만 몰두했다. 도움이 되는 정보를 전혀 접할 수 없는 상황에서도 다른 친구들과 상의하는 것을 꺼려했고, 때로는 반복되는 실패에 절망하기도 했다. 그렇지만 결국 아버지는 처음보다 꽤 쓸 만한 연필심을 만들어냈고, 산에서 연필 자루로는 별로 적당치 않은 삼나무 잔가지를 구해왔다. 1812년 7월 2일, 아버지는 질이 썩 좋지는 않지만 그런대로 쓸 만한 연필 30여 자루를 가지고 보스턴으로 갔다. 그것은 미국 최초의 흑연심 연필이었다. 거기서 아버지는 철물상인 벤자민 앤드루스에게 연필을 팔았다. 그동안 아버지가 직각자를 거래하곤 했던 앤드루스는 매우 활동적이고 진취적인 사람이었다. 그는 연필 같은 신기한 물건에 대해 늘 격려를 아끼지 않았는데, 물론 이 흑연심 연필에 대해서도 계속 만들라고 조언했다. 이런 조언은 아버지의 의향과도 맞아떨어졌다. 7월 14일 아버지는 3그로스[1그로스는 12다스]의 연필을 가지고 다시 보스턴으로 갔다. 이 역시 앤드루스에게 쉽게 팔 수 있었다. 아버지는 앤드

> 루스와 계약을 맺었는데, 생산된 연필을 일정 기간 동안 고정 가격에 전량 사겠다는 내용이었다.

열정적인 시작, 초기의 실패, 반복되는 좌절감, 계속된 빗나감, 오랜 시간 끝에 이루어진 결실, 완벽한 고립, 그리고 마지막으로 쓸 만하지만 완전하지는 않은 제품. 이러한 이야기는 진정 공학적인 노력의 전형적인 과정을 보여준다. 아이디어에서 조잡한 형태의 인공물로, 또 거기에서 좀 더 개선된 인공물로 발전하는 과정은 율리시스의 여행처럼 모험으로 가득 차 있다. 이런 이야기는 또한 '연필'로 썼다가 지우고 다시 쓰듯이, '전구', '증기기관', '철골 교량' 같은 인공물들이 필요한 변화를 겪으며 성장한 과정과 연구 개발의 반복적인 과정을 보여주고 있다. 그러나 발전에 이르는 진정한 과정은 특히 선구자들의 혜택을 입은 사람들에게서 너무도 쉽게 잊히며 온당한 평가를 받지 못한다. 이 같은 사실은 낭만적인 호사가 호러스 호스머의 글에서 분명하게 드러난다. 그는 남들이 개발해놓은 연필을 생산하는 데 도움이 될 만큼 기술 혁신을 이루지도 못한 사람이었다.

> 1812년 가구 생산업자인 윌리엄 먼로는 흑연을 망치로 부수어 분쇄한 뒤 국자 속에서 고형제와 혼합시킨 다음, 이 혼합물을 삼나무 자루 속에 집어넣었다. 이렇게 만든 연필 일부를 보스턴에 있는 벤자민 앤드루스에게 가져갔다. 앤드루스는 이를 기꺼이 구입했을 뿐만 아니라 더 만들어오라고 먼로를 격려했다. 12일이 지난 다음 먼로는 5그로스를 더 만들어 갔으며, 이 또한 쉽게 돈을 받고 팔 수 있었다. 이렇게 해서 새로운 산업이 탄생한 것이다. 먼로는

> 비록 가난했지만 최고의 기술자였다. 새로운 사업은 그의 탁월한 옛 기술 덕분에 무리 없이 진행되었다. 먼로는 신중하고 체계적이고 정확했으며 거의 실수가 없었고 경쟁력을 확보할 수 있는 최상의 방법과 최선의 생산 기간 단축 방법을 알고 있었다. 그는 '액체 시멘트', 즉 흑연 반죽을 만들어 말랑말랑할 때 나무 홈 속에 집어넣은 뒤 그 상태로 1주일 이상을 두었다. 이렇게 만든 '연필 슬래브pencil slab' 표면을 대패로 켜서 겉에 묻은 이물질을 제거하고 깨끗해진 심 겉면에 얇은 삼나무를 아교로 접착시켰다. 연필 슬래브 두께는 6밀리미터이고 삼나무 판자 두께는 3밀리미터인데, 판자의 폭은 연필 폭에 따라 10~25밀리미터까지 다양했다.

그럼에도 이 글에 묘사된 공정은 콩테 공정과는 아무런 상관이 없어 보인다. 예컨대 불에 굽는 과정이 없다. '연필 슬래브'를 이용한 조립 방법은 미국 연필 제조업체들의 실질적인 장점이었다. 호러스 호스머는 이 한 장의 글에 수십 년 동안의 연필 개발 과정을 뭉뚱그려놓은 것이다. 재미있는 점은 그가 모든 과정을 피상적으로 묘사했다는 사실이다.

호스머가 서술한 것은 먼로의 노력이 거둔 열매일 뿐이지 열매를 맺을 때까지 고생한 과정은 아니다. 비록 한 공학자가 놀랄 만한 성공을 거두고 "탁월한 옛 기술 덕에 무리 없이 새로운 단계를 밟아 올라간" 예외도 있었지만, 따지고 보면 이것도 사실보다는 신화에 더 가까운 것이다. 먼로의 연필 개발 과정을 설명한 이 글처럼 어떤 프로젝트가 무리 없이 진행될 수 있는 것은 대개 그 이전에 겪은 실패로부터 얻은 교훈 덕분이다. 먼로의 아들이 분명히 밝혔듯이 모든 실패가 참담

한 패배로만 귀결되는 것은 아니며 마찬가지로 모든 시도가 성공으로 이어지는 것도 아니다.

먼로가 보스턴에서 최초의 연필 몇 그로스를 판매한 뒤에도 연필을 만들려는 도전을 계속했다는 사실은 비망록에서 생생하게 서술되고 있다. 1812년에 먼로는 장래가 촉망되는 연필 생산자였음에도 불구하고 그의 분투는 거기서 끝나지 않았다.

> 아버지는 필요한 재료를 확보하는 데 엄청난 어려움을 겪었고, 정작 연구를 하는 데보다 여러 가지 자질구레한 일을 처리하는 적절한 방법을 찾는 데 더 많은 시간을 허비했다. 그러나 여러 사람의 격려 덕분에 아버지는 힘을 내서 자신의 재능을 발전시켜나갔으며, 마침내 이 모든 어려움을 극복했다. 아버지는 호기심 어린 사람들의 눈을 피해 집 안의 작은 방에서 흑연을 혼합해 심을 만들고 나무에 집어넣는 모든 과정을 혼자 해치웠다. 오로지 어머니에게만 자신의 비밀스러운 작업에 접근하는 것을 허용했다. 거친 흑연을 분쇄하고 나무 재료를 다듬는 일은 밀댐의 공장에서 조수들에게 시켰지만, 마무리 작업은 집에서 가족들끼리 하거나 혼자서 했다.

적절한 재료를 확보하고 자신의 실험을 상업적인 생산으로 확대해, 연구 개발에 대한 보상으로서 경제적인 이익을 얻을 수 있을 때까지 어렵게 개발한 기술의 비밀을 지켜가면서 겪는 이러한 어려움은 비단 연필에 국한된 문제가 아니었을 것이다. 특허를 받은 철교에서부터 원자력에 이르기까지 거의 모든 현대 공학의 개발에는 이러한 어려움이 있었을 것이다. 오늘날 사람들이 연필 기술보다 훨씬 수준 높다고 생각하는 컴퓨터 기술은 엄청나게 빠른 속도로 향상되고 있는 것처럼 보인다. 하지만 실상은 들쭉날쭉한 모습을 보였던 19세기 흑연 관련 기술의 발전 양상이 20세기 실리콘 관련 기술에서도 그대로 재현되어 나타나고 있다.

마침내 연필을 완성하다

창업 초기의 문제점이 극복되자 먼로는 수익성 있는 사업체를 갖게 됐다. 하지만 그것도 흑연을 확보할 수 있었던 18개월 동안만이었다. 미국이 영국과 전쟁을 치르는 동안 먼로는 칫솔과 시계 기술자용 솔을 만들어 파는 한편, 가구 제작도 그때까지 계속했다. 전쟁이 끝날 무렵에야 그는 연필 제작을 재개하는 데 필요한 재료를 확보할 수 있었다.

1815년에 전쟁이 끝나자 먼로는 자신이 예상하고 우려했던 새로운 문제에 부닥쳤다. 그가 만든 것보다 훨씬 질 좋은 외국산 연필들이 수입된 것이다. 그렇지만 먼로는 혼자 힘으로 수공업 수준에서 그런대로 버틸 만한 가내 공업 수준으로 끌어올린 연필 생산업을 결코 포기하지 않았다. 대신 과학적인 공학을 도입하여 마치 자연 철학자들이 조물주의 창조물을 면밀히 연구하듯이 다른 연필들을 철저히 연구했다. 연필 생산을 집어치우거나 게을리하기보다는 오히려 더 열심히 공부해 "외국의 연필심 제조법에 대한 정보를 전혀 얻지 못한 상태에서 스스로 대가가 되었다." 그는 책이나 다른 어떤 것을 통해서도 정보를 구할 수 없었기 때문에 실험에 매달릴 수밖에 없었다. "가끔은 내다 팔기 위해 만족스럽지 못한 품질의 연필을 만들기도 했다." 비망록에는 다음과 같은 이야기가 나온다.

> 이러한 상황은 1819년까지 계속되었다. 그해 아버지는 좀 더 나은 성과를 거둔데다 양질의 흑연과 삼나무를 구할 수 있게 되면서 그때까지도 계속해오던 가구 제작을 아예 포기하고 연필 만드는 일에만 전념하기로 결심했다. … 흑연심 생산업자로서 명성을 쌓고 남들에게 알려지기까지 고생이 없었던 것은 아니다. 아버지는 10년 넘게 제품의 질을 개선해나갔고, 그렇게 만든 연필을 판매하기 위해 끈기 있게 노력한 끝에 비로소 "지금까지는 내가 소비자들을 찾아 나섰지만 이제는 소비자들이 나를 찾는다"고 말할 수 있을 정도가 되었다. 이때부터 아버지는 최고의 연필 생산자로서 대중 앞에 우뚝 섰으며, 처음부터 그랬듯이 연필 수요의 상당 부분을 계속 공급했다.

다른 사람들에게는 먼로의 기술 개발이 그가 지닌 탁월한 능력 덕분에 순탄하게 진행된 것처럼 보였겠지만, 먼로 자신이 연필을 '완성'했다고 느끼게 되기까지는 무려 10여 년이 걸렸다. 이 10년 동안 도제 시절 반항하던 장인은 바야흐로 진정한 공학자가 되었고, 그가 쌓은 기술은 과학 없이는 불가능한 것이었다. 그런데 그가 정말 '최고의 연필 생산자'였는지에 대해서는 아들의 비망록보다 좀 더 객관적인 평가가 필요할 것 같다.

먼로도 사업을 키워나가는 데에는 다른 사람의 도움을 받지 않을 수 없었다. 삼나무 목재를 잘라 심을 삽입하는 나무 자루와 그 위를 덮는 얇은 판자를 만드는 일에 2인용 톱을 사용했기 때문에 톱질을 할 때 다른 사람의 도움이 절대적으로 필요했다. 나무 자루 또한 손으로 직접 대패질을 하여 적절한 두께로 만들었다. 처음 연필을 제작할 때는 모든 일을 수작업으로 했기 때문에 심을 집어넣는 홈도 한 번에 하나밖에는 팔 수 없었다. 이러한 수작업과 그 밖의 다른 노동집약적 작업 과정은 초기 연필 산업의 특징이라 할 수 있다. 1819년 가구 생산을 그만두기로 결정한 먼로는 연장 일부를 자신의 직공들인 에벤에저 우드Ebenezer Wood와 제임스 애덤스James Adams에게 팔았다. 그들은 먼로를 위해 목재 작업을 계속해주었다.

윌리엄 먼로(1778~1861)

우드는 자신의 능력에 맞게 가구 장인으로 성장을 해나가면서 한편으로는 연필 생산 작업과 계속해서 관련을 맺었다. 호러스 호스머가 한 말—"우드의 손과 머리가 먼로의 재산 축적에 큰 도움이 되었다"—이 맞는지 그른지는 알 수 없지만, 연필 생산에 이용된 기계를 최초로 개발한 사람이 우드인 것만은 틀림없다. 우드가 개발한 접착 프레스는 한 번에 12그로스의 연필을 고정시킨 채 건조할 수 있었으며, 연필 마감 절단기는 "더 이상 편리하게 만들거나 개량할 수 없을 정도"였다.

또 그는 연필산업에 처음으로 회전 톱을 응용한 사람이었다. 회전 톱을 이용해 한꺼번에 6개의 목재에 홈을 팔 수 있는 기계를 만든 것이다. 또한 여러 개의 칼을 부착시킨 회전칼날을 개발해 연필을 육각

형이나 팔각형으로 다듬는 작업도 자동화했다. 19세기 후반 뉴욕의 연필 공장들에는 우드의 장비(특허를 받아놓지 않았던)를 모방한 기계가 설치되어 있었다. 1867년 파리에서 열린 만국박람회는 미국의 기계화된 공정이 잘 알려지는 계기가 됐다. 이 박람회 금메달은 재봉틀, 단춧구멍 뚫는 기계, 한꺼번에 6자루의 연필을 만들어내는 연필 만드는 기계에 돌아갔다.

그러나 19세기 초에는 이 금메달을 탄 기계가 미국 전역에 퍼지기는커녕 아직 실제 연필 생산에 쓰이지도 않았다. 에벤에저 우드는 "외모나 행동거지가 신사"였으며, 작업 중에는 늘 시를 암송하곤 했다고 호스머는 회상했다. 또한 콩코드 사회를 지켜봐왔던 호스머는 문학적 취향을 지닌 사람들 중에서 연필 기술자의 수를 집계한 통계 조사가 적어도 한 번쯤은 있었다는 사실을 입증해주는 좋은 근거가 바로 우드 같은 사람의 존재라는, 제 딴에는 아주 그럴듯한 주장을 폈다. 그러나 그러한 부류에 속한 미국인이 우드 한 사람만은 아닐 것이다.

미국의 연필 생산업자가 몇 명으로 집계되었는지는 알 수 없지만, 그들은 분명 19세기 초 상당히 전문적인 기술 수준에 도달했을 것이다. 보스턴의 문구상인 앤드루 앨런Andrew J. Allen은 1827년 자기가 취급하는 상품 목록 카탈로그에서 "언제나 미국 제조업자들을 독려해왔으며, 우수한 품질의 물건들을 소개하는 문구류 목록란에 계속해서 미국 상품을 올려놓을 것이다"라고 공언했다. 과연 그는 미국산 물건들이 전 세계에서 수입된 외제 상품들에 맞서 경쟁할 기회를 제공했다. 앨런의 카탈로그를 보면, 상품을 수록할 때 그 질에 대해 나름의 등급을 매겼던 것 같다. "다양한 가격대의 수많은 종류"의 미국산 깃펜은 "최상의 품질"의 영국산 깃펜 목록 아래에, "우수한" 러시아산 깃펜 위

BOOKSELLER AND STATIONER

TORONTO

Each customer is a prospective BUYER

ALMOST everyone who enters your store buys a waste basket at one time or another.

In the office, store, factory, school or home, some sort of receptacle is serving as a waste basket.

A number need replacing, but owners will forget to make the change until reminded by you. By calling their attention to the 5-year guarantee, you will find a good proportion will be inclined to add to their purchases one or more.

VUL-COT WASTE BASKETS

Guaranteed 5 years

Tell your customers that in addition to a guaranteed minimum life of five years, there are other advantages such as solid sides and bottoms which prevent litter from falling through; smoothness, lightness and cleanliness, neat appearance and low price; fire resisting qualities, etc.

Are you familiar with Vul-Cot dealer profits and dealer sales helps? Write for them to-day.

Dixon's Sovereign

This Display Case contains one-half gross Sovereign Pencils, Tipped. It is made of Heavy Tin, handsomely decorated.

Can be re-filled and used continuously.

Every customer handling Sovereign Pencils may have one or two of this handsome case without extra charge.

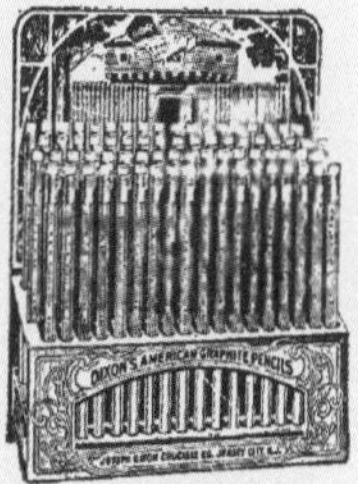

1245S

Dixon's Movie Assortment

No. 435

Hexagon revolving drum, containing one-quarter gross high-grade pencils. Each Panel is decorated with a photogravure of a prominent movie actor or actress. Order one of these for each of your counters.

Dixon's Penholder Assortment

No. 3010

Contains one dozen assorted cork and rubber tips in an attractive easel display stand.

This Display Case contains 3 Dozen Dixon's High-grade Erasers Best 5-cent erasers made. Order this display case for your counter.

We carry all these numbers in stock.

A. R. MacDougall & Co., Limited, *Canadian Representatives:* 266 King St. W., TORONTO

1917년에 나온 문구류 및 사무용품 카탈로그.
이런 카탈로그에는 상품 목록만이 아니라 이런저런 읽을거리나
업계 소식 같은 것도 실리곤 했다.

에 자리 잡고 있다. 그는 네덜란드 깃펜이나 손이 큰 사람을 위한 "아름답고 큰 백조 깃펜"도 취급했다. "깃펜을 뾰족하게 다듬는 데 쓰이는 은제 펜나이프"—로저사가 만든 이 펜나이프는 종류가 무척 다양했다—와 "깃펜으로 잘못 쓴 글씨를 긁어내는 지우개 나이프"도 팔았다.

이 펜나이프는 연필을 뾰족하게 깎는 데 쓰이기도 했다. 연필로 쓴 자국은 잉크로 쓴 것보다 훨씬 쉽게 앨런이 파는 인도 고무로 지울 수 있었다. 앨런의 카탈로그는 또한 필기용 및 드로잉용 낙타털 연필, 당나귀 가죽으로 만든 메모 수첩에 연필을 끼운 세트 등 다양한 종류의 연필을 소개하고 있다. 하지만 이 1827년의 카탈로그가 당시 미국 연필산업이 어떤 상태였는지를 보여주는 가장 중요한 대목은, 앨런이 영국제 연필과 미국산 연필을 동시에 판매했다는 점이다. 또 한 가지 특이한 점은 프랑스산 연필과 독일산 연필을 취급하지 않았다는 것인데, 프랑스제는 구하기가 어려웠고 독일제는 구할 수는 있었지만 질이 나빠서였다.

상인들이 자기 물건의 정확한 출처를 밝히려 하지 않는 것은 요즘도 마찬가지지만 앨런의 카탈로그 또한 미국과 영국의 제조업체를 정확하게 밝히지는 않았다. 따라서 1820년대 보스턴 연필 제조업체 가운데 몇 곳의 제품이 앨런의 카탈로그에 실렸는지는 알 수 없다. 그러나 최고의 품질을 자랑하던 영국제 연필과 경쟁할 만한 미국 연필을 생산하는 업체가 여러 군데 있었다는 것만은 분명하다.

9

헨리 데이비드 소로의 연필

이제 막 전문 직업의 하나로 출발한 공학 분야에서 새로운 산업으로 싹트기 시작한 연필 제조업뿐만 아니라 일반 시민들 사이에서도 19세기는 독학의 시대였다고 할 수 있다. 때문에 당시 행해진 통계 조사에서 응답자의 직업을 지칭하는 설문상의 용어나 응답자들이 스스로를 어떤 직업인이라고 대답했는가는 조사 당시 각자의 입장과 그 기간에 무슨 일을 하고 있었는가에 따라 달라질 수밖에 없었다. 매사추세츠주 콩코드 주민으로 1837년에 하버드 대학을 졸업한 이 사람은 졸업한 뒤 10년 동안 어떻게 지냈는지 묻는 학과장의 편지에 아래와 같은 답장을 썼다.

> 제가 하는 일이 과연 전문 직종인지 상업에 속한다고 해야 할지, 아니면 이도 저도 아닌지는 저도 잘 모르겠습니다. 제 일은 아직 학교에서 가르쳐주는 그런 것은 아닙니다. 그러나 모든 예를 다 들어볼지라도 전문 직업은 학문으로 연구되기 전부터 이미 존재했습니다. …
>
> 따라서 제 직업이 무어냐는 것을 말씀드리자면 머리가 여러 개 달

> 린 괴물 같은 대답을 드릴 수밖에 없습니다. 저는 학교 교사이며, 가정교사이며, 연구자이며, 정원사이며, 농부입니다. 칠장이이자 목수이고, 석공이며, 날품팔이 노동자이며, 연필 기술자이며, 사포 만드는 기술자이며, 작가이고, 때로는 삼류 시인이기도 합니다. … 지난 2~3년 동안은 콩코드 숲속에서 혼자 살았습니다. 제가 사는 집은 온전히 제 손으로 지었고, 2킬로미터쯤 가야 이웃집이 있을 정도로 외딴곳입니다.

나중에 이 별난 하버드 졸업생은 자신을 민간 공학자Civil engineer[요즘은 토목공학자를 뜻한다]라고 정의했다. 그는 동문 의식이 희박했고, 주변 사람들 입에 오르내리는 평판도 별로 의식하지 않았던 터라 전문적인 집단에 속하는 일을 달가워하지 않았던 것 같다. 그의 인생 여정은 미국의 초월주의 철학을 파악하는 데 좋은 사례가 되지만 19세기 공학을 이해하는 데에도 매우 큰 도움이 된다. 이 하버드 졸업생은 1817년 태어나자마자 데이비드 헨리David Henry라는 기독교식 이름을 받아 대학 졸업식 프로그램에도 이 이름으로 올라 있었다. 그렇지만 이미 오래전부터 집에서는 헨리라고 불리다가 하버드 대학을 졸업한 직후부터는 서명을 할 때 그저 부르기 좋아서 그랬으리라는 것 말고는 별다른 뚜렷한 이유 없이 스스로를 헨리 데이비드 소로라고 했다.

소로의 일생은, 특히 연필 생산에 관련된 부분은 19세기 공학과 공학자들의 속성을 이해하는 데 많은 도움이 된다. 우선 19세기 중반 이전까지 공학자들은 하버드 졸업생 소로처럼 자신이 하는 일을 하나의 전문 직업으로서 확신을 갖지 못했다. 자신이 하는 일이라는 게 학교에서 배운 것은 아니었기 때문이다. 더욱이 소로의 일생을 보면 공학을 직업으로 영위하기 위해 꼭 정규 교육을 받아야만 하는 건 아니라는 걸 다시 한 번 확인할 수 있다. 그가 학생이었던 시절 대학 교육은 성직자, 법률가, 의사, 교육자가 되려는 사람들을 위한 준비 과정이었지 그 외의 다른 목적이 있는 것은 아니었다. 공학에 종사하고 이를 발전시켜온 사람들은 19세기 초반에 대개 장인 제도나 도제 제도를 통해 일을 배웠다. 실제로 당시 공학에 종사하던 이들은 1817년에 시작해 8년 만에 완공된, 알바니와 버펄로를 잇는 에리 운하Erie Canal 공사에 참여하는 것이 '민간 공학'을 배우는 최선의 방법이라고 굳게 믿었다. 이 운하는 '미국 최초의 민간 공학 학교'라 불렸다. 영국에서는 1818년에 '민간 공학 연구 협회Institution of Civil Engineers'가 런던에서 발족되었지만 미국에서는 1852년이 되어서야 비로소 '미국 민간 공학자 협회American Society of Civil Engineers'가 창립되었다. 이렇게 전문가 단체가 발족되고 나서야 비로소 공학이 한 전문 분야로 자리 잡는 계기가 마련되었다.

두 번째로 기술 혁신적이고 창조적인 공학은 단순한 기술 분야를 넘어 다양한 학문적 관심을 가진 사람에 의해서만 성취된다는 사실을 극명하게 보여주었다는 점에서 소로의 삶은 매우 교훈적이다. 19세기 초에 공학자들 집단이란 그들이 대학 학위를 받았든 받지 않았든 간에 거의 모두가 당대 최고의 저술가, 예술가, 과학자, 정치인들이 자유롭게 뒤섞여 있는 집합체였다. 그리고 이러한 환경에서 이루어진 서로 간의 교류는 풀기 힘든 공학적 난제들을 쉽게 해결하기보다는 오히려 더 어렵고 꼬이게 만들었다.

세 번째로 소로처럼 혁신적인 공학자들은 대개 전통과 규율을 거부하는 인습 파괴적이고 반항적인 기질을 갖고 있었다. 18세기와 19세

미국 민간 공학자 협회
100주년 기념우표.

헨리 데이비드
소로(1817~1862).

기의 공학자들 가운데 적지 않은 이들이 전문 직업을 물려받아야 하는 가문 출신이었다. 이런 가문에서는 대학에 진학하기보다는 도제살이를 하려 하거나 아니면 대학을 졸업한 뒤에 공학에 종사하려는 젊은이들을 이해해주지 않았다. 영국인 존 스미턴John Smeaton은 손에 닿는 것은 무엇이든 개량하기로 유명한 사람이었다. 그는 법률가 집안 자제였지만 법조인으로서의 일생을 과감하게 거부하고 1750년에 공구 상점을 개업했다. 런던에 있는 유명한 다리 3개를 도맡아 건설했던 존 레니John Rennie the Elder는 1780년대에 에든버러 대학에서 물리학, 화학, 현대 언어, 문학을 공부한 사람이었다. 그런데 그의 아들(역시 이름이 존 레니John Rennie the Younger였던)도 훌륭한 공학자로서 명성을 날렸지만 대학을 나오지는 않았다. 이런 번듯한 집안 출신들과는 달리 열악한 환경에서 성장한 인물들은 미국의 윌리엄 먼로처럼 장인 전통 속에서 기술을 발전시킬 기회를 가질 수 있었기 때문에 좀 더 뚜렷한 자취를 남길 수 있었다.

네 번째로, 소로가 연필 생산에 종사하게 된 과정도 마찬가지지만 공학은 말과 연필로 전수되고 실행되었기 때문에 19세기 중반까지는 공학 자체나 그에 관련된 내용이 기록으로 남겨진 예가 거의 없었다. 따라서 특정한 설계나 공정이 다른 것들을 제치고 선택되거나 개발된 이유를 후세들에게 설명해줄 수 있는 자료가 남아 있지 않다. 선구적인 공학자들의 이론은 훌륭하게 세워진 튼튼한 다리나 좋은 연필을 만드는 효율적인 공정 속에 그 실체가 남아 있을 뿐이다. 이들이 기술 발전에 끼친 지대한 기여는 작업장 밖에서 말로 전해지거나 종이에 쓰이는 일 없이도 훌륭하게 드러날 수 있다는 사실은 두말할 필요도 없다.

연필 사업에 뛰어든 소로 집안

이 같은 환경에서 헨리 데이비드 소로가 연필 생산업에 개입하게 된 경위를 알려면 조셉 딕슨Joseph Dixon까지 거슬러 올라가야 한다. 조셉 딕슨은 다른 일을 하다가 연필 생산업에 뛰어든 인물로, 교육을 많이 받지는 못했지만 기계에 관한 한 천부적인 재능을 갖고 있었다. 아주 어린 나이에 줄톱에 홈을 내는 기계를 발명할 정도였다. 당시 그는 인쇄업에 종사하고 있었는데, 금속 활자를 구입할 자금이 부족해 목판 활자 새기는 법을 독학했다. 기술이 늘고 야망이 커지면서 딕슨은 금속 활자를 직접 주조하기 위해 흑연으로 용광로를 만드는 실험을 시작했지만, 용광로 시장이 워낙 한정적이었던 탓에 난로 광택제나 연필심까지 만들기 시작했다. 그러나 윌리엄 먼로 때와는 달리 딕슨이 보스턴에 연필을 팔러 다닐 때에는 국산 연필에 대한 수요가 신통치 않았다. "외제 상표를 붙여야 연필을 팔아먹을 수 있다"는 말을 들을 정도였다.

이에 화가 난 딕슨은 연필 제작을 집어치워버렸다. 그때는 이미 헨리 데이비드 소로의 아버지 존 소로John Thoreau가 딕슨에게서 연필 만드는 데 필요한 기초 지식과 (딕슨이 독학으로 터득했던) 연필 생산에 관련된 화학을 이미 배우고 난 뒤였다. 딕슨이 그의 친구이자 화학자인 프랜시스 피보디Francis Peabody로부터 연필심 제조에 점토를 이용하는 콩테 공정에 대해 들어 알고 있었을 가능성을 암시하는 몇 가지 자료가 남아 있다. 그러나 콩테 공정에 대한 지식이 있었다고 해도 충분한 실험을 거치지 못했기 때문에 딕슨이 만든 초기 연필은 질이 그렇게 좋지 않았다. 나중에 존 소로도 흑연에 점토를 혼합하면 질이 좀 더 나은 연필심을 만들 수 있다는 사실을 알았을 가능성이 있지만, 그 또한 실험을 통해 그 공정을 깨쳤을 것이다. 그렇지만 당시에 이 프랑스식 콩테 공정의 전모가 외부에 완전히 알려져 있었다고 완벽하게 입증할 만한 증거는 없다. 1820년대 미국의 연필심 제조 기술은 탁월한 콩테 공정에 훨씬 못 미치는 수준이었던 것이다.

1821년 존 소로의 매부인 찰스 던바Charles Dunbar가 뉴잉글랜드에서 우연히 흑연 광산을 발견했다. 집안의 골칫거리였던 그는 뉴햄프셔주 브리스톨Bristol 일대를 배회하던 중 얼떨결에 흑연을 발견하자 곧바로 연필 제조업에 뛰어들기로 결심한다. 던바는 흑연을 채굴하고 연필을 생산하기 위해 콩코드의 사이러스 스토Cyrus Stow를 동업자로 삼아 던바앤드스토Dunbar and Stow사를 설립하였다. 그들이 채굴한 흑연은 당시 미국에서 나던 다른 어떤 흑연보다도 품질이 우수하다는 공인을 받았고, 따라서 그들 사업의 장래는 장밋빛이라 할 수 있었다. 그러나 광산 채굴권에 관한 당시 법률 조문에 따라 그들은 이 광산에 대해 단지 7년간의 채굴권을 임대받을 수 있을 뿐이었다. 그들은 임대 기간이 만료되기 전에 광산에 매장된 흑연을 모조리 채굴하라는 자문을 받았다.

빠른 속도로 흑연을 채굴한다는 것은 이제까지보다 좀 더 빠른 속도로 연필을 생산할 수 있다는 사실을 의미했다. 이 때문에 1823년 던바는 존 소로에게 사업을 함께하자고 제안했던 것 같다. 무슨 이유에선지 던바가 연필 사업에서 손을 떼고 나간 다음, 소득원을 따로 가지고 있었던 게 틀림없는 동업자 스토는 회사 이름을 존소로앤드컴퍼니John Thoreau & Company로 바꾸었다.

이 연필이 외제 상표를 붙이지 않고도 팔릴 수 있었던 것을 보면,

존 소로가 딕슨보다 더 질 좋은 흑연을 썼든지 아니면 공정 개선에 더 끈질기게 매달렸든지 무언가 특별한 이유가 있었을 것이다. 1824년이 되자 존 소로가 만든 미국산 연필은 매사추세츠주 농업협회가 개최한 박람회에서 특별한 주목을 받을 정도로 품질이 향상됐다.《뉴잉글랜드 농민New England Farmer》이라는 간행물은 "존소로앤드컴퍼니J. Thorough & Co.가 출품한 연필은 지난해까지 출품된 다른 어떤 연필보다 품질이 월등히 뛰어나다"라고 보도하고 있다. 이 글에 표기된 소로의 이름은 철자가 틀려 있는데, 이걸 보면 당시 콩코드에서 소로 가문 사람들이 자신들의 성姓인 '소로thoreau'를 '서러thorough'로 발음했다는 전해 내려오는 말에 신빙성을 더해준다. 실제로 헨리 소로는 자기에 대해 말할 때면 "나는 완벽한thorough 일을 한다"고 이름을 이용한 말장난을 했다고 전해진다. 그런데 그에게 온 편지 중에는 'Henry D. Thoreaux'라고 표기된 것도 있는데, 이는 소로라는 성을 프랑스어로 발음하기도 했음을 보여준다.

이름이 어떻게 쓰여 있든, 그 이름이 찍혀 있든 안 찍혀 있든 상관없이 존 소로가 만든 연필은 시장에서 착실하게 팔려나갔다. 이 연필은 1830년대 초에 접어들자 윌리엄 먼로가 만든 연필을 위협할 정도가 됐고, 경쟁은 점점 더 치열해졌다. 소로 회사와 먼로 회사 모두 에벤에저 우드의 분쇄 공장에서 흑연을 분쇄했는데, 경쟁이 치열해지자 먼로는 우드에게 소로 회사에 흑연을 분쇄해주지 말라고 했다. 그러나 소로를 통해 버는 돈이 더 많았던 우드는 거꾸로 먼로의 흑연 분쇄 주문을 받지 않았다.

먼로의 사업은 휘청였으나 소로의 연필 사업은 번창했다. 그러나 번창했다는 것이 아무 걱정 없었다는 뜻은 아니다. 흑연이 없으면 아무도 연필을 생산할 수 없었다. 브리스톨 광산의 흑연이 말라버리자 다른 공급원을 찾아야만 했다. 매사추세츠주 스터브리지Sturbridge에 있는 광산이었다. 하지만 이 광산마저 고갈되자 캐나다에 있는 흑연 광산까지 찾아가야 했다. 헨리 데이비드 소로가 대학생이던 시절에 소로 집안은 이미 10여 년 동안 연필회사를 운영한 참이었다. 그가 집안 사업을 도우며 연필 생산에 관해 익히 알고 있었으리라는 것은 쉽게 짐작할 수 있는 일이다. 실제로 1834년 아버지 존 소로는 아들의 학비를 마련하고자 뉴욕시로 연필 판매를 위한 출장길에 올랐는데, 헨리 데이비드 소로가 여기에 동행했다.

소로가 만든 연필이 먼로가 만든 다양한 연필과 경쟁해서 성공할 수 있었던 여러 이유 가운데 하나는 당시 미국에서 팔리던 연필들이 모두 지저분하고, 모래가 섞여 있었으며, 잘 부러지고, 불편했기 때문이다. 당시 연필을 쓰던 사람들 중에서도 특히 섬세한 작업을 해야 하는 예술가들과 공학자들은 늘 좋은 제품을 찾아다녔다. 미국 연필이 질이 나빴던 가장 큰 이유는 순도 높은 보로데일 흑연을 구할 수 없었을 뿐만 아니라 콩테 공정을 몰랐거나, 알았다 해도 완벽하게 습득하지 못해서였다. 존 소로의 회사와 마찬가지로 미국 연필 제조업체들은 완벽하게 분쇄되거나 정제되지 못한 흑연에 고래기름 수지나 월계수 열매 왁스, 또는 양초를 만드는 데 쓰는 향유고래나 돌고래 기름에서 추출한 양질의 왁스를 소량 첨가한 아교를 혼합하는 방식을 썼다. 이렇게 만들어진 흑연 혼합물을 따뜻할 때 삼나무 자루 홈에 채워 넣고 그 위를 얇은 삼나무 조각으로 덮어 아교로 접착시켰다. 존 소로는 불완전한 자사 제품을 개량하는 데 온갖 노력을 기울여 다른 경쟁사 제품보다 결점이 덜한 연필을 생산할 수 있었다. 비록 소로 회사의 연필을 비룻한 미국 연필들이 영국제나 프랑스제 연필의 질을 따라가지는 못했지만, 소로앤드컴퍼니는 상대적으로 싼값에 연필을 판매함으로써 경쟁력을 유지하여 1830년대 중반까지 착실하게 성장했다.

백과사전에서 새로운 기계로

대학을 졸업한 헨리 데이비드 소로는 가업인 연필 생산업을 직업으로 삼을 생각이 없었다. 그는 자신이 어렸을 적 다녔던 학교이자 할아버지, 아버지, 고모, 형제들이 한때 학생을 가르쳤거나 여전히 가르치고 있는 콩코드 중앙학교에서 교직 제의를 받았고, 집안 전통을 존중해 이 제의를 수락했다. 그렇지만 일을 시작한 지 겨우 2주 만에 그는 교실에서 질서를 잡거나 조용히 시키기 위해 아이들에게 체벌을 가하지 말 것을 경고받았다. 이러한 비난에 대한 지나친 반작용으로 소로는 뚜렷한 이유도 없이 아이들에게 체벌을 가하고는 그날 밤 학교를 사직했다. 이러한 비이성적인 행동은 이름 순서를 바꾼 전적과 결부되어 콩코드 주민들을 당혹스럽게 했다. 이때부터 이웃 사람들은 젊은 헨리 데이비드 소로의 비상식적인 행동을 곱지 않은 시선으로 보기 시작했다.

실직한 소로는 아버지 사업을 돕기 시작했다. 그렇지만 본능에 충실했던 젊은 소로는 자신이 또 한 명의 평범한 연필 생산자로 남기를 원치 않았고, 미국 연필이 유럽산 연필에 비해 왜 그렇게 질이 떨어지는지 연구했다. 소로는 당시 쓰이던 흑연이 분쇄해서 고형제를 섞을 필요가 없을 만큼 최상의 순도를 지닌 큰 덩어리 형태로 채굴되지는 않았을지라도 질이 좋다는 사실을 알았기 때문에 흑연 자체가 아닌 흑연에 섞는 혼합재나 작업 공정에 문제가 있다는 추론을 내릴 수 있었다. 당시 소로 회사는 흑연, 왁스, 아교, 고래기름 수지를 섞은 혼합물을 반죽 형태로 만들어 따뜻하게 데운 다음 나무 자루 홈에 부드럽게 밀어 넣거나 부어서 연필을 만드는 구태의연한 공정을 여전히 따르고 있었다.

제품이 바라던 만큼의 기능을 다하지 못하는 이유를 찾아내 잘못을 바로잡는 것이 공학 연구 개발의 핵심이다. 소로 자신이나 주변 사람들은 연구 개발이라고 말하지 않았겠지만, 연필 생산 기술에 접근하는 그의 방식은 연구 개발 그 자체였다. 연필 생산 공정에서 무엇이 빠져 있는가를 밝혀낼 때 가장 큰 문제는 끝이 보이지 않는다는 것이다. 소로는 질 좋은 유럽산 연필심 속에는 무엇이 들어 있는지, 유럽 연필 기술자들의 작업 과정은 미국과 어떻게 다른지 알아낼 수 있을 거라는 확신을 가질 수 없었다.

독일의 파버 가문이 제조한 연필이 바로 1830년대 중반에 소로가 모방하고자 했던 모델이라는 이야기가 있다. 그러나 당시 독일에서 만들어진 연필들이 콩테 공법을 이용해 흑연과 점토를 혼합하는 비율에 따라 그 경도가 다양하게 결정되는 '전全 등급polygrade' 연필군이었는가에 대해서는 의문의 여지가 있다. 뉘른베르크의 요한 파버 연필회사Johann Faber Pencil Factory에서 1893년에 발행한 소책자를 보면 다음과 같은 이야기가 나온다.

> '파버'사 최초의 전 등급 연필군이 프랑스제 상표를 붙이고 독일 시장에 공급되기 시작한 것은 1837년이었다. 이 연필에는 파리의 파니에 에 파이야르Pannier & Paillard사에서 만든 프랑스제라는

5011

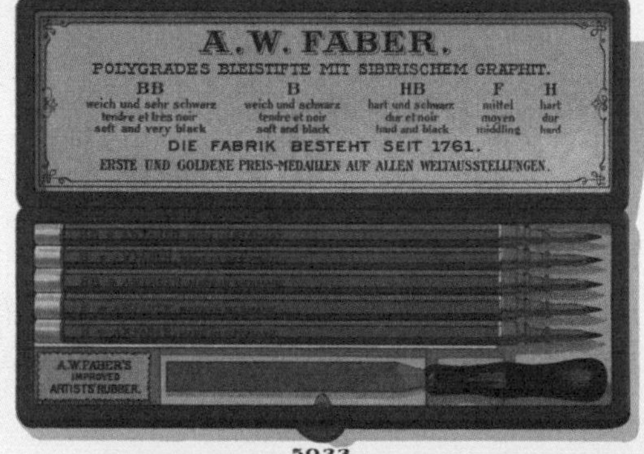

5033

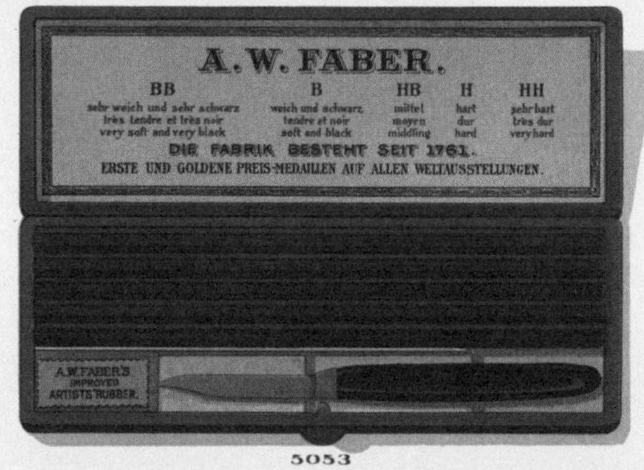

5053

1897년 A. W. 파버사 카탈로그에 실린 삽화. 연필통 안에 '전 등급 연필'이라 쓰여 있고, 연필 각각에는 BB, B, HB, F, H 등급이 새겨져 있다. 지우개와 나이프도 끼어 있다.

표시가 있다. 파버는 사업 초기에 자기 거래처 사람들에게 출장을 다니면서 '파버' 연필은 원래 프랑스제가 아니고 독일제라고 아무리 설명을 해도 사람들은 그 말을 잘 믿지 않았다.

독일 연필산업의 후예들이 쓴 글을 보면, 독일에서 연필심 제조에 점토를 이용한 것은 일찍이 1820년대라고 주장하고 있다. 그러나 당시 독일에서 수출용 연필에 점토를 썼다 하더라도 광범위하게 응용된 건 아니었을 것이다. 요한 로타어 파버Johann Lothar Faber가 새로이 문명화된 세계인 미국과 거래를 트는 일에 힘을 기울인 시기는 1839년 아버지*가 사망하고 A. W. 파버사를 물려받은 뒤였다. 따라서 젊은 헨리 데이비드 소로가 아버지 회사 연필의 품질 개량을 모색한 시점은 미국 내에 독일 연필이 흔하지 않았던 시절이었을 것이다. 또한 독일산 연필이 있었다고 해도 우수한 콩테 공정으로 제조한 것은 아니었다. 따라서 당시 헨리 데이비드 소로가 갈망한 건 프랑스제 연필을 모방하는 일이었을 것이다. 아니면 완벽하지는 않더라도 질 좋은 연필을 만들기 위해 독일 기술자들이 재료를 어떻게 혼합하고 처리하는가를 알고자 하는 정도였을 것이다.

소로는 화학 교육을 받지 않았기 때문에 연필심 표본들을 분석하는 방법을 몰랐다. 따라서 그는 하버드 대학 도서관에서 실마리를 찾을 수밖에 없었다. 소로는 에든버러에서 발행된《스코틀랜드 백과사전》을 통해 독일의 연필 제조업체들이 흑연과 바이에른산 점토를 혼합한 다음 이 혼합물을 불에 굽는다는 사실을 알아냈다고 전해지고 있다.

* 게오르크 레온하르트 파버Georg Leonhard Faber(1788~1839)를 말한다. 게오르크 레온하르트 파버는 앞서 언급했던, 'A. W. 파버'를 세운 안톤 빌헬름의 아들이다.

이 이야기의 원 출처는 헨리 데이비드 소로가 직접 밝힌 어떤 자료라고 여겨지고 있다. 그런데 소로가 이 사실을 직접 밝힌 시기는 독일의 파버사가 콩테 공정에 따라 생산한 연필을 가지고 문명화된 세계인 미국에 진출한 지 이미 몇 년 지난 뒤였을 것이다. 그러나 소로가 하버드 대학 도서관에 의지하던 시기라고 전해지는 1838년에는《스코틀랜드 백과사전》뿐만 아니라 그 어떤 백과사전도 독일에서 바이에른산 점토가 연필 생산에 이용됐다는 내용을 다루지 않고 있다. 당시는 독일 기술자들이 그러한 공정에 접근조차 못 한 시기였기 때문이다.

《브리태니커 백과사전》은 아직도 엉겅퀴[스코틀랜드의 국화] 문양을 로고로 쓰고 있는데, 로고를 통해 이 사전의 기원이 스코틀랜드였음을 알 수 있다. 소로는 이 사전에서 흑연과 점토를 혼합하는 아이디어를 얻었을 것이라고 추측된다. 그는 1784년에 완간된《브리태니커 백과사전》 제2판 이후에 나온 책에서 정보를 얻었을 것이다. 제2판까지는 연필 항목에서 소로에게 도움이 될 만한 내용이 나오지 않는다. 아직 흑연과 점토를 혼합하는 공정이 개발되기 전이었기 때문이다. 이 사전의 '연필' 항목에는 독일산 연필이 유황과 흑연을 혼합하는 공정을 이용해 만들어지는 설명과 함께, 이렇게 만들어진 연필은 영국제에 비해 질이 떨어진다는 낮은 평가가 실려 있다. 여기에 독자들에게 독일 연필심은 불꽃에 대면 녹아내리거나 유황 타는 지독한 냄새가 난다고 말하면서 저질 연필을 가려내는 법까지 일러주고 있다. 소로는 이 같은 내용을 통해 질 좋은 연필을 만드는 실마리를 찾지 않았나 싶다. 물론 실제로는 그 실마리를 다른 자료에서 찾았을 가능성도 있다.

18세기 말과 19세기 초 사이에 에든버러에서는 여러 종류의 백과사전이 발간됐다. 소로는 1816년에 발간된《퍼센시스 백과사전》 제2

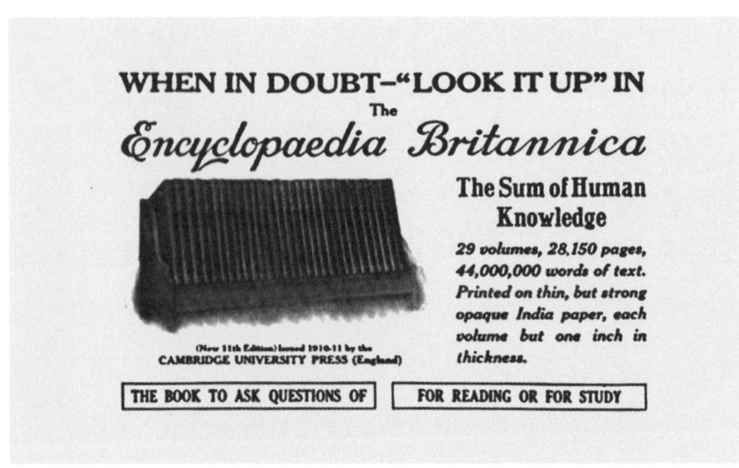

1913년 5월호《내셔널 지오그래픽》에 실린《브리태니커 백과사전》 제11판 광고.

판도 참고한 것 같다. 어쩌면 1832년에 미국판으로 발행된《에든버러 백과사전》을 읽었을지도 모른다. 그러나 당시 일반적인 독일 연필들은 점토를 섞어 만들지 않았기 때문에, 위에 언급한 사전 어디서도 점토를 이용하는 공정 내용은 찾아볼 수 없었다. 그러나 프랑스식 연필심 제조 공정을 언급한 사전이 하나도 없다는 사실은 아무리 민족적 자존심 때문이라 해도 적지 않은 의문이 생긴다. 백과사전들이 프랑스식 연필 제조 공정을 제대로 다루지 않은 데에는 콩테 공정이 처음으로 개발되기 훨씬 전인 1772년에 발행된 디드로의《백과전서》 탓도 있다. 일반적으로 백과사전은 기존 자료를 인용하여 편찬되었다. 백과사전의 이 같은 속성을 염두에 둔다면 연필 생산 비법을 설명한 읽을거리를 쉽게 구할 수 없었던 당시 현실은 별로 놀랍지 않다. 그렇다고 소로가 방법 찾기를 게을리했다는 뜻은 아니다. 소로 시대에 발간된 백과사전들 대부분은 수록 내용을 다른 사전에 크게 의존하였다. 이는 근대에 발간된 다른 백과사전들의 연필 항목을 비교해보아도 알 수 있다. 예를 들어《아메리카 백과사전》을 보면 "화가들이 채색을 하기 전에 밑그림을 그리는 도구"라고 연필을 정의한《브리태니커 백과사전》의 내용을 거의 베끼다시피 해서 그대로 실었다. 소로는 1838년에 형 존John Thoreau Jr.에게 쓴 편지에 이《아메리카 백과사전》에 대해 강한 불만을 토로하고 있다. 당시 그는 총 장약에 불을 붙이는 부싯돌 만드는 법을 알고 싶어했는데, 이 사전에서는 "단 두어 마디로만 설명하고 있다. 너무 심하다"며 투덜댔다. 그런 지경이었으니 연필심을 굽는 공정을 알 수 없었던 것도 당연하다. 그런데 소로가 흑연과 점토를 혼합해 품질이 우수한 연필을 만드는 방법을 책에서 읽은 게 아니라면, 그러한 공정에 관한 이야기를 어디서 접한 걸까? 소로가 자료를 통해 콩테 공정을 알게 된 게 아닐지라도 그 공정에 대한 힌트를 얻는 길은 여전히 하버드 대학 도서관에 있었을 가능성이 크다. 이를테면 소로가《퍼센시스 백과사전》에서 '흑연' 항목을 찾아보려 했다고 치자. 그는 연필심에 대한 여러 가지 내용을 담은 아래와 같은 설명을 참조할 수 있었을 것이다.

> 거친 것은 흑연 분말에 유황과 끈적끈적한 물질을 혼합해서 만든다. 이렇게 만든 거친 것은 목수들만 쓰거나 대강의 밑그림을 그릴 때 쓴다. 흑연과 점토를 1대 3 비율로 섞어 약간의 소털을 혼합하면 훌륭한 증류기 코팅제가 된다. 이것으로 코팅을 하면 증류기는 녹아버려도 그 위에 입혀져 있던 코팅만은 형태를 유지한 채로 남는다. 유명한 입센 용광로도 점토를 섞은 흑연으로 만든 것이다.

이 설명 첫머리를 읽으면서 겨우 목수용으로나 쓰일 연필심을 만드는 재료인 유황에 대한 비판적인 언급이 나온 다음에는 그렇다면 좀 더 좋은 연필심은 어떻게 하면 만들 수 있는지 알려주는 내용이 있으리라는 기대를 했을 법하다. 그러니까 "흑연과 점토를 1대 3 비율로…" 구절 바로 다음에 어떻게 하면 "예술가들과 공학자들이 쓰는 품질 좋은 연필심이 된다"는 말이 이어지리라고 기대했을 것이다. 설혹 소로가 그런 기대를 가지지 않았다 하더라도, 또는 이 설명이 소로나 다른 사람들에게 콩테식 연필을 만드는 구체적인 방법을 가르쳐주지는 않았다 하더라도 어떤 아이디어를 떠올릴 촉매 역할은 했을 것이다.

비록 연필이 아닌 증류기 코팅제로 이용됐지만 열에 잘 견딘다는 점토의 장점으로 유황의 단점을 대체할 수 있을 거라는 데 생각이 미쳤다면 위 사전에 나온 설명은 새로운 발명으로 도약할 수 있는 기반을 마련해준 셈이다. 비록 점토를 섞은 흑연으로 만든 연필심이 필기질을 높여주지는 못했다 해도, 적어도 유황을 섞은 연필심처럼 쉽사리 녹거나 말랑말랑해지지는 않으리라는 추측은 할 수 있었을 것이다. 또 용광로에 대한 언급도 곱씹어 생각해보면 소로에게 번뜩이는 아이디어를 떠올리게 했을 수 있다. 다시 말해 소로가 매사추세츠주 톤턴Taunton에 있는 피닉스 용광로 회사를 떠올리며 그곳에서 괜찮은 점토를 구할 수 있을 거라고 생각했을 가능성도 있다. 아니면 뉴잉글랜드 유리회사가 바이에른산 점토를 수입한다는 사실을 알아냈을 수도 있다. 혹 이러한 점토 공급처를 잘 몰랐다 하더라도 흑연과 점토를 혼합해서 연필심을 만들어보겠다는 아이디어가 일단 머릿속에 떠오른 이상 점토를 구하는 방법쯤이야 별로 어려운 일이 아니었을 것이다. 어쨌거나 소로는 어디에선가 점토를 구해 작업을 시작했고, 이윽고 더 단단하면서도 짙은 연필심을 만들 수 있었다. 하지만 아직은 연필심에 모래 같은 알갱이가 많았다. 소로는 흑연을 좀 더 곱게 분쇄하면 이 결점을 보완할 수 있으리라고 생각했다.

새로운 흑연 분쇄기를 개발하기 위해 소로와 그의 아버지가 얼마나 상호 유기적인 협력을 했는지는 정확히 알 수 없다. 아버지는 화학책에서 얻은 지식과 사업 초창기 조셉 딕슨과 맺었던 인연 덕분에 소로에게 흑연과 점토 혼합에 관한 기초 지식을 알려줄 수 있었다. 그러나 흑연을 얼마나 미세하게 갈아야 하는지, 종이에 긁힌 듯한 자국을 내는 불순물을 어떻게 제거하는지에 대한 구체적이고 상세한 방법은 계속 연구해야만 했다. 흑연을 분쇄하는 데 쓸 새로운 기계를 만들자는 제안이야 아버지가 먼저 했을 가능성이 크지만, 모든 기계 개발을 실제로 진행한 사람은 헨리 데이비드 소로였을 것이다. 구체적인 기술적 사항에 대한 제안이 공학적인 것이었는지 아니면 경영상의 것이었는지는 그 제안이 단순히 제안에 그쳤는지 아니면 그 이상이었는지에 따라 결정된다. 한 가지 사실만은 분명하다. 헨리 데이비드 소로는 생애 후반부에 오늘날 우리가 기계 설계나 기계 구상이라고 부르는 과정을 완성할 수 있었다는 것이다. 그는 자신이 살 오두막을 직접 설계해 월든에 혼자 힘으로 지었다. 소로가 지니고 있던 뛰어난 기술적 소양은 콩코드 공립도서관에 소장된 그의 설계 도면들에서 엿볼 수 있다. 여기에는 곳간 설계도, 외양간 칸막이 설계도, 납 파이프 만드는 기계 설계도들이 보관되어 있다. 흑연을 좀 더 미세하게 분쇄하는 기계 개발에 소로가 아주 구체적인 묘안을 제시한 것을 보면, 공학적 소질이나 성향을 타고났음에 틀림없다. 랠프 월도 에머슨의 아들인 에드워드 에머슨Edward Waldo Emerson의 말에 따르면, 소로가 개발한 신형 분쇄기의 핵심은 흑연을 분쇄시키는 맷돌 둘레에 버터를 만들 때 쓰는 길쭉한 교유기[우유를 젓는 장치]처럼 생긴 밀폐된 원통형 상자를 2미터 정도 높이로 씌우는 것이었다. 이 상자의 위쪽 입구는 평평하고 널찍한 밀폐된 상자 속으로 연결되어 있는데, 이 네모난 상자가 일종의 가루 받침 역할을 했다. 즉, 맷돌에서 분쇄된 흑연 가루 중에서도 바람에 날려 2미터 높이의 받침상자까지 올라갈 수 있을 정도로 미세한 것들만 모아서 연필심 재료로 사용한 것이다. 받침상자까지 올라가지 못한 가루들은 다시 분쇄되었다. 월터 하딩Walter Harding은 자신이 쓴 소로 전기에서 에드워드의 이야기를 보충해주는 설명을 하고 있다. "원통형 상자 속에 설치된 맷돌은 자동으로 돌아가기 때문에 소로의 누이들도 아주 쉽게 작동시킬 수 있었다."

좀 더 정제된 흑연으로 만들어 질이 좋아진 이 연필에 대한 수요가 늘어나자 아버지와 아들 소로는 사업을 좀 더 확장하는 한편 다른 이들의 접근을 철저히 막았다. 특허를 따기 위해 돈을 들이고 싶지 않았거나, 어떤 백과사전에도 정확히 나와 있지 않은 이 공정이 세상에 알려지기를 원치 않았을 것이다. 그러나 소로가 미국 최고의 연필을 생산하는 데 성공했다면, 자신의 성향 때문에라도 계속해서 연필을 만드는 일에 어떤 도전 의식이나 만족감을 느끼지 못했을 것이다. 당시 그가 간절히 원했던 일은 교직이었다.

매끈한 연필 자루에 대한 꿈

그런데 헨리 데이비드 소로는 아버지의 연필 사업에 참여할 즈음에 자신의 《저널Journal》을 내기 시작했다. 200만 단어로 구성된 이《저널》은 소로의 주요 저술 중 하나이다. 오늘날과는 달리 소로가 살았던 시대에 저널이란 언론이 아닌 개인적인 저술의 한 형태를 지칭했고, 초월주의자들 사이에서는 차례로 돌려 보면서 자연스럽게 교류하는 보조 수단으로 사용됐다. 말하자면 저널은 일반적인 의사소통 수단으로서 이용됐다. 소로가 처음으로 낸《저널》의 날짜는 "1837년 10월 22일"이다. 그런데 그 뒤 10여 년 동안 연필 사업에 간헐적으로 참여했다 빠지기를 반복하던 소로는 무슨 이유에서인지 자기 저널에서 연필에 관해서는 별로 이야기하지 않았다. 말이 나온 김에 다루는 경우가 간혹 있을 뿐이었다.

교사 자리를 구하지 못하자 몹시 초조해하던 소로는 1838년 메인주로 여행을 떠났다가 그해 말이 되어서야 콩코드로 되돌아왔다. 형과 함께 사립학교를 운영하기 위해서였다. 이 형제는 1839년에 콩코드와 메리맥Merimack의 강들을 따라 여행을 했는데, 소로는 여행에 꼭 필요한 물품 목록에 연필을 넣지 않았지만 틀림없이 연필과 메모장을 갖고 다녔을 것이다.

얼마 지나지 않아 형 존의 건강이 악화되어 이들 형제는 1841년에 학교 문을 닫을 수밖에 없었다. 폐교 후 소로는 에머슨 집안으로 이사를 했다. 그는 여기서 랠프 월도 에머슨과 대화를 나누거나, 이런저런 잡일을 하거나, 에머슨 가 아이들과 놀아주면서 2년을 머물렀다. 나중에 에드워드 월도 에머슨이 회상한 바에 따르면, 소로는 아이들에게 이야기를 해주고 나서 "연필이나 칼을 사라지게 했다가 다시 아이들 귀나 코에서 꺼내는 마술을 보여주곤 했다." 그러는 동안에도 소로는 아버지의 연필 공장에 일손이 부족해지면 잠시 가서 일을 돕기도 하고, 돈이 필요하면 며칠 상점에 나가 일하기도 했다. 형 존 소로는 1842년에 요절했다. 형의 죽음은 소로에게 크나큰 상처를 남겼다. 소로는 형을 애도하는 뜻에서《콩코드와 메리맥 강에서 보낸 1주일A Week on the Concord and Merimack Rivers》이라는 책을 썼는데, 이 책 첫머리에 실린 형에게 바치는 사행시는 이렇게 끝맺어진다. "나의 형제여, 내 뮤즈가 되어주오."

헨리 데이비드 소로는 1843년 8개월 동안 스테이튼Staten 섬에서 가정교사 일을 했다. 그는 집으로 보내는 편지에 도서관에서 읽은 책에 관해 쓰거나 "연필 공장에서 무슨 새로운 기술 개발은 없는지" 묻곤 했다. 소로의 일상이 가업과 멀리 떨어져 있긴 했지만 마음속에서도 멀어진 것은 아니었다. 그는 자기 나름대로 계속해서 기술 혁신에 대해 생각했을 것이다. 그해 말 소로는 향수를 못 이겨 고향으로 돌아왔다. 고향에 온 지 얼마 지나지 않아 많은 빚을 지게 된 소로는 집에서 운영하는 공장에 들어가 다시 일을 해야 했다. 그는 공장에서 다시금 새로운 열정으로 창의력을 발휘했다. 아직 공정 및 제품에 개선해야 할 것이 많다고 믿고, 그 방법을 모색했음이 틀림없다. 에드워드가 회상한 바에 따르면 당시 소로는 다른 일은 염두에 두지 않았던 것 같다. 비록 기술적인 부분에 대해 기록을 남기지 않고 침묵하는 특징은 다른 기술자들과 마찬가지였지만 말이다.

나무 자루를 아교로 붙이는 것이 아니라 이미 완벽한 형태를 갖춘 나무 자루에 구멍을 뚫은 뒤 연필심을 끼워 넣는 기계를 비롯해 이런 저런 기계를 소로가 발명했다는 기록이 남아 있다. 콩코드 공립도서관에는 소로가 만들었다고 여겨지는 펜촉 홀더가 있다. 둥그스름한 나무 토막으로 만든 것인데, 원래는 연필 자루로 삼기 위해 연필심 구멍을 뚫다가 구멍이 너무 크게 뚫리는 바람에 못 쓰게 된 것이 아닌가 싶다.

부러지기 쉬운 연필심을 딱 맞는 나무 자루 구멍 속에 밀어 넣고 아교로 붙이는 공법은 까다롭거나 별로 효율적이지 않았던 것 같고, 이런 발상 자체가 조롱거리였을지도 모른다. 하지만 소로는 그렇게 생각하지 않았다. 《저널》에 연필을 언급하는 일이 좀처럼 드물기는 했지만, 어쩌다 언급한 것을 보면 접착된 흔적 없는 매끈한 연필 자루를 만들기를 꿈꿨다는 사실을 알 수 있다. 그가 1846년 메인주를 여행하면서 남긴 기록에는 조잡한 물건들로 가득한 어느 상점에 대한 경멸 어린 평가에 이어 다음과 같은 문장이 있다. "이곳에서 서툰 솜씨로 만든 연필을 보았다. 둥그스름한 나무에 홈을 파서 연필심을 집어넣은 다음 틈새를 나뭇조각으로 메워 만든 것이었다."

이는 영국이나 미국식 연필 제작법과는 달랐지만, 콩테 공정으로 만든 심을 자루에 넣는 방식과 매우 흡사했다. 소로는 이러한 공정이 연필을 만드는 데 최상이거나 적어도 아주 적당하다는 걸 알고 있었음에 틀림없다. 어쨌든 동그란 연필심은 뾰족하게 깎아 쓰기에 좋은 모양새 때문에 선호됐는데, 연필심을 원형으로 찍어내기에는 콩테 공법이 다른 어떤 공법보다 훨씬 유리했다. 콩테 본인이 처음 만들었던 연필심도 둥근 형태였다. 영국에서는 19세기 중반에 이미 네모난 흑연 막대를 다각형 구멍이 뚫린 루비와 원형 구멍이 뚫린 루비에 잇달아 통과시키는 압출성형기에서 철사를 뽑아내듯 연필심을 생산하고 있었다. 그렇다면 동그란 구멍이 뚫린 나무 자루에 동그란 연필심을 집어넣는다는 아이디어는, 작업 자체는 어렵더라도 사람들은 그게 더 실용적이라고 받아들였을 것이다. 그렇게 하면 나무 자루에 홈을 파고 아교로 붙이는 공정이 필요치 않기 때문이다. 그러나 이것이 소로의 희망사항에 그쳤는지 아니면 실제로 시도해보았는지는 분명치 않다.

어쨌든 소로는 좋은 연필을 만드는 방법을 많이 알고 있었다고 자부할 만했다. 그는 세련된 모양의 연필을 만들어냈을 뿐만 아니라, 흑연과 점토의 양을 조절해 단단함과 질기가 다양한 연필심을 만드는 방법을 알아냈다. 전에 콩테가 발견했던 것과 똑같은 사실을 알아낸 것이다. 그런데 소로가 심에 섞인 점토가 많으면 많을수록 심이 더 단단해질 거라고 생각했다면, 이는 콩테 공정에 대한 정확한 자료를 읽지 못했다는 사실을 시사하는 것이다. 어쨌든 소로앤드컴퍼니는 연필 겉면에 "1부터 4까지 등급을 매긴" 다양한 경도의 연필을 생산했다. "설계사, 연구원, 공학자, 건축가, 예술가들이 쾌적하게 사용할 수 있는 드로잉용 개량 연필"이라는 광고 문안까지 적혀 있었다. 1844년에 이르면 소로는 국내외의 어느 연필과 비교해도 손색 없는 질 좋은 연필을 생산하게 되었다. 랠프 월도 에머슨은 이 연필들이 아주 뛰어나다고 생각해 보스턴에 있는 친구 캐롤라인 스터지스Caroline Sturgis에게 몇 개 보내기로 했다. 에머슨과 스터지스가 주고받은 편지를 보면 그 내용을 짐작할 수 있다.

> 캐롤라인에게
>
> 심의 진하기가 제각기 다른 연필 4자루를 보냅니다. 드로잉할 때 써보시기 바랍니다. 질이 월등하다는 걸 곧 알게 될 겁니다. 이 연필을 만든 헨리 소로는 영국제 드로잉 연필만큼 훌륭한 연필을 만들었다고 자부하고 있답니다. 그는 실제로 연필을 만드는 데 대단한 발전을 이뤄냈습니다. 정말 그런지 답장을 주십시오. 이 연필들은 피보디 양의 가게에서 1다스당 75센트에 팔 예정입니다. 그럼 이만 줄입니다.

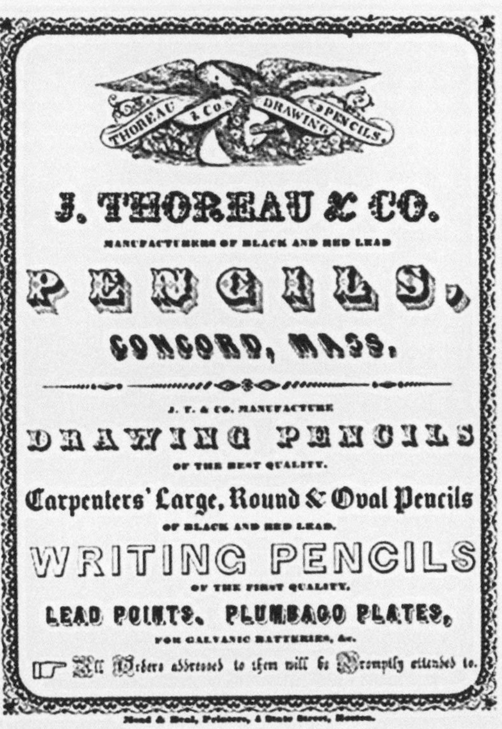

소로앤드컴퍼니의 1845년경 연필 광고.

헨리 데이비드 소로가 만든 연필.
정확한 제작 연도는 알 수 없다.

5월 19일 밤

콩코드에서 월도가

월도에게

보내주신 연필들은 정말 훌륭합니다. 콩코드 예술가들이 쓰기에 전혀 손색 없는 훌륭한 연필입니다. 제가 지금까지 써본 콩코드산 연필 중에서 최고의 품질이며 아주 실용적입니다. 저는 주변 친구들에게 이 연필을 권할 생각입니다. 친구들이 가지고 있는 다른 연필들을 제 손으로 전부 부러뜨려 없애버리고 싶은 심정이에요. 'S' 등급보다 더 잘 써지는 연필이 있을까요? 'S.S.'나 'H.H.' 등급은 또 어떻고요! 저는 앞으로 이것저것 따질 것 없이 이 연필만 쓰기로 결심했습니다.

5월 22일

캐롤라인

소로가 새로 개발한 연필들을 얼마에 팔았는지는 전해지는 자료가 서로 일치하지 않는다. 일부 기록에 따르면 1자루에 25센트 하는 연필도 있었다고 한다. 당시 1다스에 50센트인 연필도 있었다고 하니, 소로의 연필이 다른 연필보다 비쌌던 것만은 분명해 보인다. 그런데 소로가 만든 연필들 사이에도 가격 차가 있었다. 이렇게 단언할 수 있는 건, 현재까지 남아 있는 상표와 인쇄물들이 당시 몇 년 동안 소로앤드컴퍼니가 여러 종류의 연필을 생산했으며, 이 연필들을 제각기 다른 값으로 팔았다는 사실을 확인시켜주기 때문이다. 물론 지금이야 헨리 데이비드 소로에 관련된 것이라면 무엇이든 소장 가치가 높은 수집품이지만, 이미 오래전인 1965년에도 보스턴에 있는 한 서점이 내놓은 소로 회사의 연필 1다스가 한 수집가에게 100달러에 팔린 적이 있다.

소로앤드컴퍼니가 생산한 연필 중에는 콩테가 채택했던 연필 등급 체계인 "1에서 4까지" 구분하는 것이 있는가 하면, 캐롤라인 스터지스가 랠프 에머슨에게 보낸 편지에 언급하듯이 'S'나 'H'로 등급을 표시한 것도 있었다. 소로앤드컴퍼니사에서 여러 종류의 연필을 만들었음을 알 수 있다. 'S' 등급은 짐작건대 'soft'(부드러운)의 머리글자이고 'H'는 'hard'(단단한)의 머리글자일 것이다. 'S'보다 더 부드러운 것은 'S.S.'로 'H'보다 더 단단한 것은 'H.H.'로 표시했다. 소로는 'S'(부드러운)와 'H'(단단한)라는 대칭적인 개념을 지닌 말을 등급 표시 용어로 사용함으로써 비대칭적인 용어인 'black'(진한)과 'hard'(단단한)로 등급을 표시한 유럽산 연필보다 더 일목요연한 등급 체계를 마련했다. 이처럼 어떤 연필은 숫자로, 어떤 연필은 문자로 표시하는 이원화된 등급 체계는 19세기 내내 쓰였고, 시간이 지나면서 몇 차례 수정되기는 했지만 지금도 그대로 쓰이고 있다. 오늘날에도 숫자로 등급을 나타내는 연필은 일반적으로 필기용이며, 문자로 등급을 표기하는 연필은 필기용보다 더 비싼 드로잉용이나 제도용이다.

소로앤드컴퍼니 연필은 등급뿐만 아니라 포장도 혼란스러울 정도로 다채로웠던 것 같다. 이는 소비자로 하여금 필요한 용도마다 거기에 맞는 연필이 존재하는 것처럼 믿게 만들었다. 그런데 이러한 관행 또한 오늘날까지 이어지고 있다. 지금까지 남아 있는 소로앤드컴퍼니의 상표나 인쇄물을 보면, 플로리다 대학 도서관에 소장되어 있는 것을 포함해 모두 'Thoreau & Co.'라고 표기되어 있으며, 연필에도 그렇게 인쇄되어 있다. 그러나 콩코드 컬렉션에 소장되어 있는 연필들에는 '존 소로와 그의 아들, 매사추세츠주 콩코드J. Thoreau & Son. Concord Mass.'라고 새겨져 있다.

소로 연필의 상호 및 포장 변화를 연대순으로 정확히 확인하는 일은 불가능하지야 않겠지만 상당히 번거로운 작업임에 틀림없다. 제조 연대가 모호한 인공물들이 공학과 기술의 역사를 연구하는 사가들에게 주는 혼동은 이런 과제가 얼마나 힘든 일인가를 다시 한 번 상기시켜줄 뿐이다. 1830년대 말부터 1840년대 중반에 걸쳐 소로사는 엄청나게 다양한 종류의 연필을 생산했으며, 생산 공정에서도 놀랄 만한 발전을 이뤄냈다. 따라서 회사 입장에서는 개량된 신제품을 이전 모델들과 구분하는 일이 반드시 필요하지는 않았겠지만 바람직하다는 생각은 들었을 법하다. 그렇다고는 해도 자사 제품들의 변천사를 기록으로 남길 필요까지는 없다고 생각했을 것이다.

소로 가문 사람들이야 가장 최근에 시장에 내놓은 신제품이 최고의 연필은 아니더라도 그 이전 제품들과는 분명한 차이점이 있다는 것을 알고 있었기에 생산 순서를 혼동하지 않았을 테고, 따라서 상호나 상품 이름을 바꿔야 할 이유도 없었을 것이다. 또한 소로는 학자로서 유명해지기 이전에 이미 다른 사람들이 따라잡기 힘들 정도의 명성을 쌓았다. 헨리 소로와 아버지 존 소로가 만든 연필이 미국 내에서 타의 추종을 불허하는 품질을 자랑해서였다. 그러나 다른 연필 생산업자들과 마찬가지로 소로 가문 사람들도 그들의 상표나 광고만으로는 다량의 연필을 팔 수 없다는 것을 알고 있었다. 랠프 에머슨과 스터지스 사이에 편지가 오간 직후 소로앤드컴퍼니는 에머슨의 처남인 찰스 잭슨Charles Jackson의 추천사가 실린 회보를 발행했다.

매사추세츠주 콩코드에 있는

탁월한 품질의 새로운 드로잉용 연필 제조업체

저희 업체에서 만든 드로잉용 연필은 최상의 순도를 지닌 흑연으로 만들기 때문에 특히 예술가들과 전문가들에게 어울리는 제품입니다. 필기 자국이 탁월하게 진하며, 심 끝이 단단하고, 자유자재로 쓸 수 있습니다. 뿐만 아니라 기온 차이에 아무런 영향도 받지 않음을 보장할 수 있습니다. 저희 연필을 써보신 많은 분께서 다음과 같은 추천사를 보내주셨습니다.

사장님께
저는 귀사에서 만들어 파는 여러 종류의 연필을 셀 수도 없이 많이 써봤습니다. 그래서 그 연필들의 품질이 월등하다는 것을 알게 되었습니다. 귀사의 여러 연필 가운데서도 심이 단단하고 섬세한 선을 그릴 수 있는 하드 연필을 공학자들에게 추천하고 싶습니다. 이 연필심은 놀라울 정도로 고르게 선이 그어지면서도 단단합니다. 연필심이 특수한 방법으로 제조되었기 때문이겠지요. 소프트 연필 또한 제가 이제껏 써본 어느 미국산 연필보다도 훌륭하다는 것을 알게 되었습니다. 이에 삼가 추천의 말씀을 드립니다.

보스턴에서, 1884년 6월
애용자 잭슨

사장님께
귀사의 연필을 사용해본 저는 귀사 제품이 미국 내 어느 회사의 연필과 비교해보아도 단연 우수하다고 서슴없이 말할 수 있습니다. 귀사의 연필은 영국 런던의 로디스Rhodes사나 비크먼앤드랭던Beekman & Langdon사의 것과 비교해도 전혀 손색이 없습니다. 감사합니다.

보스턴에서, 1844년 6월

존스턴

소로앤드컴퍼니는 다양한 흑연심 연필을 생산합니다. 초대형 또는 대형의 원형심, 괘선용, 그리고 거의 모든 품질의 일반용 심을 다양한 가격대에 제공하고 있습니다. 뿐만 아니라 직류 건전지용 흑연봉도 만들어 판매하고 있습니다. 주문하시면 곧바로 보내드리겠습니다.

존스턴의 추천사뿐만 아니라 랠프 에머슨과 스터지스가 주고받은 편지 내용에도 영국제 연필이 비교 대상으로 언급되고 있는 것을 보면, 소로가 모방한 연필이 독일제가 아니라는 심증은 더욱 굳어진다. 소로 연필이 어느 나라 연필을 기본 모델로 삼아 발전했든지 간에, 1844년 늦은 여름 헨리 데이비드 소로의 어머니인 신시아 던바 소로Cynthia Dunbar Thoreau는 이 연필 사업 덕택에 집을 마련할 수 있었다고 믿었다. 소로는 회사가 더 많은 돈을 벌어들이도록 좀 더 많은 시간을 사업에 바쳤고, 결국 그 일을 잘해낼 수 있었다. 그런데 당시의 전통이나 요즘의 눈으로 봐도 사리분별이 없다고 할 수밖에 없는 헨리는 1845년 5월에 집과 회사에서 멀리 떨어진 월든 호수 근처에 혼자 오두막을 짓기 시작했다. 그렇게 지은 오두막에서 그가 한 일은 매우 다양하다. 특히 제빵과 관련 있는 화학공학에 손을 댄 사실은 유명하다. 그는 마침내 빵 반죽에 건포도를 넣는 혁신적인 제빵 기술을 개발했다. 이 유명한 건포도빵은 콩코드 주부들 사이에서 큰 화젯거리였다고 전해진다.

그러나 헨리는 요리 분야에서는 그 어떤 영예도 얻지 못했다. 대신 그가 연필 생산에서 손을 떼고 있던 그 기간에 매사추세츠주 자선 기계협동조합은 '1847년도 박람회에 흑연심 연필을 출품한 John Thoreau & Son'에게 상을 수여했다(어쩌면 이 회사명은 그해에 전시된 연필의 인쇄문 내용인지도 모른다). 그런데 1849년에 세일럼 자선 기계협동조합은 최고 연필 부문에서 'John Thoreau & Co.'에 은메달을 수여했다. 상호가 들쭉날쭉하고 이번에는 상표에서 '아들'이 빠진 것을 보면 그때까지도 헨리 데이비드 소로가 일관성 있게 회사 일에 관여하던 것은 아니라는 사실을 짐작할 수 있다.

작가이자 측량가이며 철학자인 공학자

소로가 쓴《월든》에는 연필 제조에 대한 이야기가 없다. 그러나 공학적 완성도나 성공과는 떼려야 뗄 수 없는 관계인 경제학과 사업에 대한 치밀한 사색이 많이 나온다. 헨리 데이비드 소로는 자기가 지은 오두막의 원가가 28달러 12.5센트, 농장 경영에서 번 수익이 8달러 71.5센트라고 계산해 밝힌 일이 있어 그의 경리 능력을 과시한 것으로도 유명하다. 이러한 내용들은 그가 공학뿐만 아니라 사업에도 흥미가 있었으며, 사업 내용에 대한 이해도 깊었다는 것을 웅변적으로 말해준다. 이런 면은《월든》에 잘 드러나 있다. 그는《월든》에 다음과

1854년에 처음 출간된《월든》속표지 삽화. 헨리 데이비드 소로는 자신이 직접 지은 이 오두막집에서 2년간 살았다.

같이 적고 있다. "나는 사업가로서의 습관을 엄격히 유지하려고 늘 애써왔다. 사업가적인 습관은 사실 누구에게나 꼭 필요한 것이다." 동시에 그는 경제 시스템의 불합리성에 대해서도 너무나 잘 인식하고 있었다. "농부들은 생계 문제를 문제 자체보다 더 복잡한 공식으로 풀려고 애쓴다. 얼마간의 돈을 벌기 위해 그들은 소 떼 사이에서도 머리를 싸매고 고심한다."

소로 가문은 연필에 대해 머리를 싸매고 고심한 끝에 성공을 거두었고, 큰돈도 벌었다. 그러나 헨리 자신은 1849년에 첫 번째 책《콩코드와 메리맥 강에서 보낸 1주일》을 만드느라고 빚을 지게 됐다. 그래서 그는 수천 달러어치의 연필을 만들어 뉴욕에 팔려고 했으나 이미 뉴욕 시장에는 다른 미국 연필업체와 외국 업체들의 물건이 넘쳐나고 있었다. 특히 당시에는 이미 콩테 공정을 홀로 완벽하게 습득한 독일인들이 세계 시장의 석권을 노려 뉴욕에 엄청난 물량을 값싸게 풀어놓은 상태였다. 이번만큼은 소로의 사업적 두뇌도 빗나갔다. 그는 그 많은 연필을 단돈 100달러에 팔아야 했다. 그의 책 역시 비평가들에게는 좋은 평을 받았으나 시중에서는 잘 팔리지 않았다. 결국 수백 권이나 되는 책들을 다락 서재에 쌓아둘 수밖에 없었다. 그는 "내 서재에는 거의 900권의 장서가 있는데, 그중 700권 이상은 내가 펴낸 것이다"라고 되뇌었다고 한다.

소로가 책 파는 데 동분서주하고 있을 때, 팔리라는 책은 안 팔리고 연필회사에 주문이 밀려 들어왔다. 그런데 그게 연필 주문이 아니라 흑연을 사겠다는 것이었다. 흑연을 사겠다는 보스턴 인쇄업체 스미스 앤드맥더걸Smith & McDougal사는 왜 그렇게 많은 흑연이 필요한지에 대해서는 도대체 이유를 밝히려 들지 않았다. 소로사는 이 인쇄업체가 연필 생산에 뛰어들려는 것이 아닌가 하는 의심을 품었지만, 그게 아니었다. 맥더걸사는 소로사로부터 비밀을 지키겠다는 확약을 받은 뒤에야 흑연이 필요한 이유를 밝혔다. 밝혀진 진상은 정말이지 뜻밖이었다. 이 인쇄업체의 설명에 따르면 순도 높은 흑연 분말은 당시 막 발명된 전동 인쇄기에 가장 적당한 잉크 원료가 된다는 것이었다. 맥더걸사는 이 사실을 비밀에 부침으로써 경쟁력을 계속 유지하기를 원했다. 미세하고 순도 높은 흑연 분말 판매는 상당히 수지맞는 장사였다. 소로사는 표면적으로만 연필 생산을 이어가다가 1853년에는 연필 사업에서 완전히 손을 뗐다. 소로는 그 훌륭한 연필을 왜 더 이상 만들지 않느냐고 묻는 친구에게 "그걸 꼭 만들어야 할 이유가 뭔가? 나는 한 번 해본 일은 두 번 다시 안 하는 성격이거든"이라고 대답했다고 한다.

주력 업종이었던 연필 생산을 일단 포기하게 되자 "연필 생산자 존 소로"는 자신의 새로운 업종을 "전동 인쇄용 특수 흑연 생산"이라고 공공연히 밝히고 다녔다. 이 흑연 사업은 계속 번창했다. 아버지 소로가 죽은 뒤에는 헨리가 사업을 이어받았다. 이런 와중에 미국의 연필 시장은 독일이 완전히 장악하게 되었다.

헨리 데이비드 소로는 흑연 사업을 이끌어나가면서 다른 한편으로는 저술, 출판, 노예 제도에 관한 강의 등 여러 가지 일을 계속했다. 이렇게 다양한 일을 해나가면서도 기계에 대한 감각만은 계속 유지했다. 이러한 면모는 문장 표현에까지 반영되어 있는데, 가령《저널》에는 다음과 같은 구절이 나온다. "나의 펜은 지렛대이다. 펜의 한쪽 끝이 나의 마음속을 깊이 휘저을수록 다른 한쪽 끝은 독자들의 마음속으로 더 깊이 파고든다." 일찍이 아르키메데스가 가상의 받침대만 있다면 물리적인 지렛대를 이용하여 지구를 움직일 수 있다고 믿었듯이, 소로는 앉아서 사색할 장소만 있다면 상상의 지렛대로 영혼을 움직일 수 있다고 믿었던 것이다.

헨리 데이비드 소로의 또 다른 직업은 측량가였다. 소로가 한 여러 측량 활동 중에는 월든 호수에 대한 것도 있는데, 월든 호수 측량은 신비의 정체를 정량화하여 벗겨내는 측량 작업의 좋은 사례가 되었다. 소로는《월든》에 다음과 같이 적고 있다.

> 오랜 세월 동안 미궁에 빠져 있던 월든 호수 밑바닥의 깊이를 알아보고 싶었던 나는 1846년 얼음이 녹기 전에 컴퍼스, 체인, 수심 측량용 연측선 등을 준비해서 신중하게 측량을 시작했다. 월든

> 호수의 깊이에 대해서는 구구한 이야기가 많았다. 심지어는 밑바닥이 없다는 이야기까지 있었다. 그러나 그 어느 이야기도 근거가 있는 것은 아니었다. 그렇게 오랜 세월 동안 측량하려는 노력 한 번 없이 호수 밑바닥이 없다고 믿다니 기가 막힌 일이 아닐 수 없다.

소로가 이렇게 진지했음에도 불구하고 일부 비평가들은《월든》에 나오는 월든 호수 지도를 한낱 장난거리 정도로 치부해버렸다. 소로가 진지한 공학자이며 인문학자라는 사실을 인정하길 꺼려했던 것이다. 하지만 지금은 누가 보기에도 소로는 진지한 공학자이자 인문학자이며 그 증거가 너무 많기 때문에 그렇지 않다고 반박하는 일은 생각조차 할 수 없다. 콩코드 공립박물관에 소장된 인공물 중에는 흑연심이 들어 있지 않은 삼나무 연필 자루가 있다. 이 연필 자루 끝에는 연필심 대신 쇠침이 뾰족하게 튀어나와 있다. 이 쇠침 연필은 청사진이나 복사기가 없던 시절에 설계도나 그림을 베낄 때 쓰는 도구였다. 그림 윤곽을 따라 쇠침으로 그으면 뒤에 받쳐놓은 다른 종이에 쇠침 자국이 남게 되는데, 이렇게 생긴 쇠침 자국을 따라 선을 그으면 베낀 그림이 완성된다. 이 같은 방법으로 소로는 자신이 그린 월든 호수 그림을 베꼈을 뿐만 아니라 아주 단순화할 수 있었다. 베끼지 않고 남겨둔 부분들은 덜 중요한 내용이어서가 아니라 단지 그가 말하고자 하는 핵심과 관련이 없거나 측량 내용이 독자에게 너무 난삽해 보일까 봐 뺀 것이다. 헨리는 자기가 쓴 글이나 자기가 만든 연필에 대해 까다로웠듯이 자기가 그린 그림에도 아주 까탈스러웠다.

소로에게 측량은 그저 그런 취미활동만은 아니었다. 그는《월든》을 집필하면서도 자신의 측량이 얼마나 정확했는가를 보여주기 위해 정석적인 공학적 문장 스타일을 고수했던 사람이다. 이를테면 100피트에 3인치 내지 4인치밖에 오차가 나지 않음을 실증해 보였다. 그러나 측량을 끝낸 뒤 호수의 폭이 가장 넓은 부분을 잇는 직선과 가장 긴 부분을 잇는 직선이 교차하는 지점의 수심이 가장 깊다는 것을 알게 된 소로는 철학적인 자세로 돌아가 산과 도덕의 가장 높은 수준을 밝히는 법칙을 만들어냈다.

> 내가 호수에서 관찰한 사실은 윤리학의 진리와 같은 것이다. 바로 평균의 법칙이다. 이 같은 두 직경의 법칙은 우리를 윤리 체계의 핵심과 인간 본질에 접근케 해준다. 뿐만 아니라 어떤 사람이 일상적으로 보여주는 특정 행위의 집합과 인생의 굴곡 안으로 밀려오는 파도의 폭과 길이를 나타내는 각각의 직선을 긋는다면, 두 선의 교차점이 바로 그 사람의 개성의 깊이와 높이가 된다.

소로는 언제나 경험과 아이디어의 다양성을 추구했다. 그는 1850년대까지 지속적인 저술 활동을 하면서 측량 일도 계속했다. 소로가 한 호수 측량의 상세한 결과는 1852년에 만든 콩코드 지도에 들어 있다. 그는 지도 하단에 'H. D. 소로, 민간 공학자'라는 서명을 썼는데, 이는 그가 종종 사용하던 것이었다. 소로는 자신의 작업을 다음과 같이 광고하기도 했다.

> 토지 측량
>
> 지금까지 알려진 최상의 기술을 총동원해서 어떤 토지든 측량해

> 드립니다. 농장의 경계를 정확히 재서 토지 대장에 기록하고, 숲의 구획을 공인된 도면대로 정확히 구분해주며, 도로를 설계하기 위해 필요한 데이터를 측량해 드립니다. 농장 위에 있는 건물과 농장의 크기까지 표시해 정밀하고도 정확한 농장 지도를 그려 드립니다. 또한 '피트' 자와 농장 책도 드립니다. 이것만 준비되면 겨울 저녁 한나절이면 당신의 토지에 대한 용도 설계를 끝낼 수 있습니다.
>
> 측량을 하면 토지 구획이 모든 측면에서 정확하고도 세밀하게 정리됩니다. 토지 구획에 변동사항이 생기면 곧바로 다시 수정해 드리겠습니다.
>
> 헨리 데이비드 소로

이상으로 알 수 있는 면모는 소로의 성격에서도 가장 특징적인 부분이다. 랠프 월도 에머슨에 따르면 헨리가 측량가가 된 데에는 그가 타고난 천성이 작용했을 것이라고 한다. "소로는 자신이 흥미를 가진 모든 대상의 치수와 거리를 확인하려고 했다. 나무의 크기나 호수의 깊이, 강의 길이, 산의 높이, 자기가 좋아하는 봉우리까지의 직선거리도 측량했다." 그뿐만이 아니다. "그는 16로드[약 80미터]의 거리를 걸음걸이로 측정했는데, 다른 사람들이 막대기나 체인으로 잰 것보다 더 정확했다."

소로의 이 같은 천성은 콩코드 박물관 위층 가장 마지막 진열장에서도 볼 수 있다. 여기에는 소로가 월든 호수에 살던 시절에 쓴 물건들이 전시되어 있는데, 그중에는 T자와 컴퍼스, 물론 연필도 있다. 하지만 소로의 연필 사업에 대해 잘 알고 있었던 랠프 에머슨은 소로가 만든 연필이 미국 최고라는 사실만으로는 만족할 수 없었던 것 같다. 에머슨은《애틀랜틱Atlantic》지에 낸 소로의 부고 끝에 다음과 같은 말을 덧붙였다.

> 나는 그의 남다른 활동력이 사라진 것을 안타깝게 생각합니다. 따라서 나는 그가 야망을 품지 않았다는 점이 그의 실수라고 생각하지 않을 수 없습니다. 야망이 없었기 때문에 그는 미국을 위해 공학적 위업을 이루는 대신 허클베리 일당의 대장이 되었습니다.

그렇지만 소로는 에머슨이 인정하는 것 이상으로 많은 것을 이루었다. 헨리 데이비드 소로가 에머슨의 땅을 측량하고 그 위에 오두막을 지었으며 탁월한 미국산 연필의 성장을 뒷받침했다는 사실에 에머슨은 자부심을 가져도 될 것이다. 그것도 콩코드에서 말이다. 거기에는 미국과 전 세계를 위한 다양한 공학이 존재하고 있다.

10

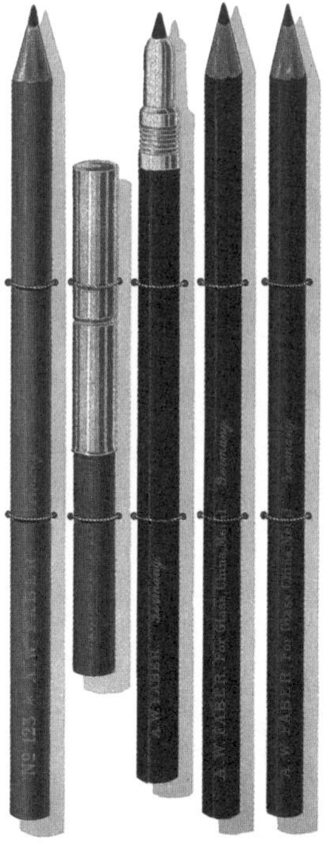

아주 좋은 것도 더 나아질 수 있다

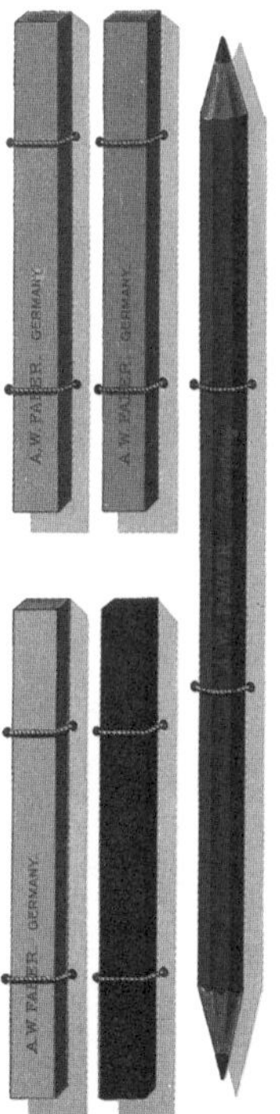

1837년에 《완벽한 직업 안내서The Complete Book of Trades》라는 책자가 발행되었다. 이 책자는 당시 영국 사람들이 알고 싶어하던 직업이란 직업은 죄다, 전문 직종은 물론 직장과 일자리에 관한 풍부한 일람표까지 자세히 싣고 있었다. "부모들의 안내서이자 젊은이들의 지침서"인 이 책자에는 도제로 들어가는 데 필요한 대강의 수업료와 자기 사업을 시작하는 데 드는 자본금이 아주 자세하게 나와 있다. '민간 공학자'와 같은 전문 직종은 매우 높은 도제 수업료(150파운드에서 400파운드)와 창업 자본(약 500파운드에서 1,000파운드)이 필요했다. 이에 비해 연필 사업은 도제 수업료가 한 푼도 안 들며, 창업 자본도 겨우 50파운드 정도면 됐다. 이는 특정 기술이나 제조업 분야에 속해 있던 전통적인 전문 업종으로부터 돈이 거의 들지 않는 전문 공학이 싹트고 있었다는 좋은 사례라 할 수 있다. 그러나 증기가 난무하는 구식 주물 공장이나 일반 공장으로부터 공학의 각 분야가 분리되어 나왔다고 해서 이런 구식 공장의 지붕 아래에는 더 이상 공학적 실천이 존재하지 않았다는 말이 결코 아니다. 다만 연구 개발과 생산 제조 분야 사이에 전문화라는 간격이 생기고 그것이 점점 더 커졌음을 의미한다. 이 간격이 커질수록 그 사이를 연결시켜줄 수 있는 다리가 필요해졌다.

이러한 간격은 당시 다른 업종에서와 마찬가지로 연필 생산업에서도 중대한 문제로 등장했다. 1830년대 중반에는 흑연 공급 감소와 공정 및 유통 분야의 복잡화라는 중요한 문제점들에 대처하는 데 있어, 즉 연필산업이 성숙하는 데 있어 공학이 점차 중요한 몫을 차지하게 됐다. 연필과 직접적인 관련이 없는 공학적인 시도일지라도 연필 산업이 성숙하는 데 있어 중요하기는 마찬가지였다.《완벽한 직업 안내서》에 당시 영국 연필 생산업 실태가 설명되어 있다.

> 흑연은 광택이 나는 검은색 광물로서 맬버른 힐Malvern Hill과 컴벌랜드에서 발견되었다. 이곳에서 캐낸 흑연을 대량으로 런던에 들여오는데, 컴벌랜드산 흑연은 에섹스가Essex-street에 있는 교회의 지하 창고에서 한 달에 한 번 다양한 값에 판매된다. 흑연의 가치는 단단함과 고른 입자에 의해 결정되며 오래된 것일수록 좋다. 그래서 일부 생산업자들은 한없이 오랫동안 흑연을 묵혀둔다. 과거에는 존 미들턴 씨가 가장 유명했으나, 요즘에는 브룩맨앤드랭던Messrs. Brookman and Langdon사가 가장 질 좋은 측량기사용 연필을 만들어낸다. 하지만 이 연필들은 경악을 금치 못할 만큼 비싸다. 연필이라는 이 필수품에도 사람들을 기만하는 수많은 사례가 거의 매일 일어나기 때문에 여기서 일일이 열거할 수는 없다. 특히 등급을 조작해서 파는 사기 행각은 아주 악랄하게 이루어지며 이런 파렴치한 행위들은 점잖기 짝이 없는 '모조'라는 이름 아래 자행된다. 사실 1페니짜리 연필이나 1실링짜리 연필이나 겉보기엔 거의 구별이 안 될 만큼 똑같다.

연필 사업에서 성공하려면 흑연을 대량으로 구입해 비축해두고 묵힐 수 있을 만큼 확실한 자본이 있어야만 한다.

최고 품질의 순수한 컴벌랜드산 흑연이 풍족하고 값이 쌀 때에는 얼마든지 사들여 오래 묵힐 수 있었으며, 여기에 새롭게 흑연이 더 공급되어 비축량이 넘치면 오래 묵은 것을 연필 만드는 데 쓰면 됐다. 그러나 최고 품질의 흑연을 확보하지 못했거나 흑연 값이 턱없이 비싸져 사지 말라는 뜻이나 다름없을 때, 더욱이 다른 흑연광이 아직 발견되지 않았을 때라면, 오래 묵히지 않아 질이 떨어지는 흑연으로라도 만들거나 컴벌랜드산 흑연이 극소량밖에 들어가지 않은 저질 연필에 '영국산 흑연'이라는 상표를 붙여 팔고 싶은 유혹에 넘어갔을 것이고, 그렇게 해서 시중에 가짜 제품이 나돌게 되었을 것이다.

또 다른 부류의 "사기성이 농후한" 연필 생산자들은 "복잡하게 처리된 흑연"을 사용했다. 그런 이들이 쓰는 흑연은 덜 묵힌 것이거나 질이 낮은 것이 아니라, 자연산 흑연 대신 쓰는 대체품 같은 것이었다. 이런 대체 흑연은 흑연 분말에 유황, 점토, 고형제를 혼합한 것이었다. 이렇게 인공적인 과정을 거친 흑연은 혼합 요소 성분이나 공정이 어떠한지에 따라 천연 흑연보다 질이 좋거나 나쁜지가 결정되었다. 이런 이유로 영국의 연필 구매자들도 19세기 중반에 이르자 미국이나 캐나다처럼 저질 연필이나 사기 상표 문제에 맞닥뜨릴 수밖에 없었다. 그러나 품질 좋은 흑연의 공급 감소가 싼값에 나쁜 연필을 팔아먹으려는 비양심적인 장사꾼들만 꼬이게 한 것은 아니었다. 흑연의 품귀는 다른 한편으로 발명가나 공학자들을 연필산업으로 끌어들였다. 그들은 더 훌륭한 다리를 만들어냈듯이 더 훌륭한 연필을 개발해냈다. 그러나 그렇게 개발된 연필들이 가격까지 내려가는 데 늘 성공한 것은 아니었다.

기술과 과학의 박람회

19세기 중반에 이르자 연필 생산업체들 사이의 경쟁은 당시 확장일로에 있던 다른 산업들처럼 대륙과 대양을 건너 확산되어갔다. 1851년 여름 런던 하이드 파크에서 만국박람회가 열린 것도 이러한 상황 때문이었다. 전 세계의 이목이 이 행사에 집중되어 같은 해에 박람회와 관련된 수많은 기념행사가 여기저기서 개최되었다. 이런 많은 부수적인 기념행사 가운데서도 가장 먼저 개최된 것은 '아메리카 컵America's Cup'이라는 경진대회였다. 이 경진대회는 만국박람회가 전 세계 기술 경쟁과 발전에 있어서, 그리고 대규모 산업과 국제 무역에 있어서 분수령이 되었음을 상징하는 것이었다. 이후에 개최된 수많은 국제 박람회를 통해 참가국이나 참가 기업들이 자부심을 갖고 자신들의 성취물과 문화를 전시하고 신제품과 미래 제품들을 마음껏 뽐낼 수 있었듯이, 이 국제적인 박람회 역시 그 같은 터전을 마련해주었다고 할 수 있다.

만국박람회 개최를 위해 지어진 전시관인 수정궁Crystal Palace은 전시품들을 무색하게 할 정도로 놀라운 것이었다. 그러나 그렇게 넓고 웅장한 가건물이 지어진 것은 당시로서는 시의적절한 일이었다. 공학이라는 용어가 처음 등장한《브리태니커 백과사전》초판이 발행된 지 80년 뒤에 개최된 만국박람회는 전시품 하나하나마다 공학을 통해 기술과 과학이 얼마나 훌륭하게 접목되어왔는지를 여실히 보여주었다.

정작《브리태니커 백과사전》을 펴낸 스코틀랜드 학술원 회원들은 기술과 과학이 접목된 결과를 전혀 보지 못했지만 말이다. 요즘에는 이런 접목의 산물이 흔하게 여겨질 정도로 확산되어 있어 사람들은 마치 이름난 다이아몬드를 흔한 석탄 대접하듯이 보고 있다. 이 경이로운 수정궁의 면적은 2만 평이 넘었다. 넓디넓은 전시장에는 10만여 종의 공산품 등이 진열되어 있었으며, 관람객들이 한 번에 그 많은 전시품을 다 본다는 것은 엄두도 못 낼 일이었다.

만국박람회 안내책자 중 하나인《헌트의 핸드북Hunt's Handbook》은 그야말로 유명한 여행안내서 역할을 톡톡히 해냈다. 이 책자는 관람객들이 반원형의 거대한 전기 시계 아래에 나 있는 남쪽 출입구로 들어가 수 마일에 달하는 전시장 통로를 지나며 전시관들을 구경할 수 있도록 안내했다. 관람객들의 눈길을 기술과 과학 사이로 이리저리 안내하면서, 일부 주요 전시품들에 대한 설명도 곁들이고 있었다. 그 가운데에는 브리태니아 다리Britannia Bridge 모형에 대한 설명도 있었다. 조셉 팩스턴Joseph Paxton이 마음속으로 수정궁 설계 구상을 하고 대강의 대강의 기본 설계 스케치까지 시도해본 시기는 바로 그가 웨일즈 북서쪽에 있는 이 다리 건축 현장을 방문했을 때였다. 브리태니아 다리 설계자인 로버트 스티븐슨Robert Stephenson의 신건축 개념 도입과 과감한 자재 사용, 그리고 다리 자체의 유례없이 웅장한 규모는 만국박람회를 위해 거대한 건물을 짧은 시간 안에 완벽하게 완성해야만 했던 팩스턴에게 어떤 영감을 주었을 것이 분명하다. 수정궁과 거기 전시된 전시품들은 분명 시각적인 즐거움을 제공해주는 것이었지만《헌트의 핸드북》은 관람객들이 보는 즐거움을 느끼는 동시에 뭔가를 배울 수 있기를 바랐던 것 같다. 예를 들면 이 책자는 전시된 수많은 다리 모형

만국박람회가 열렸던 수정궁.

에 대해 설명하기 앞서 이런 말을 덧붙여놓았다. "이제 설명할 다리들은 너무나 중요한 것들이기 때문에 좀 더 상세하게 알아보려는 노력을 해야 하며 … 교량 건설 일반에 대해서도 폭넓게 알아보자."

이 안내책자를 읽은 사람들은 다리에 대한 설명이 채 300단어도 넘어가기 전에 교량 자재의 강도에 대한 핵심적인 강의를 받게 된다. 그 내용은 오늘날 해당 분야를 전공하는 대학생들이 물리학, 계산학, 기계공학 등의 기초 과정을 마친 뒤 2학년에 올라가서야 배우는 어려운 것이었다. 그러나 빅토리아 시대에 저술된 이 안내책자의 필자는 독자들이 논점의 핵심을 알아듣고 '역장력逆張力'과 같은 전문용어를 완벽하게 이해할 수 있기를 바랐는데, 이는 결코 지나친 바람이 아니었다. 매우 이해하기 쉬운 문장으로 쓰였을뿐더러 독자들에게 다리가 언제 어떻게 무너질지를 계산하고 예상할 수 있을 정도를 기대한 것은 아니기 때문이다. 그러한 계산과 예견은 적절한 수학과 공식을 익힌 공학자들의 몫이었다. 독자들에게는 단지 공학자들이 실패하지 않기 위해 해야 하는 일이 무엇인지 정도만 이해시킬 수 있으면 충분했다. 이 책의 필자는 다리 건설에 중요한 고려사항인 '역장력'을 독자들이 이해하기 쉽도록 간단한 실험 방식을 가르쳐주었는데, 이는 추상적인 개념을 아주 구체적으로 제시한 탁월한 방법이었다. 그렇다면 이 책 필자가 시키는 대로 한 번 실험해보는 것도 현명한 방법일 것이다. 만국박람회가 개최된 다음 해에 연필 생산업체들 사이에 경쟁이 치열해지면서 연필 품질을 확인하는 데 같은 원리가 적용됐기 때문이다.

이 안내책자는 깨끗하고 잘 건조된 직사각형의 전나무 막대를 브리태니아 다리 상판용 목재라 치고 실험해볼 것을 제안하고 있다. 전나무가 없다면 경도 2의 아직 깎지 않은 새 연필로 해도 좋다. 일반적인 연필은 길이가 18센티미터에 두께는 0.6센티미터 정도였다. 이 규격이면 길이 대 두께 비율이 30대 1 정도다.《헌트의 핸드북》에 언급된 실험용 전나무 막대의 규격 비율도 이 정도였다. 전나무 대신 연필로 실험할 경우 책에서 명시한 규격을 따르는 것은 매우 중요한데, 규격이 다르면 실험을 통해 확인하려는 결과와는 전혀 다른 현상이 발생할 수도 있어서다. 또한 전나무 막대든 연필이든 단면 면적이 일정해야 한다. 사각 연필은 구하기 어려우므로 육각 연필로 대신해도 된다. 연필에 쓰이는 목재는 삼나무이고, 연필 속에는 심이 들어 있지만 실험에 별로 중요한 변수는 아니다. 《헌트의 핸드북》에서도 지적하고 있듯이 조건만 동일하다면 실험에 사용된 막대가 연필이든, 쇠든, 석재든 결과는 마찬가지다.

실험을 제대로 하기 위해서는 연필로 다리를 놓을 수 있는 받침대가 필요하다. 받침대로는 벽돌 두 장이나 책 두 권이면 되는데, 주의할 점은 벽돌이든 책이든 두께가 똑같아야 한다는 것이다. 특히 책을 이용할 경우에는 책등이 바깥쪽을 향해야 하고, 두 책의 간격이 18센티미터 이내여야 한다. 우선 책과 책 사이에 다리를 놓듯이 연필을 걸쳐놓는다. 이때 상표나 경도 표기 등이 인쇄되어 있는 면을 위쪽으로 오게 하는 것이 좋다. 이렇게 해야 연필이 부러진 뒤에도 위쪽에 있던 면이 어느 쪽인지 쉽게 확인할 수 있다. 실험 대상을 부러뜨려야 하는 실험이 으레 그렇듯이 주변을 잘 정리한 뒤 조심스럽게 연필 가운데를 손가락이나 작은 나무토막으로 천천히 압력을 가하며 누른다. 천천히 힘을 주면서 나무가 구부러지는 모습을 관찰하고, 나무가 내는 소리를 주의 깊게 듣는다. 연필은 계속해서 휘다가 가운데 부분에 가해지는 하중이 점점 증가하면 어느 순간 뚝 하고 부러져버린다. 《헌트의 핸드북》에는 "위쪽을 향하고 있는 면은 압축되면서 좁아지고, 아래쪽 면은 늘어나면서 길어지는 현상을 보인다"라고 쓰여 있다. 이러한 변형이 이루어지고 있는 도중에 실험을 멈춰도 상관없다. 그렇지 않으면 연필은 부러질 때까지 계속 휠 것이다. 부러진 연필을 살펴보면 위쪽 면은 눌려서 뭉개져 있고, 아래쪽 면은 찢어졌다는 것을 알 수 있다. 《헌트의 핸드북》은 다음과 같이 결론을 맺고 있다. "이러한 현상을 세심하게 고찰해보면, 기둥beam은 어떤 소재로 만들어졌든 상관없이 역장력의 영향을 받을 수밖에 없으며, 우리는 이런 현상을 일으키는 힘의 속성을 깨닫게 될 것이다." 즉 위에서 누르는 힘이 아래로 전달되면서 당기는 힘으로 변화된 것이 바로 '역장력'이다.

이 간단한 실험에서 연필에 가한 힘은 옛날에 아리스토텔레스가 무릎으로 나무 막대기를 부러뜨릴 때 가했던 것과 똑같은 속성의 힘이다. 아리스토텔레스의 손은 책과 같은 받침대 역할을 한 것이고, 무릎은 하중이나 무게를 가하는 수단이 된 것이다. 힘이 지속적으로 가해지는 한 받침대를 그대로 두든 이동시키든 부러진다는 결과에는 변함이 없다. 심이 들어 있는 연필이 부러지지 않고 잘 견디게 만들려면 이러한 '역장력'의 원리를 이해해야만 한다. 부러지지 않는 연필을 만드는 것은 연필산업의 오랜 숙원이었다.

질 좋은 흑연을 만들어낼 수는 없을까

《헌트의 핸드북》과 같은 안내책자에서 연필이 부러지거나 나무가 휘는 현상에 관련된 기술적 문제를 다룬 이유는 만국박람회의 성공을 위해서가 아니었다. 오히려 당시 일반 대중이 그런 자세한 설명을 수용할 수 있었고 또 원했기 때문이다. 박람회 자체가 성공을 거둘 수 있었던 것도 대중의 이러한 태도 덕분이었다. 요즘 사람들은 공학 분야의 발전에 대해 알고 싶으면《일러스트레이티드 런던 뉴스》나 최근 대서양 건너편에서 발행되기 시작한《사이언티픽 아메리칸》지를 읽는다. 당시 사람들은 메나이해협을 가로지르는, 신개념의 들보식 교량(형교beam bridge)인 브리태니아 다리를 신기하게 여겼다. 공학 분야에서 이 다리가 갖는 의미심장함은 사람들의 관심을 끌기에 충분했다. 박람회 관람객들에게 교량이 공학의 산물로서 두드러지고 웅장한 것

앵글시Anglesey 섬과 웨일스 본토 사이의 메나이해협을 가로지르는 브리태니아 다리. 메나이해협을 가로지르는 다리는 이미 있었지만(메나이 다리Menai Bridge), 폭이 좁고 불안정해 선로가 놓일 수 없었다.

으로 비친 것은 너무나 당연했다. 하지만 훌륭한 연필 또한 공학적 성과로서 다리 못지않게 중요한 존재였다.

《헌트의 핸드북》은 600만 관람객들에게 판매되던 여러 종류의 책자 중 하나였다. 또한 이러한 안내책자는 박람회를 구경하지 않은 사람들에게도 잘 팔렸는데, 당시 인기 있었던 또 다른 책자로는 《탤리스의 수정궁 박람회 역사와 해설Tallis's History and description of the Crystal Palace and the Exhibition of the World's Industry》이 있다. 세 권으로 된 이 안내책자는 일부 전시품에 대해서 상당히 구체적이고도 상세한 해설을 싣고 있었다. 박람회에는 영국제, 독일제, 프랑스제, 오스트리아제 연필들이 출품 전시되어 있었는데 이 책에서는 기술인들의 도구를 설명하면서 연필에 관해 상세하게 다루고 있다. 독자 여러분들은 유황이나 기타 함유물이 섞여 있는 연필의 문제점을 잘 알고 있을 것이다. 유황이 섞인 연필 자국은 잘 지워지지 않으며 다 지워졌다 해도 종이에 남아 있는 유황 성분에 화학 처리를 하면 유황의 화학 반응에 의해 지워졌던 자국이 되살아난다. 이 책에서는 국민적인 자존심의 발로였겠지만, 당시 영국 소비자들의 드높은 의식을 은연중에 내비치면서 유황 연필의 문제점을 상세히 다루고 있다.

> 흑연 분말이나 저질 흑연을 유황 성분이 있는 안티몬이나 순수 유황과 혼합한다는 것은 대개 잘 알려져 있지 않다. 그런데 이런 성분이 많이 포함되어 있을수록 연필심은 더 단단해진다. 흑연과 함께 분쇄된 혼합 분말을 무쇠솥에 넣고 반쯤 용해될 때까지 가열한 다음 이것을 뜨거운 상태에서 틀에 넣고 식을 때까지 놔둔다. 틀 속에서 벽돌처럼 단단하게 굳으면 얇게 판자 모양으로 켠 다음, 삼나무 자루에 삽입하는 것이다. … 질 좋은 흑연으로 만든 연필은 잘 써지고 모래 같은 것도 섞여 있지 않다. 또 지저분하게 뭉개지지도 않고, 적절한 압력에 잘 견디며, 광택이 있고 진하게 잘 써진다. 게다가 지우기도 아주 쉽다. … 심은 무를수록 혹은 진할수록 약하며, 단단한 종류보다 훨씬 쉽게 부러진다.
>
> 최근 대량으로 수입되고 있는 장식적인 외관의 독일제 연필들은 보헤미아[현 체코 서부 지역] 흑연에 점토를 혼합해 만든 것으로 여겨진다. 이러한 독일제 연필들은 어떤 종류든 사용하기가 불편하고, 깔끔하게 지워지지도 않는다.

19세기 중반까지 프랑스, 독일, 그리고 미국의 일부 연필업체들까지도 점토를 혼합한 흑연으로 연필심을 만드는 콩테 공정으로 연필을 생산했지만, 여전히 세계 표준은 컴벌랜드산 순도 높은 천연 흑연으로 만든 영국제 연필이었다. 그러나 전쟁이나 도굴뿐만 아니라 흑연광 자체의 고갈로 인해 양질의 흑연 공급에 차질이 생기자 이는 만국박람회 당시에도 심각한 문제로 대두되었다. 당연히 영국의 연필산업도 예전 같지 않았다. 하지만 일부 연필업체들은 자랑스럽게 영국제 연필을 만국박람회에 출품 전시했으며,《탤리스의 수정궁 박람회 역사와 해설》 같은 책자는 영국이 심기일전할 수 있는 새로운 시도가 모색되고 있다고 낙관했다.

> 칩사이드에 있는 리브스앤드선스Messrs. Reeves and Sons사는 그 유명한 컴벌랜드산 흑연이 고갈되다시피 한 최근 상황에서 이를 효과적으로 대체할 수 있음을 입증해주는 연필을 전시했다. 잘 알려져 있다시피 기술과 관련된 모든 분야에서 컴벌랜드산 흑연을 능가하는 것은 없다. 짙은 검은색으로 잘 써지며, 질이 우수하고, 잘 부러지지도 않는다는 면에서 컴벌랜드산에 필적하는 흑연은 없다. 뿐만 아니라 컴벌랜드산만큼 깨끗하게 잘 지워지는 흑연도 없다. 그런데 컴벌랜드산 흑연처럼 천연 상태에서 곧바로 쓸 수 있는 흑연은 아직 발견되지 않았다. 지중해 서부에 있는 스페인령 발레아레스 제도나 실론Ceylon[오늘날의 스리랑카] 섬에서 생산되는 흑연은 다른 데 것보다 순도가 높긴 하지만 탄소 함유량이 지나치게 많고 흙이나 금속 성분도 일부 포함되어 있어 너무 무르고 조각조각 깨어져 있기 때문에 타다 남은 재 같다. 또한 멕시코어로 된 이름을 지녔지만 실은 보헤미아에서 나는 흑연 역시 푸석푸석하고 흙이 많이 섞여 있기는 마찬가지다. 그 밖에 시

칠리아, 캘리포니아, 데이비스만 등에서 발견된 흑연으로 연필심을 만들고자 하는 시도도 있었지만 모두 전문가용 연필로는 부적합하다는 사실이 입증되었다. 오직 컴벌랜드산 흑연만이 천연 상태로 얇게 켜서 나무 자루 속에 삽입해 연필을 만들 수 있는 유일한 흑연이었다.

《탤리스의 수정궁 박람회의 역사와 해설》은 컴벌랜드산 흑연을 "효과적으로 대체"할 수 있는 연필에 대해서는 별로 설명하지 않고, 컴벌랜드산 흑연의 장점만을 장황하게 늘어놓고 있다. 하지만 위의 글 다음 구절에서는 컴벌랜드산이라고 해서 모두 완벽하지는 않다는 점을 인정하고, 이 흑연도 가끔은 불완전하거나 모래 같은 것이 섞여 있다고 밝힌다. 결국 당시 영국 연필업체들은 그동안 재고로 쌓여 있던 질이 떨어지는 컴벌랜드산 흑연 중에서 그나마 괜찮은 것들을 선별해 기술인용 연필을 만들 수밖에 없었다. 기술인들은 최상등급 연필을 더 이상 구할 수 없다는 사실을 서서히 깨닫고 있었다. 컴벌랜드산 흑연이 거의 사라졌음에도 불구하고 수정궁에는 가공 처리되지 않은 커다란 컴벌랜드산 흑연 덩어리가 전시되어 있었다.《헌트의 핸드북》은 이 흑연과 가까운 전시실에 전시되어 있던 번쩍이는 광물의 물리학적 관계를 서슴없이 밝혀놓고 있다.

아이작 뉴턴 경이 다이아몬드의 높은 굴절률을 보고 추측했듯이 다이아몬드는 가연성 물질이다. 라부아지에Lavoiser나 다른 학자들은 연구 결과 이 보석이 순수한 탄소에 불과하다는 사실을 밝혀냈다. 볼타 전지를 이용한 최근의 실험에서 다이아몬드는 코크스로 변했다. 다이아몬드는 바로 옆 전시실에 전시되어 있는 흑연이 나 코크스와는 물리적 성상만 다를 뿐이지 화학적으로는 성분이 같은 아주 가까운 관계이다. 코이누르 다이아몬드는…

이어서 《헌트의 핸드북》은 인도어로 '빛의 산'이라는 뜻을 지닌 코이누르 다이아몬드*의 발견을 둘러싼 힌두 전설과 그 역사에 대해 설명하고 있다. 뒤로 넘어가면서 강옥, 터키옥, "스트룰강 가장 깊은 곳에서 발견된 진주" 등에 대한 설명이 이어지다가 마침내 이 보석들 옆 전시실에 있는 흑연에 대한 설명이 나온다. 이 전시실에서는 '플룸바고-흑연-연필 생산업체'라는 주제로 5개 업체가 참여한 그룹 전시가 열리고 있었다.

《헌트의 핸드북》의 '플룸바고-흑연-연필 생산업체' 설명을 통해 컴벌랜드산 흑연 산출량이 1803년엔 500통이던 것이 1829년엔 6통으로 격감했음을 알 수 있다. 이 통 하나에 담긴 흑연 무게는 대략 57킬로그램이었다. 또한 19세기 중반 영국은 인도, 실론, 그린란드, 스페인, 보헤미아, 미국 등에서 흑연을 수입했는데, 만국박람회에서도 수입된 흑연이 전시되었음을 알 수 있다. 당시는 스코틀랜드 북부에서 소규모 흑연광이 발견된 직후였는데, 이 흑연의 성분 함량을 무게로 재어 계산한 결과 탄소가 88.37퍼센트나 들어 있음이 밝혀졌다.

한편 수정궁 박람회에 전시자로 참가했던 이들 가운데에는 윌리엄 브록크던William Brockedon이라는 사람이 있었다. 그가 바로 컴벌랜드산 천연 흑연을 효과적으로 대체할 수 있는 공정을 개발한 당사자다.

* 영국 왕실이 1849년부터 소유하기 시작한 인도산 다이아몬드 108캐럿짜리로, 세계 최대의 다이아몬드다.

이 공정은 접착제나 성형제를 혼합하지 않고 흑연 분말을 고체로 재성형하는 것이었다. 원래 브록크던은 시계 장인의 외아들로서 아버지로부터 과학이나 기술 방면에 대한 소질과 취미를 물려받았다. 그는 시계 제조업에 종사하면서 남는 시간에는 어릴 때부터 좋아했던 그림 그리기에 전념했다. 한 후원자의 도움에 힘입어 그는 영국 왕립미술원인 로열 아카데미에서 공부할 수 있었고, 화가로서의 명성도 얻었다. 브록크던은 화가로서뿐만 아니라 수많은 여행책자를 직접 쓰고 삽화를 그려 넣는 저술가로도 유명했다. 화가 겸 저술가로 활동하면서도 기계에 대한 관심은 놓지 않아서 여러 개의 발명 특허까지 갖고 있었다. 그가 발명한 것들로는 사파이어나 루비 같은 보석에 구멍을 뚫고 이 구멍으로 철사를 뽑아 생산하는 새로운 공법이나 새로운 형태의 펜촉 등 아주 다양했다. 브록크던이 1843년에 특허를 딴 공정은 "컴벌랜드 흑연 광산이 고갈됨에 따라 개발한 것이었는데, 이 방식을 통해 당시 어느 흑연보다도 순도 높은 인조 흑연 덩어리를 생산할 수 있었다." 브록크던이 개발한 흑연에는 모래 같은 불순물이 섞여 있지 않았기 때문에 화가용 연필을 만드는 데는 아주 그만이었다.

《탤리스의 수정궁 박람회의 역사와 해설》에서는 "최근 브록크던은 비교적 완벽한 질의 연필심을 생산할 수 있는 공법을 개발했다"고 아주 간단히 언급하고 지나갔지만, 이 책자를 읽은 사람이라면 연필 생산에 새로운 공법이 이용되고 있다는 것과 리브스앤드선스사 연필도 분명 이 공법으로 만들어졌을 것임을 추측할 수 있었을 것이다.

《헌트의 핸드북》은 브록크던의 공법에 대해 보다 심도 있게 다루면서 그의 '흑마술'이 어떻게 이루어지는지 밝히고 있다. 브록크던 공법은 다음과 같다. 우선 흑연을 물속에서 최대한 미세하고도 일정한 입

윌리엄 브록크던(1787~1854).

자로 분쇄한 다음 특수 제작된 종이 팩 속에 밀봉해 넣고, 이 종이 팩을 진공 상태로 만들어 안에 든 반죽 덩어리에 강한 압력을 준다. 엄청난 압력 때문에 유동성이 강한 흑연 입자는 종이 팩 속에서 이리저리 자유롭게 떠다니게 된다. 이 책에 따르면 종이 팩에 가해지던 압력이 없어지도록 진공 상태를 풀고 나서 보면 "이렇게 재성형된 흑연 덩어리는 정밀 조사를 통해 확인한 결과 강한 압력의 영향으로 천연 흑연과 유사한 입자 배열 구조를 보인다. 이 흑연 덩어리를 깨보면 부서진 조각이 천연 흑연이 깨진 것과 비슷한 모양새를 띤다."

브록크던의 공법이 최초로 상용화된 것은 모던앤드컴퍼니Mordan & Company에 의해서였다. 그러다가 1854년 브록크던이 사망하자 이 회사의 공장 및 설비는 경매를 통해 케즈윅의 한 업자에게 넘어갔다. 브록크던의 부고를 보면 그가 만든 흑연이 당시로서는 "최상의 흑연"으로 평가받기도 했음을 알 수 있다. 브록크던 공법은 영국과 미국에서 몇 년간 이용된 적도 있었지만 비용이 많이 들었고 그나마 소량 생산되던 보로데일 흑연이 완전히 고갈되고 나자 거의 쓰이지 않게 되었다.

연필산업에서 일반적으로 쓰이던 것은 콩테 공법이었다. 《헌트의 핸드북》에 따르면 만국박람회 당시 적어도 영국에서는 콩테 공법이 거의 일반화되어 있었다고 한다. 이 책에는 또한 "콩테는 1795년에 흑연과 점토를 혼합하여 구워내는 데 성공했다. 이렇게 만든 세라믹 흑연으로 다양한 명암의 연필심을 만들 수 있었다"는 구절이 나오는데, 여기서 명암이라고 언급된 것은 색채의 명암이 아니라 심의 짙기를 가리킨다. 한편 콩테 색연필은 다른 일반적인 색연필처럼 왁스 성분을 혼합해 만들었는데, 세라믹 흑연을 만드는 데 있어서 가장 필수적인 굽는 과정이 필요치 않았다. 수정궁 프랑스관에 드로잉용이나 공학자용 연필도 전시됐지만,《헌트의 핸드북》에는 영국제든 프랑스제든 연필 자체에 대해서는 실질적으로 별다른 이야기가 없다.

한편 1850년 미국에서 발행된《사이언티픽 아메리칸》지 기사를 보면, 미국인들은 콩테 공법의 이점을 전혀 알지 못했던 것 같다. 그저 "순수한 컴벌랜드산 천연 흑연은 너무 부드러워서 화가들이 가늘고 선명한 선을 긋기에 어려움이 있다"라고 언급하는 정도였다. 이러한 단점을 보완하기 위해서는 흑연에 니스의 원료인 셸락을 혼합하여 반복적으로 용해시키고 분쇄시키는 공정을 거치면 된다는 설명이 이어지지만, 같은 목적으로 점토를 혼합해 "다양한 경도와 짙기의" 연필을 만드는 콩테 공법에 대해서는 전혀 이야기하지 않고 있다.

연필산업의 요람 케즈윅

1851년 시행된 인구 조사 통계표에 따르면 영국과 아일랜드의 연필 생산업자 수는 319명이었다. 그들 가운데 상당수는 런던과 케즈윅 주변 좁은 반경에 몰려 있었다. 케즈윅은 흑연 산지와 가까웠기 때문에 전통적으로 연필 수공업의 중심지였다. 18세기 이래 다른 소규모 산업들이 레이크 디스트릭트 지역에 자리 잡고 있었던 것과는 대조적이었다. 케즈윅에는 목재와 광물이 풍부하며, 강우량이 많아 수력을 충분히 활용할 수 있었다. 이처럼 좋은 입지 조건을 갖춘 이 지역에 대해 어떤 산업고고학자는 한 편의 시가 연상되는 멋진 경관으로 유명한 이곳이 오히려 풍부한 수자원, 광물, 삼림자원 때문에 수 세기 동안 인간들에게 유린당해왔다고 주장했다.

> 오직 계절의 손길에 따라서만 모습을 바꾸던 이 지역 산들의 웅장한 자태는 인간들에 의해 파헤쳐지고 변형되었다. 인간들은 땅속 꼬불꼬불한 갱도에서 광물을 캐냈으며, 그 증거로 여기저기 구덩이와 갱목을 남겨놓았다. 골짜기에는 수력을 이용한 제련소와 분쇄용 기어, 철제 설비 등의 잔해가 드문드문 남아 있어서 오히려 더 관광객들의 눈길을 끌었다.

이곳에 전통적인 연필산업이 집중되었던 이유는 이러한 환경 때문이었다. 새로 개발된 공법들은 (비밀에 부쳐졌든 아니든 간에) 컴벌랜드산 천연 흑연을 대체할 만한 양질의 흑연을 제공해주기도 했다. 하지만 새 기술에는 대체로 복잡한 수공이 따랐고, 영국제 드로잉용 연필은 예전보다 훨씬 비싸졌다. 그리하여 19세기 중반에 자신이 쓰는 도구의 기술적인 측면에 관심이 많았던 예술가들은 천연 흑연으로 연필을 만드는 방법에 특히 관심을 보였다. 이를 감지한 것이 분명한《일러스트레이티드 매거진 오브 아트》지 편집자는 1854년에 '케즈윅의 연필산업Pencil-Making at Keswick'이라는 기사를 실었다. 이 기사를 보면 이미 수십 년 전부터 양질의 천연 흑연 공급이 부족했음에도 불구하고 작업 공정에 별다른 변화가 없었음을 알 수 있다. 단지 1830년대 초에 이전에는 수작업으로 했던 것을 일부분 담당하는 기계를 도입했을 뿐이

《일러스트레이티드 매거진 오브 아트》에 실린 '케즈윅의 연필산업' 기사 삽화. 연필을 만드는 일련의 과정이 묘사되어 있다. (왼쪽에서 오른쪽으로) 나무판자를 잘라내 홈을 파고, (연필심을 끼운) 연필 끝부분을 잘라내고, 둥글게 모양을 잡고, 자루에 광택제를 바르고, 연필에 상표 등을 찍고, 금박을 입히는 과정이다.

었다.

연필산업의 요람인 케즈윅에 대해《일러스트레이티드 매거진 오브 아트》는 빅토리아 시대 잡지답게 다음과 같이 미사여구를 동원한 화려한 문체로 서두를 열고 있다.

> 완만하게 굽이치는 계곡, 지척엔 우아한 더웬트워터 호수가 빗겨서 있고, 뒤로는 머리에 백발을 이고 있는 200여 미터의 스키도 봉이 솟아 있으며, 그레타 강이 가로질러 흐르는 곳. 문학과의 깊은 인연으로 국어를 사랑하는 모든 이의 사랑을 한몸에 받던 곳. 바로 이곳에 케즈윅 마을들이 여기저기 자리 잡고 있다. 이 지역을 둘러싼 아름다운 풍경이 숭고함과 아름다움을 사랑하는 사람들에게 내뿜는 거역할 수 없는 매력은 너무나 유명하다. 그러나 그게 아니더라도 이 케즈윅에 관심을 가진 이들이 있다. 바로 예술가들이다. 케즈윅은 예술가들에게 그들의 상상과 풍류를 구체화하는 수단인 연필을 제공해주고 있기 때문이다.
>
> 우리가 가볼 만한 연필 공장은 그레타 강둑 위에 자리 잡고 있다. 바로 뱅크스선앤드컴퍼니Messers. Banks, Son and Co.다. 그레타 강물이 이 공장의 모든 설비를 움직이는 동력을 제공해주고 있다.

조지 이네스George Inness가 그린 〈래커워나 계곡The Lackawanna Valley〉에서 철도나 그 하부구조물 같은 것이 눈에 거슬리게 생경해 보이지 않듯이, 이 예술 잡지에서 상세하게 묘사한 물레방아의 존재는 이 컴벌랜드 계곡의 목가적인 분위기를 퇴락한 공장 주위와 연결시켜 자연스러움을 해치거나 하지는 않는다. 하지만 연필 생산 공정에 초점을 맞춰 쓴 기술적인 글인지라 성인 남성과 소년들이 작업하는 모습을 묘사하는 부분이 불쑥불쑥 나오기 때문에 계속 목가적인 내용일 수만은 없었다. 그러면서도 필자는 삼나무 자루에 연필심을 삽입하는 장면을 설명하는 부분에서는 그 작업이 너무 신기한 나머지 공장 밖의 풍경을 묘사할 때 쓰던 문체로 다시 돌아가곤 한다.

> 그 남자들은 … 진청색의 헐렁한 옷을 입고 있는데 아마 이 공장의 작업복인 것 같다. 그들은 헐렁한 소매를 팔뚝에 딱 맞게 걷어붙이고 반들반들 검게 윤이 나는 작업대 앞에 앉아 있다. 작업자들의 손과 연장은 마치 매일 아침 하인들이 문질러 닦는 가구나 난로처럼 연일 반복되는 작업으로 반짝반짝 광이 난다. 얼굴에는 연필에 색을 입히다가 그랬는지 페인트칠 흔적이 묻어 있다. 각자 앞에는 홈이 패여 있는 여러 개의 삼나무 연필 자루와 이제 막 얇게 켜서 가져온 것 같은 흑연 판자가 놓여 있다. 작업자는 흑연 판자가 나무 자루에 파인 홈보다 더 두껍지는 않은지 검사를 해보고, 혹시 더 두꺼우면 바로 앞에 놓여 있는 거칠거칠한 돌에 갈아 적당한 두께로 만든다. 적절한 두께가 되면 곁에 놓아둔 뜨거운 아교에 담갔다가 나무 자루의 홈 속에 끼워 넣는다. 홈 밑바닥까지 흑연 판자가 다 끼워지면, 나무 자루의 표면과 수평이 되도록 흑연 판자에 금을 그은 다음 그 금에 맞추어 흑연 판자를 부러뜨린다. 그러면 홈에 흑연이 딱 들어맞게 된다. 연필 1자루의 길이를 흑연심으로 다 채우려면 3~4개의 흑연 판자가 필요한데 몇 개가 들어가든 각각이 꼭 맞닿게 연결되어야 연필심 사이에 공백이 생기지 않는다.

연필심이 다 채워진 삼나무 자루들은 다음 공정을 위해 접합공들에게 넘겨졌다. 접합공들은 또 다른 삼나무 막대에 아교를 칠한 다음 연필심 위를 덮고 접합된 연필을 꽉 조여 붙인 다음 옆으로 보내 건조시켰다. 때로는 연필 3자루 길이의 삼나무에 홈을 파 심을 넣고 아교로 접합해 건조시킨 뒤 삼등분하기도 했다. 이 같은 내용을 담고 있는 《일러스트레이티드 매거진 오브 아트》의 기사에서 가장 절정을 이루는 부분은 이 공장에서 생산되는 연필이 연간 600만 개에 이른다는 통계 보고다. 기계 한 대가 놓인 작업대에서 성인 노동자 한 명이 하루에 600~800다스의 연필을 생산했다고 한다. 또 다른 작업대에서는 어린 소년 한 명이 하루에 1,000다스 정도의 연필을 마무리하고 광택을 냈다고 하며, 그 옆에 있는 기계는 1분당 200자루의 연필에 스탬프를 찍어댔다고 한다. 스탬프에는 심의 경도를 표시하는 기호나 문자에 뒤이어 '뱅크스선앤드컴퍼니 제조. 케즈윅, 컴벌랜드'라고 찍혀 있었을 것이다.

초창기 연필은 요즘 연필과는 달리 페인트를 칠하지 않았다고 알려져 있다. 그러나 이 잡지 기사를 보면, 당시 케즈윅에서 생산된 연필에는 칠이 되어 있었음을 알 수 있다. 뿐만 아니라 노란색 연필도 생산되고 있었던 게 분명하다. 일부 연필 생산업체들은 노란 연필이 최초로 생산된 때는 1890년대라고 주장하지만, 사실은 1854년에 이미 알려져 있었던 것이다.

> 니스 같은 광택제를 바른 연필은 아주 최근에 개발되었다. 애초에는 품질이 나쁜 연필에만 광택제를 입혔으나 요즘에는 최상품에만 칠한다. 많은 경우 이런 마무리 작업을 거치지 않으면 연필

이 팔리지 않는다. 광택제를 칠하면 절단 작업 시 자루 표면에 검은색이 묻거나 더러워지는 것을 막고 깨끗함을 유지할 수 있으며 자루로 이용된 목재의 질감을 살릴 수도 있다. 대부분은 광택제를 바르고 절단하여 스탬프를 찍으면 작업이 마무리되지만, 어떤 연필은 단순히 스탬프만 찍는 것이 아니라 글자에 금박을 입히기도 한다. 금박을 입히는 연필은 대개 검은색, 노란색, 또는 파란색 칠을 한 것들인데, 이런 연필에서는 삼나무의 고운 색조를 볼 수가 없다.

이 기사의 필자는 이렇게 완성된 연필들이 어떻게 포장되고 선적되는가를 설명한 후 궁극적으로 연필이 어디로 가는가를 상상해보고 있다. 처음에는 "화가의 스튜디오나 숙녀의 규방"에서 쓰일 테지만 최종적으로 연필의 운명은 창조되고 소멸되어가는 장엄한 구상품 중 하나라는 사실에 관한 철학적인 사색에까지 이르게 된다. "연필은 사용되고, 닳고, 결국 소멸됨으로써 그 가치가 구현된다고 결론을 맺을 수 있다. 사람도 마찬가지다. 사회와 세계를 위해 노력하고 일하면서 소진되고 사라져간다. 연필이나 사람이나 그 물리적 요소들은 흩어지게 되고, 궁극적으로는 우주 속에 섞이고 흡수되어 사라져버리는 것이다."

보로데일 흑연은 최초로 발견된 이후 300여 년에 걸쳐 우주로 흡수되어 사라져갔다. 흑연을 켜거나 갈 때 먼지가 되어 바람에 날아가거나 연필 공장의 집기들 틈새에 끼어, 혹은 작업자들의 옷이나 몸에 묻어 사라져갔다. 수백만 수천만 개의 연필 속에 심으로 끼워져 전 세계로 수출된 것들은 이제 아무도 손에 쥐려 하지 않는 몽당연필 속에 남겨진 채 버려졌거나, 여백의 책갈피에 사색의 숲을 지나간 발자국과도 같은 기록들로, 혹은 무수히 많은 종이 위에 사색과 이미지를 담은 가느다란 선으로 파묻혀 있다. 때로는 구겨버린 원고나 스케치 속에서 뒤틀리고 뭉개져 없어지거나 아무도 원치 않고 기억하고 싶어하지 않는 태워버린 원고지 위에서 함께 불에 타 스러지기도 했다. 한때 세계에서 가장 순도 높은 흑연 산지였던 이곳은 1800년대 중반에 이르자 완전히 고갈되었고, 여기서 난 흑연은 300여 년에 걸쳐서 세상 밖으로 흩어져버렸다.

그런데 케즈윅의 연필산업을 다룬 이 기사는 컴벌랜드 흑연의 무분별한 채굴을 가속화한 사회적 행태의 역사에 대해서도 재차 서술하고 있다.

> 컴벌랜드 흑연의 상업적인 가치가 알려지자 흑연 광산주는 흑연을 약탈당하지 않게 지키는 것이 점차 어려워졌다. 흑연 절도는 이 이후로도 오랜 세월 동안 공공연한 일이 되었으며, 광산 주변에 사는 사람들은 흑연을 도굴해 몰래 팔아먹음으로써 큰돈을 벌었다고 한다. 약 100년 전쯤에는 한 광부 집단이 무력을 동원하여 광산을 무단 점거한 뒤, 한동안 엄청난 양의 흑연을 약탈한 일도 있었다. 이들 광부 집단은 약탈한 흑연을 헐값에 내다 팔았다. 광산 채굴권 소유자는 시장 가격을 원상 복구시키기 위해 그들이 판 흑연을 다시 사들일 수밖에 없었다. 보로데일 흑연이 거의 고갈된 직후 수년 동안 광산에서 채굴되는 흑연의 양은 극히 소량이거나 아예 없을 때도 있었다. 그럼에도 시중에는 보로데일산 흑연이 남아 있었다. 뱅크스선앤드컴퍼니도 광산 지분 소유주였는데, 이 회사가 마지막으로 보유하고 있던 흑연은 230킬로그램

정도였다.

사실 1854년에도 뱅크스사 같은 연필 생산업체는 보로데일산 흑연 재고를 보유하고 있었기에 최상급의 연필을 만들 수 있었다. 그러나 최상급 연필을 만드는 데 쓰이는 흑연은 그 덩어리가 충분히 커야만 했다. 당시 남아 있던 흑연 조각 중에는 완두콩만 한 것도 많았다. 이렇게 작은 흑연 조각들은 분쇄되어 다량의 수입 흑연과 섞여 품질이 떨어지는 연필을 만드는 데 쓰였다. 예술가들은 옛날보다 연필 질이 많이 떨어졌다는 것을 느낄 수 있었으며, 비록 연필 겉면에는 '품질 보증, 컴벌랜드 천연 흑연'이라고 새겨져 있더라도 실은 컴벌랜드 흑연이 전혀 들어 있지 않거나, 들어 있다 한들 극히 소량이라는 사실을 이미 알고 있었다.

19세기 초부터 보로데일 흑연 광산의 지분을 소유하고 있던 뱅크스사조차도 천연 상태 그대로 연필심에 쓸 수 있을 만큼 큰 흑연 덩어리는 조금밖에 가지고 있지 않았다. 뱅크스사는 작은 덩어리를 분쇄한 분말이나 큰 덩어리를 켤 때 생긴 가루에 수지나 밀랍 등 고형제를 섞어 큰 덩어리로 만들거나, 콩테 공정에서처럼 점토를 섞어 고형화하기도 했을 것이다. 아니면 아무것도 섞지 않고 흑연 분말만을 압축시켜 덩어리로 재성형하는 브록크던 공법 같은 완전히 새로운 방법을 시도했을 수도 있다. 품질이 떨어지는 연필 중에는 저질 흑연 가루와 유황 성분이 있는 안티몬을 2 대 1 비율로 섞어 만든 것도 있었는데, 이런 연필은 19세기 말까지 플러밋이라고 불리기도 했다. 흑연 가루에 접착제나 점토 비슷한 백토를 혼합해 만든 연필은 극히 질이 낮은 축에 속했다.

수많은 종류의 저질 연필이 시중에 나돌던 당시 실정에 비추어 볼 때, 1854년 한 예술 전문 잡지에서 한때 세계에서 가장 질 좋은 흑연 산지였던 목가적 풍경의 고장과 그곳에 몰려 있는 연필 공장들에 대해, 그리고 이 모든 상황이 지니는 철학적 의미에 대해 독자들의 관심이 모이기를 기대했던 일은 조금도 놀랍지 않다. 이로부터 10년 뒤에도 상황이 나아질 기미가 보이지 않자 영국의 다른 예술 전문 잡지에서도 컴벌랜드 연필산업을 다룬 기사를 실었다고 한다. 하지만 1854년은 만국박람회가 끝난 지 겨우 3년밖에 지나지 않은 때였다. 아직 런던과 국제사회에서는 예술, 산업, 그리고 그것들이 지닌 국제적인—전 세계적인 것까지는 아니더라도—중요성이 이야기되는 시기였던 것이다.

연필심은 하나가 아니었다

당시 다른 나라들에서도 그들 나름대로 건설한 수정궁에서 국제 박람회를 개최하고 있거나 아니면 개최할 계획을 세워놓고 있었다. 수정궁 같은 전시관들은 향후 60년 동안 많은 발전 양상을 보였다. 그러나 노동집약적인 소규모 연필 공장들은 TV 미니시리즈 〈메리 페이건 살인사건〉에 배경으로 등장할 만큼 일반화되기는 했지만 실질적인 발전은 거의 없었다. 이 드라마에는 케즈윅에 있는 뱅크스사 대신 애틀랜타에 있는 내셔널 연필사가 나오고, 노동자들도 성인 남성과 소년 대신 성인 여성과 소녀들이 등장하긴 하지만, 1913년 페이건이라는 소녀가 살해된 현장인 연필 공장 장면을 보면 기계는 극히 일부만 등장하며, 공정 대부분은 여전히 수작업으로 이루어지고 있었다.

어떤 작업 과정을 거치든 간에 순도 높은 보로데일산 천연 흑연으로 만든 연필이 세계에서 가장 좋은 연필이라는 가정에 대해서는 19세기 사람 누구도 이의를 제기하지 않을 것이다. 그러나 솜씨나 기술의 산물들은 '최상의 품질'이라 하더라도 따지고 보면 결점이나 단점이 분명 있게 마련이다. 완성된 제품 자체는 결점이 없다고 해도 공법면에서 보완해야 할 점이 있을 수도 있다. 인공물이나 공법에는 언제나 개선될 여지가 있는 법이다. 컴벌랜드산 연필의 경우, 양질의 흑연을 큰 덩어리 상태로 확보하기 어렵다는 상황은 곧 연필 1자루를 만들기 위해 짧은 길이의 여러 심 조각을 꼭 맞닿게 연결해야 한다는 사실을 의미했다. 그러나 닳아서 무뎌진 심을 뾰족하게 갈 때 나무 자루 밖으로 나온 심이 조각난 심의 거의 끄트머리 부분에 해당된다면, 펜나이프로 갈고 난 뒤 나무 자루 속에 남은 부분이 더욱 짧아지게 되어 심이 자루 밖으로 빠져나오거나 떨어져버린다. 이런 당혹스러운 일은 20세기 초에도 흔히 있었는데, 당시 사람들은 본래 한 조각인 긴 심이 자루 속에서 잘게 부러지는 바람에 생기는 일이라고 생각했다. 이처럼 연필심의 잘 알려지지 않은 단점은 연필 생산 공정이 좀 더 발전된 공정으로 대체되거나 사용자들이 연필을 떨어뜨리거나 부러지지 않도록 조심해서 사용하면 보완될 수 있는 것으로 여겨졌지만, 대다수 연필 소비자들은 좀 더 튼튼한 연필을 원하는 형편이었다. 따라서 오늘날 산업화된 나라에서 생산되는 연필들은 비교적 튼튼한 연필심을 나무 자루에 단단하게 접착시킨 것이다. 그런데 최근에 중국을 방문했던 어떤 사람이 중국 연필은 심이 계속 자루에서 빠져나와 도저히 뾰족하게 갈아 쓸 수 없었다고 불평을 늘어놓는 걸 들은 적이 있다.

여러 개의 심이 불연속적으로 들어 있는 연필이 가진 문제를 해결하는 방안은 길고 튼튼한 연필심을 개발하는 것이었다. 연필산업 초창기에 흑연 덩어리를 켜고 남은 톱밥이나 흑연 분말에 밀랍을 혼합해 만든 심이 이런 문제를 일부 해결해주기는 했지만, 그 대신 필기 질이 떨어지는 대가를 치러야 했다. 콩테 공정 역시 한 조각으로 연결된 긴 심의 생산을 가능케 했으나, 일부 예술가들은 이 공법으로 만든 연필심의 필기 자국이 컴벌랜드산 천연 흑연심보다 떨어진다고 생각했다. 브록크던 공법은 흑연 분말에 높은 압력을 가해 양질의 연필심을 만들어낼 수 있었지만 가격이 너무 비쌌다. 결국 사람들은 불연속적인 심이 들어 있어 불편한 연필이나 질이 떨어지는 연필, 그리고 값이 비싼 연필 중에서 선택해야만 했다.

연필의 경우 최상의 품질이 어떤 상태를 의미하는지 알기는 사실 힘들다. 연필뿐만 아니라 다른 인공물의 경우도 마찬가지다. 브리태니아 다리 건설 당시 엔지니어였던 에드윈 클라크Edwin Clark는 다리 건설에 쓸 최고 품질의 쇠를 구할 때 느꼈던 난감함을 다음과 같이 설명하고 있다.

> 중요한 작업 공정에는 최상의 강철을 사용하는 게 필수적이다. 그래서 계약서상에도 '최상 품질의 강판'이라는 조건을 명시했다. 그런데 간혹 강판의 질이 매우 떨어지는 것도 있어 이 문제에 대해 알아보았다. 그 결과 강철 전문가들 사이에서는 '최상'이라는 용어가 그저 그렇거나 보통의 품질을 의미한다는 사실을 알게 되었다. '최상 중의 최상'이라는 용어는 좀 더 비싼 강판에 적용되는 말이었고, 심지어 '최상 중의 최상 중의 최상'이라는 용어가 우리

> 생각에는 '최상'이라고 불릴 정도밖에 안 되는 품질의 강판에도 적용되었다. 결국 비싼 강판이 좀 더 좋은 강판이었고, 좋은 걸 쓰려면 돈을 더 내야만 했다.

좀 더 품질 좋은 강철이나 교량, 혹은 연필을 얻기 위해서는 클라크가 브리태니아 다리 건설에 쓸 적절한 강판을 주문할 때 필요하다고 느꼈던 "굉장히 별난 기술용어 사전"을 인용하는 것 이상의 그 무엇인가가 필요하다. '최상'의 품질 범위는 늘 한계가 있으며, 이 순간에도 여전히 좀 더 나은 품질의 제품이 비슷한 가격으로 새롭게 공급되고 있기 때문이다. 연필 제조업체들은 19세기 중반 케즈윅에서 생산되던 연필과 마찬가지로 일정한 품질을 지닌 연필을 생산하고 있다. 따라서 소비자들은 연필산업 내에서 통용되는 "별난 용어사전"에 나오는 어떤 용어가 무엇을 의미하는지 잘 알고 있어야만 한다.

II

가내 수공업에서 연필산업으로

1800년 독일 연필 제조업자들은 영국에서나 구할 수 있는 질 좋은 흑연을 확보하지 못했고, 프랑스인이 선구적으로 개발한 흑연에 점토를 혼합하는 새로운 연필심 제조법에 대한 지식도 없었고, 그렇다고 스스로 개발하려는 의지가 있었던 것도 아니었다. 독일의 정치 · 문화적 전통은 산업의 발전과 국제화의 걸림돌이었으며, 연필 생산 역시 장인이 도제에게 기술을 물려주는 가내 수공업 수준에 머물러 있었다. 그러나 18세기가 19세기에 자리를 내주자 구시대적인 방식도 새로운 것에 자리를 내주고 사라져갔다. 장인 제도에 가해지던 동업 조합의 규제 역시 점차 줄어들고 있었다. 전통적인 장인 대열에 끼지 못한 이들은 파브리칸트(제조업자)라는 새로운 종류의 직업인이 되거나 공장 소유주가 되었다. 그러나 기술적 발전을 소홀히 해온 오랜 관행에서 비롯된 장애가 진취적인 이들 새로운 연필 제조업자에 의해 극복되기 시작한 것은 19세기에 접어들고 나서도 한참 지나서였다.

예를 들면, 1662년 프리드리히 슈테틀러가 세운 슈테틀러 가문의 연필 생산업은 요한 아돌프Johann Adolf Staedtler, 요한 빌헬름Johann Wilhelm Staedtler, 그리고 미하엘Michael Staedtler에게 계승되어 내려왔는데, 그들은 모두 마이스터Meister[장인] 신분이었다. 그러나 프리드리히 슈테틀러의 고손자인 파울루스 슈테틀러는 마이스터 시험에 합격하기도 전인 1812년에 스스로를 파브리칸트로 칭했다. 파울루스가 장인 제도나 길드 체제의 전통에 상관없이 자기 지위를 격상시킬 수 있었던 것은 그 자신의 야망과 개성 때문이기도 했겠지만, 독일의 정치·사회·기술적 환경이 변화를 야기하고 있을 당시에 때마침 연필 제조업에 종사하고 있었기에 가능한 일이었다.

자유 제국 도시였던 뉘른베르크가 바바리아 왕국에 합병되던 해인 1806년, 뉘른베르크에 있던 직업 심사위원회가 해체되었다. 이 같은 자유화 조치는 요한 프리샤이스Johann Froescheis 같은 신흥 연필 제조업자들에게는 절호의 기회였다. 그는 직업 심사위원회가 해체되던 바로 그해에 오래된 공장 하나를 인수해 오늘날의 리라 연필 공장Lyra Bleistift-Fabrik의 토대를 마련했다. 그러나 당시 독일 연필 제조업자들은 새롭게 부여된 자유를 누릴 처지가 못 됐다. 질 좋은 영국산 흑연을 구할 수 없었을 뿐만 아니라 구식 생산 공정을 고수하고 있었기 때문이다. 구식 공정으로는 더 이상 자유경쟁 시장에 내놓을 만큼 좋은 품질의 연필을 만들어낼 수 없었다. 점토를 혼합한 흑연으로 만든 프랑스제 연필은 유황을 섞은 독일제 연필보다 품질이 뛰어났다. 뿐만 아니라 콩테 공법을 이용하면 "소위 영국제 연필보다 필기 질이 결코 뒤지지 않는 연필"을 만들 수도 있었다. 비록 흑연-점토 연필이 최고의 영국제 연필과 어깨를 견줄 정도는 아니라 할지라도, 최고 품질의 영국산 연필은 실질적으로 단종되었기 때문에 이제 최상등급 표준이 바뀌어야 할 형편이었다.

독일 연필산업은 외제 연필들 때문에 존재 자체가 위태로웠다. 그러나 연필 제조업체들은 개별적인 자구책조차 모색하지 않았다. 결국 1816년 바바리아 정부는 프랑스식 공법을 실험하기 위해 파사우 인근 도시이자 독일의 석탄 지대에 자리한 오베른첼Obernzell에 왕립연필공장을 설립했다. 이러한 노력이 상업적인 성공으로 이어지지는 못했지만, 뉘른베르크 부근에 자리 잡은 개별 연필 생산업체들로 하여금 자신들의 생산 방식을 새로운 시각으로 재점검하게 만드는 계기는 되었다. 그곳 연필 생산업자 중에서 흑연과 점토를 혼합하는 새로운 공법을 시도한 대표적인 업자가 파울루스 슈테틀러였다. 파울루스의 노력은 성공을 거두어서 이내 자기 공장에 새로운 공법을 적용시켜 실제 생산에 들어갈 정도였다.

새로운 생산 공법의 등장과 규제 완화, 산업혁명에 발맞추어 연필 생산에도 말과 증기력이 도입되기 시작했다. 새로운 방식으로 능률과 생산성이 높아지고 공급 체제가 확립되자 연필산업이 확장될 수 있는 동력이 생겼을 뿐만 아니라 개별 업자들로 하여금 자기 사업을 힘차게 밀고 나갈 자극이 되었다. 요한 제바스티안 슈테틀러Johann Sebastian Staedtler는 1825년에 구식 길드 체제였던 아버지의 공장에서 연필 생산업을 시작했으나, 1835년에는 "바바리아 왕국의 모든 도시와 마을에서" 개업할 수 있는 독립 사업체 허가를 신청했다. 그가 목적 삼은 것은 흑연 분쇄기와 심을 굽는 가마를 비롯해 플로리다산 수입 삼나무나 국산 오리나무, 보리수 등을 자르고, 홈을 파고, 성형하는 기계를 한데 모은 공장을 세우는 것이었다. 당시 요한 슈테틀러의 계획은 그 지역에 증기 동력기관이 도입된 지 불과 1년밖에 지나지 않았으며, 뉘른베르크와 퓌르트 간에 철도가 가설된 바로 그해에 착수된 것인 만큼 매우 혁신적이고 야심만만한 것이었다. 그러나 슈테틀러는 결국 당당하게 해냈다. 그의 회사는 흑연과 점토를 혼합한 심으로 연필을 만들어냈을 뿐만 아니라 붉은색 진사*와 이런저런 천연 염료를 이용해 품질 좋은 색연필도 생산했다.

슈테틀러의 회사는 1840년에 열린 뉘른베르크 산업박람회에 무려 63종류의 연필을 출품했다. 오늘날에도 잘 알려져 있는 J. S. 슈테틀러사는 붉은 황토색 색연필을 만드는 데 주력해 일어선 회사다. 이 색연필은 슈테틀러 가문의 오랜 전문 상품이었으며, 요한 슈테틀러는 아버지 밑에서 일하던 젊은 시절에도 이 색연필을 크게 개발시킨 적이 있었다. 당시 기록에 따르면 요한 슈테틀러가 개발한 붉은 색연필은 "홍토로 만든 다른 색연필보다 훨씬 질이 좋아 깎기가 수월하고, 경도가 항상 일정하며, 색조도 변함없이 유지되는" 장점이 있었다. 다른 연필 제조업체들까지도 J. S. 슈테틀러사를 붉은 색연필 공급처로 이용할 정도였다. J. S. 슈테틀러사는 1855년 종업원이 100명이나 되는 큰 사업체로 성장했으며, 이해에 회사는 슈테틀러 가문의 세 장손들에게 대물림되었다. 이 세 명 가운데 한 명은 자기 아버지처럼 독립하기 위해 J. S. 슈테틀러사를 떠났고, 그렇게 해서 만들어진 회사가 볼프강 슈테틀러사Wolfgang Staedtler & Company다. 1870년대에 이르러 J. S. 슈테틀러사는 매년 200만 자루의 연필을 생산했다. 그러나 당시 존재했던 2개의 슈테틀러 회사는 가중되는 국제 연필 시장의 경쟁으로 인해 어려움을 겪다가 결국 창업자의 손자 대에서 매각되는 운명에 처했다. 1880년부터 J. S. 슈테틀러사는 크로이처Kreutzer 가문의 소유가 되었

* 수은의 원광으로, 붉은색을 내는 안료로도 쓰인다.

1853년 뉴욕 수정궁에서 열린 만국박람회. J. S. 슈테틀러사는
이 박람회에 연필을 출품해 국제 시장에서의 인지도를 쌓는다.

다. 크로이처 가는 1912년 망해가는 볼프강 슈테틀러사도 마저 사들였다. 이로써 크로이처 가문은 연필업계에서 슈테틀러 이름이 들어가는 회사들을 모두 장악하게 되었다.

독일의 연필산업

슈테틀러 가문의 서사시가 전무후무한 사례는 아니다. 일찍이 1761년 슈타인에 있는 자기 오두막집에 간판을 내걸었던 카스파어 파버 또한 자그마한 지역 사업을 잘 꾸려나갔다. 하지만 상인들은 소비자들에게 그들이 선호하는 제품을 누가 만들었고 어디서 만든 것인지 밝히고 싶어하지 않는다. 따라서 (슈테틀러와 마찬가지로) 파버는 자신이 만든 연필에 자기 이름이나 주소를 새길 수 없었고, 다만 여러 등급의 연필이 각각 구분될 수 있도록 혹은 다른 연필업자의 제품과 구별될 수 있도록 하프, 별, 달, 쌍도끼 같은 다소 엉뚱한 문양만을 새겨 넣을 수 있었다. 그런데 바로 이런 문양 덕분에 파버나 슈테틀러, 프뢰샤이스는 점점 자신들의 제품을 찾는 수요층을 확보할 수 있었다. 1868년 요한 프뢰샤이스의 아들인 게오르크 안드레아스Georg Andreas가 등록한 리라 문양이 지금까지 쓰이는 연필 상표 문양 중 가장 오래된 것이라고 주장되고 있다.

1784년 아버지 카스파어 파버의 사업을 물려받은 안톤 빌헬름 파버는 전통적인 연필 생산 방식을 지켜나갔다. 19세기에 접어들어서도 그는 '스페인 납'을 제련하고, 제련된 것을 일일이 켜서 낱개로 나무자루에 끼우는 방식을 고수했다. A. W. 파버사는 창업자 카스파어 파버의 손자이자 안톤 빌헬름 파버의 아들인 게오르크 레온하르트 파버가 물려받은 1810년까지 크게 번창하지 못했다. 그런데 뉘른베르크시와 근교에서는 경쟁이 아주 치열해졌으며, 산지 부근의 수요는 잠재적 공급 능력만큼 크지도 않았다. 고품질 연필이나 싸구려 연필만이 시장 경쟁에서 살아남을 수 있었다. 하지만 고품질 연필은 영국산 흑연을 확보하거나 프랑스식 공법을 채택해야만 생산할 수 있었으며, 싸구려 연필은 좋은 제품을 시장에서 몰아내 독일 산업에 폐해가 될 정도였다. 게오르크가 A. W. 파버사의 경영과 제조 공법에 상당한 개선을 이루긴 했지만, 사업은 자금 압박과 외제가 난무하는 환경에 시달려야 했다.

1839년 게오르크 레온하르트 파버가 사망하자 장남 요한 로타어 파버가 사업을 이어받았다. 그는 어릴 적부터 부친의 연필 사업에 대해 다방면으로 교육을 받았으며, 1836년에는 좀 더 생생한 지식을 얻기 위해 프랑스 파리로 갔다. 거기서 그는 파리의 연필회사들이 프랑스뿐만 아니라 해외 시장과도 긴밀한 사업적 관계를 맺고 있음을 목격했고, 세계 시장이 연필 사업에 주는 이점도 보았다. 회사를 계승하기 위해 뉘른베르크로 돌아오기 전에 그는 런던에 들러 무역에 대해 더 많은 것을 배웠는데, 당시 파버사는 직원 수가 20명 정도로 줄어 있었다.

젊은 파버는 자신의 사업에 반드시 많은 변화가 일어나야 함을 절감했다. 그 가운데에는 전과 달리 질 좋은 제품을 더 많이 생산해야만 한다는 목표도 들어 있었다. 물론 질 좋은 연필은 비싼 가격에 팔아야 했다. 흑연에 점토를 섞어 구워내는 프랑스식 '세라믹 연필심' 생산 공법을 채택한 파버는 경도와 질기가 각각 다르면서도 부드럽게 써지는 연필심 생산 라인을 도입할 수 있었다. 이 같은 전 등급 연필군은 등급에 따라 일정한 특질을 가지고 있었으므로 연필의 성격을 미리 알고 쓸 수 있었고, 이 때문에 예술가나 공학자들에게서 인기를 얻었다. 그러나 뉘른베르크 지역만으로는 이처럼 비싼 연필의 판로를 확보할 수 없었다. 따라서 파버는 자신이 만든 연필의 판로를 개척하기 위해 독일 전역을 비롯해 프랑스, 영국, 이탈리아, 오스트리아, 러시아, 벨기에, 네덜란드, 스위스 등지를 홀로 뛰어다녔다. 새로 개척한 해외 시장은 파버 회사가 수년에 걸쳐 개량시킨 새로운 연필을 계속 시판함에 따라 그 중요성이 점차 커졌다. 또한 이 해외 시장은 A. W. 파버사뿐만 아니라 독일의 다른 연필 제조업체들에게도 도움이 될 정도로 확장되었다. 독일 연필산업이 세계 시장에서 이처럼 성장하는 데 큰 기여를 한 혁신적인 영업자 로타어 파버에게는 귀족의 특전과 함께 남작이라는 작위가 내려졌다.

A. W. 파버사 창업자 카스파어 파버의 3대손인 요한 로타어 파버(1817~1896).

19세기 중반에 이르러서는 파버 연필이 너무 유명해진 나머지 어떤 사람들은 '파버'라는 말을 연필을 일컫는 일반 명사로 쓰기도 했다. 그러나 질 좋은 흑연의 공급량이 점점 줄어들자 그 탓인지 파버 연필도 질이 떨어지기 시작했다. 1861년에 한 연구 조사자는 좋은 심이 들어 있는 연필을 구하기 힘들다는 사실을 믿지 않았으나 "유명 연필 제조업체들의 제품을 공정하게 시험"해본 결과 그것이 거의 불가능하다는 사실을 알게 되었다고 기술하고 있다. 그는 연필에 대한 자신의 불만을 당시 "건축가나 설계사들이 토로하던 일반적인" 것이라고 주장하면서 다음과 같이 상세하게 쓰고 있다.

> 1851년 만국박람회가 개최된 이래 나는 파버 연필에 필적할 만한 것은 없다고 믿었다. 1851년에 나온 파버 연필은 정말이지 완벽했다. 그런데 지금은 타사 연필과 비슷한 수준이다. 품질이 우수한 제품을 만들어내던 회사들이 박람회에서 메달을 받고 이름이 유명해지자 그 점을 악용하여 저질 연필을 메달을 받을 만큼 좋은 연필이라고 믿게 만들고, 이전의 고급 연필과 같은 가격을 받고 파는 현실은 유감스럽기 짝이 없다.
>
> 어느 회사에서 가늘고 또렷하며 시종일관 짙은 검은색으로 써지는 연필에 동일한 등급 표시를 해 판다면 그 회사는 자신과 사회에 큰 이익을 남기게 될 것이다. 그러나 실정은 그렇지 못하다. 이는 같은 등급의 연필을 2개만 골라 써봐도 금방 알 수 있는 일이다. 하나는 심이 딱딱하고 다른 하나는 무르다. 처음에는 심이 단단하다가도 끝부분에 가서 물러지는 연필도 심심찮게 볼 수 있다.

만국박람회 이후 콩테 공정은 널리 알려졌으나 이 공정을 완벽하게 습득한 회사는 그리 많지 않았다. 또한 국제 경쟁이 가중되어 한때 국제 시장에서 우위를 차지하고 있었더라도 계속 유지하기는 힘들었다. 그런데 A. W. 파버사는 동양에서 발견된 흑연 광산 덕분에 엄청난 경쟁력을 확보할 수 있었다. 만약 이 광산이 발견되지 않았다면 파버사는 연필업계에서 일찍부터 점유하고 있던 우위를 유지할 수 없었을 뿐만 아니라 빼앗긴 판로도 되찾을 수 없었을 것이다. A. W. 파버사의 연필은 나무 자루 접합이 조잡해서 쓰기가 매우 불편했다. 그러나 이러한 단점을 상쇄시키고도 남을 만한 장점이 있었는데, 바로 우수한 필기 자국을 남기는 고품질 흑연으로 연필심을 만들었다는 점이었다. 이 흑연은 과거 300년 동안 발견된 흑연 중 최상의 품질이라는 평가를 받았다. 파버사가 이 새로운 흑연으로 시장을 석권한 사연은, 독일에서 한참 떨어진 시베리아 동부 지역에 머물며 캘리포니아에서 금광이 발견되었다는 소문을 익히 알고 있던 한 프랑스 상인으로부터 시작된다.

산이 많은 시베리아 동부 지역에 1846년부터 출장 중이었던 장 피에르 알리베르Jean Pierre Alibert는 북해로 흘러드는 강들 중 하상이 모래로 되어 있는 몇몇 강에서 금맥을 찾고 있었다. 그러나 금은 찾지 못했고 대신 이르쿠츠크Irkutsk 가까이에 있는 산 계곡에서 순도 높은 흑연 덩어리들을 발견했다. 그 덩어리들은 표면이 매끄럽고 모양이 둥글었으며, 광택이 많이 나는 것으로 보아 상당히 먼 곳에서 물살을 따라 내려왔을 거라고 알리베르는 추측했다. 그는 계곡을 흐르는 강과 지류들을 체계적으로 역추적하여 흑연 산지를 찾아나갔다. 1847년, 그는 마침내 사이안Saian 산맥의 한 줄기이자 중국 북경 인근에 있는 바토우골Batougol 산꼭대기에서 흑연 광산을 발견했다. 이곳은 그가 흑연 덩어리를 처음 발견한 지점에서 서쪽으로 435킬로미터쯤 떨어져 있었다.

수백 킬로미터 떨어진 곳에서 채굴 장비들을 가져와야 했고, 이것들을 산꼭대기로 운반하기 위해서는 순록에 의지할 수밖에 없었지만, 알리베르는 물러서지 않았다. 그는 산기슭에 식량을 조달할 농장을 일구었고, 광산 노동자들을 모아 부락을 형성했다. 이 광산에서 처음 7년간 채굴한 흑연 300톤은 보로데일에서 질이 떨어진다고 버리는 것에 가까운 수준이었다. 하지만 마침내 순도 높고 덩어리가 큰 흑연들이 발견됐다. 간혹 무게가 3.5킬로그램이나 나가는 커다란 것도 있었다. 러시아 정부는 흑연 광산 채굴을 격려했다. 생페테르부르크 과학원은 알리베르가 제출한 순도 높은 흑연에 대해 명성 높은 컴벌랜드산 흑연에 필적하는 품질이라는 평가를 내렸다. 왕립예술원 역시 이 흑연에 대해 "모든 종류의 드로잉용 연필을 만드는 데 손색이 없을 만큼 품질이 탁월하다. 기존 연필에서 사용하던 것보다 월등히 뛰어날 뿐만 아니라 지금은 고갈되었으나 한때 유럽 전역에서 명성을 떨치며 각광받았던 보로데일산 흑연과 대등하거나 아니 어쩌면 그보다 더 질이 좋은 것 같다"는 보고를 했다.

알리베르는 러시아 왕실로부터 훈장을 받았고, 바토우골 산은 알리베르 산으로 개명되었다. 또한 그는 영국에 가서 보로데일 광산이 정말 고갈됐는지 직접 확인했을 뿐만 아니라 영국 연필 제조업체들에게 자신이 새로 발견한 흑연의 품질을 검증해달라고도 요청했다. 영국 연필업체들이 이 시베리아산 흑연이 "컴벌랜드산 흑연에 결코 뒤지지 않는다"는 생페테르부르크 과학원의 평가에 동의함에 따라 알리베르는 자신이 캘리포니아 금광에 맞먹는 대단한 것을 발견했다고 자부할 수 있었다. 그는 프랑스 황제로부터 레종도뇌르 십자훈장을 받았으며, 고품질의 인공 흑연 개발에 회의적이던 예술 · 과학 장려위원회로부터는 금장 훈장을 받았다. 알리베르는 많은 박물관 표본실에 직접 캔 흑연을 기탁했는데, 이 흑연이 지닌 아름다움과 가치 덕분에 그는 스페인, 덴마크, 프러시아, 스웨덴, 노르웨이, 로마 등 여러 나라에서 더욱 더 성과를 올렸다.

알리베르는 당시 연필업체 가운데 A. W. 파버사가 가장 큰 회사이

1847년 시베리아에서 흑연 광산을 발견한 장 피에르 알리베르를 묘사한 그림(1865).

바토우골 흑연 광산 내부 모습(1865).

며, "전 세계 문명국에 최고 품질의 연필을 가장 많이 공급하는 업체"라고 믿었기 때문에 시베리아산 흑연에 대한 독점 구입권을 제의하며 파버사에 접근했다. 1856년 양자 간 계약에 합의가 이루어졌고, 당시 러시아에서 채굴된 모든 광물에 대한 권리를 통제하고 있던 러시아 정부로부터도 승인을 받아냈다. 그러나 최상의 흑연을 확보했다는 것이 곧 최상의 연필을 만들어낼 수 있다는 의미는 아니었다. 파버사가 이 시베리아산 흑연을 "완벽하게 다룰 수 있게 되기까지는 5년간의 끈질긴 노력과 연구"가 필요했다. 흑연을 다룬다는 것은 단순히 흑연을 톱으로 켜서 삼나무 자루 속에 아교로 붙여 넣는 것만을 의미하지는 않는다. 이 정도만 해도 괜찮게 만들 수야 있지만 흑연 자체가 가진 경도나 특성을 뛰어넘어 연필의 질을 자유자재로 결정할 수는 없다. 시베리아산 흑연의 진정한 가치를 연필에 구현할 수 있는가는 흑연을 적절하게 분쇄하고, 혼합하고, 구워냄으로써 일정한 경도를 유지하며 그것을 재성형해낼 수 있느냐에 달려 있었다. 바로 이러한 처리 및 제조 과정을 완벽하게 개발하는 데 5년이 걸린 것이다. 하지만 파버사가 기울인 노력은 그들이 세계 시장을 유지하는 데 큰 도움이 되었다.

파버사에서 만들어진 연필은 세계 곳곳으로 퍼져나갔지만, 그렇다고 해서 파버사 직공들까지 뉘른베르크나 슈타인을 떠나 이리저리 떠돌아다닌 것은 아니었다. 세계 시장은 단순히 많은 생산량만이 아니라 제품 다양성을 갖추어야 확보할 수 있는 것이었고, 사업을 확장하면 직원 수는 불어날 수밖에 없었다. 물론 회사 입장에서는 오랫동안 같이 일한 충실한 직원이 바람직했는데, 새로 교육해야 하는 수고를 덜 뿐만 아니라 기업 비밀을 갖고 이직하는 위험을 줄일 수 있기 때문이었다.

이직을 막기 위해 파버사는 저축은행을 설립해 직원들이 예금한 액수가 최소한의 일정 금액에 도달하면 5퍼센트의 이자를 지급했다(하지만 이 예금은 미래를 대비하는 것이 목적이었기 때문에 비상시가 아니면 인출할 수 없었다). 공장 측은 또한 직원들이 병에 걸렸을 때에도 임금을 받을 수 있도록 기금을 운영했으며, 직원용 주거지를 마련했다. 자기 집을 원하는 이들에게는 토지를 매각하고 돈을 빌려주었다. 이 밖에 학교, 병원, 도서관, 야외 정원, 실외 체육관을 비롯한 여러 편의 시설이 제공됐으며, "일을 그만두기를 원하지 않거나 그만둘 만한 여유가 없는" 주부 직원들을 위한 탁아 시설까지 있었다.

파버사가 기금을 출연한 내역 중에는 슈타인 지역사회를 위해 교회에 낸 것도 있지만, 출연 기금 혜택의 대부분은 파버사 직원들에게 돌아갔다. 파버 가문 사람들은 직원들과 함께 스포츠 경기나 축제를 즐겼으며, 그들의 주거지 역시 공장 건물들과 뒤섞여 있었다. 파버사가 자사 역사를 기록해놓은 글을 보면 로타어 파버는 거의 신격화되어 있다.

> 로타어 파버는 직원들 가까이에 살면서 그들과 곧잘 어울렸다. 로타어 파버와 그 동생인 요한이 사는 집을 둘러싼 정원과 공원은 삼면을 공장 건물과 맞대고 있으며, 이곳과 마을 사이로 레드니츠강이 흐른다. 작은 냇가의 북쪽 둑 위, 주택들이 자리 잡은 야트막한 언덕에는 뾰족지붕들이 시야에 들어온다. 한편 이 마을 남단에 자리 잡은 경쾌하고 밝은 분위기의 교회에 세워진 고딕 양식의 첨탑은 인근에 평화와 고요, 풍요의 후광을 드리우고 있었다.

19세기 슈타인 지역에 드리우고 있던 A. W. 파버사의 존재를 직원들도 이렇게 느꼈는지 아니면 위압적으로 느꼈는지에 대해서는 파버사의 역사에 기록되어 있지 않다. 그렇지만 연필산업이 슈타인 지역에 큰 혜택을 주었다는 점은 의심할 수 없는 사실이다. 로타어 파버가 회사를 이어받았을 당시 약 800명이었던 슈타인 인구는 19세기 말에 이르러 거의 3배로 불어났다. 어쨌든 이보다 훨씬 전인 1861년 9월 16일에 파버사의 연필 생산 100주년을 기리는 영예로운 기념식이 거행되었다.

기념 축제는 이른 아침부터 시작되어 오후 늦게까지 게임, 시상, 춤 등으로 이어지다가 왕의 친필 축하 서신이 도착하는 바람에 잠시 중단되었다. 이 친서에는 파버사가 "국내외에 떨친 명성이 바바리아 산업계에 영예를 더해주었다"는 내용이 담겨 있었다. 왕은 파버사가 직원들의 "경제적 · 도덕적 복지"에 관심을 기울이는 데 대해 지지를 피력하면서 회사의 영원한 번영을 기원했는데, 편지 말미에 "귀하의 친애하는 왕, 막스"라고 서명했다. 편지를 읽은 뒤 로타어 파버는 막스 왕을 위해 만세삼창을 했다.

이어 파버는 파버사 연필 애용자들인 예술가들이 파버 자신의 좌우명인 '진리, 성실, 근면'을 주제로 한 시를 낭송하여 회사의 명예를 드높여준 데 대해 감사를 표했다. 그런 다음에는 "파버사의 중상주의적 기업 활동과 100주년 기념 축제를 알맞게 표현한 상징적인 그림"의 제막식을 거행했다. 이 그림을 그린 화가는 "연필의 역사와 연필이 예술에 기여한 의미"를 되새기면서 파버사가 기여한 바에 감사를 전한다며 만세삼창을 제창했다. 이 기념 축제에서 로타어 파버가 받은 선물 가운데에는 소년합창단이 "파버의 생일날을 기해 생전에는 창문 밖에서, 사후에는 묘지 앞에서 아침 해가 뜰 무렵 찬가를 불러줄 수 있도록" 그 비용을 미리 신탁한다는 발표도 포함되어 있었다.

A. W. 파버사의 100주년 기념 축제가 성황리에 끝나자, 로타어 파버가 회사를 물려받은 지 25주년이 되는 날을 기념하는 축제를 열자는 계획이 수립되었다. 실제로 25주년 되는 날은 1864년 8월 19일이었지만 기념식 날짜는 9월 19일로 잡혔다. 이날 아침 파버는 흑연 광산과 벌목 중인 삼나무 숲 등 연필에 관련된 것을 소재로 삼아 그린 그림을 선물 받았다. 이 그림은 선물 증정자들의 헌시와 서명으로 둘러싸여 있었다. 기념 축제일 오후에는 교회에서 출발한 가장행렬이 이어졌다. 이 가장행렬 선두에는 "평범한 지휘봉 대신 거대한 연필 모형을 왼손에 든 행렬 지휘자가 있었는데, 그가 탄 말은 온갖 연필 모양으로 디자인한 세련된 장식물들로 꾸며졌다." 그 뒤로는 퍼레이드 차량과 이동식 무대 차량이 따르고 있었다.

> 차량 행렬 선두에 선 차는 흑연 광산을 상징했다. 독일식 복장과 중국식 복장을 한 광부 둘이 이 차에 타고 있었는데, 중국식 복장은 A. W. 파버사에 흑연을 공급해주고 있는 동양의 시베리아 광산을 암시하려는 의도였다. 두 번째 퍼레이드 차량은 흑연을 세척하고 연필심 제작을 준비하는 과정을 보여주었다. 세 번째 차량은 나무 자루를 만드는 작업을 보여주었으며, 네 번째 차량은 연필을 접착하는 과정을 보여주었다. 다섯 번째 차량은 대패질과 마감 작업을, 여섯 번째 차량은 광택 작업과 상표 인쇄 작업을 보여주었다. 일곱 번째 차량에는 미국의 성조기를 비롯하여 영국기, 독일기, 프랑스기로 장식된 배가 실려 있었다. 차에 실린 배 안에는 백인과 흑인 선원이 타고 있었으며, 플로리다산 삼나무 목재가 실려

> 있었다. 여덟 번째로는 연필을 배달하는 운반 차량이 뒤를 따랐다. 운반 차량에는 바구니를 든 사람이 타고 있었는데, 이는 과거에 연필을 배달하던 장면을 재현한 것이다. 아홉 번째 차에는 꽃, 과일, 야채 등이 실려 있었다. 이는 과거 쓸모없는 황무지로 버려져 있던 이 지역이 파버사의 멋진 대지로 변모했음을 상징하는 것이다. 이 차량 대열 뒤로는 네 명의 근로자가 대형 연필을 어깨에 짊어지고 행진했다. 이 연필은 길이가 약 2미터 45센티미터로 그에 걸맞은 두께를 하고 있었다. 이 대형 연필의 앞쪽 끝은 뾰족하게 갈려 있었으며, 반대쪽 끝은 하얀 덮개로 장식되어 있었다.

이상에서 묘사된 것이 가장행렬의 전부는 아니었다. 그 뒤를 이어 글씨가 새겨진 거대한 석판과 교회의 모형이 따라오고 있었으나 정작 사람들의 관심이 쏠린 것은 연필 생산의 각 단계를 보여주는 차량들이었다. 이 차량들에 타고 있던 작업자들은 작업하는 흉내만 내고 있었던 것이 아니다. 차 위의 작업대 앞에 앉은 "흑연 재단사, 대패공, 홈 파는 직공, 세척공, 접합공, 마감공, 등급 표시 작업자, 상표 인쇄공, 광택 작업과 포장 작업을 하는 여직공"들은 구경꾼들이 보는 앞에서 분주하게 자기가 맡은 작업과 기계 조작을 했다. 이뿐만이 아니다. 실제 작동 중인 증기기관 엔진도 가장행렬의 뒤를 따르고 있었다. 장관을 이루는 이 가장행렬이 공원에 도착하자 이를 보고 감탄하는 사장에게 온갖 찬사와 감사장, 환호가 쏟아졌다. 가장행렬이 파버 가족 옆을 천천히 지나가는 동안 미리 차에 타고 있던 연사들은 각 가장행렬 차량에 대한 설명을 세련된 운율에 맞춰 시처럼 낭랑한 어투로 읊었다. 다음 순서로 로타어 파버는 직원들에게 "회사의 기본 이념을 간략하게 소개하는 연설"을 했다. 그는 지난 25년간을 되돌아보면서 "많은 독일 업체들이 상당수 직원을 감원할 수밖에 없었던 침체와 불황의 시기에도 불구하고 파버사만은 조업 중단 없이 직원 전원을 작업에 투입할 수 있었으며, 임금도 전액 지불할 수 있었던" 데 대해 자랑스러움을 표하고는 이 같은 실적이 앞으로도 계속될 것임을 약속했다.

A. W. 파버사의 역사를 다룬 책에 회사의 공적인 일만 기록된 것은 아니다. 1877년, 로타어 파버의 아들 바론 빌헬름Baron Wilhelm von Faber이 결혼을 하면서 회사 경영 일부를 책임지게 되자 로타어 파버가 아들에게 앨범을 주었다는 사사로운 내용도 기록되어 있다. 앨범 첫 장에는 다음과 같은 편지가 쓰여 있었다. "결혼을 하고, 파버사 경영 활동에 독립적으로 참여하게 됨으로써 인생의 전환점을 맞는 너에게 이 앨범을 선물한다. … 기업 경영이란 자사 제품을 전제군주국에 판매하든 공화국에 판매하든 상관없이 전제적 체제를 기반으로 하고 있다. 그 길만이 올바른 방향이라고 이 아비는 믿는다."

현명한 로타어 파버가 아들에게 강조한 내용은 연필산업의 기술과 제품 생산 분야에 대한 것이 아니라 경영과 거래에 관한 것이었다. A. W. 파버사와 그 연필이 국제무대에서 명성을 얻은 것은 로타어 파버의 뛰어난 리더십 덕이었지만, 만약 그가 연필산업의 기술적 측면에만 관심을 쏟았다고 하더라도 같은 결과를 얻었을 것이다. 사실 로타어 파버의 취임 25주년을 기념하는 가장행렬은 최신 연필 생산 기계에 초점을 맞춘 행사가 아니었다. 오히려 일단의 전문 기술자들을 돋보이게 한 행사였다. 1870년대 독일 연필산업은 구식 방식과 디자인을 고수하고 있었으며, 여전히 낱개 단위로 연필을 만들어내고 있었다. 비록 보통 연필보다 3배 긴 연필을 만든 다음 이를 삼등분하는 작업을

《뉘른베르크 인근 슈타인에 있는 A. W. 파버 연필 공장The lead pencil manufactory of A. W. Faber at Stein near Nürnberg》에 실린 삽화. 19세기에 연필을 만들던 과정이다. 흑연을 씻고, 갈고, 나무판자를 대패로 켜고, 나무 자루에 흑연심을 접합하고, 이를 자르고, 광을 낸 다음 상표를 찍고, 포장하는 과정이다.

하기도 했지만, 그 과정 자체는 보통 연필을 만드는 방식과 똑같았다. 게다가 당시의 독일 연필들은 나무 자루를 아교로 붙인 뒤 줄로 묶어 건조시키는 방법으로 만들었는데, 이러한 방식으로 접합시킨 연필들은 접착 면이 약해 쓰다가 떨어지는 경우도 종종 있어 소비자들을 당혹스럽게 했다.

그렇다고 해서 파버사 공장이 전혀 기계화되어 있지 않았다는 의미는 아니다. 1830년대와 1840년대 독일인들은 나무 자루에 연필심 홈을 팔 때 기계의 힘을 빌리는 등 어느 정도 혁신적인 기술을 도입했다. 뿐만 아니라 (비록 사각심에 한정된 경우이기는 하지만) 프레스기를 이용해 흑연과 점토를 혼합한 반죽으로부터 사각심을 길게 뽑아내거나 최신 연필에는 금박이나 은박 스탬프를 찍기도 했다. 1840년대 초에 파버사는 육각 연필을 생산하고 있었는데, 연필 생산 공정에 아무리 기계화나 근대화가 이루어졌다 해도 과거 카스파어 파버가 오두막에서 연필을 생산하던 시절부터 내려온, 한 번에 1자루씩 만들어내는 방식만은 변함이 없었다. 기계가 도입됨에 따라 연필 생산량이 몇 배 늘어나 막대한 수출 물량도 충분히 감당할 수 있었지만 값싼 노동력을 쉽게 확보할 수 있었던 독일의 노동 환경 탓에 전 공정의 기계화가 유발되지는 못했다.

파버는 곧 연필을 뜻한다

알리베르가 새로운 흑연광을 발견한 지 15년 뒤, 파버사는 창립 100주년을 맞은 1861년에 이르러서야 비로소 시베리아산 흑연으로 만든 연필을 시장에 내놓을 수 있었다(하지만 미국에는 1865년까지도 이 연필이 공급되지 않았다). 이때부터 파버사는 시베리아산 천연 흑연으로 탁월한 품질의 연필을 생산할 수 있었고, 이 흑연 분말에 질 좋은 바바리아산 점토를 섞어 일정한 경도를 유지하는 동시에 재성형이 가능한 혼합 흑연을 만들어냄으로써 다양한 등급의 최상품 예술가용 연필을 생산할 수 있었다. 뿐만 아니라 이미 1830년대부터 예술가용 드로잉 연필을 생산하고 있던 파버사는 등급을 좀 더 세분하고 등급 전체의 범위도 넓힐 수 있었다. 처음에는 각 등급 간에 연필의 특성을 일정한 정도로 유지하면서 7등급으로 생산했다. 등급은 짙기가 줄어드는 대신 경도가 늘어나는 정도에 따라 BB, B, HB, F, H, HH, HHH로 매겨 연필에 표시했다. 19세기 중엽까지 런던에서는 볼프Wolff사의 13등급짜리 '정제된 흑연 연필'을 구입할 수 있었다. 그러나 파버사는 시베리아산 천연 흑연을 재료로 삼음으로써 경도와 짙기를 16등급으로 더 세분한 연필을 만들 수 있었다. 이 16등급 연필은 1862년 런던 박람회에 선을 보였는데, 사람들은 이것이 1851년 만국박람회에 출품된 브록크던의 압축 흑연 연필 이래 유일하게 진보한 제품이라며 찬사를 아끼지 않았다.

등급을 문자로 표시하던 곳에서는 같은 등급이라도 성질이 일정치 않다는 문제가 남아 있었다. 연필 짙기를 정확하게 표시한 실질적인 등급제는 흑연과 점토의 혼합 비율에 따라 경도를 조절할 수 있는 공정을 이용한 프랑스에서 시작되었다. 콩테는 숫자가 1, 2, 3 등으로 커질수록 경도는 줄어드는 등급제를 썼는데, 요즘에는 반대로 숫자가 커질수록 경도도 높아진다. 문자를 이용해 등급을 매기는 방법을 처음 시도한 사람은 런던의 연필 생산업자인 브룩맨Brookman이었다. 그는 B는 '짙기black'를, H는 '단단함hard'을 뜻하는 것으로 분류했다. B나 H

를 반복하면 더 진하거나 더 단단하다는 표시였다. 예술가들은 연필이 짙은 정도에 관심을 가졌던 반면 설계사들은 단단한 정도에 관심을 가졌는데, 이들 두 부류의 관심이 서로 다른 속성으로 나뉘어 있었기 때문에 B와 H라는 비대칭적인 등급 표시 문자가 생긴 것 같다. 그런데 연필 사용자들이 B와 H 등급에 가까운 연필을 점점 더 선호하게 됨에 따라 이 두 등급의 중간인 HB, 즉 '단단하고 짙은' 연필이 등장했다. HB와 H 사이에 해당하는 F 등급도 등장했는데, F는 '견고함firm' 혹은 '뾰족한 촉fine point'을 가리키는 것으로 여겨진다. 독일 및 프랑스 저술가들은 연필 등급을 표시하는 문자로 영어를 신뢰했다.

소로가 자신이 만든 연필 일부에 숫자로 등급을 표시했던 미국에서는 S와 H를 이용해 등급을 표시했는데, 이 방법이 좀 더 일관성 있는 듯하다. 19세기 말에 딕슨사는 예술가들과 설계사들을 대상으로 한 11등급짜리 연필을 홍보했는데, 독특하게도 등급이 VVS(매우 매우 부드러움very very soft), MB(중간 짙기medium black), VVVH(매우 매우 매우 단단함very very very hard) 같은 식으로 나뉘어졌다. 20세기 들어서 연필 등급을 표시하는 방식은 어느 정도 통일성을 띠기 시작했지만, 등급 자체의 표준화는 이루어지지 않았다. 따라서 같은 HH 혹은 2H 등급이라 해도 제조사에 따라 짙기나 경도가 제각각이었다.

독일 연필은 비록 프랑스인이 발견한 최고 품질의 시베리아산 흑연에, 프랑스에서 개발된 공법으로 만든 연필심에, 영국에서 시작된 등급 표시 제도를 도입해 태어난 것이기는 했지만, 이를 모든 연필의 본보기로 정착시킨 것은 독일인들의 사업 감각이었다. 로타어 파버를 필두로 19세기 말경 뉘른베르크에서는 26개나 되는 연필 생산업체들이 5,000여 명의 종업원을 거느리고 매년 250만 자루의 연필을 생산하고 있었으며, 시베리아산 흑연으로 만든 연필은 본받을 만한 표본이 되었다. 뉘른베르크는 바야흐로 세계 연필산업의 중심지가 되었다.

A. W. 파버사는 알리베르 흑연광에서 캐낸 흑연에 대해 독점권을 소유하고 있었으므로 이를 소비자들에게 "'시베리아산 흑연'이라는 말은 예술가, 공학자, 디자이너, 설계사들의 일상용어다"라고 선전하는 데 조금도 주저하지 않았다. 가령 파버사의 1897년도 카탈로그에는 "시베리아산 흑연 연필"이 커다랗게 쓰여 있는데, 그 내용을 보면 영국제 연필처럼 "한 조각짜리 통짜 흑연"으로 만든 최상의 품질을 자랑하며, "유럽에서 가장 저명한 예술가들"이 이 연필의 탁월함을 보증한다며 외젠 비올레르뒤크Eugène Viollet-le-Duc, 구스타프 도레Gustave Dorè 같은 이름을 열거하고 있다. 1897년도 미국 가격표에는 (이미 오래 전에 사망한) 안톤 빌헬름 파버가 썼다고 알려진 메시지까지 큰 활자로 실렸다.

> 나는 내 이름과 이니셜에서 따온 우리의 등록상표 'A. W. 파버'와 일부 보급가 제품에 붙는 'A. W. F.'라는 등록상표에 대해 특히 주의를 당부하고 싶다. 연필에 찍힌 'A. W. 파버'라는 상표와 내 서명, 그리고 '1761년 창사'라는 문구를 언제나 주의해서 확인해주기 바란다.

'1761년 창사'라는 말은 가격표 매 페이지 상단과 하단에 인쇄되어 있었고, 연필들이 컬러로 인쇄된 화려한 카탈로그에도 꼭 들어 있었다. 이러한 특별 조치는 예나 지금이나 필요할 수밖에 없었다. 경쟁이 치열한 국제 시장에서 빠른 시일 안에 소비자들의 관심을 끌고 두각

1897년 A. W. 파버사 카탈로그에 실린 반 다스짜리 연필 삽화.
'특허 받은 시베리아산 흑연'이라는 문구를 확인할 수 있다.

을 나타내는 데 유사품만큼 쉽고 빠른 방법이 없었기 때문이다.

파버라는 이름이 이미 명성을 날리고 있었기 때문에 로타어 파버로서는 남자 상속자가 회사를 물려받도록 하는 게 매우 중요했다. 로타어의 이런 바람은 아들 바론 빌헬름이 자기 삼촌*이자 뉴욕의 유명 연필업자인 에버하르트 파버Eberhardt Faber의 딸 베르타와 결혼할 때만 해도 실현 가능성이 있는 현실적인 꿈처럼 보였다. 로타어가 바란 대로 아들 빌헬름은 사내아이 둘을 낳았다. 그런데 두 아이는 5살이 되기도 전에 세상을 떠났으며, 바론 빌헬름은 1893년 사망할 때까지 회사 일에 별 의욕 없이 임했다. 로타어 파버는 가장으로서 1896년 세상을 뜰 때까지 반세기가 넘도록 회사를 이끌 수밖에 없었다. 그가 사망한 뒤에는 손녀 오틸리에Ottilie Tilly von Faber가 카스텔 뤼덴하우젠Castell-Rüdenhausen 공작과 결혼할 때까지 로타어의 미망인이 회사 경영을 맡았다. 결혼한 카스텔 뤼덴하우젠 공작은 왕으로부터 성을 파버카스텔Faber-Castell로 바꿔도 좋다는 허락을 받았다. 바로 이 이름이 오늘날까지 연필 생산의 전통 속에 살아 숨 쉬고 있는 것이다.

그렇지만 로타어 생전에 형제간 비극이 일어나지 않았다면 A. W. 파버사 연필은 도처에서 홍수를 이뤘을지도 모른다. 1876년, 로타어 파버의 동생이자 A. W. 파버사에서 기술 및 생산 부문을 맡고 있던 요한 파버Johann Faber가 가업에서 손을 떼고 떠났다. 요한은 생산 부문을 책임지고 있었기 때문에 A. W. 파버사의 우수한 연필 제조 비법을 낱낱이

* 로타어 파버의 아버지 게오르크 레온하르트 파버는 슬하에 세 아들과 두 딸을 두었는데, 세 아들(로타어 파버, 요한 파버, 에버하르트 파버) 모두 연필 생산업에 종사했다. 이 책에서도 언급하듯 장남인 로타어 파버가 A. W. 파버사를 물려받았고, 막내아들인 에버하르트 파버는 뉴욕으로 건너가 파버사 일을 돕다가 자기 연필회사를 차린다.

알고 있었다. 그는 1878년 뉘른베르크에 독자적인 회사를 세웠다. 40년이나 된 구식 설비를 쓰고 있던 A. W. 파버사를 떠난 요한 파버는 최신식 설비를 갖추고 빠른 속도로 사세를 확장해 파리, 런던 등 독일 외 지역에도 지사를 세웠다. 하지만 그는 최고 품질의 연필을 내놓으면서도 "시장에 진입하기 위해서는 많은 선입견을 극복해야만 했다."

> 당시에는 많은 저질 연필업자가 유명한 'A. W. 파버' 상표를 모방한 유사 상표를 쓰고 있었다. 이런 유사품들은 '파버'라는 이름 앞에 이니셜 철자만 바꿔 붙임으로써 마치 진짜 A. W. 파버사 연필인 것처럼 사기를 쳤다. 이런 형편이었기 때문에 사람들은 또 다른 '파버' 이름이 들어간 상표를(요한 파버는 진짜 '파버'였음에도 불구하고) 불신할 수밖에 없었다.

요한 파버가 직면한 어려움은 형 로타어 파버가 'A. W.' 이니셜이 없는 '파버' 연필은 "겉만 그럴싸한 모조품"이라고 발표해버린 탓도 컸다. 이는 두 형제 회사 간에 법정 소송이 벌어지는 사태로까지 이어졌다. 1883년, 법정이 요한 파버의 손을 들어줌에 따라 A. W. 파버사는 요한 파버의 연필을 인정할 수밖에 없었다. 형제 회사 간의 갈등이 법정에서 판가름 나자 A. W. 파버사는 유사품에 대한 자사의 주장을 좀 더 용의주도하게 밀고 나갔다. 법정 싸움에서 승소했음에도 요한 파버의 연필 수출이 더 수월해진 것은 아니었으며, 기존 시장에 진입한 이 새로운 파버사는 판로를 찾기 위해 해외로 대표단을 파견할 수밖에 없었다. 요한 파버의 아들인 카를Carl과 에른스트Ernst는 경영을 이어받자마자 유럽 전역으로 출장을 다녔다. 1893년 시카고에서 열린 만국박람회에 출품된 요한 파버의 연필은 전 세계로 팔려나갔다.

당시 알리베르 광산이 아닌 다른 시베리아 흑연 광산에서 흑연을 공급받고 있던 요한 파버사는 알리베르 광산이 "모든 가능성을 잃었으며 곧 고갈될 것"이라고 주장했다. 새로운 시베리아산 흑연의 "탁월한 순도"는 바바리아 산업전시관 책임 화학자의 분석을 통해 입증됐는데, 이 흑연은 높은 탄소 함유량이 강조된 채 산업전시관에 진열됐다.

사실 어떤 연필업체든 자사 신제품이 최고 품질의 흑연으로 만들어졌다고 주장하거나 아니면 적어도 그런 인상을 주는 일은 매우 중요했다. 요한 파버사는 새로운 원료를 사용해 "모든 종류의 연필을 완비했으며" 이를 가능케 한 원료의 화학적인 성분 분석 결과를 홍보했다. 반면 다른 연필회사들은 다른 방법으로 제품을 광고했다.

장미는 그 이름이 무엇이든 언제나 향기롭지만, 연필은 이름을 잘못 지으면 팔리지 않는다. 연필 제조업체들은 이 점을 잘 알고 있었다. 그들은 자기 제품이 우수하다는 느낌을 줄 수 있는 이름과 선전 문구를 개발해 연필에 인쇄했다. 컴벌랜드나 시베리아산 흑연을 썼다는 주장은 새빨간 거짓말인 경우가 허다했다. 하지만 그런 문구를 넣는 데 쓰인 화려한 금박이나 은박은 다 진짜였다.

가장 연필다운 연필

파버 가문 연필들은 빈과 부트바이스budweis[*]에 공장이 있는 L. & C. 하르트무트사와 치열한 경쟁을 벌이고 있었다. 하르트무

* 오늘날 체코 남보헤미아주에 자리한 도시로, 독일어로는 '부트바이스budweis'라 하지만 체코어로는 '체스케 부데요비체České Budějovice'라 한다.

트사 창업자 요제프 하르트무트의 손자인 프란츠 폰 하르트무트Franz von Hardtmuth는 전 세계적으로 유통되고 있던 일반 연필 가격보다 3배나 비싼 최고 품질의 고가 연필을 만들어 팔겠다는 포부를 갖고 있었다. 필요한 연구 개발 과정을 마쳐 이제는 거의 실현 단계에 와 있었다. 전해지는 이야기에 따르면, 하르트무트사는 이 신제품을 오스트리아-헝가리 국기 색깔로 칠하기로 결정해놓은 상태였다.* 심이 검은색이므로 자루는 황금색으로 도색해야 했다. 그런데 동양에서 난 최상의 흑연으로 만들었다는 사실까지 보여주기 위해서는 노란색이 가장 좋은 선택이었다. 색깔이 결정되자 하르트무트사는 연필의 품질과 가치를 함축하면서도 인상적인 상품명을 고심했고, 마침내 코이누르Koh-I-Noor라는 이름이 붙여졌다. 이 새로운 연필은 1890년 시장에 나오자마자 뜨거운 반응을 얻었다. 특히 1893년 시카고 만국박람회에 전시된 이후에는 엄청난 성공을 거두었다.

코이누르 연필이 시장에 등장한 지 수십 년이 지나도록 미국의 코이누르 연필회사는 이 상표를 자랑스럽게 여겨 새로운 잠재 고객들을 설득하는 데 주저하지 않았다. 이들 고객은 십중팔구 옛날의 만국박람회를 보지 못했던 세대로, 당연히 흑연과 "역사상 가장 위대한 다이아몬드"—이를 응용하자면 코이누르는 "역사상 최고의 연필에 가장 잘 어울리는 이름"이었다—가 똑같은 탄소로 이루어져 있다며 함께 전시된 모습도 보지 못했다. 코이누르 연필의 품질이 단순히 '최우수' 정도였든 아니면 '최우수의 최우수'였든, 혹은 그보다도 더 좋은 것이었

* 오스트리아와 헝가리는 1867년부터 1918년까지 하나의 제국으로 묶여 있었다. 여기서 '오스트리아-헝가리 국기'는 오스트리아 쪽에서 썼던 위쪽은 검은색에 아래쪽은 황금색인 국기를 말하는 듯하다.

19세기 말 코이누르 연필 광고.

든지 간에 생산비가 많이 들어간 것만은 분명했다. 따라서 값이 보통 연필보다 훨씬 비싸게 매겨진 것은 당연했다. 회사는 가격이 비싼 데 대해 다음과 같이 해명했다. "비싸더라도 품질이 탁월한 연필이 훨씬 경제적이다."

코이누르 연필은 오늘날에도 판매되고 있다. 사람들은 자기에게 맞는 연필이 '코이누르 필기 연필'인지, '코이누르 우등 연필'인지, 아니면 '코이누르 디럭스 필기 연필'인지를 알기 위해서는 업체들이 쓰는 "별난 용어사전"의 속내를 알고 있어야만 한다. 지금 나열한 연필들은 모두 심이 잘 부러지지 않으며 잘 써진다. 그런데 분명한 사실은 어느 한 종류가 다른 것보다 질이 더 우수하다는 점이다. 이처럼 이름만 봐서는 어떤 것이 더 우수한지 알 수 없는데, 이는 과거 브리태니아 다리를 만들던 공학자들이 철강 전문가들 사이에서 최고 품질의 강철을 일컫는 용어가 무엇인지 몰라 무조건 '최상의 최상의 최상의' 강철을 요구하던 일을 떠올리면 납득이 갈 것이다.

시베리아산 흑연은 노란색 페인트를 칠한 코이누르 연필의 성공과 함께 업계의 간판 재료로 부상했으며, 코이누르 연필은 나중에 "원조 노란 연필Original Yellow Pencil"이라는 문구로 선전되었다. 이렇게 시베리아산 흑연의 주가가 올라가자 연필업체들은 자기들 제품도 '동양'과 관련이 있다는 점을 소비자들에게 은근히 보여줌으로써 당시 최고 품질의 흑연을 썼다는 인상을 주려 했다. 그래서 연필에 몽골Mongol이나 미카도Mikado 같은 동양적인 이름을 붙였다. 질 나쁜 목재의 결점을 감추기 위해 자루에 노란색을 칠했던 19세기 초 케즈윅의 일부 연필업체들과 마찬가지로 19세기 말의 연필업체들도 나쁜 품질의 연필에 마치 코이누르 연필처럼 품질이 좋다는 인상을 주고자 노란색을 칠했다.

19세기 말에는 연필에 검은색, 붉은색, 고동색, 자주색 등 진한 색을 칠하는 게 일반적인 관행이어서 천연 나무 자루나 니스 칠 정도만 한 연필은 더 이상 구할 수 없었다. 이전까지 최고의 목재로 만든 최고의 연필은 "천연 그대로 광택만 낸" 것이었다. 컴벌랜드산 연필 생산에 관해 다룬 1866년의 어떤 기록에서 글쓴이는 연필에 니스 칠을 하는 것은 불필요하며, 가장 바람직하지 못한 작업이라고 설명했다. "연필에 니스 칠을 하면 멋있게 보이기는 하겠지만 그렇다고 질이 더 나아지는 것은 아니다. 이는 최고 품질의 연필에는 니스 칠을 하지 않는다는 사실을 통해서도 알 수 있다." 그러나 코이누르 연필의 대대적인 성공은 이러한 생각을 바꿔놓았다.

오늘날에는 품질에 상관없이 4자루 중 3자루는 이 노란 연필이다. 연필에 관해 전해져 내려오는 이야기들이 흔히 그렇듯이 연필에 노란색을 칠하게 된 유래에 대한 이야기들 역시 정확한 것은 아니며 여러 번 각색된 것이나. 어떤 연필업체가 초록색과 노란색을 칠한 똑같은 연필을 어떤 사무실에 납품했다고, 이 사무실에서 직원들에게 연필을 나눠주었다고 하자. 직원들은 초록색 연필이 질이 나빠 잘 부러지고, 심을 갈기도 힘들며, 노란색 연필에 비해 부드럽게 써지지 않는다고 불평하기 시작할 것이다. 이런 실험이 자주 행해졌던 20세기 중반까지 연필 사용자들은 노란색이 품질 좋은 아시아산 흑연을 상징하기 위해 사용됐다는 사실이나 전설적인 다이아몬드에서 이름을 따온 연필과 관련이 있다는 사실을 몰랐음에도 불구하고 노란 연필이 '가장 연필다운 연필'로 확고히 자리 잡았고, 다른 색을 칠한 연필은 품질이 떨어진다고 여겨지기까지 했다. 노란 연필을 대하는 사람들의 행동이 심리적인 문제로 인한 것이든 아니든 간에 노란색은 스쿨버스나 고속도로 표지처럼 필기용 연필에서도 가장 선호되는 색상이 되었다. 어쨌거나 노란색이 번잡한 고속도로에서나 사무실 책상 위에서 가장 눈에 잘 띄는 색인 것만은 분명하다.

하지만 시베리아산 흑연과 노란 연필이 일반적인 기준으로 자리 잡기 훨씬 이전부터, 또 로타어 파버와 요한 파버 형제가 갈등을 빚기 훨씬 이전부터 시장에서는 지나치게 많은 연필업체가 경쟁을 벌이고 있었다. 이들 업체에게는 연필산업이 아직 발아기에 지나지 않던 미국 시장이 황금 어장이나 다름없었다. 19세기 중반 미국 연필산업의 중심지는 보스턴에서 뉴욕시로 옮겨 갔다. 뉴욕시에는 연필 도매상이 집중되어 있었다. 이들은 생산업체로부터 물건을 받아 유통시킴으로써 생산자들이 일일이 돌아다니며 연필을 파는 수고를 덜어주었기 때문에 점점 이들 곁으로 연필업체들이 몰려들었다. 당시 독일 연필산업은 확장일로에 있는 새로운 미국 시장에 교두보를 마련할 길을 모색하고 있었다. 1843년 A. W. 파버사는 뉴욕시 릴리엔달사J. G. R. Lilliendahl를 미국 지역 독점 총판으로 지정했다. 이것이 독일 연필 제조업체로서는 미국에 영원히 자리 잡으려는 최초의 시도이자, 격렬한 경쟁시대의 서막을 알리는 신호였다.

12

기계화가 이루어지다

1820년대 미국 보스턴의 문구상이나 철물상들은 영국제 연필과 함께 국산 연필도 팔기는 했지만 그것이 매사추세츠주에 있는 몇 안 되는 소규모 연필 제조업체들에게도 판로가 열려 있었다는 의미는 아니다. 조셉 딕슨도 이런 상황을 알고 있었다. 딕슨이 세운 회사가 미국 내에서 성공을 거둔 연필업체가 된 지 한참 지난 19세기 말까지도 이 회사의 판촉 유인물에는 다음과 같은 문구가 여전히 강조되고 있었다.

> 늘 그런 것은 아니지만 이상하게도 미국인들의 마음속에는 종종 국산품을 배척하는 편견이 자리 잡고 있다. 딕슨사 연필은 출발에서부터 이런 뿌리 깊은 편견과 싸워야 했고, 이런 편견은 아주 조금씩이기는 하지만 서서히 극복되고 있다. 또한 미국인들은 국산 연필이 외제나 수입 연필만큼 질이 좋을 뿐만 아니라 많은 경우 훨씬 뛰어나다는 사실을 깨달아가고 있다. 조셉 딕슨 용광로 회사는 자사 제품을 판매할 때 늘 자랑스럽게 국산품임을 내세우고 있으며, 수입품인 것처럼 상표를 찍어 소비자들의 편견에 영합하려

는 행위는 절대 하지 않았다. 오늘날 딕슨사의 광고 문구는 이렇게 이어진다. "미국 산업, 미국 원료, 미국 자본, 미국 두뇌, 미국 노동, 미국의 기계로."

1890년대 무렵이면 딕슨사는 외제 상표를 무시해도 될 만큼 크게 성장하여 이렇게 선언하기에 이른다. "1827년에 설립된 가장 오래된 회사이며, 세계 연필업계에서 가장 큰 회사." 이렇듯 최상급을 쓴 표현은 연필산업에 매우 흔했다. 연필산업이 어떻게 일어섰는지, 또 어떻게 서로 모순된 것처럼 보이지만 각각이 진실에 유사한 일면을 지니고 있었는지를 이해하려면, 어떻게 미국 연필산업이 19세기 동안 누더기에서 부富로 옮겨 갔는가를 이해할 필요가 있다. 이는 인간과 기계에 관한 이야기다.

조셉 딕슨은 1799년 매사추세츠주 마블헤드Marblehead에서 태어났다. 딕슨의 아버지는 뉴잉글랜드와 동양을 오가는 선박들을 소유한 선주였는데, 이 선박들이 출입하는 항구 중에는 실론 섬도 있었다. 이 섬에 풍부한 흑연은 무겁고 밀도가 높았다. 때문에 선박들은 실론 섬에서 돌아올 때면 이 흑연을 밸러스트ballast* 로 썼고, 미국에 도착하면 항구에 버렸다. 그런데 이때까지 연필을 본 적이 없던 소년 딕슨은 친구 프랜시스 피보디에게서 흑연에 점토를 섞어 구우면 좋은 연필심을 만들 수 있다는 이야기를 듣곤 초보적인 실험을 해보았다고 한다. 딕슨이 만약 다른 사람에게 이 구운 연필심 이야기를 했다면 그들 역시 무언가 실험을 해봤을 것이다. 어쨌거나 딕슨은 곧 자금이 바닥나 연필

* 화물이 적은 배의 무게 중심을 잡기 위해 배 바닥에 싣는 돌이나 흙.

1900년대 딕슨사의 연필 광고.

심을 만들 연구 개발을 계속할 수 없었다. 그래서 그는 돈도 벌고 점토를 굽는 법도 좀 더 배우기 위해 가마에서 일하는 직업을 갖게 되었다고 한다.

딕슨은 23살 되던 해에 마블헤드의 소목장 에벤에저 마틴Ebenezer Martin의 딸 한나와 결혼했다. 이들의 작은 보금자리는 곧 딕슨의 실험실이 되었다. 그는 흑연과 점토로 실험을 계속하는 한편 흑연심을 길게 뽑아내는 수동 기계와 삼나무 자루를 재단해 홈을 파는 수동 기계를 만들어냈다. 하지만 그가 만든 연필은 흑연을 충분히 정제하지 않았기 때문에 현지 상인들에게서 품질을 인정받지 못했다. 딕슨이 1830년대에 만든 연필 1다스가 발견됐는데, 이물질이 너무 많이 섞여 있어 심이 서걱거리는데다 나무 자루에 심이 고르게 삽입되지도 않았고, 나무 자루 자체도 마무리가 깔끔하지 못했다. 심지어는 상표 인쇄에도 실수가 있다. 다재다능한 딕슨 자신이 석판 인쇄를 했음에도 불구하고, (딕슨이 용광로 사업을 성공적으로 일으킨) 매사추세츠주의 '세일럼Salem' 지명을 인쇄하면서 'a'자를 빠뜨린 것이다.

딕슨은 실론 섬에서 흑연을 수입하기 시작했다. 이 말은 선장들이 밸러스트로 실어 온 흑연을 항만에 내다 버리는 대신 부두에 하역시키기 시작했다는 뜻이다. 이에 따라 딕슨은 '크루서블crucible'이라고 불리는 용광로 제작에 가장 적합한 원료를 값싸고 풍부하게 공급받을 수 있었다. 용광로를 '크루서블'로 부르게 된 것은 한때 사람들이 용광로 겉에 십자 표시를 했기 때문이었다.* 용광로는 주물하기 전에 금속을 녹일 때 쓰는 것인데, 흑연을 넣어 만든 용광로는 녹은 금속이 엉겨

* 크루서블은 '십자가'를 뜻하는 라틴어 단어 crux에 어원을 두고 있다.

붙지 않았다. 이는 점토로 만든 일반적인 용광로에는 없는 뚜렷한 장점이었다. 딕슨이 만든 용광로는 (용광로라면 어쩔 수 없이 겪는 숙명인) 고온 아래에서도 잘 견딜뿐더러 여든 번쯤 사용해도 멀쩡한, 그야말로 훌륭한 성능을 갖고 있었다. 하지만 그는 이 용광로 주조업으로 큰돈을 벌진 못했는데, 주물공장에서 한 번 사 가면 당분간 새 용광로를 살 필요가 없기 때문이었다. 넘쳐나는 흑연을 활용할 다른 사업거리를 찾아다니던 딕슨이 발견한 것은 바로 난로 광택제와 연필이었다. 난로 광택제 사업은 성공적이었지만 연필 사업은 그렇지 못했다.

조셉 딕슨(1799~1869). 그는 미국인들에게 수입산 연필 못지않게 국산 연필도 좋다는 걸 알리는 데 성공했다.

딕슨은 계속 이 일 저 일을 벌였다. 그는 동년배 발명가인 아이작 배빗Isaac Babbitt과 함께 마찰열에 손상되지 않는 물질을 개발하는 데 몰두했다. 그렇게 개발한 결과가 바로 배빗 금속babbitt metal이라고 알려진 감마 합금이었다. 이 합금은 기계 베어링에 널리 이용되었다. 딕슨은 초창기 카메라 개량에도 관여했다. 그는 뷰파인더로 피사체를 볼 때 이미지를 똑바로 바라볼 수 있게 해주는 거울을 발명했다. 사진술만이 아니라 석판 인쇄에도 조예가 깊었던 그는 위조범들이 감히 위조할 엄두도 내지 못할 사진 석판 인쇄술을 개발하기도 했다.

1846년 미국과 멕시코 사이에 전쟁이 일어나자 철 생산에 필수적인 흑연 용광로에 대한 수요가 급증했다. 수요를 맞추기 위해 딕슨은

1847년 허드슨 강을 사이에 두고 뉴욕시와 마주보고 있는 저지시Jersey City에 공장을 신설했다. 이 용광로 공장 한구석에서 연필을 생산했기 때문에 딕슨의 공장은 뉴욕 메트로폴리탄 지역 최초의 연필 공장이라고 일컬어진다. 딕슨이 연필 사업을 시작한 때는 마침 연필산업의 세계적인 확장기였다. 그러나 딕슨의 사업이 성공적으로 유지된 것은 연필 때문이 아니었다. 딕슨은 용광로 사업에서 6만 달러의 수익을 올린데 반해 연필 쪽에서는 5,000달러의 손해를 봤다.

당시 철강산업은 새롭게 부상하는 사업이었기 때문에 조셉 딕슨은 흑연 용광로를 개량하는 실험을 계속했다. 1850년대에 마침내 그는 강철 품질을 향상시킬 수 있는 용광로 개발에 성공했으며, 이 용광로로 제련한 고품질 강철은 브루클린교 철삭을 제작하는 데 사용되었다. 이 강철은 한동안 흑연 용광로를 사용하는 것 말고 다른 방식으로는 생산할 수 없었다. 용광로가 핵심 사업이었기 때문에 딕슨은 1867년 건강상의 이유로 사업을 재정비할 때 회사 이름을 아예 조셉 딕슨 용광로 회사로 바꿔버렸다. 하지만 딕슨은 적어도 1840년대 초부터 "단단한 흑연심이 든 1.3센티미터 두께에 길이는 10센티미터인" 잡동사니 같은 연필을 만들었고, 독일 연필회사들이 미국에 진출해 공장을 설립하기 시작했을 때 이미 딕슨사는 질 좋은 연필을 본격적으로 생산하기 시작하고 있었다.

1858년에 딕슨사 경영을 이어받은 조셉 딕슨의 사위 오리스테스 클리블랜드Orestes Cleveland는 1860년대 중반부터 질 좋은 미국산 연필을 생산하기 위한 준비를 시작했다. 1872년 딕슨사를 방문했던 한 지역 기자는 미국이 낳은 정밀한 창조물을 볼 수 있었다.

비밀스런 문을 통해 우리는 다른 방으로 들어갔다. 이 방에서 클리브랜드 씨의 진두지휘 아래 기계로 연필을 생산하는 계획이 진행되고 있었다. 이 방에는 3개의 선반, 기계식 대패, 이동식 풀무, 바이스 등 기계들이 끝없이 놓여 있었다. 우리는 이 건물 마당을 지나 연필 사업만을 위해 특별히 지은 것이 분명한 신축 벽돌 건물 안으로 들어갔다. 지하실은 목재를 착색하고 인공 건조하는 데 쓰이는 전용 공간이었다. 모든 삼나무 목재는 기계에 넣기 전에 세심한 검사를 거쳤다. 주 작업장에서는 목재들을 기계에 통과시켜 다듬고 연필심을 넣을 홈을 판다. 이렇게 만든 연필 자루는 옆방으로 옮겨 연필심을 삽입하고 접착한다. 접착을 마친 연필들은 다시 그 옆방으로 옮겨 성형 기계를 통과한 다음, 바구니에 가득 담겨 또 다른 옆방으로 이동한다. 마무리 작업이 진행되는 이곳에서는 깔때기에 가득 쌓아놓은 연필에 쉴 새 없이 니스 칠을 하고, 말리고, 광택을 내고, 끝부분을 매끈하게 재단하고, 금장 스탬프까지 찍는다. 완성된 이 연필들이 1다스씩 포장될 때까지 사람 손은 전혀 안 거친다. 이는 다시 6다스 단위로 큰 상자 안에 담긴다. 이 상자를 포장하고 라벨을 붙인 뒤에는 배에 싣기 위해 나무 박스 안에 적게는 10상자에서 많게는 100상자까지 담는다. 이 같은 작업 과정은 기발하고 독특했다. 각 과정 모두, 심지어 판매를 위해 연필을 쌓아놓는 방법까지도 특허를 받았다.

우리는 이 연필을 두 달 남짓 사용했는데, 우리가 지금까지 써본 그 어떤 연필보다도 오래 쓸 수 있었을 뿐만 아니라 부드럽고, 진하고, 필기 감촉이 좋았다. 이 연필들은 미국 기계 기술의 영예로운 산물들이다.

이 '새로운 연필들'은 1873년 초 시판될 준비를 모두 마쳤다. 이 신제품을 발표하면서 딕슨사는 "국산치고 좋은 물건 없다"는 미국인들의 편견 때문에 창업자가 겪었던 어려움을 떠올리고 우려했다. 하지만 딕슨사가 용광로와 연필을 판매하기 시작한 지 반세기가 흐른 당시에는 정반대되는 편견들이 자리 잡고 있었고, 딕슨사는 이를 판촉에 이용했다. "일부 독일 회사들은 미국에 연필 공장을 차려놓고 그들의 연필을 미국산이라고 부르며 팔고 있습니다. 그러나 오로지 저희 회사만이 '유일한 미국 회사'이며 우수한 연필들을 만들어내고 있습니다. 저희가 거둔 성공은 애초에 저희들이 감히 바랐던 바를 넘어선 위대한 쾌거입니다." 과연 이 성공은 "순수한 미국적 원리" 즉 "매 공정을 수작업 대신 기계로 진행"시킨 덕분이었다. 이로써 딕슨사는 완벽하면서도 완전히 규격화된 연필을 생산할 수 있었다.

미국에 속속 들어서는 연필 공장들

조셉 딕슨 용광로 회사는 성공한 제품에 어김없이 뒤따라오게 마련인 유사품으로부터 자사 제품을 보호할 방안을 마련해야 한다는 사실을 알고 있었다. 그리하여 딕슨사는 딕슨이라는 이름을 강조하면서 딕슨 난로 광택제의 유사품을 만들거나 유통시켜온 제임스 S. 딕슨사, 딕슨앤드컴퍼니, 조지엠딕슨사, 제이딕슨앤드컴퍼니 등을 상대로 소송을 걸어야 했다. 마찬가지로 이러한 유사 상표로부터 자사 연필을 보호하기 위해 딕슨사는 연필에 '해골 십자가'를 새기고 새로운 등급 시스템을 채택하기로 했다. 이 독특한 문양들과 함께 '아메리칸 그래파이트American Graphite'라는 말을 상표로 등록했다.

이 새로운 미국 연필을 제조할 목적으로 개발된 최초의 기계들 중 하나는 바로 삼나무 작업기였다. 딕슨사는 1866년에 목재를 연필 자루 모양으로 다듬는 대패 기계를 개발해 특허번호 54511호를 부여받았다. 이 기계는 1분에 연필 132자루 분량을 깎아낼 수 있었다. 생산성이 이렇게 높아졌음에도 불구하고 남북전쟁 때문에 연필 수요가 계속 늘어나 공급이 수요를 따라가기 힘들었다. 저지시의 딕슨사 제2공장은 창업자와 후계자가 추진한 기계화 덕분에 "연필을 대량생산한 세계 최초의 장소"로 기록되었다. 이 공장 기계들은 단순히 사람 손을 보조하는 정도가 아니었다. 예를 들면 심이 접착된 나무 자루를 연필 모양대로 깎아내는 성형 기계에는 후드가 씌워져 있었다. 이 후드는 엔진실과 관으로 연결됐는데, 기계가 나무를 깎아내면서 대팻밥이며 먼지가 나오면 이를 빨아들여서 엔진 연료로 사용할 수 있게 했다. 모든 연필 공장이 그러하듯이 딕슨사 연필 공장도 향기로운 삼나무 냄새로 가득했지만, 이곳 저지시 공장에서는 삼나무가 비단 향기만이 아니라 높은 화력까지 갖춘 훌륭한 원료로 인정받았다.

당시 연필에 대한 수요는 전례 없이 높은 비율로 늘어나고 있었다. 1870년대 초 미국에서는 연간 약 2,000만 자루의 연필이 소비되었다. 당시 미국에서 가장 대중적인 인기를 모았던 연필은 No. 2등급의 질기를 지닌 둥근 연필이었으며, 최저 소매가는 개당 5센트였다. 계산해보면 연필 사업 시장은 100만 달러에 달하는 규모였다. 또한 남북전쟁을 거치면서 외국산 수입 연필에는 1그로스(12다스)당 30에서 50센트의 관세가 부과되었기 때문에 대개 최상품만 들여오는 형편이었다. 값싼 종류의 연필 시장은 미국 연필회사들이 독점하다시피 장악하고 있었는데, 이런 값싼 연필은 헤프게 쓰였다. 당시 작성된 한 보고서에는

(Under the Two Letters Patent, of the United States, one granted 8th April, 1851, and which will expire 8th April, 1865, relating to Circular Saws only; and one re-issued 28th April, 1857, and which will expire 3rd November, 1862, relating to both Circular and Up-right Re-Sawing Machines.)

The Subscriber is prepared to **SELL RIGHTS** to use these Unrivalled Machines in all the unoccupied Territory in New York State, and Northern Pennsylvania, and to furnish the Public with these Machines.

Having had ten years' experience in the Use and Manufacture of these Machines, I feel confident that the public appreciate them as the only Machines worthy of the name of a **RE-SAWING MACHINE.**

They are simple in construction, very efficient in operation, and not liable to get out of repair.

One of the **Small Circular Re-Sawing Machines**, embracing the improvements secured by both Patents, (like the above Engraving) now in operation in my Mill at Albany, has

SAWED 3400 CLAPBOARDS, 13 FEET LONG, IN TEN HOURS.

Larger Machines will do more in proportion.

I have also a **Vertical Re-sawing Machine**, embracing the improvements secured by the said Re-issued Letters Patent, in use in my Mill at Albany, which will **saw 30 inches wide, and as thin as one-eighth of an inch, and saw 7000 feet in ten hours.**

CIRCULARS OF PRICES FURNISHED ON APPLICATION.

JOHN GIBSON,
Planing Mills, Albany, N. Y.

Albany, N. Y., October, 1857.

1857년 존 깁슨John Gibson이라는 사람이 만든 톱질하는 기계. 딕슨사가 개발한 것은 아니지만, 이를 통해 당시 기계를 상상해볼 수 있다. 10시간 동안 판자 3,400개를 톱질할 수 있다는 문구 아래로 "큰 기계는 (그 크기에 비례하여) 더 많은 작업을 할 수 있다"고 적혀 있다.

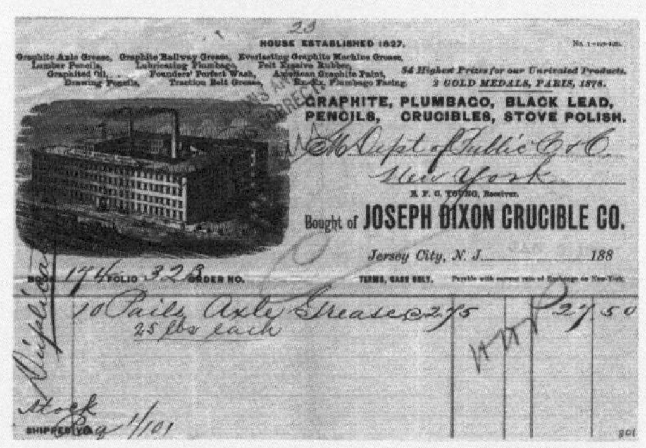

HOUSE ESTABLISHED 1827.

Graphite Axle Grease, Graphite Railway Grease, Everlasting Graphite Machine Grease, Lumber Pencils, Lubricating Plumbago, Felt Erasive Rubber, Graphited Oil, Founders' Perfect Wash, American Graphite Paint, Drawing Pencils, Traction Belt Grease, Ex. Ex. Plumbago Facing.

34 Highest Prizes for our Unrivaled Products.
2 GOLD MEDALS, PARIS, 1878.

GRAPHITE, PLUMBAGO, BLACK LEAD, PENCILS, CRUCIBLES, STOVE POLISH.

M Dept of Public C & C.
New York

Bought of **JOSEPH DIXON CRUCIBLE CO.**

Jersey City, N. J. 188

BOOK 174 FOLIO 323 ORDER NO. TERMS, CASH ONLY.

10 Pails Axle Grease @ 2.75 27.50
25 lbs each

Stock
SHIPPED Aug 1/101

1880~1889년경 조셉 딕슨 용광로 회사에서 썼던 영수증. 영수증 상단에 그려져 있는 것이 저지시에 자리한 용광로 회사 공장이다.

연필 낭비를 관찰한 내용이 들어 있다. "사람들은 연필을 4분의 3 정도만 쓰고 버린다. 우리나라 사람들은 연필을 다 쓰지도 않고 버리기 때문에 적어도 25만 달러어치의 연필을 낭비하고 있는 셈이다." 조셉 딕슨 용광로 회사가 연필을 만들던 1870년대는 이런 환경에 놓여 있었다. 하지만 당시 연필산업 내부의 경쟁은 결코 무시할 수 없을 만큼 치열했다.

1873년에 딕슨사는 뉴욕시 티콘데로가Ticonderoga에 있는 아메리칸 그래파이트사American Graphite Company를 사들였는데, 이 회사 소재지가 그 유명한 노란 연필의 이름이 되었다. 1912년, 과장하기를 잘하던 엘버트 허버드Elbert Hubbard가 장황한 선전책자 《세기의 제조업자 조셉 딕슨Joseph Dixon, One of the World-Makers》을 출판했다. 이 책자에서 그는 "딕슨사는 세계 최대의 흑연 소비자인 동시에 세계 최대의 삼나무 소비자"라고 주장했다. 그런데 딕슨사가 뉴잉글랜드 작은 오두막집에서 가내 수공업으로 이루어지던 연필 생산 수준을 끌어올린 것은 사실이지만, 다른 여러 가지 사업도 함께 경영했기 때문에 (연필 생산업이 주요 업종이 됐음에도 불구하고) 1870년대까지는 연필 판매 규모를 대대적으로 벌리지 않았다. 이는 다른 연필회사들로 하여금 자신들이 미국 최초의 근대적인 연필 공장이라고 주장할 수 있는 빌미가 되었다.

조셉 딕슨의 사위는 기계에 대한 재능이 뛰어났지만 사업보다는 정치에 관심이 더 많았던 것 같다.* 1880년에 딕슨사 재무 관리는 경험 풍부한 은행장 에드워드 영Edward F. C. Young이 맡게 된다. 영은 딕슨사에 활기를 되찾아주었으며, 20세기에 접어들어서는 영의 사위 조지

* 오리스테스 클리블랜드는 딕슨사를 이끄는 한편 정치인으로도 활동했다. 이 무렵 클리블랜드는 뉴저지 제5선거구 하원의원을 거쳐 저지시 시장을 지내고 있었다.

스미스George T. Smith의 관리 아래서 딕슨사는 계속 번창해나갔다. 저지시 공장은 1980년대 중반까지 가동되다가 부동산 개발업자에게 팔렸다. 부동산 개발업자는 이 역사적인 건물을 헐어버리지 않고 아파트로 개조하여 보존했다. 딕슨 밀스Dixon Mills라는 이름으로 알려진 이 아파트는 "자족 기능을 갖춘" 전망 좋은 곳으로 맨해튼 남부와도 쉽게 연결되는 이점을 지녔다. 현재 조셉 딕슨 용광로 회사는 '딕슨 티콘데로가'라는 이름의 지주회사 소유이다. 가장 잘 알려진 연필 상표에서 이름을 따온 딕슨 티콘데로가사는 플로리다에 본사가 있으며 베르사유, 미주리 등 각지에 생산 설비를 갖추고 있다.

딕슨사는 설립 초기 주요 생산품이 용광로였고 공장 한구석에서 별볼일 없는 연필만 만들었기 때문에 '미국 최초의 연필 공장'이라는 영예는 에버하르트 파버가 세운 공장에 돌아갔다. 파버사 창업자 카스파어 파버의 4대손인 에버하르트 파버는 1822년 독일 슈타인에서 태어났다. 당시는 아버지 레온하르트 파버가 3대째 연필 사업을 이어가고 있었다. 이 사업을 나중에 맏아들 로타어 파버가 이어받게 되고, 1840년에는 둘째 아들 요한 파버가 사업에 동참하게 된다. 레온하르트 파버는 막내아들만은 연필 사업에 뛰어들기보다 변호사가 되기를 바랐다. 하지만 법학을 공부하면서도 고대 문학과 역사에 심취해 유스티니아누스 1세보다 베르길리우스를 훨씬 위대하게 여겼던 이 막내아들, 에버하르트 파버는 변호사가 되는 대신 1849년에 미국으로 건너가 독일 파버사의 대리인 노릇을 시작했다. 1851년, 에버하르트 파버는 미국에서 A. W. 파버사 연필 독점 총판을 맡으면서 뉴욕 윌리엄가 133번지에 지사를 설립했다. 그는 연필만이 아니라 수수료를 받고 독일 및 영국산 문구류도 판매했다. 이후 그는 플로리다 만灣 시더키Cedar Key

섬의 광활한 삼나무 숲에 대한 권리를 사들여 이 섬에서 나는 삼나무 목재(연필 자루로 쓰이게 될)를 배에 실어 독일로 보낼 수 있었다. 사실 에버하르트가 미국에 건너온 주요 목적 가운데 하나가 바로 삼나무 삼림지대 확보였다. 당시 플로리다산 삼나무는 연필을 만들기에 가장 적합한 목재였고, A. W. 파버사는 에버하르트 파버가 미국으로 가기 전인 1843년부터 이미 뉴욕에 삼나무 조달 대리인을 두고 있었다.

남북전쟁으로 생긴 관세에 운송료, 해상보험료 인상과 같은 요인들이 연필 완제품을 미국으로 수출하는 비용을 크게 상승시켰기 때문에 A. W. 파버사는 미국 현지에서 좀 더 합리적인 비용으로 연필을 만들 방법을 모색했다. 뉴욕은 삼나무 산지인 플로리다와 가깝다는 이점이 있었지만 대신 점토 산지인 보헤미아 지방과 흑연 산지인 오스트리아와는 너무 멀었다. 그래서 내린 결정이 슈타인에서 연필심을 만들어 뉴욕까지 배로 운반해 온 다음 플로리다산 삼나무 자루와 조립하는 방법이었다. 또한 뉴욕과 뉘른베르크 간의 노동력 비용 차이를 줄이기 위해 기계를 이용하기로 했다. 남북전쟁 때문에 미연방 땅에서 자란 삼나무를 확보하기가 무척 어려웠지만 파버사는 계획대로 밀고 나가기로 했다. 에버하르트 파버는 독일로부터 재정 지원을 받아 마침내 1861년(A. W. 파버사 창립 100주년을 맞은 해이기도 했다) 뉴욕 42번가 이스트 강가에 에버하르트 자신의 연필 공장을 세울 수 있었다. 요한 파버에 따르면 머지않아 "독일의 연필 생산 경험과 능력에 미국의 창조성이 결합된 결과 완전히 새로운 개념의 기계가 만들어졌으며, 이 기계들이 없었다면 연필 제조업이 대단위 산업으로 자리 잡는 일은 아마 불가능했을 것이다."

1861년 당시 미국이 놓인 상황은 연필 공장 문을 열기에 최적의 시기인 동시에 최악의 시기였다. 전쟁 때문에 연필 수요가 엄청나게 늘어났기 때문이다. 병사들이 집에 편지를 쓸 때 연필을 사용했던 듯하다. 비록 한 기록은 "치열한 작전이 아니라면" 남군은 연필을 거의 사용하지 않았으며, 북군도 "연필보다는 3달러짜리 잉크 한 병을 사 미국자리공[식물 이름]으로 직접 깎아 만든 펜을 가지고 편지를 썼다"고 전하지만, 많은 병사가 연필을 사용한 것만은 틀림없다. 연필 수요 증가 때문이었는지 아니면 삼나무 품귀 현상 때문이었는지는 알 수 없지만, 1863년 뉴욕에서는 1그로스에 10달러를 줘도 연필을 구하기가 힘들었다. 그러나 에버하르트 파버는 대서양 양쪽에서 원자재를 확보하고 있다는 이점을 이용해 다양한 등급의 연필을 만들어낼 수 있었다. 이 연필들에는 과중한 세금이 붙기도 했지만, 독일에서 직접 수입해 들여오는 것에 비하면 경쟁력 있는 가격이었다.

1872년 이스트 강가의 공장이 화재 사고로 다 타버렸다. 이미 에버하르트 파버는 스테이튼 섬에 신규 공장을 설립할 계획을 세워놓고 있었지만, 화재로 인해 새 공장 건립이 시급해지자 강 건너 웨스트가와 켄트가의 교차로 부근 브루클린 그린포인트 지역에 있는 건물 세 동을 사들였다. 이후 몇 년에 걸쳐 주변 건물 여러 채를 더 구입해 공장으로 이용했다. 이 공장들은 아직까지도 지붕 가까이에 당시 에버하르트 파버의 상표였던 다이아몬드 속 별 문양이 남아 있어 연필산업의 역사적인 건물임을 쉽게 알아차릴 수 있다. 1923년에 증축된 한 콘크리트 건물 전면은 콘크리트와 벽돌로 이루어져 있는데, 건축사적으로 두드러진 건물은 아니지만 6층에 있는 커다란 창문들 사이에 노란색 타일로 "심을 뾰족하게 깎은 거대한 연필"을 양각해놓은 모습이 무척 인상적이다. 옥상에 비죽이 솟아 있는 삼각형 구조물 역시 노란색

켄트가에 자리한 에버하르트 파버 회사의 연필 공장 건물. 이 건물은 2010년대에 개보수됐지만, 지어질 당시 모습이 보존되어 있어 다이아몬드 속 별 문양을 여전히 볼 수 있다.

타일로 장식되어 있는데, 한때 이 회사 연필이며 서식 용지 등에 새겨져 있던 상표인 다이아몬드 속 별 문양도 있다.

에버하르트 파버가 연필 사업에 혼신의 힘을 기울였기 때문인지 어떤 사람들은 에버하르트의 공장을 "미국에서 가장 오래된 연필 공장"이라고 주장하기도 한다. 하지만 이는 먼로나 소로의 선구적인 공장을 무시한 주장이다. 에버하르트의 연필 공장이 미국에서 가장 오래됐다는 주장은 '현존하는'이라는 전제가 붙는다면 가능하다. 에버하르트 회사는 본사와 함께 있던 그린포인트 공장이 낡자 1956년 펜실베이니아주 윌크스배러Wilkes-Barre로 생산 설비를 옮겼다.

공장을 이전하기 훨씬 전부터 에버하르트 파버의 회사는 명칭에서나 경영에서 큰 변화를 겪었다. 1879년 에버하르트 파버가 사망하자 그 아들인 로타어 W. 파버와 에버하르트 파버 2세가 회사 경영을 넘겨받았다. 독일의 파버 집안과 미국의 파버 집안이 하나의 가문으로 행복하게 지내다가 언제 관계가 멀어졌는지는 분명치 않다. 어쨌거나 로타어 W. 파버가 사장, 에버하르트 파버 2세가 부사장으로 재직하던 E. 파버 회사는 한동안 미국에서 가장 오래된 연필회사로 알려져 있었다. 이 명칭은 분명 독일의 A. W. 파버사나 요한 파버사와 혼동하기 쉬웠으며, 바로 이들 유명 외제 연필과 관련이 있는 것처럼 보였다. 미국의 E. 파버 연필사는 '파버 명칭 사용권'을 놓고 독일 A. W. 파버사와 수차례 법정 싸움을 치른 끝에 1904년 회사 조직이 재편됨에 따라 에버하르트 파버 연필회사Eberhard Faber Pencil Company로 개칭되었다.

1945년 로타어 W. 파버가 사망하자 동생인 에버하르트 파버 2세와 로타어 W. 파버의 아들로서 부사장이 된 에버하르트 파버 3세가 함께 회사를 이어받았지만, 이 두 명의 에버하르트는 2년 만에 모두 사망했다. 더 이상 회사를 이끌 파버 가문 사람이 없었다. 그런데 1953년 에버하르트 3세의 미망인 줄리아 파버Julia T. Faber가 회사 경영에 적극적으로 참여하기 시작해, 어린 에버하르트 4세가 성장해 사장 자리에 취임할 수 있을 때까지 회사를 이끌었다. 이 미국 파버 집안의 4대손은 헨리 데이비드 소로처럼 대학을 졸업한 뒤 회사 경영에 수시로 참여했다 빠지기를 거듭했다. 그는 연필을 만드는 것보다는 연필로 글을 쓰는 데 더 관심이 많았다. 그러나 에버하르트 4세는 선조들이 그러했듯이 자기가 맡은 회사를 훌륭히 이끌어갔다. 1988년 에버하르트 파버 연필회사가 파버카스텔사*에 합병됨으로써 오랫동안 경쟁관계에 있던 두 회사는 결국 한몸이 되었다.

그렇지만 이것은 20세기의 일이고, 19세기 중반으로 되돌아가보면 당시 뉴욕에는 다른 연필 공장들도 속속 문을 열었다. 퓌르트에 있는 한 독일 연필회사는 뉴욕에 지사를 세웠는데, 이 미국 지사는 독일 측 합작 파트너 이름을 따 '베롤츠하이머, 일펠더, 레켄도르퍼Berolzheimer, Ilfelder, Reckendorfer'라고 지었다. 그런데 얼마 지나지 않아 누군가가 좀 더 단순한 미국식 이름 '이글 연필회사Eagle Pencil Company'를 제안하여 그대로 채택되었다. 1861년, 다니엘 베롤츠하이머Daniel Berolzheimer의 아들인 헨리 베롤츠하이머Henry Berolzheimer가 이 회사를 물려받았다. 이글 연필회사는 1877년에 뉴욕 최초의 철골 구조 건물을 구입했으며, 연필에 미국 독수리 문양을 양각해 판매했다. 이글 연필사는 날로 번창했다. 1920년대에는 최대의 하도급업자를 거느리고 보급가 연

* 1900년 A. W. 파버사는 '파버카스텔'로 이름을 바꾼다. 앞서 말했듯 A. W. 파버사 창업자(카스파어 파버)의 5대손인 오틸리에 파버가 카스텔 공작과 결혼을 하고, 카스텔 공작이 성을 파버카스텔로 바꿈에 따라 회사 명칭도 바뀌었다.

필을 대량생산할 수 있게 되자 '미국 최대의 연필 공장'을 자처했다. 한편 베롤츠하이머 가문 사람들 일부는 연필향나무를 확보하기 위해 캘리포니아로 이주했으며, 나머지 사람들은 그대로 남아 이글 연필사를 운영했다. 베롤츠하이머 가문은 20세기 내내 이글 연필사를 경영했다. 최근 들어서는 베롤츠하이머라는 성을 미국식으로(베롤Berol) 바꾸면서 회사 이름도 '베롤사'로 바꾸었다. 베롤사는 테네시주의 엠파이어 연필회사Empire Pencil Company에 넘어간 뒤에도 얼마 동안은 계속 베롤 USA로 남아 있었다가 1988년 뉴욕의 한 투자 그룹에 소유권이 이전됨에 따라 주식회사 엠파이어 베롤로 바뀌었다.

19세기 중반에는 베롤츠하이머 이외에도 다른 연필회사들이 문을 열었다. 1861년에는 독일의 파버 가문과 아무런 관계가 없지만 성은 같은 미국의 약업상 존 파버John Faber가 식당 주인인 지고르트너 Siegortner와 공동 투자하여 연필회사를 차렸다. 이 신생 연필회사는 파버라는 이름의 사용 문제를 놓고 에버하르트 파버사와 소송을 벌였다가 패소했는데, 이후 소유주들은 이 회사를 뉴저지주 호보켄Hoboken에 있는 수입상에 팔아버렸다. 이 회사를 새로 경영하게 된 "진취적인 젊은이" 에드워드 와이젠본Edward Weissenborn은 아메리칸 연필회사American Lead Pencil Company의 창업자로 대접을 받았다. 아메리칸 연필회사는 1905년에 '비너스Venus'라는 새로운 제도용 연필을 생산 판매하기 시작했으며, 이후 수십 년에 걸쳐 해외에 지사와 생산 공장을 늘려나갔다. 1956년에는 회사 이름을 비너스 펜 앤드 연필 주식회사 Venus Pen & Pencil Corporation로 바꾸고, 변경 직후 본사를 호보켄에서 뉴욕으로 옮겼다. 1966년에 이 회사는 개인 투자자에게 매각됐는데, 이듬해에 펜 회사 하나를 합병하면서 회사 이름은 비너스-에스터브룩

Venus-Esterbrook으로 또 한 번 바뀌었다. 합병된 펜 회사의 뉴저지 공장은 곧 문을 닫았고, 생산 설비들은 테네시주, 잉글랜드, 멕시코 등지로 이전됐다. 그러나 불과 몇 년 뒤에 잉글랜드, 멕시코에 있던 생산시설은 베롤사에 매각되었으며, 캘리포니아에 있던 자루 생산 공장은 주 정부에 팔렸다. 비너스-에스터브룩의 나머지 공장과 설비들은 1973년에 파버카스텔사에 팔렸는데, 당시 파버카스텔사는 이미 주식회사로 전환한 뒤였다.

뒤꽁무니에 지우개를 달다

19세기의 연필 사업체들은 합병(적대적이든 우호적이든)을 염려하는 것 말고도 신경 써야 하는 일들이 많았다. 연필 수요가 늘어남에 따라 원료 가운데 적어도 한 가지는 품귀 현상을 빚었다. 남북전쟁 가운데 벌어진 자루용 목재의 품귀 현상에 관한 호러스 호스머의 기록이 남아 있다. 당시 그는 보스턴에서 연필 사업을 하고 있었다. 호스머가 회고한 바에 따르면, 그는 적삼나무를 대체할 목재를 찾아 소로가 있던 메인주 숲에 간 적도 있다. "1862년 연필 수요는 엄청났다. 그러나 북부 지역의 삼나무 자원은 거의 고갈되다시피 했고, 가격은 끝없이 치솟았다."

연필 생산에 적합한 목재는 그 특질 자체도 중요했지만, 외관도 빼놓을 수 없는 요소였다. 다음은 호스머의 설명이다.

> 한 연필업자가 외국처럼 삼나무 색으로 착색시켜주는 대가로 300달러를 주겠다고 제안했다. 나는 수없이 실패를 거듭하면서도 치

> 밀한 실험을 계속했다. 그러나 결국 그 일거리를 날려버렸고 돈도 받지 못했다. 그 일을 부탁했던 사람 입장에서는 내가 해낼 수 있는 정도의 일이라면 당연히 자기도 할 수 있다고 생각했기 때문이다. 나는 그대로 내버려두는 수밖에 없었다. 그러나 남북전쟁 중에는 삼나무 목재를 구할 수 없었기 때문에 대체 목재에 착색을 해주는 작업은 3,000달러 이상의 가치가 있는 일이었다.

호스머의 회상록을 통해 우리는 19세기 연필산업에서 하도급이 어떻게 이루어졌는지를 짐작해볼 수 있다. 비록 미국 연필 생산의 중심지가 뉴욕주로 옮겨 가기는 했지만, 그때까지도 매사추세츠주에는 많은 숙련 기술자가 남아 있었다. 호스머는 자기가 맡은 일의 규모를 강조하면서 자신이 직면했던 경제적 어려움에 대해서도 토로하고 있는데 이를 통해 우리는 하도급 실태를 알 수 있다.

> 1864년 나는 파버사 연필 1만 그로스의 광택, 상표 인쇄, 고무 헤드 부착 작업을 도급받았다. 3,000달러 정도를 손에 쥐게 된 셈이었다. 그러나 나는 계약된 가격에 맞춰 작업을 진행할 수 없다는 것을 곧 깨닫게 되었다. 셸락 값이 18센트에서 1달러 25센트로 올랐고, 몇 년 전만 해도 55센트에 사서 쓰던 알코올도 4달러로 값이 껑충 뛰었으며, 모든 자재 값이 그 정도로 뛰었다. 작업을 시작하던 날 나는 여직원들을 내보낸 뒤 작업장 문을 걸어 잠그고 3시간 만에 완전히 새로운 공정을 개발해냈다. 그 공정 덕분에 다음 해에는 2,300달러를 벌 수 있었다. 나는 여직원 두 명의 보조를 받아가면서 한 달에 400달러 정도를 벌어들였다. 1967년 나는 똑같

은 작업으로 1년도 채 안 되는 기간 동안 2,000달러를 벌었다.

호스머는 이글 연필사의 마감 작업 도급도 맡아서 했으며, 파버사가 1그로스당 작업료를 20센트에서 80센트로 올려주면서 자신을 계속 도급업자로 잡아두려 했다고 밝히고 있다. 그는 새로운 공정을 통해 작업에 드는 비용을 절감했다. 문을 걸어 잠그고 혼자 개발한 이 공정에는 셸락 대신 아교가, 알코올 대신 나프타naphtha[중질 가솔린]가 쓰였다. 여기에 "새로운 기계 설비는 두 여직원이 하루에 120그로스의 연필을 작업할 수 있게 해주었다." 호스머는 남부에서 대금을 받지 못해 5년 동안 번 돈을 고스란히 까먹은 일이며, 한 보스턴 무역업체가 남부군 정부에 연필 100만 자루를 선적해 보냈는데 전쟁 때문에 한 푼도 못 받은 일도 적고 있다. 이 사실을 알 수 있었던 것은 그가 광택을 내고, 상표를 찍고, 포장하고, 라벨을 붙이는 등 마감 작업을 한 파버사와 이글 연필사 제품이 아마도 그 보스턴 업체에 납품되었기 때문일 것이다. 호스머가 연필에 단 고무 헤드는 물론 지우개였을 텐데, 그가 연필 끝에 지우개를 다는 작업은 데이비드 린치David Lynch의 영화 〈이레이저 헤드Eraser Head〉에 나오는 장면보다는 덜 기계화된 과정이어서 인간 노동이 보태졌을 것이다.

일찍이 1770년에도 "흑연으로 쓴 필기 자국을 탄성 고무 또는 인도 고무로 지우는 매우 편리한 방법"이 이미 보편화되어 있었다. 《이론과 실용화 전망에 대한 알기 쉬운 소개Familiar Introduction to the Theory and Practice of Perspective》라는 책의 저자 조셉 프리스틀리Joseph Priestley는 이 책에서 "종이 위에 쓴 흑연 연필 자국을 지우는 데 탁월한 물질을 알고 있다"고 쓰고 있다. "이 물질은 영국 증권거래소 맞은편에서 수학 도구

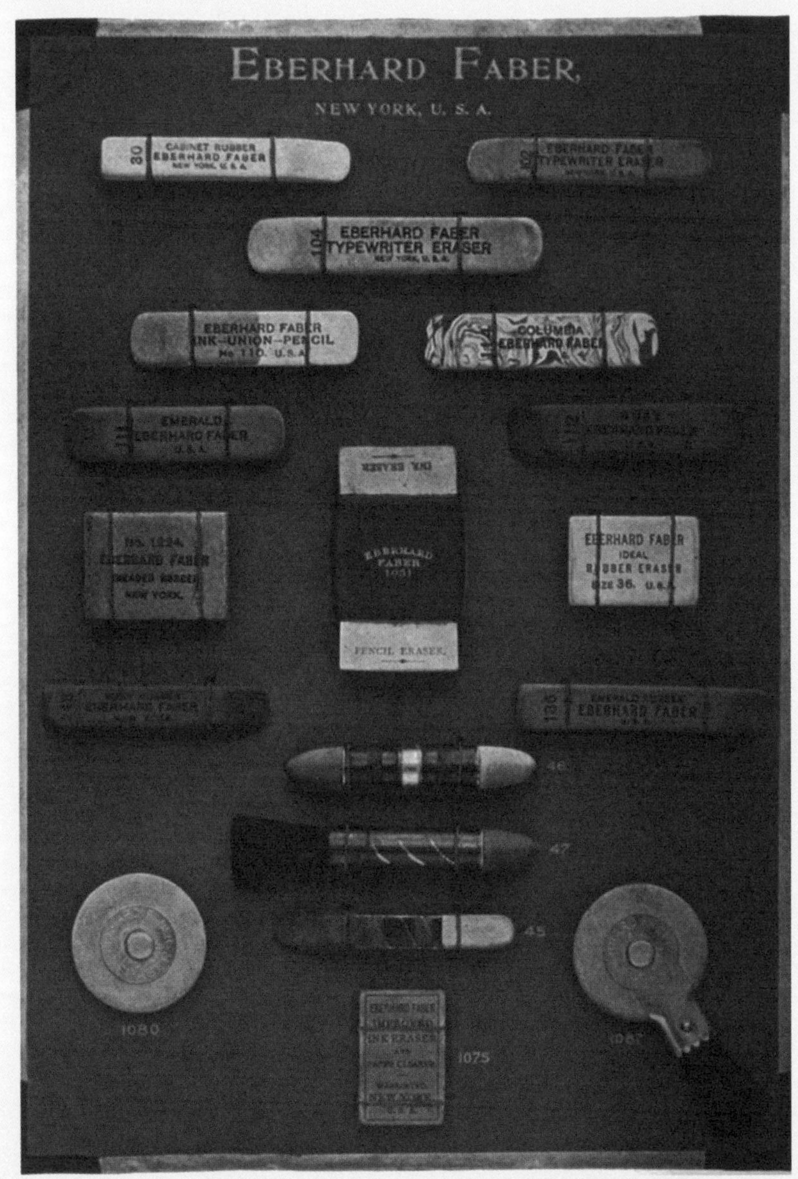

1907년경 에버하르트 파버사에서 내놓던
지우개 라인.

를 판매하고 있는 네이언Nairne이라는 사람이 파는데, 1센티미터 정도 두께의 정육면체 조각 하나를 3실링에 판다. 네이언 씨가 말하기로는 몇 년은 두고 쓸 수 있다고 한다."

인도 서부에서 생산되는 고무나무의 진에 연필 자국을 지우는 성질이 있다는 사실은 잘 알려져 있다. 그 때문에 우리는 지우개를 '고무'라고 부르기도 한다. 그런데 '인도 고무'가 지우개로 사용된 지 1세기 정도 흐르자 '인도 고무'라는 말은 너무 보편화되어 더 이상 고유명사가 아닌 일반명사가 되었고, 그와 동시에 구식이 되어버렸다. '인도 고무'가 모든 연필 자국을 완벽하게 지우지는 못했기 때문이다. 대용 물질이 개발됐지만, 이 대용 물질은 기대치에 훨씬 못 미쳤다. 1861년에 한 평가자는 "이 최신식 지우개는 금속 연마제와 숫돌의 중간 정도 재질이어서 무엇이든지 갈아 없앴다"고 썼다. 하지만 잘 지워지든 지워지지 않든 지우개와 연필은 19세기 말까지도 문방구에서 따로 파는 별개의 상품으로 남아 있었다. 호러스 호스머가 연필 마감 작업을 해주었던 파버사가 최초로 연필에 지우개를 붙였을 뿐만 아니라 금속으로 된 연필심 보호 뚜껑을 씌운 회사라고 전해진다. 그러나 에버하르트 파버가 "지우개로도 쓰고 연필이 굴러가는 것도 막을 수 있게 각진 고무를 부착한 연필"로 특허를 받은 것은 1863년이지만, 끝부분에 지우개를 쐐기처럼 박은 연필을 개발한 하이먼 리프먼Hyman Lipman이 특허를 받은 해는 1858년이었다. 리프먼이 개발한 연필은 끝부분에 홈을 파 "고무를 튼튼하게 아교로 붙여 넣은" 것이었다.

1862년 요제프 레켄도르퍼Joseph Reckendorfer는 리프먼의 특허를 사들여(10만 달러에 샀다고 알려져 있다) 이를 개선한 다음 다시 특허를 받아 에버하르트 파버사를 특허권 침해로 제소했다. 그러나 대법원은 양자

H. L. Lipman.
Pencil & Eraser.
No 19,783. Patented Mar. 30, 1858.

당시 하이먼 리프먼이 특허를 낸 지우개 달린 연필. 그림에서 보다시피 연필 끝부분에 홈을 파 지우개를 끼워 넣은 것이었다. 이 특허가 부여된 날인 3월 30일을 매년 '국제 연필의 날National Pencil Day'로 기념하고 있다.

E. Faber,
Pencil.
No. 38892. Patented June 16, 1863

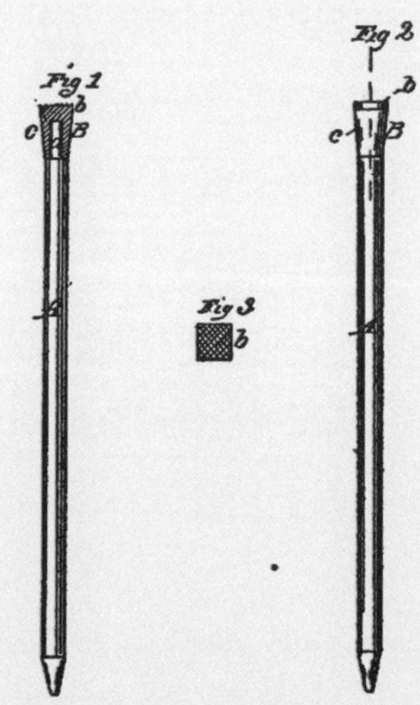

1863년 에버하르트 파버가 특허를 받은 연필. 지우개를 끼우는 것이 아니라 부착하는 식에 가까워졌음을 볼 수 있다.

의 특허가 무효라는 판결을 내렸다. 둘 다 "연필과 지우개를 결합하여 다른 특수한 기능이 생긴 것이 아니며 각각은 본래의 기능만을 할 뿐"이기 때문이었다. "연필은 여전히 필기도구이고, 지우개는 여전히 지우개다. 따라서 연필과 지우개를 결합한 것은 특허를 받을 만한 것이 못 된다."

술잔처럼 연필도 병균을 옮긴다

1872년 이글 연필사*는 아예 삼나무 연필 자루 한쪽 끝에 지우개를 끼운 제품을 만들어 특허를 받았다. 다른 회사들도 이를 재빨리 본떠 한쪽 끝에 지우개를 끼운 연필을 만들었다. 이 연필은 가장 값싸고 보편적인 연필인 '한 푼짜리 연필penny pencil'로 오랫동안 자리를 굳혔다. 1940년대 초까지도 이러한 종류의 연필은 1페니도 안 되는 값에 팔렸다. 19세기에 지우개를 부착하거나 끼운 연필은 주력 상품이 아니었던 것이다. 그런데 20세기 초 수십 년 동안에 나온 미국 연필은 90퍼센트가량이 지우개를 꽁무니에 달고 있다. 역설적이게도 지우개가 보편화되자 사람들은 연필 자국이 지워지지 않게 하는 방법을 개발하는 데 관심을 기울였다. 기록을 영원히 남기고 싶었기 때문이다. 《사이언티픽 아메리칸》지는 몇 차례에 걸쳐 "연필 기록을 보존하는" 방법을 게재했는데, 그중에는 연필로 쓴 것을 탈지 우유로 닦아주는 방법도 있었다.

* 하이먼에게서 지우개 달린 연필 특허를 사들였던 요제프 레켄도르퍼는 (베롤츠하이머, 일펠더와 함께) 이글 연필사 초기 합작 파트너였고, 이 이글 연필사는 경영주가 바뀜에 따라 베롤사, 베롤USA를 거쳐 '엠파이어 베롤'로 이름이 바뀐다.

1923년 에버하르트 파버사 카탈로그에 실린 광고 이미지. 이 무렵이면 이미 오늘날에까지 볼 수 있는 '지우개 달린 연필'의 형태가 확립되었다.

19세기 말에 나온 연필 카탈로그들을 보면 그때까지도 지우개 달린 연필이 보편화되지는 않았음을 알 수 있다. 심지어 저질 연필들을 팔아먹기 위해 지우개를 붙인다고 여겨지기도 했다(하지만 당시 저질 연필들은 상당량이 유통되고 있었다). 사람들은 드로잉용이나 제도용으로 나오는 고급 연필에 지우개가 달리기를 기대하지 않았다. 1903년에 나온 딕슨사 카탈로그를 보면 학생용 연필에 지우개를 부착하는 것이 논쟁 대상이었음을 알 수 있다. 이 카탈로그의 '지우개에 대한 고찰'이라는 장에는 "일반 연필과 지우개 달린 연필" 문제를 다룬 짧은 논평이 실려 있다. 자사가 생산하는 700여 종의 연필 중 지우개 달린 제품이 거의 없었던 딕슨사는 "지우개 달린 연필이 나온 뒤로 학교에서는 이 연필을 보편적으로 쓰게 되었다. 그러나 지난 몇 년간 교사들 사이에서는 지우개가 붙어 있지 않은 연필로 회귀하는 현상이 일어나고 있다"는 주장을 하고 있다. 딕슨사는 그 이유로 세 가지를 지적한다. 첫째, "연필에 부착된 지우개는 여러 종류의 지우개 가운데서도 가장 비싸다." 둘째, "학생들은 지우개를 금방 다 써버려서 지우개 달린 연필은 곧 쓸모가 없어진다." 셋째, "학생들은 지우개 없는 연필을 사용하는 편이 공부를 훨씬 더 잘할 수 있다."

이 논평은 계속해서 "교사들의 의무 중 하나는 학생들이 잘못을 스스로 바로잡도록 가르치는 것"이지, 잘못을 저지르도록 조장해서는 안 된다고 말한다. 딕슨사의 논리에 따르면, 연필 끝에 붙어 있는 지우개는 잘못된 것을 쉽게 고칠 수 있다. 그런데 "잘못된 것을 고치는 게 쉬울수록 잘못을 저지를 확률이 커진다는 일반 법칙이 성립될 수도 있다"는 것이다. 네 번째로는 연필에 부착된 지우개의 의학적 문제가 제시되고 있다. 어린 학생들, "특히 남학생들"은 연필 끝에 달린 지우개를 입에 물 뿐만 아니라 연필을 서로 바꿔 쓰기도 하기 때문에 병의 전염 가능성이 커진다. 그런데 연필을 입에 무는 것은 학생들만이 아니었다. 당시 어느 문방구 카탈로그에는 "연필을 입에 물고 일하는 성인들을 위해" 지우개 대신 마우스피스를 끼운 연필이 여러 종류 실려 있다. 상아나 단단한 물질로 만든 이러한 마우스피스는 연필 마감 작업 시 칠해지는 페인트가 입술이나 혀에 묻는 것을 막아주었다. 딕슨사 카탈로그는 지우개 없는 연필을 입에 무는 행위를 문제시하지 않는 이유에 대해서는 설명하지 않는다. 하지만 조금 더 읽어나가면 마침내 이 논쟁의 핵심이 등장한다.

사실 지우개 달린 연필이 학교에서 그렇게 널리 사용되는 것은 상

> 당히 값싸기 때문이다. 하지만 우리는 소위 '싼' 것이 길게 봤을 때에는 매우 비싸다는 것을 말하고자 한다. 어느 회사에서 만들든 싸구려는 예외 없이 공장에 나뒹구는 쓰레기 같은 재료로 만들어지게 마련이다. 싸구려 연필 속에 든 심은 경도가 불규칙해 일정한 성질을 가진 연필을 써야 하는 일에는 적합하지 않다. 싸구려 심은 잘 부스러지기 때문에 부러지기도 쉬우며, 이물질이 많아 서걱거리기 때문에 필기하기에도 나쁘다(드로잉용으로는 전혀 쓸모가 없다). 또한 나무 자루는 너무 단단하고, 재질이 조잡하며, 결이 거꾸로 나 있는 경우도 있어 깎아 쓰기가 대단히 힘들다. 이런 지우개 달린 싸구려 연필은 알고 보면 "돈만 잡아먹는 애물단지"에 팔아먹기 위한 수단을 덧붙인 것에 지나지 않는다.

그런데 이 카탈로그 다음 장을 보면 딕슨사도 얼마간의 돈을 더 낼 용의가 있는 학생들을 위해 지우개 달린 학생용 연필을 만들어 팔았다는 사실을 알 수 있다. 딕슨사는 또한 싸구려 연필에 달린 것과 같이 나무 자루 속에 삽입된 지우개나 오늘날에 만들어지는 것과 같은 타자 지우개typewriter eraser 등 지우개만 따로 팔기도 했다. 19세기에서 20세기로 넘어갈 무렵이면 미국 연필회사들은 지우개 달린 연필을 지우개 없는 연필만큼이나 다양하게 내놓았던 것 같다. 연필에 지우개가 어떤 형태로 부착됐든, 지우개를 부착하는 공정은 곧 미국에서 기계화가 이루어졌다. 이 '부착 기계tipping machine'는 스미스소니언 박물관에 대량생산의 상징물로 전시되어 있다.

재밌는 것은 1864년 로타어 파버의 취임 25주년을 축하하는 행사의 가장행렬에 등장한 연필에는 지우개가 달려 있었음에도 불구하고

1930년대 이글 연필회사 광고. '붉은 띠가 둘러진 노란 연필'만이 아니라 '미국 최대의 연필 공장'이라는 문구를 볼 수 있다.

19세기 말 독일 연필회사들의 카탈로그에 등장하는 연필들에는 거의 다 지우개가 달려 있지 않다는 사실이다. 유럽에서는 20세기 들어 한참 지나서까지도 지우개 없는 연필이 일반적이었다. 오늘날에도 런던의 문방구에서는 지우개가 달려 있지 않은 수많은 종류의 연필과 함께 여러 가지 지우개를 따로 판매하고 있다. 유럽 국가들 중에는 제2차 세계대전 이후 기호가 바뀐 경우도 있다. 이탈리아에서는 병사들이 지우개 달린 연필을 많이 가지고 있었으며, 대개 그런 연필을 가지고 귀향했다.

지우개가 달려 있든 달려 있지 않든 유럽 연필은 심이 깎이지 않은 채로 팔렸다. 오늘날에도 연필을 마무리하는 작업은 매우 중요한 의미를 지닌다. 유럽에서는 최고급 연필이라면 마무리 작업 시 끝을 페인트에 담갔다 꺼내기 때문에 둥그스름한 형태를 띤다. 미국에서는 지우개를 연필에 붙일 때 금속 테두리를 이용하는데, 대개 이 금속 테두리에 특별한 장식을 한다. 전형적인 보급가 연필들에는 평이한 알루미늄 테두리를 사용하지만, 고급 연필 테두리에는 쉽게 눈에 띄는 색깔, 전통적으로 황동색을 입힌다. 벨벳Velvet 연필은 감청색 띠를 두르고 있으며, 티콘데로가 연필에는 초록색 띠와 노란색 띠가 번갈아 둘러져 있다. 몽골 연필은 금속 테두리 위아래로 넓은 검은색 띠를 입힌다. 동서 냉전 전에 이글 연필사는 '붉은 띠가 둘러진 노란색' 미카도표 연필을 자랑스럽게 선전했는데, 이 붉은 띠는 미국 특허청에 등록되어 있기 때문에 이를 사용할 수 있는 건 오직 이글 연필사뿐이라고 밝힌다. 미카도 연필은 진주만 공습 이후 미라도Mirado로 이름을 바꾼데다 현재는 베롤사에서 생산하고 있지만, 붉은색 금속 테두리만은 여전히 두르고 있다.

연필에 달린 장식이 아무리 매력적이고 두드러진다 해도 그것은 따지고 보면 부수적인 요소일 뿐이다. 결국 가장 중요한 요소는 연필이 잘 써지는가에 있다. 마찬가지로 어느 연필회사가 주장하는 바나 그 회사의 역사, 경쟁사에 대한 대응 논리가 아무리 그럴듯하다 해도 가감 없이 받아들여서는 안 된다. 그들은 거의 대부분 전통이나 명성에 편승하여 시장에서 경쟁하기 때문이다.

이러한 사정은 결코 새로운 것이 아니다. 파버라는 이름을 사칭했던 연필회사들이 연필에 아무 심이나 넣고 연필심 질을 고의적으로 오도했듯이, 그들 이전의 영국 연필회사들도 똑같은 짓을 했다. '유사품에 주의할 것!'이라는 말은 로마 시대에 붓 연필이나 플럼범을 구매할 때에도 통할 수 있는 훌륭한 조언이다. 한때 성행했던 가짜 연필에 대한 걱정은 사라졌지만, 대신 연필회사들 이름이 너무 헷갈린다는 것은 오늘날에도 여전히 문제다. 이렇게 연필회사들의 이름이 헷갈리게 된 이유는 경쟁이 치열했던 19세기까지 거슬러 올라간다. 당시에는 돋보이는 상표를 도입하기 위해 혈전을 벌였을 뿐만 아니라 일부러 소비자들을 헷갈리도록 만들기도 했다. 심지어는 바다 건너 떨어져 있는 한 집안이라도 각자의 상표를 서로에게서 지키는 일을 피할 수 없었다. 연필들 사이에, 또 그 필기 자국들 사이에 미세하고도 미세한 차이가 나타나기 시작했을 때, 에버하르트 파버사의 몽골 연필은 미국에서 처음으로 상표권을 가진 연필 중 하나였다. 특허로 인한 독점권 문제는 결국 연필 경도를 $2\frac{1}{2}$, $2\frac{4}{8}$, $2\frac{5}{10}$ 같은 이상한 분수로 표시하게 만들었다(소수점을 써서 2.5로 표시하는 경우는 말할 것도 없다). 분수를 약분해서 쓰면 특허법에 저촉되기 때문이었다.

연필산업이 성숙하고 전 세계적으로 경쟁이 치열해지자 기계화와 연구 개발 수준이 엄청나게 진전되었다. 초창기에는 파버와 소로가 그러했듯이 자기 혼자 기술을 개발해 이를 가문의 비밀로 유지할 수 있었지만, 19세기가 20세기에 자리를 내주고 뒤로 물러나자 더 이상은 그럴 수 없었다. 또한 흑연 및 목재 공급에 늘 변동이 있었기 때문에 새로운 심 제조 공법과 새로운 목재 이용법 개발을 위해, 디자인과 전 생산 과정을 세밀하게 관리하기 위해 과학자와 공학자, 실험실을 확보해야 할 필요가 생겼다. 공학자들은 새로운 기계와 공정을 설계하고 개발해 경쟁력을 유지할 수 있도록 했다. 19세기 말경 이러한 개발은 유럽보다는 미국에서 더 활발하게 이루어져 유럽은 점차 불리한 위치에 놓였다. 연필산업이 확대됨에 따라 경쟁사의 도전에 대처해야 했으며 그러기 위해서는 이전과 같은 한집안 친척들이 경영하던 사업 행태를 뛰어넘어, 일련의 기계와 기술 전문가들이 요구되는 대규모 사업으로 확대 전화해야만 했다.

13

연필 전쟁

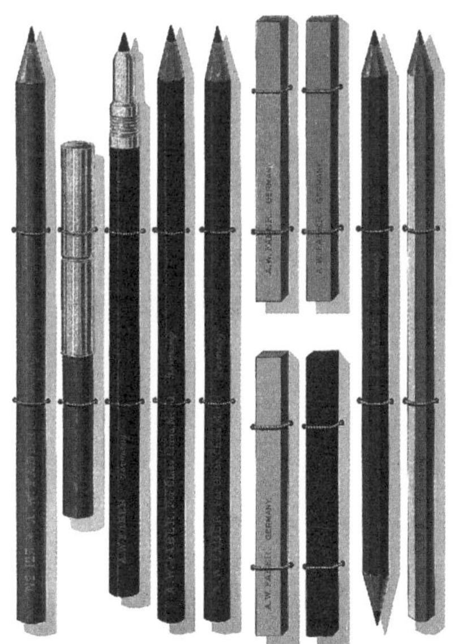

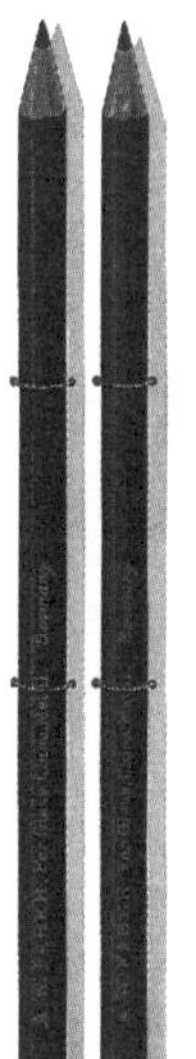

19세기가 끝나갈 무렵 미국에서는 유럽 연필회사들, 특히 독일 연필회사들의 영향력이 점차 줄어들기 시작했다. 1894년에 한 관찰자는 지난 20년간 미국에서는 연필 생산비가 50퍼센트 절감됐다고 밝혔는데, 이는 저지시에서 딕슨사가 이용했던 것과 같은 기계가 발명된 덕분이었다. 외제 연필이 시장에서 밀려나기 시작하면서 "미국은 연필을 수입하는 양만큼 수출하는" 나라가 되었다. 그러나《사이언티픽 아메리칸》지는 독자들에게 연필산업이 번창하더라도 새로 뛰어들지는 말라고 조언했는데, "연필회사들이 형제처럼 잘 지내는 경우는 지극히 드물며, 혹시라도 여유 자금으로 연필 사업에 끼어들라치면 기존 업체들이 적대시하기 때문"이었다.

미국에서 연필산업이 이처럼 발달하게 된 데에는 여러 가지 복잡한 이유가 있었다. 미국 연필 생산자들의 자부심과 자신감이 고양된 것을 비롯해 필라델피아에서 열린 독립 100주년 박람회 같은 공공 전시에서 관람객들의 찬사가 외제 연필에서 미국산 연필로 옮겨 오기 시작했다. 예전에 미국으로 이주해 온 유럽의 미술가, 공학자, 사업가들은 자기가 떠나온 고향에서 생산된 연필들 가운데 좋아하는 것을 골라 사용했지만, 이들 다음 세대는 유럽과의 관계가 소원했고, 따라서 옛 조국에 대한 편향된 사고방식도 덜했기 때문에 연필을 볼 때 질이나 경제성, 문방구에서 쉽게 구입할 수 있는가 등을 따졌다.

비록 링컨이 게티즈버그 연설문*을 쓸 때 독일제 연필을 사용했다는 말이 있기는 하지만, 어쨌든 그가 재임할 때 수입 상품에 보호 관세를 부과함으로써 미국 연필산업은 이에 힘입어 크게 발전할 수 있었다. 1876년 수입 연필에 부과된 관세는 1그로스당 50센트에 전체 물량 신고 가격의 30퍼센트에 해당하는 금액을 더한 액수였다. 이처럼 수입 연필이 받는 불이익과 미국 내 연필 수요의 증대에 따라 연필 사업은 비교적 높은 임금에도 불구하고 새로 시작하기 좋은 사업이 되었다. 하지만 임금이 높았기에 연필업체들은 다른 손해비용, 이를테면 도둑질 당하는 것 같은 일을 줄여야 했다.

보호 관세와 시장 확대에도 불구하고 연필 생산업은 예전부터 그러했듯이 소규모 사업이었다. 보로데일 광산에서 광부들이 작은 흑연 조각 하나도 집어가지 못하게 특별한 조치를 취했듯이, 100년 뒤의 미국 연필 공장들 역시 이처럼 불필요한 손해를 줄이기 위해 극단적인 조치를 취했다. 1870년대 조셉 딕슨 용광로 회사는 하루에 8만 자루의 연필을 쏟아냈는데(이는 미국 전역에서 팔리는 연필 총량의 3분의 1이었다), 이렇게 많은 연필을 생산함에도 불구하고 모든 연필 개수를 일일이 세어야 했다. 딕슨사는 엄격한 규율을 강요했으며, 연필이 단 1자루라도 없어지면 해당 작업장에 있던 모든 근로자를 해고했다. 이에 관해 전해지는 이야기가 하나 있다. 어느 날 딕슨사 용광로 공장에서

* 링컨이 1863년 11월 19일 펜실베이니아주 게티즈버그에서 행한 연설로, 남북전쟁에서 죽은 장병들을 위한 추모 연설이었다.

일하는 직공 한 사람이 연필 공장 안에 들어가 하나쯤은 가져가도 알아채지 못하겠지 싶어 연필 1자루를 슬쩍했다. 하지만 언제나 철저히 개수를 세고 확인하는 시스템 때문에 1자루가 부족하다는 게 금세 탄로 났고, 한 연필 공장 직원이 용광로 공장 직공이 연필 공장 안에 들어온 것을 목격했다고 보고했다. 용광로 공장 직공에게 연필 공장에 들어간 이유를 해명하라고 하자, 그는 1자루 몰래 가져갔음을 고백하고 연필을 돌려주면서 용서를 빌었다. 그러나 그는 결국 해고되어 다시는 딕슨사에서 일을 구하지 못했다. 철저한 감시 뒷면에는 이 같은 이야기들이 많다. 직공들뿐만 아니라 공장을 방문하는 외부인들 역시 감시를 받았다.

그렇지만 미국에서 유럽 연필을 몰아낼 수 있었던 것은 국민적 자부심이나 보호 관세, 혹은 감시를 겁내는 노동자들 때문만은 아니었다. 유럽 연필과 미국 연필 간의 균형이 깨진 데에는 순수한 공학적 · 기술적 요소들이 작용했다. 한때 세계를 주름잡은 연필을 만들어내던 영국에서는 꽤 늦은 시기인 1869년까지도 보로데일 천연 흑연이든, 브록크던 공정으로 만든 압축 흑연이든, 아니면 점토를 혼합해 구운 흑연이든 간에 상관없이 흑연 덩어리를 톱 같은 도구로 재단하여 연필심을 만들었다. 나무 자루를 만드는 것도 1세기 전부터 사용하던 방법을 고스란히 답습하고 있었다. 홈은 사각이었으며, 톱이나 대패를 써서 팠다. 어쩌다 기계를 사용하는 경우도 있었지만 그마저도 손으로 작동시키는 단순한 것이었고, 한 번에 하나밖에 작업할 수 없었다. 조립 방법도 옛날 그대로였다. 자루에 홈을 파고 그 속에 심을 끼워서 평평하게 대패질을 한 다음 그 위에 얇은 나무판자를 아교로 붙였다. 이렇게 만든 사각 연필을 한 번에 1자루씩 원형으로 성형했는데, 이 성형 기계 역시 한 쌍의 휠 사이에 연필을 끼워 회전 커터에 밀어 넣는 아주 단순한 것이었다.

독일에서는 1830년대부터 콩테 공정으로 연필심을 만들기 시작해 좀 더 정교하고 복잡한 기계를 연필 생산 작업에 도입했다. 원래 콩테가 개발한 공정은 사각 홈을 판 목재 틀에 축축하게 젖은 상태의 흑연-점토 반죽을 넣어 심 모양으로 찍어내는 방식이었는데, 독일인들은 이런 방법을 쓰지 않고 흑연-점토 반죽에서 직접 심 모양을 뽑아내는 압출 성형 방식을 썼다. A. W. 파버사가 압출 성형 방식을 써서 연필심을 뽑아낸 최초의 회사임을 주장해왔지만, 압출 성형 방식이 프랑스나 영국에서 처음 개발된 것이라고 믿을 만한 근거가 있다. 영국에서는 브록크던이 일찍이 1819년에 사파이어나 루비 또는 다른 보석에 구멍을 내고, 이 구멍으로 철사를 뽑아내는 실험을 했다. 이런 압출 성형 방식으로 뽑아낸 둥근 연필심은 초기 샤프펜슬용으로 쓰였는데, 파버사는 사각 홈에 맞는 사각 연필심도 같은 방식으로 뽑아냈다. 사각 연필심은 1870년대 중반까지 전 세계적으로 가장 보편적인 형태였고, 19세기 말까지도 파버사 연필은 "특이한 사각 연필심 때문에 쉽게 알아볼 수 있었다"라는 기록이 있을 정도였다. 그러나 이는 파버사가 근대화에서 뒤처져 있었다는 사실을 시사하는 것이다.

그런데 원형 연필심을 자루에 삽입하는 방법은 이전에 200년간 유지되어왔던 사각 연필심을 자루에 끼우는 방식과는 달랐다. 헨리 데이비드 소로가 바로 이 연필심을 자루에 삽입하는 방식을 개발하기 위해 머리를 짜냈다. 사각 연필심은 사각 홈에 완전히 담기도록 끼워지고 그 위에 얇은 나무판자를 접착하는 작업 과정을 거쳤다. 그러나 원형 연필심은 사각심처럼 비대칭적으로 조립될 수 없다. 원형심을 받치

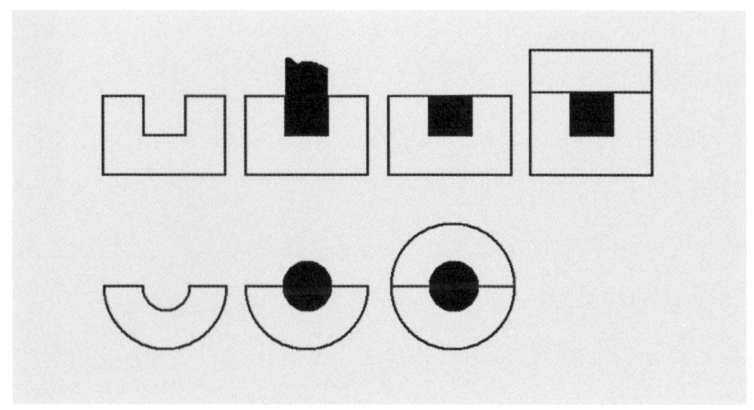

사각심 연필을 만드는 과정과 원형심 연필을 만드는 과정.

려면 나무 자루에 난 홈은 반원 형태여야만 하며, 그 위를 덮는 나머지 나무 자루 역시 홈이 반원 형태로 나 있어야 한다. 양쪽 자루에 난 반원형 홈은 깊이가 정확히 같아야 하며, 위치도 정확히 자루 중심이어야 한다. 그래야 2개의 나무 자루가 빈틈없이 원형심을 둘러쌀 수 있으며, 모양도 반듯하게 된다. 홈이 너무 얕으면 자루가 딱 맞물리지 않을 것이고, 반대로 홈이 너무 깊으면 심이 미끄러져 자루 밖으로 흘러나올 수 있다. 반면 한쪽 자루에만 홈을 파는 사각심의 경우에는 홈 규격에 좀 더 융통성이 있다. 홈이 너무 좁으면 심을 약간 얇게 재단하면 되고, 홈이 넓으면 조립하는 높이를 조절하면 된다. 나무 자루를 깎아내 깊이를 약간 낮추거나 심을 약간 얇게 만들면 된다. 이런 식으로 사각심은 어떤 경우에든 자루에 딱 맞게 할 수 있다. 또한 위에 덮는 나무 자루에는 홈을 파지 않기 때문에 마감 성형 전 단계에서 늘 자루 전체를 정사각형으로 만들 수 있다. 구식 사각심 연필을 보면 심이 자루 중심에서 약간 벗어나 있는 경우가 더러 있는데, 칼로 연필을 깎는다면 이렇게 심이 삐뚤어져 있어도 크게 문제 될 것이 없다. 그러나 19세기 말에 등장한 회전식 연필 깎는 기계를 쓴다면 일률적으로 회전하는 날 때문에 심이 부러지고 말 것이다. 결국 회전식 연필 깎는 기계와 원형 연필의 등장은 상호 의존적인 관계일 수밖에 없었다.

전통에서 자유롭기 때문에

보통의 경우라면 모든 일은 강한 전통의 입김 속에서 서서히 발전했을 것이다. 그러나 당시 미국의 젊은 연필산업은 애초부터 이러한 전통이 없었기 때문에 오히려 연필을 좀 더 효율적으로 생산하는 데 적합한 기계를 자연스럽게 고안해가면서 발전할 수 있었다. 물론 19세기 초에도 윌리엄 먼로가 2개의 나무 자루에 연필심 절반 깊이로 홈을 판 다음 연필심을 제작했다는 주장이 있다. 그러나 연필심이 원형이 아니라면 나무 자루 2개에 동시에 홈을 파 조립하는 방법은 아무런 이점이 없다. 1880년대 말에도 다섯 사람이 하루에 4,000자루의 값싼 보급형 연필을 생산할 수 있었다고는 하지만, 한쪽 자루에만 홈을 파는 방식이 여전히 함께 쓰이고 있었다.

초기에 등장한 연필 만드는 기계가 갖는 의미는 그 작업 속도에만 있는 것이 아니었다. 이 기계로 연필 4자루분에 해당하는 나무판자에 4개의 홈을 동시에 팔 수 있었다는 사실도 중요한 의미를 지닌다. 이렇게 만들어진 자루에 4개의 심을 삽입한 뒤 그 위에 홈이 파이지 않은 얇은 판자를 아교로 붙여 한꺼번에 4자루의 연필을 만들 수 있었고, 이내 한 공정으로 6자루 또는 그 이상의 연필을 생산할 수 있었다. 연필심 4개를 가운데 집어넣은 이 샌드위치 같은 판자를 몰딩 기계에 넣으면 4자루의 연필이 나온다. 이렇게 만든 연필은 1그로스당 85센트에서 2달러 정도에 판매되었는데, "필기감도 부드럽고, 필기 질도 균등한 훌륭한 제품이었다." 여기에 사용된 성형 기계는 칼날만 교체해주면 연필을 육각형이나 원통형으로 깎아낼 수 있었다. 이 때문에 1880년대 미국에서는 육각형이나 원통형 연필이 주류를 이루었다. 1891년 딕슨사 카탈로그를 보면 동일한 품질의 '고급 사무용 연필'이 원통형과 육각형 두 가지로 판매되고 있음을 알 수 있다. 고급 연필의 경우, 육각형 연필이 원통형 연필보다 30퍼센트 정도 더 비쌌다. 그런데 같은 카탈로그에 실려 있는 보급형 연필을 보면, 육각형 연필이 원통형 연필보다 20퍼센트 정도만 비쌌다. 이는 연필 가격이 모양에 따라서가 아니라 마무리 작업 질에 따라서 더 비싸진다는 사실을 말해준다. 카탈로그에 실린 가장 비싼 연필은 "설계사, 드로잉 교사, 기계공학자, 그리고 모든 예술가"가 품질을 보증한 '딕슨사 아메리칸 그래파이트 예술가용 연필'로서, 육각형으로만 만들어졌다. 이 연필은 1그로스당 9달러 37센트였는데, "자연 그대로의 삼나무 무늬와 색상을 살린" 마무리 작업에 비하면 이 정도 가격은 문제가 되지 않았다. 20세기에 접어들면서 모양이 다른 연필들 간의 가격 격차는 점차 사라졌지만, 19세기 말까지도 독일 연필 카탈로그에는 삼각 내지 사각 연필이 실렸으며, 사각심 연필도 종종 실리곤 했다.

독일에서도 1830년대 말에서 1840년대에 걸쳐 몇몇 연필 생산 기계가 개발됐다. 그러나 미국이 일궈낸 발전에까지 이를 만큼 공장 근대화를 지속시키지는 못했다. 미국은 이미 1870년대에 연필 6개 폭의 판자에 심 두께의 절반 깊이로 동시에 여러 줄의 홈을 판 다음 이러한 두 판자 사이에 심을 삽입하고 접착시켜 1분에 9,000번이나 칼질을

A. W. FABER'S MANUFACTORY ESTABLISHED 1761. 17

Hexagon Gilt Artists' Pencils,

With Movable Leads.

Red Polished, Gold Stamp with Ivory Heads.

No.	Packed ½ dozen in a box.	Per dozen
5080.	**Artists' Hexagon Gilt,** short, . . 3½ inches long, No. 454, ...	$1.00
5081.	" " " medium, 5 " " " 455, ...	1.10
5082.	" " " long . . 6 " " " 1, 2, 3, 4, 5 and 6,	1.20
5083.	" " " propel and repel, Nos. 1, 2, 3, 4 and 5 ; 6 in. long,	2.40

In Drawing Sets.

		Per doz. sets
5085.	5 **Hexagon Gilt Artists' Pencils,** in box, Nos. 1, 2, 3, 4 and 5, ...	$9.00

A. W. FABER'S "Round Gilt" Pencils.

These pencils rank directly after the "Hexagon Gilt" pencils in popularity. They are round, black polished, with gold stamp, and are made in five degrees of hardness, from No. 1 to 5.

No.	Packed 1 gross in a box.	Per gross
5090.	**"Round Gilt,"** Nos. 1, 2, 3, 4 and 5, ...	$3.60
5095.	" " " 1, 2, 3, 4 " 5, with rubber tips, ...	4.50
	Packed ½ gross in a box.	
5091.	**"Round Gilt" Tablet Pencils,** thick, medium and thin, with ivory heads, Nos. 1, 2, 3 and 4, ...	2.80

In Drawing Sets.

	Packed ½ dozen sets in a package.	Per doz. sets
5094.	4 **"Round Gilt" Pencils,** in paper box, Nos. 1, 2, 3 and 4, ...	$1.90

A. W. FABER'S MANUFACTORY ESTABLISHED 1761.

1897년 A. W. 파버사 카탈로그에 실린 가격표. 예술가용 육각형 연필은 1다스(12자루)에 1~2.4달러인 데 반해, 원통형 연필은 1그로스(144자루)에 3.6달러로 훨씬 싸다.

하는 고속 회전 칼날로 연필 모양을 깎아내는 기계를 개발했다. 이 기계는 "외국 업체들이 연필 1자루 모양을 깎는 동안 무려 50자루의 연필을 깎아낼 수 있을 뿐만 아니라 사람의 손은 조금도 필요 없었다."

19세기 후반부에 이러한 성능 좋은 기계가 독일이 아닌 미국에서 개발된 이유는 두 가지다. 첫째로는 미국의 임금이 비쌌기 때문이며, 둘째로는 미국 연필업체들이 새로운 공장을 세우던 시기가 때마침 기술이 좀 더 진보된 때라 공학자들이 정밀한 목공 작업을 고속으로 할 수 있는 전문화된 기계를 주문에 맞춰 생산할 수 있었던 시기였기 때문이다. 독일에서 기계화가 어느 정도 수준에 도달하자 파버사 같은 대형 연필 제조업체들은 근로자들의 복지와 애사심 향상과 같은 사회적 문제에 관심을 가졌다. 그러나 장기적인 근로자 복지는 남들처럼 싼값에 연필을 공급할 수 있는 첨단 공장을 계속 발전시키지 않는 한 환상에 불과했다.

자기 공장을 세우고자 형이 운영하는 A. W. 파버사를 떠났던 요한 파버는 1870년대에 좀 더 근대화된 공장을 설립했다. 알리베르 광산이 거의 고갈된 무렵에 요한 파버는 새로 발견된 시베리아의 흑연 광산을 확보할 수 있었고, 이로 인해 그가 생산한 연필은 상당한 명성을 얻을 수 있었다. 1895년에 나온 셜록 홈스 시리즈물 가운데 홈스가 친구 왓슨에게 "요한 파버가 가장 유명한 연필 생산업자"라고 말하는 장면이 나온다. 홈스의 말은 옳았다. 당시 비교적 젊은 기업에 속했던 요한 파버사는 바바리아에 있는 26개 연필업체(그중 23개 업체가 뉘른베르크에 있었다)의 총 생산량 중 30퍼센트를 차지하고 있었으며, 직원 수는 1만여 명에 달했다. 이 같은 괄목할 만한 번창과 명성에도 불구하고 당시 독일로부터 날아온 한 보고서에 따르면 요한 파버사가 이런 위상을 고수하는 데는 "큰 어려움"이 따랐다고 한다. 이 무렵 요한 파버사는 유한회사로 전환했는데, 창업자인 요한 파버는 "이미 바바리아 연필 생산량에 맞먹을 만큼 연필을 많이 생산하는 미국"이 매기는 높은 관세에 한탄하는 한편, 고갈되어가는 최고급 삼나무가 계속해서 인도, 멕시코, 일본, 호주 등지로 형편없이 싼값에 수출되고 있는 상황을 우려했다. 그는 또한 이탈리아, 러시아, 프랑스에서 관세를 물리는 것이나 "프랑스의 학교, 관공서, 심지어는 철도회사에서도 독일제 연필 사용이 금지"된 것에 대해 불만이 컸다고 한다.

같은 시기 영사가 작성한 보고서를 봐도 요한 파버는 미국인들이 벌채된 삼나무 숲을 새로 조림하지 않는 것에 대해서는 말할 것도 없고, 삼나무가 고갈되어감에 따라 만드는 연필 절반 정도에 질 나쁜 목재를 쓰는 상황에 대해서나 연필 생산비가 점점 높아지는 상황에 대해서도 불만이 컸다. 요한 파버는 미국이 수천 그로스의 남는 연필을 다른 나라에 헐값으로 팔아치워서 국제 연필 가격이 더욱더 왜곡되었다고 주장한다. 특히 영국의 연필 시장에 싸구려 미제 연필이 쏟아져 들어오면서 독일 연필업체들도 어쩔 수 없이 출혈 경쟁을 벌일 수밖에 없었다는 것이다. 영사의 보고서는 다음과 같이 결론을 맺었다. "독일 연필산업의 위상은 밝지 못하다."

20세기에 접어들 무렵 벌어진 이 같은 상황은《사이언티픽 아메리칸》의 한 기사에 잘 요약되어 있다. 이 기사에 따르면 "독일 연필산업은 미국 연필업체들과의 경쟁으로 인해 심각한 타격을 받고 있다. 미국은 첨단 노동절약형 연필 제조 기계에 엄청난 생산량, 특히 삼나무를 값싸게 확보할 수 있다는 이점 덕분에 연필을 저렴한 가격에 공급할 수 있었는데 이는 독일 연필업체들이 지금과 같은 위상을 유지할 수 없게 하는 주요 원인이 되었다." 1901년에는 또 다른 영사가 미국 연필산업이 성공한 "주된 요인은 기계의 완전성"과 더불어 최고급 삼나무에 대한 통제에 있음을 거듭 보고했다. A. W. 파버사는 1904년 세인트루이스St. Louis에서 열린 만국박람회에 제품을 전시하고 "1,000명의 기술자와 300마력짜리 증기기관을 보유하고 있다"며 자사를 소개했지만, 새로운 기계에 대한 언급은 한마디도 없었다.

세계대전으로 판도가 바뀌다

제1차 세계대전이 터지자 미국 연필업계는 더욱더 호황을 누리게 되었지만, 독일로서는 상황이 더 악화된 셈이었다. 영국은 미국에서 복사 연필copying pencil*을 수입했는데, 셈해보면 1주일에 한 업체당 수천 그로스씩을 사들이는 형편이었다. 미국산 복사 연필을 쓰라는 명령이 떨어진 것은 아니었지만, 영국을 비롯한 연합군 측 장교들은 전쟁 수행 및 야전 활동에 필요한 엄청난 양의 문서 작업에 미국산 복사 연필을 썼다. 야전에서는 지워지지 않는 복사 연필이 잉크를 찍어 쓰는 펜보다 훨씬 편리했기 때문이다. 전쟁이 길어지자 영국 시민들은 비싼 값으로 연필을 사야 했다. 아닐린 염료의 품귀로 인해 1페니짜리 복사 연필 값이 4배나 뛰었으며, 반 페니짜리 삼나무 연필은 거의 구할 수조차 없었다. 그러던 1916년 어느 날, 런던의 《타임스The Times》지는 동양의 연합국으로부터 날아온 소식을 보도한다. "일본은 독일 문구류를 충분히 대체할 만한 질 좋은 문구류를 만들어내고 있

* 지우개로 지워지지 않는 연필. 먹지 복사에도 쓴다.

으며, 일본에서 유럽까지의 높은 항공 운임에도 불구하고 독일 업체로부터 구매하는 것보다 가격 면에서 더 유리하다." 전쟁이 끝날 무렵이면 영국은 미국산 연필의 가장 큰 수입국이 되어 있었다.

독일로서는 전쟁 때문에 연필 원료 확보가 점점 어려워진데다 제조비용도 늘어나 연필 값이 크게 올랐다. 가령 연필심을 만드는 데 쓰이는 점토는 규소와 같은 불순물이 없어야 종이에 흠집을 남기지 않는다. 3톤의 점토에서 규소를 대충이라도 씻어내려면 97톤의 물을 써야 하지만, 때는 전시였다. 평상시였다면 겨우 하수도관 만드는 데에나 쓰였을 저질 점토를 사기 위해 무려 60배나 치솟은 값을 치러야 했다. 다른 원료들도 마찬가지로 값이 치솟았다. 기록에 따르면 독일 연필업체들은 원료 구입에 전쟁 전보다 30배에서 50배 높은 비용을 들였으며, 노동자들의 임금도 12배나 올랐다. 총 생산비로 따지면 전쟁 전보다 15배에서 20배가 뛴 셈이었지만, 연필 값은 10배밖에 오르지 않았다. 독일 연필산업을 대표하던 뉘른베르크 연필 제조업협회German Pencil Makers Union of Nuremberg는 1920년에는 원료 값이 하락하기 시작할 거라고 믿었다.

그렇지만 휴전이 이뤄졌다고 해서 삼나무가 더 많이 자라는 것은 아니었다. 미국으로 집중된 외국에서의 삼나무 주문은 결과적으로 삼나무 가격을 50퍼센트나 올려놓았다. 삼나무의 대량 수요자들 가운데에는 일본도 끼어 있었다. 그 무렵 일본에는 117개의 연필 제조사가 있었으며, 도쿄 한 지역에만 80개 업체가 있었다. 연필 공장 직원 수는 2,000명이 넘었다. 1910년부터 10년 동안 일본이 생산한 연필은 총 15억 자루였는데, 1918년 한 해에만 거의 2억 자루의 연필을 수출했다.

독일 연필업체들은 미국이나 일본과 경쟁했을 뿐만 아니라 국내 연필 값이 올라 미국에 수출할 때에도 더 많은 관세를 물어야만 했다. A. W. 파버사 같은 연필업체들은 관세 인상에 대해 법정 항의를 하기도 했으나 거의 성과가 없었다. 관세라는 경제적 장벽이 없을 때에는 좀 더 공공연한 정치적 장벽에 부딪혔다. 런던 시의회가 학교에서 쓸 연필을 독일에서 대량으로 수입했을 때 항의를 받았듯이 말이다.《사이언티픽 아메리칸》지가 "전쟁 결과 중 하나로" 독일 연필산업이 "쇠퇴"했다고 말한 것은 상당히 완곡한 표현이었다.

전쟁의 또 다른 결과로 1917년 뉴저지주 외국 자본위원회가 A. W. 파버사의 공장을 몰수했다. 몰수된 A. W. 파버사 공장은 (파버사가 미국 특허청에 등록한 상표 등을 비롯해) 전부 미국 회사에 다시 팔렸다. 이 미국 회사는 뉴저지주에 'A. W. 파버 주식회사'라는 법인을 설립했는데, 전쟁이 끝난 뒤 독일 슈타인에 있는 본사와 밀접한 관계를 맺었다. 이 관계는 제2차 세계대전으로 잠시 단절됐지만, 전쟁이 끝난 뒤 독일의 파버카스텔사가 이 회사 주식 일부를 매입함에 따라 이 미국의 A. W. 파버 주식회사는 'A. W. 파버카스텔 연필 주식회사'로 이름을 바꿨다.

어떤 연필이 최고의 연필인가

제1차 세계대전이 발발하기 전에 독일은 주로 예술가, 설계사, 건축가, 공학자들을 대상으로 고급 연필을 제작하는 데 주력했다. 이 같은 고급 연필은 보급가 연필들만큼 많이 팔리지는 않았지만 마진이 컸기 때문에 생산자나 유통업자들에게 큰 폭의 이윤을 안겨주었다. 예술가나 공학자들은 연필을 고를 때 질이나 균질성을 따졌고, 일단 좋아하는 상표를 결정하고 나면 진지한 기술 개발이나 혁신적인 영업 기술이 아니고서는 그 같은 기호를 바꾸기 힘들었다. 건축가나 공학자들은 자신이 좋아하는 상표라면 눈을 감고 종이 위에 써지는 감촉만으로도 2H 연필인지 3H 연필인지를 가려낼 수 있었다고 한다. A. W. 파버사는 1837년에 처음으로 전 등급 연필군을 생산했는데, BB부터 HHH 등급까지 표준 구색을 다 갖추었다. 등급 연필을 사용하던 이들은 BB 등급이든 다른 등급이든 시간이 지나도 품질이 변함없음을 믿을 수 있었다. 따라서 화가나 공학자들은 연필로 작업하고 몇 년이 지나서도 같은 등급의 연필을 사 스케치를 덧그리거나 설계도를 수정하는 일을 마음 놓고 할 수 있었다. A. W. 파버사는 시베리아산 흑연 덕택에 타의 추종을 불허할 만큼 훌륭한 전 등급 연필을 생산할 수 있었지만, 알리베르가 발견한 시베리아 광산이 고갈되기 시작하자 품질에 심각한 위협을 받았다. 1878년 요한 파버는 자기 회사를 설립한 뒤로 자신만의 전 등급 연필군을 생산 시판했는데, 제품 가운데 일부는 요한 파버가 독자적으로 확보하고 있던 시베리아산 흑연으로 만들어졌다.

A. W. 파버사는 최고급 연필을 만드는 데 필수 원료인 시베리아 흑연이 고갈될 위기에 직면하자 회사 내 공학자들에게 유럽이나 다른 지역에서 새롭게 채굴되는 흑연으로도 최고의 연필을 만들 수 있도록 연구 개발을 지시했다. 그렇게 해서 탄생한 새로운 공정과 기계류에는 독보적인 셀링 포인트를 강조하는 이름이 붙여졌다. 이 새로운 연필심 제조 공정은 '마이크로렛 공장Microlet mills'에서 가동되어 "시베리아산 흑연보다 질과 순도에서 뛰어난 흑연 혼합물"을 만들어냈다. 이렇게 해서 만들어진 새로운 심이 들어간 새 드로잉 연필 생산 라인이 1906년에 완성됐다. '카스텔Castell'이라고 이름 붙여진 이 연필은 노란색 코

1900~1910년대 A. W. 파버사 광고. 차례로 색연필, 계산자, 지우개, 공학용 연필, 드로잉용 연필을 광고하고 있다.

이누르 연필과 차별점을 두기 위해 초록색으로 칠해졌다. 파버사는 카스텔 연필이 "공학자, 기술자, 설계사들을 위한 최고의 연필"이라고 주장했으나, 다른 훌륭한 연필들로부터 도전을 받던 상황이었기 때문에 이런 주장에 대해 이의를 제기하는 사람들이 많았다.

한편 코이누르 연필은 "완벽한 연필", "세계 최고의 연필", "나비처럼 가볍고 비단처럼 부드러운 감촉" 등의 수사와 함께 선전되었다. 1906년 런던의《타임스》지는 이 "탁월하고 유명한" 연필 견본을 받아본 데 대한 기사를 실었다. 같은 해《뉴욕 타임스》에 실린 광고는 연필 소비자들에게 "오스트리아에서 만든 코이누르를 통해 당신은 최대 만족을 느끼실 겁니다"라고 선전하고 있다. 그러나 소비자들이 늘 이 제품의 이름을 기억하는 건 아니어서 으레 "노란 연필"이라고 했다. 코이누르 연필의 성공은 유사품 제조업자들을 유혹했다. 하르트무트사는 "코이누르 연필에 친숙한 사람들도 가끔 유사품의 색깔에 속게 된다"고 경고하면서, 모방할 수 있는 것은 단지 "연필의 모양과 색깔"일 뿐임을 강조했다.

코이누르 연필은 1893년 시카고 만국박람회에 전시된 뒤 곧 미국에 수입되기 시작했다. 그러나 제1차 세계대전이 터진 4년간 공급이 중단됐다. 이러한 사태가 재발되는 것을 막기 위해 코이누르 연필회사*는 1919년 뉴저지주에 합작 법인회사를 설립해 공급을 재개했다. 하지만 코이누르 연필 자체가 여전히 체코슬로바키아**에서 만들어지는 한, 연

* 코이누르 연필이 대대적인 성공을 거둔 뒤 하르트무트사는 '코이누르'를 회사 명칭으로도 썼다. 현재 이 회사의 정식 명칭은 '코이누르 하르트무트'다.

** 체코슬로바키아는 1918년까지 오스트리아-헝가리 제국의 지배를 받았으나, 1918년 10월 체코슬로바키아 공화국으로 독립한다(이 때문에 앞에서는 오스트리아에서 만들어진 연필로 설명되는 것이다). 오늘날 체코슬로바키아는 체코, 슬로바키아 두

필에 쓰인 삼나무 원산지가 미국일지라도 완제품은 관세를 물 수밖에 없었다. 코이누르 연필회사는 이러한 불이익을 피하고자 1938년 뉴저지주 블룸즈버리Bloomsbury에 공장을 세운다. 연필심은 수입하고, 미국산 목재를 써 연필을 조립하는 공정은 뉴저지주 공장에서 진행했다.

이러한 공정 내내 코이누르 연필심을 보호하고 마감하는 데 아낌없는 노력이 들어갔다. 자루에 넣지 않은 연필심을 쥐들이 다 먹어치울까 봐 고양이를 풀어놓기도 했다. 연필심을 자루에 끼우고 나면 이 자루를 밝은 노란색 래커로 14번이나 코팅했고, 연필 끝에는 황금색 페인트를 칠했으며, 상표는 16금으로 새겼다. 자루의 여섯 면에는 전부 등급 표시 스탬프를 찍어 소비자가 한눈에 알아볼 수 있도록 했다. 마무리된 연필은 면밀한 검품을 거쳐 10자루에 1자루 꼴로 불합격 판정을 받았다. 불합격 판정이 난 연필은 더 짧게 잘라 골프 연필golf pencil* 따위로 쓰였다. 검품 과정을 통과한 코이누르 연필들은 "1다스씩 포장되어 금속 상자에 담겼다. 금속 상자는 다공성多孔性[내부나 표면에 작은 구멍이 많이 나 있는 성질]의 삼나무 자루가 습기를 흡수해 휘는 것을 막아주기 때문에 습한 지역에서도 연필이 곧은 모양을 유지할 수 있도록 해주었다."

19세기 미국에서는 고액 관세조차도 고급 연필의 판매를 저지하지 못했다. "최고급 재료와 마감 작업"으로 대표되는 '고급 연필'들 간에는 경쟁이 거의 없었기 때문이다. 그러나 미국의 젊은 연필업체들은 튼튼하게 자리를 잡아감에 따라 좀 더 싼 연필을 생산하면서 쌓은 경험을 토대로 고급 연필 분야에도 공격적으로 뛰어들기 시작했다. 연필

나라로 나뉘었다.

* 대략 7~8센티미터 정도의 짧은 연필을 말한다.

회사 기술자들이 최상의 재료를 확보하고 그 재료들을 다루는 데 능숙해지자, 미국의 뛰어난 연필 제조 기계들이 첨단 연필 생산에 효과적인 역할을 하기 시작했다. 더욱이 미국 연필업체들은 이미 최고급 삼나무를 조달하는 데 상당한 이점이 있었기 때문에 최고급 연필을 만들어내기 위해서는 흑연과 점토를 완벽히 다루는 문제 하나만 해결하면 됐다.

1870년대 말 조셉 딕슨 용광로 회사를 예로 들면, 천연 흑연을 순도 99.96퍼센트까지 정련하는 데 성공했다. 이렇게 순도 높은 흑연을 얻으려면 티콘데로가 광산에서 채굴된 흑연을 물속에서 잘게 분쇄해 흑연 입자가 물 위로 뜨게 하면 된다. 연필 생산에 이용될 흑연은 저지시에 있는 공장에서 더 미세하게 분쇄한다. 그런데 흑연은 훌륭한 윤활물질이기도 해서 분쇄용 맷돌grindstone을 쓰는 일이 쉽지만은 않았다. 흑연 입자가 아주 미세해지면 “밀가루보다 알갱이가 더 작고 부드러웠다.” 그러나 당시 기록에 따르면 딕슨사의 흑연 분말은 “밀가루 같은 끈적임이 없기 때문에 물처럼 손으로 뜰 수 있지만, 손바닥에 담고 있기는 물보다도 더 어렵다. 엄지손가락과 집게손가락으로 한 꼬집 집으려고 하면 수은처럼 빠져나가기 때문에 살갗이 조금 매끈매끈해졌다는 감촉밖에는 남지 않았다.”

연필심을 만들기 위해서는 흑연 분말을 미세한 정도에 따라 분리해야 하는데, 물과 혼합한 흑연 분말을 깔때기에 넣은 다음 연결된 튜브들 사이로 천천히 빠져나가게 했다.

> 가장 거칠고 무거운 입자는 첫 번째 튜브 바닥에 가라앉는다. 그다음으로 거칠고 무거운 입자는 두 번째 튜브 바닥에 가라앉는다. 이

때 물은 아주 천천히 흐르게 해야 한다. 마지막 튜브에 이르면 (물이 출렁거리지 않는 한) 물보다 2배 정도 무거운 흑연 입자는 가라앉게 된다. 위에서 물을 다 따르고 물의 흐름이 완전히 멈춘 다음에 흑연 분말이 다 가라앉았으면, 깨끗한 물을 위에서부터 빼낸다. 물을 빼낼 때는 각 튜브 측면에 난 구멍에 배수관을 꽂되 일껏 가라앉힌 분말이 동요되지 않도록 조심스럽게 해야 한다. 배수 작업이 끝나면 튜브 밑에 달려 있는 문을 통해 흑연 분말을 꺼낸다. 흑연 분말을 분리하는 작업은 이처럼 물의 '흐름'을 이용한 독창적인 공정을 통해 이뤄지는데, 이 방법은 건조 상태로 흑연을 다루는 비효율적인 방법들에 비해 더 완전하다. 마지막 튜브에서 나온 분말은 최고급 연필을 만드는 데 쓰며, 첫 번째와 두 번째 튜브에서 나온 흑연 분말은 싸구려 연필이나 일반 연필을 만들 때 쓴다.

점토도 이와 비슷한 공정을 거친다. 이 점토를 흑연 분말과 섞은 다음 평평한 돌판 사이에서 24시간 동안 갈면 최고급 연필에 걸맞은 "가장 견고하고 균일하며 서걱거림이 없는" 심을 만들 준비가 끝난다. 이렇게 만든 흑연 반죽을 구멍 난 형틀을 통해 압출 성형 방식으로 뽑아내면 말랑말랑한 연필심 코일이 나온다. (딕슨사는 끊김 없이 120미터나 이어지는 연필심 코일을 미국 독립 100주년 기념 박람회에 전시했는데, "코일을 해저 케이블만큼이나 길게 뽑아내는 데 별다른 어려움이 따르지는 않았다.") 코일을 연필 길이로 잘라 가마에 넣고 구우면 연필심이 만들어지고, 이 심을 나무 자루 속에 집어넣기만 하면 된다. "가장 싼 연필에는 소나무를, 일반 연필에는 적삼목을, 최고급 연필에는 플로리다 시더키 섬에서 나는 부드럽고 결이 고운 삼나무를 썼다. 이 삼나무가 워낙 우수했던 탓에 유럽 연필업자들까지도 플로리다로 찾아올 수밖에 없었다." 딕슨사의 고급 연필은 '아메리칸 그래파이트 전 등급' 연필이라 했는데, 이는 바이어들이 자기네 나라 제품과 비교해볼 마음이 생길 만한 것이었다.

한편 아메리칸 연필회사는 새 드로잉용 연필을 선보이기로 결정하고 신제품에 '밀로의 비너스'라는 이름을 붙였다. 회사 사장인 루이스 렉포드Louis Reckford가 루브르 박물관과 미술에 관심이 많아 이 같은 이름을 붙였다고 한다. 17개 등급으로 나뉜 비너스 연필은 1905년부터 시판되기 시작했으며, "미국에서 최초로 생산된 정확한 등급이 매겨진 드로잉용 흑연심"으로 만들어졌다고 주장된다. 비너스 연필을 구별하는 특징적인 색은 암녹색으로 채택됐지만, 페인트에 문제가 있어 마르면서 칠이 갈라졌다. 그런데 "회사 간부들이 칠이 갈라지면서 나타나는 효과를 좋아해" 이렇게 갈라진 암녹색 페인트칠이 비너스 연필의 특징 중 하나로 자리 잡았다. 어쨌거나 비너스 연필은 미국산 드로잉용 연필에 대한 편견을 불식시켰다. 1919년에는 "세계에서 가장 잘 팔리는 고급 연필"이라고 광고할 정도였다. 비너스 연필이 대중성 확보에 성공한 데에는 카스텔이나 코이누르 같은 유럽산 연필의 품귀가 한몫했다. 다른 미국 연필회사들도 전쟁 중에 드로잉용 연필 생산 라인을 구축했다.

딕슨사의 아메리칸 그래파이트 예술가용 연필은 독창적인 표기법을 써서 등급을 매겼는데, VVVS부터 VVVH까지로 이루어진 이 등급은 유럽의 등급 시스템과는 달랐다. 딕슨사의 천연 삼나무 자루는 19세기에 이미 고급 연필이라는 인식이 확고히 자리 잡고 있었다. 그러나 삼나무 확보가 점점 어려워지는데다(특히 미국 이외 지역에서) 코이누르를 비롯한 경쟁사들의 등급 표시에 자극받은 딕슨사는 1917년경 자사의 '엘도라도Eldorado' 연필에 유럽식으로 금박 로고를 새기고 유럽식 등급을 채택했다. 1919년 딕슨사 광고를 보면 "승리를 위해 모든 것이 필요했던 전쟁 중, '드로잉 연필의 왕' 딕슨사 엘도라도는 진정으로 국민 된 의무를 다했습니다"라는 문구가 쓰였다. 딕슨사는 엘도라도 연필을 "미국의 진정한 성취"로 선전하는 한편, 각 연필에 새기던 기존 슬로건 '아메리칸 그래파이트' 대신 '드로잉 연필의 왕'이라는 문구를 새김으로써 비너스 연필과 유럽의 다른 드로잉 연필류와 어깨를 견주었다. 엘도라도는 주로 화가와 공학자용으로 만들어진 연필로, 1919년《기계 공학Mechanical Engineering》지에 실린 광고대로 이들은 원하는 등급의 연필 완제품 샘플을 요청해 쓸 수 있었다. 전쟁이 끝난 뒤 경쟁이 가중되자 딕슨사는 좀 더 광범위한 소비자층에게 엘도라도를 판매할 방법을 모색했다. 그리하여 1922년《시스템System, the Magazine of Business》이라는 잡지에 엘도라도를 비롯해 딕슨사 연필들의 짧은 샘플로 구성한 '시스템 세트'를 10센트에 판다는 광고를 냈다.

한편 "연필을 발명한 것은 유럽이지만, 이를 완성한 것은 미국이다"라고 공언한 에버하르트 파버사는 자사의 노란색 연필에 반 다이크Van Dyke라는 이름을 붙여 "마지막 1인치까지 고품질을 유지한다"고 선전했는데, 이는 채 2센티미터도 안 되는 몽당연필을 등장시킨 비너스 연필 광고를 의식한 것이었다. 1920년《문학 다이제스트Literary Digest》에 실린 이 광고에 따르면, 안목 있는 연필 사용자들은 "일할 때 HB 등급 반 다이크 연필을 써보면" 그 진가를 알아볼 수 있을 것이라고 했다. 사무용품 문구점에는 샘플 연필을 무료로 준다거나, 15센트만 내면 원하는 등급의 반 다이크 연필 2자루에 지우개를 끼워준다는 광고가 붙기도 했다. 이글 연필사 역시 '터쿼아즈Turquoise'(터키색이라는 뜻으

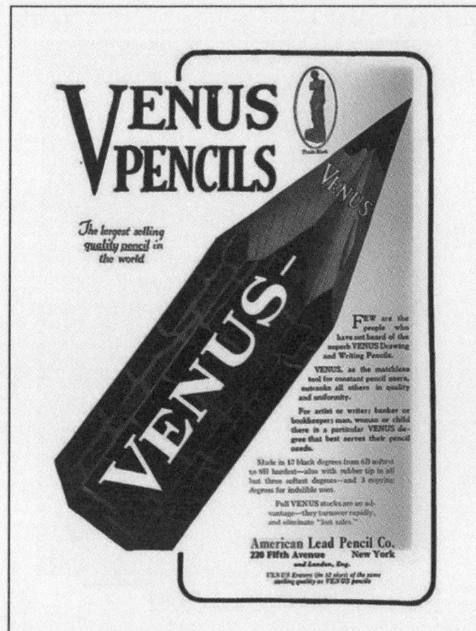

1920년대 아메리칸 연필회사가 내건 '비너스' 연필 광고.

1920년《건축과 공학Architect and engineer》지에 실린 반 다이크 연필 광고.

로, 연필 자루가 터키색이었기 때문에 이런 이름이 붙여졌다)라는 드로잉 연필을 가지고 고급 연필 시장에 뛰어들었다.

제1차 세계대전이 끝날 무렵 미국 연필산업은 전망이 밝았다. 유럽 연필회사들이 연필 생산과 수출을 재개했지만, 미국 연필업계는 자신들의 제품과 미래에 대한 자신감이 대단했다. 이들은 연필 끝을 날카롭게 갈면서 더 넓은 시장을 공략할 태세를 갖추었다. 영업 및 마케팅이 갈수록 중요해지겠지만, 연필의 품질과 우수성을 뒷받침해줄 공학기술 역시 그 중요성을 더해갔다.

14

연필을 지탱하는 것

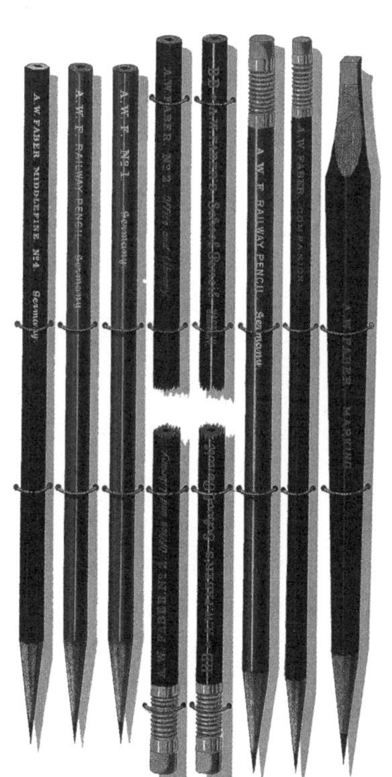
A.W FABER MIDDLEFINE. Nº4 Germany
A.W.F. RAILWAY PENCIL Germany
A.W.F. Nº1 Germany
A.W.F. RAILWAY PENCIL Germany
A.W. FABER COMPANION

A.W.FABER. MIDDLEFINE Nº 3. Germany
A.W.FABER. FINE. Nº 2 Germany

연필의 존재 이유는 심 끝에 있다. 나머지 부분은 모두 이른바 하부 구조에 속하는 것이다. 그러나 만일 이 하부 구조가 없다면 심이 연필에 제대로 붙어 있기는커녕 뾰족하게 깎이지도 않을 것이고, 자유자재로 편하게 쓸 수도 없을 것이다. 심은 연필을 쥔 손에서 빠져나가거나 책상 위로 떨어져 부러지고 말 것이다. 기술의 산물인 모든 인공물에는 반드시 하부 구조가 필요하다. 자동차라는 근대의 인공물도 도로망, 주유소, 주차장, 정비공, 기술자, 보조 인력들이 없다면 별 쓸모가 없을 것이다. 비행기는 활주로나 승무원, 관제탑 없이 결코 이륙하지 못할 것이며, 전화 역시 전신주, 전선, 교환원, 교환기, 오늘날에는 장거리 통신망 같은 하부 구조를 필요로 한다. 이는 텔레비전에 프로듀서와 스튜디오, 배우, 대본이 필요한 것과 마찬가지다.

그렇다고 해서 하부 구조가 그것이 뒷받침하는 본질을 초월한다는 말은 아니다. "자동차가 도로보다 먼저 만들어져야 한다"고 한 헨리 포드Henry Ford의 말은 지금까지도 입에 자주 오르내리는 인용구다. 흑연 또한 펜의 대체 필기구로서 나무 자루 속에 삽입된 정교한 연필의 형태로 널리 받아들여지기 훨씬 전부터 채굴된 자연 상태 그대로인 플룸바고 형태로 사용되었다. 이 흑연은 어느 마을에서 우연히 발견되어 신기하고 유용한 물질이라는 인식을 거쳐 오늘날의 바람직한 상품으로 발전하기는 했지만, 구하기 힘들고 잘 부스러지며 깔끔하지 못한 필기구 형태로 사용하는 동안의 불편함은 비싼 자동차로 불편하기 짝이 없는 진흙탕 시골길을 털털거리며 지나 소풍가는 것만큼이나 짜증나는 일이었을 것이다.

하부 구조는 여러 가지 형태를 띠지만, 일단 새로운 발명품이라는 생경함이 사라지고 나면 대개는 그 발명품의 능률적인 기능과 보급, 원활한 수용을 뒷받침하는 전제 조건이 된다. 또한 기술 부문에 있어서 발명품이나 공학적 구조를 위해 적절한 하부 구조를 마련하는 일은 어떤 인공물의 핵심 부분을 설계하고 제작하는 것과 마찬가지로 공학의 한 분야이다. 사실 제조와 건설이라는 행위에는 비록 일시적이거나 잠정적일지라도 그것 자체를 위한 하부 구조가 필요하다. 연장이나 기계, 주형, 비계 등을 미리 준비하는 일이 제품이나 건물을 만들어내는 일보다 더 많은 노력이 드는 일일 수도 있다.

1840년대에 브리태니아 다리가 놓일 때 엄청난 군중이 메나이해협으로 모여들었듯이, 1927년 미국에서 가장 거대한 외팔보 다리가 건설될 때에도 2만여 명의 군중이 샌프란시스코만 상류 쪽으로 모여들었다. 그곳에서는 750톤짜리 클로징 스팬closing span을 카르퀴네즈 스트레이츠 다리Carquinez Straits Bridge 자리로 들어 올리고 있었는데, 모인 사람들 대부분은 불과 몇 년 전 퀘백교 건설 현장에서 똑같은 작업을 하던 도중에 엄청난 참사가 일어났었다는 사실을 알고 있었다. 하지만 1927년 이 카르퀴네즈 스트레이츠 다리 건설 현장에서는 무려 1만여 명의 무게와 맞먹는 클로징 스팬을 신속하고도 안전하게 제자리에 올

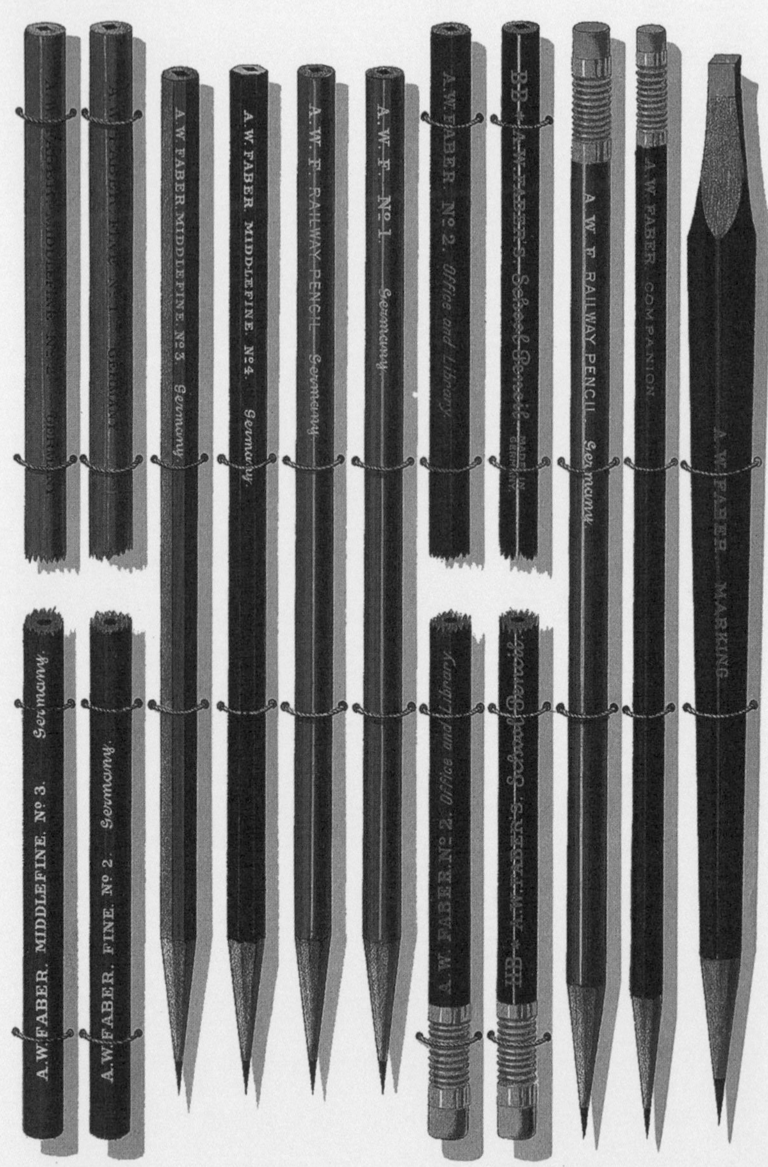

1897년 A. W. 파버사 카탈로그에 실린 연필 삽화.

려놓았다. 캘리포니아에 이 새로운 다리를 놓은 엔지니어들도 퀘벡교에서 귀중한 교훈을 얻었기 때문이다.

카르퀴네즈 스트레이츠 다리를 건설한 엔지니어 데이비드 스타인먼David Steinman은 인터뷰에서 다리를 세울 때 가장 어려웠던 문제가 "목재를 갉아먹는 벌레"였다고 말한다. 이 교량의 첫 번째 나무 말뚝timber pile들이 몇 주일 지나지 않아 벌레들 때문에 다 망가져버리자 "이 파괴자들을 퇴치하기 위해 안간힘을 썼다"고 한다. 이어 스타인먼은 1920년대에는 다리를 건설하는 데 어느 정도 기간이 걸리는지에 대한 질문을 받고는, 과거에 같은 규모의 교량을 건설하는 데 걸린 시간보다는 덜 걸릴 것이라는 일반적인 예측을 확인시켜주었다. 스타인먼은 이 인터뷰에서 하부 구조의 중요성을 일깨워주는 동시에 하부 구조는 본래의 인공물을 사용하기 위해서 제거되기도 하고, 반대로 인공물이 제 기능을 발휘하도록 하기 위해 남아 있어야 하는 경우도 있다는 사실을 일깨워주는 행동을 했다. 바로 주머니칼을 꺼내 연필을 깎았던 것이다.

스타인먼이 사용한 주머니칼은 깃펜을 뾰족하게 깎을 때 썼던 펜나이프의 후손으로서, 이는 연필의 하부 구조라 할 수 있다. 또 그가 칼로 깎아낸 자루 역시 하부 구조여서, 이 자루가 없으면 연필심은 지저분한 흑연 막대기에 지나지 않는다. 심을 종이나 끈으로 감아 자루로 삼을 수도 있었겠지만 그렇게 해서는 오늘날 엔지니어나 화가, 또는 저술가들 손에 늘 들려 있는 '도구'가 되기는 힘들었을 것이다.

사울 스타인버그Saul Steinberg는 《뉴요커》지에 종종 작품을 실은 바 있는 꽤 이름 있는 화가다. 어떤 사람들은 그를 '제도사'라고 불렀지만, 그는 스스로를 '그림 그리는 작가'로 생각했다. 그는 밀라노에서 건축을 전공했으나 실제로 건축가 준비를 한 적은 없었다. "건축학은 건축을 제외한 모든 일을 준비하는 경이로운 훈련이다. 내가 그린 그림이 건물로 지어진다는 생각을 하면 두려워져서 구체적이고 상세한 선으로 그릴 수밖에 없었다"는 생각 때문이었다. 구체적이고 상세한 선에서 스스로 벗어난 그는 굳이 짓지 않아도 되는 건물 그림을 마음껏 그릴 수 있었고 드로잉을 위한 드로잉을 할 수 있었다. 화가인 스타인버그가 주로 그린 것은 기술의 결정체인 인공물이었다. 자동차, 고층 빌딩, 다리, 기차역 같은 것들이 빠지지 않고 등장한다. 이것 말고도 의자, 욕조, 상자, 종이 백, 연필 모양으로 깎은 나무 등과 같은 실제 인공물에도 그림을 그렸다.*

스타인버그가 그린 연필은 기능적인 의미에서의 연필이 아니었다. 따라서 심이 섬세하게 깎인 모양이라거나 쥐기 좋게끔 육각형 혹은 원통형으로 깎인 자루 모양을 구체적이고도 상세하게 구현할 필요는 없었다. 뿐만 아니라 그 연필은 정말로 사용할 것이 아니기 때문에 스타인버그가 재료로 삼은 나무는 대강 연필 모양으로 깎을 수 있고 페인트칠만 할 수 있는 정도면 충분했다. 스타인버그는 1970년대 〈테이블Table〉이라는 작품에서 자신이 만들고 그린 연필이 의도했던 대로 보이기만 하면 만족했다. 그 나무의 무게, 경도, 강도, 색상, 기타 물리적인 특성은 모두 그가 표현하고자 하는 시각적인 효과를 위한 것이었다. 다시 말해서 스타인버그의 조그만 나무 조각은 작품을 위한 보조 수단 역할만 하면 그만이었다. 그리고 그 나무 조각은 스타인버그

* 다음 단락에 언급되는 사울 스타인버그의 〈테이블〉은 테이블 위에 놓인 갖가지 사물을 주제로 한 작품인데, 그중에서도 연필은 연필 자루 모양으로 깎인 나무가 마치 실제 연필처럼 보이도록 연필심이며 자루 부분을 그림으로 그려놓았다.

가 원하는 결과를 가져다주었고, 그것으로 목적은 달성된 것이다. 하지만 그 나무 조각이 연필심을 위한 하부 구조 역할까지 실제로 해야 할 필요는 없었다.

어떤 나무로 만들면 좋을까

입에서 입으로 전해져 내려오는 영국 수수께끼 가운데 연필에 관한 것이 있다. "나는 광산에서 태어났습니다. 평생 나무 상자에 갇혀 절대로 밖으로 빠져나올 수 없습니다. 그렇지만 모든 사람이 나를 잘 쓰고 있습니다." 그런데 미국을 비롯한 다른 나라에서는 연필을 어떻게 만드는가가 진짜 수수께끼였다. 어떻게 나무 자루 속에 심을 집어넣는 걸까? 나무 막대에 드릴로 구멍을 뚫고 소시지 속을 채우듯 심을 채워 넣는 걸까? 아니면 연필심 용해액을 구멍에 들이붓는가? 그도 아니면 부러지기 쉬운 그 기다란 연필심을 조심스럽게 구멍에 끼워 넣는가? 배에 선적할 기계류를 나무판자로 포장하듯 연필심 둘레를 나무 조각으로 둘러싸는 걸까? 우리는 연필심에 나무 자루를 씌우는 방법이 수백 년에 걸쳐서 바뀌어왔음을 안다. 무용가를 무용에서 떼어낼 수 없듯, 근대적인 기술은 연필심을 자루에서 분리할 수 없게 만들었다.

스타인버그의 연필에서 보듯이 진짜 연필로 쓰일 나무 자루는 무엇보다도 잘 깎여야 하며, 더 나아가 연필심을 훌륭히 지탱하는 적절한 하부 구조 역할도 잘 해내야 한다. 연필의 나무 자루는 연필 제조 기술 감독인 찰스 니콜스가 밝히듯이 매우 신기한 역할을 한다. 니콜스는 자신이 필요로 하는 나무 자루의 구체적인 선이나 질이라는 문제를 외면할 수 없었다. 중력의 법칙을 거스른 바위 그림을 그릴 수 있었던 화가 스타인버그와 달리, 공학자인 니콜스는 독창적인 미학적 요소들을 어느 정도 가지고 있더라도 하부 구조로서의 적절한 필요조건을 갖추지 못한 나무로는 연필 자루를 만들 수 없었다.

> 연필은 대부분의 나무 제품과는 정반대되는 목적에 맞게 디자인된다. 말하자면 연필은 써서 없어지기 위해 만들어지는 것이다. 그러나 아직 사용되지 않은 부분은 튼튼하고 보기 좋게 남아 있어야 한다. 나무 자루는 연필의 대부분을 차지하기 때문에 견고하고 휘지 않으며 부드럽게 깎여야 좋은 것이다.

현수교 철삭이 거대한 교량의 기능을 실현시켜주듯이 나무 자루는 연필이 제 기능을 다하게 해준다. 연필 자루의 나무나 철삭의 철이 가장 핵심적인 부분은 아니지만, 이들은 인공물에 심리적 또는 시각적 특성을 제공해 튼튼하게 보이는 것은 물론 보기에도 좋게 해준다. 그렇지만 인공물은 겉보기에 얼마나 만족스럽든 궁극적으로는 적절한 기능을 해야만 한다. 다리는 바람으로부터 스스로를 지킬 수 있어야 하고, 비에 녹슬지 말아야 하며, 오랜 세월이 지나도 휘지 않아야 한다. 연필은 (니콜스가 지적했듯이) 약해서는 안 되고, 역시 휘지 않아야 하며, 주머니칼이나 연필깎이 날에 쪼개지거나 갈라져서도 안 된다. 나무 자루 속 연필심이 아무리 훌륭한들, 하부 구조인 자루가 부실하면 벌레가 갉아먹는 말뚝 위의 다리처럼 심이 제 구실을 하지 못한다.

예를 들어 연필 자루가 튼튼하지 않다면 어떤 일이 벌어질지 생각해보자. 이 경우 부러지는 부분은 심이 아니다. 연필을 외팔보 다리라

치면 힘을 직접적으로 받는 곳, 즉 손으로 쥐고 있는 자루 부분이 부러질 것이다. 약한 나무로 튼튼한 연필을 만들기 위해 자루의 직경을 늘렸다고 치자. 그러면 운동 신경이 아직 다 발달하지 않은 아이들 손에나 맞는 뚱뚱한 연필이 될 것이다. 이런 굵은 연필은 어른들은 불편해서 못 쓴다. 이번에는 연필 자루가 휜다고 상상해보자. 질 나쁜 목재로 만든 이런 연필은 보기에도 흉할 뿐 아니라 휘면서 쪼개질 수도 있고, 설사 쪼개지지 않는다 해도 눈에 띄지 않게 자루 속의 심을 부러뜨려 깎을 때마다 부러진 심이 빠져나올 것이다. 연필을 깎을 때마다 나무가 갈라지거나 쪼개진다면 어떨까. 연필 모양새가 추해지는 것은 물론이고, 심을 지탱해주어야 하는 원뿔 부분이 흔들거려서 결국 심은 쉽게 부러지고 말 것이다.

결국 성공적인 연필 개발은 우리가 이미 알고 있듯이 질 좋은 천연흑연과 적절한 점토, 알맞은 배합 비율 및 공정에 달려 있을 뿐만 아니라 심을 감쌀 적절한 나무 자루를 확보하는 것에도 좌우된다. 어떤 목재가 연필 자루로서 갖춰야 할 특질 중 하나라도 부족하다면, 즉 약하거나 휘거나 아니면 깎을 때 쉽게 쪼개지거나 하면 심을 잡아주는 자루로서는 적당치 못하다. 곧고 잘 깎이지만 쉽게 휘는 발사나무 같은 종류로 자루를 만든 연필이라면 철제 첨필 대신 쓰일 수 없었을 것이다. 교량 건설용으로 쓸 금속이 강도나 경도가 적절치 못해 쉽게 부서지거나 늘어나거나 갈라진다면 상판을 지탱할 수 없듯이, 바람직한 특질을 충분히 갖추지 못한 나무는 자루로 쓰기에 적합지 않다. 현대 연필이 성공을 거둔 데에는 적절한 목재의 뒷받침이 있었다. 따라서 성공적인 나무 자루 연필을 최초로 만든 사람들이 목공 장인과 가구 장인이라는 사실은 놀라운 일이 아니다. 그들은 여러 나무의 특질을 알고 있었기에 연필 자루에 최적인 나무를 가려낼 수 있었을 것이다.

영국에서 현대적인 나무 자루 연필이 최초로 생산되기 전에 미국의 플로리다나 버지니아로부터 적삼나무를 수입한 이들은 옷장을 만드는 장인들이었다. 보로데일 흑연 막대를 나무 자루로 감싼다는 아이디어가 처음 등장했을 때 그것에 적합한 성질을 가진 나무가 적삼나무라는 사실은 이미 잘 알려져 있었다. 휘지 않고 쪼개지지 않을 연필 자루용 나무를 찾던 사람들과 이 삼나무로 지속적인 작업을 했던 장인들은 같은 사람들이었다. 결국 적삼나무가 연필 자루로 사용된 연원은 일찍이 17세기까지 거슬러 올라간다. 간혹 전나무 같은 목재가 연필 자루로 쓰이기도 했지만, 연필용으로 가장 탁월한 특질을 지닌 나무는 적삼나무라는 사실이 점차 입증되었다.

그렇지만 자생적으로 자라는 나무가 고갈되지 않을 리 없었다. 삼나무는 석조 건물을 지을 때 비계 설치용으로도 사용되었고, 대들보 등의 구조물에도 사용되었다. 가정 난방용 목재나 철을 생산하기 위한 연료로 쓰인 것은 말할 필요도 없었다. 산업화된 국가에서는 목재가 더 빨리 소비되었다. 18세기 영국에서는 삼림은 물론 토양까지 점점 사라져갔다. 목재를 구하기가 힘들어지자 철을 생산하고 교량을 세우는 데 목재를 대신할 수 있는 대체물의 개발 필요성이 대두되었고, 이는 새로운 철 생산 및 교량 건설 기술의 발달로 이어졌다.

이처럼 18~19세기에 산업혁명과 연필산업에 필요한 목재 조달에 대해 우려했던 이들이 기술자들만은 아니었다. 도서 십진분류법을 개발하고 영문 철자법 간소화를 주장했던 멜빌 듀이Melvil Dewey는 1924년에 "영어 문장의 7분의 1은 쓸데없는 문자로 이루어져 있다. 결국 종이용 펄프를 생산하는 데 드는 나무의 7분의 1은 낭비인 셈이다"라고 탄식했다. 한편 헨리 애덤스Henry Adams는 1893년 시카고 만국박람회에 출품된 일부 전시품들의 실망스러운 점을 서술하면서, 이들 전시품의 역사적 의미를 고찰하는 동시에 낭비를 염려했다(나무를 염려한 것은 분명 아니었다). "역사적인 전시품들이 넘쳐났지만 결코 충분하지는 않았고, 완벽하게 계산된 결과값이 제시된 것은 하나도 없었다. 가장 뛰어난 전시품 중 하나는 커나드 해운사의 증기선이었는데, 여전히 결과값에 목마른 학생은 배의 동력과 톤수와 속도가 계속 증가한다는 조건일 때 정확히 언제 대양 항해용 증기선의 크기가 한계에 도달하게 될지 계산하려면 연필 1자루와 수십 장의 종이를 쓸데없이 낭비할 수밖에 없음을 알게 될 것이다. 그런 계산 값이 나오는 건 1927년이나 되어야 가능했다." 빈약한 크기에서 어마어마하게 거대한 크기로 변모한 인공물들의 자취를 따라 발전한 것으로 보이는'역사적인 전시품들'이 한계를 인정하지 않았던 것처럼, 1893년 박람회를 기획한 사람들 역시 애덤스를 당혹스럽게 했던 크기의 한계에 대해서는 어떤 의문도 제기하지 않았다. 갈릴레오도 250여 년 전에 분명히 크기의 한계 문제로 당혹스러워했는데, 위대한 역사가인 헨리 애덤스는 그 사실을 망각한 게 틀림없었다. 1927년은 갈릴레오가 선박처럼 커다란 구조물의 한계를 계산하고 나무로 만든 기둥들의 낭비를 걱정한 지 거의 300년이 흐른 뒤였다.

1893년 시카고 만국박람회가 열릴 당시 커진 것은 연필 크기가 아니다. 사실 연필 크기는 연필이 지향하는 목적의 적합성에 관한 것인 만큼 실제 커진 것은 수백만 자루씩 연필을 생산하며 그만큼 나무를 소비하는 연필산업의 규모였다. 들인 목재의 5분의 1만이 자루로 이용되었고 더 많은 양의 목재가 결국은 톱밥 등으로 버려졌다. 19세기에 연필산업을 비롯해 나무를 소비하는 산업이 팽창함에 따라 1세기 전 보로데일산 흑연이 그랬던 것처럼 삼나무 공급이 문제시되기 시작했다. 그러나 사람들은 일찍이 1750년대에 스웨덴 자연학자 페테르 칼름Peter Kalm이 미국산 목재 공급의 고갈을 예견했던 때만큼 놀라지는 않았다. 독일의 연필 남작 로타어 폰 파버는 1860년 바바리아에 있는 대략 50만 평의 땅에 적삼나무를 심어 목재를 확보하고자 했지만, 나무가 너무 천천히 자란 탓에 19세기 말에 이르러서야 바바리아에서 생산된 이 나무가 연필 제조에 부적절하다는 사실이 입증되었다.

1890년대 말 한 연필 생산업자는 방치되어 결국 미국 플로리다주에서 썩어버릴 게 분명한 버려진 삼나무만 가지고도 자기 수요를 충당할 수 있다는 것을 알게 되었다. 실제로 옛날에 베어서 버려진 삼나무의 썩지 않은 부분에서 최고급 연필 자루용 목재를 충당한 적도 있었다. 플로리다주, 조지아주, 앨라배마주, 테네시주에는 삼나무가 워낙 풍부했기 때문에 농부들은 헛간이나 담장을 삼나무로 만들었다. 그러나 연필산업의 성장 속도가 너무 빨라 나중엔 버려진 목재만 가지고는 수요를 감당할 수 없었다. 미국 연필산업처럼 한 가지 목재에만 의존하는 산업은 없었다. 당시의 한 기록을 보자.

> 삼나무 목재 공급이 점점 줄어들어서 매년 더욱더 깊숙이 처녀림을 찾아 헤맬 수밖에 없다. 삼나무 채벌꾼들은 목재를 구할 수 있는 곳이라면 미국 구석구석 모르는 곳이 없을 정도다. 반복해서 훑은 탓에 오래전에 베인 나무들은 더 이상 남아 있지도 않다. 나무를 베고 남은 그루터기까지 파 쓰다 못해 심지어는 옛날에 지은 집까지 허물어서 사용한다. 오래된 헛간에서 뜯어낸 삼나무 판자

가 대량으로 매매되고 있으며, 울타리도 다 뜯기고 있다. 연필회사들이 삼나무 담장을 넉넉하게 두르고 있는 농부들에게 새롭고 멋진 철망 울타리를 해주는 것이 일반적인 관행처럼 번지고 있다. 삼나무 말뚝 울타리를 가지고 있는 농부들은 최고급 철망 울타리로 바꿀 수 있었다.

1890년 한 연필 생산자는 "일상생활에 쓰이는 연필 1자루를 만드는 데는 평균적으로 4분의 1센트밖에 들지 않아 100퍼센트 이윤을 얻을 수 있다"며 허풍을 떨고 다녔다. 도매상들은 일반 연필을 5센트에 판매하고 있었다. 그런데 1890년 이후 20년 동안 "일반 연필 1자루를 만드는 데는 4분의 3센트어치의 삼나무가 들어갔다." 최고급 연필의 경우, 최종 생산 원가에서 삼나무 목재비가 차지하는 비중은 40퍼센트에 달했다. 1911년《뉴욕 타임스》는 연필업체들이 이러한 상황에 힘들어하는 데 아랑곳하지 않고 냉정한 사설을 실었다. 연필업체들의 선견지명이 부족했던 탓에 소비자들은 "갈수록 더 높은 값"을 치러야 한다는 내용이었다. 이 사설은 낡은 헛간이나 울타리만 구입하지 말고 "아무 데라도 좋으니, (연필업체들은) 큰 나무를 한 그루 벨 때마다 혹은 더 이상 베어낼 큰 나무가 없다는 사실을 깨달았을 때라도 나무를 심을 것"을 제안하고 있다.

이 사설을 쓴 이는 연필업체 스스로 문제를 해결하길 원했지만, 이미 이 문제에는 정부도 깊이 개입해 있었다. 1910년 향후 연필산업에 대한 목재 공급 문제가 심각해지자 미국 산림청은 적삼나무(식물학자들에 의해 학명이 Juniperus virginian로 알려져 있던)와, 적삼나무와 비슷한 성질을 지닌 남부 적향나무(학명 Juniperus barbadensis)의 사용 가능성에 대한 연구를 시작했다. 연필 제조사들 사이에서 남부 적향나무는 본질적으로 적삼나무와 같다고 여겨져 심지어 적삼나무라 부를 정도였는데, 이 두 나무 모두 연필삼나무pencil cedar로 알려져 있었다. 당시 산림청 목재이용국장은 1912년《미국의 목재상American Lumberman》지에 기고한 글에서 산림청 연구는 적삼나무 고갈에 직면하여 시작되기는 했지만, 이 문제 때문만이 아니라 "연필 생산에 적합한 물리적 · 구조적 특성을 지니고 있음에도 불구하고 아직 이용되지 않은 나무가 국립 수목원에 많기 때문"임을 밝히고 있다. 이 산림학자는 바람직한 목재의 특성에 대해 다음과 같이 설명했다.

> 연필용으로 훌륭한 나무는 재질이 고른 것이어야 한다. 즉 여름철에 형성된 목질과 봄에 형성된 목질이 비슷한 강도를 지니고 있어야 한다. 또한 결이 곧아야 하며, 부드럽고, 약간 건조하며, 암적색을 띠는 것이 좋다. 무게는 다소 가벼워야 하며, 진이 없어야 하고, 향기가 약간 있어야 한다. 이러한 특질을 상당히 잘 갖춘 것이 바로 적삼나무다. 따라서 적삼나무는 오랫동안 연필 자루에 독보적으로 쓰였다. …
>
> 연필 원료가 되는 재목을 연필 판자pencil slat라고 하는데, 그 크기는 18.5×6.4×0.6센티미터이다. 이 판자는 삼나무가 주로 자라는 남부의 주州들에서 생산되어 배로 연필업체에 운송된다. 연필업체들은 원래 폭이 6.4센티미터인 판자를 필요로 했지만(이는 반쪽짜리 연필 6자루를 만들 수 있는 크기다), 목재가 귀해지자 폭이 좁은 판자를 선호하기 시작했다. 심지어는 반쪽짜리 연필을 겨우 2개쯤 만들 수 있는 폭의 판자를 찾을 때도 있다. 연필 판자는 세 등

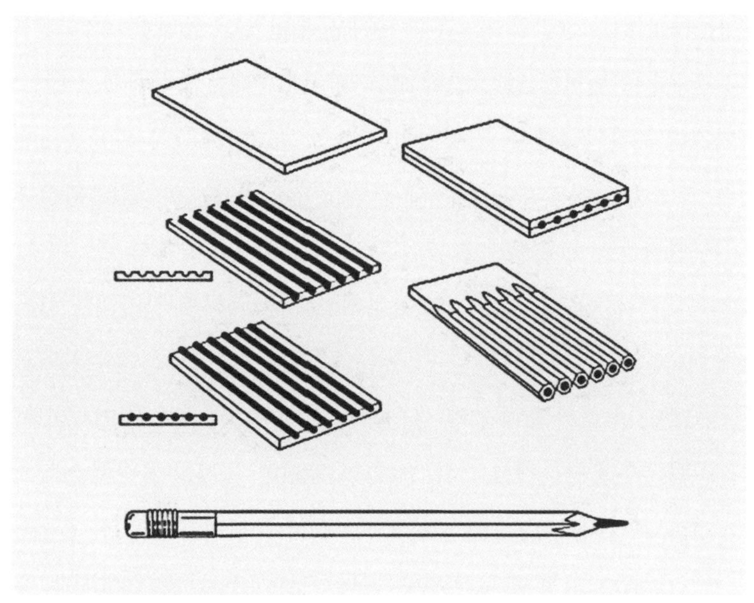

연필 제작 과정. 먼저 연필 판자 위에 홈을 파고, 홈에 연필심을 집어넣고, 그 위로 판자를 덮어 접착시킨 다음, 연필을 잘라낸다.

급으로 나뉘는데 1등급은 암적색을 띠며 완벽하게 말끔해 최고급 연필을 만드는 데 쓰인다. 2등급은 약간의 결점이 있는 것, 3등급은 연한 백목질白木質이 상당량 포함된 것으로, 이 두 등급은 보급형 연필이나 펜 홀더 등을 만드는 데 쓰인다.

연필 자루용 재목이 이런 방식으로만 분류되었던 것은 아니다. 최고급 연필용 판자는 강도에 따라 더욱 세분되었으며, 나중에 하나로 합쳐질 연필 자루는 가능한 한 동일한 재질의 나무로 만들어 깎을 때 균질한 성질이 최대한 유지되도록 했다. 위 기고문에 따르면, 적삼나무는 치솟은 가격 때문에 연필 및 가구 제작 말고는 거의 쓰이지 않게 되었다고 한다. 산림학자는 또한 19세기 후반 일보 발전한 뒤 1912년 당시까지 별 변화가 없던 연필 생산 공정에 대해서도 언급하고 있다. "여전히 주된 공정은 목공 작업이다. 요즘 들어서는 판자 폭이 약 8센티미터까지 넓어졌지만, 먼저 홈을 파고 8개 내지는 9개의 연필심을 고른 간격을 두고 평행으로 삽입한 뒤 샌드위치처럼 2개의 판자를 붙인다. 다음에 이 샌드위치 판자로부터 연필을 하나씩 잘라내고 마감 작업을 한다."

1912년 당시 전 세계 연필 생산량의 절반인 10억 자루의 연필이 미국산 삼나무로 만들어졌으며, 그중 7억 5,000만 자루의 연필이 미국에서 생산되었다. 미국인 1인당 약 8자루 꼴이다. 삼나무 수는 점점 줄어들어 한때 최고의 연필 목재 생산지였던 테네시주에서는 1920년경 삼나무가 완전히 사라졌다. 그럼에도 연필업체들은 삼나무로 만든 담장 말뚝이나 울타리, 침목, 오두막 등을 계속 사들였다. 물론 이런 공급원에는 한계가 있었고, 결국 연필 생산에는 대체 목재가 투입되어야 했다. 수십 종의 미국산 수종들이 적삼나무를 대신할 수 있을지 실험되었다. 똑같은 품질을 가진 나무는 없었지만, 세 종류가 대체용으로 비교적 우수하다는 사실이 밝혀졌다. 바로 로키 삼나무, 악어 곱향나무, 서양 곱향나무였다. 그러나 이 세 가지 수종은 군락을 이루지 않고 너무 산만하게 서식하고 있어 벌목 비용이 많이 들었다. 그러다가 최고의 나무는 아닐지라도 쉽게 확보할 수 있는 상당히 괜찮은 대체목이 발견되었다. 바로 포트 오포트 삼나무, 세쿼이아 나무, 미국 삼나무, 연필향나무incense cedar였다. 그중 오리건주 남부와 캘리포니아주 북부에 주로 서식하는 연필향나무가 최종 선택되었다. 그러나 보편화되기까지는 오랜 시간이 걸렸다.

연필향나무는 강도가 적삼나무와 비슷했지만 고급 연필용 목재로 쓰이기에는 두 가지 특질이 결여되어 있었다. 바로 색상과 향기가 적당치 못했다. 색상과 향기는 연필의 물리적 기능과 무관한 것이기는 했지만 어쨌든 장식적인 요소가 빠진 이 새로운 목재로 만든 연필은 판매에 지장이 있었다. 비교적 흰 색상에 향기가 없는 이 연필향나무(연필산업에서 보기에 이 명칭은 부적절한 것이었지만) 목재는 적삼나무와 유사해 보이게끔 색을 입히고 방향제를 첨가한 뒤에야 연필업체들에게 받아들여졌다. 오늘날 연필향나무는 고른 색상을 내기 위해 염색을 할 뿐만 아니라 생산 공정에서 윤활제로 왁스를 듬뿍 묻힌다. 이렇게 왁스를 입힌 연필은 연해서 깎기가 수월하다.

1920년대 중반 프랑스에서는 잘 말린 뒤 적절히 처리된 참피나무나 오리나무로 연필을 만들었다. 이들 목재로 만든 연필은 삼나무 연필에 비해 질은 떨어졌지만 경제적으로 따져보면 훨씬 유리했다. 당시 미국산 삼나무는 톤당 115달러 이상이었지만, 위 대체목들은 처리 후 가격이 톤당 16달러에 불과했다. 비슷한 이유로 영국 연필업체들은 아프리카 킬리만자로 산기슭에서 삼나무를 재배했다. 프랑스는 이케냐 삼나무(현지에서는 무타라우카mutarawka라고 불렸다)를 미국산 삼나무의 절반 가격에 사들였다. 1900년대 초에는 조지아주 해안에서 좀 떨어진 곳에 있는 리틀세인트사이먼스Little St. Saimons 섬에 아직 인간의 손이 닿지 않은 적삼나무 서식지가 있다는 것이 알려졌는데, (이글 연필사와 관계가 있는) 허드슨 목재상사Hudson Lumber Company가 이 섬을 매입해버렸다. 리틀세인트사이먼스 섬은 옛날에 인디언들의 은거지였던 터라 엄청난 굴 껍데기가 패총을 이루고, 여기서 용해된 석회질이 모래흙에 스며들어 삼나무가 자라는 데 훌륭한 토양이 되었다. 그러나 차가운 바닷바람에 노출되어 있었기 때문에 나무들은 옹이가 박히고 굽어서 자란데다 육지까지 수송하는 비용이 만만찮았다. 결국 이 섬의 삼나무는 실용성이 없다고 판단되어 베롤츠하이머 가문에서 휴양지로나 쓰게 되었지만, 베롤츠하이머 가의 허드슨 목재상사는 오늘날 미국 전역의 연필회사와 전 세계 100여 개 이상의 연필회사에서 소비되는 삼나무 목재를 벌목해 공급하고 있다.

20세기 초 유럽의 일부 연필 제조업체는 러시아 오리나무, 시베리아산 미국 삼나무, 라임나무로 연필 자루를 만들었다. 하지만 이들 나무는 재질이 고르지 못하고 단단했기 때문에 일정한 처리를 거치면 쓸 만하기는 했지만 완벽하지는 않았다.

그러는 동안에도 구하기 쉽고 적삼나무를 대체할 만한 적절한 성질을 지닌 나무를 찾기가 너무 어려웠기 때문에 연필업체들은 새로운 수단을 모색했다. 19세기 말의 연구 개발 노력 덕택에 연필심을 종이로 싸는 방법이 개발되었다. 이는 수 세기 전 흑연 막대를 끈으로 쌌던 방법과 유사했다. 이러한 기술 재혁신은 필라델피아의 블라이스델 연필회사Blaisdell Pencil Company가 이룩해낸 성과였는데, 실효성도 있었고 전망도 매우 밝았다. 연필업체들은 나무를 이용하지 않고 연필을 생산할 수 있는 연구 개발 및 기계 도입에 많은 돈을 투자했다. 그러나 이렇게 개발된 연필들은 예상치 못한 심리적인 이유로 인해 실패했다. "연필 사용자들은 칼로 깎을 수 있는 연필을 더 좋아했던" 것이다. 때문에 종이로 싼 연필은 널리 퍼지지 못했지만, 칼이나 기계로 깎으면 잘 부러지는 두꺼운 색연필만은 예외적으로 종이로 싼 것이 성공을 거뒀다.

1942년까지 미국에서는 매년 약 15억 자루의 연필이 만들어졌다.

이는 미국의 모든 남자, 여자, 어린이에게 10자루씩 제공할 수 있을 만큼 충분한 양이었는데, 사실상 그것들 모두 나무로 만들어진 것이었다. 당시 연필 제조 기계류는 그 어떤 목공 기계보다 오차 한계가 작았으며, 공정 또한 고도로 정밀한 수준까지 발전해 있었다. 연필 생산에 결정적인 요소인 목재를 아끼기 위함이었다. 손에 쥐기 편하고 보기에도 좋을 것 같은 삼각 연필이 많이 생산되지 않은 것도 나무를 아껴야 했기 때문이다. 심을 샌드위치 속처럼 삽입한 연필 판자에서 삼각 연필을 잘라내는 작업은 나무를 상당히 낭비하는 일이었다.

20세기 초 딕슨사는 효율성을 높이기 위해 주로 목공 작업 개선에 초점을 맞추어 생산 공정을 개선하고자 했다. 당시 일반적인 기계류는 독일에서 만들어졌는데, 보스턴에 있는 기계 생산업체인 우즈기계사 S. A. Woods Machine Company가 커터 속도를 3분의 1 정도 향상시킨 기계를 발명했다. 독일 기계는 연필 판자에서 육각 연필의 모서리 쪽을 절단하는 반면, 우즈사 기계는 면과 평행하게 절단함으로써 목재의 낭비를 줄이는 동시에 같은 크기의 연필 판자에서 더 많은 양의 연필을 잘라냈다. 셈해보면 이 새 기계는 생산량을 5배나 늘려주었다. 현대 연필 업체들은 원통형 연필보다 육각형 연필을 선호하는데, 똑같은 크기의 연필 판자에서 원통형 연필은 8자루를 잘라낼 수 있는 데 반해 육각형 연필은 9자루를 잘라낼 수 있기 때문이다. 연필 소비자들도 육각형 연필을 원통형 연필보다 더 좋아해서, 이 두 연필의 소비 비율은 11대 1 정도였다.

연필 제조 기계가 능률적으로 개선되는 한편, 제2차 세계대전 중 영국에서는 회전식 연필 깎는 기계의 사용이 불법화되었다. 연필 깎는 기계가 희소한 물자인 연필심과 목재를 너무 낭비한다는 이유에서였다. 결국 사람들은 좀 더 전통적인 방법, 즉 칼로 연필을 깎을 수밖에 없었다. 그런데 목재 절약은 영국 공학자 이삼바드 킹덤 브루넬Isambard Kingdom Brunel의 아버지이자 템스 강 아래에 최초의 하저 터널을 건설한 위대한 공학자 마크 이삼바드 브루넬Marc Isambard Brunel의 전기에 분명히 드러나 있듯이, 전쟁이나 연필산업에서 처음 시작된 일은 아니었다. 아버지 브루넬은 1769년 프랑스에서 태어나 1790년대에 뉴욕시에서 건축가 겸 수석 엔지니어로 활동하다 1799년에 영국으로 이주했다. 영국에서 그가 가장 처음으로 또 가장 크게 공헌한 것은 새로운 톱을 발명해 산업 분야에 능률적인 톱 사용 기술을 도입한 것이었다. 또한 그는 영국 해군을 위해 매년 10만 대 이상의 활차를 생산할 수 있는 기계화된 시스템을 개발했다. 이 시스템의 기계는 브루넬이 개발하고 제작은 헨리 모슬레이Henry Maudslay가 맡았는데, 정부로부터 받은 로열티는 실망스러울 정도로 적은 액수였다. 반면 정부는 매년 1만 7,000파운드라는 큰돈을 절약할 수 있었다.

브루넬은 새롭게 활용할 수 있는 회전 톱도 개발했다. 과거에는 홈을 파고 남은 목재 부분이 쓸모없는 쓰레기가 되었는데, 이 새로운 톱을 통해 남은 부분을 재활용할 수 있게 되었다. 이 톱의 회전 칼날은 나무를 자를 때 나무토막이나 톱밥이 아닌 대팻밥을 만들었다. 이 대팻밥으로는 모자 상자나 판지 상자를 만들 수 있었다. 따라서 종이를 절약할 수 있었고 영국의 종이류 수입 의존도를 줄일 수 있었다. 브루넬이 개발한 이들 기계가 목공 작업이 집중되어 있는 연필산업에 응용된 것은 자연스런 일이었다.

오늘날 연필산업에서의 목공 작업은 그 어느 분야의 목공 작업 못지않게 정밀하다. 찰스 니콜스는 연필 판자에 홈을 파는 작업을 서술하며 이 기술의 정교함에 특별한 관심을 기울이고 있다.

> 이 단계에서의 작업은 오차 한계가 극도로 작아야 한다. 기계를 얼마나 정교하게 사용하느냐에 따라 다음 작업 단계의 정밀성과 최종적인 제품의 질이 결정되기 때문이다. 연필 판자에 삽입된 심들 간 중심 간격의 오차 한계는 ±0.0005인치 이내여야 하며, 마무리된 두께의 오차 한계는 ±0.001인치 이내여야 한다. 연필심을 삽입할 홈의 직경 역시 같은 수준의 오차 한계를 유지해야 한다.
>
> 연필이 최상의 접착 상태를 유지하려면 홈이 파인 쪽 판자의 면은 완벽한 평면을 이루고 있어야 함은 물론 표면이 매끈해야 한다. 동시에 연필심들 간의 중심 거리는 두 연필 판자의 접촉면이 정확하게 일치할 수 있도록 일정하게 유지되어야 한다. 그래야만 최종적으로 연필의 모양이 갖춰졌을 때 연필심이 정확하게 자루 중심에 위치할 수 있다.

위 기록은 너무 기술적이고 지루하지만 말하고자 하는 의도는 명확하다. 좋은 연필을 만들어야 한다는 것이다. 질 좋은 심에 질 좋은 자루를 씌워야 한다는 것은 연필산업 분야에서 사용되는 모든 목공 기계의 공통적인 목적이었다. 소로는 실패한 연필 자루를 펜 홀더로 쓰기도 했지만, 20세기 중반의 연필산업은 소로 때와 비교하여 나무가 절대적으로 부족했기 때문에 불필요한 톱밥이 생기는 일이나 연필 중심에 심이 정확히 자리 잡지 못한 불량품을 결코 허용하지 않았다.

플라스틱 연필의 등장

적삼나무는 새로운 조림이 이루어지기도 전에 사실상 고갈되었다. 서구의 연필향나무 공급 역시 무제한적이지 않을 뿐 아니라 새로운 조림으로 공급량을 조달하려면 거의 200년이나 걸릴 것이기 때문에 연필 제조업체들로서는 대체목을 찾는 것이 지속적인 해결 과제였다. 제2차 세계대전 이후 "완전히 새로운 유형의 연필"이 하나둘 보도되기 시작했다. 주로 이글 연필사를 다룬 기사에 인용된 것인데, 이름을 밝히기를 꺼려하는 한 회사 간부가 한 말이 아주 감질난다. "미래의 연필이 어떤 것일지 알고 싶고 그것이 만들어지는 방법을 알고 싶으면, 기다리시오. 어쩌면 튜브에서 통째로 뽑아낸 플라스틱 연필이 될 수도 있으니!"

원유 1배럴에 3달러밖에 안 하던 1950년대에 '플라스틱'이라는 말은 전문용어 중 하나였다. 그러나 적어도 한 연필 생산업체만은 플라스틱을 운운하는 정도에 그치지 않고 실제로 이용하고 있었다. 이 회사 경영주는 플라스틱으로 만든 연필을 생산할 꿈을 꾸었다. 보도에 따르면 엠파이어 연필회사는 연필 생산 공정의 최종 목적인 연필을 개발하기보다는 125단계로 분리되어 있는 생산 공정을 하나로 통합하는 연구에 25년이라는 세월과 가늠할 수도 없을 만큼 어마어마한 돈을 투자했다고 한다. 1970년대 초, 엠파이어 연필회사는 그 노력의 결과로 엡콘Epcon 공정이라는 새로운 공법을 최초로 개발했다. 반고체 상태의 플라스틱, 흑연 분말, 목분을 혼합한 덩어리에서 바로 연필을 압출 성형으로 뽑아내는 공법이었다. 매년 20만 자루의 연필을 만들 수 있도록 평균 2년에서 400년생 목재를 충분히 조달하는 건 거의 불가능했으므로 "새로 개발된 혁명적인 공법 덕택에 매년 수만 그루의 삼나무가 벌목꾼들의 도끼로부터 살아남을 수 있게 될 것"이라는 기대가 잔뜩 부풀어 올랐다. 이 공법으로 생산된 연필은 "200년 만에 처음으로 등장한 새로운 연필"이라는 격찬을 받았다. 처음에는 색연필을 생산하다가 나중에는 일반적인 연필까지도 이 공법으로 만들었다. 1976년 중반까지 엠파이어사는 보안을 철통같이 유지하면서 5억 자루의 엡콘 연필을 생산했다. 엡콘 연필 공장은 시민들에게 '연필의 도시'로 알려진 테네시주 셸비빌Shelbyville의 연필 거리Pencil Street에 자리 잡고 있었다. 1900년대 초부터는 셸비빌과 그 이웃의 루이스버그Louisbourg에서 연필이 생산되기 시작했는데, 당시 이 지역에는 적삼나무가 풍부했다. 오늘날에는 연필향나무를 캘리포니아에서 공장까지 배로 실어온다.

코네티컷주의 (이글 연필사가 이름을 바꾼) 베롤사도 플라스틱 연필을 만들기 시작했다. 베롤사는 자사 제품을 최초의 완전 플라스틱 연필이라고 주장했는데, 엡콘 플라스틱 연필은 전통적인 방식으로 칠을 했기 때문이었다. 베롤사 신제품은 엡콘 연필과 달리 마감 작업까지 한꺼번에 이루어지는 '삼중 압출 성형' 공정을 거쳐 생산됐다. 이 새로운 연필을 생산하는 데에는 기존 연필 생산에 필요한 공장 면적의 단 10퍼센트만 있으면 가능했고, 1자루당 재료비가 0.4센트밖에 안 들었다. 이는 나무 연필 1자루에 필요한 삼나무 값의 절반에 해당하는 액수였다. 일본 제조업체와 라이선스 계약을 맺고 생산되던 베롤사 연필은 1970년대 중반에 분당 15미터, 즉 85자루가 만들어졌다.

플라스틱 연필이 과연 나무를 구할 것인지 아니면 다른 별종 연필과 같은 운명을 겪게 될 것인지는 시장 안에서 결정될 문제였다. 한 가지 분명한 것은, 제품을 새로운 방법으로 만들고자 하는 연구의 최종적인 결과물들이 그러했듯이, 엡콘 연필 역시 개발을 담당했던 사람들이 본래 의도했던 대로 완벽한 성공을 거둔 것은 아니었다는 사실이다. 엡콘 연필은 너무나 부드럽게 써지고 심이 정확하게 가운데 위치하는 등 정말이지 감탄할 만한 품질이긴 하지만, 과거 독일 연필과 같은 성질을 지니고 있는 것도 사실이다. 엡콘 연필의 심은 불꽃에 대면 말랑말랑해지고, 나무 자루 연필에 비해 눈에 띄게 자루가 휘청거린다. 엡콘 연필 개발자는 오히려 이런 특성들이 사용할 때 편안함을 준다고 하지만, 사실 편한지 아닌지는 쓰는 사람들이 손에 쥐었을 때 어떤 느낌을 기대하는지에 달려 있다. 편안함이란 마음속의 문제이지 보는 사람의 눈에 달린 문제가 아니기 때문이다. 누군가 화가 나서 연필을 부러뜨릴 때, 딱 두 동강 나는 엡콘 연필이 지저분하게 쪼개지는 나무 연필보다 나을 수도 있겠지만 이 역시 심리적인 문제이지 기술적으로 엡콘 연필이 좋다는 말은 아니다.

기술이 사회에 미치는 영향에 관심을 기울이는 사람들은 기술의 산물들을 수용하는 데 작용하는 이러한 심리적 요인들을 완전히 무시하지는 않지만 종종 과소평가할 때가 있다. 사실 경제적 후원이나 정치적 후원 없이 다리를 세우는 게 불가능하듯이, 소비재들 역시 잠재적인 소비자들의 미학적 · 심리적 감성을 거스르면 시장에서 성공할 수 없다. 기술적으로 보면 완벽하게 성공한 제품이라도 정치적이거나 사업적인 이유로 철저하게 실패하는 경우도 있다. 포드사의 에드셀Edsel*

* 1958년부터 1960년까지 포드사가 개발한 자동차 브랜드로, 개발 · 제조 · 마케팅 비용으로 2억 5,000만 달러나 들였지만 판매가 저조했다.

이 그 유명한 사례다. '새로운 코카콜라New Coke'* 역시 공학자들이 완전히 새로운 기술적 개념을 사회에 심는 데 실패한 보다 최근의 사례다. 완전히 새로운 기술적인 개념을 사회에 뿌리내리게 하는 일은 공학자들로서는 실천할 수도, 바랄 수도 없는 일이다. 새로운 연필을 꿈꾸든, 새로운 음료 생산 비법을 만들든, 아니면 새로운 차를 생산하든 공학자들은 자신들의 연구 결과를 전적으로 위협할지도 모르는 요소들, 즉 물리적 · 화학적 · 심리적 요소들을 간과하거나 무시하려 들지 않는다. 다른 여느 사람들과 마찬가지로 공학자들도 실패를 원하지 않는다. 그러나 공학자들이나 마케터들이나 자신들의 신제품을 잘못 판단할 때가 있다. 플라스틱 연필도 마찬가지였다. 그들은 새로운 연필심 품질에 너무 흥분한 나머지 나무 자루라는 연필의 하부 구조가 지니는 중요성을 망각했던 것이다.

* 1985년 4월 코카콜라 회사가 내놓은 음료로, 코카콜라 레시피를 재구성한 것이다. 그러나 사람들은 이 새로운 코카콜라에 대해 부정적인 반응을 보였고 결국 코카콜라 회사는 원래 레시피대로 콜라를 만들었다.

15

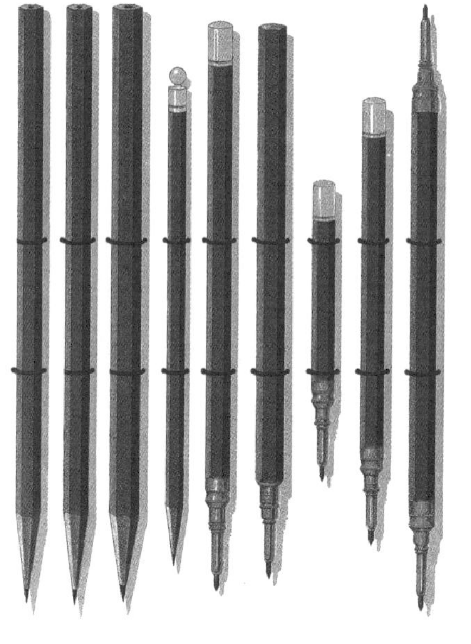

연필 설계도

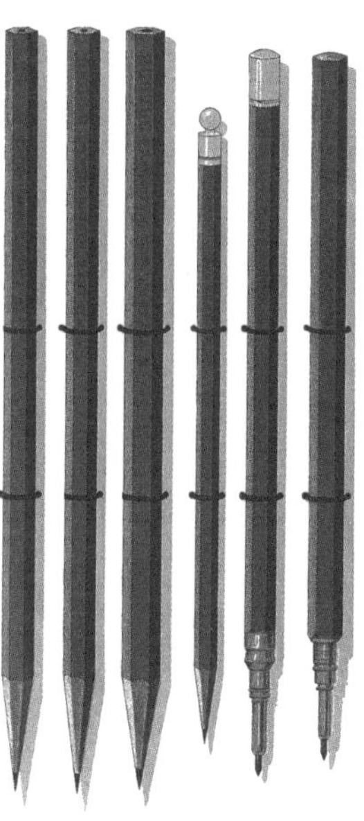

1565년 콘라트 게스너가 당시 새로운 발명품이었던 연필을 묘사할 때, 그는 삽화를 이용하고 문장은 아주 짧게 썼다. 비록 한 장의 그림이 수천 단어를 대신한다는 말이 상투어구가 되기는 했지만, 이 그림 한 장, 다시 말해 그가 그린 간단한 삽화도 완전히 새로운 개념의 연필을 만드는 방법을 분명하게 가르쳐주기에 충분한 것은 아니었다. 1565년에 게스너의 말보다 더 자세한 어떤 정보도 없는 상태에서 연필을 만들려 했다고 상상해보라. 게스너는 "그 첨필은 일종의 납(어떤 사람들은 이 납을 영국 안티몬이라고 불렀다)을 뾰족하게 갈아 나무 손잡이에 집어넣어 만들었다"라고만 했다.

어떤 종류의 납인가? '영국 안티몬'은 정확히 무엇을 말하는가? 얼마나 큰 조각으로 만드는가? 얼마나 뾰족하게 깎아야 하는가? 손잡이는 어떻게 만드는가? 그 손잡이 나무는 얼마나 두꺼워야 하는가? 손잡이 안에 납은 얼마나 깊이 끼워 넣어야 하는가? 납은 나무 손잡이 안에서 어떻게 고정되는가?

이러한 의문에 대한 해답을 알지 못하고서는 게스너가 감탄해 마지않은 연필을 만드는 데 성공할 수 없었다. 납의 크기나 종류가 다르면 필기감이 좋지 못하거나, 너무 쉽게 깨지거나, 종이를 찢어 먹거나, 아니면 심을 뾰족하게 깎기 힘들 것이다. 마찬가지로 나무도 잘못 고르면 글을 쓰거나 그림을 그리려고 힘을 줄 때 쪼개지거나 금이 갈 수 있고, 휠 수도 있다. 그러면 게스너 같은 골수 자연학자라도 깊은 계곡이나 협곡을 오를 때면 연필을 챙겨 가지 않게 될 것이다. 그럼에도 불구하고 게스너의 삽화에 곁들여진 간단한 설명은 사람들에게 연필에 대한 기본적인 개념을 제공해주었으며, 적어도 게스너는 '영국 안티몬'과 나무의 결합이 효과적이라는 사실을 깨달았으리라는 점을 알 수 있다. 결국 이 삽화와 간단한 설명은 사람들에게 그처럼 효과적인 결합 방법을 알아내는 게 불가능한 일은 아니라는 확신을 갖게 해주었다. 사람들은 시행착오를 겪으면서, 또 실패를 거듭하면서 게스너가 설명했던 연필을 만드는 효과적인 결합 방법을 찾아낼 수 있었다.

삽화 없이 '첨필'이라는 말만으로도 이 도구의 대략적인 모양이나 크기를 전달해줄 수는 있다. 그러나 말로 된 설명만으로는 납과 나무의 두께며 그 상대적인 크기에 대해서는 거의 알려주지 못하며, 이런 것들을 모르고서 무엇을 만들어낼 수 있을지 안다는 것은 불가능하다. 게스너와 같은 시대에 살았던 사람들이라면 '첨필'이라는 말 한마디만으로도 당시에 사용했던 필기도구의 이미지나 심상을 금방 떠올릴 수 있었을 것이다. 비록 당시의 첨필은 생소한 물질을 품고 있는 연필이라는 새로운 도구보다 훨씬 가늘었지만 말이다. 그러나 그림이나 설명에 의해 마음속에 떠오르는 영상이 전혀 없었다고 상상해보라. 게스너가 설명하려 했던 연필이 첨필처럼 사람들에게 익숙했던 인공물로부터 유래한 것이 아니라면 또 어땠을까?

게스너가 말로만 설명했다면 사람들 마음속에 구체적인 영상을 환기시키기에는 불충분했을 것이다. 설명에 곁들인 그림이 없었다면 '도끼머리를 나무 자루에 끼우듯이 연필의 납도 나무 자루에 수직으로 끼우는 것일까?' 혹은 '화살이나 창처럼 긴 자루의 머리를 가죽 끈 등으로 묶는 것일까' 같은 의문이 생겨났을 수도 있다. '납은 어떤 형태일까? 도끼머리나 화살촉, 아니면 바늘이나 막대 모양과 비슷할까? 나무로 만든 손잡이 안에 뾰족하게 깎은 부분을 끼우는 것일까?' 말로만 이루어진 설명이 연필을 한 번도 본 적 없는 사람들의 마음속에 어떤 영상을 불러일으킬지는 아무도 장담할 수 없다. 25개 단어만으로 현수교를 설명한다면 교량에 대해 특별한 지식이 없는 사람들이 무엇을 연상할지 상상해보라.

물론 요즘에는 연필이 워낙 친숙한 물건이어서 그것을 말이나 그림으로 설명해주어야 하는 사람은 없을 것이다. 그럼에도 사전들은 ('a'나 'an', 'the'를 정의하듯이) '연필'을 반드시 정의하고 있다. 물론 사전에서 쓰는 언어가 자기 모국어인 사람들은 이런 단어를 사전에서 찾아볼 일이 아주 드물겠지만, 언어를 공부하는 학생이라면 모국어 사용자들이 명확하게 가려내기 모호한 정의의 차이를 구분하기 위해 사전을 필요로 할 때도 있을 것이다. 어쨌거나 일반적인 탁상용 사전에 나오는 '연필' 항목 설명은 게스너의 설명보다 더 자세하지도 않고 삽화도 없지만 외국인들에게 연필 이미지를 떠올리게 하고 자기 나라 말로 연필이라는 단어를 떠올릴 수 있게 하기에는 충분하다.

게스너는 그림까지 그려가면서 연필을 설명할 필요를 느낀 데 비해 오늘날의 사전들은 연필을 삽화로 설명할 필요가 없게 된 것을 보면 연필이 우리에게 얼마나 평범한 물건이 되었는가를 알 수 있다. 그러나 삽화가 굳이 필요하지 않다고 해서 연필 그림이 더 이상 연필을 정의하는 수단이 되지 않는다는 말은 아니다. 연필이 얼마나 일상적인 물건이 되었는지는《웹스터 사전》에 나온 약간의 설명만으로도 사람들이 연필의 모습을 그릴 수 있다는 데서 알 수 있다. 그런데 사람들이 그리는 연필의 모습은 지우개가 달렸든 안 달렸든 간에, 혹은 노란색이든 색이 없는 것이든 간에 일단은 원통형이나 육각형 연필일 것이다. 그 같은 형태가 연필의 연필다움을 담고 있다.

태초에 그림이 있었다

공학이나 기술의 산물 가운데 물리적 외형과 분리해서 생각할 수 있는 것은 하나도 없다. 공학자나 기술자들이 그림에 의존해 생각하고 창작 활동을 하는 것은 놀라운 일이 아니다. 이런 이유로 공학을 '응용과학'으로 보는 소박한 관점은 전적으로 옳지 않다. 이론화가 가능하고 방정식으로 분석될 수 있는 어떤 그림이 공학자들의 머릿속에 먼저 상상으로 존재했다고 전제할 때 바로 그 상상의 산물에 적용되는 것이 과학 이론과 방정식이다. 결국 과학이 '이론 공학'으로 이용되는 것이라고 할 수 있다. 인류의 기원에 대한 신학적인 설명은 "태초에 말씀이 있었으니"이다. 그러나 우리가 만든 인공물의 기원에 대한 속세의 설명은 이렇게 시작되어야 할 것이다. "태초에 그림이 있었다." 과학은 일단 공학자 마음속에 어떤 대상의 그림이 그려지고 난 뒤에 그것에 대해 생각하는 것이며, 그 인공물에 뒤따라 적용되는 것이다.

기술사학자이자 이러한 생각을 웅변적으로 설명한 유진 퍼거슨Eugene Ferguson은 인공물이 과학의 말과 이론과 방정식에서부터 유래한다는 개념을 "일종의 현대적인 민간전승" 개념으로 정의했다. 그는 이어서 '우뇌 활동'이라는 개념에 대해서도 설명한다.

> 많은 일상용품이 과학의 영향을 받은 것은 분명하다. 그러나 이러한 일상용품의 형태와 기능, 크기와 치수는 기술자들 즉 장인, 설계사, 발명가, 공학자 등의 과학적이지 않은 별개의 사고방식에 의해 결정됐다. 조각칼, 안락의자, 조명 기구, 오토바이 등은 수십 년 동안에 걸쳐 이것들을 만든 설계자와 제작자들이 형태와 재질 등을 결정해왔기 때문에 오늘날의 모습이 된 것이다.
>
> 기술자들이 생각하는 많은 대상의 질과 특징은 명확한 언어적 서술의 범주 안에 한정될 수 없는 것이다. 그것들은 공학자들의 정신세계 속에서 비언어적이고 시각적인 과정을 통해 다뤄지고 있다.

그런데 퍼거슨처럼 기술적인 인공물 개발에 있어 그림이 차지하는 중요성을 강력하고도 자신 있게 강조하는 경우는 기술자 당사자들 사이에서도 흔한 일은 아니다. 실상 따지고 보면 기술자들이 언어적 사고보다 그림으로 생각하고 창조하는 경향이 더 앞선다고 해도 놀랄 일은 아니다. 더욱이 그림이 먼저라는 견해에 대한 명백하고도 권위적인 설명이 있다. 데이비드 파이David Pye는 디자인의 본질을 이론화하면서 과학이 기술보다 우선한다는 "민간전승" 개념을 깨뜨렸을 뿐만 아니라 "발명이 없었다면 역학 이론도 없었을 것이다. 발명이 우선이다"라고 주장함으로써 형태가 기능을 따른다는 개념을 불식시켰다.

이러한 주장은 교량의 역사에서 진실임이 입증되듯이, 연필의 역사에서도 마찬가지다. 인공물이 어떻게 작동하는가를 설명하는 공학 과

로마 시대에 쓰이던 필기구. 밀랍 서판, 첨필, 파피루스 종이 등을 볼 수 있다.

학이 발전해왔지만, 새로운 인공물은 여전히 그림으로부터 시작되는 것이지 과학의 명제에 불과한 방정식이나 언어로부터 출발하는 것이 아니다. 복잡한 신제품을 만들 때는 물론 공학적인 설계가 필요하지만, 그것은 어디까지나 작업을 하면서 상세한 부분을 확대해 볼 수 있도록 해주는 공학자의 현미경일 뿐이다.

최초의 연필을 만들기 위한 설계용 스케치에 연필을 사용하지 않았음은 자명한 사실이지만, 어쩌면 거기에는 물리적인 스케치 작업조차 필요치 않았을 것이다. 흑연을 관 모양의 홀더에 고정시키는 방식은 금속 납을 갈대나 깃털에 꽂아 쓰는 방식이나 짐승의 털을 속이 빈 자루에 끼워 넣는 붓 연필 제작 방식을 직·간접적으로 본뜬 비언어적 모방이었을 가능성이 크기 때문이다. 실제로 1565년에 게스너가 삽화로 그린 것은 바로 이 경탄할 만한 새로운 개념 자체였다. 그러나 게스너가 공학자들에게 연필을 어떻게 만드는지 보여주려 한 것은 아니었다. 글을 쓰거나 그림을 그리는 데 부적절한 도구로부터 발전해온 완벽하게 새롭고 탁월하며 잉크 없이 쓸 수 있는 인공물을 자연학자들에게 보여주려 했을 따름이다.

초기 연필이 오늘날 우리가 알고 있는 연필로 진화하는 과정이 워낙 더뎠기 때문에, 초기 장인들에게 어떤 부분을 개선할지 가르쳐주기 위한 정교한 설계도 같은 것은 있을 필요도 없었고 존재한 적도 없다. 어쩌면 장인이 도제에게 나무 자루 모양을 보여주기 위해 간략한 스케치를 그려주었거나 아니면 나무에 직접 표시를 해줬을 가능성은 있다. 하지만 이러한 스케치가 있었다고 해도 별 가치를 인정받지는 못했을 것이다. 일단 그 그림대로 물건을 만들고 나면 그걸로 족했기 때문이다.

연필은 왜 육각형일까

게스너가 책에 삽화로 그린 초창기 연필은 둥근 형태였다. 둥근 형태는 자연스럽고도 사용하기 편리한 모양이어서 이미 오래전부터 붓을 둥글게 만들어왔다. 연필도 붓을 모방해 둥글게 만들어졌을 것이다. 게스너가 그린 연필을 만든 사람은 아마 다른 모양을 생각조차 못 했을 것이다. 초기 연필 장인들이 붓을 모방한 것은 자연스러운 일이다. 그러나 목공들이 점점 더 많은 연필을 생산하게 되자 사각 자루를 만드는 게 더 빠르고 편한 방법이 되었다. 흑연 덩어리에서 심을 잘라낼 때 사각 형태가 가장 능률적이고 합리적이었기 때문이다. 나무 자루 역시 사각 형태로 만들어야 큰 목재에서 말라내기가 편하다. 둥근 연필을 만들려면 마무리 작업을 하는 데 손이 더 간다.

그렇지만 사각 연필은 쓰는 데 불편함이 따랐다. 이 때문에 초기 장인들은 팔각형 연필을 만들게 됐을 것이다. 팔각 연필은 사각 연필보다 쓰기 편했으며, 사각 연필의 네 모서리만 평평하게 깎으면 되기 때문에 원통형 연필보다 만들기도 쉬웠다. 기계와 대량생산 체제가 도입되자 연필 형태는 작업 시간보다는 어떤 재료를 쓰느냐 또는 기계를 얼마나 능률적으로 이용하느냐와 더 밀접한 관계를 맺었다. 기계로는 얼마든지 다양한 모양의 연필을 만들 수 있었기 때문에 원통형 연필이든 다각형 연필이든 상관이 없었다. 결국 연필 형태는 작업 과정의 용이성을 초월하는 의사 결정의 문제가 되었다. 팔각 연필은 불편한 사각 연필과 좀 더 편한 원통형 연필 간에 조화를 이룬 중용의 존재가 되었다. 오늘날 우리가 사용하는 대부분의 익숙한 물건들 역시 연필과 유사하게 생산의 경제성과 사용의 편리성 사이에서 타협을 해가며 발전한 것이다.

오늘날의 고급 연필은 대개 육각 연필인데, 6개의 모서리 끝이 부드럽게 궁굴려진 형태이다. 매일 6시간씩 집필을 했던 존 스타인벡John Steinbeck 같은 연필 이용자들은 "연필은 모름지기 둥글어야 한다. 육각 연필로 하루 종일 쓰고 나면 손가락이 갈라진다"면서 각진 연필에 반감을 보였다. 화가들 역시 대체로 원통형 연필을 선호한다. 손에 쥐기 편할 뿐만 아니라 그림을 그리는 동안 연필을 돌려가며 쓰기에 편하기 때문이다. 연필을 돌려가며 사용하면 선 굵기 등을 조정하기가 수월하다. 화가 같은 시각 예술가들은 연필을 (붓을 쥘 때처럼) 가볍게 쥐는 경향이 있어 연필을 쓰면서 손가락이 갈라지는 문제 같은 것은 별로 없다. 목수용 연필은 벽돌, 석재 같은 재료에 직접 선을 긋기 편하도록 만들어져왔는데, "크고 납작한 심"이 든 둥근 스케치 연필이 만들어졌을 때 그 홍보 문구가 "잡기 편하고 쉽다"였다. 그러나 아무리 쥐기 편한 부드러운 연필일지라도 세게 쥐고 글을 쓰는 토머스 울프Thomas

332 SEARS, ROEBUCK & CO. (Inc.), Cheapest Supply House on Earth, Chicago. CATALOGUE No. 107.

No. 31264 Eagle Fountain Pen; assortment contains one fountain pen, three extra vials, and one dozen extra pens, in neat compartment box. A complete, popular and useful outfit. Weight, packed, 5 oz. Per doz. boxes, $2.00; per box.....20c
Postage, extra, 5 cents.

No. 31265 Fountain Pen only, without assortment. Per doz., 85c; each.....8c
No. 31269 Fountain Pen Filler, for fountain pen use; straight glass with seamless rubber bulb. Each.....4c
Postage, each 2 cents; per doz. 14 cents.

Pencil Holders.

No. 31274 Sears, Roebuck & Co.'s "Safety Pocket Pencil and Penholder. Size, 2x4½ inches; imitation black Russia leather. Each.....$0.10
Per doz.....1.00
Postage, each, extra, 2 cents.

31274

No. 31278 Nicol's Leather Pocket Holder, very convenient for vest pocket, holds three pencils.
Each.....9c
Per doz.....90c
Postage, each, extra, 2c.

No. 31280 "Dove" Nickel Pencil Holder, made to fit any pocket. Each.....7c
Per doz.....75c
Postage, each, extra, 2c.

No. 31282 "Handy" Pencil Holder, leatherette, plush lined, with metal spring, will hold 4 pencils.
Each.....7c
Per doz.....85c
Postage, each, extra, 2c.

No. 31284 "Eureka" Leather Pocket Holder, with nickel spring, will hold 3 pencils.
Each.....8c
Per doz.....85c
Postage, each, extra, 2 cents.

No. 31282 No. 31284

No. 31286 Specialty Pencil Holder, a handy device for using up short pencils, black polished handle, 4¾ inches long. Per doz., 50c; each.....5c
Postage, each, extra, 2 cents.

No. 31289 Magic Pencil Holder, self adjusting, will not work off.
Per doz.....40c; each.....4c
Postage, each, extra, 2 cents.

Pencil Sharpeners.

No. 31293 Faber's Improved Long Bevel Lead Pencil Sharpener.
Each.....3c
Per doz.....55c
Postage, each, extra, 2 cents.

No. 31295 "Columbus" Lead Pencil Sharpener. Aluminum blade. Can be removed and sharpened. **Requires no adjusting,** always ready for use. Each.....18c
No. 31297 Three Extra Blades for Columbus pencil sharpener in nickel box.....15c
Postage, each, extra, 2 cents.

No. 31299 "Ever Ready" Self-Adjusting Pencil Sharpener. Cannot get out of order.
Per doz.....$1.00; each.....10c
Postage, each, extra, 2 cents.

Steel Ink Erasers and Envelope Openers.

No. 31304 Steel Ink Erasers, cocoa wood handles, with spear point; length, 5 inches. Each.....22c
Postage, extra, 2 cents.

No. 31306 Polished ebony handles, Steel Ink Eraser and Pencil Sharpener; length, 6 inches. Each.....34c
Postage, extra, 2 cents.

No. 31308 Steel Brush Ink Eraser, consists of a number of very fine steel wires in the shape of a brush with bone tip for smoothing paper after erasing. Per doz., $1.95; each.....18c
Postage, extra, 2 cents.

No. 31310 Cocoa handle Steel Ink Eraser, double edge curved blade, length, 5¼ inches. Each.....25c
Postage, extra, 2 cents.

No. 31312 Bone handle Steel Tip Eraser, with brush, can be used as pencil sharpener and ink eraser, the brush removes particles of dust after erasing. Price.....40c
Postage, extra, 2 cents.

No. 31314 Steel Eraser and Letter Opener, aluminum handles, very useful article. Price.....75c
Postage, extra, 3 cents.

No. 31316 Steel Knife Eraser and Letter Opener, a very handsome article and is especially useful around ladies' desks; it serves as a paper folder, cutter and pencil sharpener. Price.....$1.40
Postage, extra, 3 cents.

Initial Seals.

No. 31324 Initial Seal, for sealing wax; length 2¾ inch, black enameled handle, nickel metal die with rustic initial letter. **Our special price, each**.....$0.10
Per doz.....1.00
No. 31326 Initial Seal, for use with sealing wax; length 3 inch, black enameled handle, nickeled metal die with Old English initial letter. Our price, each.....$0.17
Per doz.....1.85
Postage, each, extra, 3c.

Sealing Wax.

No. 31330 Sanford's No. 2 Red Express Sealing Wax; four 4-ounce sticks to pound or eight 2-ounce sticks to pound. Per 4-oz. stick.....12c
Per lb. (either size), 30c; per 2-oz. stick.....6c
No. 31334 Sanford's Green Express Sealing Wax; four or eight sticks to the pound box.
Per 4-ounce stick, 12c; per 2-oz. stick.....6c
Per lb. (either size).....24c
No. 31338 Superfine London Black Letter Sealing Wax. Per 2-oz. stick, 10c; per 1-oz. stick.....5c
Per lb. (either size).....60
No. 31340 Perfumed Sealing Wax, for use in fine correspondence; five sticks, assorted colors in box; weight per box, 4 ounces. Per box.....22c
Postage, extra, per ounce, 1 cent.

STEEL PENS.

The cut shows exact size of pens. We quote a varied line and warrant every one to be the best that can be found. Not less than a dozen of any kind sold.
Postage on all pens, extra, per doz., 1c; per ¼ gross, 2c; per gross 5c.

Esterbrook Steel Pens.

No. 31415 "Bank" (No. 14), bronze finish, medium point, an excellent and popular pen for business use. Per gross, 48c; per doz.....7c
No. 31417 "Falcon" (No. 048), bronze finish, medium point. The most popular pen in use for general business purposes.
Per gross, 48c; per doz.....6c
No. 31419 "Extra-Fine Elastic" (No. 128), gray finish. The Favorite Pen for college and professional penmen.
Per gross, 52c; per doz.....6c
No. 31421 "Short Nib Engrossing," or Stub (No. 161 F), bronze finish, medium fine stub. Very popular.
Per gross, 60c; per doz.....8c
No. 31423 "Ladies' Falcon" (No. 182), bronze finish, fine and easy action. Per doz. 6c
Per gross.....44c

Esterbrook Pens—Continued.

No. 31425 "Judge's Quill" (No. 312), gray finish, fine point stub; a large engrossing pen, very popular.
Per doz.....7c
Per gross.....60c
No. 31427 "School" (444), bronze finish, medium fine; largely used in the public schools.
Per doz.....6c
Per gross.....40c

Spencerian Steel Pens.

No. 31429 "College" (No. 1), point fine, elastic, and action perfect, largely used by the best penmen in this country.
Per gross.....80c
Per ¼ gross.....25c
No. 31431 "School" (No. 5), point fine, medium inflexibility.
Per ¼-gross.....25c
Per gross.....80c
No. 31433 "Bank" (No. 9), point long and flexible; great favorite with accountants, tellers, etc.
Per gross.....80c Per ¼-gross.....25c

Gillott's Steel Pens.

Postage on all pens, extra, per doz., 1c; per ¼ gross, 2c; per gross, 5 cents.

No. 31435 "Principality Pen" (No. 1), extra-fine point, and will make heavy down stroke, excellent in flourishing and ornamental pen work. Per gross, 90c; Per doz.....10c
No. 31437 "Ladies' Pen" (No. 170), extra-fine point, designed especially for ladies' use. Per gross, 65c; per doz.....8c
No. 31439 "Victoria" (No. 303), the original extra fine pen and most widely used.
Per doz.....10c
Per gross.....90c
No. 31441 "Public Pen" (No. 404), with bead, fine point. Very popular for fine writing and school use.
Per doz.....6c
Per gross.....49c
No. 31443 "Magnum Quill" (No. 601 E. F.), extra fine point, for fine and ordinary writing, very popular for general use.
Per ¼ gross, 20c; per doz.....10c
Per gross.....83c
No. 31445 "Double Elastic" (No. 604 E. F.), extra fine point. The original double elastic pen, a favorite with professors of penmanship and teachers in business colleges.
Per gross, 60c; per ¼ gross, 20c; per doz.....8c
No. 31447 "Double Line Ruling" (No. 344 C), gray finish. This pen makes two lines with one stroke and is very useful for the work of architects, engineers, draughtsmen and bookkeepers. One dozen pens on card with holder to suit. Weight, packed, 3 oz. Per card.....22c
We do not sell less than a card.

No. 31449 "Mammoth Falcon" (No. 340 B), bronze finish, easy action. For general correspondence and for bank, shipping and entry clerks' use; 12 pens and a holder to suit on card. Per card.....24c
Postage, extra, 3 cents.
We do not sell less than a card.

Steel Pens in Boxes.

Esterbrook's Celebrated Steel Pens in metallic boxes, containing one dozen pens each.
Postage, 1 cent per box; 8 cents per doz.

No. 31451 School and Fine Pens, selected assortment of styles. Per doz. boxes, 60c; per box.....6c
No. 31453 Superior Business Pens, selected assortment of styles. Per doz. boxes.....60c
Per box.....6c
No. 31455 Assorted Stub or Engrossing Pens specially selected for use by lawyers and professional men. Per doz. boxes, 60c; per box.....6c

For highest grade Gold Pens, Fountain Pens and Fancy Pearl and Gold Penholders see Jewelry and Silverware department.
REFER TO INDEX.

1900년 시어스 로벅 백화점 카탈로그. 이 당시 백화점 카탈로그에는 필기구만이 아니라 옷, 장신구, 화장품, 가구, 책, 생활용품 등 온갖 물건이 실렸다.

Wolfe 같은 이들의 손가락에는 홈 같은 자국을 남겼다. 크기나 형태가 어떻든 그처럼 연필을 꽉 쥐고 오랫동안 사용하는 사람에게는 손가락이나 손이 아프지 않은 연필이란 있을 수 없다.

공학자나 설계사들 역시 연필심이 고르게 유지되고 가능한 한 선이 일정하게 그어지도록 하기 위해 연필을 돌려가며 쓰는 경향이 있다. 화가들이 안 쓰는 연필은 다 쓴 페인트 통에 보관하는 데 반해 공학자들은 연필을 쓰지 않는 동안에도 설계판에 놓아둔다. 그런데 이 설계판은 수평이 아니라 좀 기울어져 있어서 경사면을 따라 굴러 떨어지지 않는 육각 연필이 좋았다. 이런 면에서 보면 삼각 연필이 육각 연필보다 훨씬 더 좋다. 삼각 연필은 오랫동안 생산되어왔는데, 생산업체들은 삼각 연필이 연필을 쥐는 세 손가락에 자연스럽게 맞으며 가장 쥐기 좋은 형태라고 주장해왔다(엄지손가락과 검지, 중지를 모아쥐고 끝부분을 내려다보면 삼각 형태인 것으로 보아 이 주장은 타당성이 있어 보인다). 1897년 시어스 로벅Sears Roebuck 백화점 카탈로그에는 딕슨사와 파버사의 삼각 연필이 실려 있는데, "삼각 연필은 손가락에 쥐가 나거나 책상에서 굴러 떨어지는 것을 막아준다"고 선전되어 있다.

사실 손가락에 쥐가 나거나 연필이 책상에서 굴러 떨어질까 봐 걱정하는 경우는 드물다. 그러나 자사가 "세계에서 물긴을 가장 싸게 파는 업체"임을 자랑스러워하는 시어스 로벅의 카피라이터는 연필이 굴러 떨어질까 봐 걱정이었던 모양이다. 물론 카피라이터의 말실수 탓에 삼각 연필이 시장에 굴러 떨어진 것은 아니다. 삼각 연필은 나무를 낭비한다는 이유 하나로, 좀 더 생산비가 싼 다른 형태의 연필들보다 비쌀 수밖에 없었고 결국 시장에서 경쟁력을 잃었다. 시어스 로벅 백화점 카탈로그에 등장하는 삼각 연필은 1다스당 38~40센트에 판매됐다. 파버사의 최고급 제품은 육각형 금박 연필로, 1다스에 49센트였다. 파버사 제품 중 연필 전체 모양이 약간 원뿔 형태여서 한쪽 끝이 가는 '뱅크Bank' 연필과 노란색으로 마무리 칠이 된 '블랙 모나크Black Monarch' 드로잉 연필은 1다스에 40센트였다. 한편 딕슨사의 '아메리칸 그래파이트'는 일반 삼나무로 만든 원통형 연필인데 1다스에 3센트였다. 결국 둥근 연필 12자루 값으로 삼각 연필은 1자루밖에 살 수 없는 셈이었다.

연필을 여러 각도에서 보는 법

가격이나 앞으로의 연필 형태는 어떤 모양이어야 하는지에 대한 이야기는 접어두고 흑연이 16세기 컴벌랜드가 아닌 19세기 말 뉴햄프셔에서 발견되었다고 가정해보자. 그리고 이 새로운 물질이 증기기관 시대를 살아가고 있으며 화학, 요업, 목재, 금속, 고무 등에 대해 잘 아는 사람의 관심을 끌었다고 하자. 요컨대 현대적인 연필이 옛날의 붓으로부터 발전된 것이 아니라 어떤 천재적인 발명가가 단 한 번의 영감으로 만들었다고 가정해보자는 이야기다. 만약 이 발명가가 창조해낸 연필이 그때까지는 전혀 존재하지 않았던 물건이라면, 그는 자기 아이디어를 특허 담당자에게 어떻게 설명할 수 있겠으며, 이 발명품의 생산 자본을 댈 사람을 어떻게 납득시킬 수 있겠으며, 또 이를 실제로 생산할 사람에게는 어떻게 설명할 것인가?

이 발명가, 곧 공학자도 아마 우선은 깃펜에 잉크를 찍어 간략한 스케치를 그렸을 것이다. 연필의 초벌 디자인을 그린 다음에는 정확한 크기와 각 부분의 치수를 나타내는 공학적인 설계도를 만들 것이다.

이때 그는 연필심의 직경과 길이를 정확히 표시해야 할 것이고, 심의 강도와 치수의 오차 한계는 어느 정도인지 계산해야 할 것이다. 다음에는 자루용 나무판자에 팔 홈은 어느 정도 크기여야 하며, 홈의 오차 한계는 얼마까지 인정할 수 있는지도 표시해야 할 것이다. 이 공학자가 육각 연필로 만들겠다는 합리적인 이유를 가지고 있다면 육각 면의 치수도 정해야 할 것이고, 최종적으로 갖추어야 할 부드러움과 대칭성도 정해야 할 것이다. 물론 연필에 붙일 지우개와 지우개를 연결할 금속 테두리, 연필 끝과 지우개의 연결 방식 등도 명시해야 할 것이다. 그리고 이 설계도에는 연필을 뾰족하게 깎는 방법과 페인트칠을 하는 방법, 회사명 및 기타 연필에 관한 사항을 스탬프로 찍는 방법 등까지 자세히 명시되어야 할 것이다. 다시 말해 설계도는 아직 만들어지지는 않았지만 장차 혁명적인 필기 및 드로잉 도구로 탄생하게 될 연필의 크기나 형태, 특성을 가능한 한 완벽하고도 정확하게 드러내야 하는 것이다.

물론 이상에서 말한 것은 모두 가정이지만, 점점 복잡해지고 혁신적인 개념을 전달하기 위해 겪어야 할 문제점을 보여주고 있는 것은 분명하다. 산업혁명이 무르익어감에 따라, 새로운 기계와 구조물들이 더욱더 대규모화되고 비싸지고 설명하기 복잡해짐에 따라 경험과 사전 계산을 토대로 한 정교한 기계적 · 체계적 설계도는 새로운 발명품의 최초 모델을 만들어내는 데 필수 요소가 되었다. 독립적인 공학자들은 자기 소유의 기계 장치를 점점 더 갖기 힘들어졌기 때문에 자기가 만들고자 하는 3차원적인 물건을 정확하게 설계한 2차원적인 설계도를 기계 제작소에 들고 가야만 했다.

비트루비우스는 로마 시대 건축가와 공학자들에게 설계의 중요성을 강조했던 인물로, 그는 아직 지어지지 않은 건물 그림을 그릴 수 있는 능력이 건축가와 일반인을 구별하는 차이임을 인식했다.

> 사실 굳이 건축가가 아니더라도 훌륭한 건물은 가려낼 수 있다. 그러나 일반인과 건축가 사이에는 차이가 있다. 일반인들은 건물이 완성되기 전까지는 그게 어떤 모습이 될 것인지 알 수 없는 반면, 건축가들은 머릿속에 아이디어를 떠올리자마자, 즉 건축 작업이 시작되기도 전에 건물의 아름다움이나 안락함, 다른 건물과 구별되는 특성 등을 명확하게 인식한다.

그렇지만 로마 시대에는 개념화와 설계라고 해봐야 대개 계획을 세우고 건물의 크기, 강도 따위를 정하는 정도였다. 기둥과 벽의 두께 같은 것은 장인들의 경험에 의해 결정되었다. 오늘날 우리가 보기에 고대의 기계나 전차 설계도는 어린아이가 3차원적인 기계 조립도를 그리려고 시도한 것과 흡사하다. 요컨대 설계도 자체가 대략적이었다. 설계도를 통해 만들고자 하는 대상을 직접 만들어본 경험이 없는 사람은, 이 설계도만 갖고서는 실제 물건으로 구체화하는 게 불가능했다.

15세기에 원근법이 등장했는데, 원근법은 사실에 충실하게 그림을 그리는 것이므로 장인들이나 학자들 모두 그림만 보고도 쉽게 이해할 수 있었다. 따라서 레오나르도의 노트에 나오는 설계도나, 아그리콜라의 광산 논문에 등장하는 기계 관련 삽화는 관련 기술의 전수를 좀 더 수월하게 해주었다. 또한 인쇄 기술 발달에 의해 삽화를 대량으로 찍어내는 것이 가능해지자 발명의 확산은 좀 더 가속화되었다.

공학 과학이 엔지니어링 구현과 비슷한 수준이 된 19세기에는 기계나 구조물의 설계도를 그릴 때 각 부분의 상세한 내용까지도 설계도에 써넣어야 했다. 이러한 설계 방식은 수정궁과 같은 구조물에 쓰였던 부품처럼 전혀 새로운 개념이면서 서로 바꿔 사용해도 딱 들어맞아야 하며, 한꺼번에 대량으로 만들어야 하는 신제품인 경우에는 더욱 더 중요했다. 구조물의 들보나 다른 구성 요소들에 대한 분석적 이론의 발전은 실제 그 일에 대한 경험이 없더라도 계산해낼 수 있게 해주었으며, 시행착오를 겪어가면서 결정되던 것들이 줄어들었다. 설계 계산은 구조물 각 부분의 크기와 치수를 결정한다. 이러한 계산은 기둥 사이에 설치되는 들보가 기둥의 수직 상태를 흩트리지 않으면서도 기둥에 딱 들어맞고, 그래서 다음 기둥이 비뚤어지지 않으려면 어느 정도 크기여야 하는지 결정했으며, 건물 내부의 기둥과 들보들이 정연하게 이어져 시각적 효과를 해치지 않도록 해주었다.

공학자들이 3차원적인 대상을 종이 위에 2차원적으로 구현한 것을 정사영正射影 투시도라고 한다. 이러한 설계도가 원근법으로 그린 그림보다 더 나은 점을 우리는 뾰족하게 깎인 육각 연필 그림에서 확인할 수 있다. 글을 쓰거나 그림을 그리기 위해 연필을 사용하고 있는 사람에게는 당연히 그 연필이 원근법적으로 보일 것이다. 그리고 그 사람에게 연필이 어느 정도 원근감 있게 보이는가는 당연히 그 사람의 시야에 따라 달라질 것이다. 나는 연필을 사용할 때 연필심이 닳지 않은 부분으로 쓰려고 종종 연필을 돌려가며 쓴다. 그러다가 쓰고 있는 연필을 문득 쳐다보면 연필의 6개 면 중 2개만 보일 때가 있다. 내가 보지 못하는 면이 얼마나 많은가? 연필을 약간만 돌리면 나는 동시에 3개의 면을 볼 수 있지만, 그것만 가지고는 내 연필이 육각형인지 팔각형인지 알 수 없다. 마찬가지로 한 번만 봐서는 연필이 정육각형인지 결론 내릴 수도 없다. 한 관점에서만 그린 그림은 필연적으로 한쪽 만을 보여줄 뿐이다. 그러한 설계도는 연필의 정확한 형태를 전달해주기에는 충분하지 못하다. 그렇다면 어떤 방법이 연필의 모습을 정확하게 전달해줄 수 있을까?

더글라스 호프스태터Douglas Hofstadter의 《괴델, 에셔, 바흐Gödel, Escher, Bach》의 표지 삽화가 이러한 문제점을 설명하는 동시에 해결해주고 있다. 이 삽화에는 입방체 모양의 나무 블록을 보는 면에 따라 G, E 혹은 B자로 보이도록 절묘하게 깎아놓은 그림이 나온다. 한쪽 면만 본다면 우리는 당연히 나무 블록 전체가 우리가 보는 문자와 똑같은 형태일 것이라고 생각할 것이다. 만일 두 면이 원근감 있게 동시에 보인다면 우리는 이 나무 블록이 한 쌍의 문자 모양으로 깎였다고 생각할 것이다. 그리고 그 쌍을 이루는 2개의 문자는 우리가 보는 방향에 따라 달라질 것이다. 그러나 세 면이 동시에 보이도록 원근감을 주어 그린다면, 우리는 3개의 문자를 동시에 볼 수 있다. 《괴델, 에셔, 바흐》의 표지에 쓰인 삽화가 바로 이런 형태로 그려져 있다. 그런데 세 방향에서 세 면에 각각 수직이 되도록 빛을 비추면 각 면에 그림자가 지는데, 이 그림자는 각 면을 정면에서 본 형태와 똑같은 정사영 투시도다. 이 3개의 그림자를 통해 우리는 이 입방체를 한쪽 시각에서만 보고 원근감 있게 그린 그림을 볼 때보다 더 정확하고 확실하게 각 문자의 크기와 형태를 재구성해 파악할 수 있다. 이러한 그림자 영상을 하나의 면에 적절히 배치해 그려놓는다면 그게 바로 이 나무 블록의 정사영 투시도가 되는 것이다. 만약 이 정사영 투시도가 규격에 맞춰 2개 내지 3개 정도 그려진다면 훈련된 눈을 지닌 사람은 이것만 봐도 그 입방체의 모양을 머릿속에 입체적으로 그릴 수 있을 만큼 충분한 정보를 얻어낼 수 있을 것이다. 결국 원근법은 더 이상 필요가 없어진다.

정사영 투시도의 장점을 설명하는 또 다른 좋은 예로 육각 연필을 한 번 더 들어보자. 지우개 달린 끝을 정면으로 해서 바라보면 우리가 볼 수 있는 것은 원형 테두리 안에 들어 있는 둥근 지우개뿐이다. 반대로 연필심 쪽에서 보면 육각형 나무 중심에 있는 원형의 심만을 볼 수 있을 것이다. 상표명이 새겨져 있는 연필 자루를 정면으로 바라보면 우리는 여섯 면 중에서 세 면만을 볼 수 있으며, 동시에 연필 끝이 원뿔 모양으로 뾰족하게 깎인 것과 지우개의 길이가 약 0.6센티미터, 금속 테두리의 길이가 1.3센티미터 정도라는 것을 알 수 있다. 다시 연필 자루를 축으로 하여 90도 회전시키면, 상표명은 우리 시야에서 사라진다. 우리는 여섯 면 중에서 두 면만을 볼 수 있다. 이렇게 여러 각도에서 본 평면적인 연필 모습을 실제 크기대로 그리거나 일정한 비례에 따라 그린다면, 우리가 실제 연필을 한 번도 본 적이 없다고 해도 적절한 재료를 가지고 있고 생산 공정만 알고 있다면, 연필을 실제로 제작하는 데 필요한 각 부분의 치수 이상으로 많은 정보를 얻을 수 있다.

반대로 어떤 화가가 연필을 본 적도 있고 직접 사용해보기까지 했다고 해도, 그가 그린 그림만으로 우리가 연필을 실제로 만들 수 있다고 확신하기는 힘들다. 이러한 사실을 일깨워주는 당혹스러운 사례가 1981년 건축 전문 주간지인 《엔지니어링 뉴스 레코드Engineering News Record》에 실렸다. 이 잡지의 컬러 표지는 뾰족하게 깎인 연필을 그린 삽화로 채워져 있었다. 아트디렉터와 편집장은 이 삽화가 잡지 연례 특집 주제인 '500대 디자인 회사'를 자연스럽게 표현해준다고 생각했던 게 분명하다. 표지 속 연필은 그냥 보기에는 평범한 노란색 육각 연필이었는데, 불행하게도 M. C. 에셔가 그린 끝이 없는 계단 혹은 한쪽

어느 것이 제대로 그린 연필일까? 왼쪽은 잡지 일러스트레이터가 엉터리로 그린 것이고, 가운데는 어떤 독자가 고쳐서 보낸 그림이다. 오른쪽은 이 잡지 편집장이 수정한 것.

에서 보면 사각 형태에 두 갈래로 갈라진 물체인데 다른 쪽에서 보면 둥근 형태에 세 갈래로 갈라진 물건처럼 현실적으로 불가능한 형체를 갖고 있었다. 이 표지 때문에 "《엔지니어링 뉴스 레코드》는 소수점 단위를 잘못 표기했을 때만큼 많은 편지를 받았다"고 한다.

잡지 일러스트레이터가 그린 육각 연필 삽화는 몇 가지 혼란스러운 측면을 보여주고 있는데, 이는 세심하지 못한 도안가들이 종종 저지르곤 하는 실수다. 첫째, 깎인 자루 부분과 안 깎인 자루 부분의 경계면 곡선 표현이 잘못되었다. 둘째, 정면으로 보이는 면과 비스듬히 보이는 면의 넓이를 똑같이 그렸다. 셋째, 연필심과 깎인 나무 부분이 만나는 경계면이 물결 같은 선이다. 세 번째 같은 경우는 고장 난 연필깎이 기계로 심을 깎았을 때 생기는 현상이며, 첫 번째와 두 번째 형태는 술 취한 기술자가 고무 선반으로 연필을 만들었다면 가능할지 몰라도 현실적으로는 도저히 불가능하다.《엔지니어링 뉴스 레코드》에 실린 삽화와 똑같은 연필을 실제로 만들려고 한다면 난감할 것이다. 이런 불가능한 꿈을 목수나 기계기술자에게 요구하지 않기 위해서는 공학 설계도가 정사영 투시도와 같은 표준화된 방식으로 발전해야만 했다.

설계하는 도구, 설계되는 도구

비록 정사영 투시법이 1525년 알브레히트 뒤러에 의해 설계 기하학에 관한 책에 응용되었으며, 그 이론적인 토대는 해석 기하학에 관한 가스파르 몽주의 1795년 저서에 마련되었지만, 이러한 선구자들의 저술로부터 비롯된 기술 및 전통은 기계 설계나 공학 설계 분야에서 보편화되지는 않았다. 그것들은 실질적으로 19세기에 와서야 기계 제작소나 주물 공장에 정보를 전달하는 필수적인 요소로 자리 잡았다. 19세기 중반까지 기계 설계는 오랜 전통을 지닌 건축 설계로부터 배움을 얻었다. 대형 증기기관 같은 19세기 초의 많은 기계는 주물로 만든 철제 구조물들로 이루어졌는데, 이 구조물들은 고전적인 양식의 기둥 형태를 띠고 있었다. 연결 브래킷 역시 학생들이 설계 수업 시간에 익히 배운 고전적인 무늬로 장식되어 있었다. 그들의 수업은 점점 더 복잡해지는 건축 설계도를 베껴 그리는 시간으로 채워졌으며, 이런 실습이 빅토리아 양식 건축 및 구조로 알려진 것에 얼마나 영향을 주었는지는 미루어 짐작해보는 수밖에 없다.

19세기 중반 동안 설계사들은 건축 설계 기법 대부분을 투사지tracing paper로 모사하여 배웠다. 결국 이론은 배우지 않고 기술만 배운 셈이다. 한편 정사영 투시도법을 배우려면 연필을 잘 써야 할 뿐만 아니라 여러 사람의 정사영 시각에 대한 표준적인 관례와 전통적인 배치법에 대한 이해를 필요로 했다. 19세기 중반 공학 설계 기술의 수준은 초창기 공학 설계 교재의 서문에 잘 나타나 있다. 《초급 정사영 투

30

Wye du aber finden sollt nach ordnung/die leng einer yetlichen geraden Linien / die da auff den Schneckengesetzt würdt dem thů also/ Nym eyn zirckel/ setz jn mit dem ein fuß in den Punckten.12. Vnd den Andern in den Punckten.1.vnd reyß vondañ rund vbersich/Dar nach setz des zirckels fus in den Punckten.1.vnd den andern in den Punckten.12. von dañ reiß auch rundt vbersich /wo sich dann die zwen runden ryß durch eynander schneyden / da setz eynn Punckten.c. Also thů zwischen allen Punckten der zyffern in der Schnecken Lini / als zwischen .1/2. vnnd.2/3 2c. vnnd bezeichen oben die schlüß der runden Ryß nach eynander / Als.d.e.f.g.2c. durchs ganz abc/so weyt es reycht/ So du dañ mit geraden Lini zůsamen zeůchst.c.d.vnd.d.e.vnd.f.g.2c/ also durch den gantzen vmblauff aller bůchstabenn/so schneyden sie dir ab die gestragten Linien die da getzogen sind aus den Punckten.1/2/3/4/2c/also durch die andern zall all/So du aber die bletter /die durch die runden Ryß worden sind/füglich mit eym mittel Ryß teylen willt / so reiß erstlich aus dem Punckten.c.darnach aus den Punckten.d.e.f.g.2c/ geradt Linien gegen dem Centro.a.byß auff die Schneckenlini/Also komen diese ding ordenlich/das sichestu hieunden auffgeryssen.

Wie lang nach ordnung die geraden Linien auff der Schnecken Lini seyn sollen.

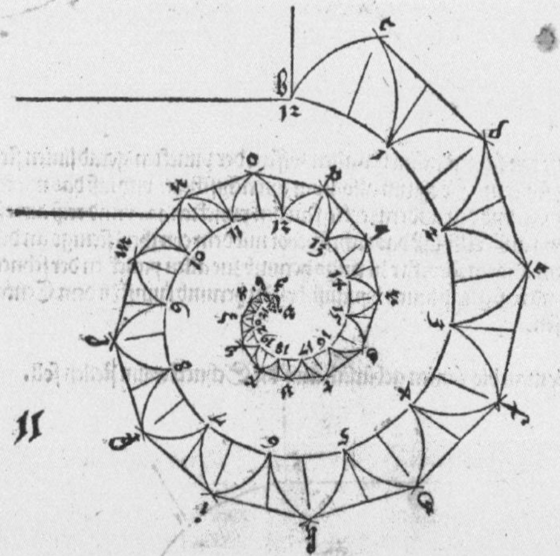

Dorthyn will jch die Schneckenlini eynfach machen / vnd vom Cirkelryß in Centrū a.füren /auch wider bletter darauff setzen/Aber die geraden Linien/die durch die bletter getzogen werden/stendt anderst/dañ die vorgestelten Linien/Erstlich reiß aus dem zentrum.a.ein zirckelriß/vnd puncktir jn mit ziffern wie vor/Aber die auffrecht Lini/ a.b.damit du vmher ferst/die zerteyl mit.11.punckten in.12.gleiche felt/ Vnd far dañ wider mit herům/wie du vor bericht bist/vnd puncktir die Schneckenlini/byß in Centro.a. Also ist dise Lini gemacht vnd zů vill dingen breuchlich / sonderlich ist sie auch zů eynem Bischoffstab zů brauchen/zů dem mus man jm also thun/Zeůch von dem zirckelriß/auß dem punckten.6.eyn gerade Lini vndersich / vñ brauch den halben zirckelryß/ mit der grössern zall/ zů sambt der Schneckenlini/ Aber den andern halben zirckel/mit der mindern zal/laß aussen/darnach nym ein zirckel/vñ setz jn mit dem

알브레히트 뒤러의《측정에 관한 논문Treatise on Measurement》(1525)에 실린 그림. 뒤러 자신이 투시법을 자주 활용하고 또 연구했던 만큼, 이 책에서 정사영 투시법의 중요한 원리들을 엿볼 수 있다.

시도법, 기계공학 설계의 새로운 교수법Being a New Method of Teaching the Science of Mechanical Engineering Drawing》이라는 책에서 저자 윌리엄 빈스William Binns는 자신의 성공적인 강의를 "모든 공학적 구조물을 표현하는 기초"로 자평하면서 이 강의가 1864년에 토목공학도들을 위해 기획되었음을 밝히고, 과거의 방법에 비추어 정사영 투시도법이 얼마나 새로운 것인가를 대조해서 서술하고 있다.

> 통상적인 강의 방식은 진부하다. 강의를 받는 학생들은 베끼라고 지시받은 구조물의 설계도 일부 혹은 여러 부분을 그대로 베낀다. 이게 끝나면 좀 더 복잡한 또 다른 설계도가 학생들 앞에 놓인다. 이러한 과정은 학생들이 자신의 도구와 붓에 완전히 익숙해질 때까지 계속된다. 이 과정을 거치면 학생들은 비록 베낀 것이기는 해도 상당히 신뢰할 만하거나 고도로 잘 마무리된 설계도까지 그릴 수 있게 된다. 1년 내지 2년간의 베끼기 작업을 마친 학생들은 마지막으로 자기가 사용하는 연필의 평면도, 입면도, 종단면도, 혹은 자신이 가진 필기구함의 횡단면도를 그려 제출하라는 지시를 받게 된다. 학생은 그중 하나를 선택해서 할 수 있다.

빈스가 사용한 용어는 오늘날에도 공식적인 표준 용어로 쓰인다. 입면도는 연필의 지우개나 심, 축이 되는 자루를 있는 그대로 그린 것이며, 종단면도는 연필을 심에서부터 지우개 끝까지 자루 방향과 평행하게 종으로 곧게 절단했을 때의 내부 모습을 그린 것이다. 횡단면도는 연필의 길이를 따라 어느 지점이든 선택한 다음 그 지점에서 지우개의 위 평면과 평행하게 연필을 절단했을 때 보이는 모습을 그린 것이다. 연필심에 아주 가까운 부분을 선정해 그린 횡단면도에는 원형의 연필심만 나타날 것이고, 원뿔형으로 깎은 나무 부분의 횡단면도를 그린다면 원 중심부에 연필심이 보이는 모양일 것이며, 연필 몸체 중 아무 부분이나 선정해 횡단면도를 그린다면, 중심에 연필심이 있는 육각형 모양이 될 것이다. 테두리 부분의 횡단면도는 테두리의 어느 부분을 선택하는가에 따라 원형의 얇은 금속판 안에 나무와 심이 들어 있는 모습이거나, 지우개가 들어 있는 모습일 것이다. 그리고 지우개 부분을 선택해 횡단면도를 그린다면 단지 정확한 원형의 지우개 모습만 나타날 것이다.

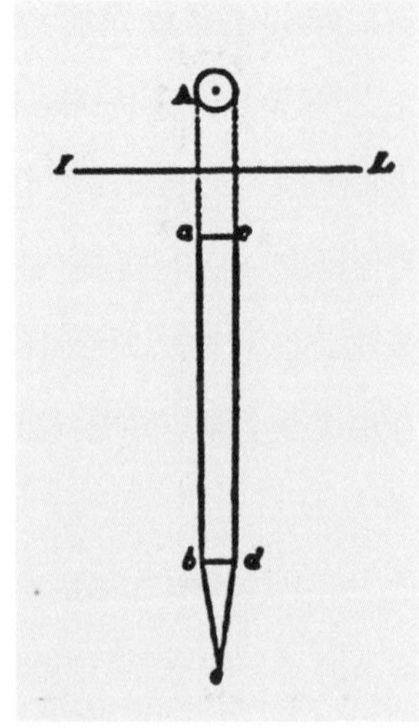

윌리엄 빈스의 정사영 투시도법 교재에 나오는 연필 입면도와 평면도.

빈스는 학생들에게 각자의 책상에서 연필을 그리라고 시켰다. 첫 번째로 내는 문제는 간단하다. "연필의 입면도와 평면도를 그려라." 그러나 그다음에는 설계 대상의 내부와 외부를 설계도 한 장에 나타내는 개념적으로 좀 더 어려운 문제에 대한 논의를 꺼낸다. 단면도에 대한 설명은 명료할 뿐만 아니라 실례를 들어줌으로써 다양한 19세기 연필에 대한 이해를 넓혀주는 동시에 제조업체들이 무엇을 우려했는지를 잘 보여주고 있다.

단면도는 대상이 되는 물체의 내부 윤곽, 부품들의 배치 및 조립

> 상태를 보여준다. 연필은 형태와 길이가 각각 다른 다양한 형태의 종류가 존재한다. 어떤 것은 자루 길이만큼 심이 다 차 있고, 어떤 것은 자루 길이의 절반도 채 못 되게 심이 채워져 있다. 연필 생산 주문서에는 이러한 각각의 특성을 자세히 설명하고 있어야 한다. 또한 특이한 형태의 연필, 예를 들면 타원형 연필 같은 경우 그 형태를 명확히 밝혀 생산 주문을 해야 한다. 연필처럼 작은 물건의 세부사항을 주문서에 밝히는 가장 좋은 방법은 설계도 기법의 도움을 받아 그린 종단면도와 최종 설계도면end view을 보여주는 것이다. … 연필의 형태를 평평하게 하거나 타원형으로 만듦으로써 설계판에서 바닥으로 굴러 떨어지는 것을 막을 수 있다.

빈스의 영국식 도면 배치 방법이 오늘날 미국식으로는 정반대로 뒤바뀐 사실만 제외하면, 그의 연필 설계도는 보는 사람이 목수용 연필인지 화가용 스케치 연필인지 한눈에 알아볼 수 있을 정도로 연필의 크기와 형태에 대해 필요한 정보를 충분히 담고 있는 훌륭한 것이었다.

연필의 깎인 부분과 깎이지 않은 자루 부분이 만나는 경계면의 단면도나 정사영 투시도는 빈스의 방법이든 다른 설계 방법이든 마찬가지로 그리기 어려운 부분이다. 그것은 통상적인 시각 표현 방법을 초월하는 것이기 때문이다. 연필을 기계로 깎아보면 자루가 정확히 육각형인지, 심이 얼마나 정확히 자루 중심에 위치했는지에 따라 깎인 부분과 깎이지 않은 나무 자루가 만나는 경계선에서 나타나는 기하학적인 형태는 상당히 달라진다. 연필의 페인트칠 부분과 칼로 깎은 자루 부분이 만나는 육각 면 부분을 자세히 살펴보면, 그 경계선은 연필의 질과 연필 깎는 기계의 정확도에 따라 다양한 형태로 결정된다. 그러나 늦은 감이 있긴 하지만, 깎인 경계면의 호는 언제나 동일한 방향을 향하고 있다는 사실이《엔지니어링 뉴스 레코드》지의 아트디렉터 때문에 밝혀졌다. 이 부분의 단면도는 연필의 모양을 규정해준다기보다는 연필의 깎인 상태에 대한 정보를 줄 뿐이지만 연필이 이상적인 상태로 잘 깎여 있을 경우에도 이 부분에 대한 단면도를 그리는 데 있어서의 난점은 최근까지도 해석 기하학을 공부하는 공학 설계도들이 연필 도면을 그릴 때 골치를 앓던 문제다. 그러나 이제는 이론 연구와 컴퓨터 그래픽을 응용하는 현대적인 조류로 인해 공학 설계 자체가 사라져가는 기법이 될 위험에 처해 있다.

산업혁명이 무르익어감에 따라 이 같은 정사영 투시도는 표준적인 공학 설계 방식이 되었을 뿐 아니라 공학 설계용 도구의 생산과 이용법 역시 어느 정도 규격화되었다. 공학 설계 도구들은 고대인들의 지혜에 그 기원을 두고 있다. 이집트인들은 매듭이 있는 끈으로 정확한 원을 그렸으며, 로마인들은 청동으로 만든 컴퍼스나 나무 혹은 상아로 만든 자를 이용했다. 2세기경에는 짐승의 가죽이나 파피루스 위에 긁어서 낸 선에 갈대 펜으로 잉크를 찍어 덧그림으로써 영구 보존이 가능하도록 했다. 7세기경에는 갈대 펜 대신 깃펜이 이용되었으며, 중세에는 유럽에 종이 제조법이 전파되었다. 르네상스 기간 동안 종이의 사용이 널리 퍼지자, 종이 위에 은침으로 자국을 내 그림을 그리거나 글을 쓰는 방법이 개발되었다. 아교와 밀가루 풀을 섞어 매우 엷게 희석한 것에 미세한 경석輕石 가루를 뿌린 뒤 이 용액에 종이를 한 번 담갔다 꺼내면 얇은 막이 입혀졌다. 이렇게 만든 종이 위에는 은침으로 선을 그을 수 있었으며 촉을 누르는 힘을 조절해 옅은 회색에서 검은색까지 자유자재로 선을 그릴 수 있었다. 다빈치가 그린 많은 기계 설계도는 이런 방식으로 그린 선 위에 붓 연필이나 깃펜으로 잉크를 덧칠한 것이다.

16세기경에는 설계 도구 제작이 유럽 전역에서 하나의 사업이 되었다. 18세기 영국의 런던은 '수학' 도구 제작으로 명성을 떨쳤다. 그러나 이러한 도구들도 필기구가 없으면 유명무실한 것이었다. 1716년 교량에 대한 최초의 논문을 쓴 위베르 고티에 드 니메Hubert Gautier de Nimes는 "흑연 막대와 그것을 가는 데 쓰는 줄이 바로 군사 공학자들의 도구 세트였다"라고 밝혔다. 조지 워싱턴George Washington이 사용한 드로잉 도구는 1749년에 만들어진 것인데, 여기에는 디바이더와 다리를 떼었다 붙였다 할 수 있는 2개의 컴퍼스, 흑연 막대를 끼울 수 있는 다리가 달린 컴퍼스, 다리에 펜이 달린 컴퍼스, 선 긋는 펜 등이 포함되어 있었다. 그로부터 200여 년이 지난 오늘날에도 설계를 배우는 학생들은 이 같은 도구를 가지고 다닌다. 워싱턴의 도구 세트에는 분명히 흑연이나 연필심이 예비로 더 들어 있었을 것이다. 워싱턴이 살던 당시에는 은침을 사용했던 시대와는 달리 초벌 그림을 연필로 그렸으며, 그림을 다 그린 뒤에는 정교한 설계도를 만들기 위해 기계적인 방법으로 조절되는 펜으로 덧그렸다. 또한 워싱턴은 측량가로서 현장 업무를 할 때에는 염소가죽으로 만든 빨간색 주머니를 가지고 다녔는데, 거기에는 접는 자, 디바이더, 8센티미터 정도 길이의 연필이 들어 있었다.

공학 설계는 기계 설계라고도 하고 과거에는 워싱턴이 사용했던 도구들을 썼기 때문에 도구 설계라고도 하는데, 설계를 할 때는 선의 두께와 진하기가 중요하다. 실제 보이는 물체의 윤곽은 진한 실선을 쓰며, 점선은 안 보이는 부분을 나타낸다. 가는 선은 치수를 나타낼 때 쓰

Fig. 3. Compass.

Fig. 4. Lengthening Bar.

Fig. 5. Compass Pen.

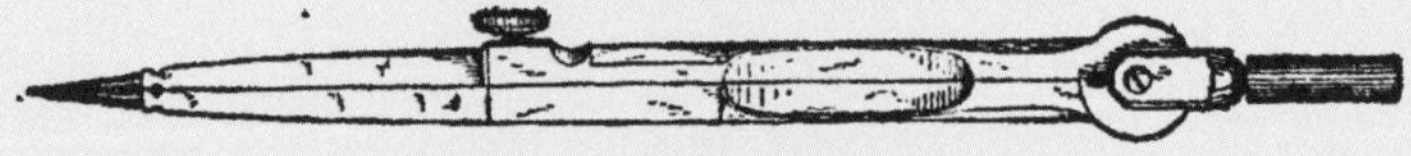

Fig. 6. Hair-Spring Dividers.

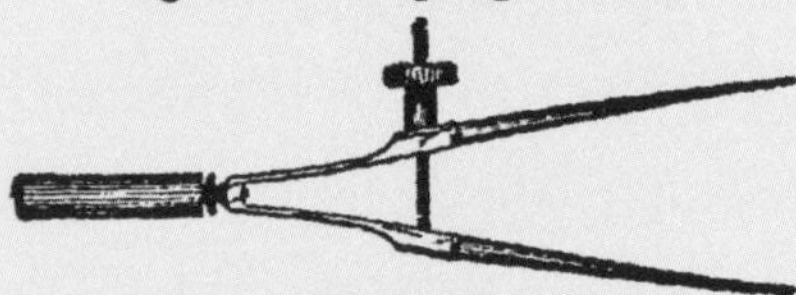

Fig. 7. Small Dividers or Bow Spacers.

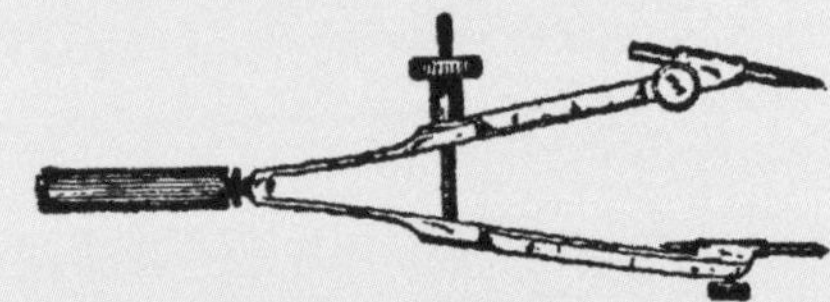

Fig. 8. Bow Pencil or Small Compass.

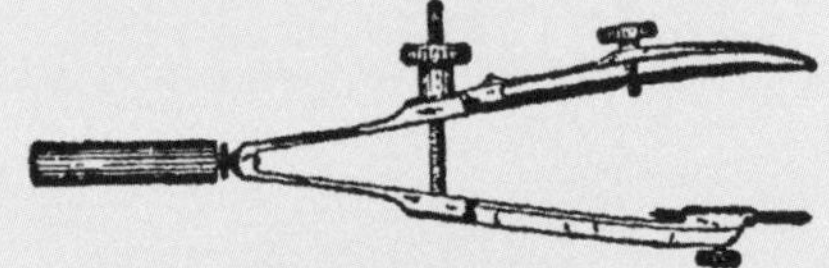

Fig. 9. Bow Pen.

Fig. 10. Ruling Pen.
(Cuts by courtesy of T. Alteneder & Co.)

설계도를 그리기 위한 도구 일습. 이런 여러 가지 컴퍼스에 연필이나 펜 등을 끼워 썼다.

는 지시선이다. 연필 설계도를 예로 들면, 진한 실선은 우리 눈에 보이는 연필 윤곽을 나타낼 것이며, 연필 끝부분에서 뻗어나온 좀 더 옅은 이중선은 연필 안쪽에 있는 심 윤곽을 나타낼 것이다. 실제 연필 크기와 다르게 그린 설계도면에 연필의 실제 크기를 치수로 나타내고 싶을 때는 연필의 윤곽을 그린 선에 닿지 않되 근접한 가는 실선을 긋고 쓰면 된다. 워싱턴의 도구 세트에 들어 있는 펜은 잉크를 찍어 쓰는 것인데, 선의 두께를 조절할 수 있어 최종 설계도면을 그릴 때 적절한 짙기의 선을 그리는 데 적합하다.

워싱턴 시대에는 흑연의 이용이 훨씬 어려웠다. 두께와 짙기가 각각 다른 선을 그리기 위해서는 연필심 끝의 가늘기와 선을 그릴 때 누르는 힘을 각기 달리해야 했다. 콩테 공법으로 만든 연필은 상당히 발전된 상태였기 때문에, 짙기가 다른 선을 그릴 때 누르는 힘을 조절할 필요 없이 여러 가지 등급의 연필 중에서 골라 쓰면 됐다. 19세기 중반의 설계사들은 어디에 살고 있든 골라 쓸 수 있을 만큼 충분한 연필을 공급받을 수 있다면 선의 두께와 짙기를 자유자재로 조절할 수 있었다. 설계사와 건축가, 디자이너들 사이에서 발전한 연필 사용법은 기계 설계 교재의 출판이 늘어남에 따라 도제 제도를 통해서가 아니라 학교를 통해서 학생들에게 전수되었다. 그런데 이러한 교재들이 빈스의 교재처럼 정사영 투시도 설계법의 원리 같은 주제에 집중함에 따라 곧 모든 책은 설계 작업을 하는 공학자들의 도구에 대한 설명을 싣기 시작했다. 연필의 선택, 준비, 사용법에 초점을 맞춘 내용도 들어 있었다.

1873년 A. W. 파버사는 연필심을 갈아 끼울 수 있는 설계용 샤프펜슬을 개발했다. 이 샤프펜슬은 나무 자루를 깎을 필요도 없었고 연필이 짧아지지 않아 편리했으나 건축가나 공학자들이 모두 전통적인 나무 자루 연필 대신 샤프펜슬을 사용한 것은 아니다. 오늘날 일반적으로 설계연필 또는 제도연필이라고 일컬어지는 지우개 없는 최고급 나무 자루 연필이 교재에서 다루던 도구다. 20세기 말에도 학생들은 다음과 같은 글을 교재에서 읽을 수 있었다. "훌륭한 드로잉용 연필은 곧고 잘 만들어진 것이어야 하며, 균질한 심이 정확히 자루 중심에 있어야 하고, 결이 고른 나무로 만든 자루여야 한다."

많은 교재에서 드로잉용 연필의 등급과 등급 표시 내용에 대해 자세히 설명하고 있다. 그러나 국립표준국이 연필 등급을 표준화하고자 애를 썼음에도 불구하고 제조업체에 따라 흑연과 점토의 원산지가 다르고, 등급 표시 내용에도 차이가 있다. 한 조사자에 따르면, 같은 등급의 연필도 제조업체에 따라 흑연의 탄소 함유량이 30퍼센트에서 65퍼센트까지 편차를 보인다고 한다. 그럼에도 연필은 등급에 따라 사고 팔리며, 사용되고 있다. 일반적으로 가장 단단한 등급 표시는 10H 또는 8H이고, 가장 부드러운 등급 표시는 7B이다. 하지만 때로는 각 제조업체의 기준에 따라 8B나 9B 등급까지 있다. 결국 가장 단단한 등급부터 가장 부드러운 등급까지 최대 21개의 등급이 존재한다. 10H, 9H, 8H, 7H, 6H, 5H, 4H, 3H, 2H, H, F, HB, B, 2B, 3B, 4B, 5B, 6B, 7B, 8B, 9B까지. (필기용 연필 등급을 이 같은 표시 방법으로 환산해보면 대략 다음과 같다. No.1=B, No.2=HB, No.2½=F, No.3=H, No.4=2H)

어떤 등급의 연필이든 간에 연필심이 종이 표면에 남기는 입자는 모두 검은색이다. 이 입자의 질기는 심의 경도나 부드러움, 질기가 표시되는 재질에 따라 달라진다. 종이란 섬유질이 여러 층 겹쳐진 것이기 때문에 연필심을 마치 줄처럼 갈아, 거기서 나온 미세한 흑연 입자

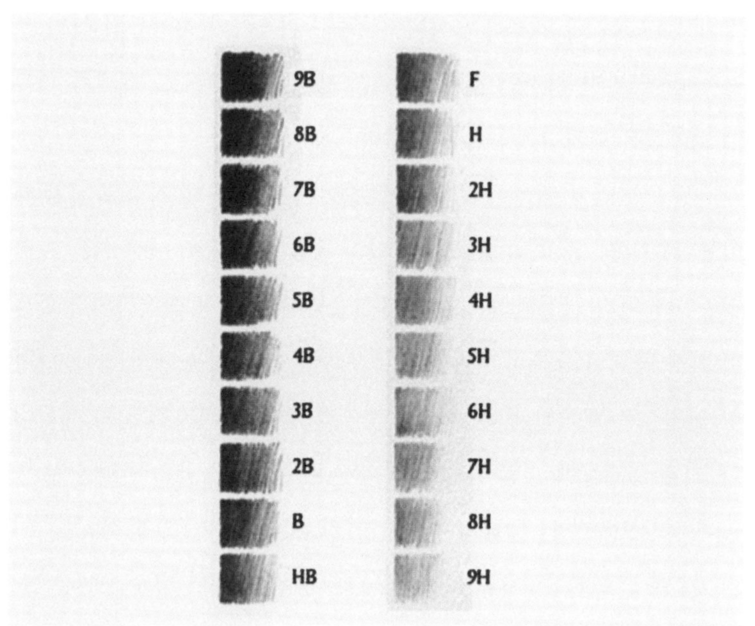

여러 가지 연필 등급.

를 표면에 잡아두면서 연필 자국을 나타낸다. 그러나 특정 연필이 특정 종이 위에 만들어내는 자국의 짙기는, 종이 위에 남겨진 입자의 밀도에 좌우된다. 표면이 거친 종이는 부드러운 종이보다 연필심을 더 닳게 만든다. 따라서 표면이 매끄러운 종이에 진한 자국을 남기려면 보다 부드러운 연필을 사용해야 한다.

일반적으로 공학자들은 기계 설계에 H 등급보다 더 부드러운 연필은 쓰지 않는다. 그러나 모사 작업이나 스케치 작업에는 좀 더 부드러운 등급의 연필을 이용한다. 건축가나 화가들은 부드러운 연필을 선호하는 경향이 있으며, 특히 종이 재질에 따라 특정 등급의 연필을 사용한다. 연필 제조업체들도 물론 이러한 경향을 알고 있었다. 더웬트 연필회사Derwent Pencil Company 같은 경우는 건축가나 화가들의 연필 쓰는 습성에 맞춰 디자인 세트(4H~6B), 제도 세트(9H~B), 스케치 세트(H~9B) 같은 패키지 상품을 판매했다.

가장 단단한 연필은 주로 금속 표면이나 돌 표면에 직접 표시할 때 이용되었지만, 종이 위에 쓰는 연필의 등급은 대체로 어떤 선을 그릴 것인가에 따라 결정되었다. 도식 계산을 위해 그리는 선이라면 정확성이 가장 중요한 요소이기 때문에 매우 단단한 연필을 써야 한다. 단단한 연필심은 뾰족하게 갈 수 있을뿐더러 쉽게 무뎌지지 않기 때문이다. 기계 설계도에 흐린 선을 그릴 때는 보통 4H 등급의 연필을 쓴다. 공예 설계도면은 H 등급에 가까운 연필로 작성하며, 기계 설계는 3H나 2H 등급 연필을 쓴다. 청사진을 만드는 데 토대가 되는 도면은 2H나 H 등급의 연필을 쓴다. 2B 등급이나 이보다 더 부드러운 등급의 연필은 공학 설계에 부적합하다. 부드러운 연필은 심 끝을 자주 갈아주어야 하는데다 번지기 쉽기 때문이다.

제도용으로 알맞은 연필심 모양은 제도 작업의 종류와 제도사의 취향에 따라 결정된다. 사포에 연필을 돌려가면서 심을 갈면 원뿔형의 연필심이 되는데, 이 연필심으로는 어떠한 제도 작업도 가능하다. 그 외에도 다양한 모양의 연필심들은 특정 작업을 하는 데 유리하다. 경사진 모양의 심이나 타원형 심은 연필심을 사포에 돌려 갈지 않고 한쪽 방향으로만 계속 갈면 되는데, 이런 형태의 심은 원을 그릴 때 유리하며 심 끝의 뾰족함이 오래 유지된다. 연필심의 한 면을 사포에 갈고 그 반대 면을 다시 사포에 갈아 만든 쐐기형 심은 긴 선을 그을 때 심 끝이 쉽게 무뎌지지 않는 이점이 있다. 이런 형태의 심은 그 평면을 T자를 비롯해 이런저런 선을 그릴 때 대고 쓰는 도구의 가장자리에 딱 밀착시킬 수 있어 일직선을 그리기에 좋다. 일부 설계 교재는 지우개가 붙어 있지 않은 전통적인 드로잉 연필 양쪽 끝의 심을 서로 다른 모양으로 깎아 쓰라고 권하기도 한다. 선의 질기와 두께를 결정하는 것은 연필을 사용할 때 누르는 힘이 아니라 연필심의 단단한 정도와 촉의 뾰족한 정도에 달려 있다.

공학자들은 연필심을 갈 때 사포를 이용하면 자기가 원하는 모양을 쉽게 낼 수 있다. 그러나 사포를 사용하는 방법은 지저분하거나 당혹스런 일을 당할 우려가 있다. 사포를 쓰면 가루가 많이 나오고, 이 가루가 도면 위로 날리거나 쏟아져 작업을 망칠 수 있다. 이런 까닭에 설계 교재들은 학생들에게 사포를 봉투에 넣어둔 채 사용하고 설계 작업 중에는 절대 연필을 갈지 말라고 충고하기도 한다. 공학도들은 이를 통해 우연한 사고를 예상하고 예방해야 한다는 기본적인 가르침까지 부수적으로 받는 셈이다. 물론 한 번에 깔끔하고 정확한 도면을 그리는 것이 가장 안전하고 확실한 설계도를 그리는 일반적인 방법이다.

지저분해질 수도 있지만 적절하게 심을 간 연필은 18세기에 도입된 전례 없이 깔끔하고 보기 좋은 공학 설계도를 그리는 데 없어서는 안 되는 기본 요소였다. 설계도를 그릴 때 각각 다른 색의 연필과 펜을 이용해 설계도면에 그린 구조물이나 기계 부품의 여러 재질 및 기능을 표시하는 방법도 도입되었다. 컬러 공학 설계는 19세기에 전성기를 맞았다. 그러나 잉크나 색깔 있는 펜으로 설계도를 그리기 전에는 연필로만 설계도를 그렸다. 연필을 올바로 사용한다는 것은 적절한 위치에 적절한 선을 긋는다는 것뿐만 아니라 도면에 눌린 자국을 내지 않는다는 뜻이기도 했다. 초벌 설계는 언제나 연필로 그렸는데, 설계가 잘못되었을 때 지우개로 쉽게 수정할 수 있어서였다. 그러나 연필을 너무 세게 눌러 쓰면 눌린 자국이 남는다. 이 경우 선은 지울 수 있지만 눌린 자국은 쉽게 없어지지 않는다. 이런 자국 때문에 다음에 연필선을 그을 때는 고르게 되지 않는다. 특히 펜으로 그릴 때는 더하다. 따라서 너무 단단한 연필로 진한 선을 그리면 며칠 동안이나 작업한 것이 전부 허사가 될 위험이 있다.

20세기 초까지도 컬러 설계는 계속되었다. 그러나 흑백 복사법이 널리 이용되자 컬러 설계 빈도는 점점 줄어들었다. 청사진은 1870년대부터 도입되었으며, 여러 색깔로 도면을 그리는 설계법은 1914년부터 자취를 감추었다. 1925년경에는 연필로만 최종 설계도를 그리기도 했는데, 10년이 흐른 뒤에는 연필로만 그리는 게 일반적인 관행이 되었다. 최종 설계도면을 연필로 그리려면 연필로 그린 선이 진해야 함은 물론이고 섬세하고 번지지 않아야 했으므로 연필심이 단단해야 했다. 그래야만 연필로 그린 설계도로 직접 복사를 뜨거나 청사진을 만들 수 있다. 그러나 선을 그리는 연필이나 펜에 무게가 많이 실리지 않도록 하기 위해서 설계 도구는 전통적으로 부드러운 소재로 가볍게 만들어져왔다. 과거의 설계법이 타파되고, 독일에서 생산된 설계 도구의 결핍이 예상되자 견고한 설계 도구 시장이 새롭게 형성되었다. 미국의 한 설계 도구 생산업체는 "지금의 설계 방법은 최신 전함을 건조하는 데 필요한 도면이 무려 대형 트럭 3대분(무게로 치면 81톤 정도)이나 된다. 만일 전쟁 중에 그런 구식 설계법으로 일을 한다면 잉크를 입히기도 전에 이미 그 설계 내용은 쓸모없어질 것이다"라면서 새로운 설계법을 주장했다. 이 회사는 펜보다는 연필을 압도적으로 많이 사용하는 "설계의 새로운 방식"을 주장하면서도 자사의 도구 세트에 펜을 함께 넣어 판매함으로써 구식과 신식 양쪽에 모두 의존하는 영업 방식을 취했다.

훌륭한 공학 설계의 주요 요건 중 하나는 설계도로 양질의 청사진을 만들어내는 것이었다. 인도 잉크는 짙은 색을 내는 데 이점이 있지만, 연필은 그 속도에 장점이 있다. 그러나 잉크 설계도든 연필 설계도든 모두 물이나 땀에 젖으면 선이 뭉개져 흐려진다. 또한 수정을 많이 하거나 설계도를 오래 쓸 경우 선이 흐려질 뿐만 아니라 도면도 더러워진다. 종이나 천의 대체용품으로 강화 폴리에스테르 필름인 마일라Mylar 필름이 등장하여 이 필름에 선을 그을 수 있는 연필이 개발되자 물에 세척할 수 있는 설계도면의 생산이 가능해졌다. 이 새로운 제도용 연필은 마일라 필름에 접착될 수 있는 플라스틱을 심에 혼합한 것이었다. 이러한 설계법은 보존 기간이 긴 원본 설계도를 그릴 수 있으며 깨끗한 청사진을 얻을 수 있다는 이점이 있었음에도 불구하고 설계사들로부터 즉각적인 호응을 얻지는 못했다. 마일라 필름에 쓸 수 있는 신개발 연필은 별도의 등급 시스템을 채택했다. 이 연필 선은 진하게 그어지지는 않았지만 지우개로 지우기도 어려웠다. 또한 이 연필의 필기감은 마치 크레용 같아 심 끝이 잘 부러졌다. 듀럴라Duralar사를 따라잡기 위해 슈테틀러사와 제휴해 허큘리언 설계 필름을 개발한 바 있는 코이펠앤드에서Keuffel & Esser사는 이 새로운 설계 연필이 사장되는 것을 막기 위해 1960년경 "받아들이도록 길을 닦아라"라는 광고를 통해 선제공격을 폈다.

필름, 천, 종이 등을 막론하고 어디에 그리든 컴퓨터를 이용한 설계 시스템을 지지하는 사람들에 의해 연필로 그리는 설계도는 종말을 예고하고 있다. 그러나 공학 설계를 배우는 학생들에게 전통적인 설계법을 가르치는 강의가 아무리 줄어들지라도 연필을 가지고 손수 그리는 설계도가 완전히 사라질 것 같지는 않다. 최근까지도 공학 설계를 배우는 학생들은 제도법을 배웠고, 그 교재 역시 19세기 말의 것과 큰 차이가 없다. 1950년대 중반부터 말경까지 기계 설계를 배우는 학생이라면 그 이전 수십 년 동안 그래왔듯이 2H · 3H · 4H 연필, 사포, 지우개, 삼각자, T자, 제도판, 초급 제도 세트 등을 구비해야 했으며 이들 장비를 평생 간수해야 했다. 또 학생들은 연필을 깎는 법에서부터 연필 쥐는 법, 종이에 구멍 내지 않고 연필 쓰는 법, 연필 선 위에 잉크를 덧씌우는 법 등을 배우는 한편, 결코 설계도에 색을 칠하지는 않았고, 모든 설계도를 잉크로 덧씌워야 한다고 배우지도 않았다. 하지만 정사영 투시도의 의미는 분명히 배웠으며, 그림으로 그려 나타내기에 한계가 있는 기계적인 구성을 보여주는 설계도를 그리는 법도 배웠다. 어떤 선이 실선이어야 하는지, 어떤 선을 짙게, 어떤 선을 가늘게 그릴 것인지, 어떻게 빗금을 긋고 어떻게 글씨를 써넣는지, 연필의 자루와 깎인 부분이 만나는 경계면을 어떤 모양으로 그려야 하는지도 배웠다. 또한 공장이나 기계 제작소에서 제작할 수 없는 물건은 설계하지 않는다는 사실을 배웠는데, 이는 도제 제도 때부터 내려온 전통이었다. 하지만 설계도가 아무리 훌륭하더라도 그것이 곧바로 성공적인 공학으로 이어지는 것은 아니다. 공학자들이 즐겨 하는 말로 "연필 1자루면 바보도 너트를 조이게 할 수 있다"는 말이 있다. 기계공이 스패너로 너트를 조일 때, 스패너가 들어갈 공간을 미리 확보해두는 것이 바로 공학자들의 세심함이다.

16

흑연심에서 세라믹심까지

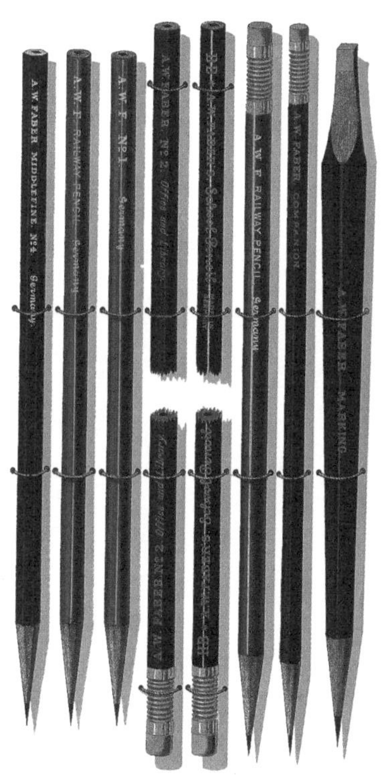

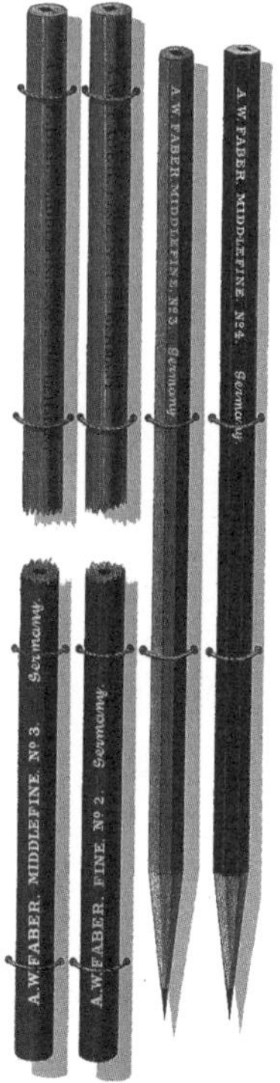

한참 열중해서 일하는 도중에 연필을 깎는 것은 매우 귀찮은 일이며, 한껏 집중하고 있던 정신도 산만해진다. 새로 뾰족하게 간 심이 부러지지 않고 가능한 한 오랫동안 뾰족한 상태를 유지하는 것은 아주 중요한 문제다. 따라서 연필 제조업자들은 필기를 할 때 뭉개지지 않고 부드럽게 써지며 적절한 짙기를 일정하게 유지하고 지울 때는 잘 지워지는 심만이 아니라, 서툰 사람이 눌러 쓰더라도 쉽게 부스러지거나 부러지지 않으면서도 뾰족하게 잘 갈리는 심으로 연필을 만들어야 한다.

제대로 된 흑연과 점토를 적절하게 정제하고 혼합하여 적당한 온도와 압력을 가해 매끈하고 견고하고 알맞은 경도를 갖춘 연필심으로 만들어 알맞게 조립된 나무 자리에 삽입, 고정시키는 일은 말처럼 간단하지만은 않다. 이는 공학자들이 연필을 만들든 거대한 교량을 세우든 경쟁력 있는 가격으로 경쟁력 있는 품질을 유지하는 문제 등과 더불어 늘 직면하게 되는 문제들이다. 바람직한 한 가지 속성의 품질을 얻기 위해 또 다른 희생을 대가로 치러야 할 때가 있다. 콘크리트나 연필심 같은 복합 재료의 경우, 재료를 구성하는 요소와 그것을 준비하는 방식에 따라 해당 복합 재료가 어떤 변화를 일으킬지 정확히 예측하기 힘들다. 새로운 혼합 방식이 강도를 높여주는 대신에 조금만 금이 가도 쉽게 부서지는 성질을 더할 수도 있다. 복합 재료란 늘 최선의 절충을 필요로 한다.

절충에는 필연적으로 판단이라는 문제가 뒤따른다. 판단은 주관적일 수밖에 없기 때문에 혼합 재료들을 최선의 비율과 최선의 공정으로 개발하는 일은 필연적으로 다양한 종류의 연필을 탄생시키게 마련이다. 공학자들마다 최선이라고 판단하는 혼합 비율과 공정이 제각각이기 때문이다. 헨리 데이비드 소로는 고급 연필 생산을 계획할 때 반드시 연구 개발 과정을 거쳤다. 그는 일단 하버드 도서관에서 책으로 연구한 다음 자기 집안이 운영하는 공장에서 직접 실험했다. 이런 실험에 뒤이어 미국 최고의 연필을 생산하기 위한 기계와 공정에 대한 개발이 이루어졌다. 연구를 어느 선에서 끝내고 실험에 들어갈 것인지, 실험을 어느 선에서 끝내고 시장에 내놓을 제품을 만들 것인지 결정하는 일은 과학적 · 기술적 조건 못지않게 경제적 · 심리적 조건에 영향을 받았다.

헨리 데이비드 소로는 한 가지 일을 오랫동안 꾸준히 계속하는 성격이 아니었기 때문에 자기가 개발한 연필이 이미 미국 최고라고 느껴지면 개발하고 싶다는 생각을 더 이상 하지 않는 사람이었다. 그는 일단 일정한 단계에 도달했다는 판단이 서면 사소한 개선을 더하기 위해 애쓰는 것은 재미없는 일이라고 생각했다. 그에게 좋은 연필을 만든다는 것은 궁극적으로 돈벌이를 의미했을 뿐이지 완벽한 연필의 개발을 의미하지는 않았다. 따라서 소로 가문이 흑연 판매로 더 많은 돈을 벌게 되자 아무런 망설임 없이 연필 생산을 등한시하기 시작했다. 그럼에도 소로 가문에서 만든 연필은 여전히 탁월하기는 했지만 뉴욕이나 외국 업체와의 경쟁이 우려할 만큼 커졌다. 소로는 경쟁력 있는 새로운 제품을 개발하는 데 개인적으로 큰 만족을 느꼈지만, 기존 제품을 조금 개선하는 일에는 별 흥미가 없었다. 소로의 이 같은 성향은 작가나 공학자는 물론이고 창조적인 이들에게서 나타나는 전형적인 특징이다.

개인의 심리적인 차원을 차치하면, 개인에 의한 것이든 규모가 큰 기업에 의한 것이든 연구 개발은 다른 경쟁 상품보다 훨씬 좋은 상품을 제공하고 그에 따라 좀 더 안정적이고 큰 이윤을 남기고 싶다는 욕구에서 유발된다. 하지만 경쟁 상대자 역시 뒤처지지 않기 위해 제품을 개선하는 연구 개발에 주력하는 만큼 연구와 실험, 시제품 생산에만 계속 매달릴 수는 없는 노릇이다. 개인이든 기업이든 "됐다. 이 정도면 현재 우리가 만들 수 있는 최선의 연필이다. 경쟁 기업이 대단한 제품을 시장에 내놓아 우리가 다시 설계실로 되돌아가는 일이 생기기 전에 당장 이 연필을 생산하고 광고를 해야 한다"고 외쳐야 하는 적당한 시기가 있다.

때로는 자금이나 지원이 끊겨 연구 개발을 중단해야 할 때도 있다. 연구 개발에 할당된 자금이나 시간이 정해져 있기 때문에 연구 담당 공학자들은 어느 시점에 이르러서는 그때까지 개발한 것만이라도 생산 담당자들에게 넘겨야 하며, 생산 담당자들은 연필이 어느 정도 개선됐는지는 상관없이 그대로 일을 진행시킬 수밖에 없다. 어쨌든 신제품이 신속하게 생산, 판매되어 이윤을 내지 않으면 더 좋은 연필을 만들기 위한 연구 개발 자금은 생기지 않는다. 만일 이러한 연구 개발 노력마저 중단된다면 기업은 곧 저질 연필을 만들어낼 수밖에 없고, 시장이 건전하다면 이런 기업은 이윤을 남긴다고 해도 다른 곳보다 적을 수밖에 없다.

부러지지 않는 심을 원한다

좋은 연필이란 기존 제품만큼 잘 써지면서도 값이 싼 것을 가리킬 때가 있고 품질이 월등한 만큼 값도 비싼 것을 가리킬 때가 있다. 소로사가 19세기에 개발한 신제품에 대한 광고는 후발업체들의 제품 선전 카탈로그와 광고 문안에 영향을 끼쳤다. 각 연필업체의 선전 문안을 보면 차별화된 소비자들의 기대 심리를 업체들도 알고 있었다는 사실을 확인할 수 있다. 어떤 업체는 연필심 성분을 강조하며 "바늘 끝처럼 뾰족하게 갈 수 있고 세게 눌러 써도 부러지지 않는 심"이라고 장담하는가 하면, 어떤 업체는 "연필심이 튼튼하려면 자루와 심의 접착이 견고해야 한다"면서 접착의 중요성을 강조했다. 또 다른 업체의 1940년도 카탈로그 역시 "가장 단단한 심을 가진 가장 부드러운 연필"이라고 선전하고 있다.

너무 쉽게 부러지는 연필심은 연필업계의 만성적인 문제였다. 약간의 압력에도 심이 부러지기 때문에 연필을 깎으면 이미 심이 부러져 있는 경우도 종종 있었다. 왜, 어떻게 이런 일이 발생하는지를 이해하면 그 같은 결점을 보완하기 위한 공정 개선이 뒤따랐다. 물론 이러한 개선 내용은 광고 문안으로 쓰였는데, 가끔은 근거 없이 너무 과장된 광고로 물의를 일으키는 일도 있었다. 이를테면 1950년 에버하르트 파버사는 몽골 연필이 다른 연필에 비해 29퍼센트 더 뾰족하게 깎인다는 사실이 실험을 통해 입증되었다고 주장했다. 미 연방 상업위원회는 에버하르트 파버사가 연필 구매자들을 고의적으로 속여 넘겼다는 사실을 밝히지는 못했지만, 그 같은 주장은 근거가 없으므로 철회할 것을 촉구했다.

실험을 통해 '입증'되었다는 광고와는 정반대로 진정한 의미에서의 연구 개발에는 새로운 재료 및 조립 공정에 대한 탐구까지 포함되는데, 이러한 연구 개발은 제품 시험 이전에 진행되는 것이며 이러한 연구 개발이 실험실 외부에서 글이나 말을 통한 논의의 대상이 되는 경우는 거의 없었다. 심지어 생산 공정의 기술적인 세부사항은 지금까지도 인쇄물로 발표되는 경우가 드물다. 조셉 딕슨 용광로 회사의 기술감독 찰스 니콜스가 1946년 미국기계공학회American Society of Mechanical Engineers 연례회의에 제출한 보고서는 연필 생산 공정에 포함된 목공 작업을 어느 정도 서술하고 있기는 하지만 연구 개발의 성격에 관해서는 언급하지 않았고, 니콜스는 사업상 기밀에 대해서는 입을 다물었다. 내용이 불충분했음에도 이 보고서는 사람들에게 읽히고 또《기계 공학Mechanical Engneering》지에 실렸다. 이는 동 잡지 다음 호에 딕슨사 기술 연구 본부장인 셔우드 실리Sherwood Seeley의 논평이 실리는 계기가 되었다. 그는 찰스 니콜스가 경쟁사들로 하여금 반성하고 최소한의 정보를 공유하게 만들었다고 했는데, 셔우드 실리의 이러한 논평은 같은 회사 동료인 찰스 니콜스와 장단을 맞춘 것일 수도 있다. 논평의 일부는 다음과 같다.

> 연필 생산 기술에 관한 문헌을 찾다 실패한 사람들에게 찰스 니콜스의 보고서는 선구적인 의미를 지니게 될 것이다. 연필 생산 기술에 대한 내용은 출판된 것이 극히 드물기 때문에 다들 니콜스

의 보고서 역시 포괄적이리라 예상했다. 그러나 그것은 다른 보고서들과 달랐다. 그의 보고서에는 생산 공정의 전 단계가 공학적인 방식으로 검증되고 있으며, 오차 한계가 상세히 열거되어 있다. 니콜스의 보고서는 훌륭한 선례를 남겼다. 이러한 선례가 사라지지 않고 이어진다면 연필산업 내에서 나무 자루 연필 생산에 관한 보고서가 쏟아져 나올 것이다.

이어서 셔우드 실리는 목재 선별 및 준비 작업, 접착 문제, 성형, 재료 처리, 마감 작업, 마무리 장식 등 시의적절한 주제들을 제시한다. 그는 연필산업 내부의 협력 없이는 "나무 자루 연필 생산의 기술적 사항에 대한 이 보고서는 사장되고 말 것이다"라고 주장했는데, 과연 그랬다. 연필산업 내부에서 이러한 기술 보고서들이 잇달아 발표되는 일은 일어나지 않았다. 이런 결과는 별로 놀랄 일이 아니었다. 이미 30년 전에 영국의 화공학자 에인스워스 미첼Ainsworth Mitchell이 한 연필업체로부터 각각 다른 종류의 흑연이 연필심 제조에 적합한지 여부를 연구해달라는 의뢰를 받아 보고서를 작성했는데, 연구 과정에서 알게 된 당혹스러운 사실을 다음과 같이 적고 있다. "이 문제에 관한 문헌이 너무 적어 연필산업이 발전하면서 겪은 생산 공정 변천의 기본 원리를 내가 밝혀내야 했다." 그러나 미첼의 연구 보고서 역시 그 비밀을 알아내지는 못했다.

니콜스와 미첼의 보고서가 연필 공학자들에게 흥미 있게 읽힌 것은 사실이지만, 초심자들에게는 신통한 뉴스거리가 되지 못했다. 예를 들어 미첼의 1919년 보고서에 덧붙여진 한 논쟁에서 힌슐리Hinchley 교수는 "구식 보로데일 흑연 연필에 필적할 만한 연필을 생산하는 업자를 보지 못했다"고 주장하면서, 미첼의 여러 역사적 오류를 지적하고 연필 생산 공정에 대해 근거 있는 논의를 펼쳤다.

> 최고 품질의 연필심을 생산하기 위해서는 대략 1개월간의 건조 과정을 거친다. 2주일 미만으로는 틀림없이 실패하고 만다. 너무 빠르게 건조시키면 심 내부에 기포가 생겨 잘 부러진다. 이러한 결점은 오늘날에 이르기까지 일반적인 일이었다. 오늘날의 흑연 분쇄 공정은 과거 어느 때보다도 정밀하게 이루어지며, 분쇄 장치의 각 표면은 그 어떤 공학 공정 못지않게 정밀하게 맞춰진다. 오늘날의 흑연 혼합물은 적어도 8일간의 분쇄 과정을 거친다. 전체적인 연필심 생산 기간은 4개월에서 6개월이 걸리며, 50회 내지는 60회의 작업 공정을 거친다. 최고 품질의 연필을 생산하기 위해서는 이러한 과정을 모두 거칠 수밖에 없다.

힌슐리가 근거를 갖고 논의했다고는 하지만, 그 역시 역사적인 근거를 제시하지 못했다. 또한 기술적인 부분에 관한 세부사항을 밝히지 못했고, 기술적인 문제에 대한 보고서를 발표하지도 않았다. 무엇보다도 니콜스와 미첼의 보고서는 연필의 역사를 연구하는 극소수 학자들에 의해 인용되었을 뿐이다.

연필 생산 공정에 대한 기술 보고서가 특히 드물었던 이유는 과학자들과 달리 소로 같은 공학자들은 흑연이나 목재 등으로 그들이 이미 이룩한 실질적인 성과를 글로 남기는 일보다는 다른 일에 관심이 많았기 때문이다. 게다가 연구 개발의 보편적인 속성은 '낮말은 새가 듣고 밤말은 쥐가 듣는다'는 심리를 부추겼다. 이를테면 1960년에 새로운 연필을 개발한 한 유명 연필업체는 이 사실을 기술 관련 회의석상이나 학술지 같은 곳에는 절대 알리지 않고 신제품 마케팅 개시에 맞춰《뉴욕 타임스》전면 광고를 통해 발표했다. 광고에는 손가락이 찔릴 만큼 뾰족하게 깎은 연필심을 클로즈업한 사진 아래로 새로운 연필심의 강도를 강조하는 카피가 실렸다. 하지만 이 연필심이 정작 얼마나 강한지는 정확하게 밝히지 않았다.

> 에버하르트 파버사는 오늘 펜실베니아주 윌크스배러시에서 일반적인 필기 조건하에서는 거의 부러지지 않는 새로운 흑연심을 채택한 연필을 선보일 예정이다.
> 이번 발표는 1년 6개월에 걸친 엄격한 내부 보안과 비밀 엄수를 조건으로 한 소비자 테스트 등 비밀스러운 연구 끝에 이루어지는 것이다.
> 에버하르트 파버사는 수 개월 전 새 흑연심 제품이 모든 면에서 기대를 만족시키자 몽골 연필 신제품에 '다이어몬드 스타'라는 이름을 붙인 신개발 흑연심을 채택했다. 이 새 몽골 연필은 작고 까만 점을 제외하면 우리에게 친숙한 몽골 연필과 비슷한 모양이다.
> 이 새 몽골 연필 자체가 그러하듯이 광고나 이런저런 홍보 활동 역시 극비리에 마련되었다.

에버하르트 파버사는 이 연필 연구 개발에 대한 상세한 내용을 거의 기록으로 남기지 않았다. 경쟁력을 계속 유지하기 위함이었지만 여기에는 또 다른 이유가 있었다. 보기에는 단순한 것 같지만 사실은 오랜 세월 동안 장인 기술을 통해 발전해온 복잡한 제품인 연필이나 기타 제품들의 경우 '과학적'이거나 '기술적'인 문헌이 거의 남아 있지 않다는 사실과 관련이 있다. 재료나 생산 공정의 '과학'을 안다는 것과, 그러한 재료와 공정이 생산된 제품에 어떤 영향을 미치는지 이해한다는 것은 별개의 문제다. 흑연과 점토에 대한 화학 공식을 완벽하게 알고 가마의 열역학을 다 아는 것만으로는 훌륭한 연필심을 생산하는 데 충분조건이 되지 못한다.

셔우드 실리는 1964년판《화공학 사전Encyclopedia of Chemical Technology》에서 천연 흑연 이용에 대해 설명하면서 연필심 품질이 흑연의 품질뿐만 아니라 혼합되는 점토의 품질에 의해 결정됨을 밝히는데, 최고의 점토를 가려내는 공식이 없다는 사실을 덧붙인다. 그는 '연필 점토'로 알려진 최고의 점토가 바바리아 인근 지역에서 산출된다고 설명하면서도 "요업 전문가만큼 해박한 지식을 가졌다 해도 어떤 점토가 연필 생산에 적절한지를 판단하려면 결국 그 점토로 실제 연필을 만들어봐야 알 수 있다"고 주장했다.

점토의 화학적 · 기계적 · 열역학적 특성을 기가 막히게 잘 알고 있는 요업 전문가라 해도 좋은 연필심을 만드는 데 점토는 얼마만큼 혼합해야 하는지, 가마 온도는 어느 정도로 맞춰야 하는지 알기 위해서는 공학자들이 계획한 아이디어를 실험해보듯이 실질적인 실험에 의존할 수밖에 없다. 사정이 이렇다면, 이론 공학적인 과학이 연필, 아니면 연필보다 덜 보편적인 인공물을 개발하는 데 무슨 역할을 할 것인가?

요업 전문가는 실험을 통한 확인 없이 특정 공정을 거친 심이 다른 심보다 우수하다고 딱 부러지게 주장할 수는 없지만, 자기 연구와 경험을 토대로 연필심의 어떤 바람직한 특질이 특정 재료나 생산 조건과 밀접한 관련이 있음을 추론해낼 수 있다. 이들 요업 전문가는 연필을 "점토가 혼합된 흑연을 구워 만든 세라믹 막대를 나무 자루 속에 집어넣은 물건"으로 인식할 것이며, 천연 흑연이 인공 흑연보다 왜 좋은지, 왁스를 혼합한 심이 실제로 쓸 때는 왜 번들거리지 않는지, 왜 최적의 가마 온도가 섭씨 800도 내지는 1,000도인지, 왜 심의 강도가 혼합된 점토의 양에 따라 달라지는지, 왜 점토를 많이 혼합할수록 심의 강도가 높아지는지 알 수 있을 것이다.

생산업체들이 광고를 통해 주장하는 바를 보면 알 수 있듯이 심의 강도는 특히 중요한 성질이다. 점토의 성질이나 함유량이 "구워 만든 세라믹 막대"의 강도에 어떠한 영향을 미치는지에 대해서는 요업 전문가나 재료 과학자material scientist라면 물론 잘 알겠지만, 다음과 같은 사항들, 즉 필기 각도나 필기할 때 누르는 힘, 연필심의 형태와 길이, 뾰족한 정도 등이 심을 부러뜨리지 않고 쓰는 데 미치는 영향 등을 기계 공학적으로 해명하는 것은 특정 분야의 공학자나 기계 공학자의 몫으로 남아 있다. 행성들의 움직임을 수천 년 동안 관찰함으로써 천체 현상을 예측하는 지식을 얻었듯이, 연필심 재료가 되는 이러저러한 요소들의 영향력을 실증적으로 예측하는 지식 또한 수백 년간의 경험을 통해 축적된 것이다. 그러나 이러한 지식 이외에 연필심을 부러뜨리지 않고 쓰는 방법에 대한 기계 공학적인 규명은 (단지 과학적 호기심 때문이라 해도) 천체의 운동을 규명하는 이론만큼이나 필요한 것이다. 혜성이 언제 어디로 되돌아올지 예측하는 일은 우주적 의미를 지닌 것임에 반해, 연필심의 어느 부분이 언제 부러질지 예측하는 일은 그만한 의미를 갖지 못한다. 하지만 연필 공학자들은 자연 과학자들과 달리 기계적 현상에 대한 지식을 이용해 사태가 진행되는 방향을 수정할 수 있다.

태양계는 그 움직임이 뉴턴의 운동 법칙을 통해 밝혀지기 이전에도 바로 그 자연의 법칙에 따라 움직였다. 마찬가지로 연필심 역시 탄성 이론이나 재료 강도 이론 등의 방정식을 통해 밝혀질지도 모르는 자연의 법칙을 따른다. 이론은 연필심을 비롯해 원자력 항공모함에 이르기까지 모든 물건의 기계적 작동을 해명할 수 있는 잠재력을 지니고 있다. 연필심으로부터도 방정식이 나올 수 있으며, M. C. 에셔의 〈그림 그리는 손〉이 연상시키는 순환 방식처럼 그 방정식으로부터 다시 좀 더 강한 연필심이 만들어질 수도 있다. 그러나 연필의 근본 원리의 발전에 중대한 영향을 끼칠 수 있는 기록된 문헌이나 이론화된 저술은 남아 있지 않다. 최초의 연필이 방정식으로부터 나온 것은 아니지만, 발전된 연필은 방정식에서 나올 수도 있다.

때로는 이론과 실천이 서로 주고받음으로써 진보할 수 있다. 교량의 경우, 오랜 역사 동안 석공이나 목수들에 의해 세워진 실제 구조물이 과학적 지식의 공백기를 뛰어넘어 새로운 경험의 전선으로 나아가는 구조 이론을 실천해왔으며, 점점 규모가 커진 이론은 설계 개혁이나 더욱 대담한 교량을 등장케 했다. 그러나 독자적인 구조물의 전례로서 존재하지도 않으며 대량으로 생산되는 연필과 같은 인공물의 경우 실패한다고 해도 한 가족을 망하게 할 뿐이지 공동체 전체의 안녕과 안전을 위협하는 것은 아니기 때문에 작동이나 심을 깎는 형태 등을 규명하는 방정식 없이도 발전할 수 있었다.

그렇다고 해서 어떤 인공물이 이론을 근거로 발달하지 않았다는 사실 때문에 그 인공물 자체에 대해서 또는 그 인공물의 작동에 관해서 이론적인 설명이 발전할 수 없다는 것은 아니다. 현대적인 연구 개발의 핵심인 공학과학의 힘은 증기 보일러나 연필심 등 이미 존재하는 인공물의 작동 원리를 설명하고 일반화함으로써 장차 등장할 신제품이나 개선 제품이 어떻게 작동하게 될지 미리 예측하는 데 있으며, 그 결과는 신제품이나 개선 제품의 원동력이 된다. 그런데 이론적인 설명이나 예측은 관심 있는 의문이 제기되어야만 등장하게 된다. 그 의문들이란 대개 이미 존재하는 인공물들의 결점이나 실패 때문에 제기되는 것이다.

1638년 갈릴레오는 거대한 배들의 원인 모를 파손이나 그 밖의 사고로부터 영향 받아 일정한 무게를 지탱하기 위해서는 들보가 얼마나 커야 하는지 고심했고, 원하는 만큼의 강도를 얻기 위해서는 끝으로 갈수록 가늘어지는 정도가 어느 정도여야 가장 이상적인지 알고자 애썼다. 갈릴레오의 들보는 한쪽 끝을 벽에 고정시키고 하중을 그 반대쪽에 걸리게 한 것이다. 오늘날 우리는 그러한 들보를 외팔보라고 부른다. 현대적인 기준에서는 초보적인 문제로 보일지라도 갈릴레오 시대에는 해결하기 어려웠음이 틀림없다. 갈릴레오는 자신의 책《두 가지 새로운 과학에 대한 대화》에서 그러한 문제를 다루는 데 이틀을 소비했다.

연필심의 강도 문제는 본질적으로 갈릴레오의 외팔보 문제와 성격이 같다. 갈릴레오는 들보가 하중을 견디기 위해서는 한쪽 벽에 단단히 고정되어 있어야 한다고 주장했다. 마찬가지로 연필심 역시 나무자루에 단단히 고정되어 있어야 한다. 그런데 들보가 아무리 강하다 하더라도 벽이 튼튼하지 않으면 들보에 하중이 많이 걸려 벽에서 떨어져 나올 수 있다. 부서지기 쉬운 벽에 설치된 들보처럼 연필심이 약한 나무 자루에 헐렁하게 끼워져 있다면 누르는 힘이 작용되는 '압점' 위치의 자루는 쉽게 갈라지고 심도 잘 부러질 것이다.

필기감을 부드럽게 하기 위해 연필심을 왁스에 삶아 만들곤 하는

데, 이는 골치 아픈 문제를 일으킨다. 흑연 입자와 점토 입자에 모두 왁스 피막이 입혀지면서 심에 아교가 잘 묻지 않고 나무 자루와 잘 접착되지도 않는다. 연필회사들은 이 문제에 서로 다른 방법으로 대처했지만, 이들이 지향한 해법은 결국 똑같았다. 연필을 쓸 때 누르는 힘에 잘 견디도록 나무와 심이 견고하게 붙는 접착제나 공법을 개발하는 것이었다.

연필심은 왜 비슷한 모양으로 부서질까

1993년 이글 연필사 연구 개발부는 접착 방법의 개선과 나무 자루의 강도를 강화하는 두 가지 방법을 통해 나무 자루가 갈라지는 현상을 막았다. 우선 연필심을 황산에 담가 표면에 묻은 왁스 피막을 제거하고 다시 염화칼슘에 담가 표면에 석고 피막을 입힌다. 다음에는 나무 자루를 응고제에 담가 나무의 섬유질이 단단한 응고제 피막에 둘러싸이게 하여 연필을 눌러 쓸 때 자루가 갈라지지 않도록 한다. 마지막으로 아교로 심과 자루를 접착시키면 과거 공정과는 달리 심과 자루가 단단하게 들러붙는다. 심과 자루를 동시에 처리하여 접착하는 이 공정을 이글 연필사는 '화학 접착'이라는 용어로 불렀다. 이 공법 덕에 이글 연필사는 기존 미카도 연필심의 강도를 40퍼센트나 향상시켰고, 매출액이 34퍼센트나 신장했다고 주장할 수 있었다. 다른 연필 업체들도 연필심을 강하게 만드는 나름의 공법을 개발했다. 각 업체의 다양한 공법으로 만들어진 연필에는 '본드 접착', '슈퍼 본드 접착', '내압력', '자루 밀착' 등의 수식어가 붙어 다녔다. 이러한 공법 덕에 연필을 떨어뜨렸을 때 자루 안에서 심이 부러지는 현상도 막을 수 있었다.

그런데 연필을 써본 사람은 누구나 알고 있듯이 연필심을 자루에 잘 접착시켰다고 해서 절대 부러지지 않는 것은 아니다. 연필을 깎았을 때 나무 자루의 깎인 끝과 심이 드러나 맞닿은 부분이 강화되었다는 사실은 그동안 제일 약했던 부분이 다른 부분보다 상대적으로 강해졌다는 것을 의미할 뿐이다. 즉 이제는 깎여 노출된 심의 다른 어떤 지점이 제일 약한 부분이 된 것이다. 도널드 크론퀴스트Donald Cronquist라는 공학자가 심과 자루를 본드로 접착한 연필을 깎아서 쓰다가 심이 부러지는 부분과 그 이유에 대해 공식적으로 의문을 제기하기 전까지는 아무도 이 문제에 관심을 보이지 않았다. 크론퀴스트는 1979년《미국 물리 학회지American Journal of Physics》에 기고한 논문에서 이러한 문제를 처음 제기했다. 많은 과학 공학 논문이 그렇듯이 크론퀴스트의 논문 역시 초기 관찰기록과 함께 처음 사용하는 영문 이니셜 약어로 서두를 열었다.

> 얼마 전 나는 장시간의 설계 초고 작업을 마치고 책상 위를 정리하고 있었다. 그런데 책갈피나 뒤에 엄청나게 많이 떨어져 있는 BOPP(broken-off pencil point: 부러진 연필심 촉)를 보고 신기한 생각이 들었다. 그 BOPP들은 내가 연필심을 새로 깎아 쓸 때 부러져 튀어나가면서 책갈피나 책 뒤에 숨어 있었던 게 틀림없다. 그런데 희한한 사실은 이 BOPP들의 크기나 모양이 거의 동일하다는 점이다.

크론퀴스트는 연필을 깎는 과정이나 심 자체의 특질에서는 BOPP

의 크기나 모양을 해명할 수 있는 어떤 해답도 찾을 수 없었다. 때문에 연필 촉의 물리적 형태와 종이 위에 눌러 쓸 때 심에 가해지는 힘에서 그 해답을 찾을 수밖에 없었다. 그는 나무 자루 밖으로 삐져나와 있는 끝이 잘려 나간 원뿔 형태의 연필심 촉을 과학 공학적인 방법으로 고찰해나갔다. 크론퀴스트가 제기한 의문은 벽에서 뻗어나와 있는 외팔보의 내구력에 대해 갈릴레오가 품었던 의문과 본질적으로 동일한 것이었다.

비록 갈릴레오는 그 의문에 대해 완전한 해답을 내리지는 못했으나 그가 기울인 노력은 최초의 위대한 시도였으며, 여기서 비롯된 재료 강도에 대한 과학 공학적인 이론화 작업은 크론퀴스트가 제기한 의문을 풀 수 있는 수학적 기초를 제공해주었다. 크론퀴스트의 분석은 연필심에 작용하는 힘들을 좀 더 사실적으로 나타내는 방정식을 이용한 것이지만, 그 핵심 방법론은 대부분의 현대 과학 공학적인 방법들이 그렇듯이 갈릴레오가 사용했던 방식과 동일하다. 크론퀴스트가 쓴 방법은 연필을 눌러 쓸 때 종이에서 연필로 가해지는 반작용에 대한 가설을 세우는 것이었다. 그는 촉이 잘려나간 연필심에 가해지는 반작용은 위로 굽어진 외팔보에 가해지는 힘과 마찬가지라는 가정을 했다. 원뿔 형태의 연필 촉은 맞닿은 종이 면을 향해 뻗어 있으므로, 크론퀴스트는 연필 촉을 기둥으로 보고 그 기둥이 지탱하는 힘의 크기를 촉 끝으로부터의 가상 거리로 계산해냈다. 그는 초보적인 수준의 수학 지식으로 연필 촉의 어느 지점에서 촉의 지탱력을 능가하는 힘이 가해지는지 계산해냈다. 연필심이 균질하고 촉에 흠이 없다고 가정할 때, 이렇게 계산해낸 지점이 바로 가장 부러지기 쉬운 곳이 되므로 크론퀴스트는 자신의 방정식을 통해 BOPP의 모양과 크기를 예측할 수 있었다. 그는 자기 책상에서 주운 실험 데이터 BOPP와 자신의 예측을 실제로 비교해보았다.

크론퀴스트가 방정식을 통해 알아낸 것은 연필심의 본래 지름이 깎은 촉의 지름보다 50퍼센트 더 큰 위치에 가장 큰 힘이 가해진다는 사실이었다. 실제 연필을 깎았을 때 촉의 모습은 바늘 끝처럼 완벽하게 뾰족한 것이 아니며, 조금이기는 해도 끝이 평평한 형태다. 즉 연필 촉 끝은 점이 아니기 때문에 넓이가 있는 원의 형태를 띤다. 결국 부러져 나간 BOPP의 모습은 뾰족한 부분이 없는 원뿔대의 모습이다. 크론퀴스트의 이론에 따르면 이 원뿔대의 넓은 바닥쪽 원의 지름과 좁은 윗부분의 지름의 비율은 3대 2이다. 또한 연필 촉을 날카롭게 깎을수록 더 쉽게 부러지며, 그 부러진 조각은 좀 더 작다. 따라서 크론퀴스트의 예측은 어린이들이 경험적으로 배우는 사실을 이론적으로 알려준 셈이다. 즉 뭉뚝한 연필일수록 덜 부러진다는 사실 말이다. 그러나 연필 촉이 뾰족하든 뭉뚝하든 간에 너무 세게 눌러 쓰면 촉은 부러지게 마련이고, 부러진 조각은 기하학적으로 비슷한 형태를 띤다. 바로 이러한 이론이 계산을 통해 성취한 일반화이다. 사실 연필의 경우 심이 부러지는 일은 단지 불편할 따름이지 재난은 아니기 때문에 이 같은 이론적 일반화가 꼭 필요한 것은 아니다. 그러나 우주 탐사선이나 우주 정거장처럼 과거에는 존재하지 않았던 새로운 발명품이나 구조물을 설계할 때에는 이 같은 이론화와 그에 따른 계산이 필수적이다. 사람들은 우주 탐사선이나 우주 정거장처럼 복잡하고 비싼 인공물에서 부서져 나온 조각을 가지고 연구하기를 바라지 않는다. 대신 언제 어떻게 그러한 인공물이 부서지게 될지를 예측함으로써 발사 이전에 부서지지 않도록 보강할 수 있기를 원한다.

크론퀴스트는 자신의 분석이 연필 촉이 부러지는 현상의 일반적인 메커니즘을 어느 정도 해명해준다는 점에 만족하는 한편, 그것이 완벽한 설명은 되지 못한다는 사실을 인식하고 있었다. 이를테면 그의 계산에는 사람마다 연필을 종이에 눌러 쓰는 방식이 다르다는 사실이 고려되지 않았고, 그의 이론은 연필 깎는 기계마다 깎인 원뿔 형태의 촉 끝 각도가 서로 다르다는 사실도 염두에 두지 않았다. 더욱이 크론퀴스트의 이론은 책상 위 여기저기로 튀어나간 부러진 촉 조각의 밑동이 수평면이 아니라 어슷하게 잘려 나가면서 생긴 면이라는 사실에 대해서는 전혀 설명하지 못하고 있다.《사이언티픽 아메리칸》지에 '아마추어 과학자'라는 칼럼을 연재하는 질 워커Jeal Walker는 실험을 통해, 연필을 일정한 각도를 유지한 채 쥐고 쓴다면 크론퀴스트의 이론이 정확하다는 사실을 확인했다. 그러나 그 역시 연필심이 부러질 때 왜 심의 축 방향과 수직으로 부러지지 않는지는 설명하지 못했다.

모든 과학이 그렇지만, 어떤 의문이 제기되고 거기에 불완전한 해답이 내려지더라도 바로 그것 때문에 다른 공학 과학자들의 관심을 끈다는 사실이 바로 공학 과학의 속성이다. 만일 그들이 크론퀴스트의 논문을 읽었다면 그가 놓친 점이 무엇인지 궁금할 것이다. 그의 가정에 논리적 비약이 있었는가? 수학적 계산이 잘못되었는가? 아니면 방정식을 잘못 세웠는가? 혹은 의문 제기 자체가 잘못된 것인가? 누구라도 쉽게 만들어낼 수 있는 이 BOPP의 물리적 형상은 여전히 풀리지 않은 수수께끼가 존재한다는 사실을 입증하는 확실한 증거물이다. 공학 과학자들은 이론이 정확하고 세심하며, 충분한 완결성을 지닌 세련된 것이라면 그 이론의 결과는 물리적인 현상을 그대로 반영할 수 있을 것이라고 믿고 있다.

크론퀴스트의 논문은 다른 공학 과학자인 스티븐 코윈Stephen Cowin의 관심을 끌었다. 그는 종이와 연필 사이에 작용하는 좀 더 일반적인 힘과 서로 다른 연필깎이 기계에서 만들어진 여러 각도의 원뿔을 고려하는 심층적인 분석을 했다. 코윈의 논문은 1983년에 좀 더 전문적인 내용을 다루는《응용공학지Journal of Applied Mechanics》에 실렸다. 이 논문은 크론퀴스트의 결론이 정확함을 입증했지만, 코윈 역시 부러진 연필 촉의 단면이 연필심 축에 수직이 아니라 비스듬히 기운 각도를 유지하는 이유를 밝히지는 못했다. 비스듬히 부러진 연필 촉 조각들은 불규칙한 모양이어서 부러진 촉 끝의 직경을 재기 어려울 뿐 아니라 실험 데이터가 되는 심의 단면 직경을 재기도 어렵다. 연필 촉이 비스듬히 부러진다는 것은 여전히 풀리지 않는 수수께끼이며, 따라서 좀 더 연구해야 할 과제이기도 하다.

크론퀴스트나 코윈이 BOPP 단면이 비스듬한 원인을 규명하지 못한 건 분석에 원뿔 기하학을 도입하기는 했지만 그것을 단지 거리와 면적을 계산하는 데에만 응용했기 때문이다. 연필 촉 내부에 작용하는 힘의 강도는 모든 물질 내부에 작용하는 힘의 강도와 마찬가지로 그 힘이 측정되는 지점에 따라 다를 뿐만 아니라 힘이 측정되는 지점에서 상상 속으로 그린 단면과 교차하는 방향에 따라서도 달라진다. 밝혀졌다시피 연필 촉처럼 한쪽으로 갈수록 가늘어지는 물체의 경우, 내부에 작용하는 최대의 힘은 연필을 축으로 할 때 그 수직 단면과 교차하는 방향으로 발생하는 것이 아니라 종이와 가장 가깝게 닿고 있는 연필 촉의 가장자리와 교차하는 방향에서 나온다. 다른 모든 조건이 동일할 경우, 즉 연필 촉이 균질한 흑연과 점토로 만들어졌으며, 촉의 기하학적 일관성을 깨트리는 흠집이나 틈이 없다면, 연필 촉은 가장 큰 힘이 걸리는 부분부터 부러지기 시작해 금이 가고 갈라진다. 결국 단면이 비스듬하게 부러진 특유의 연필 촉 조각들이 생겨나는 것이다.

공학자들은 연필 촉처럼 원뿔 형태의 물체가 왜, 그리고 어떻게 부러지는지 규명할 수 있게 되자 자신들의 이론적인 방법론에 확신을 갖게 되었고, 이러한 방법을 이용해 자연 속에 있는 것이나 기존의 기술적인 인공물들을 분석하고 개선하는 데, 혹은 아직 만들어지거나 구축되지 않은 인공물을 설계하는 데 응용할 수 있으리라고 믿었다. BOPP의 크기와 모양에 관한 수수께끼를 해명한 공학자들이 이와 관련된 좀 더 심도 있는 문제에 대해 의문을 제기한 것은 당연한 일이었다. 예를 들자면, 어떤 모양의 연필심이 가장 지탱하는 힘이 강할까 따위의 의문이다.

19세기에 윌리엄 빈스가 투시도 교재에 삽화로 그린 목수용 연필심은 둥근 형태가 아니라 직사각형이었다. 또한 옛날(그리 오랜 옛날은 아니지만) 연필 카탈로그에 나온 스케치용, 제도용, '풍경화'용 연필심도 모두 그런 종류였다. 연필 제조업체들도 그러한 모양의 연필심이 지니는 장점을 모르지 않았다.

> 기술 설계나 기계 설계를 할 때 심이 넓적한 연필을 쓰면 다음과 같은 장점이 있다. 우선 깎는 게 쉽다. 둥근 심이나 육각형 심보다 강하며 더 가늘고 섬세한 선을 그릴 수 있다. 심이 끌 모양이기 때문에 끝이 오래 가고 자주 갈지 않아도 된다. 그리고 다음과 같은 장점이 더 있다. 선을 그을 때 심이 자에 밀착하기 때문에 좀 더 정확하고 일정하게 그을 수 있다.

공학자들로서는 공학 이론을 이용해 직사각형 연필심으로 깎아 쓰기 편한 쐐기형 촉이나 드라이버형 촉이 정말 같은 두께의 원뿔형 촉보다 강한지 아닌지 계산해낼 수 있을지, 또한 실제로 강하다면 그 이유를 규명할 수 있을지 궁금해했다. 공학적인 분석은 실제 그렇다는 것을 계산해냈으며, 그 이유도 설명할 수 있었다. 그러나 뉴턴의 이론이 행성의 움직임을 아주 완벽하게 규명했다고 할 수 없듯이 연필에 대한 공학적인 분석도 완벽하다고 말할 수는 없다. 똑바른 괘선을 그릴 때 촉을 끌 모양의 넓적한 형태로 깎으면 좋다는 점 때문에 또는 목수용 연필도 많이 썼으면 하는 기대 때문에 직사각형 연필심이 개발되었을 수도 있다. 또한 그 때문에 직사각형 연필까지 등장했을 가능성도 있다. 아니면 반대로 경사진 지붕 위에서 굴러 떨어지지 않게 만든 넓적한 모양의 연필이 사각심이 등장한 원인일 수도 있다. 제도용 연필의 사각심은 목수용처럼 강해야 할 필요가 없기 때문에 목수용 연필심보다 더 굵을 필요는 없다. 따라서 제도용 연필 자루는 아직까지도 좀 더 편안한 크기에 모양도 쥐기 좋은 육각형이나 둥근 형태다. 앞에서 언급했듯이 육각 연필 정도면 비스듬한 제도판에서 굴러 떨어지지 않는다.

빈스는 자신의 목수용 연필 삽화가 "연필심의 강도나 굵기"를 보여준다고 설명하면서 심이 굵을수록 더 강하다는 사실을 분명히 밝히지만, 경도가 다양한 제도용 연필을 보면 같은 굵기의 심이라도 그 강도에 차이가 있음을 알 수 있다. 경도가 크면 클수록, 즉 점토와 흑연의 혼합 비율이 크면 클수록 심은 더 강한데, 심이 너무 굵은 제도용 연필은 섬세한 작업을 하는 데 불리하기 때문에 경도가 높은 경우 강도를 줄이지 않고도 직경을 더 작게 만들 수 있다. 물론 앞에서 밝혀진 사실이 당연하다고 이론적으로 입증하기는 쉬운 일이다. 그러나 이론을 통해 원인을 규명할 수 있다는 사실은 이론에 대한 공학적 확신을 강화할 수 있으며, 이러한 이론적 확신은 신개발 항공기의 날개 강도를 예측하는 데에도 필요한 일이다.

굴뚝과 연필심은 똑같이 부러진다

콩테 공법을 쓰면 심의 모양을 자유자재로 만들 수 있다. 심 재료인 흑연과 점토 혼합물을 압출 성형해 심을 뽑아내는 금형의 모양만 바꿔주면 되기 때문이다(19세기 말까지 육각형 연필 자루에 육각심을 삽입한 연필이 팔렸다. 오늘날에는 밸런타인 선물로 하트형 자루에 하트형 심을 삽입한 연필을 상상해볼 수도 있을 것이다). 콩테 자신은 애초에 원형 심을 제조했으며, 직경이 각각 다른 다양한 경도의 심을 생산했다고 전해진다. 19세기 말까지 사각심이 계속 이용되고 원형심의 등장이 늦어진 원인은 심 가공법 탓이 아니라 자루용 목재 처리 기술의 한계 때문이었다. 사각심과 원형심의 상대 강도를 계산할 수 있는 분석법이 등장했지만, 이 분석법은 원하는 형태의 심을 적절히 삽입할 수 있도록 삼나무 자루를 가공할 수 있는 목공 기계를 설계하거나 개발하는 데에는 별 도움이 되지 못했다.

당시로서는 그러한 분석법이 쓸모가 없었을지 몰라도 공학자들이 크론퀴스트나 코윈처럼 그 분석을 출판물을 통해 발표했더라면 그것을 토대로 다른 공학 과학자들이 해당 문제점을 좀 더 개선할 수 있었거나 기타 다른 문제점까지 해결할 수도 있었을 것이다. 예를 들어, 어떤 사람이 '연필심을 어떤 형태로 만드는 게 가장 좋을까?'라는 의문을 제기했다면, 이 문제는 일시적이고 황당무계한 마구잡이식 시행착오를 통해서가 아니라 논리와 끈질긴 수학적 노력으로 탐구될 수 있었을 것이다. 만일 연필심에 관한 논리와 수학, 이론이 심의 완벽한 형태를 미리 계산해낼 수 있다면, 그렇게 만드는 것도 가능할 것이다. 또 만약 새롭게 만들어진 심이 좀 더 강하고 경도가 높았다면, 애초에 가볍게 시작한 이론화 작업이 새로운 드로잉 기법이나 신제품 개발로 귀결될 수도 있었을 것이다.

공학적인 분석은 또한 인공물의 개발과는 상관없이 독자적으로 발전할 수도 있다. 때로는 비교적 단순하고 현실적인 문제점에서 출발한 사안을 진지하게 탐구하다가 완전히 빠져드는 경우도 있다. 즉 연필심에 대한 분석은 무한히 길거나 무한히 뾰족한 심, 혹은 낚싯바늘이나 바나나 모양의 심을 가진 연필처럼 이론상으로만 존재할 수 있는 연필에 관한 이론까지 도출할 수 있다. 그러나 설혹 그러한 모양의 심이 최적이라는 것이 이론적으로 규명되고, 그런 새로운 연필을 애타게 기다리는 윗사람이 있다고 하더라도 누가 그런 모양으로 연필을 깎으려고 하겠는가?

그러나 이처럼 현실과 유리된 이론이나 분석이 공학 설계나 실천에 무용하다는 말은 아니다. BOPP의 크기와 모양에 대한 예측처럼 언뜻 생각하기에는 현실적인 실용성이 없어 보이는 분석도 학생이나 실천 공학자들에게는 매우 유용한 교훈을 준다. 그러한 분석이 질적으로 볼 때 정확한 해답과는 아직 거리가 있지만 정량적으로 볼 때 올바른 해답에 접근하는 것처럼 여겨진다는 사실이 이러한 교훈의 내용에 적지 않게 포함되어 있다. BOPP의 비스듬한 단면이 BOPP의 크기에는 별로 큰 영향을 주지 않기 때문에 연필심이 부러지는 현상 자체를 규명하는 데 중요한 요소일 것 같지는 않다. 그러나 다른 문제를 해결할 때 사용했던 분석적 방법을 BOPP의 크기가 아니라 부러진 단면의 비스듬한 속성을 규명하기 위해 사용해보는 것은 공학자들에게는 중요한 일이었다. 결국 분석은 그 자체가 연구의 공식적인 대상이었다. 분석 자체를 연구하지 않으면 이론 자체가 잘못된 경우 오류가 규명되지 않고 그대로 남기 때문이다. 또한 공학의 분석적 틀에 이미 오류가 있다면 이것으로 설계한 물건에는 아무것도 기대할 수 없다.

관념적인 이론이 예상치 못했던 곳에 응용되는 경우가 있다. 질 워커가 부러진 연필심에 대해 논의했던 학술지 논문은 "신기하게도 굴뚝과 연필심이 부러지는 방식은 똑같다"는 문장으로 시작한다. 여기서 그는 벽돌로 만든 큰 굴뚝이 연필심이 부러질 때와 유사한 방식으로 무너지는 현상에 대해 쓰고 있다. 굴뚝의 한쪽 귀퉁이가 부서지거나 떨어져나가면 다른 멀쩡한 부분도 (마치 나무가 쓰러질 때처럼) 꺾인다. 처음에는 천천히 꺾이다가 가속도가 붙으면서 갑자기 별 뚜렷한 이유 없이 허공에서 동강이 난다. 꺾이는 부분의 위치는 굴뚝 모양에 따라 다르며, 그 위치를 계산하는 일은 굴뚝이 무너지면서 가속도가 붙기 때문에 복잡해진다. 그러나 문제의 핵심은 본질적으로 연필심 문제와 동일하다. 굴뚝의 경우든 연필심의 경우든 분석의 목적은 각각의 내부에 작용하는 힘의 크기를 계산해내는 일이기 때문이다. 이 힘의 크기가 굴뚝 벽돌 간 회반죽의 지탱력이나 연필심의 지탱력을 능가하는 값에 도달하면, 굴뚝과 연필심은 부러진다. 사람이 차에 치었을 때 충격이 가해진 위치에서 벗어난 부분의 뼈가 부러지는 현상도 이와 똑같은 원리다.

굴뚝의 경우 꺾여 쓰러질 때 가속도가 붙기 때문에 분석이 복잡해진다고 했는데, 왜 분석이 복잡해지는지는 연필로 간단한 실험을 해보면 알 수 있다. 연필 지우개가 밑으로 가게 해 균형을 잡아 바닥에 세운 다음 그 균형을 깨뜨린다. 연필은 처음에는 천천히 쓰러지다가 점점 속도가 붙으면서 바닥에 넘어진다. 연필을 바닥에 세울 때 지우개가 닿아 있던 위치를 표시해두었다면, 연필이 그냥 쓰러지기만 한 게 아니라 지우개가 처음에 있었던 위치에서 벗어나면서 움직였음을 알 수 있다. 왜 그럴까? 이러한 반응은 뉴턴의 운동 법칙에서 이끌어낸 방정식을 통해 예측할 수 있다. 연필의 위치 이동 방식이나 굴뚝이 부러지는 방식이 우리가 직관적으로 예상하는 것과 다른 이유는 바로 가속도 때문이다. 이러한 반직관 반응은 뉴턴이 《프린키피아Principia》[《자연철학의 수학적 원리》라고도 한다]를 저술하기 이전에도 사람들이 알고 있던 현상이다. 1674년에 발간된 수학적인 놀이에 관한 어떤 책에는 '응접실 묘기'라는 놀이가 소개되어 있다. "물이 가득 찬 2개의 유리잔 위에 지팡이를 걸쳐놓고 잔을 깨거나 물을 흘리지 않고 지팡이를 쳐서 부러뜨리는 놀이"로, 바로 반직관 반응을 이용한 것이다. 이 옛날 책은 이런 무술과도 같은 현상을 규명하는 내용 없이 단지 묘기 부리는 방법만을 가르쳐주고 있다.

> 우선 물이 가득 찬 유리잔 2개를 2개의 접의자 위에 각각 1개씩 올려놓는데, 가급적 높게 놓되 높이가 같아야 한다. 유리잔 사이의 간격은 60~90센티미터 정도로 한다. 그런 다음 지팡이 양쪽 끝을 2개의 유리잔 가장자리 끝에 살짝 걸쳐놓는다. 이렇게 준비가 끝나면, 다른 지팡이로 유리잔 위에 걸쳐놓은 지팡이의 가운데 부분을 있는 힘껏 내려친다. 그러면 유리잔이 깨지거나 물이 넘치

지 않고 지팡이만 부러진다.

이 응접실 묘기의 핵심은 유리잔으로부터 떨어져 있는 위치에서 발생하는 최대 강도의 교차 응력cross-strain이다. 이 원리는 주방 요리사들에 의해 실제로 응용되기도 한다. 이 옛날 책은 다음과 같이 부연 설명하고 있다. "요리사들은 고깃덩어리 속에 든 뼈 가운데 부분을 한 차례 칼로 내려쳐 부러뜨림으로써 전혀 다치지 않고 일할 수 있다."

오늘날 우리는 이상에서 말한 현상을 예측할 수도 있고 규명할 수도 있기에 이 같은 현상들이 더 이상 놀라운 일은 아니다. 그러나 원자로나 교체 연료 분사식 로켓 같은 첨단 기술의 산물에서 그렇듯 생소한 역학적 현상이 더욱 생소한 전기적 · 열역학적 · 광학적 · 핵물리학적 현상과 더불어 발생한다면 이 이론의 역할은 한층 더 중요해지는 것이다. 우리는 우리 자신이 만들어낸 산물을 보면서 묘기를 보는 듯한 느낌을 받고 싶지는 않기 때문이다. 바람직한 현상이든 피하고 싶은 현상이든 간에 분석적 이론을 이용해 미리 예측하는 것이 현대 공학의 주요 과제이다. 그러나 이론 역시 우리를 현혹시킬 수 있다. 대규모 공학 구조에 사용되는 재료 강도를 예측하면서 빚어지는, 인간 생명에 위협이 될 수도 있는 실패를 통해 이론의 허구를 발견하기보다 BOPP나 고깃덩어리 속의 뼈를 자르는 일처럼 인간의 재난과 상관없는 현상을 상세히 규명하면서 그러한 이론의 허구를 발견한다면 얼마나 다행스러운 일이겠는가.

17

뾰족한 연필심에 대한 갈망

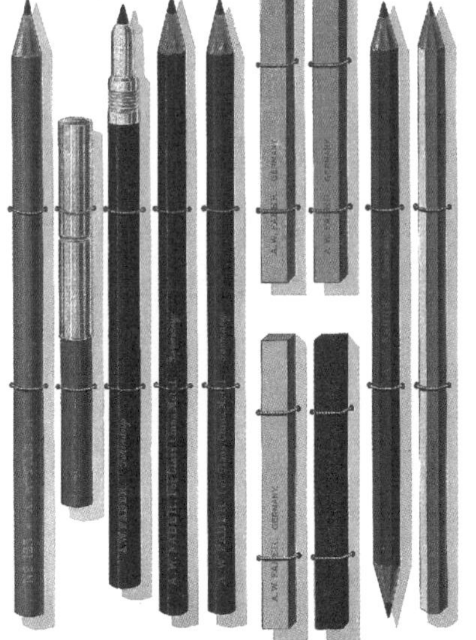

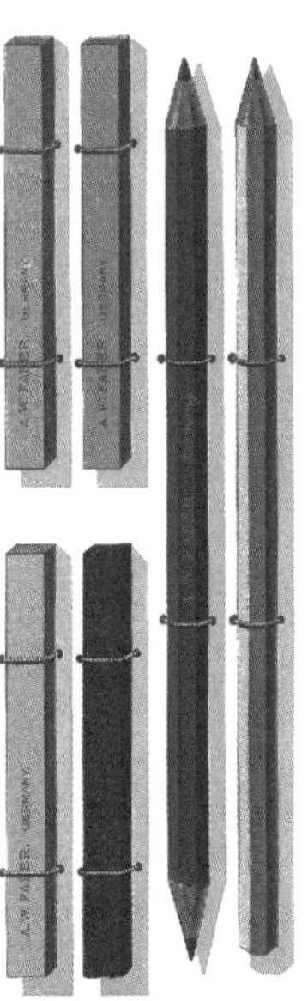

해럴드 로스가 사무실에서 《뉴요커》지의 최후 위기에 대처하기보다는 차라리 《아웃 웨스트out West》지를 창간하고 싶다고 말하는 것을 들으며 사환은 편집장의 책상에 놓인 연필들을 유심히 들여다보고 있었다. 이 어린 소년은 연필 깎는 책임이 누구에게 있는지 알고 있었기 때문이다. 그것은 그가 맡은 첫 번째 업무였다.

> 나는 편집장님 책상에서 연필통을 들고 나와 사환실로 돌아왔다. 연필을 깎기 전에 수소폭탄의 뇌관이라도 검사하듯 하나하나 세심하게 살펴보았다. 편집장님 비서와 사무실 관리자로부터 철저히 교육받은 게 있기 때문이다. 편집장님은 이로 깨문 자국이 없는 길지도 짧지도 않은 일정한 길이의 연필만 쓴다. … 나는 연필을 뾰족하게 깎되, 너무 뾰족해서 부러지거나 부스러지지 않도록 깎아야 했다. 2주일에 걸쳐 연필 깎는 법을 배운 끝에 마침내 나는 제대로 깎을 수 있게 되었다. 어느 날 오후 편집장님 방에 들어갔는데 편집장님은 내게 "꼬마야, 너는 정말 기가 막힌 연필깎이구나"라고 말씀하셨다.

완벽한 연필 촉에 대한 바람은 연필 그 자체의 역사만큼이나 오래되었다. 그런데 완벽한 연필 촉이라는 이상은 두 가지 독립적이면서도 보조적인 기술이 뒷받침된 다음에야 비로소 실현되었다. 무엇보다도 필기와 그림 그리는 작업을 할 때 촉 끝에 집중되는 힘을 가느다란 원뿔형 심이 견딜 수 있을 만큼 심이 강해야 했다. 19세기 연필 제조업체들은 늘 완벽하게 깎인 연필 모습을 카탈로그에 그려놓았지만, 연필 촉의 완벽성에 관해 드러나게 강조한 적은 한 번도 없었다. 오히려 천편일률적으로 심의 등급과 잘 지워지는 특징만이 좋은 품질의 상징인 양 강조해왔다. 심이 아무리 강하다 해도 촉 끝을 완벽한 모양으로 깎는 것은 어렵기 때문에 이 문제에 대해서는 침묵으로 일관한 것 같다. 결국 연필심을 깎는 기술이 뒷받침되어야 했다.

수 세기 동안 연필을 깎는다는 것은 칼을 이용해 나무 자루와 심을 깎아내는 일을 의미했다. 깃펜을 깎는 데 펜나이프를 써왔으므로 연필을 깎는 데에도 자연스럽게 펜나이프가 이용되었다. 그런데 깃펜이든 연필이든 간에 펜나이프로 뾰족하게 깎는 것은 사소한 일이 아니었다. 17세기 학교 선생님들의 주요 잡무 중 하나는 거위 깃펜을 깎는 일이었다. 다들 12살이나 된 학생이면 깃펜을 스스로 깎아 써야 한다고 생각했지만 실제로는 많은 학생이 깃펜을 제대로 깎지 못했다. 그래서 선생님들은 학생들이 차례로 앞으로 나와 배운 것을 암송하는 동안 책상에 앉아 깃펜을 깎아주었다. 운 좋은 선생님들은 깃펜을 깎아주는 조수를 두기도 했다. 어찌됐든 결국에는 대부분의 학생이 깃펜 깎는 기술을 익혔을 뿐만 아니라, 원한다면 평생 동안 계속 이 일을 즐길 수 있었다. 누군가 쓴 회고담에는 다음과 같이 적혀 있다. “깃펜을 깎고 다듬는 일 다음에는 깃펜을 쓰면서 느끼는 보람과 자부심, 그리고 기

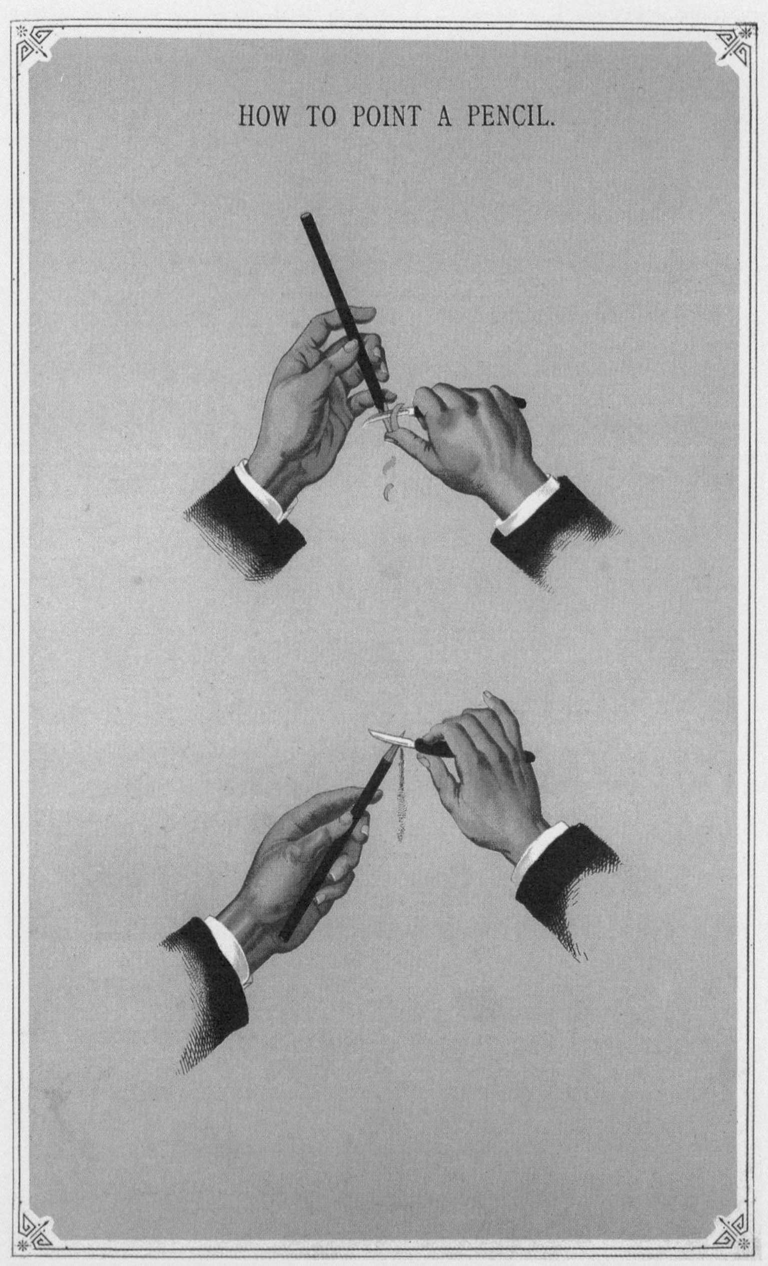

1897년 A. W. 파버사 카탈로그에 실린 '연필 깎는 법' 삽화.

뿜이 뒤따랐다."

연필심을 깎는 일은 그렇게 즐거운 일이 아니었던 것 같다. 흑연 가루를 아교나 이런저런 접착제로 고형시켜 만든 옛날 연필심들은 너무 잘 부스러졌기 때문에 뾰족하게 만들기 위해서는 특별한 사전 조치가 필요했다. 한 설명에 따르면 다음과 같다. "심이 부러지면 다시 뾰족하게 만드는 것이 큰일이었다. 우선 나무 자루를 깎아낸 다음 심을 말랑말랑하게 만들기 위해 약간 가열해야 한다. 그다음에 손가락으로 매만져서 뾰족하게 만든다." 그러나 흑연 가루 고형제로 점토를 쓰면서 등장한 세라믹심은 가열할 수가 없었다. 따라서 심 끝을 뾰족하게 하는 방법도 달라졌다.

점토와 흑연을 섞어 만든 연필을 뾰족하게 깎는 일이 깃펜을 깎는 일보다 더 쉽지는 않았던 것 같다. 비록 삼나무가 연하고 펜나이프로 깎는 데 특별히 장애가 될 특징 같은 것은 없었지만 나무를 매끈한 원뿔형으로 깎는 데에는 역시 상당한 연습이 필요하다. 연필을 깎는 일은 기능의 문제라기보다는 보기 좋게 모양을 내는 미학적인 문제에 더 가까웠고, 칼로 깔끔한 모양을 내기란 굉장히 까다롭다. 더욱이 연필을 다 깎기도 전에 심 끝이 부러지면 심만 낭비하는 것이 아니라 나무 자루도 다시 깎아야 한다. 이런 난감한 사정 때문에 다음과 같은 권유가 나왔다. "연필심 끝을 다듬을 때 매번 칼로 깎기보다는 사포에 돌려가며 문지르는 편이 훨씬 낫다." 칼질은 항상 몸 바깥쪽으로 하라는 보이스카우트의 규칙과 정반대인 연필 깎는 방법에 대한 논쟁은 계속되었다.

흔히들 왼손으로 연필을 잡되, 칼을 쥔 오른손의 엄지손가락 쪽으로 연필심을 향하게 한 뒤에 칼날을 몸 쪽으로 해서 깎는 방법이 올바르다고 생각한다. 이럴 경우 엄지손가락을 비롯해 다른 손가락에 깎아낸 찌꺼기가 묻어 더러워질 수 있다는 반론에 부딪친다. 반대로 몸 바깥쪽으로 칼질을 하면, 칼질이 너무 깊게 들어가서 연필심을 부러뜨릴 수 있다.

이미 사람들이 다 알고 있는 사실을 1904년에 이렇게 새삼 밝힌 것이 계기가 되어 기존의 연필 깎는 방법의 단점을 피할 수 있는 새로운 발명품이 등장했다. 이 발명품은 칼날 위에 연필을 고정시켜 칼날이 너무 깊이 들어가지 않도록 칼질을 유도하는 장치였다. 19세기 말과 20세기 초에 여러 종류의 연필 깎는 도구들이 발명 특허를 받았는데, 모두 기존 제품의 단점을 개선한 것이었다. 예를 들면, 칼을 유도하는 기존의 장치는 별도로 분리되어 있는 장치였는데, 1910년경에는 칼날에 고정시켜 칼질을 할 때 자동으로 날이 유도되도록 만든 장치가 개발되었다. 기타 발명품들은 기존 제품에 부착시켜 칼날이 너무 깊게 들어가거나 손가락이 더러워지는 것을 막는 장치들이었다. 그중 하나는 조그만 목수용 대패를 날이 위로 가도록 거꾸로 하여 작은 상자 속에 집어넣는 장치로, 적당히 노출시킨 대팻날 위로 연필을 잡아당겨 깎는 장치였다. 삼나무는 좀벌레 퇴치에 탁월한 효과가 있었기 때문에 상자 속에 모인 연필 대팻밥은 좀벌레 퇴치용으로 재활용되었다.

그러나 이 같은 펜나이프 대체 제품은 예외적인 것이었다. 1900년대 초에 출판된 탐정 소설에서 셜록 홈스는 세 학생 중 누가 교무실에 잠입해 들어가 다음 날 치를 시험 문제를 베꼈는지 찾아달라는 의뢰를 받는다. 담당 교사인 힐튼 소움즈는 "연필을 깎은 조각 몇 개가 발견되었다"고 진술했다. 물론 부러진 심 조각 몇 개도 함께 있었다. 교사는 "그 못된 녀석이 시험지를 너무 서둘러 베끼다가 연필을 부러뜨렸기 때문에 새로 깎을 수밖에 없었을 것"이라고 단정했다. 깎인 나무 자루의 파편과 부러진 연필심을 살펴본 셜록 홈스는 "흔히 쓰는 연필은 아니군요. 보통 규격보다 굵은 연필이며, 심은 무른 것이고, 겉 색깔은 검푸른 색, 제조업체 표기는 은색으로 인쇄되어 있으며 5센티미터쯤 남은 몽당연필입니다. 소움즈 선생님께서는 그런 연필을 가진 학생을 찾으시면 됩니다. 아울러 범인은 크고 날이 무딘 칼을 가지고 있습니다. 이 정도면 범인을 찾는 데 도움이 되겠지요"라면서 사건을 해결했다.

소움즈 교사나 왓슨은 깎인 나무 자루 찌꺼기를 보고 어떻게 연필의 길이까지 알아냈는지 이해가 되지 않았다. 홈스가 영문자 NN이 새겨져 있고 그 뒤쪽으로는 아무것도 안 쓰여 있는 나무 자루 조각을 보여주었음에도 영문을 모르기는 마찬가지였다. 마침내 홈스는 설명을 해주었다. "요한 파버사가 가장 유명한 연필 제조업체인 것은 다들 아시겠지요. 요한이라는 상표명이 표시된 뒷부분에 해당하는 연필의 길이가 그 정도라는 것은 뻔한 사실 아닙니까?"

연필깎이 기계의 등장

칼로 흑연심 연필을 깎는 게 어려운 일이라면, 색연필을 깎는 것은 더 어렵다. 색연필심에는 상당량의 왁스가 들어 있기 때문에 딱딱한 보통 연필심처럼 구울 수 없다. 따라서 색연필을 깎는 작업은 영원한 골칫거리였다. 블라이스델 연필회사가 칼이나 다른 도구 없이도 깎을 수 있는 연필을 개발하자, 이것은 바로 색연필을 만드는 데 유용한 아이디어로 쓰였다. 이 새로운 아이디어로 만든 연필은 심을 나선형으로 종이 띠로 감아놓은 것이다. 감아놓은 종이 띠 겉을 칼이나 손톱으로 잘라낸 다음 풀기 시작하면 미리 정해놓은 폭만큼씩 종이가 풀리면서 심이 드러난다. 심 자체를 깎을 필요가 없기 때문에 심의 낭비도 없다.

나무 자루나 종이 자루를 제거한 다음에 심을 가는 데에는 사포나 미세한 줄이 좋다. 그러나 제도판이나 책상에서 가루를 치우는 일은 귀찮고 지저분해지기 일쑤였다. 1890년대 경부터 발명가들은 주머니칼을 대신할 수 있는 물건을 개발하기 시작했다. 개발된 제품들 중에서 가장 좋은 것은 아직도 어린이들이 들고 다니면서 쓰는 연필 깎는 도구와 비슷하게 생긴 것이었는데, 연필을 깎는 동안 심이 너무 잘 부러졌다. 딕슨사는 1891년도 카탈로그에 작은 연필깎이 기계를 소개했다. 그 기계는 전등의 갓 끝처럼 생겼는데, 연필을 꽂는 구멍이 원뿔형이고 안쪽에는 칼날이 튀어나와 있어 연필을 꽂아 돌리면서 깎게 되어 있었다. 이 신개발 연필깎이에는 연필심이 부러지지 않도록 해주는 작은 차단 장치가 들어 있었으며 이는 특허를 받은 것이었다. 딕슨사는 카탈로그에 이 기계를 설명하면서 이례적으로 소비자들에게 구구한 말을 덧붙였다. "저희는 작동이 쉽고 작고 깔끔하며 쓸모가 많으면서도 값이 저렴한 연필깎이를 개발하는 데 상당히 많은 자본을 투자해왔습니다. 그러나 위에 소개한 작은 연필깎이 기계 말고는 그 어떤 제품도 권해드릴 만한 게 없군요."

요한 파버사는 1893년에 펴낸 카탈로그에서 1페이지 전부를 새로 특허 받은 '완벽Acme'이라는 연필깎이 홍보에 할애했다. 이 연필깎이는 청동 케이스에 착탈식 강철 칼날을 부착한 것이었다. 이 제품은 "투박하게 크지 않고" "코트 주머니에 넣고 다니기" 쉬운 것이었다. 파버사는 이 제품이 아주 정교해서 정확하게 조정할 수 있기 때문에 "바늘 끝처럼 뾰족한 촉"을 만들 수 있다고 주장하면서 소비자들에게 "꼭 한번 써보시라"고 호소했다. 1897년 말 파버사는 "연필 촉 가는 기구"를 내놓았다. 이 기구는 펠트 천 비슷한 '닦음 면'과 나뭇조각에 줄 같은 표면을 붙여 끼운 것을 나란히 구성해놓은 것이었다. 이 기계는 딕슨사 제품과 기능이 비슷했다.

효율적인 휴대용 연필깎이가 소개된 이 무렵, 책상에 나사못으로 고정시켜 쓰도록 만든 좀 더 큰 연필 깎는 기계도 나왔다. 이런 종류의 기계 중 최초의 모델은 1889년에 등장한 젬Gem 연필깎이다. 이 기계는 보스턴의 한 회사를 위해 만들어진 것인데, 사포가 붙은 회전 원반과 이 원반을 돌리는 크랭크 핸들에 연필을 끼운 기어가 연결되어 있어 핸들로 원반을 돌릴 때 연결된 기어도 함께 돌아가면서 연필을 사포에 눌러주는 역할을 한다. 이 젬은 붉은색이나 푸른색 색연필도 완벽하게 깎을 수 있어 "색연필을 깎고 싶어하는 사람들은 이 기계를 고마워할 것이다." 1913년 《사이언티픽 아메리칸》지에 실린 기계식 연필깎이 조사 기사에 젬이 포함된 것을 보면, 젬은 사반세기 후에도 계속 사용되었음을 알 수 있다. 그러나 펜나이프가 구식이 되기에는 아직 멀었다. 《사이언티픽 아메리칸》지 기사 서문에는 이렇게 쓰여 있었다. "연필을 깎는 데에는 예리한 칼과 적지 않은 기술이 필요하다. 모든 사람은 연필을 깔끔하게 깎고 싶어한다."

특히 학교나 사무실, 교환실처럼 연필이 늘 준비되어 있어야 하는 곳에서는 손으로 연필을 깎는 원시적인 방법을 대체할 만한 빠르고 좀 더 효과적인 방법 모색이 시급했다. 작업장에서 낭비적인 요소를 없애자는 운동이 일어난 시기와 때맞춰, 기계식 연필깎이는 근로자들에게 재래식 방법으로 연필을 깎을 때보다 무려 10분이나 절약시켜 준다는 평가가 나왔다. "옆 사람한테 칼을 빌리는 데 2분, 연필을 깎는 데 3분, 손을 닦는 데 5분"이 그 계산 내역이다. 20세기 초 사무실의 업무 효율을 높여주는 기계 장치들 중에는 여러 종류의 연필깎이 기계가 포함되어 있었는데, 이들 연필깎이 기계는 회전하는 휠에 여러 개의 칼날을 달아 그 회전 범위에 걸리는 것은 무엇이든지 깎아내도록 만든 것이었다. 그런데 회전 칼날이 얼마나 빨리 무뎌지는가에 따라 이러한 기계류의 장점은 상쇄되었다. 칼날을 교체하는 데에는 16센트 정도가 들었는데, 보통 한 번 교체하면 약 1,000자루의 연필을 깎을 수 있었다고 한다.

다른 초기 연필깎이 기계들은 평삭기milling[표면을 평평하게 깎아주는 가공 기계] 원리로 작동하는 것들이었다. 이 기계들은 연필의 길이 방향으로 회전하는 칼날이 일정한 각도로 연필을 얇게 저며내듯 깎아냈다. 그러나 연필을 칼날에 너무 세게 눌러대면 깎이는 대신 심이 부러진다. 가장 괜찮아 보이는 연필깎이 기계는 2개의 회전 베벨bevel[비스듬한 빗면 모양] 칼날이 고정시켜놓은 연필 주위를 돌면서 깎는 방식이었다. 칼날이 연필심 반대쪽에서 돌아갔기 때문에 한쪽 방향에만 압력을 주어 심을 휘게 할 일이 없었고, 따라서 심을 부러뜨리지도 않았다.

시카고 자동 연필깎이 기계 회사인 앱스코Apsco(Automatic Pencil Sharpener Company of Chicago)는 최초로 갈아내는 방식이 아닌 깎아내는 방식의 자동 기계를 발명했는데(이 기계는 1908년경에 특허를 받았다) 곧 이중날 방식의 모델을 대표 상품으로 내세우면서 1920년대에는 14종의 모델을 생산했다. 그런데 앱스코사 광고는 과장이 심했다. 연필이 "실질적으로 우리 삶에서 가장 중요한 것"이라고 주장하면서, 생생한 그림까지 곁들여가며 과장 광고를 한 적도 있다. 이 광고에는 거의 못 쓸 지경인 연필("보통 사람이 보통의 기술로 칼을 써서 깎은 실제 연필"이라는 문구가 붙어 있었다) 그림 옆에 "앱스코 자동 연필깎이 기계로 똑같은 연필을 깎은 모습"이라고 완벽하게 깎인 연필 그림을 나란히 붙여놓았다. 바로 이 연필 그림으로 "어떤 걸 사용하시겠습니까? 사람의 손으로 깎은 촉입니까, 자동 기계로 깎은 촉입니까?"라는 광고를 하기도 했다. 깔끔하다는 걸 내세우지 않을 때는 능률성에 호소했다. 쓰레기통에 대고 연필을 깎고 있는 사람을 그린 만화 위로 손으로 연필을 깎는 행위는 시간기록계로도 체크할 수 없는 낭비되는 시간이라는 생각을 갖게 하는 문구가 실려 있다. 1927년이 되도록 "5초 만에 끝낼 일을 5분이나 걸려" 칼로 연필을 깎는 일은 너무 비능률적이라고 앱스코사는 주장한다.

앱스코사 광고가 과장된 점이 있기는 하지만, 이 회사 제품에는 견실한 기술적 업적도 많았다. 《소비자 리서치Consumers' Research Magazine》 잡지는 연속해서 앱스코 자이언트Apsco Giant(나중에는 베롤 자이언트 앱스코Berol Giant Apsco로 바뀐다)를 연필깎이 기계 생산업체 중에서 최고로 꼽았다. 1940년경 이 회사는 학생들을 위한 안내책자를 펴냈다. 《연필 깎는 법How to sharpen a Pencil》 이라는 이 책자에는 손으로 깎는 법, 기계를 이용해 깎는 법 등 지금은 유치원생조차 우습게 아는 여러 가지 연필 깎는 법을 자세히 소개하고 있다.

연필깎이는 마침내 더 이상 발전할 게 없을 정도로 보였다. 그렇다고 연필이면 무조건 다 쉽게 잘 깎을 수 있었다는 이야기는 아니다. 심

The APSCO Line of Pencil Sharpeners Represents Quality and Variety to Satisfy Every Requirement

ELEVEN MODELS. Complete Catalogue Upon Request

CHICAGO

The Chicago Pencil Sharpener

Most for the money. Sharpens standard size pencils only. Twin milling cutters, will not break the leads. Automatically stops cutting when point is produced.

Stock, Display and Demonstrate THE CHICAGO

DEXTER

If you want to satisfy your trade sell the Dexter Pencil Sharpener; the best hand feed pencil sharpener on the ma ket.

Twin Milling Cutters

Point adjuster which produces all points from blunt to fine. Heavily nickeled and highly polished.

THE QUALITY PENCIL SHARPENER

DANDY

The Dandy Pencil Sharpener

Is all the name implies. The automatic feed makes waste of pencils impossible. Twin milling cutters. Sharpens all sizes of pencils. Point adjuster.

The steel construction makes this machine practically indestructible.

Display this Model in Your Stock and Increase Your Sales

JUNIOR

Low in price — high in value from standpoint of range of use, finish and construction. Twin milling cutters. Sharpens all sizes of pencils and produces any desired point— blunt, medium or fine.

Get every bit of business in sight. Give your customers the best the market offers—The APSCO Line.

CHICAGO GIANT

Compare the Chicago Giant Pencil Sharpener with any others of equal price and your verdict will be that it is the best.

Twin milling cutters. Sharpens all sizes of pencils.

Will not break the leads. Stops cutting when point is produced.

Display the Giant in Your Show Windows and Watch Your Sales Increase.

WIZARD

The Wizard Pencil Sharpener. Steel construction. Twin milling cutters. Point adjuster. Sharpens all sizes of pencils. Just the pencil sharpener for use in the schoolroom. Practically indestructible.

YOU CAN SERVE YOUR CUSTOMERS BEST BY DISPLAYING OUR ENTIRE LINE IN ORDER THAT YOU MAY AID THEM IN MAKING A SELECTION

AUTOMATIC PENCIL SHARPENER CO.

1512 GARLAND BUILDING **CHICAGO, ILLS.**

1910년대 앱스코사 연필깎이 광고.

이 자주 중앙에서 벗어나 비뚤게 들어 있는 연필은 사실상 기계로 깎는다는 게 불가능했다. 대칭으로 배치된 칼날에 의해 심이 계속해서 휘어지는 힘을 받기 때문이다. 색연필심은 종종 나무 자루 속에서 부러지기도 하는데, 그럴 경우 자루 속에 들어 있던 부러진 심이 회전 칼날에 물린 채 함께 돌아가버리기 때문에 더 이상 깎이지 않는다. 연필깎이는 칼밥을 꺼낼 수 있게 덮개가 열리도록 되어 있는데 1940년도에 도입된 전동식 연필깎이는 청소를 할 때 칼날을 꺼내기가 쉽지 않았다.

그런데 1970년대 중반 에너지 위기를 맞아 전동식 연필깎이 사용에 대해 우려하는 사람이 나타났다. 뉴욕 출신의 호세 빌라José Vila였다. 그는 전동식 연필깎이 사용이 전력 낭비일 뿐만 아니라 기계가 연필을 마구 "먹어치우기 때문에" 엄청난 손실이라고 생각했다. 그는 칼날을 붙인 금속제 축을 동심원을 이루는 실린더들 속에 집어넣어 스프링과 기어로만 작동되게 조립한 연필깎이 기계를 만들어냈다. 이 기계는 동심원을 이루는 실린더 속으로 연필을 단 한 번 밀어 넣는 힘만으로 연필이 깎이는 것이었는데, 1980년에 특허를 받았다.

아마도 가장 규모가 크고 정교한 연필깎이를 꼽으라고 하면 1950년대에 이글 연필사의 엔지니어들이 만들어낸 기계일 것 같다. 2톤 무게의 이 기계는 많은 연필의 심을 한꺼번에 원통형으로 깎아냈는데, 각 연필심의 지름은 1만분의 1인치 정도의 오차밖에 안 날 만큼 정밀했다. 이 기계를 이용하면 심들의 상대적인 연성, 내구성, 부전도성 비교를 하기 위해 동일한 규격으로 심을 깎을 수 있었다. 또한 강도 실험을 할 수 있도록 연필심을 뾰족하게 깎는 것도 가능했다. 그러나 소비자들이 쓰기 편하게 아예 공장에서 연필을 깎아 출하하는 경우 이처럼 정밀한 기계를 쓸 필요는 없었다. 사포를 두른 원통형 드럼에 심을 갈아주는 정도면 충분했다. 이렇게 연필을 갈 경우 이따금 드럼의 회전마찰을 이기지 못해 연필이 따라 돌기도 하는데, 이때 짧고 뭉뚝하게 갈린 연필심에 특징적으로 한 곳에 몰린 긁힌 자국들이 남게 된다. 1956년에 이글 연필사는 새로운 연필깎이 기계를 광고하면서 여전히 칼이나 면도날로 연필을 깎는 사람이 많다는 사실을 지적했다.

20세기 동안 스케치용 연필 제조업체들은 자기들이 만든 연필이 얼마나 튼튼한지를 증명하기 위해 뭉뚝하고 짧은 연필심을 자랑스레 광고하기도 했다. 아메리칸 연필회사는 수십 년간 이런 식으로 비너스 연필을 광고했다. 슈테들러사는 자사의 마르스Mars 연필 끝에서 4센티미터쯤에 있는 마지막 's'자가 연필 측면에 생기는 여러 개의 홈 중 하나와 일치해 움푹 팬 것을 마치 형사들이 찾는 수사 단서인 양 특징적인 것으로 선전했다. 이들 회사는 엔지니어나 건축가, 설계사들이 오늘날까지도 몽당연필이 될 때까지 칼로 연필을 깎아 쓴다는 사실을 잘 알고 있었다. 그러나 엔지니어나 건축가들도 칼을 사용하는 것은 나무 자루를 깎을 때뿐이고, 촉을 갈 때는 흠집이 나지 않도록 사포를 썼다. 촉에 칼집을 내게 되면 칼날이 무뎌질 뿐만 아니라 촉도 잘 부러진다. 따라서 여러 가지 바람직한 연필 깎는 법이 많이 나왔다. 그 중 1925년에 출판된 교과서에 실린 다음과 같은 방법이 표준적인 방법으로 추천할 만하다. "연필을 잘 깎기 위해서는 칼을 나무 자루 깎는 데에만 사용해야 한다. 나무 자루를 깎을 때는 심이 약 0.9센티미터쯤 나오게 한다. 나무 자루는 2.5센티미터 정도 길이로 원뿔형으로 깎는다. 촉은 사포를 이용해 손가락 끝을 따끔하게 찌를 정도로 뾰족하게 만든다."

긴 촉과 날씬하게 많이 깎아낸 연필은 그 자체로서 드로잉 작업의 장애 요소를 최소화하는 셈이 된다. 미 해군 제도사 교재를 보면 "촉을 길쭉하게 깎은 연필로 제도를 하면 심 가장자리에 가려져 보이지 않던 선까지도 직접 보면서 그릴 수 있다"고 나와 있다. 어떤 저자들은 연필을 깎을 때 나무 자루를 어떻게 깎아야 하는지 그 세세한 절차까지 제시한다. 이를테면, "육각 자루를 깎을 때는 자루의 면보다는 각이 진 모서리부터 깎는 게 좋다"라고 되어 있다. 일부 다른 교재들은 나무 자루나 심을 깎을 때 비대칭적인 방법을 권유하기도 한다. 1930년대에 코이누르사는 '투티어 주얼Tutior Juwel'이라는 조그만 포켓용 연필깎이를 개발했다. 모양은 요한 파버사의 것과 비슷했지만 칼날이 2개 달려 있다는 점이 달랐다. 하나는 나무 자루를 깎아 심을 노출시키는 기능을 했고 나머지 하나는 촉을 가는 역할을 했다. 나무 자루를 깎는 날은 "제도용 긴 촉이나 스케치용 짧은 촉"을 모두 깎아낼 수 있도록 조정이 가능했다. 투티어 주얼로 연필을 깎은 뒤 보조적으로 사포를 사용하면 촉을 어떠한 모양이든 원하는 대로 만들 수 있었다. 1930년대까지 나무 자루만 깎아내는 자동 연필깎이 기계와 심을 갈 때 생기는 흑연 가루를 모아두는 공간을 따로 가지고 있어 연필을 깔끔하게 갈아주는 수동식 심 가는 기계가 설계 사무실마다 거의 일반적으로 갖추어져 있었다. 연필심 가는 기계 중에는 이심원을 이루는 구멍에 연필을 꽂고 자루를 크랭크 핸들 삼아 돌리면 심이 돌아가면서 기계 내의 마찰 표면에 갈리도록 만든 모델도 있었다.

연필을 가는 일이 엔지니어나 건축 설계사들에게 얼마나 중요한지는 1920년에 아키텍추얼 리뷰Architectual Review사가 《연필 촉: 설계 사무실을 위한 잡지Pencil Points: A Journal for the Drafting Room》를 내기 시작한 사실만 봐도 알 수 있다. 그러나 일부 연필 수집가들에게는 일단 깎아버린 연필은 가치가 떨어진다. 귀한 연필일 경우에는 더더욱 그럴 것이다. 19세기 말 어떤 연필 제조업자가 애지중지한 연필이 있었다. 처음에는 뉴욕에 사는 한 변호사 소유였는데, 겉보기에는 싸구려처럼 생겼다. 그러나 이 연필 자루는 오렌지카운티의 이회토층에서 발견된 마스토돈[코끼리와 비슷하게 생긴 고대의 대형 동물] 유해 곁에서 오랜 세월 동안 보존되다 발견된 태곳적 나무로 만든 것이다. 연필 끝에 달린 장식 마디는 마스토돈의 이로 만든 것이었다. 제조업자로서는 이 연필로 그림을 그리거나 글을 쓴다는 것은 감히 상상도 할 수 없는 일이었다.

깎지 않은 연필을 소장하고 싶어하는 연필 수집가들을 위해 수많은 발명가가 존재해왔다. 그런데 이 발명가들은 자신들이 만든 연필이 사용되지 않고 소장되기를 원하면서도 한편으로는 쓰이기를 바랐다. 17세기에는 필기용이나 드로잉용으로 사용하던 흑연(플룸바고) 조각들을 바로크 양식으로 정교하게 디자인한 청동 또는 은으로 만든 홀더에 끼워 썼다. 1636년에는 압축 스프링의 힘으로 심(흑연 조각)을 밀어내는 홀더도 개발되었다. 이 장치를 최초의 추진 연필propelling pencil[이는 샤프펜슬을 가리키는 단어이기도 하다]이라고 할 수 있다면, 최초의 기계식 연필(샤프펜슬)이 만들어진 시기는 19세기 초라고 할 수 있다. 자물쇠와 펜을 개발하던 영국인 엔지니어 샘슨 모던Sampson Mordan은 1822년에 심을 갈 필요가 없는 "늘 뾰족한" 연필로 특허를 받았다. 1833년에는 시계공으로서 금형과 글씨를 새기는 전문가였던 미국의 제임스 보가더스James Bogardus는 "영원히 뾰족한" 연필을 특허 등록했다. 이들이 개발한 초기 샤프펜슬들은 심이 닳아도 튜브 속의 심을 밀어내면 다시 쓸 수 있었고, 심을 갈지 않아도 된다는 이점이 있었다. 또한 깔끔하고 일정한 길이를 유지할 수 있어서 쓸수록 짧아지는 나무 자루 연필을 대체할 수 있었다. 모던과 보가더스가 개발한 초기 샤프펜슬은 1800년대에 걸쳐 다양한 변화를 겪어 심지어는 은이나 금으로 만들어지기도 했다. 이때 개발된 샤프펜슬의 기본 메커니즘은 오늘날까지도 활용되고 있다. 이후 여러 종류의 샤프펜슬 모델이 개발되어 이쑤시개나 귀이개와 함께 세트로 팔리기도 했으나 거의 1세기가 지나도록 나무 자루 연필의 아성을 위협할 정도는 못 되었다.

미래의 연필, 샤프펜슬

초기 샤프펜슬들은 실질적인 필기도구라기보다는 귀금속이나 진기한 물건 취급을 받았다. 초기 모델들은 크기, 무게, 균형, 표면 처리 등이 장시간 필기에 적당하지 않았으며, 상대적으로 굵은 심은 도대체가 날렵하게 갈아놓은 나무 자루 연필 촉을 따라갈 수 없을 것처럼 보였다. 더욱이 샤프펜슬은 심이 튜브 속에서 옆이나 세로로 약간씩 움직이는 경향이 있었는데, 글을 쓰는 사람 입장에서는 심이 0.001인치만 흔들려도 필기감이 흐트러진다.

그러나 에버샤프사Eversharp Company의 샤프펜슬은 달랐다. 길이, 직경, 느낌 등이 진짜 (나무 자루) 연필과 아주 흡사했다. 튜브 끝에 강선이 새겨져 있어 심이 미끄러져 빠질 염려도 없었다. 에버샤프사는 초기에 1개씩만 생산했기 때문에 생산 비용이 비싸고, 샤프펜슬 시장에서의 판매를 좌우하는 균질성 확보가 어려웠다. 1905년 샤프펜슬을 대량생산하기 위해 중고 기계를 사들이기로 한 에버샤프사는 월Wahl사와 접촉을 했다. 월사는 시카고에 있는 기계회사로 타자기에 부착하는 정밀

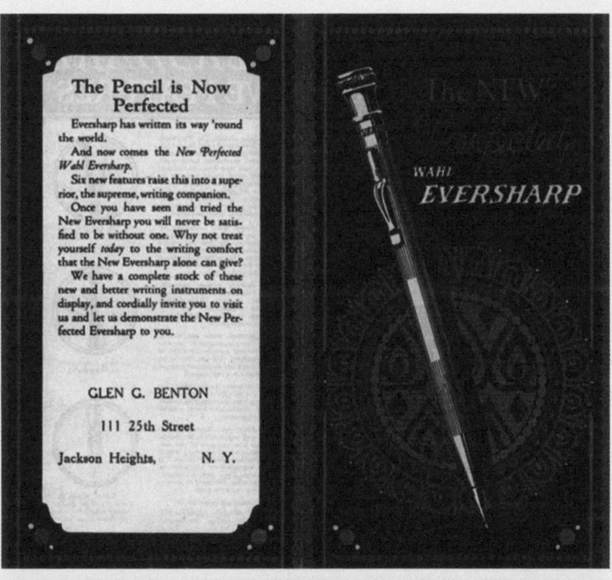

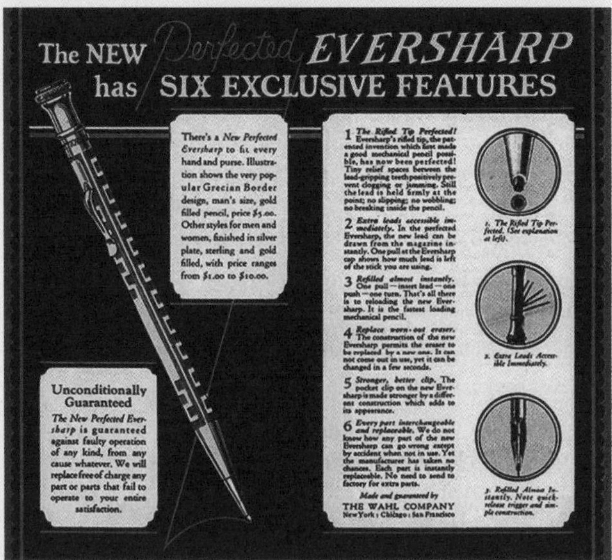

1920년대 에버샤프 광고 팸플릿.

가산기adding machine 전문 회사였다. 월사 직원들 대부분은 기계 제작에 숙달된 사람들이었다. 그들이 사용하는 기계는 샤프펜슬을 제작하기에 아주 적절한 것들이었지만 불행히도 그것들은 살 수 있는 게 아니었다. 그러나 월사의 수석 엔지니어는 샤프펜슬을 제작해주는 데 동의했다. 월사는 1906년부터 샤프펜슬을 생산하기 시작해 다음 해에 재정적으로 쪼들리던 에버샤프사를 합병했다.

월사는 에버샤프 샤프펜슬의 기계적인 특징을 광고를 통해 강조했다. 그 광고에는 심이 삽입되는 모습과 강선이 있는 튜브의 단면도와 심을 밀어내는 플런저plunger가 어떻게 작동하는가에 대한 설명, 그리고 지우개가 어디에 있는가를 보여주는 안내문 등이 수록되어 있었다. 1917년 연말 시즌에는 초과근무를 하고, 기계당 생산량을 2~3배 늘리기 위해 생산 공정을 재조정하며 겨우 주문량을 달성할 수 있었다. 곧 에버샤프사는 포드사에서 T카를 생산하듯이 일관된 작업 공정으로 하루에 3만 5,000자루의 샤프펜슬을 생산하기 시작했다. 재료비와 임금이 상승하면 이 모든 일이 허사가 될 수 있었지만, 월사 엔지니어들이 설계한 기계는 가격을 일정하게 유지할 수 있게 해주었다.

이 같은 성장은 예상치 못한 문제를 불러왔다. 에버샤프용 심 공급이 부족해진 것이다. 월사는 급한 대로 기존 연필 제조업체로부터 심을 구입했는데, 이 회사는 샤프펜슬이 나무 자루 연필의 판매를 위협하자 월사에 공급하는 심의 양을 제한했다. 결국 월사는 직접 심을 생산한다는 결정을 내릴 수밖에 없었다. 그러나 월사 사장은 1921년에 다음과 같은 사실을 밝혔다. "연필심 제조 공정은 기밀에 속한다는 걸 알게 되었다. 전쟁 전 독일의 염료 생산과 마찬가지로 심 생산은 늘 얼마간의 신비에 싸여 있었다." 그럼에도 월사는 연필심 생산에 착수했다. 이 회사 화학자는 "마치 세상에서 연필심이 만들어진 적이 없다는 듯이 작업을 했다. 마침내 두 종류의 공정이 일반적으로 통용되고 있다는 사실을 알게 됐지만 끝내 그 자세한 내용은 알아내지 못했다." 이 작업에 참여했던 화학자 로버트 백Robert Back이 1925년에 밝힌 사실에 따르면 연필심 제조는 가장 연조가 깊은 세라믹 산업(요업)이었다. 그러나 그는 제조 비밀을 알아내는 데는 실패했다. 비록 최근에 산업 전문 학술지들이 "연필심 제조 공정에 관한 서술적 설명"을 내놓고 있긴 하지만 "문헌들은 백과사전에 있는 내용과 별 차이가 없다."

그러나 20세기의 학술적 · 기술적 풍토에서는 어떤 공정에 대한 일반적인 지식이나마 가지고 있는 것이 깊이 있는 자세한 연구 개발을 수행하는 데 상당한 도움이 되었다. 다른 기업들이 가지고 있는 공정의 비밀을 알아내지는 못했지만 백은 자기만의 비밀스런 공정을 개발해낼 수 있었다. 그런데 샤프펜슬용 심을 만드는 일에는 특별한 문제가 있었다. 나무 자루 연필과는 달리 샤프펜슬용 심은 강도를 높이기 위해 무조건 굵게만 만들 수는 없었다. 직경이 가느다란 연필심을 만든다는 것은 1920년대 당시로서는 약 1.17밀리미터 정도를 의미했다. 그런데 분쇄된 흑연으로는 이 정도로 가는 연필심을 만들 수 없었다. 너무 가늘면 혼합된 점토의 접착력이 떨어지기 때문이었다. 결국 비결정형 흑연의 함유량을 늘릴 수밖에 없었다. 그러나 이렇게 하면 부드럽게 써지는 필기감이 떨어졌다.

가열 가마에서 경도가 높아지지 않는 색연필 심 제조는 더 어려웠다. 적당한 재료를 확보하는 문제 말고도 심 굵기의 오차 한계를 0.001인치 이내로 줄여야 한다는 문제가 있었다. 그래야 강선이 새겨진 샤프펜슬 끝에 심이 물리도록 되어 있는 장점을 살릴 수 있기 때문이다.

심의 굵기가 일정치 않아 맞지 않는다거나 헐렁해서 물리지 않으면 샤프펜슬의 장점이 무색해진다. 또한 다이아몬드로 만든 압출 성형 틀이 닳아서 심의 굵기가 굵어지지 않도록 정기적으로 검사도 해야 했다. 색연필의 경우 필기감을 높이기 위해 혼합해 사용하는 왁스 때문에 또 다른 번거로움이 있었다. 생산되어 나온 심들이 서로 달라붙지 않도록 심을 톱밥에 굴려 심 표면의 왁스 성분을 톱밥이 흡수하게 해야 했다. 그러나 왁스 성분이 어느 정도는 남아 있어야 했는데, 그렇지 않으면 심이 수분을 흡수해 말랑말랑해지거나 불어나는 사태가 벌어지기 때문이다. 더운 여름철에 색연필을 주머니에 넣어두면 종종 그런 일이 생긴다.

월사는 처음 연필심을 생산할 때 "적절한 인장 강도를 확보하는 작업"을 하면서 너무 애를 먹었기 때문에 "질이 형편없었다." 그러나 그 어려움을 마침내 극복해냈으며, 1921년에는 1,200만 자루의 에버샤프 샤프펜슬이 생산되었으며, 그에 걸맞게 충분한 샤프펜슬용 심도 공급되었다. 이 샤프펜슬은 선물용으로 많이 팔렸다. 한 소년이 생일선물로 9자루의 에버샤프 샤프펜슬을 받았다는 기록이 남아 있다. 멋있게 장식된 샤프펜슬은 기능이 1달러짜리 샤프펜슬과 별 차이가 없었지만 1자루에 65달러나 했다.

월사는 신제품을 시장에 내놓으면 곧 유사품이 뒤따라 나올 것이기 때문에 신제품과 관련된 모든 기회를 장악하는 게 중요하다는 사실을 잘 알고 있었다. 새로운 샤프펜슬을 시장에 발표한 뒤 5년 동안 월사는 거의 100개나 되는 경쟁 상품을 겪었다. 경쟁사들 대부분은 에버샤프를 거의 그대로 모방했다. 월사의 오리지널 상품 광고에서는 점점 기계적 성능에 대한 선전이 사라져갔다. 더 이상 독보적인 것이 아니었기 때문이다. 대신 "샤프펜슬을 쓰는 소비자들의 바람에 꼭 맞게 만든 제품이 에버샤프입니다"라는 식으로 광고 초점을 바꾸었다. 국내에서의 경쟁이 가중되자 월사는 국외 시장으로 눈을 돌렸다. "오하이오주나 중국이나 판촉에 대한 사람들의 반응은 똑같다"라는 생각으로 월사는 "외관의 아름다움, 경제성, 기능성, 기타 일반적인 셀링 포인트"를 밀어붙였다. 영어인 제품명도 그 나라 말로 번역하지 않고 그대로 쓰기로 했다.

1920년대 초 미국의 샤프펜슬 광고는 연필깎이 광고처럼 기능성이나 다른 종류 연필의 낭비적 요소들을 주제로 삼고 있다. 비즈니스 잡지에 실린 에버샤프 광고는 "급속하게 늘고 있는 연필 사용 비용에 대한 관심"을 조사한 결과를 수록하고 있는데, 이에 따르면 "사무원 1인당 1년에 나무 자루 연필을 공급하는 데 드는 비용은 평균 1.49달러인데, 이들은 이 연필을 실제로는 5센티미터밖에 쓰지 않는다. 이 같은 사무용품 낭비를 그냥 넘겨서는 안 된다." 고용주들은 종업원이 개인적으로 가지고 있는 샤프펜슬에 심을 조달해줌으로써 연필에 드는 비용의 3분의 2나 절약할 수 있고, "에버샤프 사용자들은 연필을 깎느라 시간을 낭비할 필요가 없다"라고 이 광고는 주장하고 있다. 또 이 광고는 회사의 에버샤프용 심 생산 성공에 대해 "에버샤프용 심은 필기감이 부드럽고 튼튼하며, 마치 총알이 총에 딱 들어맞듯이 에버샤프에 정확하게 맞는다"라고 자찬을 아끼지 않았다.

또 다른 샤프펜슬 제조업자는 "18센티미터짜리 나무 연필은 거의 15센티미터 정도가 깎느라 낭비된다"라는 광고를 내보냈다. 광고가 나가자마자 나무 자루 연필을 생산하는 업체의 한 간부가 이 샤프펜슬 회사를 방문해 시범을 보였는데, 그는 새 연필을 연필깎이 기계로 깎은 다음 엄지손가락으로 부러뜨려 부러진 심을 책상 위에 올려놓고, 다시 연필깎이로 깎기 시작했다. 이런 행위를 연필을 다 깎을 때까지 몇 번이고 반복했는데, 책상 위에 올려놓은 부러진 심을 다 연결해보니 연필의 본래 길이와 같은 18센티미터였다. 물론 책상 위에 놓인 심 중에는 뾰족하게 깎다가 부러진 것도 많았지만 어쨌거나 광고를 냈던 샤프펜슬 업체는 문제의 광고 내용을 바꾸는 데 동의했다. 이 샤프펜슬 업체는 1920년대에 월사가 가장 눈여겨볼 만했던 한 경쟁업체가 자주 사용하던 주제로 광고 방향을 바꿨다. 잉거솔 레디먼트사Ingersoll Redipoint의 광고는 자사 사장을 고집스레 "과거 로버트 H. 잉거솔 앤드 브로라고 불렸던 Wm. H. 잉거솔"이라고 불러 눈에 띄었다. 이 회사 광고 또한 18센티미터짜리 나무 자루 연필과 레디먼트 심이 완벽하게 길이가 같지만, 전자가 버려지는 몽당연필 8센티미터, "지저분함, 시간 낭비, 쓰레기"를 만들어내면서 깎느라 버려지는 5센티미터, 그리고 필기에 사용되는 단 5센티미터의 심으로 이루어진 반면(5센트를 주고 사고서도), 레디포인트 심은 그런 단점이 전혀 없을뿐더러 레디포인트 심 5센티미터 정도를 "일반 샤프펜슬에 넣어 쓰면 약 2배는 오래 쓸 수 있"는데, 그 비용은 단 1센트에 불과함을 강조했다. 연필을 쓰던 대중들 사이에서 연필깎이 기계에 대해 연필 제조업자들의 음모라고 불만을 토로하는 경우가 발생하기 시작한 것을 보면 이런 광고에 소비자들도 솔깃했던 것 같다.

이 같은 광고의 핵심 주제인 '낭비'는 법무부와 미 연방 상업위원회의 독점 방지 조사를 비꼬는 주제가 되기도 했다. 이 반독점 조사를 통해 나무 자루 연필업자들과 연필깎이 생산업자들 간의 야합을 밝혀내는 방대한 양의 보고서를 남기는 데 몇 년간의 조사 기간과 수백만 달러의 비용이 들어갔다. 야합한 업체들은 샤프펜슬용 심처럼 매끈한 형태로 깎이는 연필깎이 기계 대신에 '사악한' 의도로 만들어진 연필깎이 기계를 만들어 판매함으로써 사람들이 "어쩔 수 없이 이 기계를 쓰도록 만들고, 이 기계는 나무 자루 연필을 헤프게 쓰도록 만들어 또 어쩔 수 없이 사람들이 연필을 많이 사게 만들었다." 이 불법적인 트러스트의 자금은 "목재 거물인 퍼시픽 노스웨스트Paific Northwest"가 댔는데, 이들 때문에 미국인들이 필요로 하는 양보다 무려 182.6836퍼센트나 더 많은 나무 자루 연필이 만들어져 팔렸다.

우스운 일인지 심각한 일인지는 모르겠지만, 아무튼 경쟁적인 상황은 나무 자루 연필업체들도 자체 모델로 샤프펜슬을 생산해 판매를 하고 다른 모델의 샤프펜슬에도 맞는 '가느다란' 연필심을 생산하도록 촉발시켰다. 일례로 아메리칸 연필회사는 성공한 브랜드인 비너스 드로잉용 연필을 등에 업고 비너스 샤프펜슬을 판매하면서 심까지 연계해 팔았다. 새롭게 연필산업에 진출한 신규업체들은 특히 염가의 샤프펜슬로 판촉했다. 연필 영업사원 찰스 웬Charles Wehn은 1919년 거북이 등딱지를 모방한 부러지지 않는 빗을 보고 펜이나 연필을 그 빗 재료로 만들면 좋겠다는 아이디어를 떠올렸다. 그 재료는 뒤퐁Du Pont사가 새로 개발한 피랄린Pyralin이라는 물질이었다. 피랄린은 경질고무나 금속 등 그때까지 재료로 이용되던 다른 물질보다 훨씬 값이 쌌다. 웬은 가볍고 색상이 다양하며 값이 싸고 균형 잡힌 '미래형' 연필을 디자인했다. 1921년에는 캘리포니아주 알라메다Alameda에 리스토 연필회사 Listo Pencil Company를 설립했는데 리스토는 스페인어로 '준비된'이라는 뜻이다. '리스토' 샤프펜슬은 단돈 50센트에 살 수 있었다.

미국 내는 물론 국외에서 연필심을 판매하기 위한 경쟁이 가중되고 있는 가운데, 1923년 애틀랜타에 있는 스크립토 제조사Scripto Manufacturing Company는 10센트짜리 샤프펜슬을 생산하기 시작했다. 이는 1차 대전 이후 미국 내에 유일하게 남아 있던 연필심 회사인 모기업을 위한 조치였다. 생산 전략은 우수한 품질의 연필을 만들어내되 꼭 필요치 않은 부분은 제거하고 불필요한 장식도 없애는 것이었다. 이 연필의 도매가를 5센트로 결정하고 순수 재료비로 드는 비용 2센트를 제외하고 자루당 약 3센트를 가지고 생산비, 광고비, 회계비용, 일반 경비에 이윤까지 충당해야 하는 형편이었다. 더욱이 샤프펜슬 제작에는 시계 제작과 맞먹는 정밀성이 요구됐는데, 애틀랜타에는 그런 정밀 기술자가 없었다. 그래서 공구 및 금형 제작자들을 북부 지역에서 불러들일 수밖에 없었다. 설비가 갖춰지자 샤프펜슬과 심을 포장하는 등의 일을 어떤 부류의 노동자에게 맡길 것인가 하는 문제가 남았다. 스크립토 제조사 부사장은 1928년에 이에 대해 다음과 같이 기록했다. "우리는 흑인 남성을 고용하기로 결정했다. 흑인 남성의 임금이 백인 여성보다도 낮았기 때문이다. 그런데 어떤 사람이 그러면 흑인 여성을 쓰는 게 더 낫지 않느냐는 아이디어를 내놨다." 결국 직원의 85퍼센트에 해당하는 200여 명이 흑인 여성으로 채용되었다. 처음에 스크립토사는 샤프펜슬 1자루를 생산하는 데 12센트 이상의 비용을 들였지만, 1928년부터는 5센트짜리 샤프펜슬로 많은 돈을 벌어들였다. 노동자 대부분을 여전히 흑인 여성들이 차지하고 있을 때인 1964년 마틴 루터킹 목사를 비롯한 민권운동가들은 전국적으로 스크립토 제품 불매운동을 폈다. 불매운동은 스크립토 제조사가 노조를 인정하고 나서야 겨우 끝났다.

샤프펜슬 값이 저렴해지면서 품질은 향상되자 나무 자루 연필에 심각한 위협이 되었다. 대규모 연필회사들은 국외 시장을 확장하면 됐지만, 영세 연필업체들은 그러한 대안조차 세울 수 없었다. 로웰 연필사 Lo-well Pencil Company는 한때 연필을 1그로스 이상 구입하는 사람들에게 젬 연필깎이를 사은품으로 끼워주기도 했다. 대공황 때는 어느 회사나 비용 절감에 부심하여 어떤 은행은 직원들에게 샤프펜슬 1자루와 샤프심 한 통씩을 지급하고 심을 다 쓰면 자비로 사서 쓰게 했다.

제2차 세계대전 때까지 샤프펜슬 제조업체들은 미국 내에서만이 아니라 해외로부터도 극심한 경쟁에 시달리게 되었다. 1930년대 말 독일, 일본, 프랑스는 아르헨티나 등지의 주요 샤프펜슬 수출국이었다. 미국 제품들은 일제와 경쟁력을 확보하기 위해 샤프펜슬 1자루당 7센트 내지 8센트의 가격을 유지해야만 했다. 1946년 스크립토사는 자사를 "세계에서 가장 많이 팔리는 샤프펜슬 제조업체"로 선전했다. 그러나 이 회사의 가장 싼 제품조차도 1자루에 20센트나 했다.

"신기한 기계 장치라기보다는 필기도구로서 최초의 샤프펜슬"로 기억되는 에버샤프는 여전히 미국 내 매출 1위를 지키고 있었지만, 그 생산업체인 월사는 만년필 생산까지 업종을 확장했다가 실패했다. 한편 월사의 샤프펜슬심 사업은 이윤이 많았으나 경쟁이 가중되면서 시장 점유율이 위축되었다. 1939년 월사의 새로운 임원진은 대량 판매에 성공한 시퍼앤드파커Sheaffer and Parker사의 "참신한 판촉 방식"인 펜과 연필 세트 판매에 대응해야 했다. 에버샤프 역시 사무실용 샤프펜슬 시장을 상당 부분 장악한 오토포인트Autopoint의 거센 도전을 받고 있었다. 이 정도 도전으로는 부족하다는 듯이 곧이어 미 연방 상업위원회가 "몇 년이나 평생 정도가 아니라 영원히 품질을 보장한다"는 에버샤프 샤프펜슬 광고에 문제를 제기했다. 연방 상업위원회는 영원무

궁한 보장보다는 사업을 유지하는 한 35센트짜리 샤프펜슬의 고장 수리를 실질적으로 약속하는 편이 낫다고 주장했다.

1944년《소비자 조사지Consumers' Research Bulletin》는 "가격이 매우 높은 일부를 제외한 거의 모든 샤프펜슬의 품질이 떨어진다"고 보도했다. 제2차 세계대전 전에는 25센트면 살 수 있던 "상당히 좋은 품질"의 샤프펜슬들을 이제는 도저히 그 가격으로는 살 수 없으며, 그 정도 품질이면 못해도 1달러는 줘야 했다. 이 잡지가 추천한 유일한 샤프펜슬은 오토포인트였는데, 이 상표의 일부 모델들은 직경 0.9밀리미터 정도의 '미세' 혹은 '초미세' 심을 끼워 쓸 수 있었다. 이 모델들은 비록 색연필용 심을 끼워 쓰면 막힐 때도 있었으나, 회전식으로 심을 밀어 쓰는 "이 분야 최고의 간편한" 샤프펜슬로 평가받았다. 1936년에 생산된 에버샤프 모델은 샤프 뒤의 버튼을 눌러서 심을 밀어 쓰는 클러치 방식으로 심 하나로 6개월을 쓸 수 있다고 선전했다. 그러나《소비자 조사지》는 이 모델이 사각심만 쓸 수 있으며, 심 두께도 1밀리미터로 "너무 굵어 구식 나무 자루 연필을 잘 갈아 쓰는 것보다 못하기" 때문에 과도기적인 모델이라고 평가했다. 에버샤프의 작동 방식은 오늘날의 샤프와 유사한 클러치 방식이었지만 당시로서는 심을 물어서 밀어내는 클러치의 힘을 견뎌내려면 심이 굵어야만 부러지지 않았다. 기타 버튼식 샤프펜슬로서 제도용이 아닌 필기용 모델로서 이 잡지의 추천을 받은 것은 하나도 없었다. 그 당시 심 용기 안에 4색 심을 동시에 넣고 사용할 수 있는 신기한 샤프펜슬로 알려진 노르마Norma 모델도 많이 팔리기는 했지만 "부피가 크고 다루기 나빠서" 이 잡지의 추천을 받지는 못했다.

샤프펜슬 업체 간의, 그리고 샤프펜슬과 나무 자루 연필 간의 경쟁이 1950년대까지 계속되자 미 연방 상업위원회는 "공정한 경쟁 환경 조성을 위한" 규정을 서둘러 제정했다. 당시까지도 업체들은 광고를 통해 늘 하던 주장을 계속해왔다. 일례로 오토포인트는 동일한 필기 분량을 놓고 비교해보면 샤프펜슬이 나무 자루 연필보다 비싼 게 아니라고 광고를 했다. 거기다가 "연필 1자루당 평균 30회 정도 깎아 쓰게 되는데, 한 번 깎는 데 보통 1분이 걸리니까 1자루당 30분이 소요되는 것이다. 시간당 임금을 1달러로 계산하면 나무 자루 연필 1자루에 50센트의 추가 비용이 드는 것이나 마찬가지다. 물론 이때 연필깎이 구입 비용은 별도"라고 덧붙이기도 했다. 그런데 나무 자루 연필을 생산하는 업체들 입장에서는 일반적으로 연필 1자루당 깎아 쓰는 횟수가 17회 정도라고 주장하고 있었다는 사실은 일단 제쳐둔다 하더라도, 오토포인트가 수십 년간 주장해온 내용 중에는 막힌 샤프 심을 제거하거나 심을 갈아 끼우는 데 걸리는 시간이 얼마인지에 대해서는 일언반구도 없다는 데 주목해야 한다. 1920년대에는 심을 갈아 끼우는 데 20초밖에 걸리지 않는다는 점이 샤프펜슬의 셀링 포인트였다.

1970년대에 미국에서는 200여 개의 업체가 1년에 20억 개의 필기도구를 생산하는 데 약 2,000만 파운드의 플라스틱을 소비했다. 플라스틱 공급업체들은 "셀로판 수지나 폴리스티렌 수지가 이미 성공적으로 그 역할을 하고 있는 샤프펜슬 시장에서 최상급의 공업용 합성수지가 자리를 잡을 수 있을까?" 하는 등의 가능성을 타진하면서 자기들끼리 또 경쟁을 하고 있었다. 매년 6,000만 자루 이상의 샤프펜슬이 판매되는 가운데 최고의 인기를 누린 신제품은 훨씬 가늘어진 '미세심'을 사용할 수 있는 샤프펜슬이었다. 이 심의 직경은 0.5밀리미터였는데, 제도 샤프펜슬용으로 이미 1961년부터 쓰이던 것이었다.

초미세형 심의 기원은 0.3밀리미터짜리 심을 생산한 일본에서 비롯되었다. 그런데 독일인들도 곧 초미세형 심 생산 기술을 배웠다. 점토를 혼합해 만드는 세라믹심은 그렇게 가늘게 만들 수 있을 만큼 강도가 높지 못했다. 따라서 플라스틱을 혼합하는 중합 과정을 거쳐야만 가늘고 강도 높은 심을 만들 수 있었다. 중합체 심이 내부에 걸리는 힘이나 가볍게 눌러 쓰는 힘을 견딜 정도의 강도를 갖추기는 했으나, 《소비자 조사지》는 '미세심' 샤프펜슬보다는 0.9밀리미터짜리 크로스Cross 샤프펜슬을 "만족할 만큼의 가늘기와 쓰다가 부러지지 않을 만큼의 튼튼함 사이의 합리적 조화를 이룬 심"이라고 아주 강력하게 추천했다.

1980년대 중반 스크립토사는 쓰고 버리는 플라스틱 샤프펜슬인 옐로 펜슬Yellow Pencil을 시장에 발표했다. 스크립토사는 0.5밀리미터짜리 심을 사용하는 이 샤프펜슬이 연간 1,000만 개씩 팔릴 것이라 기대했다. 연필의 뒷부분으로부터 심을 밀어 쓰도록 만든 샤프펜슬 또는 자동 연필automatic pencil이 1985년 전체 시장에서 1억 자루 정도 팔렸다. 파버카스텔사를 비롯한 몇몇 회사들은 필기 행위 자체만으로 아주 가느다란 심이 밀려 나오도록 만든 진정한 의미의 샤프펜슬을 만들어 팔기 시작했다.

18

연필 시장 개척사

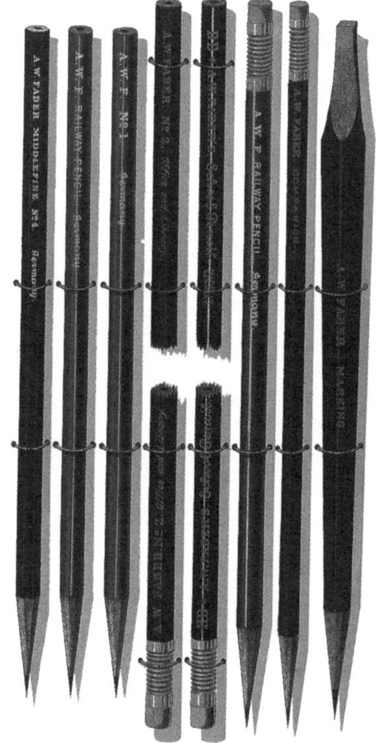
A.W.FABER MIDDLEFINE. Nº4. Germany
A.W.F. RAILWAY PENCIL Germany
A.W.F. Nº1 Germany
A.W.F. RAILWAY PENCIL Germany
A.W.FABER MARKING

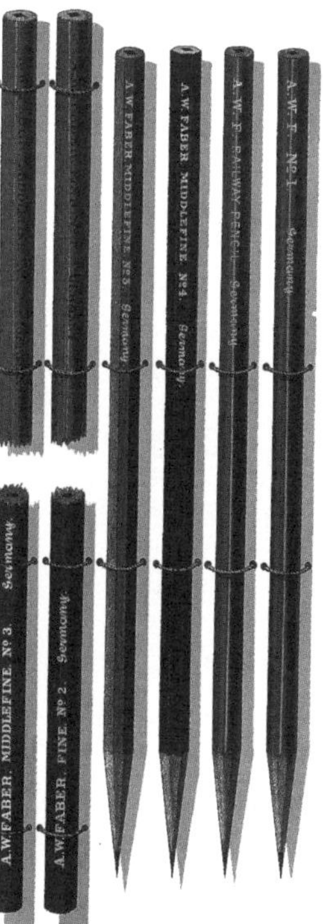
A.W.FABER MIDDLEFINE. Nº 3. Germany
A.W.FABER. FINE. Nº 2. Germany
A.W.FABER MIDDLEFINE Nº3. Germany
A.W.FABER MIDDLEFINE Nº4. Germany
A.W.F. RAILWAY PENCIL Germany
A.W.F. Nº1 Germany

공학자란 아둔한 사람이 2달러 들여 할 일을 1달러만으로 해내는 사람이라는 말이 있다. 상징적인 의미로 이해되는 이 말은 모든 재치 있는 경구들이 그렇듯이 진실의 일면을 내포하고 있다. 우리가 엔지니어링, 즉 공학의 상징으로 논하고 있는 연필 만들기는 성공적인 제조업에 있어서 엔지니어링 경제학이 추구하는 바를 보여주는 훌륭한 예가 된다. 19세기 초반 우수한 영국제, 프랑스제 또는 독일제 연필을 구할 수 없었던 미국에서는 그나마 국산 연필이나 긁힘이 있는 연필이라도 없는 것보다는 나았다. 반면에 초기 연필 제조업자들은 가격이 비싸더라도 질 좋은 연필을 만들 수만 있다면 그게 더 이익이 남는 일이라고 생각했다. 연필 이용자들 중 특히 화가나 건축가, 설계사들처럼 연필로 종이에 표시하거나 나무에 자를 부분을 표시해야 하는 사람들은 좋은 재질의 나무 자루에 질 좋은 흑연심을 넣은 연필에 기꺼이 비싼 값을 치른다. 존 소로와 그 아들 헨리 데이비드 소로는 이러한 사실을 인식하고 있었다. 그들은 수입 연필만큼 질 좋은 연필을 만든다면 반드시 성공하리라는 사실을 알았다. 비록 그들이 만든 연필이 다른 국산 연필들보다 비싸긴 했지만 소로 가문에 정말 성공이 찾아왔다. 그러나 소로 가문의 번창은 19세기 중반 독일 연필산업이 미국 시장을 잠식할 때까지 이어졌을 뿐이다. 에드워드 에머슨이 회상하듯이 독일 연필산업이 미국에 진입하자 상황은 급변했다.

> 1849년 영국 여인이 운영하던 보스턴에 있는 신식학교에 다니던 친구가 있었는데, 친구 말에 따르면 미술 선생님이 학생들에게 "미술 도구상에 가서 '소로 연필 주세요'라고 해라. 소로 연필이 제일 질이 좋으니까 말이다"라고 말했다고 한다. 당시 소로 연필은 1자루에 25센트씩 했다. 헨리 소로는 최고의 연필 생산에 성공하고 나서는 이에 대해 파버사 연필과는 경쟁할 수 없다고 말했다. 그들은 1그로스에 6달러(1자루당 4센트)를 받았다고 한다.

이를 다시 해석해보면, 1849년에 소로 가문은 독일에서 만들어 배에 싣고 미국에 와 이윤을 붙여 파는 연필보다 싼 연필을 만들 수 없었다는 이야기다. 소로 가문 사람들도 적절한 가격대에서 최고 품질의 연필을 생산하는 데에 전념한 훌륭한 공학자들이었지만, 독일의 공학자들은 한 수 위였다. 1840년대 독일인들은 이미 콩테 공정을 확실하게 익히고 대량 수출까지 했다. 파버사는 설비 및 조업 규모가 컸으며, 규모의 경제성이 주는 이점이 있었기 때문에 소로 가문이 8센트 이하로는 도저히 공급할 수 없었던 연필을 4센트에 팔았다. 소로 가문은 우수한 품질의 연필을 만드는 방법에 대한 기본적인 이해가 있었기 때문에 가족 단위 사업을 대규모 생산업체로 확장시켜 경제적 이익을 추구했다면 당시 전 세계에서 최고로 인정받고 있던 독일 연필을 대체할 만한 훌륭한 연필을 좀 더 싼 가격으로 생산하거나 적어도 다른 외제 연필보다는 싼 연필을 만드는 데 성공할 수 있었을 것이다. 그러나 사업 규모의 확장은 우선 자본이 있어야 하고 설비 투자의 확대, 대량의 생산량 증대가 따라야 가능한 일이었다.

헨리 데이비드 소로는 본격적으로 사업에 뛰어드는 성격은 아니었으며, 그의 아버지도 거물이 되겠다는 야망은 없는 온건한 사업가였다. 그러나 그들이 원했다면 자본을 증자할 수도 있었을 것이다. 1840년대 당시 미국에서는 아무도 갖지 못했던 것, 즉 흑연 가루로 질 좋은 연필심을 만드는 그들만의 비밀 공법을 가지고 있었기 때문이다. 게다가 호러스 호스머의 말에 따르면, 적어도 아버지 소로는 그 지역에서 존경받던 인물이었다. "존 소로는 청렴하고, 세련되며, 지적인 사람이다. 그의 겸양 속에 숨어 있는 덕망은 세금을 매길 수 있는 콩코드 전 지역의 재화들보다 훨씬 값진 보석과도 같다. 그의 유일한 죄는 다른 나라들의 연필 생산 공정에 대한 지식을 혼자만 알고 있었다는 점이다." 호스머는 한 인터뷰에서 자신의 이러한 주장을 다시 한 번 강조했다. "아버지 소로는 자신의 공정을 매우 비밀시했다."

그러나 순도 높은 흑연 자체를 파는 일이 더 이윤이 커져 연필 제조업은 간판에 불과하게 되자, 연필 제조 공법의 비밀을 자본화하여 돈을 벌 것인지 여부를 재고하게 되었다. 에드워드 에머슨의 말에 의하면, 당시 개발되어 보스턴 일대에서 이용되던 전기 제판 인쇄술 공법 역시 1840년대 말까지 비밀이 유지되었다고 한다. "소로사가 생산한 흑연이 최상의 품질이라는 것을 알고 있는 한 전기 제판 인쇄업자가 존 소로에게 상당량의 흑연을 주문했다. 소로는 흑연 생산법 비밀을 지키는 데 매우 신중했기 때문에 인쇄업자는 흑연의 용도를 숨겼다." 처음 소로는 흑연 1파운드에 10달러를 받았으나, 나중에는 2달러로 값이 떨어졌다. 그럼에도 1년에 500파운드씩은 팔았다. 소로 가문은 이 흑연의 용도를 알게 되자 여러 회사에 흑연을 판매하기 시작했다. 소로 가문의 흑연 판매 사업은 아버지 존 소로와 헨리 데이비드 소로가 죽고 나서 안주인이 회사를 다른 사람에게 팔 때까지 계속되었다. 흑연 사업의 이윤이 훨씬 컸고 독일 연필산업과의 경쟁이 가중되었기 때문에 "1852년이 지날 때까지 연필은 극히 소량만 생산하고 보다 이윤이 큰 흑연 사업에 은밀히 치중했다. 비밀이 노출되면 사업이 망할 우려가 있었기 때문이다." 외국과의 경쟁에 영향을 받은 게 소로 가문만은 아니었다. 프랜시스 먼로Francis Munroe가 번창하던 아버지의 연필 사업을 이어받은 것은 1848년이었다. 그러나 5년이 지나자 사업이 어려워졌다. "독일 연필업체들은 자신들이 직접 경영하는 회사를 뉴욕에 세웠다. 그들의 훌륭한 기술과 수입된 값싼 노동력이 갖는 경쟁력은 미국 업체들을 심각하게 압박했다."

이러한 환경 때문에 먼로는 매사추세츠주에서의 연필 사업을 그만두고 버몬트로 옮겨 가 목재 사업을 시작했다. 먼로와 소로 가문의 이야기는 공학의 목표와 사업의 목표가 현실 세계에서 겪는 갈등을 생생하게 보여주는 축도이다. "가능한 한 가늘게 만드는 데에만 목적을 두고 연필 만들기: 다른 연필과 비교해 좀 더 품질 좋고 가격 조건이 유리한 연필 만들기: 사업가로서 먹고살기 위해 연필 만들기: 경쟁에서 우위를 차지하기 위해 공정의 비밀을 유지하며 연필 만들기: 좀 더 이윤이 큰 다른 사업을 은닉하기 위해 표면적으로만 연필 만들기: 예술가, 공학자, 저술가 등 모든 분야의 사람들을 위해 품질 좋은 연필을 만드는 사회적 · 문화적 선善을 위한 연필 만들기" 등 이 모든 행위를 보면 '연필 자체의 100퍼센트 완벽성 추구'라는 순수한 의미를 가진 공학이란 현실적인 인공물로서든 이론적으로든 아무튼 존재하기 힘들다. 순수한 공학이란 무책임한 일이거나 취미로서나 가능하기 때문이다. 공학이란 응용과학이라기보다는 과학적인 사업이다. 에드윈 레이턴Edwin Layton이 이를 다음과 같이 간단명료하게 설파했다.

> 공학자는 과학자인 동시에 사업가다. 공학은 과학적 전문업이지만 공학자의 작업 성과는 실험실에서 평가되는 것이 아니라 시장에서 평가된다. 과학과 사업 양쪽 모두 서로 반대 방향에서 공학자를 자기 쪽 사람이라고 주장하며 끌어들이려 한다. 이에 따라 제3자인 소스타인 베블런Thorstein Veblen은 "과학과 사업 사이에서 발생하는 어쩔 수 없는 갈등이 공학자들로 하여금 사회 변혁의 역할을 해내도록 떠민다"고 했다.

헨리 데이비드 소로는 전문 공학자는 물론, 어떤 분야에서든 전문가가 되기를 열망했던 것 같지는 않다. 그는 무엇보다도 개인적 인권을 소중하게 여기는 사회적 의식이 강했던 인물로 보이며, 그러한 성향이 그의 사고를 지배했던 것 같다. 소로를 사상은 없고 계산만 있는 "연필의 선구자" 혹은 "연필심의 선구자"라고 정형화해 규정하는 것은 그의 여러 측면 가운데 한쪽 극단만을 부각시키는 지엽적인 행위다. 전문적인 공학자였든 그렇지 않은 공학자였든 간에 엄청나게 많이 존재했던 공학자들은 사실 말할 필요도 없이 과학자와 사업가 사이의 중간적인 존재였다.

공학과 사업은 끊임없이 행복하고 상호 이익이 되는 방식으로 함께 해왔다. 공학과 사업 사이의 이러한 '결혼'을 우리는 산업이라고 부른다. 공학자들이 작성한 설계가 현실화시키고 싶다거나 뒷돈을 대주고 싶다거나 하는 사업적인 흥미를 유발하지 못하는 한 설계 그대로 남아 있을 수밖에 없는 것이다. 반대로 사업가들의 경우 공학에 투자를 하지 않으면 결국 제품 판매가 부진해지거나 제품이 구식으로 전락한다는 사실을 알게 될 것이다. 산업에 위협이 되는 요소는 상품화될 수 없는 공학자들의 익살스러운 발명품이나 공학에 투자하지 않은 바보들이 아니라 경쟁적인 현실이다. 한 공학자가 무언가를 1달러에 완성했다면, 곧이어 다른 공학자는 99센트에 만들 수 있는 방법을 개발한다. 이것이 바로 티끌 모아 태산이다.

불모지 소련으로 진출하다

1921년 여름, 젊은 내과의사 아먼드 해머Armand Hammer는 전후 극심한 물자 부족을 겪고 있는 소련에 약품과 화학물품을 선적해 보내는 사업을 추진하기 위해 뉴욕에서 모스크바로 갔다. 그는 가뭄과 흉년으로 피폐해진 볼가 지역 이주자들을 위한 의료 구호 사업도 계획 중이었다. 우랄 산맥을 여행하면서 그의 눈에 가장 먼저 들어온 것은 물론 기아였지만, 소련의 뒤처진 산업과 경기 침체 상황도 볼 수 있었다. 유럽의 소련 경제 봉쇄 기간 동안 소련은 광물, 모피, 보석 등을 대량으로 보유하고 있었으나 이러한 자원들을 식량이나 좀 더 유용한 상품으로 교환할 사업을 이끌어내지 못했다. 해머는 즉시 미국 곡물을 소련으로 선적할 채비를 했다. 배들은 페트로그라드(구소련의 레닌그라드)에 곡물을 하역한 다음 소련 물건을 잔뜩 싣고 돌아왔다. 이렇게 해서 이후 오랫동안 지속된 수지맞는 장사가 시작된 것이다.

그의 이런 과단성 있는 행동은 레닌의 관심을 끌어 크렘린 궁으로 불려가기도 했다. 해머는 이에 대해 다음과 같이 밝혔다.

> 레닌이 말했듯이 미국과 소련 두 나라는 상호 보완적이었다. 소련은 막대한 보물을 개발되지 않은 자원의 형태로 보유하고 있는 낙후된 땅이었다. 미국은 소련에서 원료를 구입하고 생산 기계류의 판로를 찾을 수 있었다. 무엇보다도 소련은 미국의 기술과 공정, 공학자와 자신들을 교육시켜줄 사람들을 필요로 했다. 레닌은《사이언티픽 아메리칸》지 한 권을 집어 들었다. 그는 빠르게 페이지를 넘기면서 이렇게 말했다. "바로 이것이오. 이게 바로 당신들이 이룩한 것들이오. 빌딩, 발명, 기계, 인간의 손을 대신해 도와주는 발명품들, 이런 게 바로 발전이지요. 현재 우리 러시아는 당신들의 개척 시대 정도밖에 안 됩니다. 우리는 오늘날의 미국을 가능케 했던 지식과 정신을 필요로 하고 있습니다." 그의 목소리는 점점 힘 있게 울려 퍼졌다. "우리에게 진정 필요한 것은 우리의 바퀴를 다시 돌릴 수 있는 미국의 자본과 기술적 도움입니다. 그렇지 않습니까?"

아먼드 해머는 레닌의 말에 강하게 동의했다. 레닌은 계속해서 소련은 산업 및 상업적인 권리를 외국에 제공함으로써 경제 회복을 가속화하고 싶다면서 해머에게 이에 관심이 있는지 물었다. 해머는 기차를 타고 올 때 광산 공학자가 말한 석면이 생각나 이에 대해 레닌에게 말했다. 레닌은 이렇게 답변했다. "그럼 당신이 석면 채굴권을 갖는 게 어떻겠소?" 해머가 채굴권 계약이 타결될 때까지 겪게 될 번거로운

아먼드 해머(1898~1990).

절차를 우려하자 레닌은 "절대 번거로운 행정 절차를 겪게 하지 않겠다"고 약속했다. 과연 복잡한 행정 절차는 생략됐고, "믿기 힘들 만큼 빠른 속도로" 진행되었다. 해머는 미국 최초의 소련 자원 채굴업자가 되었다. 그는 크렘린을 가로지르는 강가의 호사스런 영빈관에서 전에는 꿈도 못 꿨던 훌륭한 포도주를 즐기고 있는 자신을 어느 날 갑자기 발견했다. 해머가 소련에 발을 내디딘 지 3개월도 안 돼 레닌과 소련의 관리들은 채굴 계약 조건들에 서명했다. 이 조건은 해머에게 건물을 주고, 재산을 보호하며, 소련에 자유롭게 입출국할 수 있는 권리를 주는 것이었다. 뿐만 아니라 러시아 안에서의 긴급 운송권과 전보를 마음대로 칠 수 있는 전신전화국 출입권을 부여하고, 진행을 가로막는 것은 이유 불문하고 제거한다는 내용이었다.

소련은 농업 기계화를 위해 상당량의 트랙터가 필요할 것이라고 확신한 해머는, 전쟁 전 한때 러시아 남부에서 포드 대리점을 운영한 적이 있는 삼촌과 상의했다. 해머의 삼촌은 포드사는 볼셰비키들에 대해 관심이 없을 것이라고 생각하면서도 디트로이트Detroit에서 해머와 포드의 만남을 주선했다. 포드는 러시아 트랙터 시장의 잠재성을 높이 평가하면서도 소련에 새 정권이 들어설 때까지 기다리고 싶어했다. 그러나 해머로부터 가까운 장래에 정권 교체가 이루어지지 않을 것이라는 확신을 얻자, 젊은 해머에게 전 포드 제품의 소련 대리점 운영권을 주었다. 해머는 포드 자동차와 포드슨 트랙터, 포드 제품을 홍보하는 필름을 가지고 소련으로 돌아갔다. 그는 포드에게서 러시아 사람들을 미국 공장에 초청해 자동차와 트랙터 생산 기술을 가르치겠다는 약속도 받아냈다. 수출입업을 한 지 2년이 지난 어느 날 해머는 소련의 대외무역부 장관 레오니드 크라신Leonid Krasin으로부터 이제부터는 소련 정부가 직접 해외 무역을 담당할 것이긴 하지만 다른 사업을 하는 것은 아직 가능하다는 말을 들었다. 해머는 크라신에게 영국제 배를 소련에 팔고 싶다고 제의했다. 그러나 그에게서 소련은 영국제를 수입하는 것보다 싼 비용으로 배를 건조할 능력이 있다는 말을 듣고 실망했다. 크라신은 "러시아가 정말 필요로 하는 것은 공업 생산품이다. 당신은 공업 제품에 관심을 돌리는 것이 좋을 것이다. 우리가 마땅히 생산해야 되는데도 외국으로부터 수입할 수밖에 없는 상품 종류가 무척 많다"고 덧붙였다.

해머는 생각해보겠다며 "크라신 씨의 제의를 신중히 고려하겠다"고 대답했고, 우연히 수출 품목을 결정하기까지 수출 품목을 선정하는 문제로 계속 고심했다. 해머의 말에 따르면 다음과 같다.

> 문방구에 연필을 사러 갔는데 점원이 미국에서는 1자루에 2센트 내지 3센트 하는 보통 연필을 보여주더니 놀랍게도 50코펙(26센트)이라고 했다. 나는 "제가 찾는 건 잘 지워지지 않는 연필입니다"라고 했다. 그는 처음에는 없다고 머리를 흔들더니 나중엔 안돼 보였는지 "외국인이시니까 특별히 하나 드리죠. 원래는 재고가 워낙 부족해서 종이와 습자책을 사는 특별 고객한테만 파는 게 우리 원칙입니다"라고 했다. 그러고서 그는 창고에서 평범한 연필을

1자루 꺼내 왔는데, 그 가격이 무려 1루블(52센트)이나 했다. 나는 몇 마디 물어보고는 모든 연필을 독일에서 수입해야 할 만큼 공급이 엄청나게 달린다는 사실을 알게 되었다. 전쟁 전 모스크바에 독일인이 운영하던 소규모 연필 공장이 있었는데, 조업을 그만둔 상태였다. 소련은 이 공장을 국영 연필 공장으로 확장하겠다는 계획을 세워놓았지만, 1925년 여름 당시 소련은 계획 단계에서 더 이상 진전시키지 못하고 있었다. 나는 '이게 기회구나'라고 생각했다.

연필 공장을 시작하겠다는 해머의 제의는 흔쾌히 받아들여졌다. 그러나 연필을 만드는 일은 "독일의 독점적인 일"이라는 통념 때문에 회의론도 있었다. "수십 년간 독일의 위대한 파버 연필 공장에서 수입해 온 것과 같은 필기구"를 하나도 생산하지 못했던 당시 소련의 국영 연필 공장은 조업을 시작하는 데 어려움을 겪고 있었다. 따라서 국영 연필 공장 주도자들은 미국인이 운영하게 될 경쟁적인 연필 공장의 설립을 반대했다. 그러나 해머는 현금 5만 달러를 보증금으로 내놓고 12개월 안에 연필 공장을 가동하겠으며, 조업 첫해에 100만 달러 상당의 연필을 생산하겠노라고 약속했다. 소련 정부로서는 전 국민을 읽고 쓸 수 있게 교육시키겠다는 정책 목표를 이미 세워놓은 상태였으므로 해머의 제안에 솔깃하지 않을 수 없었으며, 거부할 이유가 없었다. 소련에서는 기록적인 기간인 3개월 반 만에 정부 승인이 떨어져 1925년 10월에 계약이 타결되었다. 그러나 해머는 연필을 만드는 "기초조차 몰랐기 때문에" 우선 뉘른베르크로 갔다.

기술자 스카우트 작전

해머는 처음 소련에 갔을 때 여행의 즐거움보다 사업 생각에 골몰했듯이 이번에도 공학보다 사업이 우선이었다. 그런데 이번에는 사업 자체를 곤경에 빠뜨릴 정도로 그 도가 지나쳤다. 소련 관료들 면전에서 연필을 만들겠다고 약속하기는 쉬우나 실제로 연필을 만들어내는 일은 그렇게 쉽지 않았다. 좋은 연필 만드는 법을 실제로 배운다는 것 역시 말처럼 그렇게 쉬운 일은 아니었다. 뉘른베르크에서는 1920년대 당시 첨단 기계로 연필을 만들었는데, 이는 사업 비밀이었기 때문이다. 기계에 대한 비밀을 알아내는 일은 1세기 전에 비해 훨씬 더 어려워졌다. 해머는 장난감의 발상지인 중세 도시 뉘른베르크의 외형과 함께 그곳 기술을 탐지하려는 입장에서 20세기 뉘른베르크의 사회 · 정치적 상황을 서술하고 있다.

> 작은 고도古都 뉘른베르크는 현재 파버 가문과 그 계열사, 또는 협력업체 소유의 최신 연필 공장으로 온통 둘러싸여 있다. 가장 규모가 큰 공장은 뉘른베르크에서 몇 마일 떨어진 외곽의 작은 마을 퓌르트에 자리 잡고 있는 A. W. 파버사 공장이다.
>
> 과거 그 어떤 영주도 퓌르트 지역을 자신의 영지로서 A. W. 파버사만큼 완벽하게 통치하지는 못했을 것이다. A. W. 파버사의 말이 곧 법이며, 자치단체 당국, 경찰, 공공시설 등 모든 것이 그 통제 아래에 있었다. 몇 년 전 A. W. 파버사는 철도와 시내 전차 때문에 파버 직원들이 불편할 뿐만 아니라 평온한 출근길에도 방해된다고 결론을 내렸다. 그 결과 철도는 퓌르트를 그냥 지나치게 되었

> 고, 이곳을 방문하는 외부인들은 마차나 자동차를 이용하거나 걸어가야만 했다.
>
> 다른 연필 공장들 역시 퓌르트에 버금가는 하나의 요새였다. 대부분의 근로자들은 아버지에서 아들로 누대에 걸쳐 같은 공장에 고용되어 일함으로써 힘든 장인의 길을 이어오고 있었다. 그들은 자기 일에는 정통했지만 그 외의 일에 대해서는 아무것도 몰랐다. 파버 가문은 연필 생산의 독점적 위치를 고수하기 위해 열과 성을 다하고 있었으며, 하부 조직들이 자기가 속한 파트 이외의 복잡한 전체 조직에 대해서는 절대 알지 못하게 했다. 전반적인 지식은 파버 가 사람들과 일부 신뢰할 만한 측근들만 알고 있었다.

해머는 뉘른베르크에서 1주일을 보낸 뒤에도 처음 도착했을 때와 마찬가지로 연필 제조에 대해서는 아무것도 몰랐다. 그가 소련과의 계약을 취소할 수만 있었다면 그렇게 했을 것이다. 연필 공장도 다른 공장과 마찬가지로 고정 설비나 기계에 동력과 원료를 투입하면 연필이나 그 밖의 공정 산물이 산출되어 나온다. 어떻게 보면 연필 공장은 퓌르트 주민들에게 생계 수단을 제공하기 위해 존재하는 것 같기도 하다. 그러나 근로자들이 급료와 그들 나름대로 누리는 성취감이나 만족감 등에 비춰보면, 연필 사업이 부산물처럼 보이기도 한다. 만일 러시아에서 연필 공장을 운영한다는 것이 거기에 만족감을 느끼는 근로자들을 비롯해 거대하고 복잡다단한 기계를 갖추고 이 기계들을 효과적으로 작동시켜 수입한 파버 연필보다 싼값으로 연필을 생산하는 일을 뜻한다면, 공장의 설계와 공정 라인 구성은 분명 공학자가 해야 할 공학적인 문제였다. 결국 이 문제에 관한 한 해머는 뉘른베르크 주변에서 그 어떤 도움도 구할 수 없었다.

그러나 완전히 절망적인 상황에서 해머는 그 지역 은행가를 통해 "주요 공장들 중 한 곳에서 핵심적인 역할을 하는" 공학자와 접촉할 수 있었다. 파버사의 연필 기능장인 게오르게 바이어George Baier라는 이 공학자는 과거에도 러시아에 연필 공장을 세우자는 제안을 받은 적이 있었다. 그러나 정치적 상황 때문에 계획은 좌절되었고, 전쟁이 끝날 때까지 러시아에서 오도 가도 못하고 억류되었다. 전쟁이 끝나자 러시아인 아내를 데리고 뉘른베르크로 돌아왔지만 고향에서도 따뜻한 환영을 받지는 못했다. 그는 귀향한 지 몇 년이 지나서야 겨우 연필 공장에 복귀할 수 있었다. 이런 푸대접 때문에 그는 독일 연필업체에 충성할 생각이 없었다. 파버사로부터 매달 200달러의 월급을 받던 그는 연봉 1만 달러에 생산 연필 1그로스당 몇 센트씩 보너스를 받는다는 조건으로 해머의 제의를 받아들였다.

바이어는 해머에게 억울한 대접을 받는 다른 근로자들에 대해서도 귀띔해주었다. 그중에는 25년간이나 독일 공장에서 봉직한 뒤 남미의 신규 연필 공장으로부터 괜찮은 직위를 제의받고 떠나려다 독일 경찰이 이를 허락하지 않는 바람에 10년 동안이나 뉘른베르크시 안에만 갇혀 산 현장 주임도 포함되어 있었다. 이런 사람의 경우 10년이 지난 그때에야 마침내 출국이 허용된다고 해도 이미 이 사람이 알고 있는 기계나 기술은 10년 전의 낙후된 것이기 때문에 산업 비밀로 보기 힘들고, 따라서 남미에서의 효용 가치도 처음만은 못할 것이다. 이러한 개인적인 불행은 기술 그 자체에서 비롯됐다기보다는 기술 관리 때문에 일어났다. 사업가인 아먼드 해머와 공학자인 바이어 둘 다 이러한 사실을 잘 알고 있었다. 그들은 더 높은 임금과 보너스뿐만 아니라 모스크바에서도 훌륭한 자녀 교육이 가능하며 독일 맥주를 맛볼 수 있는(비록 소련 맥주도 맛이 좋다고는 했지만) 등 고향과 똑같은 생활을 보장하겠다는 조건을 제시함으로써 새삼 그런 사실을 깨달은 다른 기술자들을 모집할 수 있었다. 2개월 뒤 공장 설립에 필요한 기술진들이 선정되었고, 연필산업체들이 상당히 축소된 영향력만을 행사하는 베를린에서 여권을 발급받을 수 있었다. 이에 대해 다음과 같은 기록이 있다.

> 연필 기술자들과 그 가족들은 핀란드로 휴가 가는 것처럼 위장하여 뉘른베르크와 퓌르트에만 갇혀 사는 신세에서 벗어났다. 해머는 이들의 러시아 비자를 가지고 헬싱키에서 기다리고 있었다. 기계류도 거의 독일에서 빼돌리다시피 했다. 기계 생산 공장주들은 베를린의 새 공장으로 기계를 보낸다는 바이어와 해머의 주장을 믿고 기계를 팔았다. 해머는 기계 공장에 모든 기계를 분해해서 수송한 다음 베를린에서 복잡한 부품을 재조립할 전문가까지 보내달라고 요청했다. 그랬는데도 그 기계들이 정말로 가는 곳이 어딘지 의심하는 사람은 아무도 없었다. 베를린에 도착한 기계들은 번호가 매겨진 뒤에 모스크바로 선적되었다.

그런데 소련 관리들은 연필 공장에서 강철 펜까지 만들 것을 요청했고, 해머는 다시 기술자들을 모집하기 위해 이번에는 19세기 중반까지 '세계의 장난감 상점'이라고 불리던 영국 버밍엄으로 떠났다. 그런데 그곳 산업 환경도 뉘른베르크와 같이 폐쇄적이었고, "노동자들은 반봉건영주제 아래에서 어릴 때부터 기술을 익힌 사람들이었다." 해머는 이번에는 방법을 바꿔 아예 도착하자마자 현지 신문에 "숙련된 기술자를 데려올 수 있는 공학자를 구한다"는 광고를 냈다.

모스크바로 돌아온 해머는 공장과 기숙사를 세울 적당한 지역을 물색했다. 모스크바 근교 강가에 있는 1평방 마일 정도 넓이의 버려진 비누 공장 터가 적당할 것 같았다. 비누 공장 건물을 개조하고 숙소 건설이 신속히 진행되었으며, 공학자들이 선정한 기계들이 그들의 계획대로 설비되었다. 생산에 들어가기 전 해머는 연간 약 2,100만 달러어치의 연필을 소련으로 수입해 들여왔었다. 그러나 일이 애초 계획보다 반 년 정도 빨리 진행되어 그가 처음 뉘른베르크를 방문한 시점에서 채 6개월도 지나지 않아 연필이 생산되기 시작했다. 처음에는 자루용 목재로 미국산 삼나무를 썼으나 나중에는 시베리아산 삼나무를 이용할 수 있었다.

당시 소련은 연필 수요가 엄청나서 계약 당시의 목표량을 채우는 데 아무 문제가 없었다. 조업 개시 첫 1년 동안 생산량이 계약 조건의 100만 달러어치보다 무려 2.5배나 초과 달성되었다. 2년째에는 연필 가격을 자루당 25센트에서 5센트로 내릴 수 있었다. 소련이 더 이상 해외에서 연필을 수입하지 않게 되자 해머는 실질적인 독점권을 누릴 수 있었다. 생산량이 연간 5,100만 자루에서 7,200만 자루로 늘어나자 생산량의 20퍼센트를 영국, 터키, 페르시아, 극동 지역 등에 수출할 수 있었다. 성공적인 생산은 당연히 이윤으로 보상을 받았다. 해머의 모스크바 문구 사업은 100만 달러를 투자해 투자액의 100퍼센트에 달하는 수익을 첫해에 올렸다. 자본은 순전히 해머의 돈이었으나, 이익은 소련 정부와 5 대 5로 나누었다.

해머가 만든 다양한 연필 중에서 가장 인기 있는 브랜드는 '다이아몬드Diamond'였다. 이 연필은 'A. 해머-소비에트 연방공화국이 허가한 미국업체A. HAMMER-AMERICAN INDUSTRIAL CONCESSION, U.S.S.R.'라는 문구가 찍힌 녹색 상자에 포장되어 판매되었다. 이 연필은 망치와 낫을 교차시킨 모양의 상표를 사용했는데, 망치를 교차시킨 것은 파버 사의 어떤 연필을 연상시켰다. 흐루쇼프Nikita Khrushchev는 글을 배울 때 이 연필을 썼다고 해머에게 말한 적이 있다. 레오니트 브레즈네프Leonid Brezhnev와 콘스탄틴 체르넨코Konstantin Chernenko도 이 연필로 글을 배웠다.

그러나 노동자들에게 보상이나 인센티브를 주지 않고서는 그들로부터 어떤 충성심도 끌어낼 수 없었으며, 제품도 이윤도 생길 수 없었다. 조업 초기 소련 노동자들의 게으름과 나태는 독일인 작업반장들을 안달 나게 했다. 노동자들의 동기를 유발시키는 새로운 제도를 해머가 도입하기 전까지 이러한 사태는 계속되었다.

> 성과급이 도입되자 노동자들은 보통 30분 전에 출근했다. 그래야만 "출발 총성이 울리는 순간"부터 기계 가동 속도를 최대로 유지하며 작업을 할 수 있었기 때문이다. 이제 독일에서 온 우리의 작업반장들은 그들이 독일에 있을 때보다 생산 능률이 떨어진다는 보고서 대신 러시아 노동자들이 독일의 기록을 깨뜨리고 있다는 보고서를 올렸다. 이에 따라 당연히 봉급도 올랐다. 그래도 이윤은 상승했다. 우리는 성과급 도입을 후회할 이유가 없었다.

일하고 싶다는 지원자들도 줄을 섰다. 사업은 번창하여 1929년 말에 이르면 1개의 공장이 5개의 공장군으로 성장했고, 생산 품목도 연필뿐만 아니라 관련 제품으로까지 확대되었다. 당시 한 영국인의 증언에 따르면 볼셰비키 당적이 없는 러시아인에게 해머의 공장 취업은 그러한 약점을 감추는 보장된 수단이었다고 한다. 그러나 익명을 보장해준 것은 아니다.

> 교수, 작가, 장군, 전 기업체 사장, 전 정부 관료, 귀족 가문의 마님들이 재단 기계나 심 넣는 기계 앞에서, 마무리 작업장이나 포장실에서 천한 산업 노동자들과 나란히 앉아 일을 했다. 그들의 유일한 소망은 직장에 계속 다니기 위해 신상을 감추고 과거의 모든 기록을 없애는 것이었다. 그러나 정부의 요원들이나 끄나풀들은 끊임없이 그들의 가문과 전력을 추적했으며, 진정한 프롤레타리아들에게만 일자리를 주기 위해 그들을 계속 길거리로 내몰려고 했다.

이윤 분배와 성과급제를 통한 자본주의 생산방식의 도입이 러시아 언론들로부터 공격을 받기 시작할 무렵 경영상의 변화를 보이는 징후도 드러나기 시작했다. 세계 경제의 악화 속에서 자금 조달이 어려워지고 외국 기업에 대한 소련 정부의 태도가 바뀌자 해머로서는 정부에 공장을 매각하기 위한 협상의 호기를 맞은 것이었다. 게다가 연필 공장의 큰 이윤에 대한 언론의 비난이 거세져 해머로서는 연필 가격을 더 내릴 수밖에 없는 상황이었다. 1930년 매각 계약이 체결되어 정부의 통제를 받게 된 모스크바 공장은 사코앤드반체티 연필 공장Sacco and Vanzetti Pencil Factory으로 이름이 바뀌었다. 이 이름은 이탈리아계 이주노동자로서 1920년 매사추세츠주 구두 공장에서 벌어진 강도 사건의 살인 혐의로 1927년에 처형되어 전 세계적인 사회주의 운동을 촉발시킨 니콜라스 사코Nicolas Sacco와 바르톨로메오 반체티Bartolomeo Vanzetti의 이름에서 따온 것이다.

공장을 넘겨주면서 해머는 어렵게 구한 기계들을 세심하게 관리할 것을 당부했으나, 러시아 사람들은 기계 관리를 소홀히 했다. 결국 몇 년 후 공장에서 치명적인 사고가 발생했다. 1938년에는 공장 간부 6명이 생산 목표를 달성한 것처럼 조작하기 위해 생산량을 허위 보고했다는 혐의로 기소되기도 했다. 그러나 사실은 매달 생산량 보고서에 다음 달 1일자 생산량을 포함시키라는 상부의 명령을 따랐을 뿐이라는 사실이 밝혀짐에 따라 수백만 자루의 생산량을 조작했다는 공장 간부들의 혐의는 벗겨졌다.

이렇듯 사코앤드반체티 공장의 생산 보고서에 수백만 자루의 연필이 가상으로 끼어드는 일이 있는가 하면 연필이 실제로 러시아인의 주머니 속으로 사라지는 일도 있었다. 일설에 따르면, 몇 년 전 미국과 소련 간에 협상이 진행 중일 때, '미국 정부U. S. Government'라는 스탬프가 찍힌 연필들을 매번 협상 테이블에 미리 올려놓았는데 회의가 끝나고 보면 늘 연필들이 어디론가 사라져버렸다. 당시 소련에서는 미국산 연필처럼 좋은 필기구를 자유롭게 구할 수 없었기 때문에 소련 측 협상 실무자들이 연필들을 집어 간 것이다. 결국 연필은 서구의 기술적 우위를 증명하는 명백한 실체인 동시에 강력한 상징적 존재였던 것이다.

물론 이념적인 차이가 없는 다른 회의석상에서도 연필은 사라진다. 따라서 위 이야기는 다분히 선전적인 것이거나 꾸며낸 것일 수 있다. 그렇다고는 해도 위 이야기가 현실을 반영하고 있다는 것 또한 사실이다. 조약 초안을 마련하는 협상이 한창 진행 중일 때는 연필이 사용되고 또 연필이 선망의 대상이 되기도 하지만, 양측 정부 지도자들이 공식적인 최종안에 서명을 할 때가 되면 테이블 어디에서도 연필은 찾아볼 수 없다. 이때는 실무자와 연필이 아닌 정치가와 펜을 위한 시간이기 때문이다. 대통령이 조약이나 법안에 연필로 서명했다는 이야기는 들어본 적이 없다. 사업과 공학자의 관계에서도 마찬가지이다. 공장의 기계나 공정을 설계할 때에는 연필을 쓰지만, 그에 대한 제품화 계약을 체결할 때에는 어김없이 잉크로 서명을 한다.

19

치열한 경쟁과 경기 침체

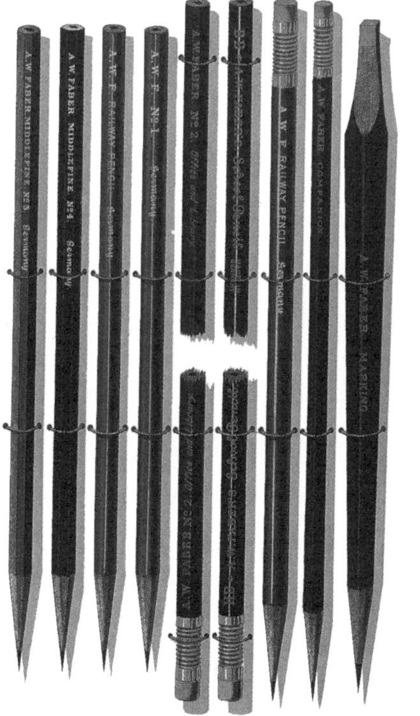

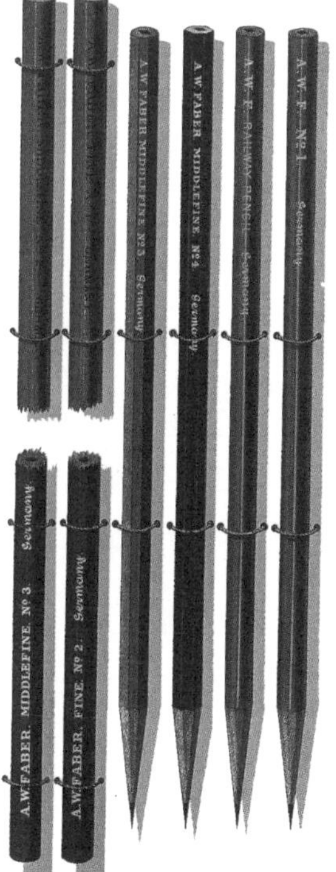

미국에서는 나무 자루 연필의 중요성이 점점 커지면서 연필산업이 경기 활로를 보여주는 정확한 지표로 인정받았다. 그러나 제1차 세계대전을 치르면서 세계 시장에 유럽 업체들이 재진출함에 따라 진단이 복잡해졌다. 비록 미국 안에서 4대 업체로 꼽히는 에버하르트 파버, 딕슨, 아메리칸, 이글 연필사가 연필 공급량의 90퍼센트를 점유하고 있었지만, 1921년 이들은 독일과 일본에서 수입되는 저렴한 연필과 경쟁하려면 수입 연필에 물리는 관세를 인상해야 한다고 당국에 요청했다. 이미 부과된 25%의 종가세[물건 값에 따라 세율을 적용한다]에 1그로스당 50센트의 관세를 더 부과할 것을 제안한 것이다. 뉴욕에 있는 수입 연필회사 A. W. 파버사의 부사장은 4대 업체가 낮은 관세에도 불구하고 시장을 장악하고 있다고 밝히면서 관세 인상에 강력히 반대했다. 미국 기업들 대표는 A. W. 파버사가 부인하고 있지만 실은 독일 자본에 조종되고 있다고 비난했다. 사실 초기 미국 연필업체들을 당시의 규모로 성장할 수 있게 해준 것은 고가의 기계류였으며, 바로 이 기계류로 인해 신규 업체의 등장과 경쟁이 어려워지기도 했다.

전 세계적으로 경쟁이 격렬해졌다. 아르헨티나를 예로 들어보면, 유럽과 미국의 주요 연필회사들의 거의 모든 제품이 팔리고 있던 이곳에서 미국 측은 독일과 경쟁하기 위해 계속 가격을 내렸는데, 그러다 보니 판매자들의 이윤도 계속 줄어들었다. 게다가 공급 과잉이 가격 하락을 더욱 부채질해 미국제 HB 일반 연필 1다스의 소매가가 겨우 16센트였다. 그러나 아무리 기를 써도 아르헨티나 수출량은 휘발하듯 줄어들었다. 1920년 수출량은 1차 대전 전과 비교해 무려 25배나 늘어난 25만 달러로 최고조에 달했지만, 1921년에는 7만 5,000달러로 줄었고, 다음 해에는 다시 반으로 줄었다.

1924년 영국의 연필 생산량은 금액 기준으로 보면 1907년보다 9배나 늘었으나 인플레이션을 감안해 따져보면 그저 약간 증가한 정도였다. 이에 따라 영국에서는 원산지 표시 없는 수입 연필이 유통되는 것을 계속 허용할지에 대해 논쟁이 일었다. 커크우드Kirkwood라는 사람은 영국 상공회의소에서 "일본 기업들은 근로자들에게 낮은 임금을 주면서 1주일에 60시간씩 작업을 시킨다"고 증언했다. 상공회의소 소장은 일본 근로자들의 임금에 대해 공식적인 정보를 갖고 있지 않다면서 오히려 동경 상공회의소 측이 매월 발간하는 월례 보고서를 인용하여 커크우드의 주장을 반박했다. 그러나 커크우드는 정부 측이 조치를 취해주기를 바라며 '증거'를 제시했다. 커크우드의 말은 다음과 같았다. "지금 손에 들고 있는 것은 제가 어제 직접 런던에서 1다스에 1페니 주고 산 연필입니다." 마침내 영국 상공회의소 상임위원회는 연필 자루 양쪽 끝에서 적어도 1인치 안쪽에 바탕색과 대비되는 색으로 지워지지 않도록 스탬프를 찍거나 인쇄를 하거나 혹은 음각으로 새겨 원산지를 표시하지 않은 연필은 합법적으로 판매할 수 없다고 결정을 내렸다. 아울러 국적명을 연필 맨 끝 쪽에 표기하지 못하도록 명문화합으로써 연필 판매업자들이 연필을 깎아 팔지 못하도록, 이를테면 '일본'이라는 글씨를 쉽게 깎아 없애지 못하도록 막았다.

연필 시장의 경쟁이 가중되자 연필업체들은 법적인 도움뿐만 아니라 공학의 도움에도 기대기 시작했다. 스탠다드 연필회사Standard Pencil Company는 세인트루이스에 공장을 설립할 때 최초로 전기 가열 오븐을 설치했다. 이 오븐은 한 번에 1,350파운드의 흑연심을 구울 수 있었다. 새 공장의 초기 가동률로 1파운드당 6센트도 미치지 못하는 생산 비용이 들었다. 그것은 가스 오븐을 사용할 때 드는 비용의 3분의 1을 절감할 수 있는 액수였다. 또한 전기 가열 오븐을 최대로 가동할 경우 더 많은 비용 절감을 기대할 수 있었다.

이즈음 다른 연필회사들도 나름의 방법으로 비용을 절감했다. 저지시의 제너럴 연필회사General Pencil Company는 디젤 발전기를 도입해 필요한 전력 전량을 자체 충당함으로써 전력 공급회사에 의존할 때보다 비용을 반으로 줄였다. 에버하르트 파버사는 브루클린 공장이 낮 동안 습도가 너무 높은 나머지 연필에 칠한 페인트에 습기가 응결되어 주간 도장 공정을 진행할 수 없게 되자 제습기를 설계하여 설치했다. 이렇게 공장 환경을 조절하자 생산량이 늘어났음은 물론 좀 더 싼 래커를 써도 괜찮았다.

기술적 우위가 생산량을 증가시키고 비용을 절감시켰지만, 기업주들 입장에서는 대량의 연필을 효율적으로 생산한다고 해서 그것들이 다 팔리는 건 아니라는 사실을 깨닫게 되었다. 물량에 성공이 달려 있는 여느 제조업자들과 마찬가지로 연필 제조업자들도 잘 팔리는 제품들을 만들어 제품명과 제조회사 이름이 잘 보이도록 하여 눈길을 끄는 카운터에 구색을 맞춰 진열하였다. 또 다른 판매 방법은 소비자가

1908년경 미국 아이오와주 더뷰크Dubuque에 있는
하저앤드블리시Harger & Blish 빌딩에 진열된 에버하르트 파버사의 몽골 연필.

특정 연필을 지정해 찾도록 특별한 수요층을 창출하는 것이었다. 모든 대규모 연필 제조업체는 언제나 최고 품질의 연필을 선전해왔다. 그러나 1920년대에 에버하르트 파버사는 새로운 방향에서 광고를 이용했다.

연필 제조업체들이나 판매자들이 고심한 문제 중 하나는 경쟁에 대응하기 위해 만들어낸 엄청나게 다양한 종류의 연필을 어떻게 팔 것인가 하는 것이었다. 그 많은 종류를 모두 진열할 수 있는 상점은 아무데도 없었고, 제품마다 일일이 광고할 수 있는 연필 제조업체도 물론 없었다. 에버하르트 파버사의 계획은 수요를 표준화하고, 카운터용으로 새롭게 고안한 진열장에 연필들을 분류해놓음으로써 상점에서 표준화된 연필 종류의 90퍼센트를 감당할 수 있도록 하자는 것이었다.

1929년 에버하르트 파버 2세가 설명했듯이, 에버하르트 파버사는 2만 5,000명의 상인들을 대상으로 표본 조사를 실시한 결과 "8개 품목이 판매량의 90퍼센트를 차지하고 있었다. 잘 팔리지 않는 연필 종류들은 우리 연필을 파는 많은 중간상이 어쩌다 취급한다 해도 그런 경우는 1년에 한 번 정도에 불과했다." 표준화 프로그램은 "기본적으로 교육적인 것이며, 에버하르트 파버사가 새로 제작한 소비자용 제품 목록은 현대 사무실이나 개별 소비자들이 필요로 하는 모든 연필을 망라하고 있다"라고 파버 2세는 덧붙였다. 그의 말에 따르면, "중간상들 영업의 50퍼센트를 페인트칠이 된 5센트짜리 지우개 달린 연필, 지우개 없는 10센트짜리 연필, 지우개 달린 10센트짜리 연필, 복사 연필 순으로 집중하게 했다."

에버하르트 파버 2세의 아이디어는 탁월했으나 시기가 좋지 않았다. 대공황이 소비 성향을 변화시켜 생산 부문과 광고 양상까지 바꿔놓았다. 당시 연필 및 펜 산업에 있어서 전체 생산액의 4분의 1을 흑연 연필이 차지하고 있었는데, 1929년에서 1931년 사이에 전체 필기구 생산 분야 노동자 수는 30퍼센트 가까이 줄어들었고, 생산액은 3분의 1 이상 감소했다. 1932년 에버하르트 파버사 영업부장은 월터 톰슨 광고 대행사의 고객부장에게 보낸 편지에서 "사업 계약 해지"를 하는 이유를 밝혔다. 그것은 광고 대행사나 고객부장 탓이 아니며, 오히려 에버하르트 파버사가 "귀사에게 충분한 양의 광고 일을 보장할 수 없기 때문"이었다. 이처럼 어두운 사업 전망에도 불구하고 에버하르트 파버사의 편지지에는 위를 향해 낙관적으로 치솟아 오른 영업부장의 서명과 더불어 환한 구름 속에 자랑스럽게 떠 있는 지우개 달린 노란색 5센트짜리 연필이 인쇄되어 있었는데, 이 연필은 아마도 '몽골' 연필일 것이다.

1931년 요한 파버사, A. W. 파버카스텔사, 하르트무트사의 유럽 공장은 상호 간 경쟁을 피하고 비용을 줄이기 위해 공장을 60퍼센트밖에 가동하지 못했다. 알려져 있다시피 이들 3대 공장은 스위스에서 허가를 받고 하나로 합병했다. 이들의 합병은 요한 파버사와 하르트무트사가 루마니아에서 합작으로 공장을 설립해 성공한 경험이 동기가 되었다. 이 새로운 합동 기업trust에 폴란드에 있는 코이누르 자회사, 한 때는 브라질 국적의 최대 업체였던 요한 파버사의 브라질 공장들, 델라웨어 윌밍턴Wilmington에 있는 요한 파버사의 미국 공장 등이 가세했다. 비록 당시 가장 마지막에 등장한 이 합동 기업이 생산을 시작하지는 않았지만, 대부분의 미국 연필업체들에게는 우려 대상이었다. 과거 요한 파버사는 브라질에 일단 교두보를 확보하자마자 독일 연필과 함께 곧 브라질 연필 수요의 90퍼센트 이상을 공급함으로써 실질적으로 브라질 시장을 지배했기 때문이다.

당시 미국에 수입되는 연필은 미국 총 생산량의 5퍼센트에도 못 미쳤으며, 미국의 4대 업체 생산량이 유럽 전체 3대 업체의 생산량을 넘어서고 있었다. 그나마 미국 공장들은 전체 조업 능력의 3분의 2만 가동하고 있었다. 모든 미국 업체는 국내 시장을 보호하는 한편 해외 시장을 확장할 기회만 호시탐탐 노리고 있었다. 60개국에 연필을 수출하던 미국 업체들은 수출량이 수입량을 초과하고 있었지만, 수출량은 1920년대 최고조에 달했다가 1932년에 현저히 떨어졌다. 당시까지 최대 수출 대상국이었던 캐나다에 4대 업체 중 3개 업체가 공장을 설립했기 때문이었다. 캐나다 관세율이 25퍼센트에서 30퍼센트로 인상된 것이 캐나다로의 진출을 촉진시켰다는 사실만 봐도 당시 업체들이 얼마나 민감했는지 알 수 있다.

연필을 표준화하라

독일과 체코슬로바키아에서 생산된 고가의 연필이 계속 수입 시장을 지배하고 있었지만, 대공황이 진행되는 동안 수입량은 전체적으로 감소하고 있었다. 더불어 연필 소비 경향이 비싼 연필에서 싼 연필로 이동하자 몽골 같은 좋은 품질의 5센트짜리 연필들은 판매 시장을 유사 5센트짜리 연필들에게 빼앗겼다. 이 '유사 5센트짜리'란 10센트짜리를 3센트에 판다거나 본래 가격의 반값으로 파는 종류를 말하는 것이었다. 1933년 미국 연필업체들이 가장 경계했던 것 역시 이 가격대에 팔리던 일제 수입 연필이었다. 겨우 수천 개 수준이던 일제 연필 수입량은 2,000만 개로 껑충 뛰어올랐으며, 결국 시장의 16퍼센트를 점유했다. 일본에서는 연필산업이 생소한 사업이 아니었다. 일찍이 1913년 일본에는 적어도 40개의 연필회사가 있었다. 처음에 일본의 연필업체들은 소규모 기계와 대부분을 수작업으로 연필을 만들었다. 그러나 1918년 이후에는 독일제 기계류를 모두 복제해 사용했다. 따라서 공황기에 "잘 정비된 생산 체계와 수출 조직"을 보유한 채 1그로스(12다스)당 23센트 가격으로 미국 시장에 진출할 수 있었다.

일제 연필은 중저가 미제 연필과 비슷하게 생겼기 때문에 미국 상표나 상호를 찍어, 본래 원산지가 밝혀지면 내야 하는 것보다 적은 관세를 내고 세관을 통과했다. 미국 업체들은 특허 소송이나 상표권 소송으로 이들을 위협했으나, 당시 도매가로 1그로스당 1달러 내지 2달러의 가격을 받았던 미국 업체들이 정말 바랐던 것은 관세 장벽에 의

한 시장 보호였다. 그런데 일제 연필의 질이 나쁘다는 불만이 나돌았다. 일제 연필에 대한 나쁜 평판에는 그럴 만한 근거가 있었다. 일례로 아르헨티나에서는 한 수입업자가 대량의 일제 수입 연필에 대해 대금 지불을 거부한 사례가 있었다. 그 연필들은 심이 2센티미터도 안 되게 채워져 있었으며, 나머지 부분은 전부 나무였다. 수입업자는 일본 측에 계약 당시 자기가 봤던 샘플과 선적된 물건이 다르다며 이의를 제기했다. 일본 업자는 이에 맞서 샘플을 수입업자 앞에서 부러뜨려 보여주었다. 그런데 그 샘플 역시 거의 나무였다. 법원은 일본 업자에게 변상하라는 판결을 내렸다.

1934년 미국 관세위원회는 '산업 부흥법' 규정에 발맞추어 1그로스당 1.5달러 미만의 가격으로 수입되는 외국산 연필에 대해서는 경쟁적인 미국 연필들의 국내 판매 가격을 기준으로 관세가 적용되어야 한다는 보고서를 대통령에게 올렸다. 그러나 보고서가 제출된 지 몇 개월 지나지 않아 미 국무부와 일본 업체들 간에 연간 일본의 대미 수출 물량을 1,800만 자루로 제한한다는 비공식적 막후 협상이 있었기 때문에 직접적인 법적 조치는 없었다. 연필업체들은 역시 일제 수입품 때문에 골치를 앓던 다른 업종들, 이를테면 면담요나 성냥 생산업체들과 연합하여 그 정도 물량은 실질적으로 따져보면 거의 정상적인 수입량이고, 나쁜 선례를 남길 우려가 있다면서 협상을 격렬히 비난했다. 미국 관세위원회의 일본에 대한 반대 활동이 비록 완벽하지는 않더라도 어느 정도 성공을 거둘 수 있었던 것은 연필협회Lead Pencil Institute로부터 제공받은 상당량의 정보 덕분이었다. 이 협회는 연필 생산과 판매에 관한 정보를 수집하고 제공하기 위해 1929년에 설립되었다. 1933년 이 협회 회원사들은 미국 연필 총 생산량의 90퍼센트를 차지하는 10개 업체로 구성되어 있었다. 따라서 이 협회는 미국 연필산업 전체를 실질적으로 대표한다고 볼 수 있었다. 미국 관세위원회의 보고서가 제출될 1934년 당시에는 회원사가 13개였다. 업체 규모에 따라 나열해보면 대략 다음과 같다.

뉴욕주 뉴욕시의 '이글 연필사'
뉴욕주 브루클린의 '에버하르트 파버사'
뉴저지주 호보켄의 '아메리칸 연필회사'
뉴저지주 저지시의 '조셉 딕슨 용광로 회사'
미주리주 브레튼우드의 '윌러스 연필회사'
뉴저지주 저지시의 '제너럴 연필회사'
테네시주 셸비빌의 '무스그레이브 연필회사'
테네시주 루이스버그의 '삼나무 연필회사'
펜실베이니아주 필라델피아의 '모히칸 연필회사'
펜실베이니아주 필라델피아의 '블라이스델 연필회사'
뉴저지주 어빙토의 '리처드 베스트 연필회사'
뉴욕주 뉴욕시의 '엠파이어 연필회사'
테네시주 셸비빌의 '내셔널 연필회사'

미국 4대 업체의 생산량이 미국 연필 총 생산량의 75퍼센트 이상을 차지하고 있었던 1934년, 4대 업체를 포함한 미국의 전 연필업체는 외국과의 경쟁, 임금 상승을 비롯한 기타 생산 원가 상승, 경제공황뿐만 아니라 복사기, 샤프펜슬, 만년필의 사용 확산 등이 연필 수요 감소에 복합적으로 작용하고 있음을 감지했다. 미국 4대 업체는 군소 업체들보다 일본 연필로부터의 위협을 덜 받고 있었지만, 그들 사업의 반 이상을 차지하는 5센트 이하 가격의 연필들은 모두 그 영향을 받았다.

연필산업에 가해지는 압박을 전체적으로 어느 정도 경감시키는 방법 중 하나는 쓸데없이 많은 연필 종류와 마감 작업을 줄이는 것이었다. 많은 종류의 연필을 생산하려면 기계를 여러 번 재조정해야 하므로 생산 비용이 높아졌으며, 재료 낭비가 심했고, 재고량도 늘어났다. 이에 상무부는 공정을 규격화하고 이 규격화된 공정 내에서 생산자, 판매자, 특정 타입 제품 소비자들이 함께 생산 단순화 권고안을 만들어 합의된 품질 표준 내에서 공정한 경쟁이 이루어지도록 했다. 1934년 상무부 '표준국Bureau of Standards'은 '나무 자루 연필 생산 단순화 권고안' 초안을 발표했다. 예를 들면, 이 초안은 지우개 달린 연필을 품질 등급 순으로 다음과 같이 분류했다. (1) 자연 그대로의 마감에 지우개 삽입 (2) 니켈 테두리에 흰 지우개 (3) 짧은 금박 테두리에 붉은 지우개 (4) 길고 화려한 장식 테두리에 붉은 지우개. 초안 말미에는 전국적으로 광고되는 노란 연필도 들어 있었다. 권고안은 노란색 사용과 고품질 5센트짜리 연필을 비롯해 이 범주에 들어가는 연필 생산에 제한을 두었다. 종류, 등급, 형태 등 복잡다단한 연필들이 지우개를 달고 있든 없든 간에, 다른 연필과 구분되는 어떤 특징이 있든 없든 간에 상관없이 그것들이 포장되고 진열되는 방식에 따라 정의되었다. 연필심 등급, 형태, 마감 상태, 색상, 상표 및 상호 표시 등이 범주별로 허용되었고 동시에 나무 자루의 표준 길이와 직경, 테두리, 지우개 종류가 명문으로 규정되었다.

이러한 표준화 규정에 의해 5센트짜리 노란색 연필이 보호받게 되자 4대 업체는 당연히 좋아할 일이었다. 그러나 군소 업체들에게는 일종의 규제였다. 일례로 이 규정이 논의되면서 7인치(18센티미터)짜리 연필을 표준으로 정하기 위해 6인치(15센티미터)짜리 연필을 없애자는 의견이 나왔다. 그러나 6인치짜리 연필은 끝부분이 불완전하게 만들어진 연필을 활용할 수 있게 해주는 제품이었다. 잘못된 끝부분을 1인치 잘라냄으로써 군소 생산자들은 불량품을 구제할 수 있었다. 그러나 연필 가격 상승과 관련하여 1933년에 일제 수입 연필이 급증하자 이를 상쇄하기 위해서는 이 규정이 규제적일 수밖에 없었던 것 같다.

그런데 이 연필 생산 단순화 권고안은 등사판 초안에서 흐지부지되어버린 것 같다. 비록 이 안이 정부가 발표하는 월별 인쇄 예상 목록에 들어 있기는 했지만, 생산 단순화 권고안이 실제 인쇄될 당시 이 중에서 연필에 관한 부분인 R 151-34 조항만은 "인쇄된 형태로 발행할 만큼 충분히 확정되지 않았기 때문에" 유일하게 빠졌다는 사실을 밝혀놓았다. 상무부 '표준국 생산단순화과' 과장의 1934년 9월 28일자 비망록을 보면, 생산 단순화 권고안의 연필에 관한 부분인 R 151-34 조항의 최종안이 나오기를 절실히 희망해 "만약 수용할 만한 최종 변경사항이나 수정사항이 있으면 기탄없이 자문해주십시오"라는 입장을 밝힌 사실을 알 수 있다. 과연 생산단순화과는 너무 많은 자문을 받게 되어 1937년 5월 15일까지도 연필 관련안은 인쇄되어 정부 공식 문서로 발표되지 못했으며, 단지 생산단순화과의 등사판 초안 형태로만 존재했다.

그러나 1938년 미 연방 상업위원회가 당시 미국 연필 소비량의 90퍼센트를 공급하고 있던 13개 업체를 가격 담합 혐의로 기소함에 따라 표준화 행보에 갑작스런 제동이 걸렸다. 위원회는 연필협회가 1937년에 2년간에 걸친 가격 전쟁을 종식시키기 위해 협회를 연필연합Lead Pencil Association으로 조직을 재정비하면서 연필 가격을 하나로 유지시키고 판매 조건의 기준을 설정함으로써 결과적으로 경쟁을 제한했다고 밝혔다. 미 연방 상업위원회는 연필업체들에게 표준화는 제품의 다양성을 제한할 우려가 있으니 표준화 프로그램을 위한 업체간 의견 교환을 당장 중지하라고 명령했다. 결국 업체들의 모임은 "등록된 상표를 무단으로 사용하는 불법 무등록 상표의 범람을 방지하는 승인기관"으로서 정체성을 확립해나갔다. 내수를 대상으로 하는 업체들의 연합은 가격 담합을 하거나 생산량을 조절하는 등 반독점법 위반 행위를 할 수 없었던 데 반해 수출만을 대상으로 하는 업체들의 단체는 반독점법 적용을 받지 않았다. 이에 따라 1939년 아메리칸, 에버하르트 파버, 이글 연필사는 '연필 수출업 협회Pencil Industry Export Association' 결성을 내용으로 협약을 맺었다.

전쟁 중에는 고급 연필을 금한다

대공황은 이미 충분히 곤란을 겪고 있는 연필산업에 또 다른 복잡한 문제를 일으켰다. 임금과 노동시간 단축은 노동자들의 파업으로 이어져 이글 연필사에서는 1930년, 1934년, 1938년에 파업이 있었다. 수요 감소와 타 회사와의 치열한 경쟁 때문에 일어난 1938년 파업은 이글사로 하여금 조업시간을 단축시키고 결국에는 노동자들의 시간당 임금이 줄어들게끔 만들었다. 이 파업 당시 이글사 공장의 조업시간은 주당 24시간에 불과했다. 이글사 파업은 특히 눈에 잘 띄었는데, 이글사 공장이 위치한 맨해튼 13번가와 14번가 사이에는 노동운동 지지자들이 많이 모여 살았기 때문이다. 파업이 일어난 이글사 연필 공장과 계열사인 나이아가라 박스 공장의 노동자를 모두 합쳐도 900명에 불과했는데, 파업에 동조하여 피켓을 뒤따르는 사람은 수천 명에 달해 긴 행렬을 이루었다. 당연히 경찰과 충돌이 있었고, 파업에 참여하지 않은 노동자들도 기계 앞에 있다가 파업 노동자들에게 끌려 나왔으며, 돌과 달걀이 난무했다. 파업은 7주를 끌다 파업 중 채용된 노동자들의 해고와 파업 참여 노동자들의 복직을 조건으로 1938년 8월에 끝이 났다. 이보다 1년 앞서 아메리칸 연필사는 임금 인상, 주 5일간 45시간 노동 보장을 조건으로 협상을 타결함과 동시에 최초의 '클로즈드 숍[노동조합원만 고용하는 사업장]'이 되었다. 1942년에는 펜과 연필산업에서 일하는 근로자들 절반이 노동조합원이 되었다.

새로운 요인이 작용한 1930년대 미국 연필산업은 여전히 경제적 어려움을 겪었다. 제2차 세계대전 때문에 마다가스카르와 실론산 최상등급 흑연 공급이 끊기고, 대신 멕시코, 캐나다, 뉴욕산 저질 흑연을 쓸 수밖에 없었다. 독일 및 영국산 양질의 점토 대신 남미산 점토가 사용됐으며, 일본산 왁스 대신 미국산 왁스를 쓸 수밖에 없었다. 이 와중에 일본의 진주만 폭격이 즉각적인 영향을 끼쳤다. 1941년 12월 8일 미카도 연필은 일본적인 분위기를 떨쳐내기 위해 명칭을 '미라도'로 바꾸었다.

재료 공급이 떨어질 것을 예상한 일부 연필업체들은 재료를 비축해 두었다. 하르트무트사의 미국 지사는 해로가 봉쇄되기 전에 독일과 체코슬로바키아산 연필심을 대량 수입한 뒤 순수한 미국산인 양 속여 팔았다는 혐의로 1942년 기소되었다. 다른 연필회사들은 자사 연필이 전쟁 수행에 얼마나 중요한지를 강조하면서도 속으로는 양심의 가책을 받았을 것이다. A. W. 파버사는 전시 풍경을 스케치한 전면 광고들을 통해 '위너 테크노 톤Winner Techno-tone' 드로잉 연필을 선전했다. 그 중 한 광고는 전함 진수식 장면을 묘사하고 있다.

> 샴페인이 터지는 현장에서 멀리 떨어진 곳에 한 사내가 귀 뒤에 연필을 꽂고 서 있었다.
> 갑자기 우레와 같은 환호성과 함께 날렵한 전함이 레일을 따라 미끄러져 내려갔다. … 그러나 사내는 듣고 있지 않았다. 전함이 진수되는 짧은 순간에 그는 잘 훈련된 공학자의 눈으로 세세한 사항을 관찰하고 연필로 재빨리 스케치를 하는 한편 메모를 했다.
> 설계실에서는 수많은 사람이 이 스케치를 참고해 도면과 청사진을 연필로 정성스레 만들었다. … 좀 더 강력한 전함을 위한 청사진이며, 승리를 위한 청사진이었다.
> 전함, 비행기, 탱크, 그리고 총이 A. W. 파버사의 '위너 테크노 톤' 드로잉 연필에서 출발합니다.

연필산업의 기록적인 성장 역시 전쟁 중 광고 증가의 한 원인이었다. 1942년 미국의 연필 생산량은 12억 5,000만 자루에 달했다. 그러나 주요 자원의 공급이 끊기면서 연필을 만드는 데 고무를 비롯해 모든 종류의 금속 사용이 금지되었다. 거의 모든 연필업체는 사전에 이 같은 상황을 예상하고 있었다. 아메리칸 연필사는 이미 1940년부터 연필에 금속 테두리 대신 플라스틱 테두리를 두를 수 있는지 시도해 보았다. 1944년 아메리칸 연필사는 '비너스'와 '벨벳' 연필에 플라스틱 테두리를 채택했을 뿐만 아니라 전후 판매 계획까지 세웠다. 플라스틱 테두리 연필이 시장에 처음 등장한 것은 이보다 이른 1942년이었으며, 종이나 하드보드지 테두리에 고무 대체 물질로 만든 지우개를 단 연필도 있다. 전쟁 중 딕슨사는 녹색 플라스틱 테두리에 노란 띠를 두른 '티콘데로가' 연필을 선보였는데, 이 제품이 바로 오늘날 우리에게 익숙한 색상 배합의 효시였다.

1943년 초 '전시 물자 생산위원회'는 나무 연필 생산량을 1941년 수준의 88퍼센트로 제한했다. 전면전이 발발할 경우에는 1939년 생산량 수준의 3분의 2 정도면 필수 민간 소비량을 충당할 수 있을 것이라고 추산했다. 당시 이 같은 제한 조치가 취해진 이유는 연필 생산에 필요한 미국 국내산 목재나 저등급 흑연의 품귀나 고갈 때문이 아니라 원료 생산 및 수송 등에 소요되는 인력을 줄이기 위해서였던 것 같다. 하지만 기계화된 공장은 겨우 3,000명 남짓한 비숙련 노동자를 고용하고 있었으며, 그중 3분의 2는 여성 노동자들이었다. 따라서 연필 생산 자체가 전시 노동력 비축에 큰 영향을 주지는 않았다.

2차 대전 중 영국은 연필 생산량과 공급량, 가격을 철저히 통제했다. 영국 상무부는 1942년 6월 1일 연필 등급당 생산량을 일정 수준으로 제한하는 동시에 마무리 작업에 광택을 내지 못하게 했다. 그런데 《이코노미스트》지에 따르면 이 같은 조치로 인해 연필 생산이 수작업 공정에서 탈피했기 때문에 정부 통제가 연필산업의 발전을 저해한 것만은 아니다.

> '신기한' 모양이나 색깔의 세련된 연필이 사라진 것을 아쉬워할 사람은 아무도 없을 것이다. 음울한 분위기의 전쟁 중이라 해도 심의 질은 떨어지고 색상과 광택만 고급인 선물용 제품의 단종은 연필산업에서 큰 손실은 아니다. … 최근 연필들의 개발 양상은

유용성이나 미학적인 측면에서 발전했다고 볼 수는 없다. 지우개 달린 연필은 늘 지우개가 떨어져버리기 일쑤고, 별로 기능적이지 못한 샤프펜슬은 교체용 심을 구하기 힘들어 온통 빈 통만 책상 위에 굴러다니고 있고, '브리지 연필bridge pencil'*은 지우개보다 심이 먼저 닳아 없어진다. 이러한 연필들이 사라진다고 누가 슬퍼하겠는가. 또한 연필 재료 사용이 제한됨에 따라 특정 품질 인증 연필 사용자들의 수요 보호가 뒤따라야만 한다. 설계사들은 섬세한 선을 긋기 위해 반드시 경도 높은 연필을 써야 하고, 군 참모들은 전투 지역을 한 번 훑어보고 바로 지도에 표시할 수 있도록 색연필을 갖고 다녀야 한다. 검열이나 편집에 쓰이는 '파란 연필blue pencil'이 자유롭게 선전되어 아무 데서나 살 수 있어서는 안 된다. 적법한 연필 사용자들이 보호받게만 된다면, 연필에 대한 통제는 시의적절한 것으로 환영받게 될 것이다.

전쟁이 끝나자 연필에 대한 통제가 풀리고 《이코노미스트》지가 무가치하게 여겼던 비전통적인 연필들이 다시 시장에서 활개를 치기 시작했다. 2차 대전 후 모든 산업이 그랬듯이 연필산업 역시 플라스틱, 과학, 기술을 점점 더 많이 이용하기 시작했다. 이에 따라 공학이 더욱 중요한 역할을 맡게 되었다.

* 브리지를 비롯해 이런저런 카드 게임에서 점수를 계산할 때 쓰던 연필을 가리킨다. 일반 연필보다 좀 더 작고 얇다.

20

첨단 기술은 전유물이 아니다

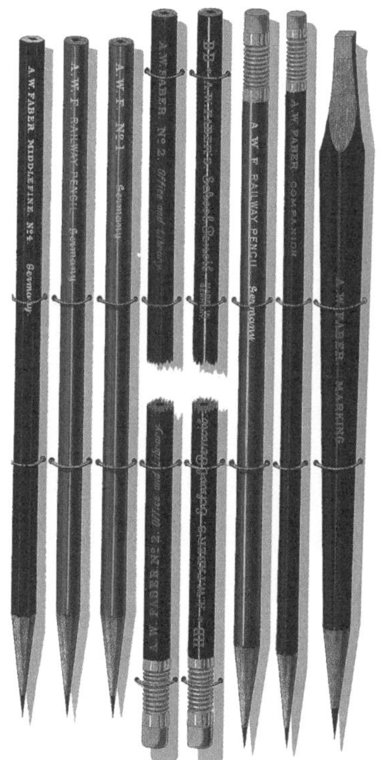

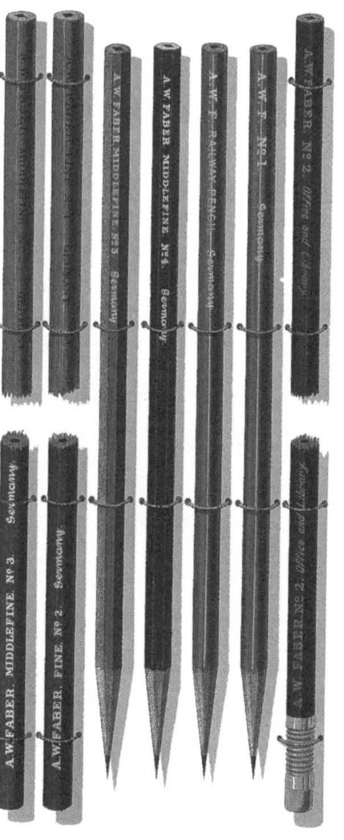

2차 대전으로 야기된 연필 부족 현상은 전쟁이 끝난 뒤에도 쉽게 해결될 것 같지 않았다. 정부와 군대, (진주만 공습 이후 수요가 늘어난) 군수업체에 공급하기 위해 미국과 영국의 연필업체들은 민간 공급량과 꼭 필요한 것은 아닌 장식적 스타일의 연필 생산량을 줄일 수밖에 없었다. 그리고 평화가 찾아오면 다시 전처럼 거래해야 할 중간 상인들과 배급업체들에게 재고 물량을 균등하게 공급했다.

독일과 일본의 연필 생산량이 전쟁 전 수준을 회복하려면 몇 년이 걸릴 것 같았기 때문에 수입에 의존하던 국가들은 다른 수입원을 찾을 수밖에 없었다. 일례로 1930년대에 연간 3,500만 자루의 연필을 소비했던 네덜란드는 자국 연필산업 없이 수입해 썼는데, 그중 70퍼센트를 독일, 일본 등 추축국에 의존했다. 네덜란드는 2차 대전이 끝난 후 내수 및 수출을 위해 연필을 생산하기로 하고 생산 조직을 구축했다. 대부분의 원자재를 네덜란드 국내에서 수급하되 당시 재고가 많다고 알려져 있던 실론산 흑연은 영국으로부터 확보하기로 하고 최신 목공 기계는 미국에서 구입하기로 했다.

연필 공급과 관련된 불법 행위도 도처에서 저질러졌다. 1949년 말,

미네소타주 소속 부대의 사병은 3만 달러 상당의 독일 연필을 군 트럭으로 프랑스로 밀수하려다 적발되어 6개월 징역형을 선고받았다. 1951년 미 연방 상업위원회는 뉴욕에 있는 아토믹 제조회사Atomic Products에 원산지를 밝히지 않은 일제 샤프펜슬 판매를 금지시켰다. 영국인들은 전쟁이 끝나고 몇 년이 지나서야 과거처럼 세계 여러 곳에서 생산된 연필을 자유롭게 사 쓸 수 있었다. 1942년《이코노미스트》지가 장식적인 신기한 연필들이 사라진 것을 환영했듯이 1949년 9월 말《타임스》지는 다양한 종류의 연필이 재등장한 것을 다음과 같이 환영했다. "이번 주에 형형색색의 다양한 모양을 갖춘 연필들이 다시 시장에 등장했다. 우리 일상의 작은 즐거움을 되찾게 된 셈이다."

미국의 연필 시장이 다시 전처럼 자유로워진 것이 거저 이루어진 일만은 아니었다. 미국 연필업체들은 전쟁 중에도 공급 물량 이상으로 주문이 쇄도했지만 "경쟁적인 미래를 예측하는 안목"으로 잡지에 계속해서 광고를 실었으며, 때로는 대대적인 판촉 캠페인까지 벌였다. 1945년 이글 연필사는 회사 이름과 제품을 한데 연결시키는 효과를 노려 어니스트 이글Ernest Eagle이라는 이름의 만화 캐릭터 대변인을 만들어냈다. 연필은 전통적으로 마케팅이 어려운 품목으로 여겨졌다. "연필은 낭만적이지도 않고 사람들을 매료시키는 역동성이 없는 물건"이었기 때문이다.

이러한 견해는 일찍이 1927년에 이글 연필사가 대도시에서의 연필 판매 양상을 연구한 결과 사실로 확인됐다. 이 연구에 따르면 대부분의 소비자들은 문방구에서 그저 단단한 연필이나 진한 연필, 중간 정도 연필을 달라고 하며, 상표에 상관없이 적당한 가격의 연필을 몇 자루 주면 불만 없이 받아간다는 것이다. 이글 연필사는 소비자들이 이

글 연필을 달라고 주문해주기를 바라면서 새로운 판촉 방법을 개발했다. 그러나 "수십 년간 연필 생산을 해온 공장이나, 자사의 위상에 대한 자부심을 골자로 한" 이 독일 연필 제조업체의 전통은 미국 시장에 먹혀들지 않았다. 일반 대중들은 자기 자신들에게만 관심이 있지 4대에 걸친 원로 연필 제국이 하는 일에는 도무지 관심이 없다는 사실이 밝혀졌다. 이에 따라 새로운 광고 전략은 일반 소비자 자신이나 그들의 잠재의식을 건드리는 것으로 바뀌어야 했다.

연필로 낙서를 하거나 무의식중에 끄적대는 사람들의 습관은 재미 삼아 하는 본능적인 행위로 여겨지기도 했지만, 연필과 관련된 습관으로서도 관심의 초점이 되었다. 당시 필적 감정이 대유행이었는데, 이글 연필사는 필적 감정가들에게 무의미하게 그어댄 연필 자국을 분석하게 했다. 그러고는 새 광고 문안을 짰는데, 습관적으로 무의미하게 끄적거린 패턴에 일단 관심이 쏠리도록 한 다음 이를 이글사의 미카도 연필과 연계시키는 내용이었다. 미카도 연필 1다스짜리 포장 상자 안에 들어 있는 'Mikado' 문자와 10센트를 동봉해 자신의 필적을 보내는 사람에게는 필적 감정 전문가의 감정 내용을 보내주기도 했다. 물론 감정서 회신에는 이글 연필사의 카탈로그도 들어 있었다.

연필 1자루로 50킬로미터를 그린다

공황기에는 연필을 판다는 게 쉬운 일이 아니었다. 이글사의 새로운 광고부장 에이브러햄 버월드Abraham Berwald는 부장직을 맡을 때만 해도 연필에 대해 "책상을 거쳐가는 것들에 주로 'O. K.' 같은 간단한 메모나 하는 데 쓰는 도구" 정도로만 알고 있었다고 했다. 그에게는 모든 연필, 모든 연필 광고가 똑같아 보였다. 그래서 성공적으로 광고할 수 있는 면을 연필에서 과연 찾을 수 있을지 전혀 확신이 서지 않았다. 어쨌거나 그를 고용한 이글사 사장 에드윈 베롤츠하이머Edwin Berolzheimer는 그가 새로운 아이디어를 떠올릴 시간을 갖도록 공장으로 초청했다. 사장은 "공장을 돌아다니며 이것저것 관찰해보고 연필의 어떤 부분을 전국적으로 광고할지 끊임없이 생각해보고 그걸 찾아내라"고 말했다.

공장을 돌아다니던 버월드는 자연스럽게 이글 연필사 공학 부서와 친해졌는데, 공학 부서 책임자는 전에 토머스 에디슨의 연구소에서 일했던 이사도르 체슬러Isador Chesler였다. "새로운 공정을 개발하고 제품을 개선하기 위해 재료와 방법들을 실험하는 것"이 그의 임무였다. 다시 말해 체슬러는 공학자로서 일했던 것이다. 이때까지의 연필 광고가 어림짐작과 경험에 의존하는 업계 관행에 따라 질을 논하고 있다는 사실을 알게 된 버월드는 체슬러에게 연필의 질을 수치로 표시할 수 있는 정량적인 테스트 절차를 개발하는 것이 가능한지 물었다.

체슬러를 비롯한 연필 공학자들은 연필심을 구워낸 다음에 종이에 재빨리 한번 써보면 이번에 구워진 심이 기준치에 도달하는 품질인가를 금방 알아볼 수 있었지만, 품질이 얼마나 좋은가를 정량적인 방법으로 수치화하는 작업은 분명 도전해볼 만한 일이었다. 우선 에디슨의 초기 축음기처럼 큰 드럼이 달린 기계가 만들어졌다. 이 드럼 위에 부착된 종이 위로 미카도 연필심이 닿게 되어 있었다. 드럼이 회전하면서 선이 그어지는데, 드럼의 원주 길이와 회전 수를 곱하면 선의 길이를 쉽게 구할 수 있다. 이렇게 해서 연필심 하나를 다 쓸 때까지 그릴 수 있는 선의 총 길이를 계산해냈다. 이때부터 소비자들은 "이글 연필은 오래 쓸 수 있습니다"라는 진부한 광고 문구 대신 미카도 연필을 사면 "5센트로 35마일(약 56킬로미터)의 선을 사는 것"이라는 말을 듣게 되었다.

연필 1자루로 쓸 수 있는 양을 정량화한 체슬러는 두 번째 부탁을 받았다. "미카도 연필심은 다른 연필심보다 강하기 때문에 세게 눌러 써도 괜찮다는 것을 증명할 수 있는 실질적인 테스트법"을 개발해달라는 것이었다. 체슬러는 저울과 유사한 새로운 테스트 기계를 고안했다. 이 기계 위에 일정한 각도로 연필을 대고 계속 누르면 어느 순간 심이 부러진다. 이때 저울이 가리키는 눈금이 바로 심이 견디는 최대 압력이다. 그런데 이 정량 테스트 결과를 받아 들고 나니 미카도 연필의 우수성이 광고해도 좋을 만큼 충분하다는 확신이 서지 않았다. 체슬러는 이런 미심쩍은 실험 결과를 앞에 두고 고심하다가 그렇다면 '미카도 연필심을 더 강하게 만들 수는 없을까'라는 생각을 하게 되었다. 심과 자루 사이의 접착력이 불완전하고 나무 자루가 쪼개져 심을 지탱하지 못할 때 연필심이 부러지기 쉽다는 사실은 이미 밝혀져 있었기 때문에 체슬러는 접착력을 강화시키고 자루가 쪼개지는 현상을 줄이는 연구에 착수했다. 그 결과 왁스를 혼합한 심에 아교가 잘 접착되도록 코팅을 하고 나무 자루가 잘 쪼개지지 않도록 목재 섬유질에 화학적 처리를 하는 공법이 개발되었다. 이 공법으로 생산된 '화학 접착' 미카도 연필은 별도 연구소에서 타사의 5센트짜리 연필들과 비교 테스트해본 결과 월등하게 견고하다는 사실이 입증되었다.

1930년대 중반에 이글 연필사는 잡지에 "진실에 입각한 연필 구입"이라는 전면 광고를 냈다. 그로부터 20년이 지나서도 에이브러햄 버월드는 여전히 자신의 편지에 연필로 서명을 했는데, 그중 하나가《뉴요커》 필진 중 한 사람의 관심을 끌었다. 그는 "상황만 허락한다면 모든 문서를 연필로 작성하는 약식 관행이 이글사의 정책인지" 알고 싶어했다. 버월드는 자기 같은 구세대들은 충성스럽게 연필을 고집하지만 신출내기 관리직들은 그렇게까지 애사심을 보이지는 않는다고 답하고는, 이글사가 1877년 지워지지 않는 연필을 최초로 생산 판매했으며, 타자기나 만년필에 의해 대체되기 전까지는 사업 서신이나 수표에 서명할 때 그 연필을 썼다고 밝혔다. 지워지지 않는 연필로 서명한 수표는 연필 사용을 금지하는 특별법이 없는 한 여전히 유효하다고 버월드는 주장했다. 그는 또한 이글사 안에서 진분홍색으로 만든 연필 사용이 허용된 유일한 사람은 창업자의 후손으로서 미국식 성姓 베롤을 쓴 부사장 헨리 베롤츠하이머였다는 사실을 밝혔다. 요컨대 진분홍색 연필로 쓴 메모는 틀림없이 헨리 베롤의 것이었다. 일부 연필회사들은 기업들이 이사들에게 각각 다른 색의 연필 사용을 할당하는 게 유리하다는 사실을 광고에 이용했다.

기자가 사무실을 떠나기 전에 버월드는 자신이 여전히 이글사 제품의 품질 실험에 관심이 많음을 보여주었다. 그는 우선 옛 방식으로 만든 색연필들은 심이 너무 잘 부러지기 때문에 연필을 깎다가 부러뜨리지 않을 때가 없다는 사실을 직접 보여주었다. 다음에는 자루에 넣지 않은 암적색 심을 한 움큼 가져와 이 옛날 심들은 바닥에 떨어뜨리면 대여섯 조각으로 부러진다는 것을 보여주었다. 그러고는 새롭게 개발된 심들을 바닥에 던져 보이고 결코 부러지지 않는다는 것을 증명했다. 그가 온 사무실 바닥 여기저기로 연필심들을 던지면서 "우리는 탄력 있는 색연필 심을 개발했습니다"라고 외칠 때 기자는 사무실 문을 향해 막 걸어나가려 하고 있었다.

그러나 버월드에게는 마지막으로 보여주고 싶은 것이 아직 남아 있었다. 이글사는 터퀴아즈 드로잉 연필이 바늘 끝처럼 뾰족하게 갈린다고 선전하고 있었는데, 그 진면목을 기자에게 자랑하고 싶었던 것이다. 버월드는 젊은 조수를 불렀다. 조수는 축음기를 감은 다음 바늘 대신 잘 갈린 터퀴아즈 드로잉 연필심을 축음기판에 끼웠다. 그러자 찍찍거리는 잡음이 나기는 했지만 감동적인 미국 국가가 울려 퍼졌다. 음악이 끝나고 잠시 경건한 침묵이 흐른 뒤, 버월드는 기자에게 바늘처럼 뾰족한 연필심의 의미를 실제로 확인한 최초의 목격자가 바로 당신이라고 말했다.

가중되는 경쟁, 커지는 견제

1953년 미국 내 연간 연필 소비량은 13억 자루에 달했다. 업체 수만도 23개였다. 그러나 여전히 4대 업체가 시장을 지배했으며 이들만이 심, 자루, 테두리, 지우개 등 연필과 관련된 모든 것의 직접 생산이 가능했다. 그러나 이것만이 거대 연필업체들의 일반적인 특징은 아니었다. 1954년 정부는 4대 업체를 '셔먼 반독점법' 위반으로 고발했다. 이 고발에 의하면 4대 업체는 1949년에 가격 담합, 부정 입찰, 지방자치단체나 대규모 기업체에 대한 할당 판매 등의 위법 행위를 저질렀다는 것이다. 고발 당시 4대 업체의 연간 판매액은 1,500만 달러를 넘어섰으며, 미국 내 연필 판매량의 50퍼센트, 수출량의 75퍼센트를 차지했다. 4대 업체는 이 고발로 인해 각각 5,000달러의 벌금형을 받았다. 법원은 불법행위를 하지 않겠다는 4대 업체의 합의를 받아들였다.

이들의 가격 담합 결과 '5센트짜리 연필'은 가격이 올라 1953년 당시 6센트에 팔렸던 것 같다. 얼마 안 있어 에버하르트 파버사는 "가장 처음 유명해진 노란 연필"로 선전하던 자사 몽골 연필 가격을 7센트로 인상했는데, 연필 질을 낮추지 않는 한 더 이상 원가 상승 부담을 감당할 방법이 없다는 이유에서였다. 1950년대 중반 몽골 연필은 "미국 최상의 품질"로 선전되었으며, 오늘날에도 "당신이 돈 주고 살 수 있는 연필 중에서 가장 부드럽고, 가장 진하며, 가장 오래 쓸 수 있는 연필"로 선전되고 있다. 1950년대 중반 지속적인 생산비 상승 환경 속에서, 에버하르트 파버사는 전통적으로 '품질'을 오랜 광고 주제로 삼아왔기 때문에 무리한 광고에 의존해 시장 점유율을 유지하고 싶지는 않다고 밝혔다.

에버하르트 파버사는 전적으로 대리점을 통해서만 제품을 판매하겠다고 결정한 1932년 이래 소비자를 상대로 연필을 직접 팔지는 않았지만, 개별적인 연필 소비자들에 대한 직접적인 의사소통이 필요치 않았던 건 아니었다. 1956년 파버사는 2센트짜리와 15센트짜리, 그리고 그 사이에 꼭 있어야 하는 10센트짜리 몽골 연필을 대상으로 대대적인 광고 캠페인을 벌였다. 연필업계에서는 유례없는 2페이지짜리 4도 인쇄 컬러 광고를 통해 몽골 연필은 "1센트당 2,162단어"를 쓸 수 있는 최선의 선택이라고 당당하게 주장하고 있다. 광고지에는 실험실에서 행한 실질적인 소비자 비용 평가 시험 결과 많이 쓸수록 "더 많이 절약된다"는 결론을 얻었다는 설명이 있었다. 2개들이 포장twin-packs에는 '《라이프》지에 광고'라는 스티커가 붙어 있었으며, "사람들은 연필을 1자루씩 사기보다는 2자루씩 삽니다. 연필이 그런 식으로 포장되어 있기 때문입니다"라고 광고했다. 그런데 이 광고 문안을 작성한

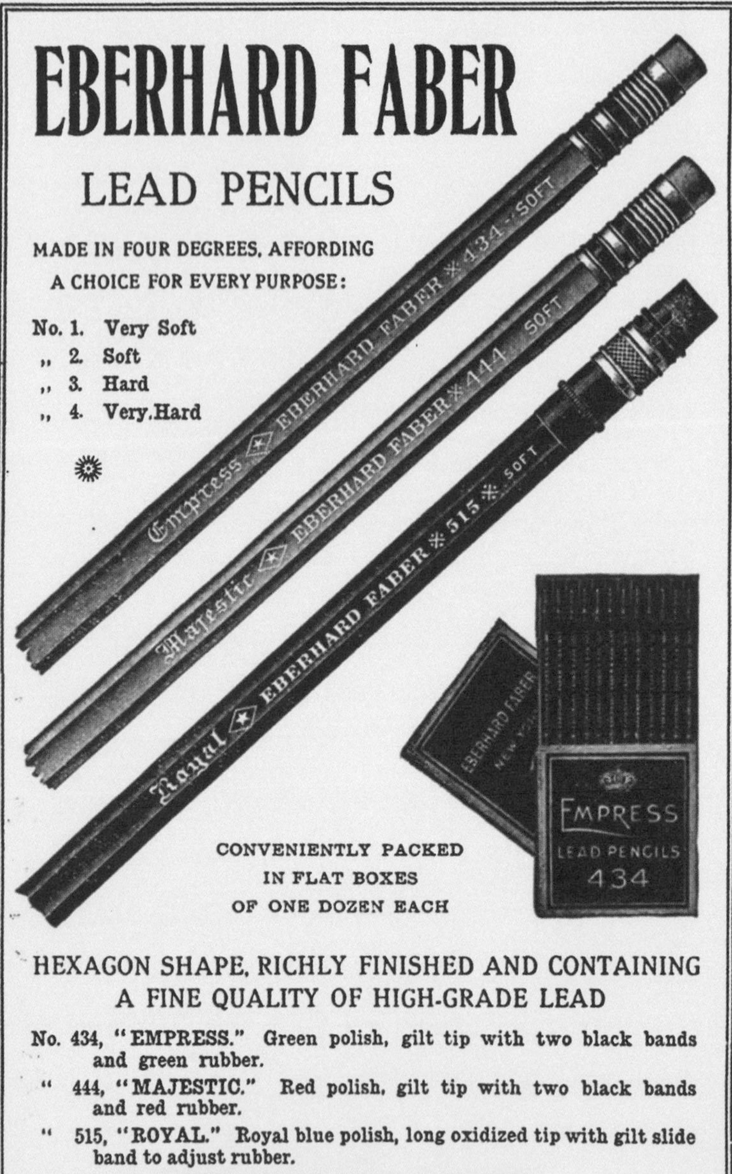

20세기 초 에버하르트 파버사 광고. 광고 문안에서 '우수한 흑연'과 '좋은 품질'을 강조하고 있다.

사람들도 이글사의 버월드가 성공적으로 써먹은 정량 분석이나 계량화 작업의 가치를 잘 알고 있었던 것으로 보인다. 하지만 그들이 정량 분석이나 계량화 작업을 이용한 것은 오로지 가격과 관련된 부분에서였다. 그들은 광고에서 수많은 종류의 구식 모델과 자기네 몽골 연필을 비교해 "덜 닳으면서 더 진하게 써지며, 촉을 자주 갈아줄 필요가 없습니다. 가장 강한 심을 가지고 있으면서 기능이 탁월한 연필은 몽골입니다"라고 주장했다. 이 같은 광고 문안은 이글사의 광고 문안을 염두에 둔 것이었다.

당시 에버하르트 파버사는 미국 연필산업에서 15~20퍼센트 비중을 차지하고 있었는데, 브루클린에서 펜실베이니아주 윌크스배러로 이사할 준비를 하고 있었다. 윌크스배러에는 하루에 7만 5,000자루를 생산할 수 있는 "세계 최고의 첨단 공장 설비"가 마련되어 있었다. 1957년 파버사 생산량이 전량 판매되었다면 총수입은 700만 달러에 달했을 것이다. 소비자들에게 파버사 연필이 생산되는 과정을 설명할 계획을 하고 있던 동부 지역 판매 책임자는 낙관적이었다. 파버사 최초의 비非 파버 가문 사장이었던 루이스 브라운Louis M. Brown은 국가 경제의 성장을 연필산업에 희망적인 호재로 생각했다. 루이스 사장은 "내일은 거저 오는 것이 아니다. 오늘의 설계를 바탕으로 하는 것이다. 그 설계는 연필로부터 시작된다"라고 말했다. 아마도 당시 회사의 성공 경험을 염두에 두고 한 말일 것이다.

경쟁이 가중되던 당시 상황에서 딕슨사를 비롯해 비교적 과감하지 못한 다른 연필회사들은 포장 디자인을 바꾸는 정도의 노력을 기울였을 뿐이었다. 딕슨사는 "상표를 눈에 잘 띄게 하고 각 가정에 품질을 알리기 위해" 디자인을 새롭게 했다. 1957년에는 4대 업체 진영에 엠파이어사가 합류했으며, 수입 연필이 다시 한 번 미국 업체들을 위협했다. 워싱턴에서는 연필업 협회가 하원 세입위원회 앞에서 대통령의 50퍼센트 관세 인하권을 확대하는 새로운 법안에 반대하는 목소리를 높였다. 협회는 2차 대전 전의 산업 능력을 회복한 일본이 1945년부터 적용된 관세 50퍼센트 인하에 힘입어 주요 위협 국가로 등장했다고 주장했다. 20세기 초 가내 수공업에서 시작한 일본의 연필산업은 이미 국제적인 경쟁력을 갖추고 있었다.

후발 업체들이 뛰어들지만

20세기 초 인도에도 소규모 연필업체들이 있었다. 인도 정부는 이들이 산업 발전의 토대가 될 것으로 기대했다. 그러나 당시 한 현지 관찰자의 말에 따르면, 초보적인 단계의 가내 수공업이 대량생산 체계를 갖춘 주요 산업체로 성장하기는 쉬운 일이 아니었다.

> 자세한 내막을 모르는 사람에게는 연필의 주요 재료인 목재, 흑연, 점토가 우리 인도에 충분히 있는 것처럼 보일 것이다. 어떻게 보면 맞다. 그러나 다른 면에서 보면 우리에게는 아무런 자원이 없다. 우리 인도에는 목재가 많지만 재질이 나쁘다. 질 좋은 목재를 확보하기 위해서는 수입이나 플랜테이션에 의존해야만 한다. 흑연의 경우 마드라스, 트란반코어, 실론에 광산이 많이 있기는 하다. 그러나 인도에서는 흑연의 산업적 이용이 생소한 일이기 때문에 외국에서 정련해야만 한다. 점토 역시 많다. 그러나 제대로 된 점토를 골라내는 데에는 전문적인 지식이 필요하다. 내가 아는

한 최근 적어도 두 국내 업체가 점토를 구분하지 않은 채 연필심 생산 실험을 하여 수천 루피[인도의 화폐 단위]를 낭비했다. 우리 인도는 연필산업을 발전시키기 위해 목재, 흑연, 점토에 관한 한 완전히 초보적인 연구에서 시작해야만 한다.

1944년 이를 위한 연구가 시작되었으나 전쟁으로 중단되었다. 결국 인도의 수입 연필에 대한 의존은 계속되었다. 1946년 미국은 400만 달러어치의 연필을 수출했으며, 1947년에는 50퍼센트의 수출 성장이 예상되었다. 당시 미국 연필의 주요 수출 대상국은 필리핀, 홍콩, 인도였다. 그때까지 인도는 모든 필기도구에 있어서 가장 중요한 시장이었다. 인도의 인쇄 및 필기구류 통제관에서는 뉴델리에 있는 국립 물리연구소에 연필 구매 분석서를 작성해달라는 요청을 했다. 이에 관한 한 쓸 만한 자료가 전혀 없었으며, 외국 연필 수출업체에도 그런 종류의 문서는 없었기 때문이었다. 인도는 외국 상품 소비량이 엄청나다는 사실을 스스로도 잘 알고 있었다. 1946년부터 1948년까지의 연필 수입량만 해도 그 이전 소비량을 근거로 산출해보면 무려 향후 45년간 소비할 수 있는 물량이었다.

인도의 연필 구매 분석 조사자들은 연필을 만드는 데는 재료와 특별한 기술, 비밀 공정이 매우 다양하게 사용된다는 것을 알게 되었다. 그런데 연필 소비자들은 마무리 작업이 잘된 연필을 좋아한다는 것이 조사를 통해 밝혀졌다. 연필이 가진 특질 중 중요한 것으로는 필기의 질과 등급의 신뢰성, 심의 닳기 정도, 시간이 지나도 변하지 않는 필기 자국, 자루의 곧기와 깎이는 정도 등이 꼽혔다.

연필 자루용으로 쓰일 인도 토착 수종에 대한 조사는 1920년 이전부터 이미 상당히 진행되었다. 1945년까지 80종의 나무가 가능성이 있는 것으로 조사되어 여러 연필회사에서 이들 나무로 시험 생산을 했다. 그러나 영국이나 독일산과 대항할 정도의 인도 최고의 연필 자루는 미국이나 동아프리카산 삼나무에 의존해야만 했다. 1940년대 중반 인도 데라둔Dehra dun에 위치한 임업연구소는 파키스탄 발루치스탄Baluchistan에서 발견된 곱향나무가 연필 자루용으로 가장 적합한 유일한 수종이라고 발표했다. 그러나 산지가 너무 멀고, 옹이가 많으며, 건조 부패dry rot하기 쉽고, 결이 곧지 않아서 경제성이 없어 보였다. 더욱이 이 나무는 성장이 늦고 자라면서 구부러짐이 너무 심했다.

곱향나무에 이어 18개 수종이 두 번째로 적당하다고 판명되었는데, 히말라야 삼나무가 "비싸기는 하지만 그런대로 무난하다"고 생각되었다. 그런데 인도에서 한 해에 무려 7억 5,000만 자루의 연필을 소비하던 1950년대 초, 히말라야 삼나무가 재평가되어 외국산 수입 목재를 대체할 수 있는 나무로 호평을 받게 되었다. 히말라야 삼나무 건조법에 대한 연구가 진척됨에 따라 당시 소비자들에게 연필 색깔로는 익숙지 않았던 이 나무의 연황색이 묽은 질산에 담갔다 꺼내는 저비용 처리법을 거치면 밝은 보라색으로 변한다는 사실이 입증되었다. 뿐만 아니라 질산 처리가 히말라야 삼나무의 깎이는 성질을 개선한다는 사실도 우연히 밝혀졌다. 마침내 임업연구소는 1953년에 "히말라야 삼나무가 최고 품질에 적합할 뿐만 아니라 그때까지 대부분의 인도 연필산업이 의존했던 동아프리카산 삼나무보다 재질이 우수하다"라고 단언했다. 동아프리카산 삼나무는 인도의 기후를 견디기에 부적합했으며, 연필 자루로 붙인 양쪽 판자의 휨 정도가 달라 접착 부분이 벌어지는 경향이 있었다.

자루용 목재 관련 사항은 임업연구소가 완벽하게 맡아서 처리하는 한편, 국립 물리연구소에서는 연필심 연구에 집중했다. 1940년대 중반, 비록 전시라는 상황 때문에 각 연필업체로부터 모든 등급의 연필 모델을 확보하기는 어려웠지만, 부분적인 심 테스트는 가능했다. 심의 전기 저항 측정이 우선적인 테스트 항목이었다. 전기 저항 측정은 연필심을 깎지 않은 채 할 수 있어 연필 자체에 아무런 충격이나 해를 주지 않았다. 흑연은 전도성이 큰 물체이기 때문에 저항계가 포함된 전기 회로 사이에 연필을 끼우기만 하면 됐다. 회로에 전기가 흐르지 않으면 나무 자루 안에서 연필심이 부러진 것이었다. 또한 저항 측정 수치가 큰 것은 심의 일부가 금이 간 상태라는 것을 알려주는 것이었다. 부러지지 않은 심의 전기 저항 수치는 품질 관리와 등급의 균질성에 대한 정보였다.

자루 속에 삽입되지 않은 심의 강도는 병원에서 쓰는 저울처럼 생긴 기구를 이용해 측정할 수 있었다. 이 기구는 심의 두 점을 0.5인치 간격으로 밑에서 받친 다음, 그 두 점의 정가운데 지점을 위에서 레버가 누르도록 고안된 것이다. 레버로부터 누르는 힘이 가중되면, 심은 연필을 쓸 때 눌리면서 휘는 양상과 똑같이 힘을 받으며 휘게 된다. 예상할 수 있다시피 경도가 큰 연필심일수록 심의 강도가 커진다. 경도가 큰 연필로 글을 쓰거나 그림을 그리려면 세게 눌러 써야 하기 때문에 강도가 세야 한다.

인도 사람들이 중요하게 여긴 또 다른 특질은 연필의 짙기, 마모율, 마찰계수이다. 짙기를 계량화하기 위해 이동식 현미경의 기계적 메커니즘을 변형시켜 종이 위에 일정한 압력으로 여러 개의 평행선을 촘촘한 간격으로 그렸다. 다음에는 여러 개의 평행선이 그어진 종이를 광전지가 장착된 상자 속에 넣어 연필 자국에서 반사되는 반사광에 광전지가 감응토록 했다. 광전지에서 발생하는 전류를 검류계로 읽으면 연필의 짙기 정도를 알 수 있었다. 선의 반사광에 의해 발생된 전류가 불규칙한 것은 짙기가 일정하지 않다는 것을 말하며, 이는 곧 흑연과 점토가 잘 혼합되지 않았다는 것을 의미한다.

심의 마모율은 위에서 설명한 선을 그리는 장치로 측정할 수 있는데, 심이 빨리 닳도록 종이 대신 사포 위에 선을 그리게 하고 일정한 길이의 선을 긋는 데 닳는 심의 길이를 밀리미터 단위로 측정하면 된다. 심의 마모율은 연필을 얼마나 오래 쓸 수 있는지를 알려주는 지표가 된다. 부드럽고 진한 연필일수록 빨리 닳을 것이라는 예상이 실제 수치로 입증되었다. 심과 종이 사이의 마찰계수는 무게가 가해지는 심 밑에 종이 덮인 활차를 대고 서서히 잡아당겨 활차가 움직이는 순간 힘의 세기를 측정하면 된다. 이 같은 실험을 한 인도 연구자들은 "한꺼번에 많은 양의 글을 쓸 경우 마찰계수가 클수록 손의 피로감이 크다"고 주장했다.

인도의 표준원에서는 공학분과 자문회의의 자문을 받아 1959년에 연필 표준 명세서를 발표했는데, 이는 상대적으로 역사가 짧고 자생적인 인도 연필산업 발전에 도움이 되었다. 연필 표준 업무를 담당한 위원회는 국립 물리연구소와 임업연구소 소속 공학자들과 과학자들, 연필 생산업자, 소비자들까지 구성원으로 하고 있었다.

표준원이 발표한 연필 분류 명세서는 드로잉 연필 등급 중에는 5H와 6H의 경우처럼 차이가 별로 없거나 심지어는 다른 등급과 경도가 같은 경우도 있다며 5B, 3B, B, H, 3H, 5H 등급의 폐지를 주장했다. 또한 일반적인 필기용 연필의 경우 하드, 소프트, 미디엄 이렇게 3등급만 구분하기를 권고했으며, 연필업체들에게 등급 표준뿐만 아니라 균질성, 강도, 마모율, 마찰계수, 질기에 대한 테스트도 직접 해볼 것을 권했다. 덧붙여 권유가 받아들여지지 않을 경우 이 권유가 정부의 의무 규정으로 바뀔 수 있음을 경고했다. 비록 자루용 목재 기준이 표준 명세서에 명시되어 있지는 않았지만, 미국 삼나무 대신 쓸 수 있는 수종으로 히말라야 삼나무, 편백나무, 곱향나무, 나폴리 오리나무가 목록에 올라 있었다. 동아프리카산 삼나무 대신 쓸 수 있는 목재 네 종류도 추가로 제시되었다.

인도 연필 표준 초안을 마련한 위원회는 러시아, 일본, 미국 등의 연필을 참고로 했음을 인정했는데, 이는 장차 이들 국가에 대한 연필 수출 가능성을 염두에 두었기 때문이었다. 비록 인도 연필 표준이 외국의 표준에서 많은 지침을 얻기는 했지만, 대부분의 외국 표준화 기준보다 훨씬 명확하고 상세한 내용을 갖추고 있었으며, 특히 계량화된 테스트 방식에 대해서는 더욱 자세하게 규정해놓고 있었다. 그러나 미국의 표준으로부터는 큰 도움을 받지 못했는데, 연필의 형태, 크기, 등급을 기초로 작성한 정부 조달 물자 구입 지침서에 가까웠기 때문이었다.

인도처럼 상대적으로 늦게 연필산업에 뛰어든 국가가 영국, 독일, 미국 등 오랜 연필 생산 역사를 가진 국가들보다 좀 더 기술적이고 명확한 표준을 갖추었다는 사실은 별로 놀랄 일이 아니다. 연필 선진국들에서는 이 경쟁적인 산업의 핵심 기업들이 테스트와 품질 관리를 위해 나름의 과학적 · 기술적 기술들을 개발했기 때문이다. 기업 입장에서는 이런 기술이 사업에 필수적인 것은 아니더라도 도움이 되니 개발했을 것이다. 요컨대 인도 정부 연구기관들이 1940년대에 행한 연구와 테스트는 미국의 거대 연필업체들이 일찍이 끝마친 것들이었다.

이글사가 연필의 닳기 정도와 강도를 측정하는 계량화된 테스트법을 개발한 것은 소비자들에게 테스트 결과를 알리려는 광고 전략에서 나왔던 것임을 우리는 알고 있다. 에이브러햄 버월드가 광고로 쓰기에는 충분치 못하다고 생각한 과거의 비계량적이고 경험적인 품질 관리 방법이 이글사 입장에서 덜 유용했던 것으로 단정 지을 수는 없다. 하지만 버월드가 이글사의 미카도 연필과 몽골 연필을 비교하고 싶어했을 때, 그에게 필요했던 것은 표준화된 계량적 품질 테스트법이었으며 각 제조업체 간에 나름대로 일관적인 특징은 있으나 동일한 비교가 불가능했던 비계량적인 품질 관리법은 아니었다. 어떤 기자가 1949년에 이글 연필사의 품질 관리에 대해 쓴 다음의 글은 우리에게 테스트의 유용한 역할을 알려준다.

> 20명의 연구원이 있는 이글사 연구소에서는 마치 유전을 굴착하는 기계처럼 생긴 장치를 볼 수 있다. 그 옆에는 압력계, 거리 측정기, 반사율계, 보잉 기계bowing machine 등이 있다. 옛날 기술자들이야 이런 첨단 기계를 알지도 못했겠지만, 기계를 사용함으로써 생기는 경쟁력은 이러한 기계에 투자한 경영비용(물론 정확한 투자액은 비밀이다)을 보상해준다. 유전 굴착기처럼 생긴 기계는 540파운드(약 230킬로그램)의 진동자가 달린 약 4미터짜리 거대한 설비이다. 이 기계에 한 번 충격을 주면 진동자가 4만 9,920회 진동하는데, 진동자 위에 있는 압반壓盤에 종이를 덮고 그 위에 연필심 끝을 눌러대면 그 마찰력에 의해 진동자가 멈추게 된다며 한 기술자가 시범을 보여주었다. 이 기계의 용도는 연필심의 마찰계수,

즉 매끄러움 정도를 측정하는 것이다. 심이 매끄러울수록 진동자의 흔들림이 오래간다. 이 기계는 각기 다른 방식으로 생산된 연필심의 매끄러움 정도를 어림으로 계산해 비교하는 것을 허락하지 않는다. 압력계에는 최고 5파운드(약 2킬로그램)의 압력이 가해질 수도 있는데, 이 기계로 연필에 압력을 가해 부러지는 지점을 측정할 수 있다. 보잉 기계는 연필심의 부러지는 지점을 심을 구부려 측정하는 기계이다. 한때는 연필심이 잘 부러졌으나 요즘은 탄성을 높인 심 혼합법으로 인해 바닥에 연필을 떨어뜨려도 쉽게 부스러지지 않으며 연필깎이 기계로도 부러지지 않고 잘 깎인다.
이글사는 20년 전에 미라도 연필로 35마일 길이의 선을 그을 수 있음을 증명하고 '5센트로 30마일 간다'는 슬로건을 내걸었다. 비록 그 슬로건은 아직 바뀌지 않았지만, 실험실 테스트는 이 연필로 70마일의 선을 그을 수 있다는 사실을 보여준다.

이 글은 드물게 현대적인 연필 공장의 내부 모습인 '연구 활동'의 단면을 보여주는 것 같지만, 따지고 보면 이글사의 제품 광고를 뒷받침하는 테스트 과정에 대한 선전이다. 싸구려 연필로 생존하며 경쟁력 있는 우수한 연필을 개발하겠다는 야망도 없는 소규모 업체들은 연필심의 마모율이나 마찰계수에는 별 관심이 없다. 그렇지만 소규모 업체들이 이러한 연구나 외국의 표준 사례 내용을 보고 오랜 세월 동안 연필을 생산해온 국가들의 대규모 업체들이 미처 몰랐던 사실을 쉽게 알 수 있을 가능성 역시 희박하다. 인도의 연필 표준화에 대한 연구 프로그램은 계통발생의 진화 과정이 개체발생에서도 반복된다는 생물학적 진화론의 공학적 재판再版인 것이다.

인도인들은 공학-과학 시대에 공학적 인공물에 집중적인 관심을 기울이면서 독립적인 연필 표준에 대해 많은 연구 보고서를 남겼다. 가령 1958년에 점토를 평가한 한 보고서는 저질 연필이 종이에 긁힌 자국을 남기는 건 연필심에 비정상적으로 큰 점토 입자가 들어 있기 때문이므로 점토를 재료로 사용하기 전에 미세하게 분쇄해야 한다고 주장했다. 이 보고서는 인도산 점토와 수입 점토의 화학적 특성을 비롯해 몇 가지 물리적 특성에 대해, 특히 입자의 크기에 대해서도 분석을 하고 있었다. 비록 소로사와 조셉 딕슨 용광로 회사는 1세기 후 인도인들이 했던 방식으로 연필의 품질을 계량화하지는 않았지만, 그들 역시 인도인들과 똑같은 가설에서 출발하였으며 같은 목표를 지향했다. 1960년대 초 인도인들이 작성, 발간한 또 다른 보고서는 점토의 마모 특성에 관한 것이었다. 그러한 보고서가 작성된 것은 특정 점토들이 심을 압출 성형하는 금형 틀을 지날 때 틀을 급속히 마모시켰기 때문이었다. 그리고 어떤 보고서는 강도 표준 테스트의 한계를 설명하고 있었다. 실제로 칼로 연필을 깎을 때 심에 가해지는 힘은 테스트 때처럼 점진적으로 가해지는 압력이 아니라 갑자기 가해지는 충격과 같은 힘이기 때문이었다. 이러한 관찰 결과 충격 테스트가 개발되었으며 이 글사가 심의 매끄러운 정도를 테스트했던 거대한 진동자 달린 기구와 같은 기계가 발명되었다.

과학적 공학의 가장 큰 이점은 문제에 대한 합리적 접근 방법과 상당히 짧은 시간 안에 문제 해결 방법을 제시해준다는 데 있다. 10년도 채 안 되는 기간 동안에 인도의 여러 단체가 연합하여 공개적으로 추구해 이룩할 수 있었던 성과를 서구 여러 나라는 먼저 인식하고 이룩하긴 했지만 어쨌든 인도보다는 훨씬 많은 시간이 걸렸다. 심지어

1920년대에 이르러서까지도 아먼드 해머는 독일로부터 러시아로 연필 생산 기술을 들여오는 데 적잖은 어려움을 겪었던 반면, 같은 시기 미국에서는 몇 가지 단서만 가지고도 연필심 제작 기술을 익힐 수 있었다. 그런데 2차 대전을 겪으면서 연필 생산 기술은 원자폭탄 제조 기술과 마찬가지로 더 이상 특정 국가의 독점적 기술이 아니게 되었다. 실제로 기술(원폭 기술이든 연필 생산 기술이든)을 습득할 능력이 있었고 또 그런 기술을 습득하겠다는 결정을 내린 국가들에게 연구 개발의 패러다임을 제공한 장본인이 바로 미국의 맨해튼 프로젝트[원자폭탄 개발 프로젝트]였다. 그러나 150년 전 전시하에 새로운 연필심을 개발하겠다던 콩테의 단기 속성 프로젝트 역시 어느 정도 모델 역할을 해주었을 것이다.

첨단 기술 환경 속에서는 가문의 비밀 공정이 연필 공장 문을 열겠다는 결정에 꼭 필요한 사항은 아니다. 그러한 비밀 공정이나 그것을 대체할 수 있는 새로운 공정을 돈 주고 사거나 아니면 분석을 통해 추론해낼 수 있기 때문이다. 연필산업 내에서 경쟁할 수 있는 기술이나 자원이 전혀 없는 사람들에게도 기회는 있을 수 있다. 1960년대 말 북미 토착 인디언 부족인 블랙피트족 보호구역 내의 실업률은 40퍼센트에서 70퍼센트에 달했다. 추장과 몬태나 부족들의 족장들은 중소기업청에 찾아가 자신들을 위한 회사를 세울 테니 도와달라고 하여 블랙피트 인디언 필기회사Blackfeet Indian Writing Company가 1971년에 세워졌다. 처음에는 거의 수작업으로 연필을 조립 생산하던 이 회사는 1976년 흑자를 내기 시작했으며, 1980년에는 연필 조립과 펜 생산을 위해 100여 명의 블랙피트 인디언을 고용할 수 있었다. 1980년대 중반, 블랙피트 인디언 필기회사는 연 매출액이 500만 달러를 넘어섰으며, 이 회사 연필의 부드러운 필기감과 자연 무늬목 자루의 깔끔함을 선호하는 수많은 애용자가 생겼다. 그러나 일본이나 독일에서 수입된 연필들을 필두로 가중되기 시작한 경쟁은 블랙피트 인디언들에게 기술 공개는 기회와 함께 도전도 제공한다는 사실을 끊임없이 상기시켜 주었다.

21

나는 연필이고 나의 의무는 봉사이다

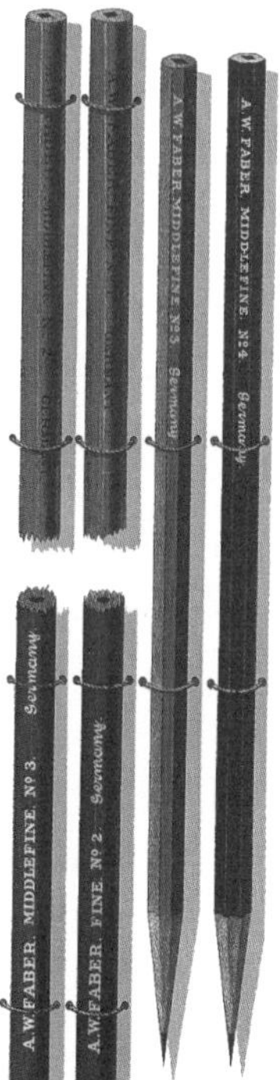

에버하르트 파버 2세는 1892년도 자회사 카탈로그에 제품과 함께 등장하여 다음과 같은 설명을 덧붙였다.

> 저희 회사에서 생산한 제품은 모두 최상의 재료로 만든 것입니다. 균등한 품질을 지녔으며, 최대한 세심한 마무리 작업을 거쳐 언제나 포장 개수가 정확하다는 사실을 보증합니다. 제 목표는 오로지 완벽한 제품을 생산하는 데 있습니다.

파버 2세의 목표는 완전무결한 연필을 만드는 데 있었지만 그가 목표를 이루지 못했음은 너무나 당연하다. 그렇다고 그가 자신의 목표 달성에 소홀했다는 말은 아니다. 그는 자신의 최상품 연필이 당연히 최고의 흑연과 점토와 목재로 만든 것이며, 터무니없이 비싸지도 않다고 믿고 있었다. 또한 품질 검사자들이 분류하는 한 모든 최상품 연필이 당연히 균등한 품질을 지니고 있다고 믿고 있었으며 최상품 연필의 마감 작업은 페인트칠이 최선이라 믿고 있었다. 마지막으로 1다스짜리 포장에는 어김없이 연필 12자루가 들어 있다고 믿었다. 이는 너무나 당연한 일이었다. 포장 개수를 늘 정확하게 하겠다는 목표는 사람이 하는 품질 관리 없이도 달성할 수 있는 유일한 과정이었다.

생산 작업과 수량을 세서 포장하는 작업은 손에서 손으로 전달되면서 이루어지는데 연필을 세는 방법은 사람에 따라 다르다. 시리아의 13살짜리 고아 살롬 리지크는 몽당연필을 소중한 보물처럼 셌다. 그러나 돈 많은 사람들은 포장 단위로 세거나 다스 단위로 셀 것이다. 연필 세일즈맨들은 아마 다스 단위로 셀 것이다. 그러나 그들도 속으로는 제조업자들처럼 그로스 단위로 세고 싶을 것이다. 연필 수집가들은 연필을 100개 단위, 1,000개 단위, 혹은 만 개 단위로 셀 것이다. 전쟁 후 미국의 소녀단은 전쟁으로 폐허가 된 유럽의 어린이들에게 보낼 연필을 수십만 개 단위로 셌다. 나이가 들어 리지크는 미국에 살면서 '민주주의를 위한 연필'이라는 캠페인을 벌이며 전 세계의 가난한 어린이들에게 보낼 쓰지 않은 새 연필을 수백만 개 단위로 요청했다. 오늘날 일부 국가는 수십억 개 단위, 어쩌면 전 세계의 모든 남자, 여자, 어린이에게 여러 자루를 나눠 줄 수 있을 만큼 많은 연필을 생산하고 있다. 이 단순한 물건이 인류 개개인의 힘을 몇 배로 확대시켜준 것이다.

랠프 월도 에머슨은 자신의 수필에서 연필 생산자 겸 자연학자인 소로의 정신세계와 대조되는 영역인 육체에 대해 묘사하면서도 그의 정신과의 놀라운 조화에 경탄을 금치 못했다. 소로는 "16로드(약 80미터)를 보폭으로 재는데 다른 사람들이 자로 재는 것보다 훨씬 정확했다." 에머슨은 소로의 "능숙하고 실용적인 육체"에 대해 장황하게 묘사해나간다. "그는 눈대중으로도 나무의 높이를 정확히 쟀으며, 마치 가축 상인처럼 송아지나 돼지의 무게도 능숙하고 정확하게 알아맞췄

1920년경 에버하르트 파버사 브루클린 공장의 포장 및
라벨링 부서에서 일하는 직원들을 찍은 사진이다.

다. 낱개 연필이 잔뜩 들어 있는 1부셸(8갤론)들이 상자에서 연필을 꺼낼 때면 한 번에 1다스씩 쥐면서 매우 빠르게 셌다."

에머슨의 글은 결코 과장이나 위인전 같은 내용이 아니었다. 소로가 나무의 높이를 재거나, 가축의 무게를 달고, 연필을 세어본 경험이 풍부하기 때문에 길이, 무게, 개수를 잘 측정할 수 있었다는 것을 보여주었을 따름이었다. 연필을 능숙하고 정확하게 잘 세는 재능은 분명 연필업에 종사하는 이에게는 쓸모 있는 재주였다. 그런데 호러스 호스머의 비망록을 보면 소로만이 그러한 재능을 가진 것이 아니라는 사실을 알 수 있다. "에머슨은 한 번에 연필을 1다스씩 정확하게 집는 소로의 기술이 비범한 것처럼 썼지만, 연필을 1다스씩 묶는 것은 공장의 소녀들이나 여성들이 일상적으로 하는 작업이며, 이들은 하루 주간 근무 중에 보통 1,200다스를 포장한다. 그중 1,000다스 정도가 낱개를 일일이 세지 않고 한 번에 1다스씩 포장한 것이며, 그 숫자는 정확했다."

엘버트 허버드는 1912년에 조셉 딕슨에 대해 쓴 10여 페이지의 글에서 한 번에 1다스씩 집어내는 재주를 설명하는 데 1페이지를 몽땅 할애할 만큼 이를 신기하게 여겼다. 이러한 재주는 연필 공장 현장에서야말로 대단했다. "기계가 발명되기 전 필수적인 능력 중 하나는 연필 무더기에서 한 번에 12자루의 연필을 집어내는 재능이었다. 딕슨사를 찾은 방문객들은 수십 명의 밝고 건강하며 발랄한 소녀들이 쳐다보지도 않고 박스에 손을 뻗어 100번에 99번은 정확히 12자루의 연필을 단번에 집어내는 광경을 구경하며 놀라워하고 재미있어했다." 허버드는 "조셉 딕슨은 자기도 소녀들처럼 할 수 있다고 자랑했다"고 전한다.

연필의 수를 세어 포장하는 작업은 많은 사람들의 경탄을 자아냈다. 1870년대 말 딕슨사 공장을 방문한 어떤 사람은 '연필 계량판counting board'을 보고 이런 글을 썼다.

> 그저 단순하게 생긴 판이다. 판 위에 약 10센티미터 간격으로 두 줄의 나무판자가 붙어 있는데, 각 판자에는 144개의 홈이 파여 있다. 작업자들이 연필을 한 움큼 집어 이 홈 위에 대고 앞뒤로 한 번 정도 쓱 문지르면 연필들이 각각의 홈에 가지런히 놓인다. 작업자들은 5초 만에 1그로스의 연필을 실수 없이 셀 수 있다.

어떤 사람은 1930년대 말 케즈윅에 있는 컴벌랜드 연필 공장에서 직원들이 도구에 전혀 의존하지 않고 연필을 한 번에 3다스씩 세는 광경을 보고 다음과 같이 기술했다.

> 한 여성 근로자가 양손으로 연필을 잔뜩 집어든 후 기술적으로 몇 차례 쥐었다 놓았다 하면, 왼손에는 정확히 3다스의 연필이 남아 있었다. 그 여성 근로자는 이 일을 눈 깜짝할 새에 해치웠다. 나도 한 번 해봤는데 결코 쉬운 일이 아니었다. 요령은 손에 쥔 연필 무더기를 위에서 볼 때 육각형이 되도록 하면 된다고 한다. 이때 연필 5, 3, 5, 3, 5, 3자루가 육각형의 각 변을 이루도록 하면, 육각형 가운데에 위치한 연필들 숫자까지 합해 정확히 3다스가 된다. 그리고 육각형의 세 변이 손바닥에 딱 닿도록 쥐면 보통 크기의 손으로도 3다스를 쥘 수 있다. 이러한 방법으로 육각 연필을 쉽게 셀 수 있다.

손이 머리 역할까지 떠맡는 이 같은 신기한 장면은 상징적인 것이기는 하지만 인공물의 세계와 관련된 비언어적 사고의 중요성을 입증해준다. 이 같은 재능은 빠른 암산처럼 경험에 의해 다듬어지는 직관에 의존하는 것이다. 의식적으로 숫자를 세거나 재지 않는 사람들에게는 이런 재능이 자연스럽게 개발된다. 소로는 다재다능한 사람으로 타고난 계량가이자 측량가였다. 그는 자신의 이러한 면모를 저서《월든》에 서술했으며, 자신의 정확성을 눈금 새긴 지팡이로 입증하곤 했다. 소로나 연필 개수를 세는 근로자들이 한 손으로는 연필을 싸면서 붙일 라벨을 준비하고 다른 한 손으로는 연필 12자루를 단번에 집기 위해 의식적으로 노력했던 것 같지는 않다. 손가락만으로 세는 이 같은 재능은 손으로는 필요한 작업을 하면서도 머릿속으로는 덜 지루한 다른 생각을 하는 것을 가능하게 해준다.

완벽한 것은 없다

결국 에버하르트 파버가 약속한 정확한 포장 개수에 대한 보증은 실현 가능한 것이었다. 그러나 그의 보증에는 가장 중요한 내용이 빠져 있었는데, 그 빠진 내용이 제품 판매에 결정적으로 중요한 사항이었다. 파버사 같은 회사들의 연필이 정말 잘 팔리려면 같은 가격으로 살 수 있는 가장 좋은 연필이라는 확신을 소비자들에게 심어줘야 했다. 최상품 연필을 원하는 사람들은 늘 최고액을 지불해왔다. 덜 비싼 연필을 원하는 사람들은 질이 좀 떨어지는 것을 구입할 수밖에 없었다. 물론 이런 경우에도 파버사는 자기네 제품이 동일 가격대에서는 가장 품질이 좋다고 주장했다. 최상급 연필이든 그보다 질이 떨어지는 연필이든 파버사 제품이라면 다 완벽하다는 주장은 결국 상대적인 개념일 뿐이다.

오늘날 몽골, 벨벳, 미라도, 또 그 밖의 고급 연필들은 모두 정말 잘 만들어진 것들이다. 필기감이 부드럽고 심이 뾰족하게 잘 갈린다. 나무 자루는 결이 곧고 깎기 쉽다. 마무리도 잘 되어 있어 도색도 말끔하고 글씨도 선명하게 새겨져 있다. 지우개 테두리도 깔끔하게 장식되어 있으며, 깨끗한 지우개가 단단하게 끼워져 있다. 간단히 말해 완벽해 보인다. 우리가 새로 건설한 다리나 새로 개발된 자동차를 감탄하며 바라보듯이 이러한 연필들 역시 감탄의 대상이다. 그런데 이러한 연필들이 완벽하다면, 올해 새로 건설한 교량이나 새 모델 자동차 역시 완벽한 것이어야 한다. 그럼에도 왜 늘 새로운 모델이나 디자인은 다시 등장하는 걸까?

일부 재료가 고갈되거나 새로운 재료의 공급원이 발견되면 제품이 유용성이나 비용뿐만 아니라 질과 효율성에도 영향을 줄 수 있다. 그러나 완벽을 상대적인 개념으로 만들어버리는 것은 늘 진행되는 혁신에 대한 인간의 노력과 공학이다. 혁신에 대한 노력은 인간의 내면에 내재되어 있는 것 같다. 그러므로 공학의 목표는 움직이는 이동 표적과 같은 것이 된다. 진정한 발명가와 공학자는 '완벽' 속에서 불완전한 것을 찾아낸다. 일례로, 오늘날 우리가 구할 수 있는 최고의 연필은 HB 연필 정도일 것이다. 에버하르트 파버가 1세기 전에 주장했듯이 이 연필 역시 보기에는 완벽한 것 같다. 그러나 엄밀하게 검사해보면 이 연필 역시 아직 희망사항을 남기고 있다.

내가 지금 쓰고 있는 연필은 미국 유수의 연필회사가 만든 최고급 연필이다. 일부 사람들은 이 연필을 연필의 대명사로 믿어 의심치 않는다. 심이 뾰족하게 잘 깎이며, 균일하고 진하게 잘 써질 뿐만 아니라 끝에 붙어 있는 지우개는 아무 흔적도 남기지 않고 깨끗하게 지워주기 때문이다. 이 연필의 부드러운 노란색 마무리 칠과 모서리를 둥글게 궁굴린 모양은 고전적인 외양과 호사스런 느낌을 준다. 이 연필을 생산한 사람은 돈 주고 살 수 있는 필기용 연필 중 최고 품질로 보이도록 정말 진지한 노력을 했을 것이다. 연필의 육각 면 중 한 면에는 금박으로 상표명이 찍혀 있고, 그 반대 면에는 글씨가 음각되어 있어 햇빛에 정확히 비춰 보아야만 다음과 같은 글씨가 있음을 알 수 있다. 'U. S. A. 'CHEMI-SEALED' QUALITY CONTROL NO 0407.'

이 연필을 손에 쥐고 이리저리 돌려가며 자세히 살펴보면, 최대한 세심하게 품질 관리를 했음에도 불구하고 역시 약간씩은 가변성이 있음을 발견할 수 있다. 우리가 시속 65마일로 고가도로를 달릴 때 실수로 차선에서 벗어날 우려가 있으므로 차선을 자동차보다 약간 넓게 잡아 여유 공간을 두듯이, 품질 관리 역시 급회전하는 연필 생산 기계 안에서 수천 분의 1인치일망정 약간의 실수를 수용할 수 있도록 오차의 허용 범위를 두어야 한다. 야구 경기에서 모든 스트라이크가 본루 정가운데를 지나는 것이 아니듯이 품질 관리 역시 모든 제품이 한 치의 오차도 없이 완벽하게 균등한 품질을 갖도록 만든다는 의미는 아니다. 스트라이크 존[투수가 던진 공이 스트라이크로 판정되는 범위]의 개념은 투수의 모든 투구가 스트라이크가 되기 위해 완벽해야 할 필요는 없다는 것을 의미한다. 현실적으로 보면 모든 심판이 늘 같은 기준으로 스트라이크를 판단하는 게 아님은 물론, 똑같은 심판이라도 매회 같은 기준으로 스트라이크를 외치는 것은 아니다.

내가 지금 들고 있는 연필도 자세히 들여다보면 결점이 보인다. 공장에서 깎여 나온 자루 부분을 보면 어느 한 쪽이 다른 쪽보다 거칠다. 천천히 연필을 돌려가며 조심스레 들여다보면 2개의 자루를 붙인 미세한 선이 보인다. 자루의 색깔, 재질, 나뭇결도 약간씩 다르다. 또한 깎인 경계면을 보면 어느 한 쪽의 나무와 도색이 다른 쪽보다 더 깎인 것을 알 수 있는데, 그것은 심이 자루의 중심에서 약간 벗어나 있었거나 공장에서 기계로 깎을 때 연필이 기계에 똑바로 물려 있지 않았거나 기계의 회전이 일정하지 않았음을 시사한다. 지우개가 달린 부분을 보면 금속 테두리에 페인트로 칠한 띠가 약간 기울어져 있거나 흠집이 나 있으며, 지우개도 한쪽으로 살짝 기울어져 있다. 상표가 인쇄된

면을 보면 등급을 나타내는 $2\frac{1}{2}$이라는 숫자의 폭이 연필 면의 폭보다 넓어 이웃한 면으로 삐져나간 것을 볼 수 있다. 그런데 이 정도 결점들은 허용될 만한 사소한 것들이어서 품질 검사에서 불합격시킬 이유가 전혀 없다. 만약 누군가 이런 관행이 잘못된 것이라고 비난한다면, 우리가 사용하는 보통 연필들은 모두 사라져야 할 것이며, 우리는 연필 1자루를 사는 데 몇 달러 더 내야 할 것이다.

단순히 겉모양의 완벽성을 추구하는 데에만 발명가나 공학자들의 동기가 있는 것은 아니다. 새로운 연필을 개발하거나 기존 연필을 좀 더 신속하게 생산할 수 있는 새로운 기계를 개발하는 과정에서 연필의 외양과 경제성 추구는 서로 상쇄되는 속성이 있다. 그런데 그럴 때 무엇보다도 우선하는 것은 완벽성의 추구이다. 만약 심이 자루 중심에서 심하게 삐뚤어져 있어 연필깎이 기계에 의해 부러진다면, 이는 고급 연필로서는 있을 수 없는 일이다. 그러나 심이 중심에서 미세하게 벗어나 있어서 사소한 결점도 허락하지 않는 공학자가 확대경으로 보거나 지나치게 꼼꼼한 저술가가 연필을 화두 삼아 참선을 해야 찾을 수 있는 정도라면 그것은 별로 대단한 결점이 아니다. 그러나 심이 중심에서 벗어나 있든 아니든 간에 연필로 쓸 때 종이가 잘 찢어지거나 필기 자국이 균질하지 않거나 하면 이것은 큰 문제이다.

신제품일 때는 연필도 자동차나 다리와 마찬가지로 단순히 경탄의 대상만으로 끝나는 것은 아니다. 연필은 써서 없어지기 위해 만들어지는 물건이다. 나무 자루는 깎여서 없어지고, 심은 비록 느리지만 닳아서 없어진다. 따라서 연필의 진정한 결점이나 불완전한 점은 그냥 쳐다볼 때 발견되는 게 아니라 실제 사용할 때 명백히 드러난다. 펜과 비교하면 연필은 촉 끝을 잉크에 담그지 않아도 되기 때문에 번거롭게 잉크병을 가지고 다니지 않아도 된다는 이점이 있다. 그러나 나무 자루 연필도 가끔 깎아줘야 하는 불편은 있다. 게다가 연필을 깎아 쓰다 보면 연필 무게가 줄어들기 때문에 손을 무게 변화에 계속 새로 적응시켜야 한다는 문제도 있다. 만약 연필이 닳아도 외양이 변하지 않는다면 굉장히 좋을 것이다(소비자들에게 합리적인 길이만 유지한다면 연필은 여전히 매력 있는 물건이다). 혁신과 공학을 대폭 촉진시키는 요소는 무엇보다 기능적인 단점이다.

혁신은 실제 느낄 수 있는 단점에서부터 나온다. 나무 자루 연필은 쓰다 보면 심 끝은 늘 뾰족한 게 아니고 손에서 느껴지는 감도 달라진다. 그렇다면 나무 자루 연필을 대체할 신제품으로서 심이 닳아도 길이가 변하지 않는 케이스에 심을 넣고 쓸 수 있는 "늘 뾰족한" 제품은 어떤 것일까? 1827년에 등장한 한 광고는 연필을 개선한 "늘 뾰족한" 신제품의 장점을 설명하고 있다.

> '흑심Black Lead'은 보통의 심과는 달리 나무 속에 넣어 쓰는 것이 아니라 심을 기계적으로 밀어내는 장치가 부착된 작은 은제 튜브에 넣고 쓰는 것입니다. 흑심의 직경은 글씨를 쓸 때나 선을 그릴 때, 명암을 칠할 때 특별히 깎거나 갈지 않아도 될 만큼 절묘합니다. 제도판과 책상용 케이스는 검은색이나 상아색이고, 휴대용 케이스는 금색이나 은색으로 그 풍취와 우아함이 각각 다릅니다. 흑심은 최고의 품질입니다.

이 광고 전단은 큰 글씨로 나무 자루 연필의 결점을 지적하고 있었는데, 이것이 바로 혁신을 알리는 특징적인 양상이다. 물론 19세기 연필 소비자들은 연필을 계속 깎아주고 갈아줘야 한다는 것을 잘 알고 있었다. 그래도 특별한 대안이 없는 한 그것이 연필 사용을 기피할 이유가 되지는 않았다. 그런데 발명가 입장에서 자신이 개선한 신제품이 특허를 받을 만한 자격이 있음을 설명해야 할 때 가장 좋은 방법은 위 광고처럼 기존 제품의 불완전함을 해소했음을 강조하는 것이다.

아침 식사 대용식인 시리얼에서부터 현수교에 이르기까지 새롭게 개선된 모든 인공물을 선전할 때, 때로는 암시적으로 때로는 공개적으로 언급하게 마련인 "새롭게 개선된" 신드롬은 모든 혁신과 공학 디자인의 핵심이다. 이 "늘 뾰족한" 연필 신제품이 싸거나(비싸지 않거나), 좀 더 필기감이 부드럽거나(긁힘이 없거나), 심이 강하거나(쉽게 부러지지 않거나), 어떻거나 간에 중요한 장점은 구식 제품의 단점을 없앴다는 데 있다. 그러나 사람들은 구식 제품에 익숙해져 있기 때문에 실제 불편함과 불완전한 점을 여간해선 잘 못 느낀다. 따라서 구제품의 결점은 늘 과장되기 마련이다.

이러한 양상은 치약이나 비누 같은 일상용품에서 흔히 볼 수 있다. 우리에게 이미 익숙해진 치약이나 비누 같은 일상용품은 "새롭게 개선된" 신제품이 큰 말썽 없이 매장에 진열된다. 생산자들은 자신들이 만든 신상품이 자신들의 구제품을 완전히 부정하는 것을 원치 않기 때문이다. 따라서 "새롭게 개선된" 신제품은 구제품을 공공연히 드러내놓고 무시하지는 않는다. 결국 개선된 신상품들은 "이가 더 하얘지는" 혹은 "때가 더 잘 빠지는" 하는 식으로 선전된다. 물론 뒤집어 생각해보면 이는 기존 치약이나 비누가 신제품보다 덜 하얘지고 때가 덜 빠진다는 소리다. 구제품의 단점을 방송으로 널리 알리는 경우는 상대가 경쟁사일 때다. 그런데 이 "새롭게 개선된" 신드롬이 딜레마에 빠질 때도 있다. 영양소를 완벽하게 갖추었다는 의미에서 'Just Right(딱 알맞은)'이라는 이름이 붙여진 아침 식사용 시리얼이 있었는데, 신제품이 개발되었다. '새롭게 개선된 Just Right'이라는 이름은 이제 모순이기 때문에 이 제품에 대한 광고는 유머스럽게 접근해 소비자들이 너무 진지하거나 세심하게 생각하지 못하도록 만들어야만 했다.

"새롭게 개선된" 제품의 개발은 생산자, 판매자, 소비자 모두에게 이익인 것이 분명하지만 넘겨야 하는 힘든 과도기도 있을 수 있다. 1920년대 중반 새로운 모델의 에버샤프가 개발됐을 때 대리점들은 아직 수백만 자루의 구 모델을 선반에 진열해놓고 있었다. 구 모델의 반품이나 교환을 요구하지 않고 신 모델을 들여놓게끔 대리점들을 납득시킬 수 있는 절묘한 광고 캠페인만이 유일한 해결책이었다. 딕슨사의 1940년대 광고 카탈로그로 되돌아가보자. 딕슨사는 "신제품 개발에 있어 이미 팔린 구 모델에 대해서는 어떤 의무도 지지 않을 권리가 있다"라고 자사의 기술혁신 정책을 선언하는 식으로 서술하고 있다.

제품 자체나 디자인의 혁신, 또는 마케팅이나 판촉의 혁신에 있어서 또 다른 보편적인 특징은 잠재 고객들에게 좀 더 복잡해진 신제품 사용법을 교육시킨다는 점이다. 오늘날 연필 사용법이나 연필 깎는 법을 따로 배워야 한다고 생각하는 사람은 아무도 없을 것이다. 그것은 우리가 어린애가 말 배우듯이 연필 사용법을 자연스럽게 익히기 때문이다. 그러나 가구 장인이 흑연을 최초로 삼나무 자루 속에 집어넣었던 당시에도 그랬을까? 연필의 용도나 사용법을 분명히 알고 있었을까? 샤프펜슬을 최초로 생산한 사람들 중에서도 그 물건을 당연한 것으로 여긴 사람은 없었을 것이다. 그래서 광고 책자에 사용 설명서가 곁들여졌다. "왼손의 엄지와 다른 손가락으로 샤프펜슬의 그물 무늬

부분을 쥔 다음 오른손으로 케이스를 오른쪽으로 돌려 심이 원하는 길이만큼 나오게 한다. 그러나 단지 어떻게 되는지 보기 위해 일부러 심을 너무 많이 나오게 했을 때는 케이스를 반대 방향으로 돌리며 심을 눌러주면 된다. 물론 실제 사용할 때에는 이런 일이 거의 생기지 않을 것이다."

샤프펜슬을 많이 써본 20세기 소비자들에게는 위와 같은 설명이 쓸데없는 내용이지만, 오늘날의 컴퓨터 안내책자가 그러하듯 19세기 연필 소비자들에게는 연필 사용법이 매우 자세해야 할 필요가 있었다. 세세한 내용과 문법까지도 주의해서 읽어보면 위 안내문에는 그 자체로 완벽하지 못한 부분도 많이 있었다. 왼손 엄지와 어느 손가락을 사용해야 되는지, 케이스를 어떻게 돌리는지 등등. 그럼에도 샤프펜슬을 가진 사람들이 자랑스레 심을 길게 뽑아 보여줄 경우를 예상하고 있는 것을 보면 이 안내문은 샤프펜슬의 신기함을 잘 나타내고 있다. 하지만 샤프펜슬 소유자들의 진정한 의도가 무엇이든 간에, 샤프펜슬 사용법을 익히는 데에는 뭐니 뭐니 해도 직접 사용해보는 게 안내문만 집중해서 정독하는 것보다 훨씬 낫다. 이는 오늘날 컴퓨터 사용법을 배울 때 매뉴얼만 들입다 읽는 것보다는 시행착오를 겪어보는 게 훨씬 나은 이치와 같다.

샤프펜슬을 실제로 작동하는 법은 안내문보다 훨씬 덜 복잡했다. 또한 게으른 저술가든 자랑삼아 써보는 사람이든, 누가 쓰든 간에 샤프펜슬이 편리한 것만은 당연했다. 무엇보다 사용하지 않을 때나 주머니에 넣고 다닐 때 옷이나 손을 더럽히곤 하던 비싸고 부러지기 쉬운 심을 케이스 속에 보관할 수 있어 좋았다. 이런 이유로 (금줄로 장식된 연필들이 팔리던) 빅토리아 시대 말기인 19세기에 자동 연필, 추진 연필, 반복 연필 등 여러 가지 이름으로 불렸던 수많은 샤프펜슬이 등장해 전성기를 이루었거나 혹은 쇠퇴했다. "늘 뾰족한" 연필이 전성기를 구가하던 때는 또 다른 최신 발명품인 자전거가 "아무것도 먹지 않으며, 늘 안장이 준비되어 있는" 장점을 지녔다고 선전되던 시기와 일치한다.

연필 숭배자들

연필은 저술가의 시간 외에 다른 것을 소비하지 않는 것처럼 보인다. 그러나 연필 생산업체 입장에서 보면 연필은 삼나무 숲을 소비해버린다. 그래서 자루용 목재의 공급이 줄거나 값이 뛰는 시절에는 오히려 옛날처럼 금속 자루 연필을 만드는 게 유리했다. 이에 관련된 적절한 예시로 새로운 코카콜라 개발을 들 수 있겠다. 새 코카콜라가 나온 것은 기존 제품에 불만이 있었기 때문이 아니라 중요한 원료인 설탕 수급에 문제가 생겼기 때문이었다. 새로운(개선된 것인지는 의문이지만) 코카콜라는 소비자들에게 거의 받아들여지지 않았다. 거기서 끝난 게 아니라 사라졌던 구제품이 옛 모습 그대로는 아니지만 전통적인 모습으로 다시 등장한 희귀한 기술 발전 사례를 초래하였다.

처음엔 몽당연필을 끼워 쓰는 용도로 만들어졌다가 쓰지 않을 때는 연필을 속으로 밀어 넣어 주머니나 지갑에 넣고 다닐 수 있었던 금속 연필깍지와 사촌뻘인 이 샤프펜슬은 20세기에 접어들자 연필깍지와 마찬가지로 더 이상 기발한 제품이 아니었다. 연필심이 개선되고 나무 자루를 접착시키는 기술이 발전하자, 심이 굵어 상대적으로 섬세한 선을 그릴 수 없었던 샤프펜슬이나 연필깍지는 나무 자루 연필에 의해 다시 대체되기 시작했다. 합리적인 가격의 품질 좋은 나무 연필과 뛰어난 기능의 연필깎이가 학교와 사무실 등에서 널리 쓰이기 시작하자 샤프펜슬의 보급은 당연히 저지되었다.

구식 샤프펜슬은 심이 굵다는 점 외에도 다른 단점이 많았다. 나무 자루 연필에 비해 설비 투자 비용이 많이 들었고, 구조적으로 부러지기 쉬워 소비자들이 연필을 사는 데 쓸 수 있는 비용의 한도를 넘어섰다.

여러 개의 가는 심이 들어 있는 카트리지를 통째로 교환해 쓰는 중저가의 샤프펜슬이 새로 개발되자 곧 많은 저술가가 이 제품을 추종했으며, 제조사는 사용자들을 위해 좀 더 자세하게 만든 사용 설명서와 카트리지를 함께 포장해 판매함으로써 소비자들에게 이 신제품의 새로운 장점을 강조했다. 이러한 종류의 샤프펜슬들은 절대 깎을 필요가 없었으며 대부분의 나무 연필보다 필기감이 부드럽고 소음이 적을 뿐 아니라 무게와 길이가 일정하여 장시간 필기하는 데 애용되었다. 그러나 이 신제품들 역시 약한 편이었기 때문에 글 쓰는 사람들은 1년에 여러 자루를 사야만 했다. 따라서 연필을 선택하는 데는 왕도가 따로 없었다. 각자가 좋아하는 길이로 산뜻하게 깎은 호사스런 나무 자루 연필들을 총걸이에 정렬된 군인들의 소총들처럼 매일 아침 책상 위에 준비시킬 처지가 되는 작가나 언론인들에게는 여전히 구식 나무 연필이 플라스틱 샤프펜슬보다 더 좋은 무기였다.

그런데 거의 완벽하게 만들어진 나무 자루 연필에 도전한 필기도구가 샤프펜슬만은 아니었다. 19세기를 거치면서 발전한 만년필과 알론조 크로스Alonzo Cross가 1846년에 자기 회사를 차리고 1860년대 말에 개발한 첨필형 펜stylographic pen이 바로 그러했다. 잉크가 묻은 바늘 촉으로 쓰는 이러한 신제품은 19세기 말경에 광범위하게 모방되고 선전되었다. 볼펜은 일찍이 1888년에 특허를 획득했으나, 1930년대까지는 실질적인 개발이 이루어지지 않았다. 1945년 미국에서 최초로 팔린 볼펜은 1자루에 12달러 50센트나 했으며 선이 끊기거나 잉크가 새고 번지는 경향이 있었다. 1950년대에 새로운 잉크가 개발된 뒤에야 비로소 볼펜은 널리 쓰이게 되었다. 그러나 최근 휴대용 전자계산기 값이 떨어지는 것처럼 당시 볼펜 값도 많이 떨어졌으나 연필은 사라지지 않았다. 볼펜이 아직 신기하던 시절 한 연필 숭배자가 한 말을 들어보자.

> 연필은 현장에서 결코 쫓겨나지 않을 것 같다. 만년필, 샤프펜슬, 볼펜, 타자기 등의 발명으로 연필이 심각하게 영향을 받은 적은 결코 없다. 요즘에도 기업체 간부들은 손만 뻗으면 닿을 곳에 연필을 담은 컵이나 필통을 두고 있다. 어떤 회사의 사장은 매일 아침 큰 유리컵에 새로 깎은 연필 3~4다스를 준비해놓도록 시킨다. 그는 비교적 긴 메모를 하거나 아니면 누구 이름 하나를 쓰더라도 한 번 쓴 연필은 한쪽으로 치워놓고 다음 날 다시 깔끔하게 깎아 놓을 때까지 사용하지 않는다.
>
> 또 어떤 경영자는 매일 아침 새로 깎은 새 연필을 1다스 정도 책상 위에 준비해놓도록 시킨다. 연필은 모두 새것이어야 한다. 그는 두 번 이상 깎은 연필은 절대 쓰지 않고 꼭 7.5인치(약 19센티미터) 길이의 완벽한 새 연필만 사용한다. 그가 한 번씩만 쓰고 버리는 연필들은 부사장이나 사무실의 아래 직원들에게 돌아간다. 반면에 한 전통 있는 회사의 사장은 짧은 연필만을 고집한다. 그 사장은 5인치(대략 13센티미터) 길이의 연필을 좋아하여 비서는 남이

깎아 써서 2.5인치 정도 짧아진 연필과 새 연필을 바꾸러 돌아다니느라 늘 바빴다. 토머스 에디슨은 더 짧은 것을 좋아했다. 조끼 오른쪽 주머니 바닥에 딱 들어맞는 길이인 3.5인치(약 9센티미터)짜리 몽당연필을 애용했다. 그는 자기만을 위한 연필을 연필회사에 맞춤 주문해서 썼다.

또 다른 사람의 주장에 따르면 에디슨이 특별히 연필을 주문한 회사는 이글사인데, 그가 주문한 연필 길이는 조끼 주머니의 높이와 같은 4.5인치(약 11센티미터)였다고도 한다. 이렇게 서로 일치하지 않는 부분이 있음에도 불구하고 이 같은 일화들은 연필의 물러설 줄 모르는 힘을 입증하는 확실한 증거가 되고 있다. 1950년대 중반 볼펜용 '액체 흑연'이 개발된 이후 일부 연필 생산업자들의 염려에도 불구하고 1960년대에 이르러 나무 자루 연필은 역대 최고의 생산량을 기록했다. 미국만 해도 연간 생산량이 무려 20억 자루에 달했다. 오늘날까지도 전통적인 연필에 대한 수요는 끊이지 않고 있다. 수십 자루의 연필을 깎아놓아야 글 쓸 기분이 났다는 헤밍웨이, 가끔 서서 글을 쓰곤 했던 버지니아 울프나 루이스 캐롤 등 그 누구도 설혹 별난 버릇이 있다 하더라도 뜯어고치려 들지는 않았을 것이다. 헤밍웨이는 "연필 2자루 정도는 닳아 없어져야 하루 일을 충분히 한 것 같다"고 했으며 존 스타인벡은 하루 종일 글을 쓸 때 연필 깎는 시간을 아끼려면 전동 연필깎이가 있어야겠다고 말했다.

그러나 문필가들은 그렇게 많은 글을 연필로 쓰면서도 정작 연필에 관한 글은 거의 쓰지 않았다. 칼 샌드버그Carl Sandburg는 〈연필Pencils〉이라는 짧은 시에서 별이 멈추지 않는 한 "부지런한 연필"은 글을 시작하고 끝내는 작업을 끊임없이 계속할 것이라고 썼다. 이 시는 연필 업체들을 안심시키는 감동을 주긴 했지만, 영어권 문학에서 연필을 주제로 한 거의 유일한 글이다. 스타인벡과 헤밍웨이도 다른 작가들에 비하면 연필에 상당히 관심을 기울인 축에 든다. 헤밍웨이는 〈이동 축제일Moveable Feast〉에서 파리의 한 카페에 앉아 노트에 연필로 글을 쓰다가 옆자리에 앉은 한 여인에게 눈이 쏠려 집중력이 흐트러진 상황을 기술하고 있다. "나는 고개를 들 때마다, 연필깎이로 연필을 깎을 때마다 그 여자를 쳐다봤다. 연필깎이의 칼밥이 꼬불꼬불 말리면서 술잔을 받친 접시에 떨어졌다." 그 여자는 분명 다른 사람을 기다리고 있었겠지만, 헤밍웨이는 그녀가 자신과 함께 있으며, 자기 이야기 속의 여인이라고 생각할 수 있는 터였다. 마치 그의 "파리의 모든 것은 내 안에 있으며, 나는 노트와 연필 안에 있었다"라는 글처럼 말이다. 그러나 헤밍웨이의 글은 연필을 주제로 한 것은 아니었다. 연필에 대한 애정 어린 언급에도 불구하고 그가 쓴 연필의 상표나 색상, 크기, 등급, 품질 등에 대해 우리는 아무것도 알 수 없다.

자기 필기도구에 대해 존 스타인벡만큼 깊이 생각한 작가도 없다. 연필의 심, 모양, 크기 등에 대한 그의 집착을 기고문들이 입증해주고 있다. 존 스타인벡은《에덴의 동쪽》을 집필하던 시절, 친구이자 편집자인 파스칼 코비치Pascal Covici에게 보낸 여러 통의 편지에 자신이 집필 중인 소설 주인공들에 대해 썼다. "그들은 내가 연필을 집어 들기 전에는 결코 움직일 수 없다." 그런데 어떤 연필을 집어 들지는 나날의 기분과 날씨에 달려 있었다. 스타인벡도 연필심이 습기에 영향을 받는다는 사실을 알고 있었다. 그는 하루에 60자루의 연필을 부러뜨린 적도 있음을 고백하면서, 연필을 더 보내달라고 파스칼 코비치에게 연락하곤 했다. 노벨문학상을 수상한 이 대문호가 최고로 친 연필은 에버하르트 파버사의 블랙윙Blackwing과 몽골 연필 원통형 480 #$2\frac{3}{8}$이었던 것 같다. 그러나 이 두 연필이 언제나 그의 기분에 맞았던 것은 아니다. 일찍이 그는 파스칼 코비치에게 이렇게 고백한 적이 있다.

> 수년 동안 나는 완벽한 연필을 찾아 헤맸다네. 매우 훌륭한 연필은 많이 봐왔지만 완벽한 연필을 보지는 못했네. 그런데 문제는 연필에 있는 것이 아니라 나에게 있었던 것 같으이. 얼마 동안 잘 쓰던 연필도 어떤 날은 마음에 안 들곤 했지. 이를테면 어제는 부드럽고 섬세한 블랙윙 연필을 썼는데, 하루 종일 종이 위를 날렵하게 미끄러져 다녔다네. 오늘 아침에도 같은 연필을 사용했는데 웬일인지 껄끄럽고 촉이 자주 부러지더군. 아마 내가 연필을 좀 눌러 썼던가 봐. 결국 오늘은 경도가 약간 높은 연필이 필요한 것 같아 지금은 $2\frac{3}{8}$짜리 (몽골) 연필을 쓰고 있다네. 자네도 알다시피 내 책상에 있는 플라스틱 필통에는 집필량이 많은 날 쓰는 연필과 적은 날 쓰는 연필 등 세 가지 연필이 늘 준비되어 있지. 하루 중 중간에 연필을 바꿔 쓰는 경우는 드물지만 그래도 준비는 해줘야 할 것 아닌가. 세 번째로 갖추고 있는 것은 자주 쓰는 것은 아니지만 아주 부드러운 연필이라네. 그 연필은 내 감각이 장미 꽃잎처럼 아주 섬세할 때만 쓰는 특별한 것이네.

한편 작가를 상징하는 좀 더 친밀한 상징물은 연필이 아닌 펜이다. 펜을 의인화한 것이 곧 작가들이다. 〈연필로 쓰기Pencillings〉라는 에세이를 쓴 순수문학 연구자인 존 미들턴 머리John Middleton Murry는 이 글에서 정작 연필에 대해서는 언급하지 않는다. 그는 이 글이 제목과 아무런 관련이 없다고 설명하는데, 자신이 원래 붙였던 제목은 이 에세이가 실릴 예정이었던 신문 칼럼에 할당된 제목 길이보다 너무 길어서 편집자가 바꾸었다는 것이다. 뿐만 아니라 그는 자신의 첫 번째 에세이집 《명암법Chiaroscuro》에서 연필 애호를 오도하고 있는데, 그 내용은 연필에 대한 찬가가 아니라 현대 문학의 이해할 수 없는 측면을 탄식하는 것이었다. 연필에 대해 아무런 언급도 않는 것을 그리 나쁘다고 할 순 없겠지만, 그는 우리에게 연필보다 펜이 훨씬 더 찬양받고 있다는 사실을 상기시키고 있다. 더욱이 그는 펜을 찬미하는 에세이를 하나 더 실음으로써 연필을 모욕하고 있다. 작가들의 칼인 펜에 대해 쓴 〈금빛 찬란한 펜Golden Pen〉이라는 에세이에서 그는 아예 시인처럼 펜을 찬양하고 있다.

> 내가 꿈에 그리는 펜은 금빛 찬란한 펜이다. 갈까마귀의 윤기 나는 가슴보다 더 검은 잉크의 수정 샘에 담갔다 꺼낸 그 펜은 빳빳한 양피지 같은 순백의 종이 위를 날듯이 미끄러진다. 금빛 찬란한 펜은 인도 화가가 코끼리의 가느다란 털로 그린 선보다도 더 섬세한 선을 긋는다. 이 모든 꿈이 내게 이루어진다면, 금빛 찬란한 펜과 그 펜이 그리는 선처럼 내 머릿속의 생각들이 선명하고 섬세하며 뚜렷하게 드러날 것이다. 머릿속에서 아이디어가 비눗방울처럼 솟아날 것이다. 나는 그저 솟아나는 아이디어의 자취만을 따르면 될 것이다. 비눗방울이 터지고 오색찬란한 파편이 흩날려 마르기 전에 내 잉크에 내려앉으면, 잉크 위에 영원히 새겨진다.

존 머리가 이렇게 펜을 과장한 것만큼 연필을 과장하여 쓴 글은 없다. 금빛 찬란한 펜, 빳빳한 양피지, 수정 샘, 검은 잉크 등과 같은 단어는 펜을 사용하는 사람들이 왠지 아름답고 가치 있는 것을 쓰고 있다는 느낌을 강화시켜준다. 하지만 연필로 쓴 초안을 지우개로 몇 번이고 지우면서 퇴고했을 이 펜에 대한 찬사 글에는 시적 아름다움은 있을지언정 펜이라는 인공물을 통해 구현된 기술적 발전에 관한 평가는 전혀 없었다. 그가 일상적인 연구 대상으로 삼았던 문학이라는 인공물을 통해 구현된 문화적 성과를 평가했듯이 펜에 대해서도 기술적 평가를 할 법한데 말이다.

연필을 평가하는 잣대

세계 문학의 긴 역사를 통해 존 머리의 산문적 시에 이르기까지 도달한 문학적 발전이 인류 문화유산의 한 부분이듯이, 장인 기술과 공학을 통해 수천 년간 혁신이 이루어져 내려오다가 마침내 머리가 꿈꾸는 펜에까지 도달한 기술적 발전 역시 인류 문화유산의 한 부분이다. 자신의 손으로 당대 최고의 연필을 만들었던 소로조차도 연필을 찬미하는 노래를 짓지는 않았다. 그런데 이는 아마도 의도된 침묵이었을 것이다. 월든 호숫가에 평범한 오두막을 지으면서도 자신의 손재주를 자랑하는 데 주저하지 않았던 것을 보면 알 수 있다.

연필에 대한 찬가는 대부분 익명으로 쓰인데다 진부하기까지 했다. 그러나 적어도 한 작가만은 존 머리가 펜을 찬양한 글만큼 화려하고 장중한 산문으로 연필을 의인화한 글을 남겼다.

나는 연필이다. 새롭게 태어난 사상 최초의 기록자이다. 나의 고향은 깊은 잠을 자는 흑연 광산과 향기로운 삼나무 숲이다. 나는 다이아몬드의 사촌인 지하 세계의 탄소를 가슴에 품고 있다. 나는 대륙 간의 사업을 기록하며 국가 간 무역의 시산표를 작성한다. 나는 이론이라는 바퀴의 중심축인 동시에 사실 체계의 주춧돌이다.

정신없이 바쁜 전 세계의 아침을 내가 기록하고 있는 동안 잠들어 있던 수백만 사람들에게 내 노력의 성과를 전달해주기 위해 신문사 인쇄기는 도약 직전의 야수처럼 웅크리고 있다. 나는 사람들의 제일 가까운 친구이자 믿을 만한 유일한 벗이다…….

나는 사람들의 두뇌가 함께하는 곳이라면 어디든 막론하고 전 세계의 모든 마을과 벽촌까지도 알려져 있는 세계 시민이다. 나는 연필이고, 나의 의무는 봉사에 있다.

공학의 의무 역시 인류에 대한 봉사에 있다. 그러나 공학과 기술이 인류 문화유산의 역동적인 일부분이라고 뚜렷이 인식되지 않는 한 가지 이유는 바로 기술 혁신의 속성 자체에 있다. 펜과 연필이 평행선을 그리며 발전해오고, 나무 연필과 샤프펜슬이 공존할 수 있었던 이유는 글을 쓰는 사람들이 각양각색이며 그들이 사용하는 필기도구 역시 각기 달랐기 때문이다. 그렇지만 각각의 종류들 중에서 특정 시대에 살아남을 수 있었던 인공물은 당시로서는 가장 잘 개선되고 완벽한 것뿐이었다. 최상품의 영국산 흑연을 썼고 현재에도 구입이 가능하다 하더라도 19세기 초반에 만들어진 나무 자루 연필을 우리는 더 이상 사용하지 않는다. 우리는 좋든 싫든 연필심 등급이 균일하고 연필깎이로 깎는 동안 잘 부러지지 않는 20세기 후반의 모델을 쓰게 마련이다. 또한 최근에 만든 샤프펜슬이 무겁고 잘 부러지는 구식 모델보다 좋다는 것은 인정할 수밖에 없는 사실이다. 훨씬 편리한 새 모델이 나오면 구 모델은 쓰지 않는 게 사람들의 보편적인 속성이다. 우리가 구식 펜이나 연필을 수집하는 이유는 다소 감상적인 것이거나 구 모델의 형태, 신기함, 또는 구 모델이 가지고 있는 가치 때문인데, 이러한 가치는 구 모델의 희소성에서 비롯된다.

그러나 문학이나 예술의 경우에는 연필이나 펜 같은 인공물과 다르다. 특히 옛것을 새것으로 대체할 이유가 없다는 점에서 명백한 차이가 있다. 제임스 조이스의《율리시스》가 호머의《오디세이》를 계승한 구조를 지녔다고 해서《율리시스》가《오디세이》를 대체할 수는 없다. 우리 이전의 수많은 세대가《율리시스》를 읽고 즐겼듯이 오늘날의 우리도《율리시스》를 읽고 즐긴다. 또한 우리의 가장 훌륭한 미술관에는 한 지붕 아래에 수백 년 동안의 미술작품들이 전시되어 있다. 전시된 작품들은 역사적 호기심의 대상으로서 수집된 것이 아니라 그 작품을 그린 화가들과 동시대를 살아간 사람들에게 감동을 주었듯이 현대인들에게도 감동을 주는 예술품으로서 수집되고 소장되어 있는 것이다.

예술과 문학을 평가하는 잣대와 발명과 공학을 평가하는 잣대 사이에 존재하는 뚜렷한 차이는 바로 기능성이라는 문제다. 예술작품의 성공 여부는 그 작품을 통해 공감대를 형성할 수 있고 정서적 · 미학적 감동을 줄 수 있느냐에 달려 있지만, 기술의 산물인 인공물은 기능적 성과 여부에 따라 평가된다. 연필은 반드시 필기를 할 수 있어야 한다. 겉모양만 예쁘고 글을 쓸 수 없는 연필은 연필로서의 아름다움을 잃은 것이 분명하다. 인공물은 그 물리적 기능성에 어울리는 통일성을 지녀야 하며, 그것은 그 인공물의 기술적 전통의 흐름 속에서 의미를 가져야 한다. 하지만 성공적인 인공물은 반드시 그 이전의 모델보다 기능에 있어서 더 뛰어난 점이 있어야 한다. 또한 인공물의 세계에서는 가격이 독특한 기능 요소로 작용한다. 그렇기 때문에 미국에서는 소로의 비싼 연필이 성공했고, 러시아에서는 해머의 싼 연필이 성공할 수 있었던 것이다.

초기 미국의 연필처럼 심이 껄끄럽다거나 초기 소련의 연필처럼 비싼 수입품이라는 결점을 지닌 것들은 좀 더 부드럽게 써지거나 좀 더 저렴한 연필에 의해 손쉽게 대체된다. 질 나쁜 구 모델 연필들은 곧 자취도 없이 사라지곤 한다. 그것들이 사용되지 않을 뿐 아니라 가치도 없어졌기 때문이다. 그리고 그것들은 예술품으로 인정받지도 못한다. 옛 연필들의 결점은 과거에 이미 알려져 결점으로 평가받던 것이든 아니든 간에 새로운 연필이 등장하면 그 즉시 눈에 두드러지고 용서할 수 없는 것이 되어버린다. 그러나 문학작품의 경우 그 수요자들인 독자와 비평가들이 작품의 구조 속에서 말도 안 되는 결점을 발견했다 해도 이미 출판된 작품이 개작될 것이라고 기대할 수는 없는 노릇이다. 비평가들에게 알려져 있지 않은 상태에서 작품의 모든 부분을 발전시켜보는 작가 지망생들을 제외하면, 어떤 작가도 남이 쓴 소설을 개작하겠다고 마음먹지는 않는다.

예술작품의 경우, 단순한 사실적 문제에 관해 실수가 있다고 해도 그것을 바로잡기 위해 원작이 개작될 필요는 없다. 존 키츠John Keats는 〈체프먼의 호머를 처음 읽고On First Looking into Chapman's Homer〉라는 소네트에서 태평양을 최초로 발견한 사람을 에르난 코르테스Hernando

Cortez라고 잘못 적고 있는데, 비록 이 부분이 역사를 잘못 기술했다는 측면에서는 논쟁의 여지가 없는 구절이지만, 처음 출판될 당시 그대로 오늘날까지도 존 키츠의 선집에 고쳐지지 않고 남아 있다.

> Then felt like some watcher of the skies
> When a new planet swims into his ken;
> Or like stout Cortez when with eagle eyes
> He star'd at the pacific-and all his men
> Look'd at each other with a wild surmise-
> Silent, upon a peak in Darien.
> 그때 나는 창공의 주시자를 느낀 듯했다.
> 바로 새로운 대지가 그의 시야로 유영해 올 때
> 혹은 위풍당당한 코르테즈가 독수리눈을 했을 때
> —그의 전 선원들이 야성의 직감으로 서로를 바라볼 때—
> 그가 태평양을, 다리엔 만 정상의
> 고요를 응시할 때처럼

껄끄러운 연필심을 부드러운 심으로 바꾸듯 단순히 '코르테스Cortez'를 '발보아Balboa'로 바꾼다고 해서 시를 개선시키는 것은 아니다. '코르테스'와 '발보아'는 그 음절 수와 운율이 달라 시 자체가 바뀌기 때문이다. 뿐만 아니라 'stout Cortez'라는 구절은 그 운율이 이 시에서 딱 맞는 위치에 자리 잡고 있으며, 행의 마지막에 있는 구절인 'eagle eyes'와 운율의 통일성을 이루어 내재율을 강화시키고 있다. 다시 말해 키츠가 쓴 여러 단어는 시구 내에서 밀접한 연관성을 가지고 결합되어 있어, 만약 한 단어를 다른 단어로 바꾼다면 연쇄적인 반응을 일으켜 종국에는 시 전체를 망쳐버릴 것이다. 이 시는 있는 그대로 고전적인 맛을 내는 운율적 통일성을 지니고 있기 때문에 현대의 키츠가 이 시의 역사적 오류를 바로잡는 훌륭한 소네트를 짓는 데 성공한다 해도 본래 시를 대체할 수는 없는 것이다.

시적 자유는 당연시되는 게 오랜 전통이다. 그러나 공학자가 인공물을 만들 때 시인이 시를 쓸 때와 같은 자유를 요구할 수는 없다. 만일 연필이나 교량이 심각한 결함을 지니고 있고 공학자가 그것을 발견했다면, 연필이나 교량을 있는 그대로 받아들여선 안 되고 결함을 고쳐야 할 것이다. 그 결함이 사소한 것이라면 일단은 본래 만들어진 대로 놔둬도 된다. 그러나 수많은 연필을 다시 만들어야 하거나 다른 장소에 다리를 놓을 일이 생긴다면, 그 결점은 수정 · 보완되어야만 할 것이다. 만일 그렇게 하지 않는다면, 경쟁업자가 더 우수한 연필을 만들거나 다른 교량설계자가 더 튼튼한 다리를 설계할 것이다. 그리고 이 새로운 것들이 결국은 구 모델들을 대체하게 될 것이다. 이렇게 말한다고 해서 공학의 산물인 인공물이 시보다 전체의 통일성을 덜 중시한다는 의미는 아니다. 공학 설계의 경우에도 미세한 한 부분을 바꿀 때 기계 전체나 구조 전체의 통일성을 해칠 우려가 있다. 최근 텔레비전 방송이나 신문에서 일깨워주듯이, 사소한 부분의 변경이 좀 더 나은 것이 되도록 해줄 수도 있고, 사소한 부분에 적절한 주의를 기울이지 못한 것이 호텔 로비의 고가 도로가 붕괴되거나 우주 왕복선이 폭발하는 사고로 이어질 수도 있다.

진정으로 개선된 인공물만이 구 모델을 대체한다는 사실을 깨닫는 것은 곧 공학의 산물로서의 인공물이 미학적으로, 학문적으로, 기능적으로, 그리고 경제적으로 현실성이 있어야 한다는 사실을 깨닫는 것이다. 이 말은 존 키츠가 에버하르트 파버보다 덜 완벽주의자라는 뜻이 아니다. 두 사람 모두 이구동성으로 "나의 목표는 오직 완벽한 것을 이룩하는 데 있다"고 말했을 것이다.

22

연필의 미래

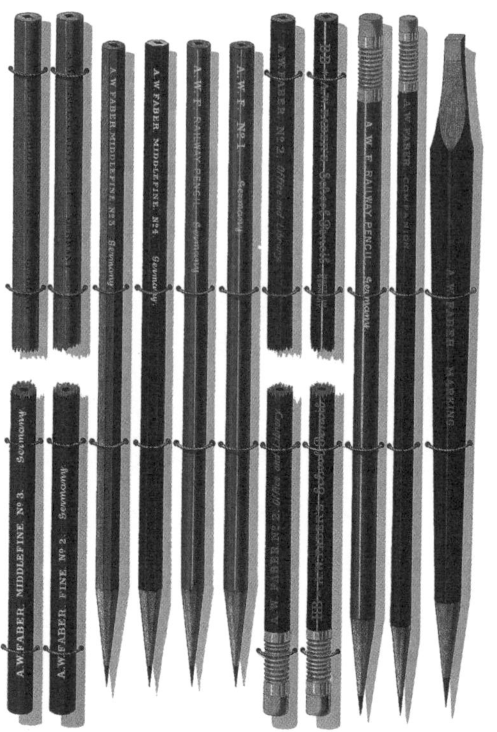
A.W. FABER MIDDLEFINE Nº 3. Germany
A.W. FABER FINE Nº 2. Germany
A.W. FABER MIDDLEFINE Nº 4. Germany
A.W. F. RAILWAY PENCIL
A.W. FABER MARKING

A.W. FABER MIDDLEFINE Nº 3. Germany
A.W. FABER FINE Nº 2. Germany
A.W. FABER MIDDLEFINE Nº 4. Germany

1938년, 기록의 역사에 대한 전시에 콘라트 게스너의 책이 추가된 것을 기념하여《뉴욕 타임스》는 게스너가 최초로 연필을 언급한 이래 발전해온 연필의 역사를 주제로 한 사설을 실었다. 사설은 타자기가 "손으로 쓰는 필기"도구인 펜과 연필을 몰아낼 것이며, "100년 혹은 200년 후의 도서관에서는 연필에 대해 마지막으로 언급한 문헌을 구하려 할 것이다"라는 우려의 말로 결론을 맺었다. 그로부터 50년 뒤 연필의 종말을 고하는 것은 아마도 컴퓨터일 것이라고들 했지만, 사실 그런 일은 일어나지 않았다. 연필은 전 세계적으로 연간 140억 자루가 생산되고 있으며, 연필의 종말이 임박했다는 보도는 너무 과장된 나머지 연필의 생존력은 우스갯소리가 되었다.

직관적인 아이디어와 이에 대한 기록의 중요성을 논하는 한 세미나에서 발표자로 초대받은 어떤 공학 교수는 호주 잡지에 실린 만화 한 컷을 소개했다. 만화의 뒷배경에는 일군의 학생들이 컴퓨터 모니터 앞에 시무룩하게 앉아 있고 단 한 명의 학생만이 모니터 없는 책상에 앉아 흥에 겨워 그림을 그리며 즐거워하고 있었다. 그리고 그 앞에는 매우 슬픈 표정의 한 학생이 선생님을 바라보고 있었는데, 선생님은 그

학생에게 이렇게 말하고 있다. "미안하지만, 연필을 가지고 놀 차례가 너까지 돌아오려면 아직 한참 기다려야 할 거야."

필립 슈로트Philip Schrodt는 연필이 원초적인 워드프로세서라고 말한 적이 있다. 그는 연필심을 문자 삽입 서브유닛subunit으로, 지우개를 문자 삭제 서브유닛이라 불렀다. 그의 재기 넘치는 비유는 1982년 컴퓨터 잡지《바이트Byte》에 처음 등장했다. 그는 워드프로세서 기계의 핵심 기능들을 최고로 단순한 형태로 통합시킨 신제품에 대해 이 같은 비유를 썼다. 이 워드프로세서를 개발한 상상력 풍부한 필립 슈로트는 우선 자기 워드프로세서를 구입한 사람들에게 치사한 다음, 경쟁사 제품의 결점을 은연중에 꼬집으면서 자기 제품을 칭찬했다. "워드프로세서 시장에서 저희 제품이 가장 다루기 쉽고, 편리하며, 고도의 안전성에 저렴한 운용비와 간편한 유지, 관리의 장점을 곁들인 제품입니다." 물론 그 사용 설명은 "최고로 단순한" 내용만은 아니었다.

거의 책 한 권 분량으로 상세하게 서술된《맥윌리엄스 워드프로세서Ⅱ》를 비롯한 여러 종류의 사용 설명서들이 필립 슈로트의 연필 비유를 모방했다. 테리 포터Terry Porter가 쓴 보다 짧은 워드프로세서 사용 설명서는 비유의 순서가 필립 슈로트와 정반대이지만 그 참신함만은 뒤지지 않는다.

> 여러분은 우리가 '연필 혁명'이라고 부르는 일련의 변화를 촉발시킨 '개인용' 또는 '가정용' 연필의 등장을 우리 시대의 가장 중요한 발전이라고 보십니까?
>
> 연필이 학교에 널리 퍼지자 신중한 많은 학부모들은 자녀들을 뒤처지지 않게 하기 위해 가정용 연필을 사야겠다고 결심했습니다.

그러나 교육적 목적으로 구입한 연필이 결국 게임용으로 쓰인다는 것을 알게 되자 격렬한 논쟁이 일어났습니다. 마침내는 틱택토Tic-Tac-Toe와 행맨Hangman 같은 대화형 연필 게임이 개발되었습니다.

비유나 만화는 상당한 재미를 주는 한편, 진실을 드러내기도 한다. 흔히 PC로 대표되는 현대 공학은 우리 부모들의 야무진 꿈을 초월하는 경이로움을 가져다주었다. 그러나 공학자가 아닌 사람들에게는 아직도 공학이 어려운 단어와 재미라고는 없는 따분함으로 가득 채워져 있는 것으로 보인다. 또한 많은 최첨단 공학 제품은 처음 접하는 사람들에겐 작동조차 어려울 정도로 복잡하고, 사전에 경고문을 봐야 할 만큼 위험으로 가득 차 있으며 질리게 하는 부분이 있다. 그런데 개인용 컴퓨터의 이미지가 이 정도라면, 보통 사람들이 비개인용 기술이라고 여기는 전기 발전이나 하수 처리, 또는 강철 생산과 같은 것들은 과연 어느 정도일까?

연필을 만드는 세계는 작은 우주다

공학은 스스로를 홍보하는 데 있어서는 최악의 조건을 갖추고 있다. 공학이 쓸 만하고 효율적인 제품이나 서비스를 생산하는 데 크게 성공하면 할수록 공학 자체는 눈에 띄지 않고 단조로운 것으로 보이기 때문이다. 만약 의사가 사람의 건강을 지키는 데 크게 성공하고, 변호사가 분쟁을 해결하는 데 크게 성공한다면, 이들 전문직업인은 자신들의 사회적 지위를 유지하는 데는 그만큼 성공하지 못할 것이다. 사람들은 병이 나야 의사를 찾아가고, 문제가 생겨야 변호사를 찾을 것이다. 바로 이러한 점 때문에 의사와 변호사가 우리 위에 군림하는 것이다. 의사가 병을 고치면 그는 우리에게 신 같은 존재가 된다. 그러나 의사가 실패하면 신이 우리를 불러서 떠난 것이 된다. 변호사가 소송에서 승소하면 그 변호사는 영웅이 되며, 패소하면 그 소송은 애초부터 이길 만한 게 아니었던 것으로 결론지어진다. 그런데 공학자들은 늘 공학적 산물로서의 인공물과 시스템을 통해 사람을 접하기 때문에 인공물과 시스템이 제대로 작동하면 그것은 거의 자연스레 그리 된 것처럼 당연시된다. 그러나 만일 제대로 작동하지 않으면 그것은 자연이 잘못되게 한 것이 아니라 공학자가 우리에게 잘못한 것으로 여긴다.

모든 전문 직업과 마찬가지로 공학도 독보적인 전문지식을 반드시 보유하고 있어야 한다. 그러한 독보적인 전문지식이 한편으로는 특정 전문 분야를 규정짓는 요소이다. 하지만 그 목적과 이상과 해당 전문 분야를 구성하는 핵심적인 부분에 대해 비전문가들의 접근을 불가능하게 만들 필요는 없다. 히포크라테스 선서가 의사들만의 구호는 아니며 법정에서 벌어지는 드라마틱한 일도 비밀은 아니다. 모든 전문가가 비전문가인 보통 사람들과 관계를 맺고 있듯이 평범한 사람들 역시 전문 분야의 공인들을 알고 있다. 그러나 공학자들만은 사물, 또는 사물과 관련된 공정을 다룬다. 인공물이 전문 공학자와 비전문적인 일반인들을 연관시키는 중개자 역할을 한다. 공학자가 업무와 관련해 접촉하는 비전문가란 사업상 만나는 비즈니스맨들이다. 따라서 공학자들을 사회의 한 구성원으로서, 즉 문화와 밀착되어 있는 구성원으로 이해하려면 공학자가 하는 일이 무엇인지, 공학자의 일이 일반적인 상식

안에서 어떻게 이루어지는지, 심지어는 그 일이 공학자 개인 차원에서 이루어지는 경우라 하더라도 사람들은 이를 이해할 필요가 있다.

연필처럼 간단해 보이는 인공물도 그 생산자와 소비자에 대한 고찰을 통해 공학을 이해할 수 있다. 연필을 만드는 세계는 작은 우주다. 연필이 최근에 개발된 어떤 첨단 기술의 산물과도 비유될 수 있듯이, 연필과 연필의 역사는 우리가 유추와 암시를 통해 공학자와 공학의 역사를 진지하게 배울 수 있도록 해준다. 연필은 그것이 지니는 보편성 때문에 두드러지지 않고 별 가치가 없어 보일 수 있다. 그러나 바로 그 점이 곧 연필의 가장 큰 특징이며, 성공적인 공학의 최우선 조건이다. 훌륭한 공학은 환경에 녹아들어 사회와 문화의 일부분이 되어버리며, 그러한 공학의 존재를 알아채려면 특별한 노력이 필요하다. 연필처럼 어디서나 흔히 볼 수 있는 인공물들의 기원과 발전을 자세히 살펴봄으로써 우리는 거대한 교량이나 최고 성능의 자동차를 좀 더 잘 평가할 수 있게 된다. 또한 그것을 통해 구조공학자들이나 자동차 공학자들만이 가진 상세한 전문지식 없이도 교량이나 자동차를 이해할 수 있다. 그리하여 우리는 교량이나 자동차가 인간의 마음에 의해 잉태되고, 인간의 마음속에서 개념의 형태로, 또는 손으로 그린 스케치의 형태로 구체화되는 것이지 처음부터 복잡한 방정식의 숫자 덩어리로 컴퓨터 속에 존재하는 것은 아니라는 사실을 알게 된다. 천연 가스 공급시스템이나 탄산음료 캔이 우리 면전에서 폭발하지 않고 사람들에게 에너지나 상쾌함을 주는 것은 공학자들이 행여나 그 설계가 잘못될까봐 노심초사한 결과임을 우리는 안다. 그러나 이러한 공학의 산물들이 완벽한 것은 아니라는 사실도 잘 알고 있다. 완벽한 인공물이란 결코 존재할 수 없기 때문이다.

수 세기에 걸쳐 진행된 연필의 발전 과정에 대한 이해는 컴퓨터처럼 연필보다 훨씬 더 복잡한 현대 첨단 기술의 산물을 이해하는 데 큰 도움이 된다. 역사적으로 볼 때 연필심이 필기에 적합했던 적도 있고 그렇지 않았던 때도 있다. 연필심에 적합한 재료를 알아내고 그것을 알아내서 극복했을 장애들에 대한 이해는 우리가 실리콘 칩의 승리를 제대로 평가하는 데에도 도움이 된다. 연필처럼 어디서나 볼 수 있는 흔한 물건들의 발전 과정이 실제로는 얼마나 복잡했는가를 알게 됨으로써 우리는 책상 위에 있는 컴퓨터 앞에서 경이로움을 느끼게 됨은 물론, 그 모든 것이 연필의 심 끝에도 종합적으로 내재되어 있음을 깨닫게 된다.

물론 연필 생산업자 모두가 전문적인 공학자였던 것은 아니다. 그러나 연필 생산 공정을 개선하면서 그들이 해결했던 여러 문제점은 모두 공학적인 문제였다. 어떤 장인이 배운 대로만 연필을 만들었다면 그는 그야말로 장인인 것이다. 그러나 윌리엄 먼로가 젊은 시절에 그랬듯이 전통에서 벗어나 새롭고 성능 좋은 제품을 만들었다면 그는 실질적으로 공학자와 똑같은 일을 한 것이다. 오늘날의 공학자들은 소목장이나 가구 장인의 도구 대신 수학과 과학이라는 도구를 이용해 재료와 공급, 경제, 정책 등의 변화에 연필 생산 공정을 빠른 속도로 적응시킬 수 있다. 지난 4세기 동안 일어난 연필 생산 공정의 발전 중 가장 중요한 한 가지는 콩테가 개발한 흑연-점토 혼합심이다. 콩테가 흑연-점토 심을 개발한 것은 대포알을 주물 제조하는 데 쓰이는 용광로를 연구 개발하는 환경 속에서 자연스럽게 연구 영역을 확대한 결과였다. 모든 공학자는 콩테와 마찬가지로 잠재적인 혁명가들이다. 그러나 그들은 기술적 전통과 함께한 혁명가들이다.

오두막집에서의 수공업 형태로 출발한 연필 생산은 애초부터 완벽한 체계를 갖춘 것이 아니었으며, 가구 장인들의 기술에서부터 찬찬히 확장된 것이었다. 가장 창조적인 컴퓨터 하드웨어 개발 역시 자동차 시대의 오두막이라 할 수 있는 차고에서부터 출발했다. 소프트웨어 개발은 대부분 해커들에게 의존하는데, 믿길지 모르겠지만 이들 해커는 아직도 소로가 월든 호수 근처에 지은 것과 별다를 바 없는 오두막에서 먹고 자며 일한다. 이 역시 믿길지 모르겠지만, 일부 해커가 일하는 방식은 연필 사업에 관여했다 빠지기를 반복했던 소로와 비슷하다. 하지만 소로가 일터의 관습에 별 관심이 없었다는 것이 곧 그가 연필 공장에서 생산되는 제품과 별 연관이 없었다는 의미는 아니다. 연필이 그 자루의 색상에 의해 평가되어서는 안 되듯이 공학자는 관습에 얽매이지 않든 아니면 극히 평범하든 간에 그가 입은 옷이나 성격에 의해 평가 받아서는 안 된다. 궁극적으로 중요한 것은 생산된 인공물 자체이며 그 인공물이 사회와 시장에서 어떻게 기능하느냐, 공학자들이 자기 마음대로가 아니라 책임감을 가지고 만들었느냐 하는 것이다. 만일 글을 쓸 수 없는 연필이라면, 그 연필은 팔리지 않을 것이다. 그리고 다른 연필보다 잘 써지는 연필이라면 잘 팔릴 뿐만 아니라 높은 가격을 받을 수도 있을 것이다.

소로는 연필과 연필 시장을 잘 이해하고 있었다. 그는 연필 시장이 미국 업체들뿐만 아니라 외국 업체들로도 붐빌 것이라는 사실을 1840년대 말에 이미 알고 있었다. 그와 그의 아버지는 연필심의 비밀이 백과사전을 통해 정확하게는 아니더라도 어느 정도 유추될 수 있기 때문에 결코 오랫동안 지켜지지는 않을 것이라는 사실까지 알고 있었다. 실제로 1851년에는 만국박람회를 보러 온 수백만 관람객에게 연필심 생산법이 소개될 예정이었으며, 수정궁과 그 안에 전시된 것들에 관한 안내책자들을 읽는 사람들에게도 널리 알려지게 되었다. 소로가 경쟁력 우위를 계속 유지하기 위해 연필심 개선에 더욱 박차를 가한 것은 의심할 수 없는 사실이지만, 이 연필 생산 전문가는 연필 제조가 자기 적성에 맞지 않았다. 따라서 그와 그의 가족은 신종 산업으로 새로운 비밀을 가지고 있던 전기 제판 인쇄술에 필요한 순도 높은 흑연 판매에 전념하고자 연필 사업에서 손을 뗐다.

물론 공학이 늘 비밀에 둘러싸여 이루어지는 것은 아니지만, 공학의 비밀 유지가 개인 기업의 현실적 측면인 것만은 사실이다. 기업들은 신제품 개발을 위해, 혹은 전통적으로 이용하던 자재 공급이 끊겼을 때 구 모델이라도 계속 생산하기 위해 자문 공학자들을 확보하고 엔지니어링 스태프들을 고용하고 있는데, 이들에게 들어가는 투자비를 뽑기 위해서는 비밀 유지가 필수적이다. 신제품을 시장에 선보이는 일 자체가 바로 시장에서 유리한 입장을 차지하는 것이다.

세상의 연필을 이해할 때

존 소로와 그의 아들 헨리 데이비드 소로가 미국 시장에 신제품 연필을 공급하면서 운영하던 오두막 가내공업체에는 정식 실험실도 없었고 전문적인 화학지식도 없었다. 따라서 그들은 프랑스제 연필 몇 종류를 놓고 체계적인 재료 분석이나 제조 기술 분석을 할 수 없었다. 그러나 학문적 토대를 갖추고 있던 소로는 인내심을 가지고 문헌들을 탐독했으며, 조금이라도 관련이 있는 내용은 모조리 찾아냈다. 소로보다 학문적 기초가 부족했으며, 소로와 마찬가지로 실험실이나 화학 전문 직원이 따로 없었던 다른 연필 제조업자들은 흑연과 점토를 함께 구워내면 질 좋은 연필심을 만들 수 있다는 사실을 알아내는데 입에서 입으로 전해지는 말에 의존할 수밖에 없었다. 용광로를 비롯해 이런저런 흑연 관련 제품을 제조하던 조셉 딕슨 같은 사람은 이미 흑연과 점토에 익숙했기 때문에 연필심 제조에 관련된 약간의 실마리를 면밀히 검토하는 것만으로도 독보적인 연필심 제조 공법을 개발할 수 있었다.

연필산업은 뉴잉글랜드의 오두막에서 뉴욕의 공장으로 근거지를 옮김으로써 새로운 시대를 열게 되었다. 대형 공장이 성장함에 따라 연구 개발 분야에 소액이나마 투자하는 것은 더 이상 사치스러운 일이 아니었다. 그나마 대규모 투자를 대신할 수 있는 최소한의 필수적 조치였던 것이다. 연구개발팀은 필연적으로 공학자들과 과학자들로 짜였으며, 그들의 임무는 연필과 연필산업을 하나의 소우주로 인식하고, 연필이 생산되는 과정과 더 좋은 연필을 생산하는 공정을 알아내는 것이었다. 생산 현장이나 시장에서 제기되는 모든 의문이나 문제에 대해서 해답과 해결책을 찾아내는 것 역시 연구개발진의 임무다. 왜 이 목재는 깎을 때 잘 쪼개지는가? 왜 이 연필심은 자동 연필깎이 기계로 깎으면 잘 부러지는가? 왜 이 연필은 경쟁사 제품처럼 필기감이 부드럽지 못한가?

연구개발팀의 또 다른 임무는 "새롭게 개선된" 연필로 더 높은 시장 점유율을 차지하기 위해 신제품 개발에 선수를 치거나 좀 더 완벽한 신제품을 만드는 것이었다. 이 같은 신제품에 대한 아이디어는 공학자들의 노트나 스케치북, 사장의 포부, 혹은 직원 식당에 있는 아이디어 제안함으로부터 나오는 것이었다. 아이디어가 어디에서 나왔든 간에 그 구체적인 실현은 세심한 재료 선택과 대량생산을 위한 적절한 공정 개발이 선행되어야 가능했다. 또한 회사가 최신 기계에 투자할 생각이나 여력이 없다면 새롭게 개발한 연필이 아무리 좋다 하더라도 심각한 지장을 받을 수밖에 없다. 그리고 최선의 연필을 만들 수 있음에도 불구하고 그보다 나쁜 연필을 만들 수밖에 없다면 이 역시 실패한 경우에 속한다.

최근 일부 제조업체에는 '역설계逆設計' 또는 분해공학으로 알려진 공학 방식이 널리 유행했다. 이 방식은 사업상 또는 정책적으로 경쟁 관계에 있는 기업의 신제품을 분해하여 그 설계 과정을 역추적함으로써 공정을 알아내고 그 제품과 똑같이 만드는 법을 배우는 공학 기법이다. 그런데 이 역설계 아이디어는 연필만큼이나 역사가 오래됐다. 이 기법은 비록 단기적으로는 장점이 있으나 기업이 여기에만 의존한다면 장기적으로 볼 때 쇠퇴하고 결국 문을 닫는 사태가 발생할 것이다. 역설계 기법이 부수적인 기술 혁신을 유도하는 경우도 있긴 하나, 응용의 한계가 너무 좁아 자체적인 한계를 안고 있는 공학 기법이다. 남의 연필을 분해해 연구하는 것 이외에 다른 연구 활동을 하지 않는 연구개발팀은 이미 만들어진 연필에 대해서만 알게 될 뿐이다. 만약 어떤 제조업체가 특정 원료의 고갈을 예측하고 새로운 원료를 활용하여 완벽하게 새로운 개념의 공정을 개발해 혁신적인 새 연필을 생산했다면, 역설계 공학으로는 아무것도 알아낼 수 없을 것이다. 이 같은 신제품은 단순한 분해와 분석으로 이해할 수 있는 문제가 아니다. 분석이 난해한 신개발 연필은 맹목적 모방만을 일삼는 업체들을 이미 사장의 최신 포부를 설계에 반영 중인 경쟁업체들보다 더욱더 뒤처지게 만든다. 또한 연구 개발에 주력하는 기업체 사장들의 '앞선 공학'에는 역설계를 낭패시키는 교묘한 함정이 들어 있을 수도 있다.

오늘날 어린아이들이 연필이나 컴퓨터를 똑같은 가치의 도구로 사용하고 있듯이 우리 모두는 어떻게 만들어진 것이든 새 인공물들을 편안하게 받아들인다. 새 인공물이 익숙하게 사용하던 기존의 것을 토대로 만들어진 것이 아니라 하더라도 우리가 확신을 가지고 새 인공물에 접근할 수 있도록 도와주는 옛 물건들이 많이 있기 때문이다. 따라서 새롭고 혁신적인 인공물이 내포하고 있는 전문적인 공학적 비밀을 모른다 하더라도 그 인공물을 이해할 수 있으며, 결국 그 새 인공물과 해당 분야의 성과와 전망과 가능성까지도 알아낼 수 있다. 비록 PC의 발전 속도가 비약적이라 하더라도 그 발전 과정의 기본 원리만은 연필처럼 단순한 인공물의 경우와 큰 차이가 없다. 바로 그런 이유 때문에 비유와 풍자가 우리의 정곡을 찌르는 것이다. 그리고 어떤 인공물의 단순성과 보편성은 그 인공물의 진화 과정이 지닌 성과와 복잡성을 드러나지 않게 숨기는 경향이 있다. 그러나 그 인공물의 기원과 역사를 통해 우리는 그 물건의 진화의 성과와 복잡성을 캐낼 수 있다. 한 가지 인공물의 역사를 깊이 아는 것은 토목공학, 기계공학, 전기공학 등 모든 공학을 섭렵하는 것보다도 기술의 역사 전체와 공학을 이해하는 데 더 도움이 된다. 광대한 공학의 역사 기행에서는 수많은 세세한 사항을 일일이 스케치할 시간 여유가 없다.

연필 만들기는 공학을 상징하는 거의 완벽에 가까운 모델인 동시에 그 자체가 기술 발전 연구를 위한 매우 적합한 사례이지만 어느 하나를 면밀히 연구해 그 나머지를 파악하는 데 좋은 사례는 이것 말고도 무수히 많다. 생물학자인 토머스 헉슬리Thomas Huxley는 지하수 개발 작업을 설명하는 사례로 목수용 분필 조각을 이용했으며, 강의실 석판을 이용하여 생물학적 미세 구조와 지질 구조를 설명하는 동시에 그것이 갖는 다윈의 진화론적 의미까지 강의했다. 화학자 마이클 패러데이Michael Faraday는 영국 왕립 과학연구소에서 청소년들을 대상으로 강의를 하면서 화학의 세계를 밝히는 사례로 평범한 양초를 들었다. 그는 어린 수강생들에게 "이번 강의를 잘 들은 학생들은 불에 관한 한 아리스토텔레스보다 더 많이 알게 될 것입니다"라고 강조했다. 그리고 저술가이자 비행가인 앤 모로 린드버그Anne Morrow Lindbergh는 "새로운 생활 방식"을 찾고자 새로 깎은 연필을 들고 해변으로 갔다가 곧이어 삶의 활기가 다시 샘솟는 것을 느꼈으며, 바다가 준 선물처럼 해변에 밀려와 있는 조개껍데기를 보고 사상의 보물을 발견할 수 있었다. 이런 유명인들 말고도 보통 사람들도 나름대로 특별하게 마주친 어떤 것으로 인해 감동을 받고 영감을 얻는 경우가 무수히 많다. 모래 한 알이 그 안에 우주를 담을 수 있듯이 누가 봐도 평범하고 단순한 핀 같은 물건도 그 안에 수많은 교훈을 담고 있으며, 우리의 마음을 찔러 움직이게 만드는 의미를 지니고 있다.

애덤 스미스Adam Smith의 《국부론》은 분업의 효율성을 설명하는 유명한 고전적 사례인 핀 만드는 이야기로 서두를 열고 있다.

> 한 사람은 철사를 뽑아내고, 다른 한 사람은 그 철사를 똑바로 편다. 세 번째 사람은 똑바로 펴진 철사를 자르고, 네 번째 사람은 한쪽 끝을 뾰족하게 간다. 다섯 번째 사람은 핀의 머리를 그라인더로 간다. 핀 머리를 만들어 다는 일은 두세 차례의 별도 작업을 거쳐야 한다. 핀 머리를 만들어 다는 작업은 몹시 까다로운 일이다. … 직원 한 사람당 하루 생산량이 약 4,800개 정도일 것이라고 여

> 겨진다. 그러나 한 사람 한 사람이 어느 한 과정만 맡아서 하지 않고 각각 독립적으로 완제품 핀을 만든다면, 하루에 20개도 못 만들 것이다. 어쩌면 하루 종일 단 1개의 핀도 못 만드는 사람도 있을 것이다.

계산기를 만들기 위한 선구적인 노력으로 인해 현대 컴퓨터의 아버지로 불리게 된 찰스 바비지Charles Babbage 역시 분업의 장점을 설명하는 데 핀 생산을 예로 들면서 "생산의 경제성을 결정짓는 가장 중요한 원리"라고 주장했다. 물론 우리는 핀 대신 연필을 대입시켜 생각할 수 있다. 실제로 노벨경제학상 수상자인 밀턴 프리드먼Milton Friedman은 1980년대의 자유시장 경제학의 원리를 가장 간명하게 설명해주는 사례로 연필을 꼽았다. 그의 설명에 따르면 "가격 결정 체계의 마술"이 수많은 사람으로 하여금 상호작용하게 만들어 우리가 연필을 "아주 싼 가격"에 살 수 있게 해준다는 것이다. 사실 우리는 이 같은 결과를 너무 예사로 보는 경향이 있다. 우리와 너무 가까운 곳에서 흔히 일어나는 일들이기 때문이다. 헨리 데이비드 소로가 좀 더 문명인답게 챙기고자 한 물건들의 목록을 작성하면서도 정작 손에 들고 있었고 또 자기가 직접 만들기까지 한 연필을 빠뜨렸던 것처럼 말이다. 그러나 단순한 연필 속에 포함된 복잡성을 잊지 않는다면 우리가 기술과 사회의 좀 더 복잡한 측면을 단순화시켜 이해하는 데 많은 도움이 될 것이다.

작고 값싸지만 막강한 힘을 내포하고 있고 없어서는 안 될 물건인 연필과 그것을 만들어내는 산업에 대한 이야기는 진정 소우주의 세계이다. 우리는 연필에서 단순성과 동시에 복잡성을 찾으려 하고 있으며, 또 실제로 그것을 확인하고 있지만, 그 무엇보다 중요한 것은 이 이야기가 우리가 손에 쥐기 좋아하며, 종이에 눌러 쓰면서 끄적거려보기도 하고, 손가락 사이에 끼워 이리저리 돌려보기도 하면서 접착 부분을 살펴보거나 결점을 찾기도 하는 매우 친밀한 물건에 관한 것이라는 점이다. 우리 손에 들고 있는 연필이 차고에 있는 자동차가 될 수도 있고, 거실의 텔레비전이 될 수도 있고, 우리가 걸친 옷이 될 수도 있다. 세상의 연필을 이해할 때, 우리는 흑연의 발견과 채굴이 결과적으로 석탄과 화학 구조상 사촌뻘 되는 이 변종(흑연)을 검은 금으로 변신시키는 놀라운 기술의 신화를 이해할 수 있다. 컴벌랜드 광산에서 산출된 흑연의 이야기를 알게 된 우리는 비길 데 없이 품질이 탁월했던 영국제 흑연심 연필이 이젠 과거지사가 됐다는 사실과 함께 자원의 유한성을 깨닫게 된다. 프랑스 연필에 대해 잘 알게 될 때, 우리는 200년 전 콩테의 노력이 현대 연필의 실현으로 연결되었음을 배우게 되고 연구 개발의 중요성을 실감할 수 있다. 또한 19세기 연필 이야기를 들으면서 우리는 기술에 반드시 따라다니게 마련인 장삿속에 눈을 뜨게 된다. 20세기 중반까지는 독일 연필이 세계 시장을 제패할 것처럼 보였으나 미국 연필이 최종적으로 승리함으로써 미래에 대한 격려를 한몸에 받게 되었다.

부록

1/2 dozen
Black Leads
№. 4.
2 inches
for Artists Pencils.
№ 5906.
5906
1/2 dozen
Siberian Leads
HHHHHH
for New Patent
Artists' Pencils
with
moveable Leads.
№. 5900.
5900
1/2 dozen
A. W. FABER'S
Blue Leads
for the new
Everpointed Pencils
№ 7–9. № 5923.
5923
1/4 dozen
A.W. Faber's
Red
Leads
for the new
Everpointed
Pencils
No. 20 & 22.
№. 5957.
5957
1/2 dozen
Leads № 2
for
Artist's Pencils
with
moveable Leads.
№. 5911.
5911
1/2 dozen
A. W. FABER'S
Black Leads
No. 200 2 inches
for the new
Pro-and Repelling Pencils.
No. 5913.
5913
1/4 dozen
A.W. Faber's
Red Leads
for the new
Everpointed
Pencils № 25.
№. 5926.
5926
1/2 Dozen
A. W. FABER'S
Black Copying Leads
No 2 2 inches
for the new
Pro-and Repelling Pencils.
№ 5870.
5870

연필은 이렇게 만든다
: 코이누르 연필사 방식

아무리 순수한 천연 흑연 덩어리라 하더라도 이물질이 섞여 있게 마련이다. 따라서 가장 먼저 해야 할 일은 불순물을 아주 세심하게 제거하는 것이다. 불순물을 제거할 때는 일반적으로 침전법을 이용한다. 흑연 가루에 뜨거운 물을 섞어 유체 상태가 되게 한 다음 여러 개의 수조를 통해 흘러내리게 하는 방식이다. 수조는 대개 6개 한 세트가 계단처럼 위에서 아래로 일렬로 배열되어 있는데, 교반기로 흑연액을 계속 휘저으면서 제일 위에 있는 수조에서 그물코가 매우 미세한 체로 걸러 두 번째 수조로 보낸다. 흑연액은 이런 방식으로 마지막 수조까지 계속 체에 걸러 흘려보내지는데, 체는 아래로 갈수록 그물코가 미세해져 흑연액이 마지막 수조에 도달해서 통과하는 체에는 1인치(약 2.5센티미터)당 약 200개 정도의 그물코가 있다. 위쪽에 있는 각 수조 바닥에는 흑연 입자보다 무거운 불순물들이 가라앉는다. 따라서 마지막 수조까지 도달하는 것은 완전히 순수한, 즉 불순물이 전혀 섞이지 않은 흑연 입자다.

연필심에 쓰이는 고운 입자의 점토는 체코슬로바키아에서 채취되는데, 점토 역시 흑연과 같은 방법으로 불순물을 걸러낸다. 이물질은 그 입자가 아무리 미세하다 하더라도 양질의 연필심에는 치명적인 것이므로 완벽한 세척 공정이나 극도의 세심한 처리는 당연하다 할 수 있다.

이물질을 걸러낸 흑연액은 펌프로 퍼 올려져 물기를 짜내는 여과 프레스를 지나 커다란 정방형 흑연 덩어리가 된다. 점토 역시 같은 방법으로 건조시킨다.

흑연을 완전히 건조시킨 뒤 연필심 제조 비율에 따라 점토를 섞은 다음 물과 혼합해 완벽하게 분쇄한다. 장차 만들어질 연필심의 품질은 분쇄 시간에 따라 결정된다. 분쇄 시간이 길면 길수록 연필심의 품질은 좋아진다. 참고로 코이누르 연필심은 분쇄하는 데 평균적으로 2주일 정도가 걸린다.

흑연과 점토를 혼합해 분쇄시킨 혼합물은 이제 연필심으로 성형될 준비가 끝난 것이다. 다음에 이 혼합물을 육중한 철제 실린더에 넣는다. 실린더 바닥에는 연필심 직경과 똑같은 크기의 구멍이 뚫린 사출 틀이 설치되어 있는데, 통상 사파이어로 만든 것을 사용한다. 엄청난 압력의 수압 프레스로 이 혼합물을 실린더에서 밀어 사출 틀을 통해 내보내면 둥근 신발끈 같이 생긴 심이 끝없이 나온다. 길게 나오는 연필심을 적당한 길이로 끊어내 철제 판에 곧게 펴서 놓은 다음 이를 건조시켜 연필 길이에 맞게 절단한다. 이렇게 재단된 연필심들은 화씨 2,000도 이상의 고온 화로 속에 밀폐하여 구워낸다. 굽는 게 끝나면 서서히 냉각시킨 뒤 뜨거운 기름과 왁스에 담갔다 꺼낸다. 이 과정은 연필심에 부드럽고 매끄러운 필기감을 주는 데 중요한 영향을 끼친다. 최종적으로 톱밥 속에서 건조시키고 세척 과정까지 거치면 나무 자루 속에 삽입할 심이 다 준비된 것이다.

완벽하게 건조된 삼나무를 넓적하고 길게 켜낸 다음 연필로 만들기 위해 넓적한 판형으로 재단한다. 이 판자의 길이는 연필보다 약간 길며, 두께는 연필의 2분의 1 정도에, 폭은 연필 6개 넓이이다. 한 번의 공정으로 이 판자에 대패질과 홈을 파는 작업이 끝난다. 홈의 깊이는 연필심 직경의 절반 정도이다.

홈이 파인 판자에 솔로 아교를 묻힌 다음 심들을 삽입하고 그 위에 똑같은 모양으로 홈을 판 판자를 덮는다. 이렇게 심들이 삽입된 여러 개의 판자를 하나의 틀에 넣고, 이 틀을 수압 프레스로 조심스럽게 눌러 놓은 상태로 건조시킨다.

건조된 이 판자를 고속 회전날이 달린 성형 기계로 재단하면 이제 연필이 만들어져 나온다. 판자가 성형 기계를 한 번 통과하면 판자의 한쪽 면이 연필 형태로 깎이고, 판자를 뒤집어 다시 한 번 똑같은 공정을 반복하면 나머지 면도 같은 모양으로 깎여서 완전한 연필 모양을 갖추게 된다. 이 상태에서는 그냥 평범한 삼나무 연필이다. 최종 작업이 끝나 소비자들에게 팔 수 있는 상품이 되려면 아직 여러 공정이 남았다.

성형 기계를 통과해 모양을 갖춘 연필들은 사포질을 거쳐야 한다. 고운 사포로 표면에 있는 불규칙하고 껄끄러운 것들을 아주 작은 것까지 모두 말끔히 제거해 융단같이 매끄럽게 만든다.

이제 색깔을 입힐 차례다. 도색은 보통 광택기에서 한다. 연필들은 깔때기를 통해 자동으로 하나씩 도료 용액 수조를 지난 다음 펠트 천이 덮인 디스크를 통과하면서 도료가 부드럽게 퍼지고 너무 많이 묻은 부분은 닦인다. 다음으로 무한궤도의 자동 벨트 위에 연필들이 오르면, 이 벨트가 회전하면서 연필들은 열 건조기를 지나 기계 반대쪽 끝에 있는 바구니 안에 건조된 상태로 쏟아진다. 이 같은 작업은 색이 완전히 잘 입혀질 때까지 몇 번이고 반복된다. 도색이 끝난 연필은 마감 코팅을 한 다음 정확하게 길이를 맞추는 재단기로 옮겨 간다.

광택기를 지난 연필들은 양쪽 끝에 도료와 코팅제가 겹겹이 묻어 있는데, 묻은 것들은 다음 공정에서 재빨리 없애버려야 한다. 다음 공정은 연필 길이만큼 거리를 두고 떨어져 마주보고 있으며 사포가 씌워져 있는 2개의 고속 회전 드럼 사이에서 이루어진다. 이 회전 드럼 사이로 지나가는 자동화 벨트 위에 실려 연필이 드럼 사이를 지나가면 2개의 드럼이 한 방향으로 회전하면서 표면에 씌워진 사포가 연필에 겹겹이 묻은 것들을 갈아낸다. 그러면서 동시에 연필들의 길이를 모두 일정하게 다듬어준다.

미국에서는 대부분의 소비자들이 지우개 달린 연필만을 찾는다. 보통 연필 지우개는 금속제 테두리로 연필에 고정시키는데, 테두리로 지우개를 연필에 고정시켜 붙이는 공정도 몇 단계의 과정을 거쳐야 한다. 우선 테두리를 끼울 수 있도록 연필의 한쪽 끝을 자동화 기계로 깎아내거나 압축시킨다. 이어 침 펀치로 눌러 자루에 테두리를 고정시킨다. 그리고 지우개를 테두리에 끼우는데, 자동화 기계로 하는 경우도 있고 사람이 손으로 직접 하는 경우도 있다.

다음 공정은 상표나 로고를 찍는 스탬프 작업이다. 스탬프 작업은 연필의 품질에 따라 각각 다른 방법으로 이루어진다. 최상급 코이누르 연필처럼 금박을 찍는 경우에는 대개 하나하나 사람 손을 거친다. 금박은 연필에 입힐 수 있도록 얇은 띠 모양으로 재단된다.

스탬프에 이용되는 재료는 연필에 자동으로 찍을 수 있도록 큰 롤 형태일 때도 있다. 싼 연필에는 청동 분말을 쓰기도 한다. 어떠한 경우든 상표나 로고를 찍는 스탬프 틀은 강철로 만들어진 것이며 통상 전기로 가열하는데, 연필을 일정한 압력으로 누르게 되어 있다. 연필과 스탬프 틀 사이에 찍을 로고나 문구를 넣고 도색이 된 연필 표면에 압력을 가하면서 누르면 된다. 그런 다음 연필에 붙은 스탬프 재료 찌꺼기를 떨어내면 깔끔하고 선명하게 글씨만 남는다.

꼼꼼한 검사와 깨끗한 손질을 마친 상표가 찍힌 연필은 이제 포장만 하면 된다.

연필 마니아들

사회 속 공학의 상징으로서 연필을 염두에 두고, 연필 제조를 일반적인 공학 공정의 패러다임으로 삼기 시작한 얼마 뒤부터 나는 온갖 종류의 연필을 수집하기 시작했다. 연필들은 나의 분신이 되었으며, 공학과 공학의 기원, 그리고 그 역사에 대해 글을 쓰는 데 사용하는 도구인 연필이 공학의 기원이나 역사 그 자체가 되어버렸다. 그러나 연필처럼 일상적인 물건의 뿌리를 캐는 게 생각만큼 쉽지 않은 일이라는 걸 곧 알게 되었다. 자료 조사를 시작한 초기에, 연필 생산의 전통에 대해 연필 생산자들 사이에서 구전되어 내려오는 이야기는 말할 것도 없고, 학술적인 저서나 논문에서 최초의 연필이나 연필 생산에 관한 것을 찾아내려고 노력하는 동안 수백 년 전 것들보다 오히려 현대의 것들에서 신빙성 있는 자료를 구하기가 더 힘들다는 사실을 깨닫게 되었다. 따라서 연필들에 대한 정보 대신에 연필이라는 인공물 자체를 수집하게 되었으며, 무엇 때문에 연필이 부러지는지에 대한 가설을 세울 때면 종종 연필을 부러뜨려보거나 갈라서 해체해볼 수 있을 만큼 많은 연필을 종류별로 가질 수 있으면 좋겠다고 생각했다.

그러나 정말 오래된 옛날 연필들을 구하는 게 연필에 대한 옛 정보를 확보하는 것만큼이나 힘들다는 사실을 깨달았다. 골동품상들이 오래된 공구상자를 사들일 때 다른 공구들은 잘 보관하면서도 목수가 쓰던 연필만은 대팻밥이나 톱밥과 함께 버린다는 사실을 알고 나서는 매우 유감스러웠다. 그런데 그것뿐만 아니라 전 세계 건설 현장의 일거리를 찾아다녔을 엔지니어들이 소유했던 낡은 트렁크를 사들일 때에도 골동품상들이 설계도면은 애지중지하는 반면 연필이나 지우개는 던져버린다는 사실을 알게 되었다. 미술가나 건축가의 스튜디오를 사들일 때에도 사람들은 그림이나 도면은 보관하면서도 드로잉 연필은 버렸다. 부동산을 구입할 때도 마찬가지였다. 집 안의 다른 모든 것은 그대로 두면서 연필이나 그 비슷한 것은 다 버려버린다.

나는 근처의 골동품 가게에서는 20세기 초반의 나무 자루 연필조차 구하기 어렵다는 사실을 깨닫고 나서 《주간 골동품Antique Week》에 '펜과 연필 구함'이라는 광고를 냈다. 발행 부수가 6만 5,000부나 되는 그 주간지에 몇 주 연속 광고를 낸 결과, 나는 총 5건의 연락을 받았다. 한 사람은 문방구에서 쓰는 구식 연필 진열 상자를 팔겠다고 제안했으며, 한 어린아이는 일제 필통을, 한 사람은 연필 판매 영업사원들이 갖고 다니던 연필 만드는 과정을 보여주는 견본 세트를, 한 사람은 어떤 연필회사의 실효된 주식을, 그리고 마지막 사람은 자칭 수집가인 정년퇴직한 여교사였는데 그녀는 나무 자루로 된 진짜 연필을 팔겠다고 제안했다. 그녀는 팔 물건 목록을 꼼꼼하게 적어 보냈는데, 거기에는 희귀한 것(80년 전에 만든 쓰지 않은 설계 연필들과 박스)에서 흔한 것(어떤 잡지사가 수백만 장의 봉투에 포장해 돌린 적이 있는 짧고 얄팍한 판촉용 연필 몇 자루)까지 망라되어 있었다. 내가 연필을 구하는 데 광고에만 의존하지 않았던 것이 지금 생각해도 다행이다. 나의 가족들이 큰 도움을 주었는데, 특히 동생은 나를 위해 한때 수십억 자루의 연필이 생산되었던 뉴욕의 메트로폴리탄 인근 벼룩시장이나 골동품 전시회에서 흥미로운 옛 연필들을 상당히 많이 구해주었다.

그런데 옛 연필에 관심이 있는 사람이 나 혼자만이 아니라는 사실을 알게 되었다. '미국 연필 수집가 모임American Pencil Collectors Society'은 적극적으로 활동하는 회원만 300명 이상이며, 매달 회보도 낸다. 또 '영국 필기구 모임British Writing Equipment Society'에는 전 세계적으로 300명이 넘는 사람들이 회원으로 가입해 있다. '미국 연필 수집가 모임'의 기본 수칙은 수집 연필을 교환할 때 고유의 회원 등록번호를 연필에 새겨 넣는 것이다. 1988년 말경 그 번호는 1333번까지 나왔는데, 깎지 않거나 사용한 적이 없는 판촉용 연필들이 주로 교환되었다. 노스다코타에 사는 한 연필 소장가는 70년간 2만 5,000자루의 연필을 모았다. 그러나 그가 소장한 연필의 양이 가장 많다고 단언할 수는 없다. 연필 수집 애호가들 사이에서는 그 수나 정치적인 한계란 없다. 러시아의 한 수집가는 1920년대 말에 모스크바에서 성업했던 '아먼드 해머' 공장 제품을 대량으로 소장하고 있었다. 텍사스의 한 수집가는 이미 사용한 연필만을 수집했는데, 특히 유명인사들이 그의 부탁을 듣고 보내준 쓰던 연필을 애지중지했다. 그는 비록 셀 수 있을 만큼의 연필밖에 못 가지고 있다는 걸 불행하게 생각했고, 또 1930년대 말이면

100만 자루를 수집하겠다는 목표에서 거리가 멀어졌다고 생각하기는 했지만, 수집한 연필 중 31자루는 정부 수반들이 보낸 것이며, 그중 29자루는 비교적 상태가 좋았다고 아주 흡족해했다.

일부 사람들은 연필만 수집하는 것이 아니라 사람들의 연필관鉛筆觀까지도 수집한다. 어떤 사람이 쓰던 연필에는 그 사람의 개성이 스며 있다고 믿는 것이다. 연필 역시 유행을 탄다. 일례로 투탕카멘의 묘가 발굴되었을 때 '람세스 연필'이 출시된 적도 있다. 겉모양이 오벨리스크를 닮았으며, 윤기 나는 검은색 바탕에 빨강, 초록, 파란색이 칠해져 있었던 이 연필에는 스핑크스 문양이 새겨져 있었고, 끝에는 피라미드 모양의 지우개가 달려 있었다. 그렇게 색다른 연필이 한때는 흔했지만 지금은 드문 것이 됐다.

연필 모델이 깨끗하게 인쇄된 오래된 상업 카탈로그들은 컴벌랜드의 흑연 광산 시추공만큼이나 풍부한 내용을 담고 있다. 깔끔하게 잘 보존된 이 카탈로그들에는 수년 동안 생산된 다양한 연필이 등장한다. 조셉 딕슨 용광로 회사가 1890년대에 발행한 소책자를 보면 딕슨사 한 곳에서만 700종류 이상의 다양한 연필을 만들어냈으며, 1년에 총 3,000만 자루의 연필을 생산했음을 알 수 있다. 1950년대 미국 내 연필 총 생산량은 이보다 50배가 넘었으나, 연필 종류는 반 정도로 줄었다.

오늘날에도 대단히 많은 연필 종류가 생산되고 있다. 그중 다수를 박물관이나 관광지 기념품 가게에서 볼 수 있다. 특히 영국의 경우 아직까지 연필이 어느 정도 가치 있는 물건으로 여겨지고 있기 때문에 그 디자인이 점잖고 절제되어 있다. 가장 매력적인 연필들은 주로 사우스 켄싱턴에서 구할 수 있는데, 여기서 파는 연필들은 날씬하며, 모서리가 둥글게 궁굴려진 삼각기둥 형태에 지우개는 달려 있지 않고,

금색 페인트칠에 깔끔하게 에나멜을 칠해 마감 작업을 했다. '빅토리아 앨버트 박물관'이나 '과학 박물관'에서 파는 연필들은 그 장소에 따라 적절한 문구가 새겨져 있다. 이 연필들은 손에 쥐면 편한 느낌을 주며, 연필 촉은 매끈하고 뾰족한 모습이지만 필기감은 부드러운 편이다.

미국의 경우 점잖고 멋진 모양의 선물용 연필보다는 진기한 모양의 연필들이 더 많은 것 같다. 그러나 이러한 진기함이 어떤 한 나라의 전유물도 아니고 박물관들이라고 해서 그 취향이 우아한 것만은 아닌 것 같다. 아들은 학교에서 보석 세공 관련 박물관에 현장 학습을 가서 조그맣고 반짝이는 돌이 가득 담긴 플라스틱 통에 붙어 있는 연필을 사 온 적이 있고, 딸은 길이 약 60센티미터에 두께가 3센티미터나 되는 대형 연필을 내게 선물한 적이 있는데, 실제로 쓸 수 있는 것이었다. 아내는 지우개가 달려 있어야 할 곳에 치과 의사들이 사용하는 진찰용 거울이 붙어 있는 연필을 사다 주었다. 나는 암스테르담에서 연필 끝이 마치 담배 필터처럼 칠해져 있는 담배와 똑같은 모양의 작은 연필을 구한 적이 있다. 세계 어디를 가도 보통 연필처럼 쓸 수 있으면서 겉으로 보기에는 연필 같지 않은 것들을 흔히 볼 수 있다. 그러나 이러한 연필들은 필기구로 쓰이도록 디자인된 것은 아닌 것 같다. 이 연필들의 나무 자루는 꼭 맞지 않는 반쪽짜리를 맞붙여 만든 것들이라 심이 중심에서 벗어나 있는 경우가 허다했기 때문이다. 화려한 겉치레 아래 숨겨진 낮은 품질을 엿볼 수 있다.

관광객들이 몰리는 곳은 어디나 다 그렇듯이 '존 핸콕 천문대'에도 기념품 가게가 있다. 그리고 기념품 가게가 으레 그렇듯이 여기에서도 기념 연필을 판다. 내가 이 천문대에 갔을 때 많은 종류의 기념 연필들이 있었다. 그중에는 심이 매우 가는 신형 샤프펜슬도 있었다. 이 샤프펜슬은 일본에서 만들어진 것 같은데도 '보스턴 타워Boston Tower'의 기념 연필로 보이도록 스탬프를 찍어놓았다. 자연 목재 상태 그대로 마감 작업을 끝낸 날씬한 연필도 있었는데, 거기에는 달랑 'TAIWAN'이라는 한 단어만 깨알 같은 글씨로 새겨져 있었다. 이 연필은 보스턴 기념품이라고 볼 만한 근거가 없었지만, 어린이들을 즐겁게 해주는 연필임은 분명했다. 이 연필을 살살 돌리면서 글을 쓰거나 그림을 그리면 선이나 낱말이 무지개처럼 여러 색으로 써졌다. 이 연필에는 지우개가 달려 있지 않기 때문에 위에서 심을 쳐다보면 심이 작은 바람개비처럼 자주, 초록, 빨강, 노랑 네 가지 색으로 선명하게 구분되어 있다. 그런데 모든 서구 연필의 경우 상표나 로고 스탬프가 심이 나온 쪽의 반대편인 깎아 쓰지 않는 쪽에 가깝게 찍혀 있는 데 반해 이 연필의 'TAIWAN'이라는 글자는 심이 깎여 있는 쪽에 아주 바싹 붙어 찍혀 있었다. 보스턴에 다녀온 이후 나는 여러 종류의 대만제나 일제 나무 자루 연필을 사들였다. 이런 연필들에도 스탬프는 찍혀 있었다. 그러나 매우 희미하거나 지우개가 달린 쪽에서 상당히 멀리 떨어져 있었다. 따라서 연필을 한 번 깎아 쓰면 'WAN'이나 'PAN'이라는 글자만 남아서 사람들은 이 연필의 생산지를 미루어 짐작만 할 수 있다. 몇 번 더 깎아 쓰면 이 예쁜 연필들이 어디서 만들어졌는지는 전혀 알 수 없게 된다. 최근 나는 놀랍게도 지우개를 고정시키는 테두리도 없이 검은색 지우개를 붙여놓은 연필을 하나 구했다. 거기에도 역시 스탬프가 찍혀 있었는데, 'LEADWORKS'라는 상표가 제대로 된 위치에 큼직하게 새겨져 있었다. 이 연필을 처음 봤을 때 나는 버몬트 지역 어딘가에 있는 장작 난로를 가열 기구로 쓰는 수공업 공장에서 일하는 젊은 미국 장인이 만들었을 것이라고 상상했다. 그런데 측 가까운 쪽 자루에 'Japan'이라는 단어가 희미하게 찍혀 있는 것을 나중에 발견했다.

이런 연필들은 우리로 하여금 생산지를 착각하게 만들기는 하지만, 기능성이나 품질은 뛰어났다. 위에 소개한 네 가지 색깔의 'TAIWAN' 연필은 글씨를 쓰거나 그림을 그릴 때 재미가 있으며, 색깔을 일일이 구분할 수 없을 만큼 연필을 빨리 돌릴 수 있게끔 자루는 아예 둥그렇게 만들어졌다. 'LEADWORKS' 연필심은 그 어떤 연필보다 부드러워 신기한 검은색 지우개로 아주 잘 지워진다. 마치 외제 수입 자동차처럼 이 연필들의 성능은 미국 시장에서 충분한 경쟁력을 갖추고 있었다. 그러나 불행하게도 연필에 대한 나의 첫인상은 늘 마감 상태와 감성에서 오는데, 이들 두 연필은 부자연스러울 정도로 색이 흐릿하고 향기가 없었다. 아주 매력적이고 성능 좋은 이 연필들의 결점은, 이 연필들의 생산지가 삼나무가 재배되지 않는 곳일 거라는 상상을 하게 만든다.

내가 보스턴에서 산 또 다른 연필은 미국에서는 보편적인 매우 평범한 종류였다. 위에서 얘기한 여러 가지 색깔의 대만제 연필은 심심해하는 어린아이든 호기심 많은 어른이든 사는 즉시 바로 쓸 수 있도록 깎여 있었는데, 이 평범한 기념 연필은 깎여 있지 않았다. 어떻게 보면 그 연필을 만든 사람은 연필이 사용되길 바라지 않은 것도 같았다. 왜냐하면 그 연필의 심은 눈에 확연히 드러나 보일 정도로 중심에서 벗어나 삐뚤어져 있었으며, 막상 깎아 쓰려고 하면 심이 수도 없이 부러져 당혹스러울 것만 같았다. 그 연필은 둥근 모양이어서 로고를 표면에 연속해서 찍을 수 있었지만 연필의 원산지가 어디인지 알 수 있는 생산지 표시는 하나도 찍혀 있지 않았다. 이것으로 그 연필은 기념품 판매 중간상에게 팔려 온 싸구려임을 알 수 있다. 적절히 잘 도색됐음에도 불구하고 심이 삐뚤게 접착된 이 연필은 세계 시장에서 경쟁할 만큼 훌륭한 품질은 갖추지 못한 제품이다.

모든 것이 겉보기와 꼭 같지만은 않다. 어떤 연필들은 결코 필기나 드로잉용으로 디자인된 게 아닌 경우도 있다. 지우개가 붙어 있어야 할 자리에 긴 올가미 끈이 붙어 있는 연필이 있는데, 이 연필로는 놀라운 마술을 부릴 수 있다. 이 마술 연필에 붙어 있는 올가미는 꽤 길긴 하지만 연필 자체를 그 올가미 사이로 통과시킬 수 있을 만큼 길지는 않다. 이 마술 연필의 사용법을 아는 재치 있는 익살꾼은 의심이 별로 없는 순진한 사람의 코트 단춧구멍에 이 올가미를 이용해 연필을 매달 수 있다. 정말 재미있는 일은 아무것도 모르는 순진한 사람이 이 연필을 단춧구멍에서 풀어내려고 할 때 일어난다.

마술이나 트릭을 수집하는 제리 슬로컴Jerry Slocum 씨는 지금으로부터 100여 년 전 19세기에 이름을 날린 미국의 마술 개발자이자 체스 묘수 개발자인 샘 로이드Sam Loyd가 이 마술 연필을 만들었다고 했다. 영업사원들이 보험 상품을 판매할 때 도움이 될 만한 재미있는 트릭을 원한 뉴욕의 한 생명보험회사 사장을 위해 샘 로이드가 이 연필을 개발했다는 것이다. 로이드가 처음 이 마술을 시연했을 때 보험회사 사장은 별 감흥이 없는 것 같았다. 그러나 이 마술은 로이드가 사장 옷의 단춧구멍에 연필을 묶어놓은 뒤 "끈을 끊지 않고는 30분 안에 연필을 풀어내기 힘들 것"이라며 1달러 내기를 걸었을 때에야 진짜 효력을 발휘하기 시작했다. 마침내 사장이 내기에 졌음을 인정했을 때 로이드는 농담조로 생명보험에 가입하면 이 마술의 비밀을 가르쳐주겠다고 했다. 보험회사 사장은 영업사원들이 이 연필 마술을 써먹을 수 있으리라는 확신이 들었다. 로이드가 개발한 이 마술 연필에서 유래해

'to buttonhole'이라는 용어가 '누구의 관심을 끌다'라는 뜻의 숙어가 되었다는 주장도 있다. 옥스퍼드 영어사전에 보면 이 용어가 1860년대에 잉글랜드 지역에서 쓰였다고 나온다. 그런데 그때는 로이드가 겨우 20대일 때이다. 어떤 숙어나 구가 언제부터 어떻게 사용되었는가에 대해 대서양을 사이에 두고 서로 모순되는 주장이 나올 경우 이를 명확히 밝히기란 언제 어떤 경로로 최초의 연필이 대서양을 건너왔는가를 밝히는 것만큼이나 어려운 일이다.

그런데 이 단춧구멍을 이용하는 마술 연필은 연필을 깎아 써서 짧아지면 마술로서의 효력을 잃는다. 그래서 아예 심도 없는 나무 자루에 끈을 달아 이용하는 경우도 있다. 또 다른 마술 연필 역시 심이 없는 것이다. 그러나 그 연필에 심이 없는 것은 다른 이유에서이다. 19세기의 한 작가는 이 마술 연필을 다음과 같이 회고한다. "학교에 다니던 어린 시절, 우리는 연필에서 심을 빼 버린 뒤 심이 있던 구멍에 2개의 바늘을 집어넣은 다음 연필 중간에 있는 구멍을 통해 끈으로 연결했다. 그러고서 순진한 친구에게 엄지와 검지로 연필 끝을 꼭 잡고 있으라고 시켰다. 친구가 연필을 꽉 잡는 순간 끈을 잡아당기면 바늘이 튀어나온다. 이 장난의 희생자는 빠른 속도로 이 장난을 퍼뜨리게 마련이다."

심이 없거나 품질이 나쁜 연필이 아이들을 재미나게 해줄지는 모르지만, 한 상품을 선전하는 방법으로서는 매우 위험한 일이다. 판촉용 연필에 회사 이름이나 로고를 찍어 무료로 돌리는 기업인이라면 그 연필이 관광지나 박물관의 기념 연필처럼 쓰이지도 않고 보관되기를 바라지는 않을 것이다. 그보다는 날마다 쓰면서 계속해서 응시해주기를 바랄 것이다. 광고 판촉용 목적으로 문안을 새겨 만드는 연필들은 전통적으로 품질이 좋은 것들이었다. 연필이 자주 부러지거나 마무리가 거칠면 광고주들의 이미지를 나쁘게 할 우려가 있기 때문이다. 또한 이런 광고 판촉용 연필들은 연필깎이로 깎아 쓰다 보면 사라지는 문구보다 더 오래 사람들 뇌리에 남는 메시지를 전달하기 위해 만들어졌다. 따라서 탄피 모양이나 멋지고 튼튼한 모양의 케이스에 선전 내용을 새긴 뒤 짧은 연필을 끼워줌으로써 사람들이 연필을 쓰면서 케이스에 새겨진 선전 내용을 계속 볼 수 있게 하기도 했다.

진짜 탄약통으로 만든 연필 케이스가 19세기 말 영국에서 팔린 적도 있다. 그 케이스에는 영국 장군인 '고든을 기억하자'라고 새겨져 있었는데, 판매 수익금 일부는 카르툼에 있는 고든 추모 대학에 기부될 예정이었다. '옴더만 전투에서 영국군들이 실제 사용한 것임을 보증함'이라는 문구도 새겨져 있던 그 케이스는 이후 비슷한 종류의 것들이 만들어질 때 모델이 되었다. 이와는 다른 측면에서 전시에 쓰였던 연필 중에 케즈윅에 있는 '연필 박물관'에 전시된 것이 있다. 그 연필에는 비밀 독일 지도와 나침반이 숨겨져 있었다.

나무 자루든 아니든 간에 연필이 사소한 구경거리나 신중한 광고, 감상적인 기금 모금 운동을 위해서나 아니면 적진 뒤에서 살아남기 위한 것만은 아니다. 디자인 잡지들은 정기적으로 평범한 연필을 "순수한 디자인의 전형적 사례"라든가 "기념비적인 장수 디자인" 등의 목록에 올려놓으면서 변형된 디자인을 소개하고 있다. 최근 신선하고도 뛰어난 산업 디자인 아이템들을 특집으로 다룬 어느 잡지는 "오래된 것이면서도 개선된 … 연필 … 나무 자루에 오돌토돌한 무늬를 새겨 손에 쥐기도 좋고 재미있는 외양을 하고 있다"는 편집자의 평과 사진을 함께 실었다. 늘 손가락이 젖어 있거나 기름으로 미끈거리는 푸줏간 주인 같은 사람이라면 포장한 쇼핑백 위에 계산서를 놓고 쓸 때 이런 연필을 앞치마에서 꺼내 쓰면 좋을 것이다. 유대 율법에 충실한 푸줏간 주인이라면 돼지기름 부산물이 들어가지 않았다는 게 보장된 연필을 구해 쓸 수도 있다. 그러나 이러한 연필보다 훨씬 보편적인 연필은 노란색의 육각형 HB 연필인데, 이 연필은 '디자인의 고전'으로 인정받고 있다.

노란색의 육각 연필이든 아니면 다른 색에 다른 모양의 연필이든 간에 오늘날 우리가 늘 옛 연필을 기억하거나 찾아낼 수는 없다. 우리가 젊었을 때 연필들을 버리려고 했다거나 자니 카슨과 데이비드 레터맨이 자신들의 TV 프로그램을 그만두듯이 연필을 내버렸기 때문에 그렇게 된 것은 아니다. 사실 불과 얼마 전까지만 해도 미국에서는 연필통이나 필통이 어린 학생들에게는 그 안에 든 연필만큼이나 중요한 물건이었고, 많은 아이들이 귀 뒤에 연필을 꽂아두는(이러한 습관은 이집트인들이 갈대 펜을 귀에 꽂았던 데서 유래한다) 남자 어른들이나 머리칼 속에 연필을 꽂아두던 여성을 흉내 내곤 했다. 1988년 연말연시 휴가 시즌에 받은 수많은 상품 카탈로그 중 가장 화려한 것들에는 나무 자루 연필과 연필통 광고가 끼어 있었는데, 그중에는 판매자 이름이 새겨져 있는 연필 1다스가 들어 있는 네이먼 마커스사Neiman Marcus의 도자기 연필통도 있었다. 수제품이며 연필 모양 다리가 달려 있는 이 "최고의 연필통"은 샌프란시스코 현대미술관에 있는 것이었다.

연필은 장난감만큼 중요한 것일 수도 있으며, 실제로 장난감이 되기도 한다. 예전에 얼굴을 찡그려 윗입술과 코 사이에 연필을 끼워 '연필 수염'을 만들거나, 벽에 낙서하던 시절 포스터에 연필로 실제 콧수염을 그려 넣기도 한 기억들이 있을 것이다. 어린 소년들은 콧구멍에 연필을 끼워 코털을 만들기도 하고, 나이가 좀 찬 여자아이들은 가슴 밑에 연필을 끼워보고는 브래지어를 착용해야 되는지 가늠해보기도 했다. 우리는 연필을 가지고 돌리기도 하고, 질겅질겅 씹기도 하고, 박자 맞춰 톡톡 두드리기도 하고, 멋대로 두드려대기도 하고, 수업 시간에 필기도 하며, 더 자라서는 회의 시간에 메모도 한다.

우리는 연필을 페인트 젓는 데 사용하기도 하고, 창문을 받쳐놓는 데 쓰기도 한다. 알루미늄 캔 맥주에 붙어 있는 따개 고리가 떨어져버렸을 때 그 캔에 구멍을 내는 도구로도 사용한다. 뿐만 아니라 전자계산기 버튼이 점점 작아지는 추세를 보이자 역설적이게도 연필에 붙어 있는 지우개로 계산기 버튼을 눌러 덧셈을 하기도 한다. 급기야 이제 부모가 된 우리는 아이들 장난감인 '스피크 앤드 스펠Speak & Spell'의 빠져버린 키보드 구멍에 연필 지우개를 끼워 쓰는 시범을 보여주기도 한다. 반대로 우리 아이들이 우리에게 비디오의 테이프 꺼냄 버튼이 안으로 쏙 밀려 들어갔을 때 연필을 이용하여 테이프를 꺼내는 걸 보여주기도 한다. 이 경우 연필이 효과가 있는 이유는 연필심이 전기전도체이기 때문이었다.

우리 중 일부는 관절염이 심해지기 전에 의학 전문가들 사이에서 '아리스토텔레스의 변칙'이라고 일컬어지는 감각 현상을 연필을 이용해 느껴볼 수도 있다. "엄지손가락과 검지손가락을 십자로 교차시킨 다음 그 사이에 연필처럼 작은 물체를 끼워 넣으면 2개의 물건이 있는 것 같은 착각을 불러일으킨다." 적어도 어떤 사람들의 경우에는, 이렇게 두 손가락 사이에 연필을 끼우면 평상시에는 하나의 물건이 동시에 닿은 적이 없던 양 손가락 피부가 하나의 연필을 각각 따로 느낌으로써 연필이 2개인 것처럼 인식하는 것이다. 관절염 증세가 더 심해지면 의사들은 연필을 지렛대처럼 써야 가까스로 열리는 약통에 약을 처방해준다.

연필은 언제나 손가락의 연장延長이었다. 연필을 이용해 우리는 10이 넘는 수를 세기도 했다. 연필로 네 번 내리 그어 표시를 한 다음에 다섯 번째 선으로 네 선을 꿰뚫어 긋는 방법인데, 4개의 손가락을 수직으로 접은 다음 엄지손가락을 사선으로 접어 물건을 세는 것과 같은 원리이다. 매끈매끈한 잡지나 카탈로그를 좀 더 빨리 넘길 때도 젖은 손가락보다 연필에 달린 건조한 지우개를 이용하며, 손톱이 너무 길거나 손가락이 너무 통통한 사람은 전화기 번호판을 돌리거나 누를 때 연필 지우개를 사용한다. 책에 손가락을 끼워 다시 읽을 곳을 표시하는 대신 연필을 끼워둠으로써 책의 좀 더 많은 부분에 표시를 할 수도 있다. 또한 손가락으로 가리키기에는 좀 애매한 대상을 꼭 집어 지적할 수도 있다. 연필을 이용해 우리의 제스처를 강조할 수도 있으며, 손가락으로는 허공을 휘저을 수밖에 없는 것을 연필로는 눈에 보이게 그릴 수 있다. 손을 들어 투표하지 않고 비밀 투표 용지에 연필로 표시해 투표할 수도 있다.

사실 컴퓨터 카드 시대 이전에는 비밀 투표가 매우 중요한 제도였다(컴퓨터 카드조차도 때로는 HB 연필로 표시할 때가 많다). 기표소 내에서 쓰는 특수한 연필에는 끈과 머리가 둥근 나사못 고리가 붙어 있어 연필을 묶을 수 있으므로 도망가거나 잃어버리는 것을 방지할 수 있다. 예쁜 줄이 달린 연필은 댄스 프로그램을 위해 개발되었으며, 술이 달려 있거나 평평하고 아주 납작한 연필은 책갈피로 쓰거나 붙어 있는 책장들을 자를 때 쓸 수 있다. 이러한 특수한 연필들에는 지우개가 붙어 있지 않다. 그러나 1928년 미국 대통령 선거 때에는 대선 경쟁 상대들이었던 허버트 후버Herbert Hoover와 알 스미스Al Smith의 얼굴이 조각된 매우 큰 지우개가 달린 연필이 등장했다.

1940년대 말에는 1페니짜리 싸구려라 해도 연필은 모두 귀한 존재였다. 이글 연필사가 1940년에 만든 카탈로그를 보면, 이 회사 최고의 연필 '미카도'(기본형 5센트)에 심보다 더 오래 쓸 만큼 큰 지우개를 붙인 특별한 연필이 등장했다. 아마도 연필보다 지우개가 너무 일찍 닳아버린다고 불평했던 블라디미르 나보코프 같은 사람들을 위한 제품이었을 것이다. "탁월하게 접착되어 있기 때문에 동종의 연필 중에서는 가장 잘 팔린 고급 연필"인 미카도 연필의 또 다른 모델은 매우 큰 지우개가 원래 있어야 할 자리에 붙어 있지 않고 끼웠다 뺐다 할 수 있는 것이었는데, 이 지우개는 연필을 사용하지 않는 동안에는 뾰족하게 갈린 심을 덮어 보호하는 기능까지 했다. 이 모든 것은 연필이 소홀히 취급하거나 버려도 될 만한 물건이 아닌, 몽당연필이 될 때까지 써야 하는 물건임을 보여주는 명백한 지표다. 그런데 이 연필들은 19세기 연필과는 달리 자루 끝까지 심이 들어 있었다. 존 스타인벡은 연필의 지우개 테두리가 손에 닿으면 더 이상 그 연필을 쓰지 않았다. 하지만 그는 짧아진 연필들을 버리지 않고 어린아이들에게 주었다.

심지어 오늘날에도, 옛날 책상에서 연필 보관함이 발견된다면 그 안에는 한 번도 뾰족하게 깎인 적이 없고 (존 업다이크John Updike가 말했듯이) "너무 오래되어서 지우개도 잘 지워지지 않고 심은 왁스처럼 흐물흐물해져 글씨를 쓸 수 없는" 기념 연필들 사이에 5~6센티미터짜리 몽당연필이 들어 있을 수도 있다. 50년 이상 쌓여 있던 이 연필들은 물론 책상의 새 주인이 오자마자 바로 버려질 수도 있다. 소비자들이 좀 더 보수적이었던 시절에는 손에 쥐기 힘들 만큼 작은 몽당연필이란 있을 수 없었고, 몽당연필을 쓰는 데 불편함을 느끼는 작가들을 위해 그것을 끼워 쓸 수 있는 도구들을 팔았다. 이러한 도구들의 기능은 데생용 목탄 집게 혹은 옛날에 쓰던 펜 홀더와 비슷해, 한쪽 끝에 몽당연필을 꽂아 쓰는 것으로 그 옛날 흑연을 나무 튜브에 꽂아 쓰던 방식과 다를 게 없었다. 이런 꽂아 쓰는 도구는 비싼 연필을 좋아했던 엔지니어들이나 설계사들이 특히 많이 사용했다. 무엇보다 이런 꽂아 쓰는 도구는 연필이 닳아서 생기는 무게 변화를 덜어준다는 이점도 있었다.

과거에 만들어졌던 모든 나무 자루 연필은 오늘날 사람들의 뇌리에서 거의 망각되었다. 최근 영인된 미국의 대규모 통신판매회사 시어스 로벅의 1902년판 카탈로그에서 (영인본 편집자가 "거의 반복되다시피 나오는 페이지들은 생략했다"고 밝혔듯이) 나무 자루 연필들은 빠졌지만, 샤프펜슬과 진기한 모양의 연필은 그대로 실렸다. 당시에 나온 다른 카탈로그들은 매우 흥미롭고 가치가 큰 금은 연필 케이스를 보여주고 있는데, 이들 중에는 지금 골동품 가게나 벼룩시장에서 살 수 있는 것들도 있다. 이런 연필 케이스들 중 한 종류는 짧은 나무 자루 연필을 끼워 쓰는 것인데, 연필을 쓰지 않을 때에는 케이스 속으로 연필을 쏙 집어넣을 수 있어 심을 보호하는 기능도 있었다. 에블린 워Evelyn Waugh의 소설《브라이즈헤드 다시 방문하다Brideshead Revisited》의 화자인 찰스 라이더 선장은 아버지가 저녁식사 후 안락의자에 앉아 독서를 할 때 이런 종류의 연필 케이스를 사용하곤 했던 사실을 회고했다. "아버지는 이따금 시곗줄에 매달린 금제 연필 케이스를 꺼내 책 여백에 메모를 하시곤 했다." 금속제 연필 케이스는 지우개를 다는 위치에 고리를 달아서 시곗줄 같은 것을 연결해 쓸 수 있었다. 또 금이나 은으로 만든 작은 스냅 고리가 판매되었는데, 이것은 라이더 선장의 아버지처럼 연필을 줄에서 쉽게 떼어내는 데 필요했다. 일부 연필 케이스들은 칼집 같은 형태여서 귀찮게 줄에 매달아놓은 것을 굳이 풀지 않고도 연필을 꺼내 쓸 수 있었다. 납작한 모양의 칼집 모양 케이스도 판매되었는데, 주머니에 넣고 다닐 때 주머니가 불룩 튀어나오지 않아서 환영받았다고 한다.

이처럼 특별한 모양의 케이스는 특별한 모양의 연필을 요구했다. 따라서 "납작한 삼나무 자루 연필"이 1다스 혹은 6자루씩 세트로 팔렸다. 둥근 케이스에 끼워 쓰는 나무 자루 연필 끝에는 나사못처럼 홈이 파인 청동 꼬다리를 달아 케이스에 돌려 끼워 넣을 수 있었다. 이러한 연필들은 때로 너무 짧거나 너무 가늘어서 케이스에 꽂아 쓰지 않으면 매우 불편했다. 하지만 흑연과 목재를 절약하는 데는 매우 좋은 방법이었다. 나는 모던앤드컴퍼니사가 만들었으며 최초의 소유자인 런던 사람의 이름과 주소가 새겨진 순은제 연필 케이스를 갖고 있는데, 거기에는 3~4센티미터쯤 남은 코이누르 연필이 꽂혀 있다. 좋은 연필이 넘치는 오늘날 과연 어느 설계사가 그렇게 짧은 연필을 쓰고 싶어하겠는가? 하지만 오늘날 우리가 쓰는 연필은 빅토리아 시대 연필과는 달리 심이 자루 끝까지 들어 있어서 일부 엔지니어나 설계사들은 홀더에 꽂아 쓰기 힘들 만큼 짧아진 몽당연필도 나무 자루를 모두 깎아낸 뒤 남은 심을 컴퍼스에 꽂아 쓰곤 한다.

오늘날 우리가 쓰는 연필은 대부분 평범한 18센티미터짜리 노란 연필이다. 하지만 이 연필을 모든 사람이 선호하는 것은 아니다. 연필의 매력은 보는 사람마다 제각각이다. '가질 만한 가치가 있는 것들'이라는 부제가 붙은 《정수Quintessence》의 필자들은 몽골 HB 연필을 "당대 최고의 연필"이라고 아주 단호하게 두둔하고 있다. 하지만 그들도 그런 선택을 내릴 수밖에 없었다. 그들도 노란 연필이라고 통칭되는 것을 '최고'라고 여기게 하기는 힘들었을 것이다. 그들은 몽골 연필이 "흑연과 점토가 완벽하게 혼합되어 있으며", "최고 품질의 지우개가 달려 있다"고 주장하지만 다른 사람들은 다른 이유에서 몽골 연필을 선호한다. "몽골 연필은 나무로 되어 있으며, 아이디어로 꽉 차 있다. 이 연필을 쥘 때마다 무엇인가가 떠오른다. 연필 측면의 인쇄도 좋으며, 지우개가 분홍색이라 더욱 마음에 든다." 이 같은 감성적인 주장은 다른 연필의 경우에도 마찬가지로 가능하다. 가정이나 사무실에서 쓰는 일상용품을 대량으로 판매하는 뉴욕의 '싱크 빅Think Big!' 상점에는 2미터에 달하는 딕슨사 티콘데로가 HB 연필 모형이 세워져 있다. 다른 사람들에게 물어보면 어떤 이는 파버카스텔의 '벨벳' 연필이 좋다고 하며, 또 어떤 사람은 한때는 이글사의 '미카도'로 불렸던 베롤사의 '미라도'가 최고라고 주장한다. 지금도 어떤 사람들은 점잖은 외양에 독특하게 평평한 모양의 테두리를 두른 50센트짜리 짙은 은회색 '파버 블랙윙' 연필을 전통적인 노란 연필보다 선호한다. (파버 블랙윙 연필은 심이 유독 부드러워 연필 옆에 새겨진 대로—"누르는 힘은 반으로, 필기 속도는 2배로"—쓰기에 아주 편하고 부드럽다) 위에 언급한 연필들을 비롯해 모든 연필이 연필로서의 입지를 나누어 갖고 있지만, 그 어느 연필이든 '바로 내가 연필이다'라고 당당히 주장할 수도 있고 그렇지 못할 수도 있다.

옮긴이의 말

영국 정부가 철저한 보안 아래 운영하는 광산이 하나 있었다. 입구가 사람들 눈에 띄지 않게 하려고 그 위에 건물을 지어놓고, 광부들은 출입할 때마다 몸수색을 받았으며, 그것도 모자라 총을 든 경비병들이 지키고 서 있었다면, 거기서 나는 광물이 다이아몬드쯤은 될 거라고 생각하기 마련이다. 누가 흑연이 한때 이렇게 어마어마한 대접을 받았으리라고 상상하겠는가?

헨리 페트로스키가 이 책을 쓴 지 30여 년이 지난 오늘날, 사람들은 연필 1자루쯤은 잃어버려도 찾으려 하지 않는다. 그런 연필이 한때는 품귀 현상으로 가격이 치솟고, 밀수가 성행한 적이 있으며, 악덕 상인들이 심도 넣지 않은 연필을 진짜 연필인 것처럼 팔아먹었다고 한다면, 믿을 수 있겠는가? 그것도 자본주의 체제가 일찍이 기틀을 잡고, 기독교적인 기업 윤리가 오래전에 싹튼 선진국들에서 말이다. 지금은 하찮게 여겨지는 연필에 이런 어마어마한 과거가 있다는 것이 놀랍기만 하다. 비단 한 제품이 가진 화려한 과거 때문이 아니다. 오늘날 연필이라는 물건은 너무나 단순하고 평범해 보이기 때문에 과거에 그렇게 만들기 어려웠고 또 귀중하게 여겨졌던 물건이라고는 생각하기 어렵기 때문이다.

헨리 페트로스키는 이 책을 통해 연필이 간직한 공학적 의미를, 이를테면 오래전 선풍적인 인기를 끌었던 광고 문구 '인체 공학적 설계' 같은 공학적 패러다임에서부터 대량생산이나 자동화 등의 개념까지 어떤 오차나 논리적 비약 없이 우리에게 일러주고 있다. 페트로스키는 공학의 역사를 보여주는 상징물로서 연필을 선택한 뒤 자료를 수집하는 과정에서 연필을 직접적으로 다룬 자료가 극히 부족하며, 연필이 너무나도 소홀히 취급돼왔다는 사실을 알곤 매우 유감스러웠다고 했다. 요즘에는 마니아 혹은 '덕후'라고 불리는 이들, 즉 한 가지 대상에 몰두하는 이들이 온라인을 통해 공유하는 지식이 전문가 못지않은 경우가 드물지 않지만, 그렇다고 해도 연필 하나만으로 600여 쪽에 가까운 책을 써낸 연구의 깊이와 폭넓음에 경탄을 금치 않을 수 없다.

우리가 일상적으로 접하는 사물들의 역사, 공학적 의미 등을 주제로 글을 써온 헨리 페트로스키가 만약 핸드폰을 갖고 책을 쓴다면 어떤 내용으로 우리를 놀라게 할지 자못 궁금하기도 하다. 현대 과학 기술의 집적물은 항공우주산업이라고 한다. 현대 과학 기술을 합목적적으로 집적시킨 분야이자 우리 과학 기술이 과학적으로 발전하는 동인이 된 분야라는 의미일 것이다. 하지만 항공우주산업에서 어떤 신물질이 나왔고 어떤 신기술이 개발됐든, (지금은 스마트폰이라 불리는) 핸드폰만큼 우리 삶에 큰 영향을 미친 인공물은 역사적으로 아주 드물 것 같다. 연필에 쏟은 만큼의 관심을 갖고 핸드폰을 들여다본다면, 한 손에 쥘 수 있을 만큼 작지만 거대한 세계를 담고 있는 이 인공물은 어디서부터 시작됐고 또 어떤 발전 과정을 거쳤을까?

1997년 7월 이 책이 우리나라에 처음 번역 출판된 지 벌써 20여 년

이 훌쩍 지났다. 지금보다 많이 젊었을 때 번역한 이 책을 다시 읽고 검토할 기회를 기적처럼 얻었다. 이 책 원서가 출간된 해는 1989년이어서 지금 보면 시차가 느껴지는 부분도 간혹 있다. 당시에는 PC가 최신 발명품이었다면, 이제는 손안에 작은 컴퓨터를 들고 다니는 시대가 된 것이다. 처음 번역하던 시절에는 없던 스마트폰으로 원고를 건네받고, 클라우드에 저장하고, 읽기도 했다. 전에는 디스켓이나 CD에 저장해 주고받곤 했다. 정말이지 많이 변했다. 하지만 소통 내용은 크게 변하지 않았다. 편집자와 나는 상대의 의도를 정확히 파악하기 위해 말과 글을 신경 써서 듣고 읽는다. 세상이 변하고 환경이 변하고 삶의 양식이 변해도 인생살이의 뿌리는 변하지 않는다는 걸 느끼면서도, 이렇게 새로이 내는 책이 독자들에게 어떤 의미로 다가갈지 궁금해지는 건 어쩔 수 없다. 처음 이 책이 나왔을 때처럼 신선하게 받아들여졌으면 좋겠다는 바람이다. 이미 여러 영역에 걸쳐 비직업적 전문가들이 넘쳐나는 시대에 접어들었고, 엄청난 양의 정보가 엄청난 속도로 유통되는 현실이지만, 저자가 연필 하나로 보여주는 통시적이고 입체적인 인문학적 사고는 여전히 우리 모두에게 한편으로는 매우 보편적이고 다른 한편으로는 매우 개별적인 경험과 영감을 줄 수 있으리라고 믿는다.

첫 번역 이후 오랜 세월이 흘러 이 책을 다시 한 번 읽어나가면서 젊은 시절에는 미처 알아차리지 못했던 문장의 의미를 깨닫고, 의미 파악에 오류를 범했던 부분을 수정할 귀한 기회를 준 서해문집 출판사와 꼼꼼하게 전문을 확인하고 의문을 제기하고 오류를 바로잡아 좀 더 정확하게 번역하는 데 도움을 준 편집진에게 깊은 감사를 전한다.

참고문헌

Acheson, E. G. "Graphite: Its Formation and Manufacture," *Journal of the Franklin Institute*, June 1899: 475-86.

_____. *A Pathfinder: Discovery, Invention, and Industry*. New York, 1910.

Adams, Henry. *The Education of Henry Adams: An Autobiography*. Boston, 1918.

Agricola, Georgius. *De Re Metallica*. Translated by Herbert Clark Hoover and Lou Henry Hoover. New York, 1950.

Alibert, J. P. *The Pencil-Lead Mines of Asiatic Siberia. A. W. Faber. A Historical Sketch. 1761-1861*. Cambridge, 1865.

Allen, Andrew J. *Catalogue of Patent Account Books, Fine Cutlery, Stationery, [etc.]*. Boston, [1827].

American Society for Testing and Materials. "Standard Practice [D4236-8sJ for Labeling Art Materials for Chronic Health Hazards,"

Annual Book of ASTM Standards, Vol. 06.01. Philadelphia, 1986.

Andrew, James H. "The Copying of Engineering Drawings and Documents," *Transactions of the Newcomen Society*, 53 (198182):

Anthony, Gardner C. *Elements of Mechanical Drawing*. Revised and enlarged edition. Boston, 1906.

Aristotle. *Minor Works*. With an English translation by W. S. Hett. Cambridge, Mass., 1936.

Army and Navy Co-operative Society Store. *The Very Best English Goods: A Facsimile of the Original Catalogue of Edwardian Fashions, Furnishings, and Notions Sold at the Anny and Navy Co-operative Society Store in 1907*. New York, 1969.

Armytage, W. H. G. *A Social History of Engineering*. London, 1961.

Art-Journal. "The Crystal Palace Exhibition Illustrated Catalogue, London 1851," New York, 1970.

Asimow, Morris. *Introduction to Design.* Englewood Cliffs, N.J., 1962.

Astle, Thomas. *The Origin and Progress of Writting, [etc.].* 2nd edition, with additions (1803). New York, 1973.

Atkin, William K., Raniero Corbelletti, and Vincent R. Fiore. *Pencil Techniques in Modern Design*. New York, 1953.

Austen, Jane. *Emma*. Edited with an introduction by David Lodge. London, 1971.

Automatic Pencil Sharpener Company. "From Kindergarten Thru College." [Folder.] Chicago, [1941].

Babbage, Charles. *On the Economy of Machinery and Manufactures*. 4th edition enlarged (1835). New York, 1963.

Back, Robert. "The Manufacture of Leads for the Mechanical Pencil," *American Ceramic Society Bulletin*, 4 (November 1925): 571-79.

Baker, Joseph B. "The Inventor in the Office," *Scientific American*, October 29, 1910: 344-45.

Banister, Judith. "Sampson Mordan and Company," *Antique Dealer and Collectors' Guide*, June 1977: [5 pp.] unpaged.

Basalla, George. *The Evolution of Technology*. Cambridge, 1988.

Bay, J. Christian. "Conrad Gesner (1516-1565), the Father of Bibliography: An Appreciation," *Papers of the Bibliographical Society of America,* 10 (1916): 52-88.

Baynes, Ken, and Francis Pugh. *The Art of the Engineer.* Woodstock, N.Y., 1981.

Bealer, Alex W. *The Tools That Built America*. Barre, Mass., 1976.

Beamish, Richard. *Memoir of the Life of Sir Marc Isambard Brunei*. London, 1862.

Beaver, Patrick. *The Crystal Palace, 1851-1936: A Portrait of Victorian Enterprise.* London, 1970.

Beckett, Derrick. *Stephensons' Britain.* Newton Abbot, Devon., 1984.

Beckmann, Johann. *Beirage zur Geschichte der Erfindungen*. Five volumes. Leipzig, 1780-1805.

Beckmann, John. *A History of Inventions and Discoveries*. Translated by William Johnston. 3rd edition [four volumes]. London, 1817.

_____. *A History of Inventions, Dtscoueries, and Origins*. Translated by William Johnston. 4th edition [two volumes], revised and enlarged by William Francis and J. W. Griffith. London, 1846.

Bell, E. T. *Men of Mathematics*. New York, 1937.

Belyakov, Vladimir. "The Pencil Is Mightier than the Sword," *Soviet Life*, Issue 348

(September 1985): 48-49.

Berol Limited. "Berol: The Pencil. Its History and Manufacture." Norfolk, n.d.

Berol USA. "The Birth of a P [Folder.] Danbury, Conn., n.d.

Bigelow, Jacob. *Elements of Technology, [etc.].* 2nd edition, with additions. Boston, 1831.

Binns, William. *An Elementary Treatise on Orthographic Projection, [etc.].* 11th edition. London, 1886.

Birdsall, John. "Writing Instruments: The Market Heats Up," *Western Office Dealer*, February 1983.

Bolton, Theodore. *Early American Portrait Draughtsmen in Crayons.* New York, 1923.

Booker, Peter Jeffrey. *A History of Engineering Drawing.* London, 1963.

Boyer, Jacques. "La Fabrication des Crayons," *La Nature*, 66, part 1 (March 1, 1938): 149-52.

Braudel, Fernand. *The Structures of Everyday Life: The Limits of the Possible.* Translation from the French revised by Sian Reynolds. New York, 1981.

Briggs, Asa. *Iron Bridge to Crystal Palace: Impact and Images of the Industrial Revolution.* London, 1979.

Brondfield, Jerome. "The Marvelous Marking Stick," *Kiwanis Magazine*, February 1979: 28, 29, 48. [Condensed as "Everything Begins with a Pencil," *Reader's Digest*, March 1979: 25-26, 31-33.]

Brown, Martha C. "Henry David Thoreau and the Best Pencils in America," *American History Illustrated*, 15 (May 1980): 30-34.

Brown, Nelson C. *Forest Products: The Harvesting, Processing, and Marketing of Material Other than Lumber, [etc.].* New York, [1950].

Brown, Sam. "Easy Pencil Tricks," *Popular Mechanics*, 49 (June 1928): 993-98.

Bryson, John. *The World of Armand Hammer.* New York, 1985.

Buchanan, R. A. "The Rise of Scientific Engineering in Britain," *British Journal for the History of Science*, 18 (1985): 218-33.

_____. "Gentlemen Engineers: The Making of a Profession," *Victorian Studies*, 26 (1983): 407-29.

Buchwald, August. *Bleistifte, Fa rbstifte, Farb19e Kreiden und Pastellstifte, Aquarellfarben, Tusche und Ihre Herstellung nach Beiodhrten Verfahren.* Vienna, 1904.

The Builder's Dictionary: Or, Gentleman and Architect's Companion. 1734 edition. Washington, D.C., 1981.

BUIUP, Orlando F. *The Law of Patents, Trade-Marks, Labels and Copy-Rights, [etc.].* 2nd edition. Baltimore, 1884.

California Cedar Products Company. "California Incense Cedar." [Illustrated brochure.] Stockton, Calif., n.d.

Callahan, John F. "Along the Highways and Byways of Finance," *The New York Times*, October 9, 1949: III, 5.

Calle, Paul. *The Pencil*. Westport, Conn., 1974.

Canby, Henry Seidel. *Thoreau*. Boston, 1939.

Caran d'Ache. *50 Ans Caran d'Ache*, 1924-1974. Geneva, [1974].

Carpener, Norman. "Leonardo's Left Hand," *The Lancet*, April 19, 1952: 813-14.

Carter, E. F. *Dictionary of Inventions and Discoueries*. New York, 1966.

Cassell's Household Guide: Being a Complete Encyclopaedia of Domestic and Social Economy, and Forming a Guide to Every Department of Practical Life. London, [ca. 1870].

Cather, Willa. *Alexander's Bridge*. Boston, 1922.

Chambers' Edinburgh Journal. "Visit to the Pencil Country of Cumberland," Vol. VI, No. 145, New Series (October 10, 1864): 225-27.

Chambers's Encyclopaedia, Various editions.

Channing, William Ellery. *Thoreau the Poet-Naturalist*. New edition, enlarged, edited by F. B, Sanborn. Boston, 1902.

Charlton, James, editor. *The Wn ter's Quotation Book: A Literary Companion*. New York, 1985.

Chaucer, Geoffrey. *The Canterbury Tales*. Verse translation with an introduction and notes by David Wright. Oxford, 1985.

Cicero. *Letters to Atticus*. English translation by E. O. Winstedt. London, 1956.

_____. *Letters of Cicero: A Selection in Translation,* by L. P. Wilkinson. New York, 1966.

Clark, Edwin. *The Britannia and Conway Tubular Bridges. With General Inquiries on Beams and on the Properties of Materials Used in Construction*. London, 1850.

Cleveland, Orestes. *Plumbago (Black Lead-Graphite): Its Uses, and How to Use It.* Jersey City, N.J., 1873.

Cliff, Herbert E. "Mechanical Pencils for Business Use," *American Gas Association Monthly*, 17 (July 1935): 270-71.

Cochrane, Charles H. *Modern Industrial Processes*. Philadelphia, 1984.

Coffey, Raymond. "The Pencil: 'Hueing' to Tradition," *Chicago Tribune*, June 30, 1985: V, 3.

Collingwood, W. G., translator. *Elizabethan Keswick: Extracts from the Original Account*

Books, 1564–1577, of the German Miners, in the Archives of Augsburg. Kendal, 1912.

Compton's Encyclopedia. 1986 edition.

Considine, Bob. *The Remarkable Life of Dr. Armand Hammer*. New York, 1975.

Constant-Viguier, F. *Manuel de Miniature et de Gouache*. [Bound with Langlois-Longueville.] Paris, 1830.

Cooper, Michael. "William Brockedon, F.R.S.," *Journal of the Writing Equipment Society*, No. 17 (1986): 18–20.

Cornfeld, Betty, and Owen Edwards. *Quintessence: The Quality of Having It*. New York, 1983.

Cowin, S. C. "A Note on Broken Pencil Points," *Journal of Applied Mechanics*, 50 (June 1983): 453–54.

Cronquist, D. "Broken-off Pencil Points," *American Journal of Physics*, 47 (July 1979): 653–55.

Cumberland Pencil Company Limited. "The Pencil Story: A Brief Account of Pencil Making in Cumbria Over the Last 400 Years." [Keswick], n.d.

Daumas, Maurice, editor. *A History of Technology & Invention: Progress Through the Ages*. Translated by Eileen B. Hennessy. New York, 1969.

Day, Walton. *The History of a Lead Pencil*. Jersey City, N.J., 1894.

de Camp, L. Sprague. *The Ancient Engineers*. Garden City, N.Y., 1963.

_____. *The Heroic Age of American Invention*. Garden City, N.Y., 1961.

Decker, John. "Pencil Building," *Fine Woodworking*, May-June 1988: 108–9.

Desbecker, John W. "Finding 338 New Uses [for Pencils] Via a Prize Contest," *Printers' Ink*, 156 (July 2, 1931): 86–87.

Deschutes Pioneers' Gazette. "Short Lived Bend Factory Made Juniper Pencil Slats for Export." Vol. I (January 1976): 2, 5–6.

Dibner, Bern. *Moving the Obelisks: A Chapter in Engineering History in Which the Vatican Obelisk in Rome in 1586 Was Moved by Muscle Power, and a Study of More Recent Similar Moves*. Cambridge, Mass., 1950.

Dickinson, H. W. "Besoms, Brooms, Brushes and Pencils: The Handicraft Period," *Transactions of the Newcomen Society*, 24 (1943–44, 1944–45): 99–108.

_____. "A Brief History of Draughtsmen's Instruments," *Transactions of the Newcomen Society*, 27 (1949–50): 73–84.

Dictionary of American Biography.

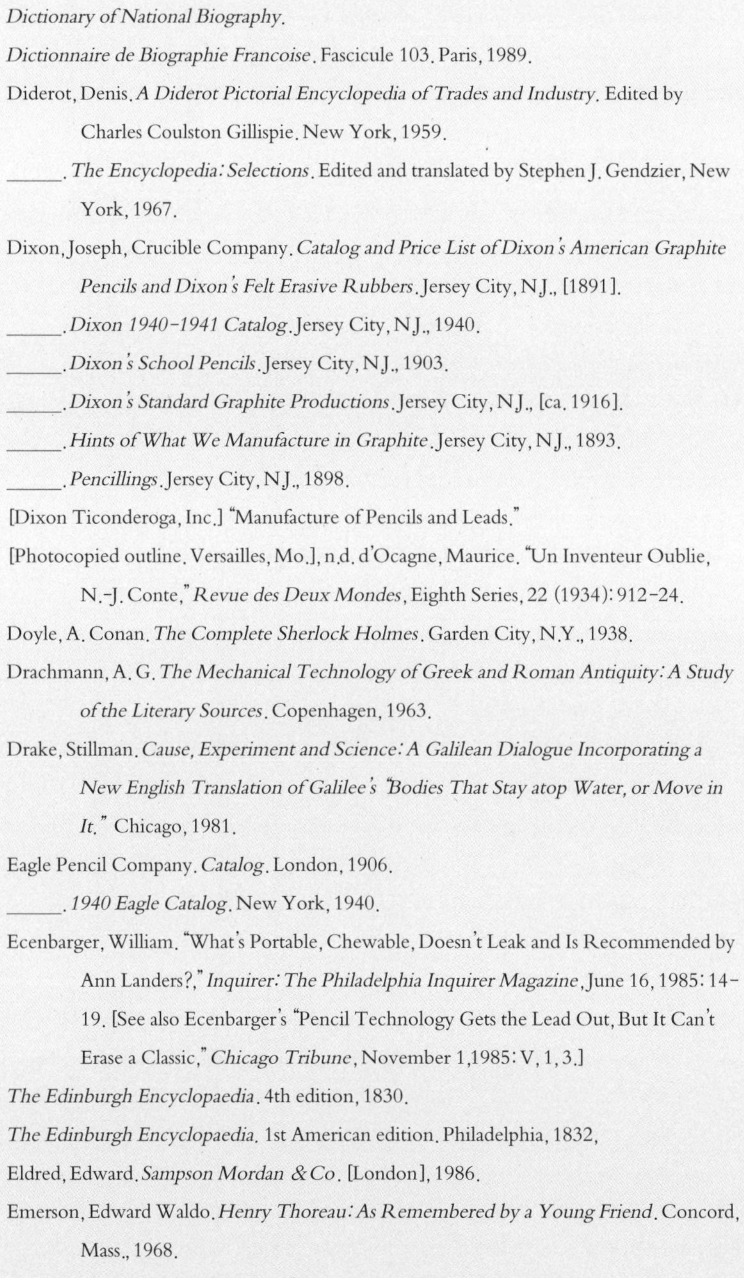

Dictionary of National Biography.

Dictionnaire de Biographie Francoise. Fascicule 103. Paris, 1989.

Diderot, Denis. *A Diderot Pictorial Encyclopedia of Trades and Industry*. Edited by Charles Coulston Gillispie. New York, 1959.

_____. *The Encyclopedia: Selections*. Edited and translated by Stephen J. Gendzier, New York, 1967.

Dixon, Joseph, Crucible Company. *Catalog and Price List of Dixon's American Graphite Pencils and Dixon's Felt Erasive Rubbers*. Jersey City, N.J., [1891].

_____. *Dixon 1940-1941 Catalog*. Jersey City, N.J., 1940.

_____. *Dixon's School Pencils*. Jersey City, N.J., 1903.

_____. *Dixon's Standard Graphite Productions*. Jersey City, N.J., [ca. 1916].

_____. *Hints of What We Manufacture in Graphite*. Jersey City, N.J., 1893.

_____. *Pencillings*. Jersey City, N.J., 1898.

[Dixon Ticonderoga, Inc.] "Manufacture of Pencils and Leads."

[Photocopied outline. Versailles, Mo.], n.d. d'Ocagne, Maurice. "Un Inventeur Oublie, N.-J. Conte," *Revue des Deux Mondes*, Eighth Series, 22 (1934): 912-24.

Doyle, A. Conan. *The Complete Sherlock Holmes*. Garden City, N.Y., 1938.

Drachmann, A. G. *The Mechanical Technology of Greek and Roman Antiquity: A Study of the Literary Sources*. Copenhagen, 1963.

Drake, Stillman. *Cause, Experiment and Science: A Galilean Dialogue Incorporating a New English Translation of Galilee's "Bodies That Stay atop Water, or Move in It."* Chicago, 1981.

Eagle Pencil Company. *Catalog*. London, 1906.

_____. *1940 Eagle Catalog*. New York, 1940.

Ecenbarger, William. "What's Portable, Chewable, Doesn't Leak and Is Recommended by Ann Landers?," *Inquirer: The Philadelphia Inquirer Magazine*, June 16, 1985: 14-19. [See also Ecenbarger's "Pencil Technology Gets the Lead Out, But It Can't Erase a Classic," *Chicago Tribune*, November 1,1985: V, 1, 3.]

The Edinburgh Encyclopaedia. 4th edition, 1830.

The Edinburgh Encyclopaedia. 1st American edition. Philadelphia, 1832,

Eldred, Edward. *Sampson Mordan & Co*. [London], 1986.

Emerson, Edward Waldo. *Henry Thoreau: As Remembered by a Young Friend*. Concord, Mass., 1968.

Emerson, Ralph Waldo. "Thoreau," *The Atlantic Monthly*, August 1862: 239-49.

______. *Journals, 1841–1844*. Edited by Edward Waldo Emerson and Waldo Emerson Forbes. Boston, 1911.

Emmerson, George S. *Engineering Education: A Social History*. Newton Abbot, Devon., 1973.

Empire Pencil Company, "500,000,000 Epcons." [Brochure.] Shelbyville, Tenn. [ca. 1976].

______. "How a Pencil Is Made." [Folder.] Shelbyville, Tenn., [ca. 1986].

Encyclopaedia Americana. Various editions.

Encyclopaedia Britannica. Various editions.

Encyclopaedia Edinensis. 1827 edition.

Encyclopaedia Perthensis. Various editions.

The English Correspondent. "Graphite Mining in Ceylon," *Scientific American*, January 8, 1910: 29, 36–37, 39.

Erskine, Helen Worden. "Joe Dixon and His Writing Stick," *Reader's Digest*, 73 (November 1958): 186–88, 190.

Evans, Oliver. *To His Counsel, Who Are Engaged in Defence of His Patent Rights for the Improvements He Has Invented.* [Ca. 1817.]

Faber, A. W., [Company]. "A. W. Faber, Established 1761." [Typescript, ca. 1969.]

______. *The Manufactories and Business Houses of the Firm of A. W. Faber: An Historical Sketch*. Nuremberg, 1896.

______. *Price-List ofSuperior Lead and Colored Pencils, Writting and Copying Inks, Slate Manufactures, Rulers, Penholders and Erasive Rubber*. New York, [ca. 1897].

Faber, A. W., Inc. *[Catalog of] Drawing Pencils, Drawing Materials, [etc.]*. Newark, N.J., [ca. 1962–63].

Faber, E. L. "History of Writing and the Evolution of the Lead Pencil Industry." [Typescript.] August 1921.

Faber, Eberhard. "Words to Grow On," *Guideposts*, August 1988: 40–41.

Faber, Eberhard, Pencil Company. "A Personally Conducted Tour of the World's Most Modern Pencil Plant with Marty the Mongol." [Broadside.] Wilkes-Barre, Pa., [1973].

______. "Since 1849: Quality Products for Graphic Communications." [Folder.] Wilkes-Barre, Pa., [1986].

______. *The Story of the Oldest Pencil Factory in America*. [New York], 1924.

Faber-Castell, A. W., GmbH & Company. *Das Bleistiftschloss: Familie und Unternehmen Faber-Castell in Stein*. Stein, 1986.

_____. "Faber Castell." [Illustrated brochure. Stein], n.d.

_____. "Faber-Castell: 225 Years of Company History in Short." *Presseinformation*, November 1987.

_____. "Origin and History of the Family and Company Name." [Folder.] N.d.

Faber-Castell Corporation. "Date Log: Venus Company History." [Photocopied sheets.] Lewisburg, Tenn., n.d.

_____. "Faber-Castell Corporation." [Photocopied stapled sheets.] Lewisburg, Tenn., n.d.

_____. "The Story of the Lead Pencil." [Photocopied report. Lewisburg, Tenn.], n.d.

_____. "Writing History for Over 225 Years." [Illustrated folder.] [Parsippany, N.J., 1987.]

[Faber, Johann]. *The Pencil Factory of Johann Faber (Late of the Firm of A. W. Faber) at Nuremberg, Bavaria*. Nuremberg, 1893.

Fairbank, Alfred. *The Story of Handwriting: Origins and Development*. New York, 1970.

Faraday, Michael. *The Chemical History of a Candle: A Course of Lectures Delivered Before a Juvenile Audience at the Royal Institution*. New edition, with illustrations. Edited by William Crookes. London, 1886.

Farmer, Lawrence R. "Press Aids Penmanship," *Tooling & Production*, 44 (April 1978): 94-95.

Feldhaus, Franz Maria. "Geschichtliches vom deutschen Graphit," *Zeitschrift für Angewandte Chemie*, 31 (1918): 76.

_____. *Geschichte des Technischen Zeichnens*. Wilhelmshaven, 1959.

Ferguson, Eugene S. "Elegant Inventions: The Artistic Component of Technology," *Technology and Culture*, 19 (1978): 450-60.

_____. "The Mind's Eye: Nonverbal Thought in Technology," *Science*, 197 (August 26, 1977): 827-36.

_____. "La Fondation des Machines Modernes: Des Dessins," *Culture Technique*, No. 14 (June 1985): 182-207.

Feynman, Richard P., as told to Ralph Leighton. *"Surely You're Joking, Mr. Feynman!": Adventures of a Curious Character*. Edited by Edward Hutchin. New York, 1985.

Finch, James Kip. *Engineering Classics*. Edited by Neal FitzSimons. Kensington, Md., 1978.

Finder, Joseph. *Red Carpet*. New York, 1983.

Fleming, Clarence C., and Arthur L. Guptill. *The Pencil: Its History, Manufacture and Use*. New York, 1936. [A shorter version of this booklet, with back matter on different Koh-I-Noor products, was published in Bloomsbury, N.J., also in 1936.]

Foley, John. *History of the Invention and Illustrated Process of Making Foley's Diamond*

Pointed Gold Pens, With Complete Illustrated Catalogue of Fine Gold Pens, Gold,-Silver,-Rubber, Pearl and Ivory Pen &Pencil Cases, Pen Holders, &lc. New York, 1875.

Fowler, Dayle. "A History of Writing Instruments," *Southern Office Dealer*, May 1985: 12, 14, 17.

Frary, C. A. "What We Have Learned in Marketing Eversharp," *Printers' Ink*, 116 (August 11, 1921): 3-4, 6, 8, 142, 145-46, 149.

Fraser, Chelsea. *The Story of Engineering in America*. New York, 1928.

French, Thomas E., and Charles J. Vierck. *A Manual of Engineering Drawing for Students and Draftsmen*. 9th edition. New York, 1960.

Friedel, Robert. *A Material World: An Exhibition at the National Museum of American History, Smithsonian Institution*. Washington, D.C., 1988.

Friedel, Robert, and Paul Israel, with Bernard S. Finn. *Edison's Electric Light: Biography of an Invention*. New Brunswick, N.J., 1986.

Frost, A. G. "How We Made a Specialty into a Staple," *System, the Magazine of Business*, November 1922: 541-43, 648.

_____. "Marketing a New Model in Face of Strong Dealer Opposition," *Printers' Ink*, 128 (July 17, 1924): 3-4, 6, 119-20, 123.

Galilei, Galileo. *Dialogues Concerning Two New Sciences*. Translated by Henry Crew and Alfonso de Salvia. 1914 edition. New York, [1954].

German Imperial Commissioner, editor. *International Exposition, St. Louis 1904: Official Catalogue of the Exhibition of the German Empire*. Berlin, 1904.

Gesner, Konrad. *De Rerum Fossilium Lapidum et Gemmarum Maxime, F19uris et Similitudinibus Liber, [etc.]*. Zurich, 1565.

Getchell, Charles. "Cause for Alarm in Peking," *The New York Times*, February 4, 1977: op-ed page.

Geyer's Stationer. "The Joseph Dixon Crucible Co.-Personnel, Progress and Plant." Vol. 25 (March 19, 1903): I - II

Gibb, Alexander. *The Story of Telford: The Rise of Civil Engineering*. London, 1935.

Gibbs-Smith, C. H. *The Great Exhibition of 1851*. London, 1964.

Giedion, Siegfried. *Mechanization Takes Command: A Contribution to Anonymous History*. New York, 1969.

Giesecke, F. E., and A. Mitchell. *Mechanical Drawing*. 4th edition. Austin, Tex., 1928.

Giesecke, F. E., Alva Mitchell, and Henry Cecil Spencer. *Technical Drawing*. 3rd edition.

New York, 1949.

Gilfillan, S. C. *The Sociology of Invention*. Cambridge, Mass., 1970.

Gille, Bertrand. *The History of Techniques*. Translated from the French and revised. New York, 1986.

_____. *The Renaissance Engineers*. London, 1966.

Gillispie, Charles C. "The Natural History of Industry," Isis, 48(1948) : 398-407.

Gimpel, Jean. *The Medieval Machine: The Industrial Revolution of the Middle Ages*. New York, 1976.

Godbole, N. N. *Manufacture of Lead and Slate Pencils, Slates, Plaster of Pan's, Chalks, Crayons and Taylors' Chalks (with Special Reference to India)*. [aipur, Rajasthan, 1953.

Goldman, Marshall. *Detente and Dollars: Doing Business with the Soviets*. New York, 1975.

Gopalaswamy, T. R., and G. D. Joglekar. "Smearing Property of Graphite Powders," *ISI Bulletin*, Ⅱ (1959): 243-46.

Gopalaswamy Iyenger, T. R., B. R. Marathe, 'and G. D. Joglekar. "Graphite for Pencil Manufacture," *ISI Bulletin*, 10 (1958): 159-62.

Gorringe, Henry H. *Egyptian Obelisks*. New York, 1882.

Great Britain Board of Trade" "Report of the Standing Committee on Pencils and Pencil Strips." Cmd. 2182. London, 1963.

_____. "Report of the Standing Committee Respecting Fountain Pens, Stylographic Pens, I Propelling Pencils and Gold Pen Nibs." Cmd. 3587. London, 1930.

_____. "Report of the Standing Committee Respecting Pencils and Pencil Strips." Cmd. 4278. London, 1933.

Great Britain Forest Products Research Laboratory. *African Pencil Cedar: Studies of the Properties of Juniperus procera (Hochst.) with Particular Reference to the Adaptation of the Timber to the Requirements of the Pencil Trade*. London, 1938.

Great Soviet Encyclopedia. Translation of the 3rd edition. New York, 1976.

Greenland, Maureen. "Visit to the Berol Pencil Factory, Tottenham, Wednesday, May roth, 1982 *Journal of the Writting Equipment Society*, NO. 4 (1982): 7.

Guptill, Arthur L. *Sketching and Rendering in Pencil*. New York, 1922.

Haldane, J. W. C. *Life as an Engineer: Its Lights, Shades and Prospects*. London, 1905.

Hall, Donald, editor. *The Oxford Book of American Literary Anecdotes*. New York, 198!.

Hall, William L., and Hu Maxwell. *Uses of Commercial Woods of the United States: I. Cedars, Cypresses, and Sequoias*. U.S.

Department of Agriculture, Forest Service Bulletin 95 (1911).

Halse, Albert O. *Architectural Rendering: The Techniques of Contemporary Presentation*. New York, 1960.

Hambly, Maya. *Drawing Instruments: Their History, Purpose and Use for Architectural Drawings*. [Exhibition catalogue.] London, 1982.

_____. *Drawing Instruments: 1580-1980*. London, 1988.

Hammer, Armand. *The Quest of the Romanoff Treasure*. New York, 1936.

Hammer, Armand, with Neil Lyndon. *Hammer*. New York, 1987.

Hammond, John Winthrop. *Charles Proteus Steinmetz: A Biography*. New York, 1924.

Harding, Walter. *The Days of Henry Thoreau: A Biography*. New York, 1982.

_____. *Thoreau's Library*. Charlottesville, Va., 1957.

_____, editor. *A Catalog of the Thoreau Society Archives in the Concord Free Public Library*. Thoreau Society Booklet 29. Geneseo, N.Y., 1978.

Hardtmuth, L. & C. *Retail Price List: L. & C. Hardtmuth's "KohI-Noor Pencils"*. New York, [ca. 1919].

Hart, Ivor B. *The World of Leonardo da Vinci: Man of Science, Engineer and Dreamer of Flight*. London, 1961.

Hartmann, Henry. "Blushing on Lacquered Paint Parts Overcome by Gas Fired Dehumidifier," *Heating, Piping and Air Conditioning*, June 1939: 356.

Hauton, Paul S. "Splitting Pennies," *Factory and Industrial Management*, 76 (July 1928): 43-47.

Hayward, Phillips A. *Wood: Lumber and Timbers*. New York, 1930.

Helmhacker, R. "Graphite in Siberia," *Engineering and Mining Journal*, December 25, 1897: 756.

Helphenstine, R. K., Jr. "What Will We Do for Pencils?," *American Forests*, 32 (November 1926): 654.

Hemingway, Ernest. *A Moveable Feast*. New York, 1964.

Hendrick, George, editor. *Remembrances of Concord and the Thoreaus: Letters of Horace Hosmer to Dr. S. A. Jones*. Urbana, Ill., 1977.

Hero of Alexandria. *The Pneumatics*. Translated for and edited by Bennet Woodcroft. London, 1851.

Hill, Donald. *A History of Engineering in Classical and Medieval Times*. La Salle, Ill., 1984.

Hill, Henry. "The Quill Pen." *The Year Book of the London School of Printing & Kindred Trades*, 1924-1925: 73-78.

Hindle, Brooke. *Emulation and Invention*. New York, 1981.

Historische Biirouielt. "L'Histoire d'un Crayon." No. Ⅱ (October 1985): 11-13.

Hofstadter, Douglas R. *Codel, Escher, Bach: An Eternal Golden Braid*. New York, 1980.

Howard, Seymour. "The Steel Pen and the Modern Line of Beauty," *Technology and Culture*, 26 (October 1985): 785-98.

Hubbard, Elbert. *Joseph Dixon: One of the World-Makers*. East Aurora, N.Y., 1912.

Hubbard, Oliver P. "Two Centuries of the Black Lead Pencil," *New Englander and Yale Review*, 54 (February 1891) : 151-59.

Hunt, Robert, editor. *Hunt's Hand-Book to the Official Catalogues: An Explanatory Guide to the Natural Productions and Manufactures of the Great Exhibition of the Industry of All Nations*, 1851. London, [1851].

Huxley, Thomas Henry. *On a Piece of Chalk*. Edited and with an introduction and notes by Loren Eiseley. New York, 1967.

Illustrated London News. "The Manufacture of Steel Pens in Birmingham." February 22, 1851: 148-49.

The Illustrated Magazine of Art. "Pencil-Making at Keswick." Vol. 3 (1854): 252-54.

Indian Standards Institution. *Specification for Black Lead Pencils*. New Delhi, 1959.

International Cyclopaedia. Revised with large additions. New York, 1900.

Israel, Fred L., editor. *1897 Sears, Roebuck Catalogue.* New York, 1968.

Ives, Sidney, general editor. *The Parkman Dexter Howe Library*. Part Ⅱ. Gainesville, Fla., 1984.

Jacobi, Albert W. "How Lead Pencils Are Made," *American Machinist*, January 26, 1911: 145-46.

[James, George S.] "A History of Writing Instruments," *The Counselor*, July 1978.

Japanese Standards Association. "Pencils and Coloured Pencils," JISS 6006-1984. Tokyo, 1987.

Jenkins, Rhys. "The Society for the Mines Royal and the German Colony in the Lake District," *Transactions of the Newcomen Society*, 18 (1937-38): 225-34.

Jennings, Humphrey. *Pandaemonium, 1660-1886: The Coming of the Machine as Seen by Contemporary Observers*. Edited by Mary-Lou Jennings and Charles Madge. New York, 1985.

Jewkes, John, David Sawers, and Richard Stillerman. *The Sources of Invention*. London, 1958.

Joglekar, G. D. "A 100 g.-em. Impact Testing Machine for Testing the Strength of Pencil

Leads," *Journal of Scientific and Industrial Research*, 2ID (1962): 56.

Joglekar, G. D., T. R. Gopalaswami, and Shakti Kumar. "Abrasion Characteristics of Clays Used in Pencil Manufacture," *Journal of Scientific and Industrial Research*, 21D (1962): 16-19.

[oglekar, G. D., P. R. Nayak, and L. C. Verman. "Electrical Resistance of Black Lead Pencils," *Journal of Scientific and Industrial Research*, 6B (1947): 75-80.

Joglekar, G. D., A. N. Bulsara, and S. S. Chari. "Impact Testing of Pencil Leads," *Indian Journal of Technology*, (1963): 94-97.

Joglekar, G. D., and B. R. Marathe. "Writing Quality of Pencils," *Journal of Scientific and Industrial Research*, 13B (1954): 78-79.

Johnson, E. Borough. "How to Use a Lead Pencil," *The Studio*, 22(1901): 185-95.

Johnson, E. S. *Illustrated Catalog of Unequaled Gold Pens, Pen Holders, Pencils, Pen and Pencil Cases, Tooth Picks, Tooth & Ear Picks, &fc. in Gold, Silver, Pearl, Ivory, Rubber & Celluloid*. New York, [0(1. 1895].

Journal of the Writting Equipment Society. Various numbers.

Kane, Joseph Nathan. *Famous First Facts: A Record of First Happenings, Discoveries, and Inventions in American History*. 4th edition, expanded and revised. New York, 1981.

Kautzky, Theodore. *Pencil Broadsides: A Manual of Broad Stroke Technique*. New York, 1940.

Keats, John, and Percy Bysshe Shelley. *Complete Poetical Works*. New York, n.d.

Kemp, E. L. "Thomas Paine and His 'Pontifical Matters,'" *Transactions of the Newcomen Society*, 49 (1977-78): 21-40.

Keuffel & Esser Co. *Catalogue of Drawing Materials, Surveying Instruments, Measuring Tapes*. 38th edition. New York, 1936.

King, Carl H. "Pencil Points," *Industrial Arts and Vocational Education*, 25 (November 1936): 352-53.

Kirby, Richard Shelton. *The Fundamentals of Mechanical Drawing*. New York, 1925.

Kirby, Richard Shelton, and Philip Gustave Laurson. *The Early Years of Modern Civil Engineering*. New Haven, Conn., 1932.

Kirby, Richard Shelton, Sidney Withington, Arthur Burr Darling, and Frederick Gridley Kilgour. *Engineering in History*. New York, 1956.

Kisner, Howard W. and Ken W. Blake. "'Indelible Lead' Puncture Wounds," *Industrial Medicine*, 10 (1941): 15-17.

Klingender, Francis D. *Art and the Industrial Revolution*. Edited and revised by Arthur Elton. New York, 1968.

Knight's Cyclopaedia of the Industry of All Nations, London, 1851.

Kogan, Herman. *The Great EB: The Story of the Encyclopaedia Britannica*. Chicago, 1958.

Kozlik, Charles J. "Kiln-drying Incense-cedar Squares for Pencil Stock," Forest Products Journal, 37 (May 1987): 21-25.

Kranzberg, Melvin, and Carroll W. Pursell, Jr. *Technology in Western Civilization*. New York, 1967.

Laboulaye, C. P. *Dictionnaire des Arts et Manufactures*, [etc.]. Paris, 1867.

Lacy, Bill N. "The Pencil Revolution," *Newsweek*, March 19, 1984: 17.

Laliberte, Norman, and Alex lVlorgan. *Drawing with Pencils: History and Modern Techniques*. New York, 1969.

Landels, J. G. *Engineering in the Ancient World*. Berkeley, Calif., 1978.

Langlois-Longueville, F. P. *Manuel du Lavis a la Sepia, et de l'Aquarelle*. [Bound with Constant-V19uier.] Paris, 1836.

Larousse, Pierre. *Grand Dictionnaire Universel du XIXe Siecle [etc.]*. Paris, 1865.

Latham, Jean. *Victoriana*. New York, 1971.

Latour, Bruno. "Visualization and Cognition: Thinking with Eyes and Hands." In Henrika Kuklick and Elizabeth Long, editors,

Knowledge and Society: Studies in the Sociology of Culture Past and Present, 6 (1986): 1-40.

Lawrence, Cliff. *Fountain Pens: History, Repair and Current Values*. Paducah, Ky., 1977.

Lawrence, D. H. *The Complete Poems*. Collected and edited by Vivian de Sola Pinto and Warren Roberts. New York, 1971.

Layton, Edwin T., Jr. *The Revolt of the Engineers: Social Responsiblity and the American Engineering Profession*. Baltimore, 1986.

Lefebure, Molly. *Cumberland Heritage*. London, 1974.

Die Leistung, 12, No. 95 (1962). [Issue devoted to the J. S. Staedtler Company.]

Leonardo da Vinci. *Il Codice Atlantico*. Edizione in Facsimile Dopo il Restauro dell'Originale Conservato nella Biblioteca Ambrosiana di Milano. Florence, 1973-75.

_____. *The Drawings of Leonardo da Vinci*. Introduction and notes by A. E. Popham. New York, 1945.

_____. *The Literary Works of Leonardo da Vinci*. Compiled and edited by Jean Paul

Richter. 2nd edition, enlarged and revised by Jean Paul Richter and Irma A. Richter. London, 1939.

_____. *The Notebooks of Leonardo da Vinci*. Arranged, rendered into English, and introduced by Edward MacCurdy. New York, 1939.

Leonhardt, Fritz. *Brucken: Asthetik und Gestaltung I Bridges: Aesthetics and Design*. Cambridge, Mass., 1984.

Levi-Strauss, Claude. *The Savage Mind*. Chicago, 1966.

Lewis, Gene D. *Charles Ellet, Jr.: The Engineer as Individualist, 1810-1862*. Urbana, Ill., 1968.

Ley, Willy. *Dawn of Zoology*. Englewood Cliffs, NJ., 1968.

Lindbergh, Anne Morrow. *Gift from the Sea*. New York, 1955.

Lindgren, Waldemar. *Mineral Deposits*. New York, 1928.

Lomazzo, Giovanni Paolo. *A Tracte Containing the Artes of Curious Paintinge Carvinge and Buildinge*. Translated in 1858 by Richard Haydocke. England, 1970.

Lo-Well Pencil Company. ["Lo-Well Pencils." Advertising folder.] New York, [ca. 1925].

Lubar, Steven. "Culture and Technological Design in the 19th Century Pin Industry: John Howe and the Howe Manufacturing Company," *Technology and Culture*, 28 (April 1987): 25382.

Lucas, A. *Ancient Egyptian Materials and Industries*. 4th edition, revised and enlarged by J. R. Harris. London, 1962.

Lyra Bleistift-Fabrik GmbH and Company. *Catalog*. Nuremberg, 1914.

_____. "The Early Days." [Mimeographed notes.] Nuremberg, n.d.

Machinery Market. "Manufacture of Pencils. The Works of the Cumberland Pencil Co., Ltd., of Keswick, Revisited." December 22, 1950: 25-27.

_____. "The Manufacture of Pencils and Crayons. Being a Description of a Visit to the Works of the Cumberland Pencil Co., Ltd.,

Keswick." December 16, 1938: 31-32.

MacLeod, Christine. "Accident or Design? George Ravenscroft's Patent and the Invention of Lead-Crystal Glass," *Technology and Culture*, 28 (October 1987): 776-803.

Maigne, W. *Dictionnaire Classique des Origines Inventions et Decouvertes, [etc.]*. 3rd edition. Paris, [ca. 1890].

The Manufacturer and Builder. "Lead Pencils." March 1872: 8081.

Marathe, B. R., Gopalaswamy Iyenger, K. C. Agarwal, and G. D.

Joglekar. "Evaluation of Clays Suitable for Pencil Manufacture," *ISI Bulletin*, 10 (1958):

199-203.

Marathe, B. R., Gopalaswamy Iyenger, and G. D. Joglekar. "Tests for Quality Evaluation of Black Lead Pencils," *ISI Bulletin*, 7(1955): 16-22.

Marathe, B. R., Kanwar Chand, and G. D. Joglekar. "Tests for Quality Evaluation of Black Lead Pencils-Measurement of Friction," *ISI Bulletin*, 8 (1956): 132-34.

Marble, Annie Russell. *Thoreau: His Home, Friends and Books*. New York, 1902.

Marshall, J. D., and M. Davies-Shiel. *The Industrial Archaeology of the Lake Counties*. Newton Abbot, Devon., 1969.

Martin, Thomas. *The Circle of the Mechanical Arts; Containing Practical Treatises on the Various Manual Arts, Trades, and Manufactures*. London, 1813.

Masi, Frank T., editor. *The Typeumter Legend*. Secaucus, N.J., 1985.

Masterson, R. L. "Dip Finishing Pencils and Penholders," *Industrial Finishing*, 4 (September 1928): 59-60, 65.

McCloy, Shelby T. *French Inventions of the Eighteenth Century*. Lexington, Ky., 1952.

McClurg, A. C., & Co. *General Catalogue*. 1908-g.

McDuffie, Bruce. "Rapid Screening of Pencil Paint for Lead by a Combustion-Atomic Absorption Technique," *Analytical Chemistry*, 44 (July 1972): I55I.

McGrath, Dave. "To Fill You In," *Engineering News-Record*, May 13, 1982: 9.

McNaughton, Malcolm. "Graphite," *Stevens Institute Indicator*, 18(January 1901): I-IS.

McWilliams, Peter A. *The McWilliams II Word Processor Instruction Manual*. West Hollywood, Calif., 1983.

Meder, Joseph. *Mastery of Drawing*. Vol. I. Translated and revised by Winslow Ames. New York, 1978.

Meltzer, Milton, and Walter Harding. *A Thoreau Profile*. Concord, Mass., 1962.

Metz, Tim. "Is Wooden Writing Soon to Be Replaced by a Plastic Variety?," *Wall Street Journal*, January 5, 1981: 1, 6.

Mitchell, C. Ainsworth. "Black-Lead Pencils and Their P19ments in Writing," *Journal of the Society of Chemical Industry*, 38(1919): 383T -391T.

_____. "Characteristics of Pigments in Early Pencil Writing," *Nature*, l0S (March 4, 1920): 12-14.

_____. "Copying-Ink Pencils and the Examination of Their Pigments in Writing," *The Analyst*, 42 (1917): 3-1 I.

_____. "Graphites and Other Pencil Pigments," *The Analyst*, 47(September 1922): 379-87.

_____. "Pencil Markings in the Bodleian Library," *Nature*, 109(April 22, 1922): 516-17.

Montgomery, Charles F., editor. *Joseph Moxon's Mechanick Exercises: Or, the Doctrine of Handy Works, [etc.]*. New York, 1970.

Morgan, Hal. *Symbols of America*. New York, 1986.

Moss, Marcia, editor. *A Catalog of Thoreau's Surveys in the Concord Free Public Library*. Geneseo, N.Y., 1976.

Mumford, Lewis. *The Myth of the Machine: Technics and Human Development*. New York, 1967.

_____. *Technics and Civilization*. New York, 1963.

Munroe, William. "Francis Munroe." In Social Circle in Concord. *Memoirs of Members*. Third Series. Cambridge, Mass., 1907.

Munroe, William, Jr. "Memoirs of William Munroe." In Social Circle in Concord. *Memoirs of Members*. Second Series. Cambridge, Mass., 1888.

Murry, J. Middleton. *Pencillings*. New York, 1925.

Nasmyth, James. *James Nasmyth, Engineer: An Autobiography*. Edited by Samuel Smiles. New York, 1883.

Nelms, Henning. *Thinking with a Pencil*. New York, 1985.

New Edinburgh Encyclopaedia. 2nd American edition. New York, 1821.

Newlands, James. *The Carpenter and Joiner's Assistant, [etc.]*. London, [ca. 1880].

The New York Times. "Dixon Stands by Jersey City." December 14, 1975: 14.

_____. "How Dixon Made Its Mark." January 27, 1974: 74.

_____. "Mr. Eberhard Faber's Death. The Man Who Built the First Lead Pencil Factory in America-A Sketch of His Career." March 4, 1879: obituary page.

Nichols, Charles R., Jr. "The Manufacture of Wood-Cased Pencils," *Mechanical Engineering*, November 1946: 956-60.

Noble, David F. *America by Design: Science, Technology, and the Rise of Corporate Capitalism*. New York, 1977.

Norman, Donald A. *The Psychology of Everyday Things*, New York, 1988.

Norton, Thomas H. "The Chemistry of the Lead Pencil," *Chemicals*, 24 (August 31, 1925): 13.

Official Catalogue of the Great Exhibition of the Works of Industry of All Nations, 1851. Corrected edition. London, [1851].

Oliver, John W. *History of American Technology*. New York, 1956.

Oppenheimer, Frank. "The German Drawing Instrument Industry: History and Sociological Background," *Journal of Engineering Drawing*, 20 (November 1956):

29-31.

Ormond, Leonee. *Writing*. London, 1981.

Pacey, Arnold. *The Maze of Ingenuity: Ideas and Idealism in the Development of Technology*. Cambridge, Mass., 1976.

Palatino, Giovambattista. *The Tools of Handumting: From, Un Nuovo Modo d'Imparare* [1540]. Introduced, translated, and printed by A. S. Osley. Wormley, 1972.

The Pencil Collector, Various numbers.

Pentel of America, Limited. "Pentel Brings an End to the Broken Lead Era with New 'Super' Hi-Polymer Lead." [Sales catalogue insert.] Torrance, Ca., 1981.

Peterson, Eldridge. "Mr. Berwald Absorbs Pencils," *Printers' Ink*, 171 (May 2, 1935): 21, 24-26.

Petroski, H. "On the Fracture of Pencil Points," *Journal of Applied Mechanics*, 54 (September 1987): 730-33.

_____. "Inventions Spurned: On Bridges and the Impact of Society on Technology," *Impact of Science on Society*, 37 (No. 147, 1987): 251-59.

_____. *To Engineer Is Human: The Role of Failure in Successful Design*. New York, 1985.

Pevsner, N. "The Term 'Architect' in the Middle Ages," *Speculum*, 17 (1942) 549-62.

Phillips, E. W. J. "The Occurrence of Compression Wood in African Pencil Cedar," *Empire Forestry Journal*, 16 (1937): 54-57.

Pichirallo, Joe. "Lead Poisoning: Risks for Pencil Chewers?," *Science*, 173 (August 6, 1971): 509-10.

P19ot and Company. *London and Provincial New Commercial Directory, for 1827-28; Comprising a Classification of, and Alphabetical Reference to the Merchants, Manufacturers and Traders of the Metropolis, [etc.]*. 3rd edition. London, [1827].

_____. *Metropolitan New Alphabetical Directory, for 1827; [etc.]*. London, [1827].

Pinck, Dan. "Paging Mr. Ross," *Encounter*, 69 (June 1987): 5-11.

Pliny. *Natural History*. With an English translation by H. Rackham. Cambridge, Mass., 1979.

Plot, Rob. "Some Observations Concerning the Substance Commonly Called, Black Lead," *Philosophical Transactions* (London), 20 (1698): 183.

Porter, Terry. "The Pencil Revolution," *Texas Instruments Engineering Journal*, 2 (January-February 1985): 66.

Pratt, Joseph Hyde. "The Graphite Industry," *Mining World*, July 22, 1905: 64-66.

Pratt, Sir Roger. *The Architecture of Sir Roger Pratt, [etc.]*. Edited by R. T. Gunther.

Oxford, 1928.

Pye, David. *The Nature and Aesthetics of Design*. London, 1978.

Rance, H. F., editor. *Structure and Physical Properties of Paper*. New York, 1982.

Reed, George H. "The History and Making of the Lead Pencil," *Popular Educator*, 41 (June 1924): 580–82.

Rees, Abraham. *The Cyclopaedia; or, Universal Dictionary of Arts, Sciences, and Literature*. Philadelphia, n.d.

Rehman, M. A., and S. M. Ishaq. "Indian Woods for Pencil Making," *Indian Forest Research Leaflet*, No. 66 (1945).

Rehman, M. A., and jai Kishen. "Chemical Staining of Deodar Pencil Slats," *Indian Forester*, 79 (September 1953): 512–13.

_____. "Deodar as Pencil Wood," *Indian Forest Bulletin*, No. 149, [ca. 1953].

_____. "Treatment of Indian Timbers for Pencils and Hand Tools for Pencil Making," *Indian Forest Leaflet*, No. 126 (1952).

Remington, Frank L. "The Formidable Lead Pencil," *Think*, November 1957: 24–26. [Condensed as "The Versatile Lead Pencil," *Science Digest*, 43 (April 1958): 38–41.]

Rennie, John. *The Autobiography of Sir John Rennie, F.R.S., [etc.]*. London, 1875.

Rexel Limited. "Making Pens and Pencils: A Story of Tradition." [Illustrated folder.] Aylesbury, Bucks., n.d.

Richards, Gregory B. "Br19ht Outlook for Writing Instruments," *Office Products Dealer*, June 1983: 40, 42, 44, 48.

Riddle, W. "Lead Pencils," *The Builder*, August 3, 1861: 537–38. [See also, *The Builder*, July 27, 1861: 517.]

Rix, Bill. "Pencil Technology." A paper prepared for a course taught by Professor Walter G. Vincenti, Stanford University, ca. 1978.

Robinson, Tho. *An Essay Towards a Natural History of Westmorland and Cumberland, [etc.]*. London, 1709.

Rocheleau, W. F. *Great American Industries. Third Book: Manufactures*, Chicago, 1908.

Roe, G. E. "The Pencil," *Journal of the Writting Equipment Society*, No. 5 (1982): 12.

Rolt, L. T. C. "The History of the History of Engineering," *Transactions of the Newcomen Society*, 42 (1969–70): 149–58.

Root, Marcus Aurelius. *The Camera and the Pencil; or the Heliographic Art*. [1864 ed.] Pawlet, Vt., 1971.

Rosenberg, Harold. *Saul Steinberg*. New York, 1978.

Rosenberg, N., and W. G. Vincenti. *The Britannia Bridge: The Generation and Diffusion of Knowledge*. Cambridge, Mass., 1978.

Ross, Stanley. "Drafting Pencil-A Teaching Aid," *Industrial Arts and Vocational Education*, February 1957: 52-53.

Russell and Erwin Manufacturing Company. *Illustrated Catalogue of American Hardware*. 1865 edition. [Washington, D.C., 1980.]

Russo, Edward, and Seymour Dobuler. "The Manufacture of Pencils," *New York University Quadrangle*, 13 (May 1943): 14-15.

Sackett, H. S. "Substitute Woods for Pencil Manufacture," *American Lumberman*, January 27, 1912: 46.

Sandburg, Carl. *The Complete Poems*. Revised and expanded edition. New York, 1970.

Scherer, J. S. "More than 550/0 Replies," *Printers' Ink*, 188 (August 11, 1939): 15-16.

Schodek, Daniel L. *Landmarks in American Civil Engineering*. Cambridge, Mass., 1987.

Schrodt, Philip. "The Generic Word Processor," *Byte*, April 1982: 32, 34, 36.

Schwanhausser, Eduard. *Die Nurnberger Bleistiftindustrie von Ihren Ersten Anfiingen bis zur Gegenwart*. Greifswald, 1893.

Scribner's Monthly. "How Lead Pencils Are Made." April 1878: 801-10.

Sears, Roebuck and Company. *Catalogue*. Various Original and reprinted editions.

Seeley, Sherwood B. "Carbon (Natural Graphite)." In *Encyclopedia of Chemical Technology*, 4 (2nd edition, 1964): 304-55.

_____. "Manufacturing pencils," *Mechanical Engineering*, November 1947: 686.

Silliman, Professor. "Abstract of Experiments on the Fusion of Plumbago, Anthracite, and the Diamond," *Edinburgh Philosophical Journal*, 9 (1823): 179-83.

Singer, Charles, et al., editors. *A History of Technology*. Oxford, 1954-78.

Slocum, Jerry, and Jack Botermans. *Puzzles Old and New: How to Make and Solve Them*. Seattle, 1986.

Smiles, Samuel. *Lives of the Engineers*. Popular edition. London, 1904.

_____. *Selections from Lives of the Engineers: With an Account of Their Principal Works*. Edited with an introduction by Thomas Parke Hughes. Cambridge, Mass., 1966.

Smith, Adam. *An Inquiry into the Nature and Causes of the Wealth of Nations*. Chicago, 1952.

Smith, Cyril Stanley. "Metallurgical Footnotes to the History of Art," *Proceedings of the*

American Philosophical Society, 16 (1972): 97-135.

Smithwick, R. Fitzgerald. "How Our Pencils Are Made in Cumberland," *Art-Journal*, 18, n.s. (1866): 349-51.

Social Circle in Concord, [Mass.]. *Memoirs of Members*. Second series: From 1795 to 1840. Cambridge, Mass., 1888.

_____. Third series: From 1840 to 1895. Cambridge, Mass., 1907.

_____. Fourth series: From 1895 to 1909. Cambridge, Mass., 1909.

Speter, Max. "Wer Hat Zuerst Kautschuk als Radiergummi Verwendet?," *Gummi-Zeitung*, 43 (1929): 2270-71.

Staedtler, J. S., [Company]. 275 *Jahre Staedtler-stifte*. Nuremberg, 1937.

Staedtler Mars. *Design Group Catalog*. Montville, N.J., [1982].

Staedtler Mars GmbH & Co. *The History of Staedtler*. Nuremberg, [1986].

_____. Various catalogues and reports.

Stafford, Janice. "An Avalanche of Pens, Pencils and Markers!," *Western Office Dealer*, March 1984: 18-22.

Steel, Kurt. "Prophet of the Independent Man," *The Progressive*, September 24, 1945: 9.

Steinbeck, John. *Journal of a Nouel: The East of Eden Letters*. New York, 1969.

Stephan, Theodore M. "Lead-Pencil Manufacture in Germany," *U.S. Department of State Consular Reports. Commerce, Manufactures, Etc.*, 51 (1896): 191-92.

Stern, Philip van Doren, editor. *The Annotated Walden*. New York, [1970].

Stowell, Robert F. *A Thoreau Gazetteer*, edited by William L. Howarth. Princeton, N.J., 1970.

Stuart, D. G. "Listo Works Back from the User to Build Premium Market," *Sales Management*, November 20, 1951: 74-78.

Sutton, F. Colin. "Your Pencil Unmasked," *Chemistry and Industry*, 42 (July 20, 1923): 710-11.

Svensen, Carl Lars, and William Ezra Street. *Engineering Graphics*. Princeton, N.J., 1962.

Sykes, M'Cready. "The Obverse Side," *Commerce and Finance*, 14 (April 8, 1925): 652-53.

Talbot, William Henry Fox. *The Pencil of Nature*. New York, 1969.

Tallis's History and Description of the Crystal Palace, and the Exhibition of the World's Industry in 1851. [Three volumes.] London, [ca. 1852].

Taylor, Archer. *English Riddles from Oral Tradition*. Berkeley, Calif., 1951.

Thayer, V. T. *The Passing of the Recitation*. Boston, 1928.

Thomson, Ruth. *Making Pencils*. London, 1987.

Thoreau, Henry David. *The Correspondence*. Edited by Walter Harding and Carl Bode. New York, 1958.

_____. *Journal*. Vols. I and 2. John C. Broderick, general editor. Princeton, N.J., 1981, 1984.

_____. *A Week on the Concord and Merrimack Rivers. Walden; or, Life in the Woods. The Maine Woods. Cape Cod*. [In one volume.] New York, 1985.

Thoreau Society Bulletin. "A Lead Pencil Diploma" No. 74 (Winter 1961): 7-8.

Thoreau's Pencils: An Unpublished Letter from Ralph Waldo Emerson to Caroline Sturgis, 19 May 1844. Cambridge, Mass., 1944.

Tichi, Cecelia. *Shifting Gears: Technology, Literature, Culture in Modernist America*. Chapel Hill, N.C., 1987.

Timmins, Samuel, editor. *Birmingham and the Midland Hardware District*. 1866 edition. New York, 1968.

Timoshenko, Stephen P. *History of Strength of Materials: With a Brief Account of the History of Theory of Elasticity and Theory of Structures*. 1953 edition. New York, 1983.

Todhunter, I., and K. Pearson. *A History of the Theory of Elasticity and of the Strength of Materials from Galilei to Lord Kelvin*. 1886 edition. New York, 1960.

Townes, Jane. "Please, Some Respect for the Pencil," *Specialty Advertising Business*, March 1983: 61-63.

Turnbull, H. W., editor. *The Correspondence of Isaac Newton*. Vol. I : 1661-1675. Cambridge, 1959.

Turner, Gerard L'E. "Scientific Toys," *The British Journal for the History of Science*, 20 (1987): 377-98.

Turner, Roland, and Steven L. Goulden, editors. *Great Engineers and Pioneers in Technology, Vol I: From Antiquity through the Industrial Revolution*. New York, 1981.

Ullman, David G., Larry A. Stauffer, and Thomas G. Dietterich. "Toward Expert CAD," *Computers in Mechanical Engineering*, November-December 1987: 56-70.

U.S. Bureau of Naval Personnel. *Draftsman*. J. Washington, D.C., 1955.

U.S. Centennial Commission. *International Exhibition, 1876: Official Catalogue*. Philadelphia, 1876.

U.S. Court of Customs. "United States v. A. W. Faber, Inc. (No. 3105)," *Appeals Reports*, 16 [ca. 1929]: 467-71.

U.S. Department of Agriculture. "Seeking New Pencil Woods." Forest Service report, [ca.

1909].

U.S. Department of Commerce. "Simplified Practice Recommendation R15 I-34 for Wood Cased Lead Pencils." Typescript attached to memorandum, from Bureau of Standards Division of Simplified Practice to Manufacturers et al., dated September 28, 1934.

_____. Bureau of the Census. "Current Industrial Reports: Pens, Pencils, and Marking Devices (1986)." [1987.]

U. S. Department of Labor. "Economic Factors Bearing on the Establishment of Minimum Wages in the Pens and Pencils Manufacturing Industry." Report. prepared for Industry Committee No. 52. November 1942.

U.S. Federal Trade Commission. "Amended Trade Practice Rules for the Fountain Pen and Mechanical Pencil Industry." Promulgated January 28, 1955.

U. S. General Services Administration. *Federal Specification SS-P166d: Pencils, Lead*. 1961.

U.S. International Trade Commission. *Summary of Trade and Tariff Information: Pens, Pencils, Leads, Crayons, and Chalk*. 1983.

_____. *Supplement to Summary of Trade and Tariff Information: Writing Instruments*. 1981.

U.S. Tariff Commission. "Wood-Cased Lead Pencils." Report to the President under the Provisions of Section 3(e) of the National Industrial Recovery Act. With Appendix: Limitations of Imports. No. 91 (Second Series). 1935.

U.S. Tobacco Review. "From Forests to Pencils." [1977.]

Urbanski, Al. "Eberhard Faber," *Sales and Marketing Management*. November 1986: 44-47.

Ure, Andrew. *A Dictionary of Arts, Manufactures, and Mines; Containing a Clear Exposition of Their Principles and Practice*. New York, 1853.

Usher, Abbott Payson. *A History of Mechanical Inventions*. New York, 1929.

V. & E. Manufacturing Company. *Note on Drawing Instruments*. Pasadena, Calif., 1950.

van der Zee, John. *The Gate: The True Story of the Design and Construction of the Golden Gate Bridge*. New York, 1986.

Vanuxem, Lardner. "Experiments on Anthracite, Plumbago, &c.," *Annals of Philosophy*, II (1826): 104-11.

Veblen, Thorstein. *The Engineers and the Price System*, 1921 edition. New York, 1963.

_____. *The Instinct of Workmanship: And the State of the Industrial Arts*. New York, 1918.

Venus Pen & Pencil Corporation. "How Venus-the World's Finest Drawing Pencil-Is

Made." [Illustrated folder.] N.d.

_____. "List of Questions Most Frequently Asked, With Answers." [Undated typescript.]

_____. "The Story of the Lead Pencil." [Undated typescript.]

_____. "Venus 100 Years." [Report. New York, 1961.]

Vincenti, Walter G. *What Engineers Know and How They Know It: Historical Studies in the Nature and Sources of Engineering Knowledge*. Baltimore, 1990.

Viollet-Ie-Duc, Eugene Emmanuel. *Discourses on Architecture*. Translated, with an introductory essay, by Henry van Brunt. Boston, 1875.

_____. *The Story of a House*. Translated by George M. Towle. Boston, 1874.

Vitruvius. *De Architectura (The Ten Books on Architecture)*. Translated by Morris Hicky Morgan. 1914 edition. New York, 1960.

Vivian, C. H. "How Lead Pencils Are Made," *Compressed Air Magazine*, 48 (January 1943): 6925-31.

Vogel, Robert M. "Draughting the Steam Engine," *Railroad History*, 152 (Spring 1985): 16-28.

Voice, Eric H. "The History of the Manufacture of Pencils," *Transactions of the Newcomen Society*, 27 (1949-50 and 1950-5 I): 131-41.

Vossberg, Carl A. "Photoelectric Gage Sorts Pencil Crayons," *Electronics*, July 1954: ISO-5 2.

Wahl Company. "Making Pens and Pencils," *Factory and Industrial Management*, October 1929: 834-35.

Walker, C. Lester. "Your Pencil Could Tell a Sharp Story," *Nation's Business*, March 1948: 54, 56, 58, 90-91.

Walker, Derek, [editor]. *The Great Engineers: The Art of British Engineers 1837-1987*. New York, 1987.

Walker, Dick. "Elastomer = Eraser," *Rubber World*, 152 (April 1965): 83-84.

Walker, [earl. "The Amateur Scientist," *Scientific American*, February 1979: 158, 160, 162-66. (See also November 1979: 202-4.)

Walls, Nina de Angeli. *Trade Catalogs in the Hagley Museum and Library*. Wilmington, Del., 1987.

Watrous, James. *The Craft of Old-Master Drawings*. Madison, Wise., 1957.

Watson, J. G. *The Civils: The Story of the Institution of Civil Engineers*. London, 1988.

Waugh, Evelyn. *Brideshead Revisited: The Sacred and Profane Memories of Captain Charles Ryder*. Boston, 1946.

Weaver, Gordon. "Electric Oven Reduces Cost of Baking Pencil Leads," *Electrical World*, 78 (September 10, 1921): 514.

Whalley, Joyce Irene. *English Handumting, 1540-1853: An Illustrated Survey Based on Material in the National Art Gallery, Victon"a and Albert Museum*. London, 1969.

_____. *Writing Implements and Accessories: From the Roman Stylus to the Typeumter*. Detroit, 1975.

Wharton, Don. "Things You Never Knew About Pencils," *Saturday Evening Post*, December 5, 1953: 40-41, 156, 158-59.

White, Francis Sellon. *A History of Inventions and Discouenes: Alphabetically Arranged*. London, 1827.

White, Lynn, Jr. *Medieval Religion and Technology: Collected Essays*. Berkeley, Calif., 1978.

_____. *Medieval Technology and Social Change*. New York, 1966.

Whittock, N., et al. *The Complete Book of Trades, or the Parents' Guide and Youths' Instructor, [etc.]*. London, 1837.

Wicks, Hamilton S. "The Utilization of Graphite," *Scientific American*, 40 (January 18, 1879): I, 34.

Wilson, Richard Guy, Dianne H. Pilgrim, and Dickran Tashjian. *The Machine Age in America, 1918-1941*. New York, 1986.

Winokur, Jon. *Writers on Writing*. 2nd edition. Philadelphia, 1987.

Wolfe, John A. *Mineral Resources: A World View*. New York, 1984.

Wr19ht, Paul Kenneth, and David Alan Bourne. *Manufacturing Intelligence*. Reading, Mass., 1988.

The Year-Book of Facts in Science and Art, [etc.]. London, various years, but especially the 1840s.

Zilsel, Edgar. "The Sociological Roots of Science," *American Journal of Sociology*, 47 (January 1942): 544-62.

찾아보기